U0503628

义乌丛书

义乌区域文化丛编

义乌丛书编纂委员会 编

义乌儒学研究

程继红 著

上海人民出版社

《义乌丛书》编辑部

主　　　　编：吴小锋

副　主　编：周大富

成员（按姓氏笔画排序）：毛晓龙　刘俊义　孙清土　张建鹏　张兴法

张旭英　郑桂娟　金晓玲　施章岳　赵晓青

胡　莺　贾胜男　傅　健　楼向华　潘桂倩

本书执行编辑：赵晓青

总 序

汩汩义乌江,从远古流来,流过上山文化,流经乌伤古县,流入当今小商品之都,流成一条奔涌着 2 200 余年灿烂文明浪花的历史长河。

义乌江流域,山川秀美、物华天宝,文教昌盛、地灵人杰。自秦王政始置乌伤县,2 200 多年的历史时期,勤劳智慧的义乌人在此耕耘劳作,繁衍生息,改造山河,创造了璀璨的历史文化。

义乌地方文化,是中华民族文化的组成部分,因其独特的地理环境和历史原因,又具有自身鲜明的特征。

义乌文化的独特性,体现在"勤耕好学,刚正勇为,诚信包容"的义乌精神里,体现在"崇文,尚武,善贾"的义乌民俗里,体现在"博纳兼容,义利并重"的义乌民风里。义乌精神及民风、民俗遂成为源远流长的中华民族文化之泓泓一脉,成了中国历史上不可或缺的一页。千百年来,义乌始终在传承着文明,演绎着辉煌,从而使义乌这座小城魅力无限。

义乌自古崇尚耕读,特别是唐代之后,学风渐盛,素有"小邹鲁"之称。自宋以来,县学、社学、书院及私塾等讲学机构多有设立,而"莅兹土者,莫不以学校为先务"。故士生其间,勤奋好学,蔚成风气,学有成就,烨烨多名人。并且,辐射出巨大的文化能量,不仅本地名儒代出,在浩浩学海与宦海中大展宏图,而且还活动过、寄寓过数不胜数的全国各地的文化名人,从文人学者到书家画师,从能工巧匠到杏林名家,其生动活泼的文化创造与传播,绵延不绝的文化承续与传递,从来没有湮灭或消沉过。在博大精深的中华文化领域里独树一杆颇具特色的义乌文化之帜,在优雅千载的儒风中诞生了许多屹立于中华民族之林的英杰。也正是文化底蕴的深厚与文化内涵的博大,造就了令人神往的义乌,使其作为中华文化渊薮的鲜明形象而历久弥新。

历史,拒绝遗忘,总要把自己行进的每一步,烙在山川大地上。

时间逝而不返,它带走了壮景,淘尽了英雄,留下了无数文化胜迹和如峰的圣典。只有在经过无数教训和挫折之后的今天,人们才逐渐认识到作为一个复杂系统的组成部分,城市的各要素所具有的种种不可替代的价值和功能,它们饱含着从过去传递下来的信息,而《义乌丛书》正是记录这些信息的真实载体。

历史是无法割断的,许多古老的文化至今仍然在现实生活中发挥着重要作用。当我们向现代化的目标迈进时,怎样继承古老文化的精华,剔除其封建糟粕,在传统文化的基础上建立社会主义新的文化格局,是一个摆在我们面前与物质生产同等重要的任务。

一位哲学家曾经说过,哲学就是怀着乡愁的冲动去寻找失落的家园。今天,我们正处于一个重要的历史性转折时期,越来越多的有识之士也开始意识到,对民族民间文化源头的追寻迫在眉睫,鉴于此,我们编纂出版《义乌丛书》,具有深远的历史和现实意义:

抢救文化典籍,古为今用 文化典籍中的善本古籍,是前人为我们留下的宝贵精神财富和历史见证,极富文献价值和文物价值。义乌历代文士迭出,著述充栋。这些历经沧桑而幸存下来的"国之重宝",或则出于保护的需要,基本封存于深阁大库,利用率甚低;或则由于年代久远,几经战乱,面临圮毁。如今,《义乌丛书》编纂工作的启动,为古籍的保护与使用找到结合点,通过影印整理,皇皇巨著掸除世纪风尘,使其化身千百,为学界所应用,为大众所共享;同时,原本也可以得到保护。真可谓是两全之策,是为民族文化续命,是为地方文化续脉。

继承传统文化,发扬光大 在义乌历史上,有许多人文典故值得挖掘,有许多可歌可泣的先进事迹值得记载。拨浪鼓文化需要传承,孝义文化值得发扬,义乌兵文化应予光大。但由于历史上的义乌是个农业县,文化底蕴虽然深厚,载入史册的却寥若晨星。而深厚的历史文化传统能孕育和产生强大的文化力,能为塑造良好的城市形象提供重要基础,这种文化力所形成的精神力量深深熔铸在城市的生命力、创造力和凝聚力中,是推动城市经济和社会进步的内在动力。因而,《义乌丛书》编纂者坚持传统文化与现代文化相衔接,精品文化与大众文化相兼顾,创作出义乌历史上从未有过的文化系列丛书,既是精神文明建设的需要,也是物质文明建设的需要。

追溯文化发源,承前启后 义乌经济的发展,并非无源之水,无本之木。"参天之木,必有其根;环山之水,定有其源。"义乌发展的文化之源,义乌商业的源流之根,义乌文化圈的形成特质包括宋代事功学说对义乌"义利并重,无信不立"文化精神的影响,明代"义乌兵"对义乌"勇于开拓,敢冒风险"文化精神的影响,清代"敲糖帮"对义乌"善于经营,富于机变"文化精神的影响等。因而,如何用文化来解读义乌,也成了《义乌丛书》

的重要组成部分。

广义的文化几乎无所不包,狭义的文化基本限于观念形态领域。从以上包含的内容可看出,《义乌丛书》对"文化"的界定,似乎介于广、狭之间,凡学术思想、哲学原理、科技教育、文学艺术等多个类别与层次,均在修编范围之内。

几千年岁月蕴蓄了丰赡富饶的文化积淀。面对多姿多彩、浩瀚博大的义乌文化形态,我们感受到了其内在文化精神的律动。

保存历史的记忆,保护历史的延续性,保留人类文明发展的脉络,是人类现代文明发展的需要。如今,守望岁月的长河,我们不能不呼吁,不要让义乌失去记忆。

《义乌丛书》卷帙浩繁,她集史料性、知识性、文学性、可读性、收藏性于一体,以翔实的史料、丰富的题材、新颖的编排,全景式地再现了江南"小邹鲁"的清新佳景和礼仪之邦精深的内涵。走进她,就是走进时间的深处,走进澎湃着历史的向往和时代的潮音的宝地,去领略一个时代的结束,去见证另一个时代的开始。宏大精深的传统文化曾经是,也将永远是义乌区域文化赓续绵延的基石,也是义乌继续前进乃至走在全省、全国前列的力量。在建设国际商都的进程中,抢救开发历史文化遗产,掌握借鉴先哲遗留的丰硕成果,是全市文化学术界的共同期盼。因而,编纂这套丛书既是时代的召唤,也是时势的需要。

习近平总书记近年来一直强调,文化自信是更基础、更广泛、更深厚的自信。我们认为,地方文化是中华文化的本质特征和根本属性,是中华文化的重要代表,我们对地方文化源头的追寻,正是为了坚定我们中华文化的自信。这也正是我们编纂出版《义乌丛书》的主旨与意义所在。

义乌丛书编纂委员会

目　录

下编　义乌儒学专论

第六章　徐侨理学思想 / 181

回望郡邑儒学的炊烟

(代序)

倘要对一个郡邑的儒学风景作出远眺,"义乌"这个邑名,也许是最能让我们发挥儒学想象力的了。

义乌在秦王政二十五年(前 222)置县,始名乌伤,乃因孝子颜乌葬父而死,血诚格天,为旌表颜乌孝德,故名。后被陈亮称之为"乌伤四子"之一的何恪作《孝子颜氏墓碑》云:"孝子以匹夫,有至性,独不移于习俗,亲葬自负其土,感乌衔泥来助,乌吻为之伤,因名县曰乌伤,其后或曰乌孝,或曰义乌,皆必本于孝子。"①由此可见,孝文化其实就是义乌儒学最早的一种活态形式。

"义乌"所蕴含的孝文化内涵,在全国 2 000 多个县名中,是个很特殊的存在。这个故事同时让我们窥见了儒家传统的成德教育在日常生活中的具体表现,以及这种教育深嵌在"义乌"这个县名之中的符号意义。南宋东南三贤之一的吕祖谦,他早已敏锐地观察到义乌士人日常生活中的丧礼表现,其实都与乌孝精神一脉相承。众所周知,丧礼的意义在于强调忠孝在家族体系中的正能量,以此唤回和稳定家庭伦理。吕祖谦在为义乌士人楼蕴所作墓志铭中,就特别提到其在居丧期间的孝行表现有三样:一是结庐墓左,二是负土筑冢,三是盐酪不入口。②其中的第二项,分明就是在学颜乌。有意思的是,吕祖谦提到的第三项盐酪不入口,是古礼中孝行的规定动作。根据《礼记》记载,古礼居丧饮食有三个阶段的要求:第一阶段,即小祥(古时父母丧后周年的祭名)前,饮食应吃粗粮喝水,但不吃蔬菜瓜果;第二阶段,小祥后可增加蔬菜瓜果,但不吃盐酪;第三阶段,大祥(古时父母丧后两周年的祭名)后可以吃肉,蔬菜加盐。但《礼记》的这个饮食规定,特别是大祥前不吃盐酪制度,到汉代可能就少有人遵守了。因为终汉一代,有文献记载

---

① 何恪撰:《孝子颜氏墓碑》,见吴师道编:《敬乡录》卷十,《四库全书》本。
② 吕祖谦撰:《东莱吕太史文集》卷第十《义乌楼君墓志铭》,黄灵庚等主编:《吕祖谦全集》第一册,浙江古籍出版社 2008 年版,第 158 页。

的例很少。史载和熹皇后在父亲去世时,她"终三年不食盐菜"。①按照《礼记》要求,是两年内不吃盐菜,而和熹皇后坚持了三年,这也许是《后汉书》记载的原因。不食盐菜,到了南北朝期间被作为孝道的一种表现,在江南地区似乎成了一种普遍的风尚,南朝诸史至少有十余处记载。守丧不食盐之所以形成风气,是因为仅以素食守丧还不足以表达孝心,只有不食盐菜,"断诸滋味",方显孝心之坚贞。道德本来就是在欲望的克制中得到体现的,孝名也由此而立。可是这种以古礼为标准的孝行,在唐几乎不见,到宋代也已经很少。但这种不吃盐酪的孝行,其实在宋代的义乌士人中仍然坚持着。吕祖谦为义乌士人楼蕴所作的墓志铭中,敏锐地发现了他守丧不食盐的行为,正是对古礼的一种坚守,因此加以张扬。孝与义总是如影随形,楼蕴也有行义之事迹,吕祖谦说他"性刚介,朋友有过,每面数之;然遇困踬者,亦发橐赈卹无所靳,故皆严惮之而不敢怨"。②楼蕴在宋以后被许多史籍作为孝义代表的经典案例选录,其实就得力于吕祖谦的首倡。

楼蕴之外,朱熹弟子徐侨,也是义乌士人中的一位孝行代表。据其弟子朱元龙等所作《徐文清公家传》记载,徐侨因父丧而哀毁几殆,酱酪不入口,邑人咸称其孝。上溯到徐侨的祖父徐文献,他不仅在家行孝,还在社会上行义。吕祖谦《义乌徐君墓志铭》说徐文献奉后母犹笃,这是孝;又说他为邻里救纷释难,为贫病免费医药,为惸独困瘵而日赋之食,③这便是义行。如果要问义乌以士人为楷模的孝行风尚何以如此之盛,探本溯源,这当然要从颜乌那里说起。颜乌以其感动天地的孝德备受历代推崇,有关他的故事不仅在义乌而且在全国广为流传。试想楼蕴的日负土筑冢,自课三十肩,④与颜乌的行为是何等相似!因此,义乌士人循古礼,重孝行的风尚,其实就是义乌儒学在实际生活中的活态存在。顺便提及,负土成坟,一般认为语出《后汉书·桓荣传》,其实,颜乌负土成坟在秦代业已流传,应该是这一类孝义故事流传的原型之一。

由孝而行义,由义而任侠,似乎是义乌士人的共同文化基因。陈亮为义乌女婿,其学在义乌传播。这些弟子中喻侃、喻南强在维护陈亮学术和营救陈亮出狱方面,体现了极大的担当和勇气,故可视为义乌读书人行侠仗义士风的一个缩影,对此宋濂给予了高

---

① 范晔撰:《后汉书》卷十《和熹邓皇后》,中华书局 1997 年版,第 418 页。

②④ 吕祖谦撰:《东莱吕太史文集》卷第十《义乌楼君墓志铭》,黄灵庚等主编:《吕祖谦全集》第一册,浙江古籍出版社 2008 年版,第 158 页。

③ 吕祖谦撰:《东莱吕太史文集》卷第十《义乌徐君墓志铭》,黄灵庚等主编:《吕祖谦全集》第一册,浙江古籍出版社 2008 年版,第 155 页。

度赞扬。①

如果说由于颜乌的缘故，使义乌文化土壤中具有了天然的儒学有机活性物质，而义乌一邑的士风之养成，人文之塑造，必得益于儒学的长久浸润与能量供给，反过来说，这也正是义乌儒学文脉持续绵延、经久不衰的全部秘密所在。关于义乌儒学文脉的历时性描述，中国社会科学院课题组《义乌发展之文化探源》一书，曾有一些梳理。②翁本忠《中国儒学义乌学系》，则对义乌儒学文脉作了更为全面的勾勒。③他们的成果对义乌儒学具有开拓之功，为我们的研究带来很多启发。颜乌虽然可以给我们充分的儒学想象，而且他的精神也为义乌孝义文化的流衍提供了精神源泉，但真正意义上的儒学史写作，总是要以文本著述为依据的。所以当我们在系统阅读义乌儒学文献时，感到义乌儒学其实还是要从南齐楼幼瑜写起。虽然楼幼瑜的著作只有著录，没有遗存，但总算可以从书名和当时的礼学背景中，大致了解楼幼瑜与他所处时代的儒学图景，以及该图景对于义乌儒学所具有的文献层面上的发端性意义。

当然，我们所说的义乌儒学文脉，只是就每个朝代的大致情况而言。在经历隋、唐、北宋以后，到了南宋，义乌儒学的图景开始变得清晰起来。南宋以降的每个历史时期，义乌都不缺乏代表性的儒学人物，而且这些人物在儒学史上的意义，不仅属于义乌，还属于浙江乃至中国儒学。即以南宋徐侨而论，他将朱熹理学传播到义乌，并使义乌变为当时闽学入浙的一个重要传播基地。某种情况而言，徐侨便是义乌儒学史上一个节点式人物。历史上朱熹理学在浙江的传播有六个系统，而徐侨这一系是最重要的一支，也是谱系绵延最为悠久者之一。徐侨的理学思想以中、诚、仁、命、性、心六字之说为要，虽然他个人的理学著作无存，但他在南宋理宗朝对推动朱熹理学的官方化功不可没。而且他对于《论语》在当时经筵中的地位提升，也作出了历史性努力。朱熹学说，通常有早年未定之论和晚年定论之分，徐侨与陈文蔚通信讨论朱熹人心道心问题，我们窥见徐侨的"人心道心并性理"说，其实就是对朱熹晚年定论的维护。这在一定程度上，可以看出徐侨理学思想的成熟度是在其他同门之上的。

---

① 宋濂撰：《文宪集》卷十《喻侃传》，《四库全书》本。
② 详见中国社会科学院课题组撰：《义乌发展之文化探源》第五章第三节"婺学与朱子学的传承"，社会科学文献出版社2007年版，第103—113页。
③ 翁本忠撰：《中国儒学义乌系》（上下），分别见《义乌方志》2005年第3、4期，义乌市志编纂委员会主办，内部准印第141号，第4—10页、第15—22页。

　　徐侨的三传弟子中，到了元代出现黄溍，号为元儒林四大家之一。黄溍以其庞大的弟子群体，在义乌儒学史上，彰显了他对义乌儒学输出的巨大贡献。黄溍不仅是一位义乌朱子学的传人，他还是一位文章学大家。他所表现出来的儒学与文章学的合流趋势，不仅是黄溍个人的学术与思想特征，也是终元一代的思想文化特征。正因为黄溍是位文章巨匠，同时又是一位理学传人，所以他的许多文章，特别留意以一个人物为线索，去勾勒一个地区的儒学文脉谱系。浙东儒学谱系的建构，以黄宗羲《宋元学案》最为完整与稽详。但在黄宗羲之前，黄溍对浙东儒学的区域性特征描述及其谱系建构，表现出一定的自觉与热情，体现了浙东儒学谱系早期建构的雏形，为《宋元学案》提供了大量素材。如果从史源学角度去对《宋元学案》的史料来源作一番清理，在黄宗羲之前，黄溍对于宋元浙东儒学谱系构建的早期贡献，我们会看得更为清楚些。

　　黄溍的许多重要弟子，如王祎、宋濂等，在明代初期成长为洪武儒学的主流。王祎作为明代义乌儒学的重点人物，原来的关注点主要在他的史学，而或多或少忽略了他的儒学成就。他不仅在经学上具有自己独立的见解，理学思想、礼制思想也较为系统。我们在通读他的《大事记续编》之后，这个看法更加坚定了。王祎以礼学家视野撰《大事记续编》，其与朱熹《通鉴纲目》最大不同在于对历代礼制的重视与辑述，这一点在《大事记续编》汉代部分表现尤为明显。因此，倘要研究以王祎为代表的明代学者对汉代礼制的看法，《大事记续编》是很好的材料。王祎《大事记续编》全书七十七卷，所谓"续编"，乃据吕祖谦《大事记》而言。王祎《大事记续编》旨在接续吕氏之书，故其起于汉武帝征和四年(前89)，止于五代后周世宗恭皇帝显德六年(959)。与吕书体例有所不同的是，他将《解题》附于各条之下，不别为一书。《大事记续编》中，有二十卷涉及汉代史事，占全书卷数的四分之一。值得注意的是，在每一卷几乎都有关于汉代礼制的辑述，连缀成篇，其实就是一部简明的汉代礼制史。王祎《大事记续编·解题》对于西汉以来庙数之分歧、尊亲之冲突、兄终弟及、庶接嫡统之混乱以及由此而引发的一次又一次庙议，皆做了一定程度的梳理。这些梳理，对于我们了解汉代中后期"一祖二宗四亲庙"的七庙制确立过程有相当的帮助，他也因此成为较早对西汉宗庙制度予以系统关注的历史学者之一。尤其对于元帝的庙制改革，以及后来的曲折反复与深远影响的辑述，体现了王祎修史不同于吕祖谦、朱熹的新的关注点。

　　明代万历以降，基层学者或非主力学者的阳明观，其实是一个有意思的话题。以王祎为代表的明代义乌儒学，大抵以坚守朱子学为主，但阳明学在义乌也有一定受众。其中金世俊为明代后期义乌阳明学的代表。金世俊主要著作《四书宗贯录》，他的学术思想主张"博约一致，性教一体"，达成的路径便是"以阳明之主意，用紫阳之工夫"，试图打通朱、王以和合之，这也是明代万历以降基层学者的一种普遍性努力。金世俊弟子颇众，形成一个以他为中心的义乌基层阳明学群体，在地方基层学者中影响不小。

清代浙江的汉学与宋学都有很好的表现。就清代义乌汉学而言，陈熙晋恰好以其主要生活在嘉道时期，而成为义乌那个时期汉学的代表。当然，义乌儒学学脉延伸到清代，最能代表义乌儒学高度的还是朱一新。朱一新是清代义乌儒学符号式人物，是故清代义乌儒学之特征，某种程度而言，其实就是朱一新学术与思想之特征。朱一新出身诂经精舍，他的学术经历了出汉入宋、汉宋兼容的两个阶段。但从理学立场来看，朱一新在尊崇程、朱的同时，又强调学术的经世致用，这一点又体现了他作为浙东学人的固有气质。理学家在晚清以来经世意识越来越强，这是由于巨大社会变革催发的思想上觉醒。朱一新的经世意识，是建立在他对时局极度关注基础之上的。清光绪九年（1883）夏，法国军队占领越南。接下来法军窥视我云南、广西边陲，蠢蠢欲动。朱一新上《请速定大计以措危局疏》，以为"今日情形，有不能不战之势四，有必当急战之机三"，[①]主张坚决抗法。但在同年十二月，中国在中越边境抗法失败。对此，朱一新忧心忡忡，于是在清光绪十年（1884）四月十八日，朱一新又上《和议未可深恃疏》，建议饬严海防。同年九月初七接着上《敬陈管见疏》，指出"防务不可不加意讲求，饷需不可不预为筹备"，[②]并开具有关加强防务、抵抗入侵之策略。朱一新的经世思想中，海防占有突出位置，这也是当时学者经世意识的一个重要转向。光绪十二年（1886）六月，朱一新上《敬陈海军事宜疏》，因"南北洋地势辽远，宜建胶州为重镇，以资联络，兼以屏蔽北洋"，[③]故提议建设胶州海军基地；并提出在广东、福建兴办水陆学堂，训练储备海洋人才等等。这些思想与洋务派不谋而合，使他成为理学家中非常重视海洋经略的代表，这又恰好印证他一贯主张的"时务特经济之一端"的理念。也正如此，以朱一新为代表的义乌儒学经世倾向，作为嘉道理学经世的发展，又在光宣时期被赋予新的时代内涵，这也是义乌儒学与时俱进的突出表征之一。

清代儒学总走向为：由清初理学与考据学的反复与博弈，到清中期的考据学占上

① 朱一新撰：《佩弦斋文存》卷首《请速定大计以措危局疏》，《拙庵丛稿》，清光绪二十二年龙氏葆真堂刻。

② 朱一新撰：《佩弦斋文存》卷首《敬陈管见疏》，《拙庵丛稿》，清光绪二十二年龙氏葆真堂刻。

③ 朱一新撰：《佩弦斋文存》卷首《敬陈海军事宜疏》，《拙庵丛稿》，清光绪二十二年龙氏葆真堂刻。

风,再到清后期理学和考据学的兼宗和融合。朱一新的学术,体现了考据学与理学在晚清儒学中的合流趋势。如果说这种合流也是浙粤派儒学共同保持的姿态,那么,因为朱一新从杭州诂经精舍到广州广雅书院,便似乎具有了预先设定的象征意义了。义乌儒学的输出从元代黄溍开始,成为浙东儒学的一道风景。但黄溍的儒学输出地域仅以浙江为限,因为他的弟子主要集中在浙省之内。而朱一新由于就任广雅书院山长之故,他的儒学输出意义,则超越了浙江的地理界限,到达了岭南的两广地区。两广地区的广东在清代以前一直处于中原中心观念的遥远边缘,但清中期以来实行一口通商的对外贸易政策,受西风东渐的影响,使广东开始不再按照传统中国的发展模式与轨道前行,这里已经成为中西交流、新旧碰撞前沿和敏感区域。朱一新出生成长在浙东腹地,具有深刻的浙东学术背景,又同时在诂经精舍接受严格的汉学训练,因此他对于广雅书院的意义,主要在他将浙东学术精神和治学传统带到了岭南地区,这也可视为义乌儒学的一次长距离播迁。当然,从一个更高的抽象层次来看待朱一新的意义,他虽然将义乌儒学带入广东,但也是因为他,又将义乌与晚清风云变幻、中西文化思潮激荡跳跃的广东联系在了一起,唯此,义乌因为朱一新的缘故,与广东也建立了无形的精神联系之纽带。而且,由于他和康有为有过关于今古文之争,这不仅成为晚清最重要的学术事件,还是区分他们所代表的两个不同时代、两个不同学术背景的话语标识性事件,这些都为义乌儒学历史打下了烙印。朱一新与康有为虽然年龄相差只有十几岁,但却是两个不同时代的学者,故朱、康之争,不仅是今、古文之争、《公羊》之争、性理之争,更主要的意义在于他们分别为两个不同时代的理学家代表,他们的争论实际上代表着一种时代的终结和一个时代的开始。从这个意义上来说,朱一新似乎称得上是传统中国最后一位理学家。

综上,义乌儒学文脉从南宋以后未曾中断,且线条清楚。我们在阅读文献过程中,还发现一个非常有意思的学术细节,可以证明义乌学脉至今也不曾中断。元代学术,不重考据,故黄溍的《日损斋笔记》考据学成就在元代学者中比较少有。《日损斋笔记》分为辨经、辨史、杂辨三个部分,涉及校勘文字、辨析名物、补正讹误、考证制度、疑古辨伪等方面的旨趣。但对有些不能很好解决的问题,黄溍则存疑慎断。"尽信书不如无书",研究历史也要有存疑精神,黄溍《日损斋笔记》中所体现出来的学术思想,充分说明了这一点。《日损斋笔记·辨史》第一则,辨《史记》"徇齐"之义。云:"《史记》'黄帝幼而徇齐',《家语》《大戴记》并作'叡齐'。司马贞曰:'徇亦作浚。'盖以徇与浚音相近、浚与叡文相近而言也。又曰:'浚当读为迅。'则又因裴骃训徇为疾,而以迅为疾,义相近而言也。去古既远,经史中鲁鱼亥豕,若此者不一,学者必欲以意强通之,岂缺疑之义乎?"①由于司马贞和裴骃的两种不同解释,使历代注家对"徇齐"之"徇"的注释也分为这两派。对此黄溍认为倘以意强通,反不如阙疑为好,这是比较谨慎的存疑态度。直到今天,由于敦煌文献的研究进一步深入,人们对《史记》"徇齐"的解释,才终于有了定论。当代学者张涌泉十分重视敦煌文献对故书的校勘价值,认为敦煌文献中保存了古书的较早抄本或引文,可据以纠正传世文献的一些传刻之误。他说,《史记·五帝本纪》:"黄帝幼而徇齐"之"徇",清段玉裁引《素问·上古天真论》曰:"黄帝幼而徇齐,长而敦敏。"王冰注:"徇,疾也。"谓今本《史记》"徇"为"徇"之讹,王筠谓《史记》"徇"当作"徇"。而敦煌写本斯388号《字样》:"徇,行示;徇,疾也,即《史记》'幼而徇齐'字。"今得敦煌写本所引,乃知《史记》原文实本作"徇",则裴注可通,段校王校可从,而司马说为妄也。②值得一提的是,元代由义乌黄溍所关注的这个问题,越七百余年后又由另一位义乌籍学者张涌泉据敦煌写本得到彻底解决,这便是义乌儒学文脉至今未曾断绝的最好明证。

本书的写作框架,分为上下二编。其中上编为"义乌儒学通论",即对南齐、南宋、元、明、清义乌儒学作历时性梳理与描述。有详有略,依文献多寡来作安排。下编为"义乌儒学专论",主要对义乌儒学史上的一些重点人物作专门的研究。如果在专论中将出现的儒学人物的某些内容,那么在上编则尽量不多涉猎,仅作一般性介绍,并注明"详后专论",以免重复。在具体的写作策略上,我们试图将义乌儒学在每一阶段的发展都放置于较大空间尺度的儒学背景中来加以考量,旨在规避就事论事之嫌。这样做实际上对我们自己的学力提出了挑战,因为如何将大背景儒学与义乌儒学作出有机的关联性解释,实际上存在一定困难。回过头来看,我们在这部分还做得不够娴熟,生硬的地方不少,提升的空间还很大。但是,对县邑这样一个地方性儒学的研究,如果缺少了大背景的参照,似乎又显得有些过于扁平化,因而缺了一些纵深感和立体感,考虑再三还是遵从了内心的叙述策略,并希望得到专家的批评指正。

此外,因为本人对于文献的偏好,有离开文献说话心里不踏实的习惯,加上考虑到义乌儒学资料有些确实比较难得,所以有意识地加大了原始资料的引用比例,这样便给

---

① 黄溍撰:《日损斋笔记·辨史》,《四库全书》本。
② 张涌泉撰:《从语言文字的角度看敦煌文献的价值》,《中国社会科学》2001年第2期。

行文的流畅带来了伤害，也间接影响了文本的视觉效果。其中还有很大一部分的分析，属于文献学分析范畴。但好在早期儒家们都有重视文献可征的传统，所以便少了些顾忌。说到这里，不得不提及傅寅《禹贡说断》一书的文献价值。傅寅《禹贡说断》由于征引繁富，有些被征引的书籍今已亡佚，因此该书在《尚书》学史上的地位，不仅表现为傅寅本人对于《禹贡》的诠释与解说有其独到价值；而且从文献学角度看，该书对于已经亡佚的宋代《尚书》学文献还有一定的辑佚价值。不惟如此，由于傅寅所引吕祖谦说，还无意间为我们提供了另一种形态的吕祖谦语录体《尚书》解说的局部面目。如果我们将傅寅《禹贡说断》引吕祖谦说，与今通行本《东莱书说》进行比勘，就能发现吕祖谦定本和时澜增修本出现以前的《东莱书说》版本原始生态，这是一件很让人兴奋的事情。

义乌作为一个县邑的存在，在当今全球化的时代，他已经大大超越了其地理和行政的、有形和无形的边界。从世界范围看，凡有井水处，就有义乌货。义乌就像一个万花筒的小小窗口，透过这个窗口，可以看见一个变幻莫测、五色斑斓、无穷无尽的转动的世界。而在博大的儒学天地里，义乌儒学也正是这样一个小小的窗口，透过它，可以看见中国儒学清澈的源头活水与浩瀚的万紫千红。本书作为一个县邑的儒学史著作，只是尝试着初步建立了一个县邑的儒学精神档案、谱系，并寻找其传统，藉此希望为义乌商业与儒学这两个世界的打通做些基础性工作。

曾几何时，在中国传统的乡邦观念里，同郡同邑同里，是一件多么美好的事情。但我们在汗牛充栋的儒学史著述中，却很少遇见来自故乡——郡邑的儒学风景。看来，在这样一个高度关注乡愁的时代，中国的儒学叙事，似乎到了放下身段走向追寻郡邑儒学之途的时候了。是的，当我们返瞻郡邑万家灯火的时候，真要扪心自问，我们此刻是否已经踏上"行行重行行"的回家之路了！

义乌，虽然不是我的故乡，但当我们回望郡邑儒学炊烟升起的时候，这种禀有米、厨有薪的文化感觉其实都相似——那便是心里踏实！

上编　义乌儒学通论

义乌儒学,从南齐之发端,到南宋之勃兴,继元明之传衍,而后清朝之发光等几个历史阶段。从目前资料来看,南齐楼幼瑜似已启义乌儒学之端。南宋乃理学集大成时期,故此时也是义乌儒学勃兴的重要时期。徐侨将朱熹理学传入义乌,使义乌成为朱熹理学在浙江的重要传播基地,开启了日后义乌儒学发展的潮流。元代,义乌儒学的发展主要表现为对南宋的传承和光大,以黄溍为代表的义乌儒学,开创了义乌儒学向周边地区输出的新局面。明代初期,以王祎为代表的义乌儒学是洪武儒学主流的重要构成之一,凤林王氏家族成长为义乌著名的儒学家族,明代后期阳明学在义乌也有所表现。清代,义乌儒学再次发出光芒,出现汉学与理学相融局面,陈熙晋、朱一新为当时知名学者,尤其是后者,被视为浙江最后一位理学家。

第一章　南齐义乌儒学

从目前文献资料来看，义乌儒学的发端，源自南齐时代的一位学者楼幼瑜。他是一位礼学家，同时也是一位当时兴办私学的代表人物。

一、南朝玄学背影中的礼学复兴

（一）南朝玄学方向的迷失

汉末以来的玄学之风，发展至南朝梁出现了分水岭。清人焦循说："正始以后，人尚清谈，迄晋南渡，经学盛于北方。大江以南，自宋及齐，遂不能为儒林立传。梁天监中，渐尚儒风。于是《梁书》有《儒林传》，《陈书》嗣之，仍梁所遗也。"①但儒学在南朝梁虽已抬头，玄学之风仍炽，这在《颜氏家训·勉学篇》记载得很具体：

> 洎于梁世，兹风复阐，《庄》《老》《周易》，总谓"三玄"。武皇、简文躬自讲论。周弘正奉赞大猷，化行都邑，学徒千余，实为盛美。元帝在江、荆间，复所爱习，召置学生，亲为教授，废寝忘食，以夜继朝，至乃倦剧愁愤，辄以讲自释。②

而且，玄学对于南朝的儒学研究本身甚至还出现了较为明显之渗透，皮锡瑞云：

> 如皇侃之《论语义疏》，名物制度，略而弗讲，多以老、庄之旨，发为骈俪之文，与汉人说经相去悬绝。此南朝经疏之仅存于今者，即此可见一时风尚。③

但是，若就玄学自身发展作深层探究，其实南朝玄学与魏晋玄学所各具备之内在面相，因为时代变迁，实已大不相同。其最经典之表现，就是玄学在南朝的存在已经是有名无实。这主要表现在玄学与儒家名教之对抗锋芒渐钝，玄学自身的方向感迷失。如果说汉末至晋两百多年的玄学，是对统治思想界近四百年正统儒家名教之学进行批判的时代，同时也是玄学最具魅力之哲学论辩时代。那么，到了南朝玄学，其异端与叛逆的个性基本丧失。至今看来，南朝一百六十九年的玄学不过是东汉末至两晋两百多年

① 焦循：《雕菰集》卷十二《国史儒林文苑传议》，清道光岭南节署刻本。
② 颜之推撰，王利器集解：《颜氏家训集解》卷第三《勉学篇》，上海古籍出版社1980年版，第197页。
③ 皮锡瑞著，周予同注释：《经学历史》六《经学分立的时代》，中华书局2004年版，第123页。

玄学的余绪而已。

（二）玄学背影中的礼学复兴

就所谓的玄学家而言，多数亦不过是披着玄学外衣的经学家。如严植之"少善《庄》《老》，能玄言，精解《丧服》《孝经》《论语》。及长，遍习郑氏《礼》《周易》《毛诗》《左氏春秋》。……所撰《凶礼仪注》四百七十九卷"；①太史叔明"少善《庄》《老》，兼通《孝经》《论语》《礼记》，尤精'三玄'"；②顾越"遍该经义，深明《毛诗》，傍通异义。特善《庄》《老》，尤长论难，兼工缀文，闲尺牍……所著《丧服》《毛诗》《老子》《孝经》《论语》等义疏四十余卷，诗颂碑志笺表凡二百余篇"。③这些人虽然少善《庄》《老》，能玄言，或特善《庄》《老》，尤长论难，但最终留下的仍然是各类经学著作。所谓"少善《庄》《老》"，一个"少"字，足以象征"玄学"对于南朝的经学家而言，正如少时已去的背影，是渐行渐远的了。

因此，南朝的玄学发展已经进入到内儒外玄时期，此即所谓玄学退出舞台之际，儒学强势回归之时。此一时期儒学之回归，高调直指儒学的核心领域——礼学。故皮锡瑞云："南学之可称者，惟晋、宋间诸儒善说礼服。"④指出了南朝对于《仪礼·丧服》研究的突出贡献。

二、南齐楼幼瑜礼学著述

南齐的礼学研究，主要有王俭、何佟、司马宪、沈麟士、田僧绍、刘瓛、王逡和楼幼瑜等。这些礼学家可分为官方礼学和民间礼学两种情形。官方礼学以王俭为代表，其长于礼学，谙究朝仪，每博议，证引先儒，罕有其例。王俭重视汉儒传统，著有《古今丧服集记》三卷、《礼义答问》八卷、《丧服图》一卷、《礼论要钞》十卷、《礼答问》三卷等，并且据古礼而对朝廷新的礼仪制定多有贡献。民间礼学则以刘瓛和楼幼瑜为代表。刘瓛撰《丧服经传义疏》一卷，其儒学冠于当时，所著文集，皆是《礼》义。楼幼瑜撰《丧服经传义疏》《礼捃拾》和《摭遗别记》三种，是除王俭之外南齐礼学著作最多的一位。由此可见，楼幼瑜对于南齐礼学的贡献是突出的。

---

① 李延寿撰：《南史》卷七十一《列传》六十一《儒林·严植之》，中华书局 1997 年版，第 1735—1736 页。
② 李延寿撰：《南史》卷七十一《列传》六十一《儒林·太史叔明》，中华书局 1997 年版，第 1741 页。
③ 李延寿撰：《南史》卷七十一《列传》六十一《儒林·顾越》，中华书局 1997 年版，第 1753—1754 页。
④ 皮锡瑞撰，周予同注释：《经学历史》六《经学分立时代》，中华书局 2004 年版，第 118 页。

（一）楼幼瑜事迹述略

关于楼幼瑜，史籍记载简略。其事迹最早见于梁萧子显所撰《南齐书·徐伯珍传》的附录，云："同郡楼幼瑜，亦儒学。著《礼捃拾》三十卷。官至给事中。"①徐伯珍究寻经史，儒者宗之，受业生凡千余人。《南齐书》写人物列传，采取的是籍贯靠近原则，徐伯珍是太末人（今龙游），楼幼瑜是乌伤人（今义乌），但都同属于当时的东阳郡，故将楼幼瑜置于徐伯珍的传后。值得注意的是，唐代李延寿撰《南史》两次将楼幼瑜写入列传中。第一次在《列传》卷四十，将楼幼瑜附于刘瓛传后，云："又东阳娄幼瑜字季玉，著《礼捃拾》三十卷。"第二次是承袭萧子显做法，把徐伯珍、楼幼瑜同视为"高逸"，将楼幼瑜放在《南史·隐逸》传中，附于徐伯珍之后。其卷六十六云：

> 伯珍同郡娄幼瑜字季玉，亦聚徒教授，不应征辟，弥为临川王映所赏异，著《礼捃拾》三十卷。②

郑樵《通志》一百三十八《列传》第五十一照抄《南史·列传》卷四十，亦将楼幼瑜附于刘瓛传之后。王钦若《册府元龟》卷五百九十八《学校部·教授》，虽仿《南史·列传》卷四十做法，将楼幼瑜附于刘瓛传之后，但所用资料却又是采用《南史·隐逸》的，其云："楼幼瑜字季玉，亦聚徒教授，不应征辟。"今存义乌最早志书是万历《义乌县志》，将楼幼瑜置于"文学传"中，卷十四传云："娄幼瑜一名嘉，字季玉，吴侍中玄之六世孙，聚徒教授，不应征辟，为临川王映所赏异，著《礼捃拾》三十卷。又撰《礼记撷遗别记》一卷，《文集》六十六卷。"万历志提到"娄幼瑜一名嘉"，未知何据，待考。

比较《南齐书》和《南史》关于楼幼瑜的传记资料，有一个最大不同是：《南齐书》云"官至给事中"，而《南史》却说"不应征辟，弥为临川王映所赏异"。征辟，谓征召布衣出仕。"不应征辟"，说明楼幼瑜不曾出仕。《南齐书》一方面言楼幼瑜"官至给事中"，另一方面又将他置于"高逸传"中，显然有违体例要求。考察《南齐书·列传》第三十五《高逸》十二位传主如褚伯玉、明僧绍、顾欢、臧荣绪、何求、刘虬、庾易、宗测、杜京产、沈麟士、吴苞、徐伯珍等，无一例外皆征辟不就者。诚如萧子显在《高逸》开篇所说："若今十余子者，仕不求闻，退不讥俗，全身幽履，服道儒门，斯逸民之轨操，故缀为《高逸篇》云尔。"藉此，《南齐书》载楼幼瑜"官至给事中"是值得推敲的。既然《南齐书》要将楼幼瑜

---

① 萧子显撰：《南齐书》卷五十四《列传》第三十五《高逸·楼幼瑜》，中华书局 1997 年版，第 946 页。

② 李延寿撰：《南史》卷七十六《列传》六十六《隐逸下·娄幼瑜》，中华书局 1997 年版，第 1890 页。

附于徐伯珍之后，两人同郡只是地域空间上的考虑，这其实只是一个表层原因。深层次原因是他们另有两个方面更重要的相同之处：一是不应征辟，二是聚徒教授。考察南朝的"不应征辟"者，都有一个共同特征，就是"聚徒教授"，反之亦然。这很可看出那个时代的特色。从历史上看，楼幼瑜们的"聚徒教授"，正是南朝私学繁荣的表现。众所周知，南朝私学是对东晋私学的继续发展，而且局面不断扩大。私学家们致力教育，淡泊功名，故南朝的私学家在行为上都以隐逸山林，乡居不仕为特征。如沈道虔隐居乡里，州郡府十二次请他做官，他概不应命，但却出资使乡里少年相率受学；关康之精通《左氏春秋》，席松叶，枕白石，在山中传授弟子；臧荣绪纯笃好学，隐居京口教授；吴苞善《三礼》及《老》《庄》，宋泰始中过江，聚徒教学；沈麟之无所营求，以笃学为务，他拒绝为官，隐居吴差山，讲经教授，从学士数百人，各营屋宇，依止其侧。与东晋许多为隐居而隐居的逸士们不同的是，南朝的隐士都有着一个崇尚教育的理想，或者说他们的隐居根本就是以教育为目的之隐居，这是非常有意思的现象。总之，南朝诸多的隐逸之士为南朝私学的发展做出了很大贡献，当然也就为那个时代的儒学作出了巨大贡献，楼幼瑜是其中的代表之一。

此外，我们发现各种史志有将幼瑜写作"楼幼瑜"，也有写作"娄幼瑜"的。那么，幼瑜之姓，究竟是"楼"还是"娄"呢？我们认为，《南齐书》是梁萧子显所著，其时去齐不远，故《南齐书》记载幼瑜姓"楼"当是可信的。而唐代李延寿著《南史》，擅改"楼"为"娄"，后人多延其误。明代宋濂曾对"楼""娄"两姓之不能混淆作过辩证。其《义乌楼氏家乘序》曰：

> 东阳著姓载于方策者有八，曰斯、曰留、曰路、曰骆、曰厉、曰哀、曰苗，而楼居其一焉。楼本姒姓，夏少康之后。周封杞东楼公，支孙以楼为氏，亦号东楼氏，城阳诸县有娄乡是其地也。氏族家以娄乡之故，遂谓娄与楼姓同，殊不知娄乃邾娄氏之裔，其姓曰曹，判然不相属也。汉之季世，楼泰字允恭者，始自谯郡徙会稽。其子苗，建安中，又自会稽迁乌伤……①

楼、娄二姓，各自有源，不可混一。其实，在魏征主修的《隋书》中，对幼瑜是姓"楼"还是"娄"已经开始分辨不清了。《隋书·经籍志》一云："《丧服经传义疏》二卷，齐给事中楼幼瑜撰。"又云："《摭遗别记》一卷，楼幼瑜撰，亡。"而在《隋书·经籍志》四则云："《娄幼瑜

---

① 宋濂撰：《文宪集》卷七《义乌楼氏家乘序》，《四库全书》本。

集》六十六卷,亡。"这里,幼瑜之姓已是"楼""娄"并置了。需要说明的是,《隋书》虽名义上是魏征主修,但《经籍志》实则唐高宗显庆元年(656)成于李延寿之手。李延寿等撰《经籍志》正式创立了经、史、子、集四部分类法,记录了从古代到隋朝的历代著作,对后世书籍的分类法产生了深远的影响。到了唐高宗显庆四年(659),李延寿还独力撰成了《南史》八十卷。而在《南史》中,李延寿则干脆在将《南齐书》中幼瑜姓"楼"全改为"娄",这直接导致千百年来人们都误将"楼幼瑜"写作"娄幼瑜"了。前举宋濂虽对"楼""娄"之别有所辨证,但他本人却认为幼瑜是姓"娄"的。其云:

> 至南齐时,有居乌伤竹山里者,曰灵璨,寄迹释氏法中,梁武帝赐号曰'智者大师'。今义乌之智者乡,实因此而得名,其地多楼氏居之。……第智者大师附录以娄幼瑜乃楼玄之裔,而合楼娄为一音者,似为氏族家所误。证诸史传,甚为不然也。[1]

宋濂将"楼""娄"两姓作出分别是对的,但却以为幼瑜姓"娄",则误。其所谓"证诸史传",很可能只证诸《南史》,而未证诸《南齐书》之故。

(二)楼幼瑜之礼学著述

南齐礼学以其王俭、楼幼瑜等为代表,他们尤其重视对丧礼的研究,这其实也代表了整个南朝礼学的研究趋势。王俭撰《古今丧服集记》三卷、楼幼瑜撰《丧服经传义疏》二卷、刘瓛撰《丧服经传义疏》一卷,其他如田僧绍撰《集解丧服经传》二卷、司马宪撰《丧服经传义疏》五卷、沈麟士撰《丧服经传义疏》一卷、王逡撰《丧服世行要记》十卷。由此特别表现出南齐礼学注重丧礼研究的风气,而丧礼中又特别重视对《丧服经传》的义疏工作。关于楼幼瑜礼学著作情况,目前所知者有如下几种:

1.《礼捃拾》三十卷。《南齐书》云:"著《礼捃拾》三十卷。"这是关于楼幼瑜著作的最早记录。这部书《隋书·经籍志》不见载,但同为李延寿所著的《南史》却又两次提到这部书。这是很奇怪的。如果说李延寿编《经籍志》时,这部书已经亡佚的话,照《经籍志》体例也是要注明的,何以不见著录呢? 问题是,在稍后编撰《南史》时,他又提到了这部书。看来,李延寿是否参与《经籍志》的编撰是值得深究的。

那么,《礼捃拾》是一部什么性质的著作呢? 从字面上看,"捃拾"有收集、拾取之意,似乎是一部关于古礼的辑录之作。但明彭大翼《山堂肆考》卷一百二十二、《浙江通志》

---

① 宋濂撰:《文宪集》卷七《义乌楼氏家乘序》,《四库全书》本。

卷二百四十二、清朱彝尊《经义考》卷一百四十均将《礼捃拾》著录为《礼记捃拾》，未知何据。而宋王钦若等《册府元龟》卷六百七云："楼幼瑜著《礼捃遗》三十卷"，将"捃拾"改为"捃遗"，又误。

2.《丧服经传义疏》二卷。《隋书·经籍志》："《丧服经传义疏》二卷，齐给事中楼幼瑜撰。"关于这部书，《经籍志》不曰"亡"，并不说明当时还是存世的。因为若该书唐代还见得着，应该或多或少会被当时治经者所引用。宋王钦若等撰《册府元龟》卷六百六《学校部·注释》第二云："楼幼瑜撰《丧服经传义疏》二卷。"亦未注明亡佚，想是照抄《经籍志》而已。徐乾学曰："《隋书·经籍志》载《丧服经传义疏》其多，《唐书·艺文志》存者渐不多矣。"①据我们对《隋书·经籍志》的统计，共载各类《丧服》注疏七十四部，其中南朝丧礼研究多达三十四部，南齐有六部，而楼幼瑜《丧服经传义疏》居其一。

《丧服》本是《仪礼》第十一篇的篇名。那么，为何在南朝《丧服》研究会成为当时礼学主潮呢？

这首先要从"丧服"在仪礼中的作用说起。"丧服"依亲疏等差分为五服：斩衰、齐衰、大功、小功、缌麻。亦即谓亲疏不同、等级不同，则所服"丧服"亦不相同。因此。某种程度上，"丧服"成为别亲疏、识等级的一个重要符号。各种不同的"丧服"，组合起来便构成了一个表明身份等级的符号系列。在服丧期间，所有言语行事，均受到这些符号的支配。在礼仪的情境中，诚如恩斯特·卡西尔所言，人是符号的动物。而礼仪所规定或创造出来的符号，事实上就是秩序的代名词。倘若用错了这些符号，就是对于秩序的破坏。体现在社会变革上，就是在对原有符号之破坏基础上实现新符号的重构。南朝的经学研究有一个普遍性特征，就是与当时社会的需要有着紧密的结合。而在经学中，与现实最有无限靠近可能的就是礼学。故牟钟鉴云：

> 南朝门阀士族极讲究宗法血统、远近亲疏，这关系到人们社会地位、出路和财产、门弟的承袭。宗法等级关系必须由严格、细琐的礼仪来维持，《三礼》之学恰能满足这种社会需要，故而发达兴旺。②

其实《仪礼》框架内的"五服"，除凶服之五服（丧服）外，还有吉服之五服。所谓吉服之五服，是指天子、诸侯、卿、大夫、士五等之服式。吉服之符号，是以王权为基础所构建的秩

---

① 徐乾学撰：《读礼通考》卷三十七《丧服》八《通论》，《四库全书》本。
② 牟钟鉴撰：《南北朝经学述评》，载《孔子研究》1987 年第 3 期。

序系统，在社会层面上受制于强大的行政安排、干预与监督，具有尊卑的显性特征；而凶服之五服，是以宗法为基础所构建的秩序系统，在伦理层面上受制于强大的血统安排、干预与监督，具有亲疏的隐性特征。南朝门阀制度盛行，讲究宗法血统、远近亲疏，这正是《丧服》主旨与现实要求的契合，才使得当时对《丧服经传》之注疏成为显学。

　　义疏是治经的方式方法之一。内容大致为疏通原书和旧注之文意，阐述原书之思想，或广罗材料，对旧注进行考核，补充辨证。有学者认为，"它是介于义理经学与训诂经学之间的一种经学著作形式"。①皇侃的《论语义疏》，是目前我们所能看到的南朝诸多经疏中至今保存最完整的一部，这对于考察当时义疏之范式，具有标本性作用。楼幼瑜的《丧服经传义疏》虽然已经亡佚，倘若就义疏体例而言，大抵不出皇侃左右。从著作名称上看，楼幼瑜的研究是与当时礼学主流相吻合的。

　　3.《摭遗别记》。《隋书·经籍志一》云："《摭遗别记》一卷，楼幼瑜撰。亡。"这一条记载，因为是作为猴氏《礼记要钞》的附录出现，故可推论楼幼瑜《摭遗别记》全名应为《礼记摭遗别记》。朱彝尊《经义考》卷一百四十云："《礼记摭遗别说》，《七录》'一卷'。"朱彝尊改《隋书·经籍志》"别记"为"别说"，或许是据《七录》所载。

　　根据楼幼瑜遗存的三部礼学著作名称，我们推想，他对于礼学研究是全面且非常有系统的。首先，《礼捃拾》是对于《仪礼》一书的辑录之作，重在文献整理与搜集；其次，《丧服经传义疏》是结合时代需要，对《仪礼》第十一篇《丧服》进行疏解与考核，重在义理与训诂；再次，《摭遗别记》则是对《礼记》思想的讲疏，重在诠释与阐发。这三部著作，构成了他个人的礼学研究框架。

　　除了三部治《礼》著作之外，楼幼瑜还有一部文集。《隋书·经籍志》云："《娄幼瑜集》六十六卷，亡。"检《隋书·经籍志》，其所著录的南齐士人文集共有五十一部，《娄幼瑜集》是其中之一，但文集详情如何，已经无从得知了。

三、楼幼瑜与义乌儒学之发端

（一）汉晋以会稽山阴为中心展开的浙江经学

　　回溯浙江经学发展的历史，东汉时期的会稽山阴，可以说是浙江经学研究的出发之地。其时先有赵晔，到资中县从杜抚受《韩诗》，积 20 年，绝问不还家，其《诗》学有著名的

---

①　牟钟鉴撰：《南北朝经学述评》，载《孔子研究》1987 年第 3 期。

《诗细》。蔡邕至会稽,读《诗细》而叹息,以为长于《论衡》,并将《诗细》带回京师传播开来,学者诵习不绝。与赵晔同时还有山阴人韩说,博通五经,尤擅图纬之学,与蔡邕友善。稍后又有谢夷吾,擅长《春秋》之学,亦精风角占候之术,曾受到班固的举荐,而王充又得到谢夷吾的举荐。总之,浙江经学自东汉以来逐渐在士人中形成风气,从地域角度看,当时的学术中心在会稽山阴。①

三国时期,会稽山阴仍继续保持浙江学术中心的地位,并在此时逐渐形成了治《礼》的传统。这个传统的开创者是阚泽,其学专治三《礼》,并参与孙权朝廷的典礼制定,终成一代礼学名家。与此同时,余姚虞翻特擅《周易》,著《易注》九卷,极为孔融所推崇。孔融评价说:"闻延陵之理乐,睹吾子之治《易》,乃知东南之美者,非徒会稽之竹箭也。"②后世治《易》者,以虞翻与荀爽、郑玄并称为"易学三家"。孔融的预言后来得到验证,虞翻开创余姚虞氏家族学脉,使余姚在浙江成为继山阴之外的又一学术重镇。

东晋时期,山阴的礼学继续发达。其中贺循擅三《礼》之学,《隋书·经籍志》载录有贺循的《丧服要记》《丧服谱》等礼学著作。与此同时,在余姚则有经学家虞喜,与贺循齐名。由于山阴与余姚临近之故,二人常要往返对谈,经宿忘归。虞喜潜心经学,释《毛诗》,注《孝经》,为《志林》三十篇,著述颇丰。

(二) 南朝浙东私学代表楼幼瑜与义乌儒学发端

南朝,浙江经学迎来第一个发展高潮,在地域空间之分布上已经呈现出了鲜明的浙东和浙西两大学术集团。其中浙东经学集团以会稽山阴为中心,经典表现是贺氏家族;浙西经学集团以吴兴武康(今德清)为中心,经典表现为沈氏家族。故有学者认为"这一现象表明,当时浙江经学的传承仍守'师法'甚严"。③从当时经学家族化趋势来看,这是符合历史事实的判断。

为了更清楚地看清南朝浙江经学概况,以下就南朝浙江经学家地理分布略作统计与分析:

会稽郡:朱膺之(山阴)、贺道力(山阴)、贺玚(山阴)、贺琛(山阴)、贺革(山阴)、孔遢(山阴)、孔金(山阴)、孔元素(山阴)、辛普明(原籍河南,侨居山阴)、孔子祛(山阴)、贺德基(山阴)、贺文发(山阴)、虞僧诞(余姚)、虞荔(余姚)、虞愿(余姚)、虞炎(余姚)

---

① 参考沈善洪、费君清主编:《浙江文化史》,浙江大学出版社 2009 年版,第 19 页。
② 陈寿撰:《三国志》卷五十七《吴书》十二《虞翻》,中华书局 1997 年版,第 1230 页。
③ 沈善洪、费君清主编:《浙江文化史》,浙江大学出版社 2009 年版,第 26 页。

东阳郡：楼幼瑜（义乌）、徐伯珍（龙游）、龚孟舒（金华）

吴　　郡：范述曾（钱塘）、全缓（钱塘）、杜之伟（钱塘）、朱异（钱塘）

吴兴郡：吴均（安吉）、太史叔明（乌程）、顾欢（海宁）、顾越（海宁）、戚衮（海宁）、沈麟士（武康）、沈峻（武康）、沈文阿（武康）、沈德威（武康）、沈不害（武康）、沉重（武康）、王慧兴（武康）、沈洙（武康）、姚察（武康）①

从以上浙江经学人物及其地理分布可以看出，历史进入到南朝，浙江经学蓬勃发展，并初步迎来第一个高潮。特别值得注意的是，这时候形成的浙江学术之浙东与浙西两大格局，基本上奠定了未来浙江学术地理分布大势。此仅以浙东而论，学术布局在空间上呈不断丰满的态势。体现在会稽郡区域内部，除山阴学术之外，余姚学术成长迅速。山阴贺氏家族与余姚虞氏家族，成为了会稽郡的两大学术望族。而在会稽郡外部地域，东阳郡学术在开始崛起。东阳郡的学术，以楼幼瑜和徐伯珍而论，是以私学代表的身份登上当时儒学界的。因此，放在浙江经学发展的历史大背景中来考察楼幼瑜，他不仅是南朝浙江私学的代表之一，更因为他是义乌籍人士，所以他也顺理成章地成为了义乌儒学的发端人物。

---

① 以上南朝浙江经学家名单及地理分布情况，据《宋书》《南齐书》《梁书》《陈书》及《南史》综合统计。

第二章 南宋义乌儒学

义乌儒学,自南齐发端以来,历隋、唐、北宋,皆无显绩可陈。但自北宋庆历至宣和年间,义乌一邑出产进士有杨端、杨澄、王固、吴尧、宗泽、王永年、杨与及、杨茂先、杨智及、杨通、陈锡、杨信及、吴禄、陈旸、杨淳、吴种、杨晏、杨沔等十八人,甚至在崇宁五年(1106)有四位进士,大观三年(1109)有三位进士。①这些进士中,尤以杨氏、王氏、吴氏三大家族子弟为多,这至少说明北宋义乌的儒学教育是较为发达的。此后,随着宋朝南迁定都临安,义乌儒学开始迎来一个勃兴的时代。

一、南宋婺州儒学盛况

南宋婺州,领县有七:金华、义乌、永康、武义、浦江、兰溪、东阳。婺州离都城临安较近,以其得天独厚的地理位置,处于浙东中心地带。南渡初,赵宋宗室、达官名宦、世家望族、理学硕儒纷至沓来;因此,婺州不仅是中原文献南渡的重要落脚点之一,而且还在短期内迅速发育成为当时儒学研究的中心,是当时众多学派、各种思想的并生地、交锋地与集散地,儒学生态极为丰富多彩。为此明代义乌学者王祎描述道:

> 吾婺而论之,宋南渡后,东莱吕氏绍濂洛之统,以斯道自任,其学粹然一出于正;说斋唐氏,则务为经世之术,以明帝王为治之要;龙川陈氏,又修皇帝王霸之学,而以事功为可为。其学术不同,其见于文章,亦各自成其家。而香溪范氏、所性时氏,先后又间出,皆博极乎经史,为文温润缜练,复自成一家之言。②

由此可见,南宋婺州为中国儒学发展和理学传播作出了巨大贡献。

(一)南宋婺州儒学四派及其影响

南宋学术鼎盛于孝宗乾道、淳熙年间(1165—1189),之后一直持续到理宗朝。南宋儒学之整体发展,体现了一个鲜明的时代特色,这便是学派林立,各有渊源,各有地域,

---

① 详见龚延明撰:《义乌历代登科录》上编《宋代进士录》,浙江古籍出版社 2014 年版,第5—94 页。
② 王祎撰:《王忠文集》卷五《宋景濂文集序》,《四库全书》本。

各有团队。而从宏观上看,乾淳之盛,又集中表现在婺州。全祖望这样描述婺州之学的盛况:

> 乾淳之际,婺学最盛。东莱兄弟以性命之学起,同甫以事功之学起,而说斋则为经制之学。①

据《宋元学案》可知,在当时婺州儒学学派至少有吕祖谦的性命之学、陈亮的事功之学、唐仲友的经制之学等三大学派。倘对史料再作梳理,在三派之前,其实还有范浚的心性之学。范浚是南宋婺州早期儒学的代表人物,故全祖望云:

> 伊洛既出,诸儒各有所承。范香溪生婺中,独为崛起,其言无不与伊洛合,晦翁起之。②

范浚以其世号香溪先生,故后人目其学为香溪之学。婺州以七县之地,而学派有四,故全祖望所言"乾淳之际,婺学最盛",斯言不虚。

婺州儒学的兴盛及其影响,在当时是超过其他任何地方的。婺州作为南宋重要的儒学基地,也要早于其他地方形成。仅以吕祖谦的性命之学而言,有一个数字可以说明这个问题。据田浩分析统计,从 1167 年到 1179 年间的 12 年中,朱熹似乎只有区区 49 位弟子投其门下,而吕祖谦在 1180 年一年里就有将近 300 名弟子。③朱熹后来的众多弟子,差不多是在吕祖谦去世以后逐渐招收的。这虽然只是一个大概的数字,但足以说明以吕祖谦为代表的婺州儒学基地之形成,在时间上要早于以朱熹为领袖的闽北儒学基地。而且,朱熹理学在婺州的大面积传播,也是在吕祖谦去世以后。

吕祖谦的性命之学,以婺州为中心扩展到浙江其他地方,如平阳、松阳、括苍、遂安、缙云、寿昌、武义、会稽、鄞县,甚至海上的昌国(今舟山)。虽然在浙江以外地区,只有福建黄涣、黄谦、郭敏中、郭允中、郭时中五位,但我们不能说吕祖谦性命之学是一个地方性的学派,相反在吕祖谦在世的时候,他本人及其学派的影响是公认超过了朱熹的。朱陆的鹅湖之会,事实上就是凭借他在东南地区的号召力而发起的。

同样为大家所熟知的是,陈亮虽不曾在婺州以外地区发展自身的学术势力,他的学派基本上以永康为圆心在婺州境内活动。从这个意义上看,陈亮事功之学似乎是地方性学派。但事实上,情况远非这么简单。从朱熹与陈亮的往来论辩观察,朱熹非常重视

---

① 黄宗羲等撰:《宋元学案》卷六十《说斋学案》,中华书局 1986 年版,第 1954 页。
② 黄宗羲等撰:《宋元学案》卷四十五《范许诸儒学案》,中华书局,1986 年版,第 1438 页。
③ 田浩撰:《朱熹的思维世界》,陕西师范大学出版社 2002 年版,第 101 页。

这个学派的影响力,朱熹还把次子朱在交给陈亮培养,至少说明陈亮事功之学虽然在传承上局限于婺州,但在声名与影响上却大大超越了婺州。一句话,陈亮事功学派在当时也是属于全国性的学派。

（二）外来学派在婺州的争锋

一般而言,学派的地域扩张意识是非常强烈的。学派出于扩张的需要,即从一个空间发展到另一个空间、甚至多个空间,他需要一个牢固的空间基础作为其逻辑起点。同时,地理意义的屏障或行政意义的界限,自然也容易激发人们对于学术空间的圈定激情,并且自觉不自觉地维护这个圈定,或扩张这个圈定。他们通过已经圈定的空间来获得对于抽象的思想地域的现实感,并由此产生以思想来征服空间的胜利感。黄百家云:"黄勉斋榦得朱子之正统。其门人一传于金华何北山基,以递传于王鲁斋柏,金仁山履祥,许白云谦。又于江右传饶双峰鲁,其后遂于有吴草庐澄,上接朱子之经学,可谓盛矣。"①此叙朱子学由宋而元的传播,路线非常鲜明。事实上,《学案》此语,已包涵了对思想地域和地域思想的双重描述,即朱子学于黄榦之后两个重要的空间走向:浙江的金华与江西的余干。这两个地域后来成为朱子学的重要基地,似乎已在历史的预料之中,因为何基、饶鲁分别就是金华和余干人。这也是《宋元学案》书中特别重视学者籍贯的原因。是故,《宋元学案》作者将思想之线索与地域之线索作互相配合的运用,极大丰富了我们对于学术史的图景想象,并使我们的阅读产生了重返历史现场的快乐与享受。在中国,文学的传承远没有学术的传承关系来得紧密,同样,文学的归派意识也没有学术的归派意识来得强烈。我们通常对于文学史上文学流派的描述十有八九是后人追认的,比如,盛唐时期的山水田园诗派、北宋时期的江西诗派等。但是,当我们返观中国学术史现场就会发现,学术上的归派意识是用不着后人去费心建构和论证的。它们大都是一种历史的客观存在。这是因为学术的继承性,比文学的继承性要强得多。换句话说,文学派别的地盘意识,远没有学术派别的地盘意识要来得强烈与冲动。文学满足于沉醉,而学术渴望扩张。在学术扩张的背后,其实隐藏着两个鲜明的动机,这就是为政治的动机和为经济的动机。一般情况,这双重动机的实现者是很少的。为政治的动机,使学术变得崇高;而为经济的动机,则使学术依靠学术养活了自己。这种情况自先秦以来都没有太大的改变。也正因为这两个动机的并存,使学术具有了野心,而野心是扩张的前提条件。

---

① 黄宗羲等撰:《宋元学案》卷八十三《双峰学案》,中华书局 1986 年版,第 2812 页。

在婺州的儒学生态中,外来学派与本土学派的争锋,极大丰富了婺州儒学的内涵,也使婺学之盛具备别样的色彩。根据我们对《宋元学案》的统计与分析,差不多当时所有重要的学派,都有婺州籍弟子,这说明婺州作为当时儒学的中心,也是外地学派的争锋之地。

我们先看朱熹在婺州门人及其传承情况。朱熹一传弟子有金华潘友恭、杜旃、杜斿,义乌徐侨、傅定,永康应谦之、应纯之、应茂之,东阳杜知仁、杜煜;二传弟子有金华何基与何南坡兄弟,义乌王世杰、朱元龙、叶由庚、朱中;三传弟子有金华何钦、何凤、王柏、汪开之、倪公晦、倪公度、倪公武、王侃、王野,义乌石一鳌,兰溪张润之、金履祥、金麟,东阳马光祖。[①]再看其他学派在婺州的传播。其中湖湘学代表张栻,在婺州一传弟子有金华宋生生、潘友端,二传弟子有金华宋自造。[②]江西之学代表陆九渊,婺州弟子有潘友久。[③]永嘉之学代表叶适,婺州弟子有金华王植、张垓,东阳厉仲方。[④]陈传良在婺州一传弟子有东阳倪千里,二传弟子有义乌人士虞复。[⑤]

综上,南宋当时主要的学术流派,在婺州都有不同程度的传播,其中以朱熹势头最猛。这说明在婺州这个区域,吕祖谦、陈亮、唐仲友之学,与来自闽北武夷山区的朱熹理学是有竞争的。朱熹理学在婺州传播策略很值得作深入研究。朱熹一生曾数次提到"浙学",如为范浚作小传时说"近世言浙学者多尚事功",[⑥]又如在《答程正思》中云:"浙学尤更丑陋,如潘叔昌、吕子约之徒,皆已深陷其中。"[⑦]一般认为朱熹所谓"浙学"主要指永嘉、永康的事功、功利学派,其实若还原朱熹所云"浙学"之历史语境,在当时主要是专指吕祖谦之学。[⑧]直到淳熙十五年(1188),朱熹全面发动对"浙学"的论辩,仍然是针对吕祖谦以后的婺州学者吕祖俭、潘景愈等人。这从一个侧面可以看出,吕祖谦之学,在当时的影响之巨。朱熹虽然不满"浙学",但他又把自己的长子朱塾放在吕祖谦处,由

① 据黄宗羲等撰:《宋元学案》卷四十八至四十九《晦翁学案》、卷六十九至卷七十《沧州诸儒学案》统计,中华书 1986 年版。

② 据黄宗羲等撰:《宋元学案》卷五十《南轩学案》统计,中华书局 1986 年版。

③ 据《宋元学案》卷五十八《象山学案》、卷七十七《槐堂诸儒学案》统计,中华书局 1986 年版。

④ 据《宋元学案》卷五十四至卷五十五《水心学案》统计,中华书局 1986 年版。

⑤ 据《宋元学案》卷五十三《止斋学案》统计,中华书局 1986 年版。

⑥ 朱熹撰:《范浚小传》,见《范香溪先生文集》卷首,《四部丛刊续编》景明万历刊本。

⑦ 朱熹撰:《晦庵先生朱文公文集》卷五十《答陈正思》,朱杰人等主编:《朱子全书》第二十二册,上海古籍出版社、安徽教育出版社 2002 年版,第 2327—2328 页。

⑧ 参考闵泽平撰:《朱熹与"浙学"》,载《浙江海洋学院学报》(人文社科版)2009 年第 4 期。

他来亲自培养,而吕祖谦又将朱塾安排在其弟子潘景宪家中居住。后来,朱塾迎娶了潘景宪之女。潘氏乃婺州望族,朱熹与当地这样的望族联姻,其用意是大可深究的。果然,吕祖谦去世之后的婺州学术大本营,基本上让位给了朱熹。这在《宋元学案》所列吕祖谦之学的二传和三传之凋零已见分晓。

几乎可以说,朱熹在吕祖谦去世以后,把他的理学传播基地由较为偏僻的闽北武夷山区搬到了离临安不远且交通发达的婺州。这在客观上使婺州儒学继吕祖谦之后,进入到朱熹的时代,同时也为婺州儒学发展掀起了第二个高潮。因此,在论及南宋婺州儒学之盛时,应将吕祖谦去世以后的功劳记在朱熹的账簿上。当然,朱熹理学之所以能在婺州立足,除北山四先生之外,义乌徐侨也功不可没(详后)。

二、婺州儒学四派与义乌

从南宋初期到乾道、淳熙年间,婺州儒学的四个派别,都在义乌有所传播与发展。

(一) 范浚与义乌儒学

南宋前期的义乌儒学,值得一提的是陈九言。《宋元学案》卷四十五《范许诸儒学案》云:

> 陈九言,字永叔,义乌人也。香溪之兄孙婿,因之从学,养亲读书。香溪称其有志而能勉于行,亦自修之士也。[①]

陈九言,是目前文献所知南宋前期的义乌儒学人物,他拜范浚为师。范浚(1102—1151),字茂明,世称香溪先生,婺州兰溪人。绍兴初举应贤良方正试,以秦桧当国辞不赴。讲学授徒,学生至数百人。

范浚是宋代婺州本土诞生的第一位理学大师。全祖望曾言:"伊洛既出,诸儒各有所承。范香溪生婺中,独为崛起,其言无不与伊洛合,晦翁取之。"[②]范浚本人《与潘左司书》云:

> 肤受末学,本无传承。所自喜者,徒以师心谋道,尚见古人自得之意,不劫劫为世俗趋慕耳[③]。

由是可知,范浚之学既不得传于伊洛,则当得之于遗经。此所谓遗经,从范浚本人言"以

① 黄宗羲等撰:《宋元学案》卷四十五《范许诸儒学案》,中华书局 1986 年版,第 1447 页。
② 黄宗羲等撰:《宋元学案》卷四十五《范许诸儒学案序录》,中华书局 1986 年版,第 1438 页。
③ 范浚撰:《范香溪先生文集》卷十六《与潘左司书》,《四部丛刊续编》景明万历刊本。

师心谋道"而推知,当属于子思、孟子之遗经。结合其所论,盖范浚之学,乃直接得自思孟一系无疑。故其《答胡英彦书》云:

> 古人之学不越乎穷理,理之所存,师之所存也。①

由此又知范浚之学,惟在师心自得而已。又《存心斋记》云:

> 学者必先存心,心存则本立,本立而后可以言学。盖学者,觉也。觉由乎心,心且不存,何觉之有?②

最能反映他思想核心的是《心箴》,其云:

> 茫茫堪舆,俯仰无垠。人生其间,眇然有身。是身之微,太仓稊米。参为三才,曰惟心耳。往古来今,孰无是心。心为形役,乃兽乃禽。惟口耳目,手足动静。投间抵隙,为厥心病。一心之微,众欲攻之。其与存者,呜呼几希。君子存诚,克念克敬。天君泰然,百体从令。③

朱熹曾将《心箴》整体引入其对《孟子·告子上》的集注之中,以证养心之法。范浚的理学思想中,心具有本体地位,故可与宇宙同观;但人心惟危,故须存诚克敬,如此方能臻于"天君泰然,百体从令"之境。对于范浚心性论的历史贡献,明代童品曾这样描述:

> 自孔孟既殁之后,圣贤心学不传寥寥千百余年矣。至宋仁宗时有濂溪周子得不传之学,倡道于前,河南二程子及横渠张子相继于后,而东南知有圣贤心学实自先生始。④

照童品看来,以传孔孟圣贤心学为己任者,事实上应有南北两个系统,其中北方系统的程颢、程颐与张载,以洛阳、关中为中心;南方系统的代表就是范浚,以婺州为中心。这两个系统虽在时间上有先后,但并无师承关系,因此是平行的。当南北之交,伊洛之书盛行浙东,其中除"永嘉九先生"得之为著之外,浙东其他诸儒,亦大率承伊洛之风而出,独范浚不在见知闻知之列,故章懋云:

> 独是吾乡圣贤之学前此未之闻也,而浚其源者自先生始,继而后有东莱兄弟丽泽之讲授,又其后何、王、金、许遂相继以得考亭之统,道学之传于是为盛,非先生之功而谁功?⑤

---

① 范浚撰:《范香溪先生文集》卷十六《答胡英彦书》,《四部丛刊续编》景明万历刊本。
② 范浚撰:《范香溪先生文集》卷六《存心斋记》,《四部丛刊续编》景明万历刊本。
③ 范浚撰:《范香溪先生文集》卷五《心箴》,《四部丛刊续编》景明万历刊本。
④ 童品撰:《香溪范先生传》,见《四部丛刊续编》景明万历刊本《范香溪先生文集》卷首。
⑤ 章懋撰:《重刊香溪先生文集序》,见《四部丛刊续编》景明万历刊本《范香溪先生文集》卷首。

基于此,清代乾隆年间浙江督学使雷鋐尊范浚为"婺学之开宗,浙学之托始",堪称的论。

有意思的是,范浚虽为"婺学之开宗,浙学之托始",但此后朱熹却以范浚之"圣贤心学"来作为批评浙学"多尚事功"的武器。今存明万历刊本《范香溪先生文集》,卷首收录有朱熹为范浚所作《小传》,全文如下:

> 范浚,字茂明,婺之兰溪人,隐居香溪,世号香溪先生。初不知从何学,其学甚正,近世言"浙学"者多尚事功,浚独有志圣贤之心学,无少外慕。屡辞征辟不就,所著文辞多本诸经而参诸子史,其考《易》《书》《春秋》,皆有传注,以发前儒之所未发。于时家居受徒,至数百入,吾乡亦有从其游者。熹尝屡造其门而不获见,近始得学行之详于先友吕伯恭,庸述小传,以闻四方学者。①

此外,《朱子语类》卷五十九载朱熹与弟子辅广就《孟子·公都子问钧是人也章》相关问题对话时,对范浚的学术来源是这样回答弟子的:

> 问:《集注》所载范浚《心铭》,不知范曾从谁学?"曰:"不曾从人,但他自见得到,说得此件物事如此好。向见吕伯恭甚忽之,问:'须取他铭则甚?'曰:'但见他说得好,故取之。'曰:'似恁说话,人也多说得到。'曰:'正为少见有人能说得如此者,此意盖有在也。'"②

朱熹之所以推崇范浚,是因为"其学甚正",且"有志圣贤之心学"之故,而吕祖谦对范浚评价却不甚高。朱熹做《孟子集注》,以范浚《心箴》入《集注》中,遂使范浚之学始大显于世。关于朱熹如何得到范浚《心箴》,胡应麟的描述颇具传奇色彩:

> 先生生南渡,及考亭朱氏游。考亭尝过先生,而会先生出。顾案上得所撰《心箴》,读之,大击节赏叹,手录以归,今附载孟氏书中是也。③

朱熹之推崇范浚,是看重他的圣贤心学。但范浚之学,除了阐发心性之学、提倡修身养气、笃学致用之外,还有关心民瘼、忧患国事、以史为鉴、指点时弊的另一面,对此《四库

---

① 见《四部丛刊续编》景明万历刊本《范香溪先生文集》卷首。案:《四库全书》本《香溪集》不载朱熹所作小传。

② 黎靖德辑:《朱子语类》卷五十九《孟子九》,朱杰人等主编:《朱子全书》第十六册,上海古籍出版社、安徽教育出版社 2002 年版,第 1923 页。

③ 胡应麟撰:《范香溪先生文集序》,见《四部丛刊续编》景明万历刊本《范香溪先生文集》卷首。束景南考证云:"兰溪乃水路由闽入都必经之地,朱熹生平七入都下,皆从水路经兰溪北上。考范浚卒于绍兴末年,此前朱熹正有两次入都往返皆经兰溪:一在绍兴十八年春,南宫中举;一在绍兴二十一年春,铨试中等。此即《范浚小传》所云'熹尝屡造其门,而不获见'。"见《朱熹年谱长编》卷上,华东师范大学出版社 2001 年版,第 122 页。

总目》评价说：

> 然浚虽不仕，实非无意于当世者。其《书曹参传后》则隐戒于熙宁之变法，其《汉忠臣翟义传》则深愧夫靖康之事仇，其《读周礼》一篇则亦为王安石发，而《进策》五卷，于当时世务尤言之凿凿，非迂儒不达时变者也。其《诗论》戒穿凿，似为郑樵而言，《易论》鄙象数，亦为陈抟而设，于经术颇为有功。①

概言之，范浚之学的核心价值是体用兼备，提倡事功。他的理学思想，对于婺州乃至浙东理学的影响极为深远。

而陈九言为范浚之兄的孙婿，其学得之于范氏正传。陈九言家居义乌之凌塘，从学范浚，养亲读书，以"三益"名斋，范浚为撰写《三益斋记》云：

> 学未极乎至足而止，虽颜子不能无进，况方有志而勉于行者，其汲汲于取友求益也固宜。然人知得益在友，不知所以得益者，实在我不在彼也。昔者孔子读《易》至《损》《益》，喟然而叹，以为自损者必有益之，自益者必有阙之。学者损其自多，以虚受人，故能成其满博。自贤，则天下之善言不得闻于耳矣。予尝论之：世故有虚骄傲诞，闻见未毛铢，而自大如山崖者矣。或指其微累，必盛气艴容，辞以伪辩曰："我何尤，我何尤"，则直者将见拒。彼惟许身之欺也如是，又必以人为欺，则谅者将见疑。其自视甚侈矣。如冯夷未东，傲睨秋水，必以天下之美为不越乎己，则多闻者将见陋。负是三失，乌能受人？善言将不得闻于耳，虽得友，犹无友也。故曰友者，所以相有也。然则直谅多闻之益，岂不在我乎哉？予同郡陈九言叔永，有志而勉于行者也。家居义乌之菱塘，养亲读书，以"三益"名斋，而求记于予。九言予昆孙婿，且从予学久，因告之曰：凡益之道，非能赘夫固有而增多之也。惟性至大，初无限量，益动而巽，日进无疆，则凡德之裕，皆所固有，非伪为也。故《易·系辞》曰："益长裕而不设。"益岂由人乎哉？惟夫短于自知，故友直；不足于信，故友谅；未学寡陋，故友多闻。然卒所以得益者，皆自得之，信乎在我不在彼也。令子和厚而修谨，以明己事为孜孜，予期子勉夫三失而得益也，用复告子以尚论古人之益。盖孔子所谓直、谅、多闻者，古之所谓直、谅、多闻者也。今人与居，古人与稽，则得益愈大。孔子尝论直躬曰"吾党之直者异于是"，论管仲曰"岂若匹夫匹妇之为谅也"，论

---

① 四库全书研究所整理：《钦定四库全书总目》卷一百五十八《香溪集提要》，中华书局1997年版，第2120页。

多闻曰"阙疑而慎言其余",又曰"择善而从"。孔子所谓直、谅、多闻者盖如此。而又谓卜商好与贤己者处,端木赐好与不已若者处,则曰"商也日益,赐也日损"。今子欲求三益友于斯世则甚难,而尚论古人也又甚难,皆当以孔子之说求之。绍兴十八年二月十日香溪范浚记。①

因为这是关于陈九言一篇难得的文献,故全文录之。由范浚此记可知,陈九言字叔永,《宋元学案》云"字永叔",误。另外,范浚还有《次韵陈叔永山居二首》:

闻君结屋庐,幽意枕山隈。剖竹开三径,栽桃课百株。眼根长寂寥,心地不崎岖。试问新诗句,能穷胜事无。

子方夸小隐,我亦爱深居。出补登山屐,归携带月锄。旋沽新漉酒,聊驻故人车。有此幽栖乐,虽贫亦晏如。②

据范浚的两首诗,陈九言是一位结庐幽居且颇具隐士色彩的儒学人物,故《宋元学案》说他是"自修之士"当符合实际。

从陈九言与范浚的关系来看,南宋前期的义乌儒学与兰溪儒学同属于一个学术圈。这个学术圈的形成,要早于婺州以吕祖谦为中心的金华学术圈,因此可以说,范浚的兰溪之学,其实是婺学的早期形态。该学术圈与当时永嘉学术圈,构成了南宋前期浙东两个最主要的学术群体。需要说明的是,宋代永嘉学术圈的形成要略早于婺州。在北宋仁宗时期,永嘉王开祖对于后来永嘉之学的形成,其地位与范浚对于婺学的贡献相似。据许及之《儒志像赞》云:

公……倡鸣理学于濂、洛未作之先。讲下常数百人,年三十二而卒,学者尊之曰儒志先生。为永嘉道学开山祖,著《儒志》一编以贻后人。③

由此可知,王开祖对于中国儒学史有两个意义:其一,他是在濂、洛之前倡鸣理学的浙江人士;其二,他还是永嘉学的开山祖。同样作为浙江本土派的理学人士,王开祖与范浚的思想形态有较大不同,故所表现出来的范式意义也不一样,对此笔者另有专论。到了北宋中后期,洛学时兴,天下影从,永嘉学者群起而追慕之。元丰年间,永嘉人周行己、许景衡、刘安节、刘安上、戴述、赵霄、张辉、沈躬行、蒋元中同游太学,号称"永嘉九先生"(又称"元丰九先生"),他们最早将二程学说传播至永嘉等地,继王开祖之后,成为"永嘉

---

① 范浚撰:《范香溪先生文集》卷六《三益斋记》,《四部丛刊续编》景明万历刊本。
② 范浚撰:《范香溪先生文集》卷十《次韵陈叔永山居二首》,《四部丛刊续编》景明万历刊本。
③ 许及之撰:《儒志像赞》,见《儒志编》卷末附,《四库全书》本。

学派"的实际开创者,故全祖望谓"吾浙学之盛,实始于此"。①

因此,以范浚为代表,包括义乌陈九言等弟子在内的婺州儒学圈,与永嘉儒学圈最大不同在于:该学术群体是直接上承圣贤心学的,这其实是婺州南宋前期儒学之一大特征。而陈九言作为范浚在义乌的弟子,他的思想面貌和出世方式与范浚基本相同,这实则也代表了南宋早期义乌儒学的一大特征。

(二) 吕祖谦与义乌儒学

吕祖谦(1137—1181),字伯恭,世称东莱先生,婺州(今浙江金华)人。南宋著名理学家,"婺学"创始人,在理学发展史上占有重要地位。著有《东莱集》《吕氏家塾读书记》《历代制度详说》《春秋左氏传说》《东莱左氏博议》《大事记》《古周易》以及与朱熹合辑《近思录》等。吕祖谦得中原文献之传,其学术以广大为心,以践履为实,经史并重,在南宋成为独具一格、影响深远的学术领袖。作为浙东学术的代表人物,他与朱熹、张栻被尊为"东南三贤"。

1. 吕祖谦在义乌的一传弟子

吕祖谦在世的时候,其生徒主要集中在婺州地区,其中以金华、东阳和义乌为多。乾道五年(1169),吕祖谦教授严州,乾道六年(1170)自严州归婺,创办丽泽书堂。乾道九年(1173),吕祖谦在武义明招山为父服丧期间,问学者络绎不绝,先后达到数百余人。以他当时的学术影响和地位,其一传弟子远不止《宋元学案》记载的数字。遗憾的是,由于吕祖谦早逝,有关其弟子的资料搜集、整理和保存,远不如朱熹丰富。今姑且据《宋元学案》稍作统计,以观其一传弟子在浙江境内分布的大致情况:

金华:吕祖俭、叶邽、王介、王洽、叶秀发、潘景宪、潘景愈、杜旟、戚如琥、戚如圭、戚如玉、夏明诚、郑宗强、汪淳、汪大度、汪大章、汪大亨、汪大明、汪仲仪、王深源。

东阳:葛洪、乔行简、李诚之、乔梦符、陈黼、郭澄、赵彦枢、李大同、浦江、石范。

义乌:朱质、楼孟恺、楼仲恺、楼叔恺、楼季恺、陈锡、徐侃、徐倬、王自得。

武义:巩丰、巩嵘、巩岘。

兰溪:时澜、时沄、叶诞。

淳安:胡子廉、卢汝琰、卢汝管。

松阳:潘景夔、潘景尹。

---

① 黄宗羲等撰《宋元学案》卷三十二全祖望《周许诸儒学案序录》,中华书局 1986 年版,第 1131 页。

鄞县：楼昉、楼昞。

平阳：彭仲刚。

开化：邹补之。

括苍：周介。

遂安：詹仪之。

会稽：邢世材。

缙云：羊永德。

寿昌：郭颐。

分水：徐文虎。①

附：浙江各地吕祖谦一传弟子分布表

地名	金华	东阳	义乌	武义	兰溪	鄞县	松阳	开化	平阳	括苍	遂安	会稽	淳安	缙云	寿昌	分水
人数	20	10	9	3	3	2	2	1	1	1	1	1	3	1	1	1

从上表可见，他的一传弟子主要集中在金华、东阳和义乌三地。兹将吕祖谦义乌弟子简介如下：

朱质，字仲文。绍熙四年(1193)进士。受学于吕祖谦及唐仲友。一说初学于吕祖谦弟子叶邽，而卒业于唐仲友。朱质廷对《春秋》大义，以复仇为说，引起光宗重视。时孝宗退位，居重华宫，闻之亦大喜。累官著作郎兼侍左郎官。开禧元年(1205)，金使赵之杰来贺正旦，入见宁宗，倨慢无礼，韩侂胄请宁宗还内，而朱质上书乞斩之，赵之杰闻之缩颈。开禧二年(1206)擢右正言、左司谏兼侍讲。时韩侂胄议用兵，朱质以为不可。及师出无功，而侂胄更欲议和，朱质又以为战胜而和，犹不足恃，况议和于不胜，虏有以玩我矣。侂胄大怒，即日移太常少卿，兼权吏部侍郎。嘉定元年(1208)宋金再议和，朱质因反对议和，遂以谪去。宝庆元年(1225)，理宗即位，大赦天下，朱质因此复官予祠，差知道州，未及上而卒。著作有《易说举要》《奏议诗文杂稿》②。

---

① 以上据黄宗羲等撰：《宋元学案》卷五十九《东莱学案》、卷七十三《丽泽诸儒学案》统计，中华书局1986年版。

② 朱质生平事迹，参见《宋会要辑稿·选举二》《(崇祯)义乌志》卷十四《人物传·政事》、黄宗羲撰：《宋元学案》卷七十三《丽泽诸儒学案》第2439页、《两浙名贤录》卷三十五《清正》、朱克敬撰：《边事汇钞》卷十、《金华征献略》卷八《名臣传》。

楼孟恺、楼仲恺、楼叔恺、楼季恺,生平俱不详。《宋元学案》云:"楼孟恺、仲恺、叔恺、季恺,义乌人。并从东莱游。父蕴卒,东莱志其墓。"①

陈锡,生平不详。《宋元学案》云:"乌伤人。尝执经于东莱。"②

徐侃(1152—1224),字刚父。徐倬(1153—?),字明父。③《宋元学案》云:"义乌人,文清公侨之兄也。皆学于吕成公,而文清师事朱子。"④

王自得,生平不详。久从东莱游。⑤

由于文献缺失,我们无法对东莱义乌弟子的学术与思想有更多的了解,这是一个不小的遗憾。

2. 吕祖谦与义乌儒学人士的交游

据吕祖谦《文集》,我们还可知道他和义乌儒学人士喻良能、何茂恭等有交往。

喻良能(1120—1205),字叔奇,号锦园,人称香山先生(生平详后)。吕祖谦有诗《送喻叔奇通判会稽》云:"鸣驺前日钱出使,椎鼓今日送作州。会稽别驾官尚薄,道傍羡者何其稠。版舆有亲余九十,东南之美供甘柔。先春铸牙入午啜,破腊箭茁充晨羞。况复诗坛执牛耳,所至风月相献酬。千岩万壑遍题品,会有采者人名遒。"⑥

何恪,字茂恭(生平详后)。吕祖谦诗《何茂恭母王夫人挽章》云:"南朝人物盛诸何,寿母幡然乐事多。堂下无忧萱弄色,天边有信桂交柯。黄金籯满经方重,白玉楼成恨未磨。空诵安仁旧时赋,版舆零落故山阿。"⑦

他们二人皆属于陈亮所谓的"乌伤四子"(详后)。此外,吕祖谦与徐侨之父徐人杰也有交游,并曾应徐人杰要求为其父徐文献作墓志一首。

3. 吕祖谦对义乌儒风的揭示与评价

义乌在南宋时期的儒风表现,通过吕祖谦的几篇墓志铭我们可以看出一些大概来。

① 黄宗羲撰:《宋元学案》卷七十三《丽泽诸儒学案》,中华书局 1986 年版,第 2450 页。
② 黄宗羲撰:《宋元学案》卷七十三《丽泽诸儒学案》,中华书局 1986 年版,第 2451 页。
③ 徐侃、徐倬生卒年及其字,据《龙陂徐氏宗谱》卷之八《世次》,元至正癸巳年(1353)始修。
④ 黄宗羲撰:《宋元学案》卷七十三《丽泽诸儒学案》,中华书局 1986 年版,第 2452 页。
⑤ 吕祖谦:《东莱吕太史外集》卷五《王自得祖母傅氏墓志铭》"自得久从予游"。见黄灵庚等主编:《吕祖谦全集》第一册,浙江古籍出版社 2008 年版,第 688 页。
⑥ 吕祖谦:《东莱吕太史文集》卷一《送喻叔奇通判会稽》,《黄灵庚等主编:吕祖谦全集》第一册,浙江古籍出版社 2008 年版,第 21 页。
⑦ 吕祖谦撰:《东莱吕太史文集》卷一《何茂恭母王夫人挽章》,黄灵庚等主编:《吕祖谦全集》第一册,浙江古籍出版社 2008 年版,第 17 页。

今存吕祖谦文集中为义乌儒学家族人物所写的墓志有:《义乌徐君墓志铭(乾道七年二月)》,这是为徐侃、徐倬、徐侨三兄弟之祖父徐文献所作的墓志铭;《义乌楼君墓志铭(淳熙元年)》,这是为楼孟恺、楼仲恺、楼叔恺、楼季恺四兄弟之父楼蕴所作的墓志;《义乌陈锡母朱氏墓志铭(淳熙元年十一月)》,这是为弟子陈锡母亲所作的墓志;《王自得祖母傅氏墓志铭》,这是为门人王自得祖母所作的墓志。徐、楼、陈、王四家,其实都是当时义乌重要的儒学家族,因此吕祖谦在墓志中涉及对墓主的评价,其实就是对家族风尚的褒扬。从古至今,家风家教都是评判一个人品德的重要维度。由于儒学之于我们家族文明的特殊性,对家族的关注几乎总是与儒学话题相关联。以一斑而窥全豹,通过吕祖谦对义乌某些家族恪守儒道的描述,也可看出义乌地区当时儒学风尚的一个侧影:循古礼,革陋俗。

(1)吕祖谦礼学思想述略

由于吕祖谦对义乌士人儒学风尚的揭示与评价,主要关涉他们在日常生活之中对古礼的坚守,故在此之前必须先要对吕祖谦的礼学思想稍作观察。此前关于吕祖谦的研究,多集中在其理学、史学和教育学等诸方面,学术界很少关注其礼学思想与实践,今稍作分析。

吕氏礼学,最重视丧礼研究与实践。当潘叔玠父亲去世,吕祖谦致信云:"昔人有言,惟送死可以当大事。昆仲讲学有素,必将大复古礼,以革习俗之陋。"[1]"盖孝子仁人,必诚必信,不敢有一毫不尽者,惟在乎此!"[2]而潘叔度父亲的去世,为吕祖谦与众弟子提供了一个讲究和讨论丧礼的机会。他在《答潘叔度》信中说:"年兄纯孝笃至,骤罹巨痛,曷以堪处?然毁不灭性,《礼经》所戒。兼古今人气禀厚薄,亦自不同。如疏食水饮之类,更当量力所宜,不可使至疾病,殊非守身之孝也。"[3]这里吕祖谦依据的是《礼记》所言:"丧食虽恶,必充饥。饥而废事,非礼也;饱而忘哀,亦非礼也。视不明,听不聪,行不正,不知哀,君子病之。……孔子曰:'毁瘠为病,君子弗为也。毁而死,君子谓之无子。'"[4]服丧

① 吕祖谦撰:《东莱吕太史别集》卷第九《与潘侍郎叔玠二》,黄灵庚等主编:《吕祖谦全集》第一册,浙江古籍出版社 2008 年版,第 455 页。

② 吕祖谦撰:《东莱吕太史别集》卷第九《与潘侍郎叔玠三》,黄灵庚等主编:《吕祖谦全集》第一册,浙江古籍出版社 2008 年版,第 455 页。

③ 吕祖谦撰:《东莱吕太史别集》卷第十《答潘叔度二》,黄灵庚等主编:《吕祖谦全集》第一册,浙江古籍出版社 2008 年版,第 484 页。

④ 郑玄注,孔颖达疏:《礼记正义》卷第四十三《杂记下》,阮元校刻:《十三经注疏》(附校勘记)本,中华书局 1980 年版,第 1563 页。

期间饮食虽差,但必须能充饥以保存基本的体力,否则因饥饿而荒废丧事,也是不符合礼的。至于因哀伤瘦瘠而生病,君子不这样做;毁坏身体而死,君子称这是使父母绝后无子,则更不合礼了。照吕祖谦的理解,丧礼一方面要遵循古礼,另一方面也不能过于拘泥,他的礼学思想是辩证的。又云:"仁人事亲如事天,一毫不用其极,则非事天之道。如昔人荐荂之类,皆以私事亲,而非以天事亲也。"①荐荂,典出《国语》卷十七《楚语上》。屈建祭父不荐荂,故事说楚国大夫屈到喜食菱,临死嘱家臣祭品要摆上菱。他的儿子屈建恪守礼制,认为国家规定有祭品的等级,其中重要的一条,不进献珍异的食物,不陈设众多的祭品。于是便不用菱祭祀,说:"我父亲虽然死了,但也不能因个人所嗜而违制呀。"吕祖谦使用这个典故,明显看出他是遵从古礼而不违礼的。同样,对于潘叔度居丧期间托人送肉来,吕祖谦去信云:"腊肉醋姜已领。窃意服制中馈人,恐不当以肉,自此已之为佳。"②这是遵守《礼记》要求对潘叔度提出的批评。

总之,他希望潘叔度兄弟对于父亲的丧事,能够极尽古礼行事,故《答潘叔度》中云:"丧礼废弛已久,振而复之,当自昆仲始。"为此,他还和其他同事及弟子不断讨论有关丧礼事宜。书中接着说:"大殓以前,礼数恐无及。今日讨论大殓以后朝夕朔望奠礼数,已在叔至兄书中。若曰亲族未安,习俗未喻,则向日固尝共讲'滕文公问丧'一章矣,盖在己而不在人也。此礼节日两日来与张守同议,颇似稳当,或有未安,批喻可也。(未卒哭虽例不作书,然讲论丧事初无害。)以后礼数,见今日讨论,当续报云。"③对于古礼的理解,吕祖谦也有自己的认识。比如关于"卒哭",他说:"在古礼,既葬而卒哭。百日而谓之卒哭,乃近世传袭之误,非礼也。"④哭,祭名,在葬后三虞之祭后。丧礼,自大殓后,朝一哭,夕一哭,期间哀至则哭,至卒哭之祭后,则惟朝夕哭,期间不再哭,故祭名卒哭。《仪礼·既夕礼》:"三虞,卒哭。"所谓三虞,亦丧祭名。士三月而葬,葬后四日内在殡宫举行三次虞祭,故名三虞。郑玄注曰:"虞,安也。骨肉归于土,精气无所不之,孝子为其

---

① 吕祖谦撰:《东莱吕太史别集》卷第十《答潘叔度二》,黄灵庚等主编:《吕祖谦全集》第一册,浙江古籍出版社 2008 年版,第 484—485 页。

② 吕祖谦撰:《东莱吕太史别集》卷第十《答潘叔度十四》,黄灵庚等主编:《吕祖谦全集》第一册,浙江古籍出版社 2008 年版,第 492 页。

③ 吕祖谦撰:《东莱吕太史别集》卷第十《答潘叔度二》,黄灵庚等主编:《吕祖谦全集》第一册,浙江古籍出版社 2008 年版,第 485 页。

④ 吕祖谦撰:《东莱吕太史别集》卷第十《答潘叔度五》,黄灵庚等主编:《吕祖谦全集》第一册,浙江古籍出版社 2008 年版,第 486 页。

仿徨,三祭以安之。"①《礼记·檀弓上》:"卒哭曰成事。是日也,以吉祭易丧祭。"郑玄注:"既虞之后,卒哭而祭,其辞盖曰:哀荐成事。成祭事也。祭以吉为成。卒哭吉祭。"②吕祖谦批评"百日而谓之卒哭",实质是近世传袭之误,故应予以纠正。

潘叔度居丧期间,与吕祖谦多有讲究丧礼的书信往来,吕祖谦曾对诸弟子言:"叔度兄弟丧礼更为讲论,有疑即报来。"③也许叔度曾就"禫祭"来信请教,吕祖谦答曰:"禫本祭名,非服制也。"④《仪礼·士虞礼·记》:"期而小祥,曰荐此常事;又期而大祥,曰荐此祥事;中月而禫。"郑玄注:"中,犹间也。禫,祭名也。与大祥间一月。自丧至此凡二十七月。禫之言澹澹然平安意也。"⑤可见吕祖谦对于《礼》学及郑注是相当熟悉的。在严州学宫,他甚至还亲自为潘叔度居丧制定《朝夕奠》《朔奠》《望奠》《荐新奠》等礼仪。而对于仪礼的创设,其主要作品有《宗法》《婚礼》《葬仪》《祭礼》等,主要依据古礼而参定。

(2)吕祖谦笔下义乌士人日常生活中的丧礼表现

丧礼的意义在于强调忠孝在家族中体系的正能量,以此唤回和稳定家庭伦理。因此,在居丧期间实践古礼,是吕祖谦极力倡导和旌扬的。他在楼蕴墓志铭中就特别提到其居丧期间的表现,云:

> 盖君笃于孝,服母丧,废栉沐,盐酪不入口。结庐墓左,旦暮绕冢哀号,冢下耕者皆徘徊为堕泪。日负土筑冢,自课三十肩,比外除,冢高数仞。⑥

这里提到的"盐酪不入口",其实就是古礼的一项要求。在中国传统礼仪中,丧礼有严格的居丧制度,饮食制度是其中之一。《礼记·檀弓上》云:"哭泣之哀,齐斩之情,饘粥之

---

① 郑玄注,贾公彦疏:《仪礼注疏》卷第四十《既夕礼》,阮元校刻《十三经注疏》(附校勘记)本,中华书局1980年版,第1157页。

② 郑玄注,孔颖达疏:《礼记正义》卷第九《檀弓下》,阮元校刻《十三经注疏》(附校勘记)本,中华书局1980年版,第1302页。

③ 吕祖谦撰:《东莱吕太史别集》卷第十《与学者及诸弟一》,黄灵庚等主编:《吕祖谦全集》第一册,浙江古籍出版社2008年版,第504页。

④ 吕祖谦撰:《东莱吕太史别集》卷第十,《答潘叔度一三》,黄灵庚等主编:《吕祖谦全集》第一册,浙江古籍出版社2008年版,第491页。

⑤ 郑玄注,贾公彦疏:《仪礼注疏》卷第四十三《士虞礼》,阮元校刻《十三经注疏》(附校勘记)本,中华书局1980年版,第1176页。

⑥ 吕祖谦撰:《东莱吕太史文集》卷第十《义乌楼君墓志铭》,黄灵庚等主编:《吕祖谦全集》第一册,浙江古籍出版社2008年版,第158—159页。

食,自天子达。"①可见,丧亲之痛,无论地位高低,都应无心于饮食。但对于饮食的规定不是绝对的,考虑到不能因哀痛而毁坏身体,《礼记·丧大记》又做了以下规定:

> 君之丧,子、大夫、公子、众士,皆三日不食。子、大夫、公子食粥,纳财,朝一溢米,莫一溢米,食之无算。士,疏食水饮,食之无算。夫人、世妇、诸妻,皆疏食水饮,食之无算。大夫之丧,主人、室老、子姓,皆食粥,众士疏食水饮,妻妾疏食水饮。士亦如之。既葬,主人疏食水饮,不食菜果,妇人亦如之。君、大夫、士一也。练而食菜果,祥而食肉。②

意为死后三天之内,嗣子、大夫、公子、众士都不吃饭;三天后,可以吃粥,所吃的粮食,早晨一溢米,晚上一溢米,不按顿计算,饿了即可吃。死者葬后,可以开始吃粗粮,饮水,不吃蔬菜瓜果。那么,居丧期间何时可以吃盐呢?《礼记·杂记下》云:"功衰食菜果,饮水浆,无盐酪。不能食食,盐酪可也。"③功衰即小祥祭(周年之祭,第十三月举行)后,开始吃蔬菜瓜果,但没有盐和乳浆。当然,如果因衰病而不能进食的人,加放盐和乳浆也是可以的。只有到大祥祭(两周年祭,第二十五月举行)后,开始吃肉,吃蔬菜可以就醋酱。

可见,居丧饮食有三个阶段的要求:第一阶段,即小祥前,饮食应吃粗粮喝水,但不吃蔬菜瓜果;第二阶段,小祥后可增加蔬菜瓜果,但不吃盐酪;第三阶段,大祥后可以吃肉,蔬菜加盐。

但《礼记》的这个饮食规定,特别是大祥前不吃盐酪制度,到汉代可能就少有人遵守了。因为终汉一代,有文献记载的例很少。史载和熹皇后在父亲去世时,她"昼夜号泣,终三年不食盐菜,憔悴毁容,亲人不识之"。④按照《礼记》要求,是两年内不吃盐菜,而和熹皇后坚持了三年,这也许是《后汉书》记载的原因。

不食盐菜,到了南北朝期间被作为孝道的一种表现,在江南地区似乎成了一种普遍的风尚,南朝诸史记载就有:

> 张敷,字景胤,吴郡人。父在吴兴亡,报以疾笃,敷往奔省,自发都至吴兴成服,

---

① 郑玄注,孔颖达疏:《礼记正义》卷第六《檀弓上》,阮元校刻《十三经注疏》(附校勘记)本,中华书局1980年版,第1276页。

② 郑玄注,孔颖达疏:《礼记正义》卷第四十四《丧大记》,阮元校刻《十三经注疏》(附校勘记)本,中华书局1980年版,第1576页。

③ 郑玄注,孔颖达疏:《礼记正义》卷第四十二《杂记下》,阮元校刻《十三经注疏》(附校勘记)本,中华书局1980年版,第1563页。

④ 范晔撰:《后汉书》卷十《和熹邓皇后》,中华书局1997年版,第418页。

凡十余日,始进水浆。葬毕不进盐菜,遂毁瘠成疾。①

何子平,会稽人,少有志行,见称于乡曲。事母至孝。母丧去官,哀毁逾礼,每至哭踊,顿绝方苏。冬不衣絮,暑避清凉,日以数合米为粥,不进盐菜。②

郭原平,字长泰,会稽永兴人。父抱笃疾弥年,原平衣不解带,口不尝盐菜者,跨积寒暑。父丧既终,自起两间小屋,以为祠堂。每至节岁蒸尝,于此数日中,哀思,绝饮粥。父服除后,不复食鱼肉。③

杜栖,字孟山,吴郡钱唐人,征士京产子。以父老归养,怡情垅亩。栖肥白长壮,及京产疾,旬日间便皮骨自支。京产亡,水浆不入口七日,晨夕不罢哭,不食盐菜。④

刘览,字孝智,彭城安上里人。十六通《老》《易》。历官中书郎,以所生母忧,庐于墓。再期,口不尝盐酪,冬止着单布。家人患其不胜丧,中夜窃置炭于床下,览因暖气得睡,既觉知之,号恸欧血。⑤

沈崇傃,字思整,吴兴武康人。崇傃从悻到郡,还迎其母,母卒。崇傃以不及侍疾,将欲致死,水浆不入口,昼夜号哭,旬日殆将绝气。家贫无以迁窆,乃行乞经年,始获葬焉。既而庐于墓侧,自以初行丧礼不备,复以葬后更治服三年。久食麦屑,不啖盐酢,坐卧于单荐,因虚肿不能起。⑥

张昭,字德明,吴郡吴人。幼有孝性,色养甚谨,礼无违者。及父卒,兄弟并不衣绵帛,不食盐醋,日唯食一升麦屑粥而已。⑦

刘瑜,历阳历阳人。七岁丧父,事母至孝。年五十二,又丧母,三年不进盐酪,号泣昼夜不绝声,勤身力以营葬事。⑧

王虚之,字文静,庐江石阳人。十三丧母,三十三丧父,二十五年盐酢不入口。⑨

① 沈约撰:《宋书》卷六十三《列传》第二十二《张敷》,中华书局1997年版,第1663—1664页。
② 沈约撰:《宋书》卷九十一《列传》第五十一《孝义·何子平》,中华书局1997年版,第2257—2258页。
③ 沈约撰:《宋书》卷九十一《列传》第五十一《孝义·郭原平》,中华书局1997年版,第2244—2245页。
④ 萧子显撰:《南齐书》卷五十五《列传》第三十六《杜栖》,中华书局1997年版,第965—966页。
⑤ 姚思廉撰:《梁书》卷四十一《列传》第三十五《刘览》,中华书局1997年版,第592页。
⑥ 姚思廉撰:《梁书》卷四十七《列传》第四十一《孝行·沈崇傃》,中华书局1997年版,第648—649页。
⑦ 姚思廉撰:《陈书》卷三十二《列传》第二十六《孝行·张昭》,中华书局1997年版,第430页。
⑧ 李延寿撰:《南史》卷七十三《列传》第六十三《孝义上》,中华书局1997年版,第1799页。
⑨ 李延寿撰:《南史》卷七十三《列传》第六十三《孝义上》,中华书局1997年版,第1814页。

守丧不食盐之所以形成风气，是因为仅以素食守丧还不足以表达孝心，只有不食盐菜，"断诸滋味"，方显孝心之坚贞。道德本来就是在欲望的克制中得到体现的，孝名也由此而立。但是这种坚守古礼的行为，在唐几乎不见，到宋代也已经很少。

吕祖谦在为楼蕴作墓志时，敏锐发现了他守丧不食盐的行为，正是对古礼的一种坚守，因此加以张扬。事实上，这与吕祖谦本人一直坚持古礼的愿望是一脉相承的。楼蕴作为义乌坚守孝行的代表，这在吕祖谦年少时就已听说，其云："自予少时，广坐间往往剽楼君孝行。"后来楼蕴诸子即楼孟恺、仲恺、叔恺、季恺等，俱从东莱游，这使他对楼蕴的孝行更加有深入的了解。对于这样一位孝子，"其行实应史法，及执笔隶太史阁，郡国所上义夫节妇，君名独没不见"，这是很奇怪的。吕祖谦后来才听人说："前数十年，乡人合辞列君于县、于州、于部刺史。州遣从事即其庐劳君，且问状。君固谢此人子之常，不愿赏。邻里要说再三，迄不能强。"这更证明楼蕴的孝行并非沽名钓誉之举，故吕祖谦概叹道："世衰道微，或伪孝以奸利。君躬人之所难，乃以常自居，匪质之厚不能也。以君之质而约之以礼，翼之以师友，可涯哉！"①

其实，楼蕴的行为和思想，最为契合吕祖谦主张"孝义"教育实践。乾道四年(1168)，他添差教授严州，为当时的严州学院制定了一部《学规》，首倡："凡预此集者，以孝弟忠信为本。其不顺于父母，不友于兄弟，不睦于宗族，不诚于朋友，言行相反，文过饰非者，不在此位。既预集而或犯，同志者规之；规之不可，责之；责之不可，告于众而共勉之；终不悛者，除其籍。"如果说乾道四年(1168)《学规》中所谓"以孝弟忠信为本"还过于笼统、过于原则，到乾道六年(1170)吕祖谦从严州归婺，创丽泽书堂，在严州书院《学规》基础上，制定丽泽书堂《学规》，则将"孝弟忠信"细化了，由此增加七条，严格规定："亲在别居""亲没不葬""因丧婚娶""宗族讼财""侵扰公私""喧噪场屋""游荡不检"者，"一律除籍"。②很明显，这些条款，主要突出了"孝义"的内涵。不仅如此，到乾道九年(1173)，吕祖谦因服父丧，在明招山守墓期间生徒从四面八方赶来问学，他又在原《学规》基础上，特设《直日须知》。规定生徒中遇有丧事，所有"预课人"都应有吊慰义务，吊慰之日，"集众会丽泽堂，分两序立"以齿序行，一丝不苟，行吊慰之礼。并详细规定了"至所吊慰家"

---

① 吕祖谦撰：《东莱吕太史文集》卷第十《义乌楼君墓志铭》，黄灵庚等主编：《吕祖谦全集》第一册，浙江古籍出版社 2008 年版，第 158—159 页。

② 吕祖谦撰：《东莱吕太史别集》卷第五《乾道六年规约》，黄灵庚等主编：《吕祖谦全集》第一册，浙江古籍出版社 2008 年版，第 362 页。

的一整套仪礼细则,甚至有些繁文缛节,但却有条不紊,周而有序。有学者指出,吕祖谦正是通过这套《直日须知》,"使预课人躬行儒家仪礼,熟悉丧礼的每个具体礼节,达到学以致用的目的。"①吕祖谦不仅在教学过程重视丧礼,而且在日常生活中还格外重视对社会上典型事例的发掘与传播,楼蕴在宋以后被许多史籍作为孝义代表的经典案例选录,就得力于吕祖谦的首倡。

在目前我们所掌握的文献中,宋代士人服丧不食盐酪的记载并不多。通过对电子版《四库全书》的全文检索,我们在宋人文集发现有少量记载。葛胜仲《丹阳集》卷十三《左朝议大夫致仕祝公墓志铭》,称墓主祝康,内行甚修,居母丧毁瘠,不食盐酪。《宋史·列传》第二百一十七《隐逸》载,张愈丁内艰,盐酪不入口。可见义乌儒学士人在居丧期间不食盐之礼的保留,实属难得。我们在义乌文献中发现除楼蕴之外,还有徐侨。据《家传》记载:

> (侨)亲丧哀毁几殆,服衰表,裹纯布,酱酪不入口,垢面处陋者终三年。凡灵几寝室,栟盥器玩,敬奉如生。一奠一馔,必身亲之。邑人咸以孝称,谓自颜氏子后才一二见也。②

徐侨的孝行,或深受其祖父徐文献的影响,因为徐文献就是义乌孝行士人群体的又一代表,吕祖谦《义乌徐君墓志铭》曰:

> 君讳文献,字德之。质厚惇饬,以严见惮于里中。治家训子,咸有节法。母朱夫人弃世,君方稺,已能自持。及父没,传家政,奉后母余夫人尤笃。虽乡人之习于徐氏者,莫知其异出也。③

孝与义总是如影随形,徐文献不仅在家行孝,还在社会上行义,故吕祖谦接着记载曰:

> 比邻竞者平之,病者药之,负责不能偿者已之。天大寒,视并舍惸独困窭,日赋之食,至于春乃罢,帅以为常。

同样,楼蕴也有行义之事迹,吕祖谦曰:

> 性刚介,朋友有过,每面数之;然遇困踬者,亦发橐赈卹无所靳,故皆严惮之而

---

① 黄灵庚撰:《吕祖谦全集·前言》,黄灵庚等主编:《吕祖谦全集》第一册,浙江古籍出版社 2008 年版,第 23 页。

② 朱元龙等撰:《徐文清公家传》,景明钞本。

③ 吕祖谦撰:《东莱吕太史文集》卷第十《义乌徐君墓志铭》,黄灵庚等主编:《吕祖谦全集》第一册,浙江古籍出版社 2008 年版,第 155 页。

不敢怨。①

如果要问义乌的孝义风尚何以如此之盛,探本溯源,这又要从颜乌那里说起。颜乌以纯孝著闻,父亡,他负土成坟。刘敬叔《异苑》载:"后有群乌衔鼓,集颜所居之村。乌口皆伤。"②颜乌以其感天动地的孝德备受历代推崇,有关他的故事不仅在义乌而且在全国广为流传。试想楼蕴的"日负土筑冢,自课三十肩,比外除,冢高数仞",与颜乌的行为是何等相似! 因此,义乌士人循古礼,重孝行的风尚,其实就是义乌儒学在实际生活中的真实反映。负土成坟,即背土筑坟,古代认为是一种孝义的行为,一般认为语出《后汉书·桓荣传》。范晔记载桓荣"少学长安,事博士九江朱普。会朱普卒,荣奔丧九江,负土成坟。"③其实,颜乌负土成坟在秦代业已流传,应该是这一类孝义故事流传的原型。

(3) 吕祖谦笔下义乌士人对俗礼异教的挑战

和大部分理学家一样,吕祖谦也将崇正道作为他学术的根本,但崇正道有一个副产品就是辨异端,这虽然在吕祖谦的学问中不是重点,但也是他常常要倡导的。

众所周知,崇正道与辨异端,是宋儒对先秦儒家精神的继承和发扬。仅就辨异端而言,历史上不同时代各有特定对象和内涵。在孟子的时代,所辨之异端是辟杨墨;在董仲舒的时代,所辨之异端是除儒家之外的百家;在韩愈的时代,所辨之异端是排夷狄之佛;到吕祖谦的时代,理学家们所辨之异端除了佛,还加上老,即佛、老。虽然许多理学家早年都曾出入佛、老,但最后都返归儒学立场。因为佛教的弃绝人伦、离世出家的人生态度与价值取向,与儒家所倡导的忠孝仁义完全相违背。唐宋以来,佛教流行,对中国固有的人伦之道、礼乐教化、衣服饮食、祭祀仪礼等制度产生极大冲击和惑挠。唐代韩愈以后,入宋之初,儒者石介作《怪说》,列举佛教种种怪异之说并加以批驳。接着欧阳修作《本论》三篇,指出佛教对于传统仪礼的冲击,实在危害太大。然后,李觏在《富国策》一文中提出了历史上著名的"佛教十害"说,较为全面地梳理了佛教与儒家传统相违背的十个方面。郑獬《礼法论》认为浮屠之法,对中国的伤害胜于异族的实际入侵。与一般儒者的辟佛不同,理学家的辟佛,从二程到朱熹还上升到本体论、宇宙论、认识论、人性论、修养论、价值观等各个层次,学理性更加清晰也更加有力。但有一点必须指出,

---

① 吕祖谦撰:《东莱吕太史文集》卷第十《义乌楼君墓志铭》,黄灵庚等主编:《吕祖谦全集》第一册,浙江古籍出版社 2008 年版,第 158 页。

② 刘敬叔撰:《异苑》卷十,《四库全书》本。

③ 范晔撰:《后汉书》卷三十七《列传》第二十七《桓荣》,中华书局 1997 年版,第 1249 页。

像朱熹等理学家们的辟佛,其效果到底如何呢? 从大众的日常生活来看,佛教早已完成它的全面渗透,甚至融合在中国文化的日常受用之中了。这就出现了两张皮现象:一方面是理学家们的辟佛越来越盛,激情越来越高涨,但似乎只停留在文献上,且只局限在少数理学精英范围内;另一方面是百姓日常生活却又越来越与佛教结缘之深之重,以至于在生老病死这样的人生大事中,佛教已然成为最普遍而重要的宗教信仰,因果报应之说已成为普遍的生活价值观念。于是在宋代出现了这样一个奇异的文化景观:佛教在学术上是排斥对象,在生活上是信仰对象,精英和众生的距离由此而产生。

基于这种现实,同样作为理学家的吕祖谦态度如何呢? 陈开勇曾对婺州吕氏家族佛学传统做过较为系统的梳理,他最后指出:"相对而言,吕祖谦的思想比起其前辈显得更纯粹些,但是,在其思想中也存在着明显的佛学情趣。"[1]侯外庐此前也指出:"吕祖谦虽然没有象其祖先那样'学佛'、'溺禅'和提倡儒佛融合,有时还对佛、道二教有所抨击,但仍留有受佛教影响的痕迹。"[2]总体来看,吕祖谦仍不失为一个坚定的理学家,这从他为当时士人所作的墓志铭完全可以看出他的态度。如在他为潘好古所作《墓志》中说,潘好古曾"嗜浮屠、老子之说,颇留意塔庙土木事,溯河以东为二氏徒者,多借其声以行。暮年觉其尤谬妄者,稍谢绝之,而向儒者浸焉"。[3]潘好古的这个立场转变经历,几乎也是宋代许多著名理学家的思想经历,如二程、朱熹都曾出入佛、老十几年,但又都返求六经,最后成为坚定的儒者。可见吕祖谦是欢迎并肯定潘好古的转变,否则就不会将这一事迹写进具有盖棺论定意义的墓志之中。同时,这也从一个侧面反映吕祖谦对于佛、老的立场与态度。

尤其值得注意的是,吕祖谦在潘好古去世之后,与其子潘叔玠、叔度兄弟多次讲究丧礼,其实就可看出他的儒家立场。为此,他在与潘叔玠信中,还特别强调要"大复古礼,以革俗习之陋"。那么,何为吕祖谦所谓的丧葬"俗习之陋"呢? 这在他与潘叔度信中有所透露,其云:"丧礼政当仔细讲究,乃居丧所当自尽者也(胜于诵佛经多矣)。"[4]原来他和许多理学家一样,将丧礼中举行佛教的诵经仪式视着"俗习之陋"。在另一封与

---

①　陈开勇撰:《吕夷简与婺州吕氏的家族佛学传统》,《浙江师范大学学报》(社会科学版),2007 年第 4 期。

②　侯外庐等撰:《宋明理学史》(上卷),人民出版社 1984 年版,第 342、343 页。

③　吕祖谦撰:《东莱吕太史文集》卷第十《朝散潘公墓志铭》,黄灵庚等主编:《吕祖谦全集》第一册,浙江古籍出版社 2008 年版,第 152 页。

④　吕祖谦撰:《东莱吕太史别集》卷第十《与潘叔度》四,黄灵庚等主编:《吕祖谦全集》第一册,浙江古籍出版社 2008 年版,第 486 页。

潘叔度的书信中,他强调丧礼中不可掺杂"俗礼异教",其云:

> 《葬仪》,向者所编仓促,有未精密处,不免再讨论。……其制作琐细曲折,皆已口授颖叔矣(更宜详讲,如觉有未稳未密处,即遣一介来商量。)。但须不杂以俗礼异教乃善。①

所谓"俗礼异教",无非指宋代丧葬中的避回煞、看风水、烧纸钱、做道场四种最具代表性的习俗。关于这四种丧俗的研究,张邦炜有很好的成果。今以避回煞为例,以观其陋。张邦炜介绍说:"回煞又称丧煞或归煞。按照迷信的说法,人死后其魂气将于固定的日子归家,到时有凶煞出现,危及家人,一定要举家躲避……宋代避煞之风遍及各地,经济最为发达、文化程度最高的江浙地区尤其盛行。"②他举南宋洪迈《夷坚志》乙志卷十九《韩氏放鬼》称:"江浙之俗信巫鬼,相传人死则其魄复还,以其日测之,某日当至,则尽室出避于外,名为避煞。命壮仆或僧守其庐,布灰于地,明日视其迹,云受生为人为异物矣。"当时临安府每当所谓回煞之日,居然京城乃倾家出避。"而俗师以人死日推算,如子日死,则损子、午、卯生人。"于是"虽孝子亦避,甚至妇女皆不敢向前"③,这显然是与儒家所倡导的人伦大相违背的。

义乌就在浙江地区,且离临安不远,但义乌士人似乎并没有受其影响。吕祖谦在为楼蕴所撰《墓志》中提到他革陋俗的事迹,云:

> 君少游场屋,亲终即罢举,环舍培松菊自娱,意独乡古。岁时祭享,撤楮币,去浮图、老子之位。终君世,巫祝不至门。④

楮币,又称纸钱。宋代烧纸钱之风较盛,张邦炜指出洪迈《夷坚志》中记载不少。如《丙志·施三嫂》载,梧州(今属广西)州民张元中为死去的施三嫂"买纸钱一束,焚于津湖桥下"。《丁志·灵泉鬼魅》载,建阳(福建南平市建阳区)王田功的田仆"共买纸钱焚之",以祭鬼。《支志·项明妻》载,余干(今江西余干县)山民项明为其亡妻胡氏,"焚纸镪数百束"。《支志·孔雀逐疠鬼》载,宜黄(江西宜黄县)人邹智明为疠鬼"买楮币,聚焚于庭"。北宋学者程颐、杜衍、钱若水、吕南公、司马光等,南宋朱熹、黄榦等都反对烧纸钱,

---

①　吕祖谦撰:《东莱吕太史别集》卷第十《与潘叔度》八,黄灵庚等主编:《吕祖谦全集》第一册,浙江古籍出版社2008年版,第489—489页。

②　张邦炜撰:《两宋时期的丧葬陋俗》,载《四川师范大学学报》,1997年第3期。

③　俞文豹撰:《吹剑录全编·四录》,古典文学出版社1958年版,第124页。

④　吕祖谦撰:《东莱吕太史文集》卷第十《义乌楼君墓志铭》,黄灵庚等主编:《吕祖谦全集》第一册,浙江古籍出版社2008年版,第158—159页。

认为不合仪礼。①而楼蕴能够在岁时祭享中"撤楮币",其实就是以古礼来革当下陋俗的行为。

除此之外,楼蕴还"去浮图、老子之位",这一点更不简单。因为在丧祭时做道场,也是宋代以来盛行的。张邦炜解释:"道场在这里是水陆道场的省称,指设斋供奉,超度所谓水陆众鬼的法会。这一陋俗并非自古而然,是佛教传入中国以后才有的事。"他还指出,宋代此风很盛,司马光《司马氏书仪·丧仪一》称,世俗"信浮屠诳诱,于始死及七七日、百日、期年、再期、除丧、饭僧,设道场,或作水陆大会,写经造像,修建塔庙"。七七日指人死后四十九天,百日指人死后百天,期年即小祥,再期即大祥。道场有两项不合中国传统礼法,一是使用乐器铙钹,二是铺张浪费。特别是乐器的使用,震动惊撼,生人尚为头疼脑裂,况亡灵乎!②朱熹为此特别强调:"丧最要不失大本,如不用浮屠、送葬不用乐。"③他在《跋向伯元遗戒》一文中,对丧礼中佛教道场流行以及理学诸公的抵制情况有所总结,并对向伯元不用道场的做法大加表彰,其云:

> 自佛教入中国,上自朝廷,下达闾巷,治丧礼者一用其法。老子之徒厌苦岑寂,辄亦效其所为,鄙陋不经,可怪可笑,而习俗靡然,恬不觉悟。在唐唯姚文献公,在本朝则司马文正公、关洛程张诸君子,以及近世张忠献公始斥不用,然亦未能尽障其横流也。近故朝议大夫向公伯元,少受学于胡文定公,晚年退处于家,尊闻行知,不以老而少懈。及启手足,亲书幅纸,戒其子孙勿为世俗所谓道场者,笔札端好,词意谨严,与平日不少异。诸孤士伯等奉承遗指,不敢失坠,既又谋刻诸石,以诒久远。间以视熹,熹窃以为此书之行,可为世法。观者诚能因而推之,尽祛末俗之陋,以求先王之礼而审行之。则斯言也,不但为向氏一门之训而已。④

而义乌楼蕴在佛老盛行的南宋时期,能做到终世"巫祝不至门",正可见义乌当时儒风之炽,以及作为一个儒学士人的坚守。

宋代有停枢(亦称"殡")的丧葬习俗。即死者入棺后,灵枢停放待葬,地点不同,有停枢于家里中堂,也有移棺于宗祠或寺院之空屋者。殡的原因多样。义乌徐人杰之父

① ② 张邦炜撰:《两宋时期的丧葬陋俗》,载《四川师范大学学报》,1997 年第 3 期。

③ 黎靖德辑:《朱子语类》卷八十九《礼六·冠昏丧·丧》,朱杰人等主编:《朱子全书》第十七册,上海古籍出版社、安徽教育出版社 2002 年版,第 3005 页。

④ 朱熹撰:《晦庵先生朱文公文集》卷八十三《跋向伯元遗戒》,朱杰人等主编:《朱子全书》第二十四册,上海古籍出版社、安徽教育出版社 2002 年版,第 3940 页。

"丧再朞矣,宅兆未卜",就是因为选择墓地风水原因而耽误下葬。民间停枢或有数十年之习,对此,吕祖谦云:

> 自禨祥禁忌之说兴,士始死其亲而徽利,巫争觊讼,客其匶宇下,远者或数十载,盖有骴腐骨销而终不掩者矣。予窃骇其然,力薄不能起俗,独私与从游者道之。①

民间禨祥禁忌之俗,巫祝形法方士神仙之说,皆自东汉而来,至南宋大盛,至于像吕祖谦这样的理学家都感到骇然。好在徐人杰认识到其父长期得不到下葬,是大"不敬戒"的事情。因为他的两个儿子徐侃、徐倬都是吕祖谦的弟子,长期接受吕祖谦的理学教导,徐人杰也深受影响,是故决心破此陋俗,请吕祖谦为作《墓志》,以帮助他尽快完成安葬父亲徐文献的大事。这在当时,其实也是需要有极大勇气的。徐人杰家风甚严,徐侨幼年时期就能做到"视不倾,言不诳,行必重,坐必端,俨如成人"②,实质就是这种家风所练就的。

总之,吕祖谦为义乌士人所作墓志,对义乌儒学人士在南宋佛老流行的大背景下,仍然坚持循古礼、革陋俗进行了肯定和赞许。从另一个角度说,也是吕祖谦这些为义乌士人撰写的墓志,才使我们今天得以窥见当时义乌地区日常生活中的儒学风尚,极具有古典色彩。

(三)陈亮与义乌儒学

陈亮(1143—1194),字同甫,号龙川,永康人。学者称为龙川先生。生而目光有芒,为人才气超迈,喜谈兵,议论风生。孝宗乾道年间,被婺州以解头荐,因上《中兴五论》,奏入不报。已而退修于家,学者多归之,益力学著书者十年。淳熙五年(1178),诣阙上书论国事。后曾两次被诬入狱。宋光宗绍熙四年(1193)状元及第。授签书建康府判官公事,未行而卒,年五十二。端平初年,追谥"文毅"。陈亮之学崛起永康,无所承接。然其为学,俱以读书经济为事,所作政论气势纵横,词作豪放。

与吕祖谦比较,陈亮与义乌的关系不仅是学术上的关系,而且还有姻亲之缘,因此显得更为密切。

1. 陈亮在义乌的弟子及其士风

陈亮的一传弟子主要集中在浙江地区,这与吕祖谦大致相同。具体的地理分布

---

① 吕祖谦撰:《东莱吕太史文集》卷第十《义乌徐君墓志铭》,黄灵庚等主编:《吕祖谦全集》第一册,浙江古籍出版社 2008 年版,第 155 页。

② 朱元龙等撰:《徐文清公家传》,影明钞本。

如下：

永康：吴深（陈亮女婿）、林恺、陈颐、郎景明、徐硕、孙实、章湜、章涛、章渭、章海、胡括、章椿、章与、章允、周扩、吕约。

东阳：楼应元、卢任、周作、何凝、厉仲方。

义乌：喻民献、喻侃、喻南强、何大猷（陈亮妻弟）。

浦江：钱廓、方坦、凌坚。

金华：金灊、刘范。①

陈亮弟子在浙江的地域分布，较吕祖谦为窄，义乌是其传播的主要县域，而且集中在喻氏、何氏两大家族。除了授学而形成的人际网络之外，因姻亲关系而形成的又一人际网络，使他与义乌的关系显得更为密切。下面对其义乌弟子稍作介绍。

喻民献，原名汝方。与从子侃入太学为诸生。陈亮为民献母夫人王氏志云："夫人最爱幼子汝方，勉使为学。"又谓"汝方亦能以学问自见于乡间"云。②喻民献首从陈亮游，在他的带动下，群从数十人偕相与亮学。③

喻侃，字伯经，原名宏。登庆元己未（1199）进士第，累迁隆兴观察推官，签书镇南节度判官，寻升朝奉郎。初侃久从诸缙绅游，幕中多新进少年，议谕多不合，侃叹曰："吾髦已种种，宁能与翩翩小儿较短长哉？"遂请祠而归，筑室夫人峰下，曰芦隐。喻侃性情豪放，好谈论今古，目光如炬，气度轩轩。著有《芦隐类稿》五十卷，《随见类录》二百卷。

喻南强，字伯强，侃之从弟。少负奇气，其父直方，以为与陈亮类，俾从之游。时著录牒者，岁数千百人。南强周旋其间，独能探深索隐。南强读书不为口耳，学必欲见之实践，每至名义可喜事，击节慷慨，谓庶契可致。坐语移日，精锐锋起，陈亮曰："伯强凛然可畏也。"庆元中贡于乡，入太学，上礼部不第。嘉定间授富阳县尉，转缙云丞。宝庆初，礼部侍郎真德秀以言事去庙堂，德秀舟过富春江，南强亟见且赋诗为饯，人皆壮之。卒年七十一。南强为文善驰骋，下笔辄数千言，不绳削而自合。大篇短章，恣人取去，往

---

① 以上据黄宗羲撰《龙川学案》统计，《宋元学案》卷五十六，中华书局1986年版。另据卢敦基统计，陈亮学生籍贯，分别为：永康16人，义乌4人，浦江3人，东阳3人，金华2人，缙云2人，丽水1人，黄岩1人，省外1人，籍贯不明者3人，见《人龙文虎——陈亮传》，浙江人民出版社2006年版，第218页。

② 邓广铭点校《陈亮集》（增订本）卷之三十七《喻夫人王氏改葬墓志铭》，河北教育出版社2003年版，第390页。

③ 黄宗羲撰《宋元学案》卷五十六《龙川学案》，中华书局1986年版，第1850页。

往不甚爱惜,惟存《梅隐笔谈》十四卷。①

何大猷,字少嘉,陈亮之妻弟。少嘉处宗族以顺,待朋友以信,接乡党以礼,协亲戚以恩。陈亮称其事母孝,事兄敬,而行甚醇谨。从陈亮学,尝曰:"吾未知前辈所谓不传之学安在,而敢自弃乎?"②

从以上诸人小传可见,义乌弟子,无论在性情上,还是在性格上,与陈亮都多有相似之处。而义乌弟子在对待陈亮学术和陈亮系狱两大问题上,表现出色,体现了义乌士子的担当和勇气,故可视为当时义乌士风的一个缩影。

在对待陈亮学术上,义乌弟子不遗余力维护师门,成为当时陈亮的追随者和思想传播者。当乾道、淳熙年间,朱、张、吕、陆四君子皆谈性命而辟功利,学者各守其师说,截然不可犯。陈亮崛起永康,独以为不然。其弟子喻侃云:"性命之微,子贡不得而闻,吾夫子所罕言,后生小子与之谈之不置,殆多乎哉!禹无功,何以成六府?《乾》无利,何以具四德? 如之何其可废也! 于是推寻孔、孟之志,六经之旨,诸子百家分析聚散之故,然后知圣贤经理世故,与三才并立而不废者,皆皇帝王霸之大略。明白简大,坦然易行。"③时人多疑其说而未信。喻侃独出为诸生倡,布磔纲纪,发为词章,扶持而左右之,使陈亮之门,恶声不入于耳,对陈亮维护学术立下大功。

在对待陈亮系狱问题上,义乌弟子表现更为可嘉。众所周知,陈亮一生有两次系狱。第一次是在淳熙十一年(1184),陈亮四十二岁,因受人诬告而入狱。弟子何大猷营救不爱其力。"浙江风涛之险,一日往返两涉之,几至覆舟,不悔。"④这让陈亮十分感动。当绍熙元年(1190),陈亮四十八岁,再次被诬下诏狱,陈亮不由再次想起何大猷当时奔走营救的情形,而恰在这次狱事再急之时,何大猷却无疾而死。陈亮为之惊呼曰:"我其不免于诏狱乎! 少嘉死,是恶证也。"他自述"二年兴狱,而仅能以不死。"⑤这一次系狱,陈亮几陷罗织,弟子喻侃与同门也曾极力营解,终使陈亮脱于万死一生之中。陈亮曾对喻侃曰"生死而肉骨也",人多义之。⑥同时,弟子喻南强在陈亮这次系狱时,也义形于色。

①　参见黄宗羲撰:《宋元学案》卷五十六《龙川学案》,中华书局 1986 年版,第 1850—1851 页;《金华先民传》;凌迪知《万姓统谱》卷九十四。

②④⑤　邓广铭点校:《陈亮集》(增订本)卷之三十六《何少嘉墓志铭》,河北教育出版社 2003 年版,第 384 页。

③　黄宗羲撰:《宋元学案》卷五十六《龙川学案》,中华书局 1986 年版,第 1850 页。

⑥　参见黄宗羲撰:《宋元学案》卷五十六《龙川学案》中华书局 1986 年版,第 1850 页;凌迪知撰:《万姓统谱》卷九十四;《浙江通志》卷一百八十一《人物六》。

事发当初,掌权者欲排善类,指陈亮为根,煅炼刺骨,罪且不测,门人畏其威焰,噤不敢出声。南强义愤填膺,贻书诮责其同门,曰:"先生无辜受祸,吾曹为弟子,当怒发冲冠,乃影响昧昧,是得为士类邪!"于是走东瓯,见叶适诉冤。叶适曰:"子真义士也。"即秉笔为作书数通。南强又持走越,袖见诸台官,诵言无忌,卒直陈亮之冤。①关于陈亮的第二次入狱,由于其与辛弃疾、郑汝谐、赵汝愚、罗点等人的交谊,陈氏之脱狱实赖众多交游之力援,这在陈亮脱狱后与各方谢启中也有所反映;但有关其弟子参与营救的事实,却鲜被人们提起,这大概因为辛弃疾等知名度太高之故。

宋濂曾对喻侃、喻南强救师事迹给予高度赞扬,曰:"自道废民散,师弟子之义缺,平居则缪为恭敬,视其影或不敢践,一逢患难,辄反目若不相识,然甚者至更名他师,使侃与南强见之,必将唾去之矣。"②这既是对喻侃与喻南强的称赞,也是对义乌士风的肯定。

2. 陈亮与"乌伤四子"

陈亮与义乌士人的交游,最值得称道的是"乌伤四子"。"乌伤四子"这个概念是陈亮首先提出来的,其云:

> 乌伤固多士,而称雄于其间者余熟其四人焉,盖非特乌伤之雄也。喻叔奇于人煦煦有恩意,能使人别去三日念之辄不释,其为文精深简雅,读之愈久而意若新。何茂恭目空四海,独能降意于一世豪杰,而士亦乐亲之,其文壮丽精致,反复开阖,而卒能自阐其意者。陈德先举一世不足以当其意,而人亦不愿从之游,然其文清新劲丽,要不可少。喻季直遇人无亲疏贵贱,皆与之尽,而于余尤好其文蔚茂驰骋,盖将包罗众体,而一字不苟读之亹亹而无厌也。③

从陈亮所记可以看出,乌伤四子主要成就在文学上,其中喻叔奇"为文精深简雅"、何茂恭"其文壮丽精致"、陈德先"其文清新劲丽"、喻季直"其文蔚茂驰骋",但他们又不仅是文士,还是儒生。

喻良能(1120—1205)④,字叔奇,号锦园,人称香山先生。绍兴二十七年(1157)进

---

①② 宋濂撰:《文宪集》卷十《喻侃传》,《四库全书》本。

③ 邓广铭点校:《陈亮集》(增订本)卷之二十五《题喻季直文编》,河北教育出版社2003年版,第227页。

④ 曾枣庄主编:《中国文学家大辞典·宋代卷》"喻良能"条谓生卒年不详。《文学遗产》2009年第5期第43页载韩立平《南宋三诗人生年考》对喻良能生年考曰:"喻良能《香山集》(四库本)卷九《戊子除夕追和陈简斋除夕夜一首》:'世事年来已饱更,百年今夕两平分。'诗题中'戊子'为宋孝宗乾道四年(1168),诗中言'百年今夕两平分',可知乾道四年为四十九岁,乾道五年为五十岁。依次上推,喻良能出生于徽宗宣和二年庚子(1120)。卷十六《永佑陵》其三:'小臣生长宣和初',与宣和二年出生亦朱彝尊相吻合。"

士。尝任广德蔚，鄱阳丞，绍兴府倅，擢国子监主簿。以国子博士兼工部郎中，除太常寺丞。出知处州，后以朝请大夫致仕。淳熙八年(1181)冬十月，上《忠义传》，起战国王蠋，终五代孙晟，上下一千一百年，所取一百九十人，凡二十卷。请求颁之武学，授之将帅，孝宗嘉之曰："忠臣义士，不顾一身，可以表厉风俗。"①著作除《忠义传》二十卷之外，尚有《家帚编》十五卷，《诸经讲义》五卷②均佚。又有文集《香山集》三十四卷，清四库馆臣自《永乐大典》辑出遗诗编为十六卷，有《四库全书》本。喻良能还与金华吕祖谦③、上饶赵蕃④、乐清王十朋⑤等知名学者多有交往。据黄溍《先世墓志铭后记》云，喻良能为黄溍五世祖之外甥。⑥

喻良弼，字季直。与兄良能俱以古文词有声太学。良能成进士，而良弼仅以特科尉新喻。著作有《杉堂集》十卷，《乐府》五卷。与洪迈、杨万里皆为文字友。⑦

何恪，字茂恭。绍兴三十年(1160)进士，调官主吉之永新簿，迁徽州录事参军，未赴。纂《恢复二十策》欲以进于朝，与诸公议不合而归。陈亮未显时，何恪奇其才，以其兄何恢之女妻之。陈亮与义乌何氏联姻，对于其学在义乌的传播，起到很大作用。此外，何恪与金华吕祖谦亦有交游。⑧何恪著作有《南湖集》。⑨

陈炳，字德先。乾道二年(1166)进士，为太平县主簿。著有《易解进卷》，《易讲义》五卷，《岩堂杂稿》，并撰《义乌儒学记》。

通过陈亮与"乌伤四子"的交往，可以看出他与乾道、淳熙年间的义乌知识圈是相当熟悉的。

3. 陈亮与义乌何氏家族

陈亮与义乌何氏家族的关系，要推到其少年时期。他自称在未冠之时，就曾就学于

---

① 参见宋刘时举撰：《续宋编年资治通鉴》卷十《宋孝宗三》、宋王应麟撰《玉海》卷五十八《淳熙忠义传》、吴师道撰：《敬乡录》卷十《喻良能传》，《四库全书》本。

② 《经义考》卷二百四十三《群经》五："喻氏良能《诸经讲义》，佚。"《四库全书》本。

③ 吕祖谦：《东莱吕太史文集》卷一《送喻叔奇通判会稽》，黄灵庚等主编：《吕祖谦全集》第一册，浙江古籍出版社 2008 年版，第 21 页。

④ 赵蕃撰：《淳熙稿》有《寄婺州喻良能叔奇》等诗 5 首，见《四库全书》本。

⑤ 王十朋：《梅溪后集》有《赠喻叔奇县尉》等诗 18 首，见《四库全书》本。

⑥ 黄溍撰，王颋点校：《黄溍全集》上册，天津古籍出版社 2008 年版，第 281 页。

⑦ 参见《浙江通志》一百八十一《人物》六《文苑四》，《四库全书》本。

⑧ 陈思编：《两宋名贤小集》卷二百十九收吕祖谦《何茂恭母王夫人挽章》一诗可证。见《四库全书》本。

⑨ 《浙江通志》卷一百八十一《文苑四》引《金华先民传》，《四库全书》本。

义乌何子刚馆舍,其云:

> 公家赀数十万,不可谓无力矣;结姻于朝列,不可谓无势矣。而甘心自屈于乡之暴有力者,犹不必其势,悖言恶动,不与其较,则公之诚心为善,尚不以德义自居,而何问势力之所在乎! 亮之心降而诚服,不可谓无所自也。方亮未冠时,束书就学于公之馆舍,公不以凡儿待之,岁时之顾遇,杯酒之殷勤,未尝不倍于伦等也。①

据此可知,陈亮的老师何子刚其实是一个在义乌既有钱又有势的人物,但他不倚重钱势,反是求诸诚心,以德义为善,似是一位理学中人。何子刚"不以凡儿"待陈亮,在生活上给予陈亮以特殊照顾,当然是欢喜他的才华出众。陈亮方"未冠"时"束书就学"于何子刚,但究竟为何年? 颜虚心《陈龙川年谱》系于宋高宗绍兴二十八年(1158),时陈亮16岁,而童振福《陈亮年谱》系此事于绍兴二十九年(1159),但均未提供具体证据。有一点可以肯定,陈亮19岁因为《酌古论》一举成名,婺州知府周葵一见而奇之,遂延陈亮为座上客,因此,陈亮从学何子刚定在18岁以前是无疑义的。②或许何子刚是义乌一位有影响的人物,使得少年陈亮的才华在义乌较早出名。无独有偶,陈亮日后能够与义乌另一支何氏家族的成员联姻,恰恰就是因为他的才气。

陈亮少年时在义乌求学,而后来又在义乌授学,这是一段历史的循环,非常有意思。在"乌伤四子"中,陈亮与何恪,由于有姻亲关系,交往尤其深刻。陈亮在何恪去世后,先后有三篇祭文,其中《祭何茂恭文》,对何恪评价曰:

> 公之行义文章,自朝之贤士大夫以及于乡党朋友,翕然推之,莫敢为伍,曾未能出其毫末而遽赍之以入土。③

又《代妻父祭弟茂恭文》对何恪评价云:

> 经史子氏,章分句剖;大雅之文,一一上口。诗不杜而则陈,文出韩而入柳。屈宋不能执《骚》以居前,颜杨相顾释笔而殿后。世精其一,子无遗漏。至于纯明果敢,端方孝友,言动有常,进退有守,爱君忧国,不忘畎畝,皆是天资,而非娇柔。④

从何恪"经史子氏,章分句剖",可见其是一位对经史和诸子皆有研究的学者。而在《祭

---

① 邓广铭点校:《陈亮集》(增订本)卷之三十一《祭何子刚文》,河北教育出版社 2003 年版,第 332 页。
② 参考方如金、姜鹏撰:《陈亮交游考》,《温州大学学报》2003 年第 1 期。
③ 邓广铭点校:《陈亮集》(增订本)卷之三十一《祭何茂恭文》,河北教育出版社 2003 年版,第 329 页。
④ 邓广铭点校:《陈亮集》(增订本)卷之三十一《代妻父祭弟茂恭文》,河北教育出版社 2003 年版,第 330 页。是文邓先生辑自《永乐大典》卷一四〇五二祭字韵,原《龙川集》不载。

妻叔文》中,也有评价:

> 昔公有意圣贤之学,而不为世俗之文,山立玉峙,地负海涵。①

这里更点明何恪"有意圣贤之学"。陈亮与义乌何氏联姻,主要得力于何恪,他是因为看重陈亮的才华,故力劝其兄何恢将次女嫁给陈亮。陈亮是一位记忆力超群的人,在《喻夫人王氏改葬墓志铭》中,陈亮云:"往时义乌何茂恭以文称,乡人之欲铭其墓者必属笔于茂恭。余犹记乾道初,余就姻茂恭家,见茂恭铭其从母王夫人之墓,其文工甚。茂恭口诵一二过,余能随记其文,复为客道之。茂恭抚掌欢笑:'世有强记如此者!'"当其兄犹豫不决时,他在赴任途中,一有暇就写信给何恢,每封信都要提到陈亮,表示了"惧失此士"的急切心情。陈亮在《祭妻叔文》中详细介绍了这段联姻的过程,其云:

> 公之既第,尝以其兄之女归之同年矣;其次固不应属之寒士也。公得官于大江之西,将行,力谓其兄:"必以次女归亮,吾保其可依也。"兄犹疑之。一行二千里,有便必寄书,书必以亮为言:"吾惧失此士。"兄亦奋然曰:"宁使吾女不自振,无宁异日不可以见吾弟。"故次女卒归亮。当是时,虽亮亦笑公与之非其人也。②

某种程度而言,是义乌人最先发现陈亮是一座极具开采价值的富矿,对于何恢听从了弟弟何恪的劝导,最终将次女嫁给陈亮,甚至连陈亮本人"亦笑公与之非其人也",真是不可思议。而事实证明何恪对陈亮的预期是正确的。早在陈亮未登第之前,其《祭何茂恭文》就已表达了对何茂恭的感激:

> 呜呼!昔公于某面未觌而神已交,语言未通而肺肝相与,誉之诸公之间,妻以其兄之女。君子或以为难,世俗谓之过举。属憸谀之相间,而至情之疑阻。要不能无遗憾于死生,安得取而投之豺虎!虽此心之昭然,顾有口而莫吐。是用略彩缯纸钱于末俗,具脯果酒殽于罍俎,酹公之神而侑之以韵语。曰:天之生公,意盖有主。俄而夺之,一息千古。匪伤其私,我心独苦。尚想音容,有泪如雨!

这三篇祭文,其中《祭何茂公文》与《代妻父祭弟茂恭文》当作于何恪去世不久,而《祭妻叔文》则作于陈亮考中状元之时,这说明陈亮永远忘不了何恪对他的期许,所以一旦高中,首先想到何恪对他的知遇之恩,因此专门再作一篇《祭妻叔文》以表达对何恪的感激与哀思。

其实,义乌何氏家族在陈亮穷厄之际,给予陈亮许多帮助。陈亮在《祭妻祖母夫人

---

①② 邓广铭点校:《陈亮集》(增订本)卷之三十一《祭妻叔文》,河北教育出版社 2003 年版,第 325 页。

王氏文》中,陈亮写道:"昔亮之穷,弃不足论。夫人抚之,绨袍之温。一饱有时,解颜以喜。感念之恩,如实出己。"何恢、何恪的母亲是一位极有贤德的女性。她能够做到"察人之所不察,而阃内之情毕见,爱人之所不爱,而一家之势常平"。达成不言自威的境界,做到"子不督而贤,闲言不却而息,长幼不约而亲",是故"天下之为人妇、为人母、标行义以自见者,比夫人盖犹未足以为贤也"。①这个家族给予陈亮的不仅是亲情与温暖,还有致富而不坠的人文精神。

4. 陈亮对义乌儒商"义利和合"精神的揭示

某种情况而言,义乌为陈亮独具个性的学术思想形成提供了丰沃的土壤。他与义乌儒商的交游,引发了对仁与富等系列问题的深刻思考,同时也为我们揭示了义乌富商骨子里的儒家精神。义乌香山喻氏,是当时一个望族,陈亮所交往的是喻夏卿一系。今从《喻夏卿墓志铭》中,可知这一系的大概,云:

> 昔孟子有取于"为仁不富"之论,而世俗之常言曰"慈不主兵,义不主财"。其说遂以行,而闾巷之奸夫猾子,借是以成其家,虽见鄙于清论,见绳于公法,而人乐其生得以自资,终不为之变也。夏卿孝友慈爱,根于天性,而著见于日用之间,如饮食之不可废。中年与其侄分田,不过百三十亩,卒亦几至于千亩。然而友爱子侄,而计较秋毫之心不萌焉;慈惜里闾,而豪夺力取之事不行焉。"为仁不富"之论,盖至夏卿而废矣。②

陈亮所作墓志铭,有一个观点值得引起注意,即他从喻夏卿发家史中看出孟子"为仁不富"这一结论其实是不可靠的。喻夏卿中年时与侄分田,由一百三十亩起家,后来发展到千亩,"然而友爱子侄,而计较秋毫之心不萌焉;慈惜里闾,而豪夺力取之事不行焉。为仁不富之论,盖至夏卿而废矣"。

(1) 历史上关于"为仁不富"的争论

为了更深刻理解陈亮就喻夏卿而提出的"为仁不富"话题,今就其历史解说稍作梳理。汉代人对于"为仁不富"是有两派意见的,一是司马迁,其云:

> 故曰仓廪实而知礼节,衣食足而知荣辱。礼生于有而废于无,故君子富好行其德,小人富以适其力。渊深而鱼生之,山深而兽往之,人富而仁义附焉。富者得势

---

① 邓广铭点校:《陈亮集》(增订本)卷之三十三《祭妻祖母夫人王氏文》,河北教育出版社2003年版,第346页。

② 邓广铭点校:《陈亮集》(增订本)卷之三十六《喻夏卿墓志铭》,河北教育出版社2003年版,第381页。

益彰，失势则客无所之，以而不乐。夷狄益甚。谚曰：千金之子，不死于市。此非空言也。故曰：天下熙熙，皆为利来；天下壤壤，皆为利往。夫千乘之王，万家之侯，百室之君，尚犹患贫，而况匹夫编户之民乎！①

一是王符，其云：

> 人皆智德，苦为利昏，行污求荣，戴盆望天，为仁不富，为富不仁，将修德行，必慎其原。②

但汉代人关于这个问题的不同看法，就像两股道上跑的马车，乃各行其是。到了宋代，"义""利"之辨，一如汉代。宋代早期的"言义"派代表人物刘敞《为仁不富论》，对这个命题有最全面的论述：

> 凡天下有至理：此盈者彼虚，此厚者彼薄，是自然之不可易者也。故为仁者不富，为富者不仁，亦若此矣。夫仁人之为身，必将先义而后利，先德而后禄，以礼为法，以智为辅，以文为表，以义为内。非其道，虽加千乘之利不悦焉；非其志，虽加万锺之禄不取焉。此仁人之所以为身也。此其为身，所以无富之称也。及其为家，则正其居处以应法，薄其奉养以应礼，均其有余以济不足，言其利以去其贪，此仁人之所以为家也。此其为家，所以无富之名也。及其为国爱民而时使之，养民而薄敛之，取民而节用之，币帛宝货与百姓共其利，弗专有也。藏之于民，而上下皆足，此仁人之所以为国也。此其为国，所以无富之号也。故小为一身，大为一国，取予、施舍、进退、行止，必出于仁而无富者矣。虽然，其无富乃所以为大富也。故仁者虽一身而贫贱不能辱，虽一家而万乘不能夺，虽一国而天下不能倾。近者，亲戚安之，宾友归之；远者，四邻怀之，九夷向之，尚非大富乎！彼为不仁者不然，苟为一身而已。力之所及，将无不攘；智之所及，将无不取也。故在下则盗，在上则暴，为仓廪至于使百姓无以食，为府库至于使百姓无以衣，可谓富矣，然而不仁之患，则又至焉。是以昔者蚩尤诛，荣夷灭，桀纣亡，非患财用之乏也，非苦货力之少也，凡以身富而不仁也。是以圣王制税赋，足以养百官备水旱；制朝贡，足以结诸侯通远方。然犹厚往而薄来，轻费而广施，恶不仁也。故天子不言有无，诸侯不商货利，大夫不畜鸡豚，士不问什一，所以远利而近仁也，所以厉风俗而禁淫伪也。冉求为季氏宰，不能

---

① 司马迁撰：《史记》卷一百二十九《货殖列传》，中华书局1997年版，第3255—3256页。
② 王符撰：《潜夫论》卷十《叙录》第三十六，《四库全书》本。

改于其德而赋粟倍。他日,孔子曰:"求,非我徒也。小子鸣鼓而攻之可也。"由是观之,君子之富可知矣。①

刘敞的中心思想无非"远利近仁"。到朱熹注阳虎"为富不仁矣,为仁不富矣"则云:

> 阳虎、阳货鲁季氏家臣也。天理人欲,不容并立。虎之言此,恐为仁之害于富也;孟子引之,恐为富之害于仁也、君子小人,每相反而已矣。②

很显然,从孟子到朱熹,都是将"仁"与"富"置于对立状态来作理解的。更进一步朱熹还将仁义升华到天理高度来认识,他在诠释孟子"何必曰利? 亦有仁义而已矣"时云:

> 仁义根于人心之固有,天理之公也。利心生于物我之相形,人欲之私也。循天理,则不求利而自无不利;徇人欲,则求利未得而害己随之。③

有学者将宋代积弱积贫的文化原因归结为理学的求义舍利理论,认为这是一种"贫困文化","使宋人对贫困和财富的认识产生了根源性误区","理学在精神上给了贫穷人群一种终极关怀,成了一种麻醉意识,成了宋代积贫积弱却被时人视为合理存在的时代心理根源。"④

与二程至朱熹一系的理学家意见不同,在宋代言利者也大有人在。宋代"言利"派的早期代表人物李觏云:

> 人非利不生,谒为不可言! 欲可言乎? 欲者人之情,谒为不可言!⑤

意谓人的生存离不开"利",那么为何不可以言"利"呢? 同样道理,欲望乃人之常情,为何又不敢去提到它呢? 进一步,王安石认为,精神文明建立,非得要有物质文明作为基础才行,他说:

> 夫阅仁百姓,而无夺其时,无侵其财,无耕其力,使其无憾于衣食,而有以养生丧死,此礼义廉耻之所兴。⑥

这似乎是孟子"十亩之宅"说的翻版。宋代,义利说的第三派是苏洵的和合义利说。

---

① 刘敞撰:《公是集》卷三十九《为仁不富论》,《四库全书》本。
② 朱熹撰:《孟子集注》,朱杰人等主编:《朱子全书》第六册,上海古籍出版社、安徽教育出版社 2002 年版,第 309—310 页。
③ 朱熹撰:《孟子集注》,朱杰人等主编:《朱子全书》第六册,上海古籍出版社、安徽教育出版社 2002 年版,第 247 页。
④ 袁冬梅撰:《从宋人的财富观论宋朝的民贫问题》,《许昌学院学报》,2004 年第 4 期。
⑤ 李觏撰:《直讲李先生文集》卷二十八,《四库全书》本。
⑥ 王安石撰:《临川文集》卷四十九《戒励诸道转运使经画财利》,《四库全书》本。

其云：

> 《乾·文言》曰："利者,义之和。"又曰："利物足以和义。"呜呼！尽之矣。君子之
> 耻言利,亦耻言夫徒利而已。圣人聚天下之刚以为义,其支派分裂而四出者为直、
> 为断、为勇、为怒,于五行为金,于五声为商。凡天下之言刚者,皆义属也。是其为
> 道决裂惨杀而难行者也。虽然,无之则天下将流荡忘反,而无以节制之也。故君子
> 欲行之,必即于利。即于利,则其为力也易,戾于利,则其为力也艰。利在则义存,
> 利亡则义丧。故君子乐以趋徒义,而小人悦怿以奔利义。必也天下无小人,而后吾
> 之徒义始行矣。呜呼难哉！圣人灭人国,杀人父,刑人子,而天下喜乐之,有利义
> 也。与人以千乘之富而人不奢,爵人以九命之贵而人不骄,有义利也。义利、利义
> 相为用,而天下运诸掌矣。五色必有丹而色和,五味必有甘而味和,义必有利而义
> 和。《文言》之所云,虽以论天德,而《易》之道本因天以言人事。说《易》者不求之人,
> 故吾犹有言也。①

在北宋,刘敞与苏洵是两位较系统完整地表述对于义利看法的学者,以客观的立场来考
虑,我们认为当然是苏洵的义利和合,更为圆融,也符合社会良性发展的需要。

(2) 陈亮的义利观及其对义乌儒商"义利和合"精神的揭示

陈亮的义利观,基本上是属于苏洵一派的。我们以前因为陈亮与朱熹有义利王霸
之辩,印象中陈亮也是一个完全的主利派,其实不然。我们先看陈亮《龙川集》中有许多
为富人所作的墓志铭和哀辞,就明白他所尊敬的致富者,其实都是义利和合的实践者。
其赞何恢曰：

> 公之父必欲其二子由科举自奋,公独以其余力助理家事,积累至巨万。公弟恪
> 茂恭,得以专于文学,庶几近世晁张辈流。尝与公同上礼部,茂恭得之,而公不利。
> 公忻然曰："是足以报吾父矣。"时公父已死数岁,家事一毫以上不使茂恭关心焉。
> 茂恭奉其母汤药惟谨,不问钱物为何事;而公之临财,虽鬼神不欺也,兄弟相与为一
> 体;至其论文,小不合辄争辩,以致辞色俱厉,僮仆往往相语以为笑。②

何恢之父本来想他两个儿子同走科举之路,但何恢毅然弃考而治家,使其弟何恪得以专
于文学,而何恢由于他出色的经营才能,居然成长为义乌首富。何恪是个不知钱物为何

---

① 苏洵撰:《嘉祐集》卷八《利者义之和论》,《四库全书》本。
② 邓广铭点校:《陈亮集》(增订本)卷之三十六《何茂宏墓志铭》,河北教育出版社 2003 年版,第 373 页。

事的人，而何恢则"虽鬼神不欺也"，从来不对何恪有所隐瞒。后来，因何恪早卒，何恢又将整个家产交由何恪之子何大受管理，自己则"从容园池，以小诗自娱"。这都是仁德的体现。

何恢之子何大猷，虽然是个"富二代"，但他富而存仁，"视租户如家人，而恤其轻重有无"①，显然是受了其父的影响。在《金元卿墓志铭》中，陈亮写道：

> 君之于余甚谨，以故习知其家事，而得君之为人亦甚详。君读书为士有绳尺，不求苟异于人。内行洁整，于声色淡然，而不求人之知也。及其为家也，以俭勤自将，铢积寸累，运用有成，而豪取智笼之术一切置不用，故无怨恶于人。晚岁治其室稍华，将以娱其亲之老也。诸子皆使之学，而必欲知辛勤之起家不易。……富，人所欲；善，吾所独欲也。公之独也同之。②

金大亨，字元卿，金华人。他的发家完全是靠"俭勤自将"，而非"豪取智笼"，故他赞扬金大亨做到了"富"与"善"的统一。在《何夫人杜氏墓志铭》中，陈亮又赞何坚才之家风云：

> 始余闻东阳何君坚才善为家，积资至巨万，乡之长者皆自以为才智莫能及。然坚才方端居深念，平生为学之志于是不酬矣，遣其子逮从一世士君子。又招致邵康似之，使造、适、遇、述从之学。似之有声学校中，及为甲辰礼部榜首，世多知其人。似之亦善称其四子，谓足以如坚才志。而坚才死，逮实主家事，帅其四弟以奉母夫人杜氏惟谨，而门户纲纪，一切听之逮，如坚才在时。人往往言逮才有父风，或曰："是四弟为学之验也。"③

何坚才，东阳人，其致富之才乡人莫及，但其家风谨严，纲纪森然，忠孝传家。《吕夫人夏氏墓志铭》记载了永康首富吕师愈的致富情况，其云：

> 夫人初归吕氏，家道未为甚裕，吕君不遗余力，经理其家，至有田数千亩，遂甲于永康。夫人节啬于内，课女工甚悉，以辅成吕君之志。④

这篇墓志铭主要是写夏氏的懿德，赞其"妇人女子之不溺于爱，区处其子切于事情，而无违夫之志"，故陈亮感慨曰"若夫人者能几"。由吕夫人之言行，可推想这位永康首富的

---

① 邓广铭点校：《陈亮集》（增订本）卷之三十六《何少嘉墓志铭》，河北教育出版社 2003 年版，第 384 页。
② 邓广铭点校：《陈亮集》（增订本）卷之三十六《金元卿墓志铭》，河北教育出版社 2003 年版，第 379 页。
③ 邓广铭点校：《陈亮集》（增订本）卷之三十六《何夫人杜氏墓志铭》，河北教育出版社 2003 年版，第 394 页。
④ 邓广铭点校：（增订本）卷之三十六《吕夫人夏氏墓志铭》，河北教育出版社 2003 年版，第 398 页。

家风定是不俗。而在《东阳郭德麟哀辞》一文中,陈亮痛陈国家科举造士,常对商人出身的士人,废置不用,实为"国之一阙",其云:

> 往时东阳郭彦明徒手能致家资巨万,服役至数千人,又能使其姓名闻十数郡。此其智必有过人者,余不及识,而识其子德麟。德麟承家有父风,而淑其子弟则有光焉。德麟之子曰澄伯清者,历从一世士君子游,异时言诸郭事往往不同,至是而论始定矣。自德麟在时,固尝惝惝焉以前事为未满也,余独以为不然。国家以科举造士,束天下豪杰于规矩尺度之中,幸能把笔为文,则可屈折以自求达。至若乡间之豪,虽智过万夫,曾不得自齿于程文熟烂之士。及其以智自营,则又为乡间所雠疾,而每每有身挂宪网之忧,向之所谓士者,常足以扼其喉而制其死命,卒使造化之功有废置不用之处。此亦为国之一阙,而默察天地运动之机,则德麟之所从惝惝前事者,固足以见国家崇儒重道之极功,亦足以动识者为天下大势无穷之虑,非直德麟父子之足念也。夫程文之士既足以为一世所任用而其间有所谓通经笃行者,又自为其徒所尊敬而常若不可及,虽德麟亦既仰望而畏服之矣。余于斯时,方将为之长言,以解德麟之惝惝而宁其死,其不讪谤谴斥于一世之士者几希!然使德麟持是以见其父于地下,庶可以相视一笑,而百年之后当有明余心者,其辞曰云云。[1]

我们之所以要将这篇哀辞全文照录,实则从郭德麟身上可以照见陈亮本人的遭遇,因为"以智自营"者,总是要"为乡间所雠疾,而每每有身挂宪网之忧",并被"所谓士者,常足以扼其喉而制其死命",陈亮的两次系狱,实为此做了注解。故他之哀郭德麟,实在也是借机会哀自己。

由上可知,陈亮讲功利,也讲仁义,但有学者认为陈亮的财富观事实上是重利而弃义,比如漆侠认为在财富观上陈亮与经年口诵仁义道德的儒生背道而驰,无怪乎朱熹称陈亮"自处于法度之外","不乐闻儒生礼法之论"等等。为了印证朱熹的批评,他引岳珂《桯史》记载:

> 东阳陈同父资高学奇,跌宕不羁。尝与客言,昔有一士,邻于富家,贫而屡空,每美其邻之。旦日,衣冠谒而请焉。富翁告之曰:"致富不易也。子归斋三日而后,予告子以其故。"如言复谒,乃命待于屏间,设高几,纳师资之贽,揖而进之,曰:"大凡致富之道,当先去其五贼。五贼不除,富不可致。"请问其目,曰:"即世之所谓仁、

---

① 邓广铭点校:《陈亮集》(增订本)卷之三十四《东阳郭德麟哀辞》,河北教育出版社 2003 年版,第 361 页。

义、礼、智、信是也。"

但漆侠省略了岳珂以下一段文字：

> 士卢胡而退。同父每言及此，辄掀髯曰："吾儒不为五贼所制，当成何等人耶！"①

这充分说明陈亮所引商人的话，并不代表他也视"仁、义、礼、智、信"为五贼，他其实最终是恪守仁、义、礼、智、信为基本信条的。另外，漆侠还引陈亮《赠楼应元序》中的一段话：

> 夫一有一无，天之所为也。袠多增寡，人道之所以成乎天也。圣人之惓惓于仁义云者，又从而疏其义，曰若何而为仁，若何而为义。非以空言动人也，人道固如此耳。余每为人言之，而吾友戴溪少望独以为："财者人之命，而欲以空言劫取之，其为道甚左。"余又悲之而不能解也。虽然，少望之言，真切而近人情，然而其人者未免乎薄也。②

漆侠言陈亮此则认为仁义是劫取人财的"空言"，与前则认为仁、义、礼、智、信是阻碍发家致富的五贼，两则材料是贯通的。③但漆侠引文时省略了陈亮最后所言：

> 若余之所以为楼子计者，非不知少望之言可畏也，亦期人以厚而已矣。

这说明陈亮仍然不认为仁义是劫取人财的"空言"，而且还觉得"少望之言可畏"。恰好相反，这两则材料都证明陈亮对于仁、义、礼、智、信并不反对，否则，他就完全站到儒家的对立面去了。

但我们同时也要注意，陈亮的言论为何屡屡与"财富"二字牵连上呢？这大概与他本人的经商经历有很大关系。陈亮的家族本来也是一个"衣食丰足，推其余以及邻里，使一乡无憾于陈氏"的家族，但这个家族在"百四五十年之间"，"大家世族或已沦替而无余"，终于还是衰落了。到了陈亮这里，他父亲死后，已经是"葬不克自力，乃从人贷钱以葬"了，其家境可谓衰落到极点。④为此，他曾一度经商。陈亮有数次永嘉之行，除了知会薛季宣、陈传良、叶适等学者之外，其个人目的，其实还有一层经商的意思在里头。据周梦江考证，陈亮分别在淳熙三年（1176）春天、淳熙七年（1180）春天、淳熙七年（1180）秋天、淳熙八年（1181）春天有四次永嘉之行，皆可能与经商有关。永嘉为温州首县，工商

---

① 岳珂撰：《桯史》卷二《富翁五贼》，《四库全书》本。
② 邓广铭点校：《陈亮集》（增订本）卷之二十四《赠楼应元序》，河北教育出版社2003年版，第217页。
③ 漆侠撰：《浙东事功派代表人物陈亮的思想与朱陈"王霸义利之辨"》，《河北大学学报》2001年第3期。
④ 邓广铭点校：《陈亮集》（增订本）卷之三十一《先考移灵文》，河北教育出版社2003年版，第327页。

发达，早在北宋熙宁十年（1077），永嘉县一年的商税就已高达二万五千三百九十一贯六文，是全国各县平均商税的七倍。①据此，周梦江推定由于陈亮温州熟人较多，交游较广，"在浙东一带做些小生意，沿途官员、税吏是不敢为难他的"。②陈亮经商致富虽没有明确记载，但他在淳熙五年夏天写给友人石斗文信中称："亮为士、为农、为商，皆踏地未稳，天之困人，宁有穷已乎！"这说明陈亮此年有"为商"之举，但尚未脱贫。同年秋天，吕祖谦来信劝告陈亮不要经商，其云：

> 闻便欲为陶朱公调度，此固足少舒逸气。但田间虽曰伸缩自如，然治生之意太
> 必，则与俗交涉，败人意处亦多。久当自知之。恃契爱之厚，不敢不尽诚也。阳羡
> 之行在何时？日望经从相聚。③

吕祖谦写此信时在临安，陈亮赴阳羡当要经过临安。由吕祖谦"闻便欲为陶朱公调度"，亦可推知，陈亮此行阳羡，定与经商有关。大概到淳熙十一年（1184）左右，陈亮家道开始中兴。此年他因有第一次狱事，事后给帮助过他的郑汝谐信中，对家道中兴有所透露，其曰：

> 身名俱沉，置而不论；衣食才足，示以无求。人真谓其有余，心固疑其克取。而
> 况奴仆射日生之利，子弟为岁晏之谋。④

到了淳熙十二年（1185），他的家境已是彻底好转，在给朱熹的一封书信中，他甚至有些夸耀地说：

> 今年不免聚二三十小秀才，以教书为行户。一面治小圃，多植竹木，起数出小
> 亭子。……两地之东有田二百亩，皆先祖先人之旧业，尝属他人，今尽得之以耕。
> 如此老死，亦复何憾。田之有小坡，有园二十亩，……屋之东北，又有园二十亩，种
> 蔬植桃李而已。⑤

陈亮有田二百亩，据漆侠计算，当时田价一亩值钱十贯，二百亩田就费资二千贯钱，已是一个经济实力较强的中等地主了，而这还尚不包括京口的别业和芦地。漆侠认为，显而

---

①　参见刘琳等校点：《宋会要辑稿・食货》十六《商税》二，上海古籍出版社 2014 年版，第 6326 页。

②　周梦江、陈凡男撰：《陈亮永嘉之行及其目的》，载《浙江社会科学》2005 年第 6 期。

③　吕祖谦撰：《东莱吕太史别集》卷第十《与陈同甫》，黄灵庚等主编《吕祖谦全集》第一册，浙江古籍出版社 2008 年版，第 479—480 页。

④　邓广铭点校：《陈亮集》（增订本）卷之二十六《谢郑侍郎启》，河北教育出版社 2003 年版，第 241 页。

⑤　邓广铭点校：《陈亮集》（增订本）卷之二十八陈亮与朱熹《又乙巳春书之一》，河北教育出版社 2003 年版，第 271 页。

易见,单靠教书的微薄收入是置办不了的,只有经商和放高利贷才有可能在不到十年时间置办这些田地。①事实上,他给朱熹的另一封信中也可找到经商佐证,其云:

> 亮口诵墨翟之言,身从杨朱之道,外有子贡之形,内居原宪之实。②

子贡在孔子学生中,以善于经商著称,而陈亮自言"外有子贡之形",明摆着并不避讳自己的经商行为。另外,漆侠还据陈亮《谢陈同知启》中所言"一毫以上,通缓急于里间",认为明显地透露了陈亮从事于放债活动的消息。

回顾陈亮家庭的经济状况,在他二十三岁时,就已大不妙。这年他娶义乌何氏,不久母亲亡故,接着家僮杀人,父亲入狱,祖父母又相继亡故。"三丧在殡",陈亮无力营葬。待父出狱,家中"无寸土可耕"。父死,陈亮因为"贫不能自食"之故,乃贷钱以葬。如果从其乾道三年(1167)第一次到永嘉算起,到淳熙十二年(1185)他拥有二百亩田产为止,中间亦不过十八年时间,他就把一个极度贫穷的家庭变成了一个中等地主家庭,曾经失去的土地又回来了。这样的致富经历,其实与喻夏卿、何坚才等极其相似。漆侠根据这些实例指出,在浙东一带土地的流转是非常剧烈的。在这样一个复杂多变的经济环境中,陈亮的家道中兴当然使他对于事功的体会比朱熹要深刻一百倍。而当陈亮在为家道中兴而奔忙的时候,朱熹在武夷山中,过的却是另一种生活,其《答陈同父书》云:

> 更过五七日,便是六十岁人,近方措置种得几畦杞菊,若一脚出门,便不能得此物吃,不是小事。奉告老兄,且莫相撺掇,留取闲汉在山里咬菜根,与人无相干涉,了却几卷残书,与村秀才寻行数墨,亦是一事。古往今来多少圣贤豪杰,韫经纶事业不得做,只恁么死了底何限,顾此腐儒,又何足为轻重;况今世孔、孟、管、葛自不乏人也耶!来喻"恐为豪士所笑",不知何处更有豪士笑得?老兄勿过虑也。③

朱熹过的是"山里咬菜根"生活,与陈亮对于财富的追求状态完全不同。虽然朱熹也曾为缺钱而苦恼,他甚至还向韩元吉写信借贷,但终究守住清贫。

在淳熙十一年(1184)至十三年(1187)陈亮与朱熹之间的"王霸义利"之辨,恰恰发生

---

① 漆侠撰:《浙东事功代表人物陈亮的思想与陈朱"王霸义利之辨"》,载《河北大学学报》2001年第3期。

② 邓广铭点校:《陈亮集》(增订本)卷之二十八陈亮与朱熹《又甲辰秋书》,河北教育出版社2003年版,第267页。

③ 朱熹撰:《晦庵先生朱文公文集》卷二十八《与陈同父书》,朱杰人等主编:《朱子全书》第二十一册,上海古籍出版社、安徽教育出版社2002年版,第1220页。

在陈亮家庭经济好转的时间段，他对于义利的看法，因此不可能会像朱熹那样重义轻利，而应该是义利和合的。因此，他的义利观是苏洵一路的。

还有一句话也值得注意，即云喻夏卿终其一生，"释老之书未尝问"，这似乎是陈亮特别看重的义乌儒风。前此吕祖谦也非常重视义乌循古礼，革陋俗的风尚，并大加推崇，这与陈亮保持一致。事实上，喻氏家族是一个非常重视儒学教育的家族，诚如陈亮所言，"夏卿其子孙，皆兴于学"。陈亮与该家族的结缘，就因为他是该家族的老师之故。在《喻夫人王氏改葬墓志铭》中，陈亮云：

> 当淳熙庚子，夫人之夫喻君夏卿将以十月二十日改葬夫人于智者乡雷公山之下，以茂恭旧所为铭文示余，求改葬志。茂恭死八九年，其文愈可贵重，余读其所为铭文，为坠泪久之。余安能志人之墓，况又能于茂恭文外更着笔耶！第以夏卿一子三孙从余学，无辞以却夏卿之请。夏卿四子。次子大方早夭，其孤遐老又夭，妇陈氏守义不去，以桧老为嗣。夏卿与夫人又以长子义方之子槐老重慰安之，下至房帏碎事，夫人不使陈氏有所憾。义方早丧妇，一女又孤，夫人亦命陈氏母之，惟留子枏老一人，故义方安于再娶。知方有痼疾，夫人怜之，亦令得所配。夫人在时，有子梼老，今又有林老者。夫人最爱幼子汝方，勉使为学而已，卒不以一事损其均平之德，独以不及见其有子为恨。今有子四人，曰樟老、榆老、横老、槿老，而汝方亦能以学问自见于乡间。枏老今名宏，有俊称；桧老名宪，能经纪家事而不废学；槐老名演，郡以其名上礼部；而夫人皆不能待。两女，嫁商克忠、赵悌，丰约一取命于夏卿，夫人止，计其女功所当为者。彼其一家之所以和平而无间言，虽夏卿处之有道，而夫人之为虑亦甚密。其大略之可言者如此，而余不及知其详也。①

由此可知，何氏与喻氏两家本有亲戚关系，因为喻夏卿夫人王氏，是何恰的从母。何恰母亲姓王，吕祖谦作《何茂恭母王夫人挽章》亦可证。②而夏卿的"一子三孙"皆从陈亮学。

陈亮之学所以在义乌流行，与义乌多儒商有莫大关系；反之，义乌的儒商，也给陈亮义利和合思想给予现实的滋养和资证。一方水土养一方人物，同样道理，一方水土也养一方学术。

---

① 邓广铭点校：《陈亮集》（增订本）卷之三十七《喻夫人王氏改葬墓志铭文》，河北教育出版社 2003 年版，第 390 页。

② 吕祖谦撰：《东莱吕太史文集》卷第一《何茂恭母王夫人挽章》，黄灵庚等主编：《吕祖谦全集》第一册，浙江古籍出版社 2008 年版，第 17 页。

（四）唐仲友与义乌儒学

唐仲友（1136—1188），字与政，人称说斋先生，金华人。绍兴甲戌进士，曾知台州。著有《六经解》《帝王经世图谱》《说斋文集》等。

全祖望说："乾淳之际，婺学最盛。东莱兄弟以性命之学起，同甫以事功之学起，而说斋则为经制之学。考当时之为经制者，无若永嘉诸子，其于东莱、同甫，皆互相讨论，臭味契合。东莱尤能并包一切，而说斋独不与诸子接，孤行其教。试以艮斋、止斋、水心诸集考之，皆无往复文字。水心仅一及其姓名耳。至于东莱，既同里，又皆讲学于东阳，绝口不及之，可怪也。将无说斋素孤僻，不肯寄人篱落邪？"[1]根据王梓材案语，《说斋学案》为全祖望所特立，可见全氏对唐仲友的推崇。全祖望的按语，有两点值得注意：一是他将唐仲友经制之学，与吕祖谦的性命之学、陈亮的事功之学相提并论，以他们为婺州当时鼎足而三的学者；二是在南宋经制之学中，浙东学者最有话语权。就经制之学本身而言，唐仲友与永嘉薛季宣、陈传良，也是鼎足而三的。本来从学术趋向上看，他们应该多有接触才是，但全祖望发现情况远非如此，他们之间彼此似乎并没有交游的迹象。不惟如此，就连吕祖谦、陈亮这些当地学者，与唐仲友也无来往，对此全祖望表示"可怪也"。

唐仲友虽然少与这些学者交往，但他的学术却照样在义乌有所传播。从《宋元学案》列《说斋学案表》可见，唐仲友一传弟子其实不多，只有傅寅、吴葵、叶秀发、朱质、张端义、金式等区区六位。其中，傅寅为义乌人。

傅寅（1148—1215），字同叔，号杏溪。说斋学术在义乌的传播，主要得力于傅寅。傅寅得说斋之学，又传其子傅大东、傅大原以及从子傅定，此外还有一位叫傅芘，由此而形成一传和二传的关系。因此，唐氏之学，在义乌的传播基本上以传氏家族学术的面目出现。傅寅之所以能够成为唐仲友的门人，与东阳吴葵有关。据叶适《修职郎监和剂局吴君墓志铭》可知，吴葵，字景阳，其家以赀雄于东阳，与郭氏相邻。郭氏有西园、南湖、石洞三书院，招延吕成公、薛象先之徒，教授子弟，而吴氏亦有安田书院，初则徐天民主之，已而请唐仲友主之，皆携弟子百余人以至，远近惊愕。傅寅能够从学唐仲友并成为其上座弟子，乃因其为吴葵外弟之故。对此，叶适记载曰："外弟傅寅字同叔，博通古书，特有隐趣。君严事如师，逊爱如兄，多出资用纪理其家，相与终身，不失尺寸。"[2]吴

---

① 黄宗羲等撰：《宋元学案》卷六十《说斋学案》，中华书局1986年版，第1954页。
② 叶适撰：《水心集》二十五《修职郎监和剂局吴君墓志铭》，《四库全书》本。

葵辈分比傅寅要高,但他以忘年事傅寅如师,这也从一个侧面说明傅寅的学问实得吴葵敬重。傅寅一直以隐者自居,其学行人品,咸为众人所敬仰。家居时,非公事不至官府。倘有县长吏之贤者,必造而问政,则言无所隐。永嘉戴少望闻傅寅声名,奉贽愿交。吕祖俭在朝廷,累以其学行为荐。时贤彭子寿、章茂献、叶正则、吴德夫、汪季路、黄文叔、黄商伯等,亦无不推敬。傅寅既无仕禄,又不屑治生业,黄灏(字商伯)持浙西庾节,遗以钱五十万,他却悉散于宗族邻里,一无所留。晚岁益贫,郡守孟猷闻而叹曰:"不可使贤者饥饿于我土地。"乃捐俸以倡,其亲友为买田筑室于东阳之泉村,而傅寅遂移居东阳。尤其值得一提的是,党祸既作,吕祖俭及一时名公皆在党籍,相继放逐,傅寅亦杜门不出。

唐仲友虽然与金华吕氏家族少有交往,但其弟子傅寅却与吕祖谦胞弟吕祖俭关系密切。吕祖俭有一次阅其《禹贡图考》,认为是书可为集先儒之大成,于是延之丽泽书院中,列坐诸生。诸生不以门户之见而受教,傅寅亦乐为之尽,亹亹不倦。时人佩服吕祖俭之善下,而更加感叹傅寅之学深邃。某种程度而言,唐仲友之学术,通过傅寅在丽泽书院挂席,也得以在吕氏家族学术圈中有间接的传播。

还有一点更值得一提,朱熹曾与唐仲友之间爆发政治冲突,史称"台州事件"。这个事件在中国学术思想界的影响非常大。特别是朱熹理学成为官方学术之后,该事件对于唐仲友在学术界的打击几乎是毁灭性,这就是后来说斋学术隐而不显的主要原因。但有趣的是,傅寅后来以教授学馆为生,惟馆于黄灏之家最久,宾主之间,日以义利相箴切,不为无益语。而黄灏是朱熹最倚重的弟子之一。朱熹官南康军时,曾将查获辛弃疾以官船私贩军用物资牛皮一事,写信告诉了黄灏,可见师生关系非同一般。那么,傅寅以唐仲友门人身份,执教于黄灏之馆,是否也可理解为说斋学术通过傅寅又在朱熹学术圈中作了一回间接的传播呢?《宋元学案》曾揭示曰:"初,说斋以其学孤行,于东莱亦绝不通问。叶秀发、朱质虽以吕氏弟子来学于唐仲友,而其统未合。朱子则互相纠奏,至傅寅始和齐斟酌,无复乖剌。"[①]不仅傅寅本人游走于各学派之间,他还遣从子傅定受业朱熹之门,文公集中有《与傅敬子书》,即其人。傅定得朱熹微言奥旨,归与诸弟共讲。傅定有《书本义》《中庸章句》并《蒙谷集》行世,江万里尝从学。而其次子傅大原亦从慈

---

① 黄宗羲等撰:《宋元学案》卷六十《说斋学案》,中华书局1989年版,第1963页。

湖杨简游,杨简亟称之。可见傅寅一家之中,旁搜博采,不名一师。①傅寅以其独特的学术面目游走于各派之间,是否也反映了南宋中后期学术派别之间的藩篱似乎已经不再壁垒森严,这是值得深究的一个话题。

傅寅学术,概言之主要有三个面向:一是《周礼》之学。唐仲友经制之学,以"井田"论为重要内容,而且也最具特色,而傅寅亦以《周礼》之学为主要面向,在这方面可谓得唐仲友真传。《宋元学案》论唐仲友经制之学云:"上自象纬方舆、礼乐刑政、军赋职官,以至一切掌故,本之经史,参之传记,旁通午贯,极之茧丝牛毛之细,以求见先王制作之意,推之后世,可见之施行。"②由此可见唐氏对《周礼》经制的推崇之由,同时得知唐氏《帝王经世图谱》为何要仿《周礼》而创。在对待《周礼》方面,傅寅尝举《文中子》之说"人不里居,地不井授,终为苟道"一章,反复叹息,而言"《周礼》,太平之书。于时九等授田,家给人足,泉府之设,特以备凶荒,未必常用也。况是书体有本末,用有先后,若大纲不举,而独行所谓国服为息者,是犹取名方中百品之一而服之,及其害人,则曰是药出于名方云尔。常恨熙宁诸贤,未有如此辨之者。"③故傅寅之书,于成周之制产分郊、作贡授赋之说犹详。

二是《禹贡》及舆图之学。傅寅本来幼嗜学经史百家,悉能成诵,比长益求异书而读之。待有机会在东阳表兄吴葵安田书院亲炙唐氏之学,唐仲友质疑问难,而傅寅皆有援据可反复,于是仲友喜曰:"吾益友也。"及闻其升陑、分陕之说,语门人曰:"职方舆地,尽在同叔腹中矣。"傅寅于天文地理、明堂、封建井田、律历兵制之类,世儒置而不讲者,靡不穷究根穴,订其讹谬,资取甚博,参验甚精。每事各为一图,累至于百,号曰《群书百考》。其中有《禹贡》之说,流传至今者曰《禹贡说断》,书前并附有山川总汇、九河、三江与九江四图。傅寅的《禹贡》之学,遂使其成为宋代《禹贡》学三大家之一。(详后专论,此不赘述)

三是礼学与义理之学。傅寅尝遍游江淮,纵观六朝故迹,南北形胜,询诸史谍,而得其成败废兴之故,历历如指诸掌。然自经制事功之学起,说者病其疏于践履,而其教人,每谓下学上达,自有次第,不先其近者小者而骤语其远者大者,后生浅薄,学益不实。有

---

① 参考黄溍撰《文献集》卷七下《杏溪祠堂记》,《四库全书》本。
② 黄宗羲等撰《宋元学案》卷六十《说斋学案》,中华书局 1989 年版,第 1952—1953 页。
③ 黄宗羲等撰《宋元学案》卷六十《说斋学案》,中华书局 1989 年版,第 1962 页。

鉴于此,傅寅为学、授学,特别于《小学》尤所留意,来学者数以百计,必先授以《曲礼》《内则》《少仪》《乡党》诸篇,使于日用之间,与义理相发明,而使来学者了解"道"之与"器"未始须臾相离。傅寅论及古代军制,虽然纤悉备举,头头是道,但他却不欲使人读兵书,曰:"胸中无《论语》《孟子》为权衡,遽闻谲诈之言,则先入者为主,害心术矣。"①此其所以学与所以教者如此。

《宋元学案》以"杏溪家学"来言傅寅的家族学术传承,云傅寅"子七人,皆克绍其家学。大东尤敦悫,克肖其德。大原试漕闱,为本经第一。"另,傅芷为傅寅上弟子,从游之士及盛。傅芷著述,有《六经讲义》《南园诗文集》《南园讲录》等。因此,唐仲友的学术传播,义乌傅寅这一系,功不可没。

三、朱熹理学在义乌的传播

朱熹(1130—1200),字元晦,又字仲晦,号晦庵,晚称晦翁,谥文,世称朱文公。祖籍江南东路徽州府婺源县(今江西省婺源),出生于南剑州尤溪(今属福建省尤溪县)。南宋著名的理学家,闽学代表人物,儒学集大成者,与其祖师二程合称程、朱学派。朱熹著述甚多,主要有《周易本义》《诗集传》《仪礼经传通解》《四书章句集注》《家礼》《资治通鉴纲目》《伊洛渊源录》《楚辞集注》,后人汇编有《晦庵先生朱文公文集》《朱子大全》《朱子语类》等。

朱熹与婺州学术,或者说与浙江学术的关系既密切又疏离。密切是指他与婺州吕祖谦、陈亮私交甚好,尤其与吕祖谦,两人还有学术合作关系。疏离是指在思想的深处,他对婺州乃至整个浙东学术的事功倾向,持有成见,保持距离。但朱熹理学翻越武夷崇山峻岭,冲出福建,通过一传弟子的输入性推动,进军浙江,大获成功,这也许是朱熹本人也没想到的。更没想到的是,他在道经上饶时,义乌籍上饶主簿徐侨成为他的门生,而就是这位义乌弟子,又将他的学术带回义乌,并将义乌变为朱熹理学在浙江早期的传播基地之一。因此,讲到朱熹与义乌儒学,无法绕开徐侨这位关键人物。

徐侨(1160—1237),字崇甫。南宋政治家、理学家。淳熙十四年(1187),举进士。授上饶主簿,始登朱熹之门,熹称其明白刚直,命以"毅"名斋。后来,任绍兴、南康司法,因家中丧事离职。宁宗开禧二年(1206),丧期满后回临安等候选用。宁宗开禧三年(1207)

---

① 黄宗羲等撰:《宋元学案》卷六十《说斋学案》,中华书局1989年版,第1962页。

出任严州推官。宁宗嘉定七年(1214),差主管刑工部架阁文字,除国子录,改宣教郎,诏试馆职。宁宗嘉定八年(1215),召试馆职,除秘书省正字。宁宗嘉定十年(1217),外知和州,抚恤百姓,训练士兵。理宗绍定六年(1233),朝廷重用忠臣,封徐侨为宝漠阁江东提刑,又升秘书少监改太常少卿,徐侨均以年事已高而推辞。后宋理宗请他兼任侍讲,兼国子监祭酒、国史院编修、实录院检讨官。卒后,赐谥"文清"。徐侨一生,热心传播理学,以博学、刚直显于世。

徐侨是朱熹理学在浙江传播的主力之一,而他得以成为朱熹门人,是在信州上饶主簿任上。信州为福建赴临安必经之地,闽人游仕四方,必道出焉,故朱熹一生与信州有着莫大关系。朱熹生长建州,自 9 岁至 65 岁的 56 年间,共出闽 14 次,皆经由信州孔道,如此才有与汪应辰的玉山之会,与陆氏兄弟的鹅湖之争,倾动一时。信州不仅作为闽之门户具有交通上的地位,还因为其密迩畿辅的缘故,常常成为朱熹出入临安都城的候命地,故亦有政治上的意义。淳熙六年(1179),朱熹在信州铅山候命一月有余,淳熙十五年(1188)在信州玉山候命 40 余日,绍熙五年(1194)又在上饶候命 7 日,这就使朱熹有足够的时间与上饶的读书人交游往来。某种程度而言,除福建之外,信州是他交游相对集中的又一个区域。因为这个缘故,信州本地读书人与信州各级官员成为朱熹弟子的机会要比其他地区大得多。①

关于徐侨为朱熹弟子一事,宋元以后的学术谱系著作多有记载。明代戴铣《朱子实纪》、宋端仪所作《考亭渊源录》、清代张伯行《道南源委》、黄宗羲《宋元学案》、万斯同《儒林宗派》,皆列徐侨为朱熹门人。此外朱彝尊《经义考》卷二八三列徐侨为朱子传《易》弟子、卷二八四列徐侨为朱子传《诗》弟子。对于朱熹理学在异地之传播与局面之开拓,一传弟子所起的作用往往是非常关键的。依据黄宗羲等《宋元学案》统计,朱熹一传弟子在福建有 84 人,浙江有 30 人,江西有 38 人,安徽有 11 人,江苏有 7 人,湖南有 4 人,湖北有 1 人,四川有 6 人,合计 181 人。当然,朱熹弟子要远远超出《宋元学案》的记载。《宋史》在《儒林传》之前特辟《道学传》,而《道学传》中又设《朱氏门人》,传主为黄榦、李燔、张洽、陈淳、李方子、黄灏,此 6 人皆为朱熹一传弟子,其中黄榦、陈淳、李方子为福建人士,而李燔、张洽、黄灏则为江西人士。福建是朱熹理学输出的根据地,而江西则是朱

---

① 参见程继红撰:《论信州在朱熹理学传播中的地理意义》,《朱子学刊》第 13 辑,黄山书社 2003 年版,第252—262 页。

熹理学传播的主战场,这也许是《宋史·道学传》从朱熹理学传播角度选择此6人入传的主要原因。但《宋史》的考虑并不周详,因为朱熹理学传播的主战场除江西之外,浙江其实是一个比江西有过之而无不及的另一个主战场,理应有浙江的一传弟子入《道学传》,至少徐侨、叶味道、辅广三人应该有此资格。《宋史》修成后常受后人的诟病,与其著述不严谨有莫大关系,此即一例。

朱熹在浙江的一传弟子中,徐侨不是最早的一位,却是最重要的弟子之一。关于他师事朱熹的情况,先看《家传》的记载:

> 弱冠入太学,淳熙十四年上进士第。主信州上饶县簿,……后晦庵先生道过上饶,亟请学焉。论"人心惟危,道心惟微",谓"不可直以人心为人欲,危为已亡"。先生首是之,谓勉斋黄公曰:"崇父明白刚直士也,讲学已有意趣。"翌日,赵户曹入谒问学,先生语以上饶主簿析理殊精,可从之游。谓:"剖析四端明甚,就此宜更加涵养。"又曰:"日用工夫已得之,勿令间断,不须别立标的。"以毅名斋,实先生命之也。①

其次,再看赵崇洁《徐侨议谥》:

> 公主上饶簿时请学于朱先生之门,首言不可直以人心为人欲,即为先生首肯。谓勉斋黄公曰:"崇父明白刚直士也,讲学已有意趣。"又谓赵户曹曰:"主簿析理殊精,可从之游。"又尝《答书》曰:"日用工夫已得之,勿令间断。"且命以毅名斋。自是所造益深,所养益固。今观门人相与次公《家传》,谓"规模正大而梯级甚明,纲领提挈而节目不遗",则公之学可见矣。②

最后看《宋史》徐侨本传:

> 淳熙十四年举进士。调上饶主簿,始登朱熹之门。熹称其明白刚直,命以毅名斋。

徐侨在上饶主簿任上,曾招同学、上饶理学家陈文蔚教其子弟。对此陈文蔚《乙卯三月廿五日拜朱先生书》有明确记载,其云:

> 文蔚伏自违去几席,跧伏乡野,无繇访便修书,非敢懒怠也。今岁已辞赵馆,上饶徐簿相招,教一二子弟,已从其约。周提干彦安、赵司户皆遣子弟来学,共有三四

---

① 朱元龙等撰:《徐文清公家传》,景明钞本。
② 吴师道撰:《敬乡录》卷十四,《四库全书》本。

人。所幸事简，可以读书。兼文蔚自觉有褊急之病，徐簿却甚宽缓，日夕相聚，不无所助。但渠目今有部辖之役，相别动是数月，使人怅怏耳。先生还山间，尊体想甚怡适，学者往来络绎，当有进道精勇者。①

乙卯，即庆元元年(1195)。陈文蔚信中提到的徐簿即徐侨，这可在朱熹《晦庵集》卷六十《答徐崇父侨》一信中得到证明：

才卿得托门馆，甚善。其人有立作，看得道理亦子细，尽好从容讲论也。②

这是迄今留下的唯一一封朱熹写给徐侨的书信，对于这封书信的写作，陈来定于1195年。③文蔚，字才卿。朱熹谓陈文蔚得托徐侨门馆，正可与陈文蔚来信对得上。

除徐侨外，义乌傅定也是朱熹弟子。然与徐侨相比，傅定之学未能传衍开来。朱熹理学在浙江的传播，徐侨为其中最得力者之一。

梳理朱熹理学在浙江的传播主要有六系，即义乌系、崇德系、永嘉系、黄岩系、金华系、四明系。六系之中，徐侨、何基同属于婺州。此前研究者对朱熹理学在浙江婺州地区的传播，目光主要集中在以何基为首的"金华四先生"群体。其实，在婺州当时有两个朱熹理学的传播基地：一为义乌，一为金华。义乌朱熹理学传播基地的代表人物就是徐侨。徐侨在浙江传播朱熹理学之功，由于被"金华四先生"所掩，长期以来其影响受到一定程度的遮蔽。当代学者每每论及浙江朱子学传播，常常忽略徐侨，如陈荣捷论元代朱子学传播，提到婺州地区的朱熹后学，只言"金华四先生"，而不及徐侨一系。④近年来已有学者注意到徐侨传播朱子学的事实，如中国社会科学院"义乌发展的文化探源"课题组，就对此有相关研究，今试在其基础上作出全面系统的梳理。⑤

（一）朱熹理学在浙江传播的六大系统

朱子学在浙江的传播，除了朱熹本人的努力之外，其弟子功不可灭，而得力于弟子们的传播，又主要由其一传弟子来开启。朱熹在浙江一传弟子的地理分布情况，大致如下：

① 陈文蔚撰：《克斋集》卷四，《四库全书》本。
② 朱熹撰：《晦庵先生朱文公文集》卷六十《答徐崇甫侨》，朱杰人等主编：《朱子全书》第二十三册，上海古籍出版社、安徽教育出版社2002年版，第2899—2900页。
③ 陈来撰：《朱子书信编年考证》，上海人民出版社1989年版，第389页。
④ 陈荣捷撰：《元代之朱子学》，载《朱学论集》，台北学生书局1982年版，第302页。
⑤ 中国社会科学院课题组撰：《义乌发展之文化探源》，社会科学文献出版社2007年版，第109—114页。

永康：应谦之、应纯之、应茂之。**永嘉**：谢梦生（私淑）、徐寓、沈僩、戴蒙、陈埴、叶味道。**黄岩**：赵师渊、赵师夏、杜知仁、杜煜。**会稽**：诸葛千能。**仙居**：郭磊卿。**金华**：潘友恭、杜斿、杜旟。**新昌**：石宗昭、石斗文。**余姚**：孙应时。**义乌**：徐侨、傅定。**临海**：潘时举。**余杭**：赵汝谈①。**于潜**：赵纶②。**崇德**：辅广、辅万。**鄞县**：楼燧（私淑）。**昌国**：孙枝。③

这些弟子又可分为有传续和无传续两种情况。其中叶味道、陈埴、杜煜、杜知仁、徐侨、辅广、辅万、孙枝有传续。有传续的弟子中，又可分为五个组团，即叶味道与陈埴为一组团，杜煜、杜知仁兄弟为一组团，徐侨为一组团，辅广、辅万兄弟为一组团，孙枝为一组团。五组团中除孙枝仅传到其孙外，其余皆传续到明代，绵延四百余年。根据朱熹在浙弟子及其后学籍贯地理分布情况，朱子学在浙江的传播主要有六系：

崇德系：浙西传朱子之学，崇德辅广、辅万皆亲承朱熹而来。全祖望谓"庆源辅氏，亦沧洲之最也"。④

义乌系：浙东义乌传朱子之学者徐侨，承朱熹而来。徐侨数传而至黄溍、王袆等，皆得晦翁正学之气节。

永嘉系：浙东永嘉传朱子之学自叶知道、陈埴始，皆承朱熹而来。全祖望谓永嘉为朱子之学者，自叶味道和陈埴始。⑤

黄岩系：浙东天台传朱子学者杜煜、杜知仁兄弟，直接承朱熹而来，再传而有从孙杜范，为嘉定以后宰辅之最，其学传之车若水。是时天台学者皆袭叶水心文统，车氏能正之。杜范又传之戴良齐，其尤精性理之学，江右吴澄师之而得其说。⑥

金华系：浙东金华传朱子学者何基，从黄榦而来，以递传于金华王柏、兰溪金履祥、金华许谦，称"金华四先生"。全祖望云："勉斋之传，得金华而益昌。说者谓北山绝似和靖，鲁斋绝似上蔡，而金文安公尤为明体达用之儒，浙学之中兴也。"⑦

---

① 黄宗羲等撰：《宋元学案》云大梁人，是谓其先人也。此据《咸淳临安志》卷六十七。
② 黄宗羲等撰：《宋元学案》不载本贯，此据《浙江通志》卷一百二十六补。
③ 以上名单，据黄宗羲等撰：《宋元学案》卷四十八《晦翁学案》、卷六十九《沧洲诸儒学案》统计。
④ 黄宗羲等撰：《宋元学案》卷六十四《潜庵学案序录》，中华书局 1988 年版，第 2053 页。
⑤ 黄宗羲等撰：《宋元学案》卷六十五《木钟学案序录》，中华书局 1988 年版，第 2087 页。
⑥ 黄宗羲等撰：《宋元学案》卷六十六《南湖学案》，中华书局 1988 年版，第 2122—2134 页。
⑦ 黄宗羲等撰：《宋元学案》卷八十二《北山四先生学案序录》，中华书局 1988 年版，第 2725 页。

四明系:浙东四明传朱子学有二支系:其一支为鄞县余端臣,从辅广而来,再传而有慈溪黄震。全祖望云:"四明之专宗朱氏者,东发为最。《日钞》百卷,躬行自得之言也,渊源出于辅氏。晦翁生平不喜浙学,而端平以后,闽中、江右诸弟子,支离、舛戾、固陋无不有之,其能中振之者,北山师弟为一支,东发为一支,皆浙产也。"①另一支为鄞县史蒙卿,从爰渊而来。爰渊之学,传蜀之阳岊,阳岊传之蒙卿,蒙卿传之鄞县程端礼、程端学,始则纯为朱学者。②

六系之中,徐侨作为义乌传播基地的领袖人物,在后来学者眼里地位颇高。如万斯同《儒林宗派》卷九《朱熹》分两部分来描述:第一部分是《朱子学派》,列黄榦、蔡元定、徐侨、辅广、辅万兄弟、陈埴、叶味道、叶任道兄弟、詹体仁、陈淳、爰渊、潘柄、潘植兄弟、程端蒙、刘清之、滕璘、滕珙兄弟、董铢、廖德明、度正、陈文蔚、杨复、欧阳谦之、陈骏、林夔孙、刘钥、刘炳兄弟、刘炯、李方子、李文子兄弟、陈孔硕、陈孔凤兄弟、蔡和、杨方、朱塾、朱在等。这些人士有一个共同特点,就是都有传授系统,能够接续朱子学统绪,故万斯同称为"朱氏建安派"。第二部分是《朱子门人》,基本上没有自己的传授弟子,故亦无谱系可言。如果从"朱氏建安派"排名来看,徐侨名列第三,前面两位一位是朱熹女婿黄榦,一位是与朱熹亦师亦友的蔡元定,第三位就是徐侨了。由此可见在万斯同眼里,作为朱熹一传弟子徐侨地位是非常崇高的。但徐侨在《宋元学案》中却没有被单独立为学案。黄宗羲对永嘉系叶味道、陈植独立辟有《木钟学案》,崇德系辅广、辅万辟有《潜庵学案》,黄岩系杜煜、杜知仁辟有《南湖学案》,金华系何基等辟有《北山四先生学案》,四明系史蒙卿辟有《静清学案》和黄震辟有《东发学案》,而偏偏对义乌系徐侨仅在《沧州诸儒学案表》中列出,没有独立的学案,这可能与徐侨著作披火有莫大关联。但无可怀疑的是,在《宋元学案》卷六十九《沧洲诸儒学案表》中,徐侨一脉最为繁盛与绵延。

(二)朱熹理学义乌传播基地形成与谱系衍生

关于徐侨在浙江婺州传播朱子学的早期论述,见于明初宋濂《叶由庚传》,其云:

> 婺传朱子之学而得其真者,何基则受经朱子之高第弟子黄榦,而黄柏则基之门人也。至若徐侨亲承指授于朱子,而由庚从侨游者最久,又尽得其说焉。及侨既没,由庚与基、柏遂以道学为东南倡。评者谓基深潜冲澹,得学之醇;柏通睿绝识,

---

① 黄宗羲等撰:《宋元学案》卷八十六《东发学案序录》,中华书局 1988 年版,第 2884 页。
② 黄宗羲等撰:《宋元学案》卷八十七《静清学案序录》,中华书局 1988 年版,第 2910 页。

得学之明；由庚精详畅达，得学之通。考其一时化迪之盛，入其室者，殆如春风和气

之袭人，从容一言之加，辄晬面盎背而鄙吝为之消尽。呜呼，何其盛哉！①

金华何基是黄榦弟子，因此他是以朱熹二传弟子的身份在婺州传播朱子学的。与何基

不同，徐侨是以朱熹一传弟子的身份在义乌传播朱子学。宋濂同时人苏伯衡（其父乃金

华许谦弟子）有《书徐文清公家传后》，其云：

> 考亭朱子之学大行于婺，由公与文定何公始。文定承再传之绪于文节黄公，而
> 公则亲承指授于朱子者也。文定后传文宪王公，文宪传文安金公，文安传文懿许
> 公，而其学人到于今传焉。徐公游最久，而尽传公之学者曰通斋隐君叶由庚公。既
> 没，隐君与文定、文宪皆以道学为东南之望。及隐君没，而其学遂莫之传。近时间
> 巷后生，于公师友之渊源，犹昧昧不知，而况知讲其学乎？然则人之崇尚文定之学
> 者，不过风承响接，以世所共传为信耳。岂复卓然有见，而灼然有知乎？不然，公与
> 文定虽各名家，而其所学则惟一道。况隐君论辩周子《太极图》与《论语属词联事
> 集》，文定、文宪皆深服其言，则亦乌可弗讲其学也欤！宋渡江以来，婺之先达清修
> 直亮贵而能贫，惟公及中书舍人潘公。而公之学术，尤粹且正，是诚何可及哉！去
> 之百余年，而无称焉，尚得谓之有尊德乐道之心哉！公之六世诸孙陵以此传见属缮
> 写，景仰之余，而感慨系之矣。②

在此苏伯衡也明确论述朱子学在婺州的传播有金华和义乌两系，但其言叶由庚殁后，徐

侨之学不传，则不尽符合史实。但徐侨一系，由于种种原因，最后不获大行，较金华一系

影响稍弱，确是事实。对此，明嘉靖年间金江《义乌人物记》卷下《徐侨传赞》云：

> 朱子之学大行于婺，由徐侨与何基，始基承再传之绪于黄榦，而侨则亲承指授
> 于朱子者也。故制行纯笃，风节高迈，其立朝刚直，感格君心，实能行所学矣。授以
> 高位而展其志，则天下当被其泽。屡请奉祠，不获大行，惜哉！③

徐侨作为朱熹理学在婺州的重要传播者无可置疑，至少明代人的意见是一致的。

但上述诸位的论述，对于徐侨在义乌传播朱子学的谱系并未作出详细梳理，这要到黄

宗羲的《宋元学案》才清楚眉目。关于徐侨传学谱系，黄宗羲《沧州诸儒学案表》勾勒

---

① 宋濂撰：《文宪集》卷十《叶由庚传》，《四库全书》本。
② 苏伯衡撰：《苏平仲文集》卷十《书徐文清公家传后》，《四库全书》本。
③ 金江撰：《义乌人物记》卷下《徐侨传赞》，《续金华丛书》本。

如下：

这是我们目前所能看到的关于徐侨传承朱子学最为完整的谱系图表,跨越宋元明三代,但黄宗羲仍有遗漏,应该补充的历代人物至少还有：

康植,义乌人。据王袆云,康植父曰仲颖,与侨为同年,植以故早师事之,成为徐侨的一传弟子。师门中,独康植从游徐侨最久,且操尚之坚,风力之劲,有文清之遗则。[1]《学案表》失载。

龚应之,义乌人。戴殿江云:"徐侨门人康植、王世杰、龚应之、叶由庚最著。"[2]《学案表》不载龚应之。当补。

---

① 王袆撰:《王忠文集》卷二十一《义乌宋先达小传》,《四库全书》本。
② 戴殿江撰:《金华理学粹编》卷五《理学正传·徐侨传》,清光绪刻本。

王炎泽(事迹详后),义乌人。王炎泽是叶由庚外甥,从叶氏学,无意仕进,为徐侨二传弟子。据谢铎云:"忠文之祖南稜先生炎泽,实得朱子再传之学于叶通斋由庚,遂以授黄文献公溍。"①值得注意的是,照谢铎的说法,黄溍的师承就不仅是石一鳌了。

王良玉(事迹详后),王炎泽长子,幼承家学,为徐侨三传弟子。据郑济《王公行状》,王良玉乃王祎之父。②

王绶(事迹详后),王祎子。王绶登宋濂之门,《学案》失载。

王绅(事迹详后),王祎子。王绅登宋濂之门,《学案》失载。谢铎云:"国子博士绅,实与正学方先生同登太史公之门。"③"方先生"即方孝孺,王绅娶其女弟。

王稌(事迹详后),王祎之孙,王绅之子,方孝孺之甥。谢铎云:"博士之子赠中书舍人稌,于正学有馆甥之义。"④

王汶(事迹详后),王祎之曾孙,王稌之子。⑤

义乌王氏家族自王炎泽——王良玉——王祎——王绶、王绅——王稌——王汶,皆以儒学显,已有六世。故章懋谓:"吾友中书舍人齐山王先生允达,自其先南稜先生得考亭再传之学于其外祖通斋叶先生,以儒名家者数世矣。"⑥但是《学案表》中,仅列王祎一人,不足以看清其学脉之关系,故应增补之。

朱廉,字伯清。义乌人。自少刻苦励志,淹贯经传,悉领要义,既而学于黄溍。⑦

傅藻,字伯长,义乌人。受业黄溍门下,溍修邑乘,属王祎、朱廉、傅藻与焉。⑧宋濂云:"藻从黄文献公游,以文辞称。濂也不敏,与藻居同郡,学同师。"⑨

杨苐,字仲彰。义乌人。少力学,早从陈樵游,复登黄溍之门。洪武初,聘为义乌学官。

陈堂,字宅之,诸暨人。宋濂云:"问其所从师,则韩庄节公性、黄文献公溍也;问其

---

①④⑤　谢铎撰:《明中书舍人王君墓志铭》,见黄宗羲编:《明文海》卷四百三十,《四库全书》本。

②　郑济撰:《故翰林待制华川先生王公行状》,见程敏政编:《明文衡》卷六十二,《四库全书》本。

③　谢铎撰:《明中书舍人王君墓志铭》,见黄宗羲编:《明文海》卷四百三十载。《儒林宗派》卷十四亦云:"宋氏学派——王绅(仲缙,祎子,义乌)"。

⑥　见章懋撰:《枫山集》卷四《送中书王舍人汶赴召诗后序》,《四库全书》本。

⑦　过庭训撰:《本朝分省人物考》卷五十二、傅维鳞撰:《明书》卷一百十二《朱廉传》、戴殿江撰:《金华理学粹编》卷七《理学正传》。

⑧　王崇炳撰:《金华征献略》卷十二,清雍正十年刻本。

⑨　宋濂撰:《文宪集》卷二《贞则堂记》,《四库全书》本。

所学,则治经为进士之业也。濂时颇有志应举,相与诘难经义,连日夕弗休。"①

朱文,字悦道,义乌人。学博才赡,从王祎游。②

基于以上所补充的徐侨门人及其后学,今对《学案表》所作谱系稍作修正补充如下:

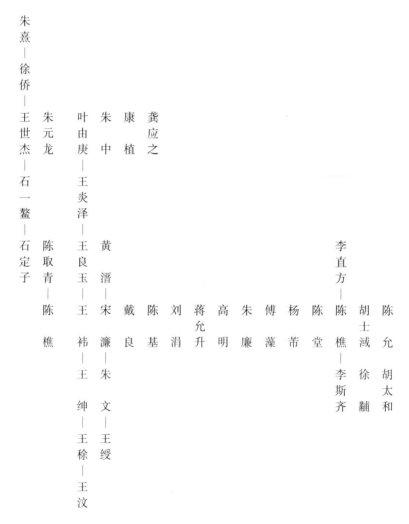

以上列表,其实还仅仅是徐侨一脉的大概,远非全部。如,黄溍门下,除了列表中人

---

① 宋濂撰:《文宪集》卷十九《亡友陈宅之墓志铭》,《四库全书》本。

② 过庭训撰:《本朝分省人物考》卷五十二,明天启刻本。

物之外,弟子还有陈时甫、吴立夫、李仲伦、朱元达、张良、金为、刘子实、哲子正、应之邵、陈子中、许存仁、朱伯清、传国章、陈仲章等等,①其实皆为朱熹后学。由列表可知,徐侨传学谱系一直延续到明代,越四百年而不绝。

(三) 朱熹再传义乌弟子学行述录

徐侨作为朱熹的一传弟子,对朱子学在婺州的传播尤为得力,后人对徐侨学行及其影响的评价,以王崇炳为代表,其曰:

> 徐文清学行纯笃,风节高峻,诚儒者之宗师,出其门者多所树立。呜呼,婺州人物之盛,岂非师教之端哉!②

徐侨曾居义乌五云山,创东岩书舍,弟子从游者众,成为当时义乌朱子学传播中心。其弟子今可考者虽然不多,声名较著者如下:

王世杰,字唐卿。由太学生登端平二年(1235)进士第,需次长洲蔚,葛洪请主义塾,来学之士多为闻人。宝祐中宰新昌县,兴学校,从游益众。景定三年(1262)自秘书郎除秘书丞,差知安吉州,寻诸祠归,以高寿终于家。初,徐侨倡道丹溪上,及门者或仕或不仕,皆时闻人。徐侨之学,亲得于朱熹,而世杰又得于徐侨。③今《全宋文》收王世杰宝祐四年(1256)所作《新昌重建讲堂记》《先贤祠记》二篇。

朱中,乡贡进士。朱氏为义乌赤岸之望宗。朱中从游徐侨,建善惇业,究心理学,著《太极演说》《经世补遗》等。④

朱元龙,字景云,一字冠之,号历志。嘉定十六年(1223)进士,历温州平阳、池州青阳两县尉,调饶州司理参军,皆能有名。嘉熙初,迁处州缙云县令,改官擢干办行在诸司粮料院,除宗正寺主簿,寻升宗正丞兼权左司郎官,国史院编修官,实录院检讨官。元龙在左司任上,岩岩然不可犯,其刚大之气,浩然无馁,正色立朝,危言峻行,不可夺者,一本于诚,非世之矫讦而盗名者可同日而语。史嵩之入相,元龙遂斥去。后郑清之再入相,尤素恶元龙切直。或告元龙有可以回宰相之意者,则应之曰:"吾生为正人,死为正鬼耳。"于是家食十年,卒老以死。元龙早受业于徐侨,既又从四明袁燮游,故元龙之学,得

---

① 　金涓撰:《青村遗稿·送杨仲章归东阳诗卷序》,《四库全书》本。

② 　王崇炳撰:《金华征献略》卷四《儒学传·康植传论》,清雍正十年刻本。

③ 　参见陈骙撰:《南宋馆阁续录》卷七、八,郑柏撰:《金华贤达传》卷五,应廷育撰:《金华先民传》卷七、黄宗羲等撰:《宋元学案·沧洲诸儒学案下》。

④ 　参见宋濂撰:《文宪集》卷二十三《故裕轩先生墓碣铭并序》、应廷育撰:《金华先民传》、黄宗羲撰:《宋元学案·沧洲诸儒学案下》、朱彝尊撰:《经义考》卷七十一。

朱子之异而会其同。但对元龙会同朱陆,清代戴殿江有不同看法,其云:"今景云先生卒业于四明袁氏,而欲会朱陆之异以为同。其实,专主虚寂、迎机妙悟者,象山之见也;主敬穷理、身体力行者,朱子之道也。乌乎同!"①著有《朱左司集》若干卷。②今《全宋文》收其《与执政议括两淮浮盐书》一通。

康植,字子厚。登嘉定七年(1214)进士第。授奉化县主簿,三荐为武安军节度掌书记。与制置使史嵩之不协,对移江陵酒官。未几,除刑工部架阁文字,迁国子正,改通直郎。论对言事,抗直忤乔丞相行简意。差通判广德军,救荒有法,升知本军,以治最闻,召知大宗正丞,迁兵部郎官,除浙西提点刑狱公事。劾奏平江守臣史宅之治郡无状。嵩之,宅之兄。时为丞相,并连及之。谓:"宅之不思掩前人之愆,专务聚敛,以事贡献。是以小忠而成其大不忠也。嵩之不知而使之,不智;知而使之,不仁。其上罔陛下,又不忠之大者。群臣明知其罪而不言,皆逆探陛下之意,而不敢婴其锋。是逢君之恶,亦不忠之徒也。"疏入,理宗震怒,欲重罪之。杜丞相范,时在枢府。为之极谏,谓:"宪臣言事既不中,又加之罪,如天下公议何?"理宗寻悟,乃徙宅之隆兴。而植提刑福建,改知宁国府,兼权江南东路提举茶盐义仓。奏免和籴,行经界法,除都官郎中。出知吉州,改福建路转运判官,兼摄建宁府赈水菑。拯盐弊,政惠大孚。赴阙奏事,卒于建溪驿。其在广德时取《大学》语,名其斋曰"诚求"。其父仲颖与徐侨为同年,植以故师事徐侨。师门中独植从游最久,与同邑秘书丞王世杰,皆号称高弟。金华王柏称康植操尚之坚,风力之劲,有徐侨之遗则。③

龚应之,字处善。受业徐侨之门,登嘉定十六年(1223)进士第,久淹下僚。理宗临朝,语群臣曰:"朕旧学龚应之,安在?"台谏既漏传上旨,于是骤登清要,迁右史,以大中大夫直宝谟阁、金华县开国男,食邑三百户致仕。④龚应之曾与朱元龙、叶由庚同撰《徐文清公家传》一卷。

叶由庚(1202—1279),字成父,号通斋,别号瘖叟。⑤伯祖维芑,祖维休,连擢进士第。父蓁,字实之,以世科累迁太常寺主簿,轮对,言中书政本,宜清心正己,以求贤为务。由

---

① 戴殿江撰:《金华理学粹编》卷十五《学术分涂》,清光绪刻本。
② 王祎撰:《王忠文集》卷五《朱左司集序》、卷二十一《义乌宋先达小传》,《四库全书》本。
③ 参见王祎撰:《王忠文集》卷二十一《义乌宋先达小传》、王崇炳撰《金华征献略》卷八《名臣传》。
④ 参见《(万历)义乌县志》、戴殿江撰《金华理学粹编》卷五《理学正传·龚处善传》。
⑤ 葛万里撰:《别号录》卷一,《四库全书》本。

庚生而口吃,嗜读书,从周大亨习《春秋》为举子业,初试不中,遂绝意进取。时徐侨倡明考亭朱子之学,四方人士多集其门,由庚执经从之。徐侨授以中、诚、仁、命、性、心六字之说,由庚早夜磨砺,探穷经旨,验之于躬行,期凝合而无间。徐侨谓人曰:"成父从侨最久,静愿无他好,讲学意趣殊深,吾道为有所托矣。"遂以"通"名其斋居,且戒之曰:"心体之流行,即天运之流行也,无乎不通,而塞之人其物矣。"由庚佩之终身。金华何基、王柏皆宗朱子学,次第相传,远有端绪,皆慕由庚造诣真切,相与贻书辨析,至无虚月,往来尤密。王柏多次称由庚为畏友。①由庚为人端重,寡言笑,燕居谨独,盛服不去身,暑月则冠云巾衣素纱,深衣终日澄坐。四时之祭,豫戒内外祗事,具馔必丰,洁冥币必署名封识,如期行事。命弟子为傧,赞奠献告,庙成彻俎而退,则以馂余飨宗人。若冠若昏丧,亦皆遵朱子《家礼》。问道者德者,户外之屦常满。其诲学者曰:"古之人知行并进,闻一善言,见一善行,未之能行,唯恐有闻,若缠蔽于文字间,待其知至而后行,是终无可行之日也。"②

人皆识为名言。县大夫过门问政,多以谨义利之辨及视民如伤告之。部使者蔡抗,及郡守赵汝腾、赵孟传先后具书币,请由庚摄丽泽书院山长,虽皆力辞,而名闻益显。妇人女子,亦知其为修身践行之士。宋濂《赞》曰:

> 婺传朱子之学而得其真者,何基则受经朱子之高第弟子黄榦,而黄柏则基之门人也。至若徐侨亲承指授于朱子,而由庚从侨游者最久,又尽得其说焉。及侨既没,由庚与基柏遂以道学为东南倡。评者谓基深潜冲澹,得学之醇;柏通睿绝识,得学之明;由庚精详畅达,得学之通。考其一时化迪之盛,入其室者,殆如春风和气之袭人,从容一言之加,辄晬面盎背而鄙吝为之消尽。呜呼,何其盛哉!九京可作,濂当为执鞭焉。③

由庚平生不务著书,虽研濂洛诸家之说以教人,仅有《论语纂遗》若干卷,《诗文》若干卷,《瘄叟自志》一卷藏于家。

四、南宋义乌儒学特征

在南宋婺州儒学高度繁盛背景下,义乌作为婺州的一个属县,其儒学之勃兴也是应有之义。总之,义乌儒学之勃兴,与婺州儒学之繁盛在时间上是同步的。义乌儒学场域

---

① 见王柏撰:《鲁斋集》卷十二《跋徐毅斋帖》《鲁斋集》卷十三《跋竹溪吴君诗集》,《四库全书》本。
② 吴师道撰:《敬乡录》卷十四,《四库全书》本。
③ 宋濂撰:《文宪集》卷十《叶由庚传》,《四库全书》本。

之形成,是南宋婺州儒学圈重要组成部分。宋代浙江儒学发展,以北宋王开祖和南渡初期范浚为例,都有一个共同的特征,这就是具有隐儒色彩。王开祖虽有任职的经历,但最后还是退居东山,以授徒终其短暂一生。范浚则出自宦门而不喜荣利。其祖父范锷,皇祐五年(1053)进士,历官主开封府尹等。父范筠,元祐三年(1088)进士,历官浙江提举等。筠生十子,范浚行八,除二兄范深为举人外,其余八位兄弟均为进士,九人全部做官。这样一个仕宦之家出身的范浚,偏偏选择了在香溪隐居,居家授徒。这两位浙江本土儒学人士,分别在永嘉和婺州两地大开宗风。表面上看他们具有隐儒色彩,事实上却体现了传道的自觉性。范浚的道学自觉,又由范浚的弟子陈九言带到了义乌。义乌儒学自孝宗乾道、淳熙之后,诸多儒学人士,以现实担当与传道自觉相结合,为义乌儒学之勃兴开创了一个新局面。这个时期,义乌儒学特征主要体现在以下方面:

(一)儒学教育相对发达

宋代义乌儒学教育,除官学之外,私学主要有鲍公琰所建龙华书院、徐侨所建东岩书舍、虞复所建滴珠书院、石一鳌所建讲岩、刘应龟所建石门书院等。由于宋代科举考试多以儒家经典为主,因此从科考角度亦可看出一地儒学教育之成果。兹列举南宋义乌进士情况,作为义乌儒学教育相对发达的一个证明。虽然进士与我们所谓严格意义上的儒学家有所区别,但儒学家的产生必须要有广泛的群众基础,而群众基础的形成,儒学教育则是根本。在描述两南宋义乌进士情况之前,我们需要对宋代进士考试作一定的说明,这样方可更好的理解科举考试与儒学教育之关系。《宋史·选举志》云:"初,礼部贡举,设进士、《九经》、五经、《开元礼》《三史》《三礼》《三传》、学究、明经、明法等科,皆秋取解,冬集礼部,春考试。合格及第者,列名发榜于尚书省。凡进士,试诗、赋、论各一首,策五道,帖《论语》十帖,对《春秋》或《礼记》墨义十条。凡《九经》,帖书一百二十帖,对墨义六十条。凡五经,帖书八十帖,对墨义五十条。凡《三礼》,对墨义九十条。凡《三传》,一百一十条。凡《开元礼》,凡《三史》,各对三百条。凡学究,《毛诗》对墨义五十条,《论语》十条,《尔雅》《孝经》共十条,《周易》《尚书》各二十五条。凡明法,对律令四十条,兼经并同《毛诗》之制。"[①]原来宋代进士科考帖经、墨义和诗赋,弊病很大,进士以声韵为务,多昧古今;明经只强记博诵,而其义理,学而无用。王安石任参知政事后,对科举考试的内容着手进行改革,取消诗赋、帖经、墨义,专以经义、论、策取士。所谓经义,与论

---

① 脱脱等撰:《宋史》卷一百五十《志》第一百八《选举一》,中华书局1996年版,第3604—3605页。

相似，是篇短文，只限于用经书中的语句作题目，并用经书中的意思去发挥。王安石对考试内容的改革，在于通经致用。熙宁八年(1075)，神宗下令废除诗赋、贴经、墨义取士，颁发王安石的《三经新义》和论、策取士。并把《易官义》《诗经》《书经》《周礼》《礼记》称为大经，《论语》《孟子》称为兼经，定为应考士子的必读书。规定进士考试为四场：一场考大经，二场考兼经，三场考论，最后一场考策。殿试仅考策，限千字以上。王安石的改革，遭到苏轼等人的反对。后来随着政治斗争的变化，《三经新义》被取消，有时考诗赋，有时考经义，有时兼而有之，变幻不定。总之，宋代进士考试不论变化如何，万变不离其宗，儒学的内容仍是根本。在科举的指挥棒下，宋代各地儒学发达自然顺理成章。南宋以来义乌进士有：楼图南、杨定、杨永言、杨昂、杨旦、陈昭、王槐、喻良倚、喻良能、周懋、何恪、楼世南、杨起岩、朱如璋、宗武、陈炳、杨潜、叶维休、杨大法、傅芷、叶维苣、吴大用、杨诚之、叶蓁、徐侨、康仲颖、吴大成、朱质、黄耕、徐邦宪、何器、杨总、喻不伐、喻侃、王公衮、刘裕、吴大年、喻演、朱倞、吴岐、杨忱中、杨焯、康植、杨节之、喻国衡、童必大、许复道、陈林、虞复、朱元龙、龚应之、方应龙、楼大年、周勇、毛炳、杨点、杨贯、杨樵、王世杰、杨梦高、叶谟、楼晏、楼子固、赵时范、王囷金、朱杰、刘仕龙、华宾、王迈、金昌年、高梦麟、杨炳、吴应之、王若讷、商梦鹤、王自、朱金、黄梦炎、朱谦亨、丁颐、施郁、朱应象、朱津龙、杨畴、施南一、朱梦魁、朱叔麒、陶琼、朱复淳、朱文魁、龚恺、杨梦牛、王龙泽、朱炎、刘元吉、朱宗儒、吴猷、吴璟、何傅、骆德琳、楼固、傅光龙、杨仲堪、周大亨、吴璟、楼斗南、杨一夔、喻良弼。两宋319年间共举行118次进士考试，义乌进士北宋较少，而以南宋为多。这说明义乌的儒学教育，其实是从南宋开始兴盛的。而兴盛的儒学教育，在培养仕进人才的同时，当然对于儒学研究的专门人才培养在客观上同样是起重要作用的。更何况，在义乌众多儒学人物中，许多人本身就有进士身份，如徐侨、王世杰等。进士之外，两宋义乌举人为数也不少，见载者有：杨文及、杨永平、虞玠、虞梦桂、杨焕、杨待聘、龚奋之、杨琛、朱环、陈伯祕、朱子芳、杨杰、王济、王炎泽、石一鳌、杨应霆、杨天佑、朱季道、喻南强、刘耆、王公弼、虞琮、朱荣翁、虞瑛、朱天仕、傅时中、傅奎、杨文、杨及信、杨及寅、傅大原、吴彭年、吴埕、方起岩、朱资深、朱克大、刘达辰、刘颐、刘镇、朱中、刘直、刘锡、骆德珍、刘亨、方文彬、喻纲、朱介翁、喻梦炎、黄应鳅等。[①]以上进士与举人名单，从一个侧面反映了义

①　以上义乌南宋进士、举人名单，采自龚延明撰：《义乌历代登科录》上编《宋代进士录》、中编《宋代发解举人》，浙江古籍出版社2014年版，第5—94、159—168页。

乌儒学教育的深厚基础。

（二）儒学家族化趋势明显

儒学家族化，是检验区域儒学发达与否的重要标志之一。家族儒学以及由此而形成的家族学术交游圈，是宋代儒学高度发达的一个重要特征。儒学的家族化，必然推动更大范围和更加深度的儒学社会化。以家族血缘为纽带的家族儒学，对于某一学派的形成与传播起着非常重要的作用。例如，得自中原文献之传的婺州金华吕氏家族学术，差不多历五代而至吕祖谦成为集大成者，这就是最典型的案例。义乌儒学的家族化趋势是从南宋开始发展起来的，其儒学家族择其要者有：杨氏家族之杨智及、杨晏、杨定、杨昂、杨忱中、杨焯、杨点、杨贯、杨樵、杨炳；傅氏家族之傅寅、傅定、傅大原；朱氏家族之朱元龙、朱幼学、朱杰；康氏家族之康仲颖、康植；喻氏家族之喻良能、喻良倚、喻良弼、喻侃、喻演、喻国良；叶氏家族之叶维苣、叶维休、叶臻、叶由庚；龚氏家族之龚应之、龚康、龚恺。此外尚有：陈锡、陈旸、陈昭家族，王固、王永年家族，吴尧、吴禄、吴种、吴大周、吴大成、吴大年、吴歧家族，何恢、何恪、何大猷、何器家族等等，莫不是以儒传家，而代出才人。当然此所谓家族儒学，并非全是严格学术意义上的儒学，但这却是产生学术意义儒学的群众与社会基础。

（三）儒学代群开始出现

一般而言，儒学代群的出现与学术思想的代际传承关系密切。代际传承可以是父子、叔侄、师生之关系，前二者即所谓的家学渊源。儒学与文学代群之最大区别，在于儒学师承的谱系观念极为浓厚，而师承谱系事实上已隐含了学派的生成条件与基础。

义乌儒学在南宋孝宗以后，因学派归属不同，出现了不同学派背景的儒学代群。如以陈亮之学为背景的第一代群由喻民献、喻侃、喻南强（喻侃从弟）、何大猷（陈亮妻弟）等人士构成；第二代群则由陈亮女婿吴深，及吴深之子吴邃构成，此即所谓吴氏家学；第三代群则由吴邃所传构成。

另一个是以唐仲友之学为背景的代群。第一代群由傅寅、朱实等人构成；第二代群则由以傅寅长子傅定为代表的"杏溪家学"群体和以傅芷为代表的"杏溪门人"群体构成。因为说斋学派在朱熹理学上升为国家学术之后式微，其在义乌的第三代群未能形成。

还有一点需要说明的是，吕祖谦之学在义乌只存在以朱质、楼孟恺、楼仲恺、楼叔恺、楼季恺、陈锡、徐侃、徐倬等人为代表的第一代群，后因吕祖谦的早逝，未能继续发展出第二、第三代群，这是非常遗憾的。

　　当然，需要特别指出的是，婺州本土三大学派背景中的义乌儒学代群，终于未能形成壮丽的学术气象。倒是来自闽北武夷山的朱熹理学，自传播到义乌以后，生根开花结果，并形成绵延不绝的统绪，历宋、元、明而不衰。以朱熹理学为背景的第一代群，徐侨等人是其代表；第二代群则由王世杰、朱元龙、叶由庚、朱中等构成；第三代群以石一鳌为代表，将义乌儒学带进到元代，并终成彬彬之盛。从代群盛衰角度观察义乌儒学，其主流当为朱熹理学一系，并且这种儒学性格一直保持到元明。

（四）儒学著述空前增加

　　义乌的儒学著述在宋代尤其是南宋以前，寥寥无几，但南宋孝宗乾道、淳熙以后，儒学著述空前增加。"群经类"有傅芘《群经讲义》，喻良能《诸经讲义》；《易经》类主要有陈昭《易说》五卷，陈炳《易解》，朱质《易说举要》，杨忱中《易原》，徐侨《读易记》，朱中《太极演说》，石一鳌《周易互言总论》等；《书经》类有傅寅《禹贡说断》《五诰解》《尚书详解》；《诗经》类有徐侨《读诗记》；《春秋经》类有施郁《春秋经传纪要》；《论语》类有叶由庚《论语纂遗》；"史评"类有喻良能《唐论》。而涉及与儒学相关的研究杂论，则多见于傅寅《群书百考》，喻南强《梅隐笔谈》，楼大年《铭心偶录》，喻侃《随见类录》《芦隐类稿》，喻南强《梅隐笔谈》，傅芘《南园讲录》，虞复《成己集》《告蒙集》《告忠集》《远斋集》，徐侨《杂说》，朱中《经世补遗》，朱元龙《遗稿》，王炎泽《南陵类稿》，黄玑《类稿》等论著之中。这些著述是义乌南宋儒学勃兴的重要成果，其中经学类以《易》学成果比较丰富，而傅寅《禹贡说断》，与吕祖谦《东莱书说》为历代所公认的《尚书》学经典之作。此外，义乌刻书业在南宋高度发达。如汉郑玄注《礼记》，今国家图书馆藏有三个宋刻本，即宋余仁仲万卷堂家塾刻本，南宋淳熙四年(1177)抚州公使库刻本，再就是婺州义乌苏溪蒋宅崇知斋刻本。其中义乌苏溪蒋宅崇知斋刻本因书中避讳"慎"字，表明它刻于孝宗时期。刻书之盛为义乌儒学发展提供了很好的人文环境，同时也为义乌在中国儒学传播史上赢得一席之地。

第三章　元代义乌儒学

元有天下,收南宋之遗才,故儒学一脉,未尝绝响。其儒学大抵承宋代儒学而来,对宋代儒学全盘接受而少有创新。黄宗羲要将宋元儒学放在一起来讲,最终并为《宋元学案》一书,就是因为宋元儒学无论从思想逻辑还是时间逻辑上都无法人为裁开,其学脉关系没有因为朝代更迭而中断。元代是一个重视儒学的时代,黄溍在《国学汉人策问》其二十曾说:

> 我国家尊尚儒术,襄孔子之道,以昭示乎四方。缙绅先生,言必以孔子《诗》《书》、执礼,而非敢为申、韩法家之言也。教必以孔子之文行忠信,而非敢为庄、列道家之教也。①

而婺州又是元代重要的儒学基地,对此王祎描述道:

> 有元以来,仁山金文安公以其传于北山何文定公、鲁斋王文宪公者,传之白云许文懿公,实以道学名其家,而司丞永康胡公、待制浦阳柳公、侍讲乌伤黄公以及礼部兰溪吴公、翰林东阳张公,则以文章家知名。虽若门户异趋,而本其立言之要道,皆著于文,文皆载乎道,固未始有不同焉者。渊乎粹哉!皆可谓圣贤之为学者矣。以故八十年间,踵武相望,悉为世大儒,海内咸所宗师。②

而元代婺州儒学,基本上以朱子后学为主要。

一、元代浙江儒学形势

有一个现象值得注意,元代儒学主要以江南儒学为主干。从地域分布上看,南北儒学发展呈现出巨大的不平衡,我们先看各地儒学人物籍贯的地理分布:浙江 303 人、江西 132 人、安徽 60 人、河北 37 人、福建 31 人、河南 20 人、江苏 11 人、山西 10 人、陕西 10 人、山东 8 人、四川 8 人、湖北 4 人、内蒙古 3 人、辽宁 2 人、湖南 2 人、北京 1 人,以上小计

---

① 黄溍撰,王颋点校:《黄溍全集》上册,天津古籍出版社 2008 年版,第 150 页。
② 王祎撰:《王忠文集》卷七《送胡先生序》,《四库全书》本。

642人,加上籍贯未详者56人,元代儒学人物总约698人。①其中以浙江儒学人物为最多,占43.4%,江西次之,占19%。为了看清元代浙江儒学形势,今将元代浙江各路儒学人物名单悉数抄录②,以方便我们对元代浙江重要儒学区域与重要儒学人物有全面了解与观察,在此基础上,观察义乌儒学有何特殊之处。

（一）元代浙江儒学人物籍贯静态分布

杭州路

钱塘:孟文龙。

嘉兴路

嘉兴:戚秉肃,郑忠。

湖州路

崇德:鲍恂,卫富益。

归安:沈梦麟。

吴兴:牟应龙,宇文公谅,钱义方,赵孟頫。

乌程:倪渊。

建德路

严州:洪扬祖

淳安:方道叡,洪玙,洪源,洪瓛,洪震老,鲁渊,吕人龙,钱榶,钱允文,邵桂士,宋梦鼎,汪斗建,汪汝懋,吴暾,夏溥,夏潜之,夏清之,夏希贤。

桐庐:李康,孙潼发,魏新之。

绍兴路

会稽:韩性,韩义,胡舜咨,夏泰亨。

嵊县:胡应之,赵炎。

剡溪:单庚金。

新昌:黄奇孙,潘音,石余亨。

余姚:岑士贵,黄景星,黄珏,王士毅,杨璲,杨琰,杨瑀。

诸暨:王冕、吴雄、俞汉。

---

① 据《元史》《新元史》《宋元学案》《元儒考略》统计。
② 据《元史》《新元史》《宋元学案》整理抄录,各路名称以元代为准,路下地名一依原书。

慈溪：赵偕，曹汉英，桂璇，桂同德，桂锡孙，桂彦良，桂宗蕃，桂宗儒，黄梦榦，黄叔雅，黄叔英，黄正孙，黄玠，李恒，沈辉卿，时观，童鋐，童金，童钟，王桓，王约，乌本良，乌斯道，乌熙，向朴，向寿，严畏，杨圭，杨芮，叶心，方原，罗拱。

庆元路

鄞县：李以称，安刘，陈深，陈泌，陈洙，陈蒙，陈硻，韩居仁，蒋宗简，史季敷，史蒙卿，程端礼，程端学，丰稷，李浒，李津，李悌谦，李孝谦，李以制，李忠谦，全耆，全鼎孙，全晋孙，全谦孙，全颐孙，全彦，全整，沈源，孙璹，唐辕，王厚孙，王宁孙，王惟贤，杨伯纯，袁衷，袁桷，郑芳叔，郑驹，郑觉民，郑真，周棐。

定海：乐复，乐良，乐衍，张信。

奉化：戴表元，任士林，吴汉，徐天锡。

婺州路

金华：范祖干，何寿朋，何宗诚，何宗瑞，何宗映，胡翰，刘名叔，马道贯，戚绍，戚象祖，戚崇僧，苏友龙，唐光祖，唐怀德，唐以仁，汪与立，王佖，王瑊，王侃，王相，王阆，王闰，王绍孙，王闲，王阊，王云龙，闻人梦吉，闻人诜，邢旭，邢沂，许谦，许亨，许元，叶审言，叶仪，张枢，张匡敬，赵子渐。

义乌：黄溍，金涓，石一鳌，石定子，王祎，朱同善，朱震亨。

永康：胡长儒，胡仕宁，吕机，吕溥，吕权，吕洙。

东阳：陈取青，陈樵，陈士允，方麟，胡减，胡太和，蒋元，蒋允升，李思齐，李唐，李希明，李序，李亦，李裕，李直方，楼巨卿，马道贯，徐黼，薛玄。

兰溪：金履祥，唐良骥，王余庆，吴履，吴沈，吴师道，徐原，诸葛伯衡，陶凯，赵次诚，李孝光。

浦江：戴良，黄景昌，柳贯，宋濂，宋璲，郑涛。

衢州路

常山：江孚，江起。

台州路

临海：陈荃，陈孚，陈天瑞，戴亨，高耕，杨钰，周敬孙，周仁荣，周润祖，周仔肩。

黄岩：车瑢，车倬，车安行，车景山，车若绾，车惟贤，车若水，陈德永，戴良齐，方仪，胡常，黄超然，林梦正，孟梦恂，牟楷，潘希崇，沈可亭，盛象翁。

宁海：李洧孙。

台州：泰不华，薛松年，朱致中。

太平：蔡希点。

天台：陈应润，胡三省，胡幼文，林弦斋，刘庄孙，王贲，徐一夔，张明卿，张莘夫，郑四表。

温州路

瑞安：彭庭坚。

永嘉：高明，洪涛，胡一桂，黄淮，蒋允济，林温，张文选。

平阳：陈刚，陈庚，史伯璇，徐崇实，徐兴祖，薛璩，章仕尧。

温州：陈麟。

处州路

处州：郑滁孙，郑陶孙。

缙云：樊万，滕顺孙。

括苍：赵有桂。

青田：余学古。

（二）元代浙江诸路儒学形势分析

我们现在逐一分析元代浙江境内各路儒学的基本形势。据《元史》得知，浙江当时属于江浙行省，境内十一路都出产儒学人物，这是很清楚的。其中，属于浙西的四路有杭州、嘉兴、湖州、建德，出产儒学人物34人，无甚儒学名家。建德淳安儒学人物最多，其学大抵崇象山之学。黄宗羲谓："淳安自融堂（南宋钱时）为慈湖（杨简）高弟，而先生（洪颐）之祖梦炎亦登其门，故淳安之士，皆为慈湖之学。"①

绍兴路之会稽韩性、韩义等是辅广一系的后学，崇朱子之学，用功《四书》，求诸六经。元代慈溪是浙江儒学重镇，其学分为二派：一派为朱子之学，一为象山之学。为朱子学者，承黄震而来，入《东发学案》者如黄梦斡、黄叔雅、黄叔英、黄正孙、黄玠等，皆东发子孙，具克绍家学。其他众多学者，大都为象山后学、杨简传人，如赵偕，学者称宝峰先生，其学承慈湖而来，"以静虚为宗，然其坠于禅门者，则固慈湖陋习"。②故《静明宝峰学案》述慈溪陆学，多为赵偕门人，如乌本良、乌斯道、桂彦良、向寿、罗拱、方原等。陆学

---

① 黄宗羲等撰：《宋元学案》卷七十四《慈湖学案》，中华书局1986年版，第2516页。

② 黄宗羲等撰：《宋元学案》卷九十三《静明宝峰学案》，中华书局1986年版，第3098页。

起自江右,盛于浙东。回顾陆学之在浙东得倡,有三次经典表现:首先,自杨简、袁燮始为一盛;其后鄱阳汤巾由朱入陆,传之西安(今衢州)徐霖(学者称径畈先生),当咸淳之际,开讲尤有大名,陆学在浙,始为二盛;①徐霖殁,陆学在浙渐衰,然自慈溪赵偕出,浙东陆学至元代始又为三盛。②

庆元路之鄞县陈氏,多为黄震学侣陈著之后。据王梓材云:"传不言其师承。第考其集,称述辅潜庵先生之说,盖亦为辅氏之学者。"③故鄞县陈氏为元代传朱子之学一系者。陈著之子陈深、陈泌,侄陈泺,孙陈樫,皆世其家业,至陈樫则尤长于史学。值得注意的是,在宋代,鄞县史氏皆陆学,至宋末史蒙卿始改而宗朱。如前所述,史蒙卿渊源处于爱氏,宋亡不仕。其所传程端礼、程端学兄弟,则纯于朱者,蒋宗简与定海乐良皆程氏弟子。与此同时,鄞县还有一支传朱子之学者,其渊源出于金华何基,由金履祥——柳贯——戴良而来,如李孝谦、李悌谦、李忠谦等。

众所周知,舒璘与沈焕、杨简、袁燮,并为"甬上四先生"或"四明四先生"。舒、沈之年辈先于杨、袁,但在传输陆学方面,杨、袁反盛于舒、沈。鄞县作为元代重要的儒学基地,传陆学者实有二系,其中李氏之传陆学,皆承舒、沈而来,如李津、李浒、李以称、李以制等;④全氏之传陆学,其源则出自杨简,如全鼎孙、全晋孙、全谦孙、全颐孙、全彦、全整等。⑤鄞县在元代还有一支王应麟的后学,全祖望言:"四明之学多陆氏,深宁(王应麟)之父亦师史独善以接陆学。而深宁绍其家训,又从王子文以接朱氏,从楼迂斋以接吕氏。有尝与汤东涧游,东涧亦兼治朱、吕、陆之学者也。和齐斟酌,不名一师。"王应麟杂糅朱、陆、吕三家,使鄞县的朱、陆对阵的原有学术生态有所打破,故其学在元代不绝,其子王良学、王世昌、孙王厚孙、王宁孙,皆克绍其学。其他如袁桷、郑芳叔、郑觉民、郑驹、郑真以及奉化戴表元亦承其而来。

婺州路之金华,在元代儒学仍旧发达,绝大部分为北山四先生弟子及后学。其学承黄榦而来,为浙江典型的朱子学传播基地。其中何氏多为何基子孙,如何宗诚,何宗瑞,

① 参见黄宗羲等撰:《宋元学案》卷八十四《存斋晦静息庵学案序录》第 2841 页、黄宗羲引《谢山〈序三汤学统流派子〉》,中华书局 1986 年版,第 2844 页。
② 参见黄宗羲等撰:《宋元学案》卷九十三《静明宝峰学案序录》,中华书局 1986 年版,第 3096 页。
③ 黄宗羲等撰:《宋元学案》卷八十六《东发学案》,中华书局 1986 年版,第 2901 页。
④ 黄宗羲等撰:《宋元学案》卷七十六《广平定川学案》,中华书局 1986 年版,第 2541 页。
⑤ 黄宗羲等撰:《宋元学案》卷七十四《慈湖学案》,中华书局 1986 年版,第 2461 页。

何宗映等;王氏多为王柏子孙,如王祕,王璲,王侃,王阅,王闲,王闾等;许氏则为许谦子孙,如许亨,许元等,其他亦多为四先生后学。但也应看到,金华作为南宋吕学大本营,元代戚绍、戚象祖父子、叶审言等仍传吕学,故全祖望谓:"明招诸生历元至明未绝,四百年文献之所寄也。"①陈亮之学,在元代永康无传。元代永康完全是朱子学的天下。而永康朱子学有两个来源,其一来源永嘉系陈埴,代表为胡长孺;其二渊源于金华系何基,直接由许谦传之于吕溥、吕洙、吕权、吕机和李裕等。东阳朱子学有一支渊源于义乌系徐侨,直接承石一鳌而来,如陈取青、陈樵父子。其他如而李直方与陈取青为同调,则其弟子陈士允、胡减等皆可算作义乌系的范围。兰溪与浦江,大抵皆金华系的后学。

衢州路之常山仅有的两位儒学人物江浮、江起,皆许谦门人,渊源出自北山,为金华系朱子学的传播结果。

台州路之临海所崇朱子学,渊源有出于金华系者,如陈天瑞、杨钰、周敬孙、周仁荣、周润祖、周仔肩等,皆直接承王柏而来。也有属于黄岩系者,如高耕,就出于杜煜后学蔡梦说。黄岩儒学,虽说本来有杜煜传朱子学的基础,但到元代黄岩朱学,许多学者渊源出自永嘉一系,如车安行、车景山、车若绾、车惟贤、车若水、车瑢、车倬等,皆承陈埴而来。当然,黄岩系也未中断,如黄超然、戴良齐、沈可亭、胡常、方仪、王贲等,仍属于本土系。但黄岩的胡三省、胡幼文渊源王应麟深宁学派,林梦正、徐一夔则渊源自饶鲁双峰学派。可见台州路本土学派未有足够强大的实力,外来学派多有浸入,但皆为朱子之学。

温州路之永嘉,朱学有渊源于义乌系徐侨者,如高明、高诚兄弟,出于黄溍。也有源自永嘉系的陈埴后学,如陈刚、史伯璇、洪涛、林温、黄淮等自胡长孺而来。

综上可见,元代浙江儒学的重要区域主要在绍兴路、庆元路和婺州路。三路之中,又以慈溪、鄞县和金华为儒学重镇。分析表明,元代浙江儒学,与宋代浙江儒学格局保持极强的延续性。但就义乌儒学格局而言,却出现了一个根本性的转变,则主要表现为由儒学之输入已转向儒学之输出,如东阳、永嘉两地的朱子学,皆为徐侨后学。可见,义乌儒学自元代开始已经呈输出性特征。

---

① 黄宗羲等撰:《宋元学案》卷七十三《丽泽诸儒学案序录》,中华书局 1986 年版,第 2434 页。

二、元代义乌朱子学的两个系统

元代义乌儒学主要人物有石一鳌、石定子、黄溍、傅君、金涓、朱同善、朱震亨等,他们在传承谱系上又分别为徐侨后学和黄榦后学,都以传播朱熹理学为己任。因此,从宏观上来看元代义乌儒学的基本面貌属于朱子学范畴,并形成徐侨与黄榦两个后学系统。

(一) 元代义乌徐侨后学

元代义乌儒学,基本上以徐侨的再传弟子为主要力量。徐侨在义乌最重要的再传弟子为石一鳌(1230—1311)。石一鳌是元代徐侨系最为关键的人物。他传给了其子石定子、黄溍和东阳陈取青、李直方等。

1. 徐侨再传弟子石一鳌

石一鳌,字巨卿。他是一位跨宋、元两朝的人物,一般将他视作元人。关于石一鳌的生平事迹,黄溍《石先生墓表》①有详细记载(详后)。由黄溍记载可知,石一鳌幼年师事王若讷,后师从徐侨弟子王世杰。南宋景定五年(1264)举乡贡进士。石一鳌因学识渊博,受到当时学子的敬慕,求学者甚众。但与其师王世杰授徒目标不一样,王世杰之授徒以应试文章为主,因此弟子做官的很多,而石一鳌则致力于学问,专注理学。对其祖师徐侨传授的命、性、心、中、诚、仁诸方面理学诸命题,皆有所阐述和发挥,体现了徐侨学术在义乌的隔代遗传优势。石一鳌晚年钻研《易经》,著有《周易互言总论》十卷。该书《四库》未录,朱彝尊《经义考》卷三十八则有著录,云佚。今从其弟子傅君请吴澄为序中,得知此书之大概。吴澄序云:

> 秦汉而下,泥术数者漏,演辞义者泛,而易道晦矣。至邵子极探卦象蓍数之原,而易之道大明。夫子以来一人而已。而于文王周公之辞,以发其真知实践之理,推之为修齐治平之用,宜与三古圣人之易而为四,非可以传注论。昔夫子年将七十,有假我数年卒以学易之语,是经岂易学哉?主簿傅君以其师石君晋卿所著《易说》示余。余读之喜其说理之当,说象之工,盖于象数理学俱尝究心。世之剽掠掇拾以为说者,何能几其十一?闻石君两目无见,古之瞽者为乐师,取其用志不分也。瞽而为易师,亦其外物不接,内境常虚,故能专致若是与。或曰子之于易与石君不同,何也?曰:予补朱义者也。石广程传者也,君释象,予亦释象,则皆程、朱之所未言者,虽有不同而言固各有当也。予又安敢以予之未必是,而废石君之是哉?其学以

---

① 黄溍撰,王颋点校:《黄溍全集》下册,天津古籍出版社 2008 年版,第 721 页。

汉易之象,邵子之数,广程子之辞理,扩程子所未言。以一瞽者而于易深切如此,亦良足多者。①

据此序,徐芹庭认为"石一鳌以象数广程子之学",故其易学传承是渊源为:朱熹——徐侨——王世杰——石一鳌——傅君。②石一鳌的弟子据黄溍说有数百人,但在《宋元学案》中只列举了陈取青、黄溍和李直方三人,而在万斯同的《儒林宗派》中,则没有李直方,代之以丁廷玉,仍然是三人。其中黄溍是石一鳌的外甥(详后),而李直方是东阳人,丁廷玉是义乌人,二人生平不详。陈取青生平,据《东阳县志》云:"樵之父,少从石一鳌受朱氏之学。宝祐间抗章诋贾似道误国之罪,不报归隐于家,自号闲叟翁。宋既亡,元伯颜见其章为之叹息,欲官之,力辞不就。"再就是石一鳌之子石定子,字安叔。端敏纯孝,继母朱氏性严,定子奉养三十年而无愠色。

2. 徐侨三传弟子黄溍

徐侨这一系的黄溍,是元代义乌最重要的儒学人士。

黄溍(1277—1357),字晋卿。延祐二年(1315)进士及第,授台州路宁海县丞。寻改两浙都转运盐铁使司石堰西场监运;延祐七年(1320),升绍兴路诸暨州判官。至顺二年(1331),因荐入为应奉翰林文字、同知制诰兼国史院编修,丁忧服阙,转国子博士。元统元年(1333),外补江浙行省等处儒学提举。至正三年(1343),径归乡里,以秘书少监致仕。至正八年(1348),除翰林直学士、知制诰同修国史、同知经筵事。至正十年(1350),南归。至正十七年(1357),卒,享年八十一岁。今见著作有《四库全书》本《文献集》《日损斋笔记》,《四部丛刊初编》影印元刊本《金华黄先生文集》,《金华丛书》本《黄文献集》,今人王颋编校本《黄溍全集》。

黄溍是徐侨的三传弟子。黄溍曾祖黄梦炎,起家南宋淳祐十年(1250)进士,仕至朝散大夫、行太常丞兼枢密院编修官、吏部尚书郎官、户部官曹郎官等官职。祖黄垎封赠中顺大夫礼部侍郎上骑都郎、嘉议礼部尚书上轻车都尉等官。父黄铸,在宋为补将仕郎,入元曾一度不仕,晚年出任温州路乐清县尹等官。黄铸为学治经,"不区区求解于道德性命之说,而其制行自与之合"。③这对黄溍的学术有直接的影响。

黄溍在师事石一鳌之前,曾受多位老师教益。黄溍的启蒙老师是义乌傅肖说,据黄

① 吴澄撰:《吴文正集》卷十七《石晋卿易说序》,《四库全书》本。
② 徐芹庭撰:《易经源流:中国易经学史》(下册),中国书店 2008 年版,第 693 页。
③ 柳贯撰:《待制集》卷二十《元故封从仕郎温州路乐清县尹黄公行状》,《四库全书》本。

潜《跋傅氏所受诰命》自述云"潜八岁入学,受书于先生"。傅肖说,字商佐,为傅寅后代,也是黄潜晚年弟子傅藻的祖父。①黄潜《南陵先生墓志铭》还提到少年时的另一位老师为王炎泽,其自述云"潜自总角忝预弟子列,今也发种种矣"。②王炎泽是徐侨弟子叶由庚的外孙,故王炎泽对黄潜的影响可能主要在朱子学。又据黄潜自述,他早年还曾师事太学内舍刘应龟。刘应龟是黄潜曾祖黄梦炎的外孙,故黄潜《绣川二妙集序》云"于先生(刘应龟)为中表子侄行,自早岁侍先生杖履,而知爱先生之诗"。③黄潜《山南先生集后记》还说:"潜受学先生最久且亲。"④又《山南先生述》云:"潜惟我曾祖左曹府君,以文章家知名当世,先生以外孙实得其学。顾潜之蒙鄙劣弱,犹幸弗失身负贩技巧之列,以陨先业者,先生教也。先生之庇庥我厚矣。"⑤可见黄潜幼从刘应龟学,主要以诗文为主。

归有光说黄潜还为许谦弟子,其云:"浙东道学之盛,盖自宋之季世,何文定公得黄勉斋之传,其后有干会之、金吉父、许益之,世称为婺之四先生,益之弟子黄晋卿,而宋景濂、王子充皆出晋卿之门。"⑥归有光此说无据。因为黄潜本人在给许谦所作《白云许先生墓志铭》中,已经明确说:"潜之少也,无所识知,莫能从先生游于高明之域,奔走汩没,不知老之将至,而为庸人之归。"⑦可见,黄潜以未能游学许谦,表示深深的遗憾。

又据黄潜《送吴良贵诗序》自述云:"元贞丙申(1296),予幸获执弟子之礼,见方先生仙华山之下。"⑧胡翰亦云:"(方)风字韶卿,由太学生授容州教授,治《毛诗》,同郡黄潜、柳贯皆出其门。"⑨此可证黄潜又曾从方风游。方风(1241—1322),字绍卿,号南岩,浦江人。入元绝意仕进,隐居仙华山。而方风在《宋元学案》中被目为陈亮后学,其气节和事功思想对黄潜也产生一定影响。

黄潜成年以后,则主要师从石一鳌。具体从学石一鳌的时间,当在20岁时。其《蒋君墓志铭》云:"潜弱冠时,及石先生之门,闻先生当宋景定、咸淳间,执弟子礼者恒以百

① 黄潜撰,王颋点校:《黄潜全集》上册,天津古籍出版社 2008 年版,第 196 页。
② 黄潜撰,王颋点校:《黄潜全集》下册,天津古籍出版社 2008 年版,第 483 页。
③ 黄潜撰,王颋点校:《黄潜全集》上册,天津古籍出版社 2008 年版,第 265 页。
④ 黄潜撰,王颋点校:《黄潜全集》上册,天津古籍出版社 2008 年版,第 282 页。
⑤ 黄潜撰,王颋点校:《黄潜全集》上册,天津古籍出版社 2008 年版,第 417—418 页。
⑥ 归有光撰:《震川集》卷九《送狄承式青田教谕序》,《四库全书》本。
⑦ 黄潜撰,王颋点校:《黄潜全集》下册,天津古籍出版社 2008 年版,第 462 页。
⑧ 黄潜撰,王颋点校:《黄潜全集》上册,天津古籍出版社 2008 年版,第 241 页。
⑨ 胡翰撰:《胡仲子集》卷九《谢翱传》,《四库全书》本。

数，顾生晚不得厕其列，然窃心慕之。"①可见黄溍二十岁从游石一鳌时，石氏已在暮年了。石一鳌是徐侨再传、朱熹四传，故其对黄溍的影响主要在理学方面。此外，从黄宗羲《学案表》来看，黄溍虽被分别列为"蟠松门人"和"方氏门人"，但传记却放在"蟠松门人"下。《宋元学案》有一个规律，凡是传记放在某某名下，则表示他们之间的传承关系要紧密些。因此，黄溍之学当为朱子学之正传。这一点从黄溍作《石先生墓表》的动机也可看出，他将自己的学术纳入朱子学统。董平分析黄溍作此墓表的动机时说，显而易见，黄溍之所以特为表章石一鳌的师友源流，盖以其出于徐侨而为朱熹嫡传。故黄溍表章石氏之师承渊源，其实同时亦在表章其本身学术之源出于朱熹。同时董平又指出，徐侨实亦师事叶邽，而为吕祖谦的再传弟子，故徐侨兼传吕、朱之学，则可谓确定不移。数传以后，至黄溍虽"多称朱学"，而亦毕竟不失浙东史学之精神。因此，董平归纳黄溍为学的特征，其实是以经为本而以史为纬，同时亦习于刑名之学。②这个论断，大抵符合黄溍为学的实际情况。

（二）元代义乌黄榦后学

朱熹理学，在宋元以来形成规模庞大且脉络清晰的传播网络，这个网络又由许多并行的谱系交织而成。以地域分，主要在福建、江西和浙江存在有规模较大的传承谱系。其中福建闽县黄榦，虽为朱熹女婿，但其学术在福建本地反不如在浙江影响广大与深远。徐侨和黄榦都是朱熹的一传弟子，徐侨传学义乌，而黄榦一系则经何基而传学金华。何基——王柏——金履祥——许谦四人，史称"北山四先生"。这一系，成为后来朱子学传播史上影响最大的谱系之一。

从目前资料来看，南宋婺州之金华朱子学与义乌朱子学，其实是两个并行谱系。据《宋元学案》记载，金华系朱子学在义乌门人共四位，其中，何基门人一位，为陈栎。许谦门人，主要有三位：金涓、朱同善和朱震亨。今略述如下：

陈栎，字希善。宋秘书监蠡十世孙。自幼入学，记诵不倦。尝游何基之门，探索隐赜，深得要领。曾任浦江教谕，终日与诸生讲明性理之学、修治之方，门生皆有所成。后以致仕卒于家。

金涓（1306—1382），一作"刘涓"，字德源。王梓材曰："《金华先民传》作金涓，盖与

---

①　黄溍撰，王颋点校：《黄溍全集》下册，天津古籍出版社 2008 年版，第 492 页。
②　董平撰：《南宋婺学之演变及其至明初的传承》，《中国学术》2002 年第 2 期。

仁山先生同为项伯之后,由项而赐姓为刘,吴、越时又由刘改姓为金者,故金涓即刘涓也。"①他自幼警敏,日记数千言。稍长,肆力于《经》《传》。听说许谦承朱子之绪,遂从游学于八华山。许谦告之曰:"学者必以五性人伦为本,以开明心术,变化气质为先,以为己为立心之要,以分别义理为处事之制。"金涓朝夕惕励,研究奥旨,躬行践履,务求达到许谦提出的为学目标,因此被人称为许谦的入室高第弟子。其《读易诗》云:"至理由来无古今,后人删注转迷沉。遗经独抱加潜玩,始识羲文广大心。"金涓又随黄溍学古文词,不乐仕途,隐居青村,授徒著书。朋友叩门,焚香煮茗,对榻剧谈。友人离去,则闭门不出,学者称"青山先生"。②

朱同善,字圣与。幼承家学,复从许谦讲授八华山,研究经旨,因此得以上承朱子之绪,味道之腴。凡有关于天人性命之本,礼乐刑政之原,古今治乱得失之迹,莫不洞该。同善曾应辟为两淮屯府幕属,不数月,解职归田,隐居丹溪,以所居"裕轩"作为自己的名号。既老,涵养之功愈密,四体不待羁而自协,清明在恭,播为太和,熏蒸所及,物无悖戾。学者以他为师,称"裕轩先生"。③

朱震亨(1281—1358),字彦修,因世居丹溪,故人称"丹溪翁"。朱震亨自幼聪颖,日记千言。稍长,从乡先生治经,为举子业。后闻许谦得朱子四传之学,讲道八华山,便翕然从游,拜许氏习儒学,愈觉道德性命之说宏深粹密,于是专心问学,成为许氏高第弟子。据戴良记载,朱震亨后来学医,完全是许谦鼓励的结果,其云:

> 一日,文懿(许谦)谓曰:"吾卧病久,非精于医者不能以起之。子聪明异常人,其肯游艺于医乎?"翁以母病脾于医,亦粗习。及闻文懿之言,即慨然曰:"士苟精一艺以推及物之仁,虽不仕于时,犹仕也。"乃悉焚弃向所习举子业,一于医致力焉。④

朱震亨改攻医道之后,在研习《素问》《难经》等经典著作的基础上,访求名医,受业于刘完素的再传第子罗知悌,成为融诸家之长为一体的元代医学界四大家之一。同时,他也完成了由儒学向医学的完美转型,并援儒入医,终成一代儒医。

除以上四人之外,《宋元学案》不载的义乌黄榦后学,其实还有四位,今补录于次:

---

① 黄宗羲等撰:《宋元学案》卷八十二《北山四先生学案》,中华书局1986年版,第2791页。
② 参见《(嘉庆)义乌县志》卷十四《理学》,清嘉庆七年刊本。
③ 参见黄宗羲等撰:《宋元学案》卷八十二《北山四先生学案》,中华书局1986年版。又见《(嘉庆)义乌县志》卷十四《理学》,清嘉庆七年刊本。
④ 戴良撰:《九灵山房集》卷十《丹溪翁传》,《四库全书》本。

王顺(1318—1376),字性之。自幼嗜学,曾登许谦之门,主张读书与躬行结合。常与朱震亨讲切《内经》之说,汲汲以济人为务。他还认为移风易俗,必本于兴学。乃建私塾,昭良师,会乡族俊秀,使子弟与共享,以孝悌姻睦之道诱掖而劝导之。闲居无事,焚香鼓琴以自乐,四方贤士无不愿与之交游。卒葬之日,乡邻素服而临葬者千有余人,皆洒涕而去。故宋濂赞曰:"位不冠缨而惠孚于民,仁矣哉;若人是非纷纭而折以片言,信矣哉;若人文质彬彬而令誉振振,君子哉!"①

宗诚,字仲实。受业许谦,经明学邃,家居授徒。所著有《孝友通纪》及诗文若干卷。②

冯翊,字原辅。父传道,师事许谦,翊亦受业其门。此后,又从游黄溍。黄溍一见而奇之,曰:"君,吾畏友也。"相与讲明性理之学。又听说东阳胡蔗庵明《礼》,又往东阳从之,悉得其旨。③

丁存,字性初。性质樸,不外挠。博洽群书,擅长文章。屡征明经不就。尝从游何宗文,相与阐明理学,以遡金履祥、许谦之传。晚年,优游盘谷,四方学者群趋之。所著有《云崖杂稿》若干卷。④

由上可见,元代义乌儒学的主流属于朱子学范畴。在朱子后学的两大系统中,以徐侨传播系统的影响较大。

三、元代义乌儒学特征

元代义乌儒学的发展特征,主要表现为以下三个方面:

(一)儒学由宋代输入转为元代输出

从儒学传播角度上看,南宋义乌儒学基本上以输入性为特征。首先是婺州儒学四派对义乌的输入,范浚、吕祖谦、陈亮和唐仲友之学分别在义乌境内有所传播;其次是来自福建的朱子学经过徐侨输入,逐渐成为浙江朱子学一个非常重要的谱系之一。到了

---

①　宋濂撰:《文宪集》卷二十二《义乌王府君墓志铭》,《四库全书》本。又参见《(嘉庆)义乌县志》卷十四《理学》,清嘉庆七年刊本。

②　嵇曾筠撰:《(雍正)浙江通志》卷一百七十六,《四库全书》本。

③　嵇曾筠撰:《(雍正)浙江通志》卷一百七十六,《四库全书》本;又参见《(嘉庆)义乌县志》卷十四《儒林》,清嘉庆七年刊本。

④　徐象梅撰:《两浙名贤录》卷二《儒硕》,明天启刻本。

元代,由于义乌本土学者发育与成长起来,由此开启了义乌儒学在浙东区域间输出的时代。

元代义乌儒学之输出,始于石一鳌。石一鳌将义乌儒学传给东阳的陈取青和李直方。而陈取青之子陈樵幼承家学,继师事李直方,故陈樵为石一鳌在东阳的再传弟子。陈樵(1278—1365),字君采。他的学问越汉、宋诸大儒而直指本经,颇为自负,其云:

> 秦、汉而下,说经而善者不传,传者多不得其宗。淳熙以来,群儒之说,尤与洙泗、伊洛不类,余悉屏去传注,独取遗经,精思至四十春秋,一旦神会心融,灼见圣贤之大旨。譬犹明月之珠,失之二千年,上自王公,下至畎隶,无不伥伥日索之,终不可致,牧竖乃获于大泽之滨,岂可以人贱,而并珠弗贵乎?吾今持此以解六经,决然自谓当断来说于吾后云。[①]

陈樵这段话有两层意思:一是批评汉儒,说经多不得其宗;二是批评南宋诸儒也与孔子及二程相去甚远。他自谓用了四十年时间思考,屏去秦、汉以来的传注,回归到六经,终于获得圣贤之旨。陈樵虽承朱子一系而来,但为学已具有鲜明的怀疑色彩。故他对自己的四十年思考结晶颇为自得,认为圣贤之旨,犹若明月之珠,遗失了二千余年,而被他一朝拾得。在此基础上他对"理一分殊"也作出了自己的诠释,其云:

> 神所知之谓智,知天下殊分之谓礼,知分之宜之谓义,知天地万物一体之谓仁,礼复则和之谓乐,谓天地万物一体,经子之会要,一视万物,则万殊之分,正家齐国治,而天下平矣。国家天下,一枳也;枳一尔而穰十焉,枳有穰而一视之,其于人则仁也。发而视之,穰有十则等有十,其于人则君臣、父子、长幼之等夷。刑赏予夺之殊分,所谓礼也。视十为十者,礼之异;视十为一者,仁之同。分愈异则志愈同,礼愈严则仁愈笃者,先王之道也。分愈异者志愈同,故合枳之穰,反求其故地,枚举而铨次焉者,差之黍铢,则人已无别,犬牙错而不齐,敛之不合,而一不可见。礼愈严者仁愈笃,故治国家天下者,不以礼则彝伦斁,礼乐废而仁亡,是故洙泗、伊洛朝夕之所陈者,天下万殊之分,视听言行之宜所操者,礼之柄耳。故学圣人者,必始于礼焉,故一体万殊者,孔子之一贯,于洙泗、伊洛之言,无不统者也。理一分殊之义废,则操其枝叶而舍其本根,洙泗、伊洛之会要不可见,章句析而附会兴,遗经不可识矣。[②]

由此足见出陈樵的学术,特别重视礼的作用。他是较早提出以"礼"代"理",并将"礼一分殊"来诠释"理一分殊"的学者。要知,以"礼"代"理"是清代学者最热门的一个话题之一。如黄以周提出:"经以载道,经学即是理学,经学之外理学为禅学,读《日知录》可会之。"①缪荃孙将黄以周这个思想归纳为"以礼学为理学",他说:"先生以经学为礼学,即以礼学为理学。顾氏之训,至此始阐。"②并将其与顾炎武"理学,经学也"③的观点相联系。有趣的是,顾炎武提出"理学,经学也",在此之前经由浙东学派健将全祖望别解为"经学即理学",④将主谓词的顺序作了颠倒。全祖望的主谓词颠倒,是否符合顾炎武的原意?侯外庐认为不符合,⑤其实对这个问题,黄以周早有看法。据唐文治回忆,光绪十一年(1885)黄以周在南菁书院曾对他说:"顾亭林先生有言,经学即理学,理学即经学,不可歧而为二。"⑥我们因此同意余英时的意见,不管词序如何颠倒,回归元典的召唤之声仍然是清晰的。还有学者认为黄以周"以礼学为理学"远绍顾炎武"理学,经学也",中间又承凌廷堪、焦循、阮元的"以礼代理"而来。⑦但乾嘉学者提出的"以礼代理"主张,其自身却存在巨大缺陷,这便是将"礼"与"理"强分二途,并以前者代替后者,完全偏离了顾炎武以经明道的初衷,遂使学术进到象牙塔之中,远离了以切于人事为皈依的明道精神。我们认为黄以周"以礼学为理学"说,并非承"以礼代理"而来,反倒是弃"以礼代理"而去的纠偏之论。⑧如果说清人之以礼为理,是为回归元典,那么陈樵已经在元代开始这样思考了,这是特别要引起注意的。四库馆臣引郑善夫《经世要言》"称其经学为独到",⑨大概也是指这一层意思。陈樵著述颇丰,宋濂《墓志》记载有《易象数新说》《洪范传》《经解经》《四书本旨》《孝经新说》《太极图解》《通书解》《圣贤大意》《性理大明》《答客问》《石室新语》《淳熙纠谬》《曰鹿皮子》《飞花观小稿》等,合数百卷。遗憾他的著作多已

---

① 黄以周撰:《儆季文钞》卷六《南菁书院立主议》,清光绪二十年南菁讲舍刻本。

② 缪荃孙撰:《中书衔处州府学教授黄先生墓志铭》,引见徐世昌《清儒学案》第六册《儆居学案下·附录》,中华书局 2008 年版,第 5996 页。

③ 顾炎武撰:《亭林文集》卷三《与施愚山书》,《四部丛刊》景康熙本。

④ 全祖望撰:《鲒埼亭集》卷十二《亭林先生神道表》,《四部丛刊》景清刻姚江借树山房本。

⑤ 侯外庐撰:《中国思想通史》第五册,人民出版社 1963 年版,第 206 页。

⑥ 唐文治撰:《茹经先生自订年谱》,转引自赵统《江阴书院史话》,黄山书社 2005 年版,第 119 页。

⑦ 林存阳撰:《黄式三黄以周"礼学即理学"思想论析》,《浙江社会科学》2001 年第 5 期。

⑧ 详见程继红撰:《黄式三、黄以周与浙东学派之关系及其传衍》,《浙江社会科学》2010 年第 10 期。

⑨ 四库全书研究所整理:《钦定四库全书总目》卷一百六十八《鹿皮子提要》,中华书局 1997 年版,第 2246 页。

散佚,仅《四库全书》收有《鹿皮子集》四卷。

而到了石一鳌弟子黄溍时期,则进一步强化了义乌儒学的输出地位。因此,倘单从义乌儒学传播史来看,黄溍的地位仅次于徐侨。试比较徐侨与黄溍对义乌儒学的不同贡献,主要体现在徐侨对于义乌儒学的贡献是输入性的,而黄溍则是输出性的。就目前我们所掌握的文献看,徐侨的弟子主要还集中在义乌县境内,而黄溍弟子则大大突破义乌范围,如宋濂、戴良为浦江人,陈基为临海人,高明为永嘉人,蒋允升为东阳人。黄溍与其庞大的弟子群体,形成婺州重要的儒学集团,是元明以来儒学的重要力量之一,其中宋濂和王祎二人在明初洪武儒学主流中充当了重要角色。下面仅就黄溍主要弟子学行略述之(王祎因有专论,此不赘述)。

宋濂(1310—1381),字景濂,号潜溪。浦江人。明初政治家、思想家、文学家。曾被明太祖朱元璋誉为"开国文臣之首",学者称太史公。与高启、刘基并称为"明初诗文三大家",又与章溢、刘基等并称为"浙西四先生"。宋濂自述为黄溍弟子,云:"某从先生游垂二十年,知先生为最深。"①著作计有《孝经新说》《周礼集说》《龙门子》又名《诸子辩》《潜溪集》《萝山集》《浦阳人物记》《翰苑集》《芝园集》等,后合刻为《宋学士全集》七十五卷。

蒋允升(1328—1357),字季高,东阳人。父蒋玄,有儒名,著《四书笺惑》《大学章句纂要》《四书述义》若干卷。宋濂云:"允升尝从黄文献公溍游,有文,用荐者授庆元路儒学正,早死。"②王祎有《蒋季高墓志铭》云:"年甫弱冠,所学以粹然一出于正。……而议论风槩,度越人表。……学士大夫以谓季高之于学行,进而未止,将必远大。"③胡翰《安乐窝记》云:"东阳多大族,子孙能亢其宗者,有蒋氏也焉。……季高登黄文献公之门,余复见之,方著问学,然亦不遂。"④

陈堂(1305—1383),字宅之,浦江人。宋濂《亡友陈宅之墓铭》云:"问其所从师,则韩庄节公性、黄文献公溍也。问其所学,则治经为进士之业也。……惟有善名著于时,述作传于人,虽殁,犹不殁也。"⑤

① 宋濂撰:《文宪集》卷二十五《金华黄先生行状》,《四库全书》本。
② 宋濂撰:《文宪集》卷二十《东阳贞节处士蒋府君墓志铭》,《四库全书》本。
③ 王祎:《王忠文集》卷二十四《蒋季高墓志铭》,《四库全书》本。
④ 胡翰:《胡仲子集》卷七《安乐窝记》,《四库全书》本。
⑤ 宋濂撰:《文宪集》卷十九《亡友陈宅之墓铭》,《四库全书》本。

屠性,字彦德,余姚人,一云诸暨人。明《春秋》学,幼从黄溍游,故其诗严整有法度,嘉定儒学聘为经师。胡翰《屠先生诗集序》曰:"屠先生彦德……少处里闬,习为吏,黄文献公判州事,见而才之,勉令就学,遂折节谢。其故等夷覃思于六艺之文,百家之言,久之,学乃大进。……先生虽儒者,所负魁然而嵬,指画天下事出入古今成败利害,瞭乎若烛照而枚计。"①

郑仲舒,浦江人。宋濂《跋黄文献公送郑检讨序》云:"予友太常博士郑君仲舒,黄文献公之高第也。公悬车家食之时,仲舒以外艰服除,复入经筵为检讨官,濒行,公造序稿一通,亲加窜改,持至浦阳江上,与仲舒言别,且致饩焉。仲舒既属缮书者入卷,乃收序稿,秘藏惟谨。及公薨,装裱成轴,每出展玩,曰:'公,吾父师也。公不可见矣,见公之手泽,如见公焉。'言讫,辄怅然遐思。"②

此外,黄溍弟子尚有陈时甫、吴立夫、李仲伦、朱元达、张良、金为、刘子实、哲子正、应之邵、陈子中、许存仁、朱伯清、傅藻、陈仲章,具见元金涓所撰《青村遗稿·送杨仲章归东阳诗卷序》记载。又有陈时甫,见吴莱撰《渊颖集》卷二《白发辞寄答陈时父》记载。还有申屠,见戴良《申屠先生墓志铭》记载。③此外,尚有私淑弟子桑以时,其自述云:"余也鲁钝,金华之晚生也,窃慕东莱勉斋之学,而私淑柳、黄诸先生。"④其实,黄溍的弟子远不止这些,限于篇幅此不展开。黄溍与义乌儒学之输出是一个饶有意思的话题,值得作进一步研究。

(二) 儒学与文章学合流

元代义乌儒学与文章学之合流,开明初文章风气。当时金华学者以许谦为主,虽仍走理学正传之路,但已有与文章合流的趋势,当然这个趋势在义乌黄溍那里表现得更为明显。可以说,义乌乃至整个婺州的治学风气,元代以来至黄溍而为之一变。总体上看,在婺州一地,出现了一个非常有意思的现象,许多学者始从学许谦,后又从学黄溍,最为典型的例子是宋濂。是故,黄溍对于义乌乃至整个婺州学风的改变,影响巨大。全祖望云:

---

① 胡翰撰:《胡仲子集》卷四《屠先生诗集序》,《四库全书》本。
② 宋濂撰:《文宪集》卷十四《跋黄文献公送郑检讨序》,《四库全书》本。
③ 戴良撰:《九灵山房集》卷十四《申屠先生墓志铭》:"先生讳某,子某,申屠其世也。先生凤有异姿,自成童时,嶷嶷不与凡子齿,然家故贫,稍习吏事以自给。未几,金华黄文献公为其州之判官,一见,即大奇之,谓曰:子何以吏为哉? 遂教之治经为举子业,习之数年。"明正统刊本。
④ 桑以时撰:《希澹园诗集序》,见虞堪撰:《希澹园诗集》卷首,《四库全书》本。

文宪之学,受之其乡黄文献公、柳文肃公、渊颖先生吴莱、凝熙先生闻人梦吉四家之学,并出于北山、鲁斋、仁山、白云之递传,上溯勉斋,以为徽公世嫡。予尝谓:婺中之学,至白云而所求于道者,疑若稍浅,渐流于章句训诂,未有深造自得之语,视仁山远逊之。婺中学统之一变也。义乌诸公师之,遂成文章之士,则再变也。至公而渐流于佞佛者流,则三变也。犹幸方文正公为公高弟,一振而有光于西河,几几乎可以复振徽公之绪,惜其以凶终,未见其止,而并不得其传。虽然,吾读文献、文肃、渊颖及公之文,爱其雅驯不佻,粹然有儒者气象,此则究其所得于经苑之坠言,不可诬也。词章虽君子之余事,然而心气由之以传,虽欲粉饰而卒不可得。公以开国巨公,首倡有明三百年钟吕之音,故尤有苍浑肃穆之神,旁魄于行墨之间,其一代之元化,所以鼓吹休明者欤![①]

同样,黄百家亦言:

金华之学,自白云一辈而下,多流而为文人。夫文与道不相离,文显而道薄耳,虽然,道之不亡也,犹幸有斯。[②]

渐趋于文章,是婺州传朱子学者义乌和金华两系的特征,虽然《学案》仍认为宋濂、王祎为朱门之世嫡,但由于"渐趋于文章"之故,"而心得则似少减矣。"[③]

元代婺州之学,既然从许谦和黄溍开始,已有儒学与文章学合流之趋向。因此,婺州既是元代重要的儒学基地,又是元代重要的文学基地。这从元代人对黄溍的评价已经看出这一点来,如元代传亨云:

黄公负端介之资,抱高远之志。早奋迹于儒科,继登明于法从,试郡邑有惠爱之政,教成均得养育之方。其在翰林,屡蒙眷遇,掌丝纶而弘帝制,修纪传而寓王法。其学术之精微,道德之崇邃,六经群史穷其渊源,诸子百氏究其根柢。[④]

这是对黄溍儒学的评价,而对黄溍文章的评价,传亨继续说:

黄溍天资端介,德操刚方。早擢秀于儒林,遂登名于科第。言性理,探程、朱之奥妙;论著述,继韩柳之雄深。德业昭著,文章炳焕。《太极》一赋为治朝之大雅,古

① 全祖望撰:《宋文宪公画像记》,引自黄宗羲等撰:《宋元学案》卷八十二《北山四先生学案》,中华书局1986年版,第2801页。
②③ 黄宗羲等撰:《宋元学案》卷八十二《北山四先生学案》,中华书局1986年版,第2801页。
④ 傅亨撰:《翰林侍讲黄公谥议》,见《日损斋笔记附录》,《四库全书》本。

文诸作垂弈世之宏规。四方学者睹之若星凤,仰之若山斗。①

到了《元史》,也基本上是从儒学与文学二者之相合角度,来给黄溍作定论的,其云:

> 溍之学,博极天下之书,而约之于至精,剖析经史疑难,及古今因革制度名物之属,旁引曲证,多先儒所未发。文辞布置谨严,援据精切,俯仰雍容,不大声色,譬之澄湖不波,一碧万顷,鱼鳖蛟龙,潜伏不动,而渊然之光,自不可犯。所著书,有《日损斋稿》三十三卷、《义乌志》七卷、《笔记》一卷。②

当然,明代也有人认为,黄溍是一个纯文章之士。如章懋以圣贤之学与词章之学,给婺州人物来作划分层次的标准,从而将黄溍纳入文章之士的阵列,其云:

> 道德一条,题目最大,非纯乎圣贤之学者,不足以当之。如吕东莱及何、王、金、许四先生者,固无庸议;其次则徐毅斋侨、杨船山与立、叶通斋由庚三先生可以亚之;若更入他人,则似乎泛滥而不纯矣。至于范浚、潘墀、时澜、应镛、邵囦、吴师道,虽深于经学,皆有著述,然道德恐有所未及,盖亦汉儒之类,恐当以儒林目之。王炎泽、石一鳌、戚仲贤、吕浦,则又其下者也。此外傅寅、马之纯、孙道子、胡长孺、柳贯、黄溍、张枢、胡助、陈樵、宋濂,皆不过文章之士,恐当以文学目之。如此分别,庶几游夏文学不混于颜闵之科,使后人无得而议焉。不知尊见以为何如? 幸有以见教。③

在此章懋将义乌人物徐侨、叶由庚师徒视作亚于吕祖谦与北山四先生的圣贤学者。王炎泽、石一鳌被置于第四等,即亚于儒林者流。黄溍则被当作文章之士来看待。需要说明的是,章懋对于义乌人物的身份界定不一定准确,如将傅寅目为文章之士,就不符合实际,其《禹贡说断》四卷,为《书》学史上著名作品。如果说章懋对于婺州人物的等级划分,还是以较客观的态度论之,而另一位明代人吴宽,曾针对婺州词章之学兴盛表示强烈不满,其云:

> 夫自科举之学兴,而词章之学废,自词章之学盛,而后圣贤之学微,其弊非一日矣。吾不暇远引他郡,婺,吾土也,请以婺言,何如? 前乎此者,若王子充,若宋景濂,若胡仲申,若柳道传,若黄晋卿,若吴立夫诸君子,其言卓然为一世之所宗,吾尚

---

① 傅亨撰:《翰林侍讲黄公请谥文移》,见《日损斋笔记附录》,《四库全书》本。
② 宋濂等撰:《元史》卷一八一《列传》六十八《黄溍传》,中华书局1997年版,第4188—4199页。
③ 章懋撰:《枫山集》卷二《书简》,《四库全书》本。

能若其人矣乎？然此固以词章之学言也。等而上之，若许白云，若金仁山，若王鲁斋，若何北山，若吕东莱诸君子，其道卓然，为百世之所宗，吾尚能若其人矣乎？固不若也，则吾为乡人者，何为而不耻乎？夫圣贤之学，本也，学者之所先也，词章之学，末也，学者学之，而不汲汲焉者也。①

在吴宽眼里，以圣贤之学为本，以词章之学为末，以此标准，表示了对婺州在元代以后坠于文章之学的不满。这也从另一个侧面，反映了婺州词章之学日盛，而圣贤之学日衰的事实。其中涉及义乌，有两个主要人物黄溍和王袆。确实，倘若以纯粹的圣贤之学来作为标准，义乌儒学在元代确实有很大的转向，这至少是明代人的共识。

但在明代，也有反对将黄溍目为文章之士的言论，如张俭云：

> 文者，道之著也，亦道之传也。道待人而行，待文而著。著斯明，明斯传，传斯通，否则晦矣，塞矣，文其可少乎哉？吾乡金华黄文献公与其友柳文肃公，均以文名于时，世称黄、柳，如退之之于子厚也。盖先生长何、王、许、金四君子道之乡，得闻闽学之正传，而仁山、白云二先生犹及先辈，故所为诗文，意完而气充，事详而词核，一根诸理，以羽儒先之绪论。公之学，一传而得宋公潜溪、王公华川，再传而方公逊志。宋以文显，王、方以忠节著，炳炳为世名臣，咸大禆于治教。其源流，盖可见矣，岂特文辞云乎？②

张俭认为黄溍具有鲜明的儒学与文章学合流趋向，"一根诸理"，"岂特文辞云乎"？此外，明代张雨却对黄溍儒学与文学的合流，表示激赏，其云："金华黄太史，出为儒台冠。诗文齐六经，奇古谁敢传？"③

其实，儒学与文章学之合流，从更大的范围来看，也是终元一代的趋势。因为这个趋势，所以宋濂他们在修《元史》时，便将儒林与文苑合一了，这样处理在他看来才更符合元代的实际，他说：

> 前代史传，皆以儒学之士，分而为二，以经艺颛门者为儒林，以文章名家者为文苑。然儒之为学一也，六经者斯道之所在，而文则所以载夫道者也。故经非文则无以发明其旨趣；而文不本于六艺，又乌足谓之文哉。由是而言，经艺文章，不可分而为二也明矣。元兴百年，上自朝廷内外名宦之臣，下及山林布衣之士，以通经能文

---

① 吴宽撰：《匏翁集》卷三十一《耻庵记》，明正德刊本。
② 张俭撰：《重刊黄文献公文集序》，见《黄文献公集》卷首，《金华丛书》本。《四库全书》本不载此序。
③ 张雨撰：《句曲外史集》卷上《次韵晋卿翰林赠陈秉彝》，《四库全书》本。

显著当世者,彬彬焉众矣。今皆不复为之分别,而采取其尤卓然成名、可以辅教传后者,合而隶之,为《儒学传》。[1]

由此观之,视黄溍为儒学之士,亦未尝不可。总之,义乌儒学发展到元代,与婺州儒学发展方向一致,出现了儒学与文章学合流的趋势,而其中的代表就是黄溍。

(三) 儒学与医学合流

义乌儒学在元代还有一个特征,就是以朱震亨为代表的儒学与医学之合流。因朱震亨本来就是朱熹一脉的理学出身,故他将理学思想援入医学,并作为其个人医学实践的理论基础,形成了义乌儒学中儒医合流的新趋向。其主要表现为三个方面:

第一,朱震亨认为医学是"格致"之事。

朱氏有一部医学论文集,共收医论42篇,涉及内容相当广泛,有论苏生者、论生理病理者、论诊断者、论治则者、论具体病症者、论具体方药者等,另有其他杂论数篇。篇次排列较随意,颇类随笔杂记,故有学者认为是我国最早的一部医话著作。朱氏将这部著作取名为《格致余论》,就有鲜明的理学色彩。"格致"一词,最早见于《礼记·大学》,系指探究事物的道理而求得知识。"格物致知"为中国哲学认识论的一个命题,朱熹解释为即物而穷其理,这也是他认识论的核心范畴。朱震亨接受了这一认识方法,并认为研究医学与临床实践其实就是"格致"之学的具体表现,故他的四十二篇散论,其实就是他医学格致的总结和提炼。

第二,以儒家的动静观来论"相火"。"相火论"是《格致余论》中的一篇,其云:

> 太极,动而生阳,静而生阴。阳动而变,阴静而合,而生水、火、木、金、土,各一其性。唯火有二:曰君火,人火也;相火,天火也。火内阴而外阳,主乎动者也,故凡动皆属火。以名而言,形气相生,配于五行,故谓之君;以位而言,生于虚无,守位禀命,因其动而可见,故谓之相。天主生物,故恒于动,人有此生,亦恒于动,其所以恒于动,皆相火之为也。[2]

"动"固为生之动力,但倘若超乎极点,也是死亡的开始。因此他在《房中补益论》中说:"人之疾病亦生于动,其动之极也,病而死矣。"火为动,而水为静,动静要调理适当,人方可生。又言:"人之有生,心为火居上,肾为水居下,水能升,火能降,一升一降无有穷矣,

---

[1]　宋濂撰:《元史》卷一百八十九《列传》第七十六《儒学一》,中华书局1997年版,第4313页。
[2]　朱震亨撰:《格致余论·相火论》,《四库全书》本。

故生意存焉。"于是,他将儒家的动静观导入医学理论,曰:"水之体静,火之体动,动易而静难。儒者立教曰:收心、养心、正心,皆所以防此火之动之妄也。"①如果说儒家之修心养性是导向道德内敛,而医家之修心养性则是导向生命之树常青,揆诸其理,则一也。

第三,以理学"无欲而静"来论"滋阴"。理学家们提出的天理人欲之辨,成为朱震亨"节欲养生"观的理论基础。朱氏在《格致余论》中特立"饮食"和"色欲"二箴,将理学家的修养功夫,应用到节欲养生的医疗实践中去,除了在理论上提出让"人心"听命于"道心"之外,更主要还是从医学角度提出了具体的"滋阴"方法。在人体生理方面,朱氏重视阴血,认为阴精难成而易亏,提出著名的"阳有余阴不足论";在治疗上,朱氏注重滋阴、养血、清热,互以防止湿热相火的发生,从而达到阴阳平衡。②朱震亨援儒入医的理论和实践,对明、清医学的发展有很深刻的影响。他的儒医思想,逐渐发展成中国医学史上的一个学术流派——丹溪学派,而他则是这个学派的倡导者。

---

① 朱震亨撰:《格致余论·房中补益论》,《四库全书》本。
② 以上三点,参考刘月明撰:《朱震亨与理学》,《天津中医学院学报》,1986年第4期。

第四章　明代义乌儒学

元至正十八年(1358)朱元璋攻取婺州路,改婺州路名宁越府,至正二十年(1360)改为金华府。明成化七年(1471)金华府领金华、兰溪、东阳、义乌、永康、武义、浦江、汤溪8县,有"八婺"之称,故学者仍习惯用婺州之名。朱一新指出:"婺学盛于宋元之际,而绝续于元明之交,吕、何、王、金、许尚已,同时徐(侨)、叶(由庚)、张(润之)、杨(与立)诸先生扬推义理,阐述奥旨,纷纷称盛。后此或以政事著,或以文章显,铿鍧炳麟,耀人耳目,要皆矩矱先民,非苟于曲学以阿世也。故元明之交,婺学微而不绝。"①与朱一新描述一致,明初的义乌儒学,基本上是元代的延续。像王祎这样的代表人士,属于元、明两朝的跨代人物。如果说元代义乌儒学,出现了儒学与文学合流之趋势的话,而明代义乌儒学,在与文学进一步合流的基础上,还出现了儒学与史学的合流趋势。以王祎而论,一般都将他当作一个历史学家来对待。正如陈寒鸣所言:"除容肇祖先生在《明代思想史》上曾略作评价之外,一般思想史、哲学史、乃至儒学史、理学史多不予以论列。"②其实,在传统的、主流的思想史叙事中,不仅王祎,就整个金华府儒学而言,都处于一个比较微妙的地位。但就目前明代义乌思想界所留下的图景来看,在阳明学大兴之时,义乌思想界仍以朱子学的坚守为尚,这一点亦为当时整个金华府儒学界的特征。故朱一新接着说,明以后百余年,婺州儒学仍承五先生遗绪,上窥孔孟堂奥,如章懋等,其学以濂、洛、关、闽为宗,博闻笃实,不屑为浮夸表暴之辞。③概言之,明代金华府仍为朱子学的旧阵地。

一、黄宗羲视野中的金华府儒学

我们在对《明儒学案》所收浙江籍学者进行整理时发现,作为宋元以来浙江乃至全国儒学基地的金华府,到了明代儒学人物锐减,居然只有很少几位学者出现在黄宗羲的视野之中。

---

① ③　朱一新撰:《佩弦斋文存》卷上《章枫山先生从祀议》,《拙盦丛稿》本,清光绪二十二年龙氏葆真堂刻。
②　陈寒鸣撰:《论王祎的儒学思想》,《孔子研究》1994 年第 3 期。

余姚：黄宗义、王守仁、徐爱、钱德洪、胡瀚、赵谦、黄尊素。

上虞：许璋、潘府。

鄞县：黄宗明、黄润玉、张邦奇。

宁海：方孝孺。

定海：贺钦。

绍兴：王文辕、蔡宗充、朱节、王畿、季本、张元冲、张元忭、陶望龄、刘塙、刘宗周。

嵊县：周汝登。

永康：程文德、应典、周莹、卢可久。

东阳：杜惟熙。

兰溪：徐用检、章懋。

台州：吴执御。

黄岩：黄绾。

临海：王宗沐、陈选。

海盐：董沄。

海宁：董谷。

归安：陆澄、唐枢。

长兴：顾应祥。

德清：蔡汝楠、许孚远。

嘉善：陈龙正。

与《宋元学案》叙事注重历史的时间顺序不同，《明儒学案》则主要看重思想的逻辑顺序，这就是黄宗羲为何要将"崇仁学案"置于卷首的原因。我们一般谈到明代前期的儒学，基本上从永乐开始。而吴与弼"崇仁之学"的出现，已经到了宣、英二朝以后了。金华府儒学，除了永康程文德、兰溪徐用检属于浙中阳明后学之外，像章懋这样的学者，"墨守宋儒"，虽坚守朱子之学，但却属于"本之自得，非有传授"者①，永康应典、周莹、卢可久、东阳杜惟熙等，更不入流，故黄宗羲将他们四人置于"附案"之中。因此，在黄宗羲那里，明代金华府儒学是不入其法眼的。究其原因，一方面在于黄宗羲袒护师说，主张姚江门户，而金华府当时还是朱子学的旧阵地之故。另一方面，这也体现了黄宗羲作为思想家

---

① 黄宗羲撰：《明儒学案》卷四十五《诸儒学案》上三，中华书局 1985 年版，第 1074 页。

的卓越之处,他指出:

> 学问之道,以各人自用得著者为真。凡倚门傍户、依样葫芦者,非流俗之士,则经生之业也。此编所列,有一偏之见,有相反之论,学者于其不同处,正宜着眼理会,所谓一本而万殊也。以水济水,岂是学问?①

据此,王宇认为这段话"说明了《明儒学案》的入选标准,即思想必须具有原创性"。②这或许是黄宗羲不以明初金华府诸儒入选的主要原因。虽然明初金华府儒学代表者之一的宋濂,乃为明朝开一代学绪之人物,使朱学统绪历元至明未绝,为数百年文献之所寄,但终究因无学术创新而只能入《宋元学案》。

二、金华府儒学与洪武朱子学主流

与黄宗羲《明儒学案》的视野不同,《明史》却对金华府儒学给予明初政治的巨大影响作了充分的肯定。前者是立足于思想史的,而后者则着眼于政治诉求。从师承关系上来看,明初金华府儒学以徐侨和黄榦两大传授系统为主。《明史》谈到金华府学的学术趋向时云:"原夫明初诸儒,皆朱子门人之支流余裔,师承有自,矩矱秩然。"③与黄宗羲《明儒学案》开篇相异,《明史·儒林传》是从金华府儒士开始写起的,所列的金华府儒士有:范祖干、叶仪、何寿朋、汪与立等四人。综合言之,他们四人在人格上有共同之处,皆穷经守志,不妄干人,这在某种程度上体现了修史者的价值取向。四位儒士中,范祖干、叶仪皆从许谦游,而何寿朋、汪与立则是他们的门人,故属于黄榦一系。当然,能进入《明史·儒林传》的金华府学者其实很多,应远不止这四位。因为《明史》作者说过:"有事功可见,列于正传者,兹不复及。"像宋濂、王祎便是这种情况,他们则属于徐侨一系。

刘基提到明初金华府儒士群体之盛时说:"圣天子龙兴江左,文学之士彬彬然为朝廷出者,金华之君子居多。典册之施,文檄之行,故实之讲,煜然足以华国。"④明朝立国之初,朱元璋采用浙东儒士刘基建议,遵循元仁宗延祐旧制,科举考试以朱子学传注为宗,修濂、洛、关、闽之书,从而上接唐、虞、三代、周、孔之统绪。史书载曰:

> 科目者,沿唐、宋之旧,而稍变其试士之法,专取四子书及《易》《书》《诗》《春秋》

---

① 黄宗羲撰:《明儒学案·发凡》,中华书局1985年版,第15页。
② 王宇:《试论〈明儒学案〉对明代理学开端的构建》,《中共浙江省委党校学报》,2007年第4期。
③ 张廷玉等撰:《明史》卷二八二《列传》第一百七十《儒林一》,中华书局1997年版,第7222页。
④ 刘基撰:《苏平仲文集序》,载苏伯衡撰:《苏平仲文集》卷首,《四库全书》本。

《礼记》五经命题试士。盖太祖与刘基所定。……后颁科举定式,初场试《四书》义三道,经义四道。《四书》主朱子《集注》,《易》主程《传》、朱子《本义》,《书》主蔡氏传及古注疏,《诗》主朱子《集传》,《春秋》主左氏、公羊、谷梁三传及胡安国、张洽传,《礼记》主古注疏。①

明初科举政策的制定,进一步强化了朱子学的统治地位,这也与金华府儒学趋向一致。因此,陈寒鸣将金华府儒士对于明朝思想界的贡献,定位在"洪武朱学"是符合历史实际的。如前所述,南宋以来婺州本为朱子学的重要传播基地,徐侨、黄榦两大传承谱系从元代发展到明初,前有宋濂、王祎等,后有范祖干、叶仪等,"故可称金华朱学为洪武儒学的主流"。②对此,清代著名学者阮元也早已说过:"元、明之间,守先启后,在于金华。"③倘从朱子学的传播而言,金华府学者承前启后,成为洪武朝朱子学的主力军。

需要指出的是,与宋元婺州儒学界比较,洪武金华府诸儒虽以朱子学为己任,但却不排斥唐仲友的经制之学,这体现了与宋元朱子学的不同趋向。众所周知,《宋史》将唐仲友描绘为一无行墨史,这引起清代毛奇龄、黄宗羲和朱彝尊的深相叹惋,十分遗憾其书不尽传于世。其实,在此前宋濂就曾说过,唐仲友"天分绝人,书经目辄成诵,遂以学行名天下"。④苏伯衡曰:"乾道、淳熙间,东莱吕公与悦斋唐公皆以儒术为婺冠。而唐所著过于东莱,合不下八百余卷。因为朱子所排,其书皆渐灭不存。"⑤元代吴师道因"经义一本朱子,排斥异论。有诋朱子者,恶绝弗与言",⑥故其著《敬乡录》不载唐仲友传。这一做法,诚如黄宗羲所批评,致使婺中学者对唐仲友罕称之,实在是不应该的。宋濂此前也不满吴师道的做法,还作有《唐仲友补传》一卷,力荐唐氏之学。总之,明代金华府学者重提唐仲友学术,实际上反映了朱子学发展到明初,其内部的核心话语已悄然发生了变化,这是值得深究的。

三、明代义乌儒学发展

明代地方社会的儒学教育,除县学之外,在乡村还大兴社学。洪武八年(1375)朝廷

① 张廷玉等撰:《明史》卷六十九《志》第四十六《选举二》,中华书局 1997 年版,第 1693—1694 页。
② 陈寒鸣撰:《金华朱学:洪武儒学的主流》,《朱子学刊》1995 年第 1 辑,黄山书社,1995 年版。
③ 阮元撰:《揅经室集》一集卷二《拟国史儒林传序》,中华书局 1993 年版,第 37 页。
④ 宋濂撰:《文宪集》卷二十《唐思诚墓铭》,《四库全书》本。
⑤ 王崇炳撰:《金华征献略》卷四《儒学传》,清雍正十年刻本。
⑥ 宋濂撰:《文宪集》卷十六《吴先生碑》,《四库全书》本。

下令，每 50 家设社学一所，年龄不到 15 岁的儿童，都要求进社学读书，并请秀士教之。那时，义乌全县有社学约 30 所。崇祯年间，义乌著名的社学有九社，即绣湖、青岩、石楼、谢岩、稠岩、五云、钓岩、云黄、仙屏，这就是所谓的"龙门大社"。社学之兴，对于明代义乌儒学之普及无疑有重要作用。此外，明代义乌书院亦较盛，有杜门书院、釜山书院、绣湖书院等，其中釜山书院为明洪武十年(1377 年)宋濂所建。相对发达的儒学教育，使义乌终明一代，出产许多文进士，如许性善、赵胜、虞瑶、吴福、王汶、李时、李揖、虞守随、李鹤鸣、叶观(一作楼姓)、虞守愚、王宗圣、吴百朋、楼镇、朱湘、叶楝中(一作楼姓)、虞德烨、虞怀忠、龚一清、黄承赞、朱懋芳、陈于京、金世俊、金德义、龚士骧、虞国镇、傅岩、张嶙然、季应龙等。此外，明代义乌举人也为数不少，见载者有：冯忠、黄昶、龚泰、朱肇、冯大纲、刘安、陶永成、吴大用、俞道英、朱晔、叶恩铭、金福、龚永吉、龚道澄、陈举、龚琦、骆汪、虞岳、虞文翊、虞仲恭、黄瑚、毛一松、金守谅、虞思恭、骆彦元、陈守亮、黄惟城、王希碟、季际熙、吴大缋、金宗焕、李洞瓒、陶锦、李葵、吴宾明、虞国阶、王士元、龚广生、王作宾、吴主一、楼国礼、陈圣圻、李尔阊、吴之器等。① 这些科举出身的人士，许多人成为经学家、理学家，当然还有一些是阳明学者，他们构筑了明代义乌儒学的基本图景。

（一）凤林王祎家族儒学

明代义乌许多儒学家族，承宋而来，传七八代而未绝，儒学文脉绵延，其中的典型就是凤林王祎家族。

王炎泽(1253—1332)，字仲威，学者因其别号，尊称之曰南陵先生。其穷居约处，操行益坚。殊无意仕进，开门授徒，户外之屦，至无所容。后为东阳、常山两县儒学教谕。迁石峡书院山长，所至皆以善教养得士誉。居石峡岁余，即弃官而归，优游家林，日以经史自娱。祁寒盛暑，手不释卷。王炎泽于书无所不读，唯求通其大义，为学者讲说，不支离穿凿以为精。其文质直简畅，而理胜为主。所著《南陵类稿》二十卷。

王良玉，王炎泽之子。曾任常山儒学教谕。王良玉有子 4 人，王裕、王祎、王补、王初，皆业儒，② 其中以王祎成就最高。

王祎(1322—1374)，字子充，号华川。宋濂在《送王子充字序》中说："祎之为物，古之

---

① 以上明代义乌进士、举人、贡生名单，主要据龚延明《义乌历代登科录》上编《明代进士录》、中编《明代举人》列出，浙江古籍出版社 2014 年版，第 99—144 页、第 170—198 页。

② 参见王祎撰：《王忠文集》卷二十二《南陵先生行述》，《四库全书》本。

蔽膝。……今乃以袆为名,殆欲存古之道。"①王袆元末隐居青岩山中,朱元璋召授江南儒学提举、南康府同知,洪武初与修《元史》,与宋濂同为总裁。后赍诏往云南,谕梁王呕宜奉版图归职方,遇害。王袆为明初重要的儒学家(详后专论),而王袆子孙,在明亦多业儒。由于王氏所居乡曰凤林,族大以衍,故世称凤林王氏。根据王袆自述,义乌凤林王氏家族儒学源远流长,人才辈出,发展到王袆的时代,已有四百年之久。其云:

> 凤林,乡名,在义乌之南鄙。故老相传,尝有凤凰至,因以名其乡。今来山之阳,复有小山,岿然起于平壤之间,即其地也。王氏之先,太原人。唐末,五季之际,有讳彦超为节度使者,自会稽来居焉,是为始迁之祖。厥后子孙日蕃以衍,至宋皇祐五年,固登进士第,仕为恩阳令,义乌有进士,实自恩阳始。而袆之十世祖宣奉公悦,九世祖正议公永年,逮七世祖中散公宁、朝请公寅,复自凤林迁居县东之沙溪。其分适他邑而显者,在金华则尚书庄敏公师心、丞相文定公淮,在浦江则太常忠思公万,皆同出于凤林。而凤林王氏之盛,号称衣冠家,著闻东南矣。若吾族之世居凤林者,虽不表显以自见,而能以《诗》《礼》相传袭,守其家业而不陨。……王氏之居凤林,凤林之有王氏,四百余年于兹矣。②

凤林王氏家族肄力于圣贤之学,始于北宋时期义乌首位进士王固。王固受业于胡瑗之门。③胡瑗与孙复、石介并称宋初三先生,是宋代理学酝酿时期的重要人物。他的"明体达用之学",对宋代理学有较大影响。后人所谓"王氏自宋以来号为儒家"④,盖从王固开始。王固之后,凤林王氏家族累世皆颛门为儒,渊源之传,自有所本。到了王袆的祖父王炎泽这一辈,则直接为朱子学后裔。这是因为王炎泽的外祖父乃叶由庚,而叶由庚又为徐侨高足之故。自此以后,王氏家族于朱子学风声气习之所传,感发尤多。王袆虽早卒,但其子孙绵延,文献之风,庶几贯明一代。

王绶,王袆子。宋濂云:"门人王绶,丧其母夫人何氏,衰绖稽颡,求造墓隧之文。予与绶之父翰林待制王君学为同师,官为同朝,揆义不可辞。"⑤

---

① 宋濂撰:《文宪集》卷九《送王子充字序》,《四库全书》本。
② 王袆撰:《王忠文集》卷八《王氏凤林亭记》,《四库全书》本。
③ 邹缉撰:《博士王君墓志铭》,见徐纮编:《明名臣琬琰录》卷十,《四库全书》本;王汝玉撰:《国子博士王仲缙墓表》,见《明文衡》卷九十二,《四库全书》本,皆谓王固从学安定先生,而黄宗羲撰:《宋元学案》卷一《安定学案》对王固受业于胡瑗一事失载。
④ 吴宽撰:《家藏集》卷七十三《明故中书舍人王君表》,《四库全书》本。
⑤ 宋濂撰:《文宪集》卷二十三《故王母何夫人墓志铭》,《四库全书》本。

　　王绅(1359—1400)，字仲缙。王祎子。王祎死于云南，王绅才 13 岁。王绅博学多才，后受业于宋濂，教以为文章，即能驰骋变化，议论訚訚，出人意表。濂器之曰："吾友不亡矣。"故万斯同将王绅列入"宋氏学派"。①王绅与方孝孺、郭浚、刘浩、叶见泰等诸名士友善，切磨道义，是建文时期一个重要的名士集团。在学行上，王绅特别推崇方孝孺，认为方氏之学上接宋儒道统。其云："圣贤之不作久矣！斯道之微，若晨星之在太空，光彩不耀者数千百年，至宋诸大儒出，始续其不传之绪而继之，然后学者有所宗师。今去宋又二三百年矣，斯道之晦亦久矣！天之闵斯民而望后人者亦甚矣，方君以出类之才如此，其意必有在矣。"②方孝孺之所以可上接宋儒，乃在于其负精纯之资，修端洁之行。考其学术，皆非流俗所可及。其言功业则以伊周为准，语道德则以孔孟为宗，会其通而不泥于一，志乎大而不局于小，实有志于圣贤之学。由此可见，王绅对方孝孺评价之高。而王绅本人的思想，则与方孝孺相近。他认为圣人任道之心虽一，而行道之势则不同。伊尹、周公得志而见于功业，孔子、孟子不得时而托于空言，其事虽殊，其归则一。这也就是方孝孺会通功业与道德的路径。所以他批评后之学者"不察其心而离于二心，专功业者则诋立言者为空文，务立言则谓必藉是以明道，传习之久而弊愈甚"，③而这些都是有违圣人之志的。王绅的经学思想，认为六经非圣人之所作，乃因旧文而删定。比如《易》是因伏羲、文王之书而述之《大传》，所以明阴阳变化之理；《书》因典谟训诰之文而定之，所以纪帝王治乱之迹；《春秋》因鲁史之旧而修之，所以明外伯内王之分；《诗》因列国歌谣风雅之什而删之，所以陈风俗之得失；《礼》所以著上下之宜，乐所以导天地之和，皆切于日用当于事情而为万世之准则。其于取舍用意之际，似宽而实严，若疏而极密。④这个观点事实上也承袭了他父亲王祎的观点。王绅论文道关系，认为二者皆合于自然。他说，天地间至精至微者为道，至明至著者为文。道非文不明，文非道不立。析而言之，虽为二，要而归其实则一。乾坤之所以覆载，阴阳之所以变化，寒暑之所以代谢，日月之所以往来，山川之所以流峙，草木之所以荣悴，无非道的作用，亦无非文的体现。故道与文二者不可离而二，又不可强而合。故圣人者作因其自然之道，著为自然之文，未尝以一毫己意加之。是故因其变化之理而成《易》，因其训诂之体而成《书》，因其治化之迹而成《诗》，因其褒贬之法而成《春秋》，因其节文之实而成《礼》，因其和畅之用而成乐。他

---

① 万斯同撰：《儒林宗派》卷十四，《四库全书》本。
②③ 王绅撰：《继志斋集》卷五《逊志斋槁序》，《四库全书》本。
④ 王绅撰：《诗辨》，见黄宗羲编：《明文海》卷一百十《辨》一，《四库全书》本。

因此总结道："此六经之文，所以终天地、亘古今而不易者，以其出于自然也，后之言文者，舍是何遵焉！"①据邹缉所撰《博士王君墓志铭》记载，王绅"酷嗜著述，每夜孤灯独坐，吟咏多忘寝食，虽祁寒盛暑，不少变，至于体惫力疲而犹未已也。为文章泓涵演迤，丰蔚雅赡，称其家法。尤善为五言诗，冲澹古雅，有陶、韦风致。所居四壁萧然，无华靡玩好之物，惟经籍满架而已"。②今存《继志集》三十卷。王绅娶丁氏、曹氏，生四子。长穆，次稌，次稔，次稚。其中王稌业儒。

王稌，字叔丰，别号青岩。王绅子。自幼潜心勉学，博览群书。侍父入蜀，游学京师，及父殁扶枢归葬。终丧，复登方孝孺之门，以卒所业，文行重于士林。孝孺被难，与其友郑珣辈潜收遗骸，祸几不测，自是绝意仕进。孝孺工文章，醇深雄迈。每一篇出，海内争相传诵。永乐年间，凡藏孝孺文者罪至死，而王稌潜录为《侯城集》，故后得行于世。永乐中，稌以儒士举，预修郡邑志，及采上二朝实录事迹。以病瞶不仕，号瞶樵。王稌亦以行孝著称。此前王绅痛父亡，饭不设两菜，稌守着这个规矩不变。王绅去世之后，他居丧三年不饮酒、不食肉，其门人私谥曰孝庄先生，所著有《青岩类稿》十卷。③

王汶（1432—1489），字允达。王稌子。王汶少孤，思继家学，读书勤苦。虽家素贫，却能守道自乐，挺然无所降屈，好古执礼，笃行实践，率宗人立祠堂，置祭田。虽然他不欲以文士名，但操笔作为词章，亦丰蔚可诵，无忝其家风。既壮，从乡校贡上礼部，卒以《春秋》登乡举，成化十四年（1478）进士。居京师，瘣然静退，仍为一寒士。他尝上疏乞就郡学教授，以奉王祎之祀，但未获批准。后授中书舍人，守正不阿。三年后，王汶因有些热衷于进仕者不守正道，耻与为伍，遂谢病归里，筑精舍于齐山，为万书楼，取家族累世所藏书，潜心诵读。平居严肃，不安言笑，每日晨起，必振衣冠，拜谒祖先，斟酌古礼，为乡人轨范。从游日众，皆尊之曰"齐山先生"。弘治元年（1488），兵部主事娄性、都御史虞瑶交荐于朝，遂与翰林检讨陈献章一同被召。王汶力辞不应，而侍讲学士谢铎、祭酒章懋勉之行。逾年，始就道。至淮，发病，且愈行愈剧，未抵京师五十里，卒于道中。所著有《齐山文集》若干卷，藏于家。④据友人马谷说，王汶遗体被运回义乌时，门人迎枢于数百里之外，将至，亲友又行数十里，迎哭皆尽哀，又各为位而哭于家。百数十人及其家

---

① 王绅撰：《继志斋集》卷五《岘泉集序》，《四库全书》本。
② 邹缉撰：《博士王君墓志铭》，见徐纮编：《明名臣琬琰录》卷十，《四库全书》本。
③ 过庭训撰：《本朝分省人物考》卷五十二，明天启刻本。
④ 过庭训撰：《本朝分省人物考》卷五十三，明天启刻本。

长、幼、僮、仆皆疏食,如丧父母。是故马谷慨叹道:"呜呼! 允达之得此于人者,其必有道矣,故书以表之。"①由此可见,王汶是一位守道之士。作为一位守道之士,王汶通过齐山书舍,在义乌营造了一个良好的儒学氛围。他与明代中期诸儒多有交往,其中程敏政就是其中之一。从程敏政为王汶所作《齐山书舍记》得知,齐山书舍是王汶在擢进士第以前就营造完成的,后来居京师,一直不能忘情于书舍,故凡与友善者,都为他作齐山书舍之记,以安慰他的怀乡之思。为此程敏政云:

> 金华王君允达,世居义乌青岩山之下。青岩有支山自东阳小龙门逶迤而来,曰齐山。君家食时,尝登而乐之曰:"是亦足以居我矣。"因即山构舍若干楹,而藏修其中。已而业成,出应有司,遂擢进士第,且从政四方矣,而不能忘情于是山,乃上书天子,愿得教官乡里,将毕其志,而事下吏部弗果行。凡与君厚善者,多为齐山书舍之记,慰君之思。②

接着程敏政还对明代以来王氏家族儒学传承做了描述,认为王汶"诚有故家文献之风"。其云:

> 王君之曾大父待制忠文公,当胜国时结屋读书于县之华川之上,其后遂以文章名天下。国朝龙兴,衔使命以谕滇南不屈人,到于今称之。盖平生之所学,成就其忠如此。忠文之子博士公,愤其先人之死难也,盖有继志之斋。日奉其遗书,以求不坠其业,复以文章名一时,而服韦茹素,且有终身之丧。子孙相承,食不重肉,盖平生之所学,成就其孝如此。夫忠孝士节之大者,虽系诸性分之本然,而居业之方,致道之所,亦岂得无助哉! 此华川、继志之所为堂,而齐山之所为构焉者与。君诚有故家文献之风,言温而气和,其所养亦充矣。矧国家承平百余年,礼乐明备,教化兴行,固无事乎危身之忠、愤世之孝,然士君子平生诵法孔氏,而欲有所成就于文章事业之间,则缘忠孝以为义者尚多也。《传》不云乎"子归而求之,有余师"。然则王君于此可不勉哉! 忠文博士之泽若此其近也,取诸见闻若此其易也,传其心不泥其迹,而又驯致乎远且难焉。则兹山兹人遂将与华川、继志之名鼎峙而为不朽也已。③

"华川"是指王祎,"继志"是指王绅,而"齐山"则指王汶,三人在王氏家族儒学为代表人物。王绅尝与其兄王绶商量建家庙以祀王祎,种种原因未能实现,后来勉强在堂之夹室

---

① 吴宽撰:《家藏集》卷七十三《明故中书舍人王君墓表》,《四库全书》本。又见《(嘉庆)义乌县志》卷十四《儒林》,清嘉庆七年刊本。

②③ 程敏政撰:《篁墩文集》卷十三《齐山书舍记》,《四库全书》本。

以展祀事。王绅去世后,王稱一仍其旧。但夹室卑隘,加上岁久失修,恐将坍塌。到了王汶这一辈,才开始有能力为之修葺。于是择正寝之东为屋三间,中奉王祎为百世不迁之祖,子孙列祔。右男左女,秩如古礼。垣门阶庭,高固整广,不陋不侈,于礼为宜。①这个家族不但遵循古礼,更以理学为宗,这从家族喜欢收藏宋代理学家墨宝也可窥见一斑。吴宽《跋张朱二先生手帖》云:

> 右张南轩、朱晦庵二先生手帖。南轩所与盖曾裘父,而晦庵所称曾君,恐亦裘父耳。二先生生同时,学同道,其笔翰在天下后世人皆重之,亦以类相从也固宜。义乌王氏藏此已久,亡友允达旧尝示予,今传其子俯,俯尚谨藏之哉。②

这条记载,为我们提供了两个基本信息。一是,王俯为王汶之子。二是,从家藏张栻和朱熹手帖来看,也为我们提供了王祎家族儒学非常重视南宋以来的理学,特别是朱子学的传统。此外,据吴宽《墓表》记载,王汶之子除了王俯之外,还有一位,叫王仰,生平不详。

如果说浙东世称文献之邦,所居多名家大族,若义乌凤林王氏便是其中之一。其簪缨文献之泽,奕叶相承,代有显人。该家族,自宋、元发展而来,又几乎贯穿于有明一代,是义乌儒学的一支重要力量。

(二) 明代义乌经学

与宋元相比较,明代义乌的经学较为发达,主要学者有王祎。王祎的学术以史学见长,《大事记续编》是其史学名著。但是王祎的学术远不止史学一端,他的学术面向还包括经学和理学。经学中尤以礼学见长,这使他在《大事记续编》中表现出对汉代礼制辑述热情,超出一般史学家思维界限,因而成就了这部著述的特殊之处。王祎还对经学史进行过梳理,这主要体现在经学笔记《丛录》中,涉及《易》《书》《诗》《春秋》《礼》《周礼》等读书笔记(详后专论,此不赘述)。王祎之外,义乌经学仍大有人在。兹就有经学著述见载的义乌学者略述如下:

傅藻(1321—1392),字伯长。受业于黄溍。黄溍修邑乘,属王祎、朱廉和傅藻一同参与。洪武五年(1372)由本县儒学召对称旨,授翰林编修,寻改应奉文字,拜监察御史,擢东宫文学,出知武昌府,升河南廉访使,所至皆著声称。不久致仕,即所居义门地号杜

---

① 吴宽撰:《家藏集》卷三十二《义乌王氏新建忠文公庙记》,《四库全书》本。
② 吴宽撰:《家藏集》卷五十四《跋张朱二先生手帖》,《四库全书》本。

门,建杜门书院。著作有《春秋本末》三十卷。①明薛应旂评曰:"首周王之世以尊正统,次鲁公之年以仍旧文,列国则先晋、齐而后楚、燕,所以内中国而外夷狄也。事之始终,秩然有序。"②

张衡,字时仲,号节斋。黄溍门人。官河南道监察御史。著有《周官讲义》《经世略》等。

沈宾国,字用之。才智超群,博阅经史。弱冠,即厌举业,攻古诗文。隐居双溪,匾所额曰"诚"。尝游越,谢迁③一见之喜曰:"此今之长吉也。"其为诗多奇思,不肯作寻常语。所著有《五经注疏》《太极图衍》《皇极经世书疏》以及文集若干卷。④

朱湘,字子清。嘉靖己未(1559)会魁。授江陵令,抑豪强,善治水,罢冗役,节浮费,革弊兴利,创兴龙书院以课邑子弟,多所成就人才。迁任时,民立生祠祝之。既贵,不改儒素,以简朴为闾里率。性至孝,当莅台任,时闻父微疾,抗疏趣归,侍汤药于左右。而尤其笃爱昆弟,彬彬克让。族有窘迫至不能举火者,率岁周恤以为常。著作有《家礼》《俗通习韵稿》《瑞阳遗稿》《恤刑稿》等⑤。

朱应秩,字仲德。朱湘子。著有《讲学议》《春王正月辨》等。

吴主一,字协一。崇祯癸酉(1633)举人,署会稽教谕,著《春秋定衡》。⑥

虞国镇,字伯岳,号澜石。崇祯元年(1628)进士,知香山,官授翰林检讨。著有《礼记易简录》等。

以上义乌经学人士的著述大多不存,唯见于相关文献的记载之中,但从所著录书名来看,主要集中在礼学和春秋学两个方面。

(三) 明代义乌朱子学

《明史·儒林传》所谓婺州地区"朱子门人之支流余裔",从师承关系上来看,不出于金华系,则出于义乌系。其中义乌系黄溍门下,宋濂和王祎是为代表。王祎最值得称道

---

① 过庭训撰:《本朝分省人物考》卷五十三,明天启刻本。王崇炳《金华征献略》卷十二《文学传》,清雍正十年刻本。

② 薛应旂撰:《宪章录》卷六,明万历二年刻本。

③ 谢迁(1449—1531),字于乔,号木斋,浙江余姚人。为当时世称的"天下三贤相"之一。

④ 徐象梅撰:《两浙名贤录》卷四十七《文苑》,明天启刻本。

⑤ 参见嵇曾筠撰:《(雍正)浙江通志》卷二百四十二,《四库全书》本。又见《(万历)义乌县志》卷一四《人物传·政事》。

⑥ 朱彝尊撰:《经义考》卷二百七《春秋》,《四库全书》本。

的,是他对朱子学的坚守。王祎的经学思想与朱熹一脉相通。其读书笔记《丛录》首篇为读《易》笔记,经王祎的梳理,将晁说之——吕祖谦——朱熹这一脉的易学线条作了清晰的勾勒。这一脉强调的是经传相分,从中可见他对宋代程、朱学派易学的推崇。在礼学方面,王祎主要述宋、元时期朱熹与吴澄礼学。因为这两个人物的治礼,一则具有承接性,二则都属于改经派。宋代疑经、改经之风大盛,朱熹则为改经派的代表。其晚年所作《仪礼经传通解》,完全是按照自己意思来改经的。王祎虽未曾对朱熹的改经作出评判,但他貌似客观的叙述本身,就可看出他对于朱熹的首肯。王祎的经学思想有一个重要主张,即认为四子与六经同理,并将四子核心与六经要旨一一作了对应,阐明了它们之间的内在联系,最后得出"四子、六经皆同一理也"的结论,使二程、朱熹关于四书与六经相通之论得到丰富和圆满的解释,令人信服。王祎理学思想,可以概括为九个字:立于诚,尽乎性,措诸用,大抵以尚程、朱为主流,终极追求为穷理尽性。当然,王祎对朱熹《大学》改本的不认同,并不影响他对朱子学的尊崇,相反这是以一种积极、开放的对待朱子学的态度。(详专论)

明代义乌发扬朱子学的学者,除王祎之外,其他如朱廉、虞守愚、王如心、李洵璟、朱崇鲁等,皆各有造诣,且多能身正言忠,躬行践履,以传朱子之学为主,不出义理之门,兹略述如次:

朱廉,字伯清。父裕轩,从游许谦。其幼承家学,刻苦励志,淹贯经传,又尝学文于黄溍。朱元璋下金华,郡守王宗显辟为郡学师,李文忠开镇严州,移长钓台书院。洪武三年(1370),诏修《元史》及《大明日历》,起为纂修官,擢编修。病瞀致仕。归,穷经讲诵,探研圣学,尝取《朱子语类》,摘其精义,编为《理学纂言》。①宋濂评价说:"朱子之道无异于四夫子也,其散见于语言文辞者,广博渊深,未易涯涘。乌可以不成编是故觉轩蔡氏与三屿陈氏皆尝采为续录以传,退轩熊氏患其去取不同,撼朱子诸书之至精者为《语要》,而于论学、论事尤详。虚谷方氏与熊氏同时则又以为门人之所记录不尽得其真,未若文辞出于亲制,而无可疑,复于百十卷中句抄节析为四十类,名之曰《晦庵集钞》。呜呼尊朱子之学者诸家亦可谓有其志矣,然而伤于简者既不足尽其真醇,病于繁者又不能领其枢要,二者盖胥失焉。乌伤朱君伯清,自幼至老,酷嗜朱子之书。每谓人曰:朱子之学,菽粟布帛也,天下不可一日无也。伯清既受荐为国史编修上简主知特诏授经于楚王府

---

① 戴殿江撰:《金华理学粹编》卷七《理学正传》,清光绪刻本。

其见于辞章资为讲说皆以朱子为宗。已而不俟引年纳禄而归,寄迹浦阳江上,日取朱子书温绎之。察阴阳鬼神之运行,验心情性命之发舒,明白昭著,循环无穷,皆本乎道体之妙,所见端确,所得粹凝。于是,即朱子精语,编成《理学纂言》一书。其凡例全仿《近思录》,其所采语录,虽杂以方言,唯恐失真,片辞不敢移易,气象或不类者删之,其于文集则节取切而要者载焉。凡八千三百条,方之于诸家,殊适厥中,取而读之不翅亲逢朱子在坐而见门人难疑答问之盛,不知其身生二百年之后也。伯清嘉惠后学之功,何其至与!"①

虞守愚(1483—1569),字惟明,号东崖。嘉靖癸未(1523)进士。初宰嘉鱼,后调任江西万安县令,怀民以惠,重修县学。②擢御史,上言时政忤旨,杖几欲死。按察福建及徽宁等处,人谓其知治体严重不可犯,又不仅止于怀惠。转大理寺丞,寻升都御史,提督南赣汀漳军务,所辖吏悉鉴其才鄙勇怯而兼容之,因此鼓舞众职,吏无不称。历大理寺卿,以南京刑部侍郎谢政归。平生淳笃孝谨,立朝居乡,并以厚德见称。家居,足不蹑公门,以身表率,宗族乡里凡争辩,片言释服,不烦官司。终日危坐书斋,正襟无惰容。非六经不言,非性命不发。著有《四书一得录》《东崖文稿》《虔台拙稿》等。③

王如心,字符近,号称平。幼颖异,年十六七即弃举子业,以圣贤之学自励。读书小楼,终日正襟危坐,不下阶者三十年,《四书》、六经、百家、子史,事必求核,日录成帙。其论一贯忠恕,曰:"虽圣人之能事,实天命之自然,天以至诚之性而赋畀于人,一一贯之也。仁为己任,死而后已,忠恕之极致也。絜矩也,伐柯也,权度也,忠恕而已矣。"论格物曰:"当致力于受知之初,在于从头感物之时也。"论孔颜乐处,曰:"曾之三省吾身,思之内省不疚;孟子俯仰不愧怍,可语真乐矣。"其研究经史,重视考证,如论及王制田里步之舛,为条甚多,指汉人之讹,补朱子之未详。他若象纬、历律、方舆、器数之学,莫不究极其精。孝于亲,丰于事,友于兄弟,丧偶不娶。训家甚严,廉以律己,惠以待人。一言之诺,终身不移。著《起从集》,凡五十余万言。清朝康熙壬寅(1662),邑侯孙家栋表其闾曰:"理学高风"。④

朱崇鲁,字叔权,号朴庵。精于财赋、河渠之务,以明经考授训导。侄子朱之锡邀至

---

① 宋濂撰:《文宪集》卷五《理学纂言序》卷八,《四库全书》本。
② 罗钦顺撰:《整庵存稿》卷一《万安县重修儒学记》,《四库全书》本。
③ 过庭训撰:《本朝分省人物考》卷五十三,明天启刻本。又参见《(康熙)义乌县志》卷一四《人物志·故事》。
④ 参见《(嘉庆)义乌县志》卷十四《理学》,清嘉庆七年刊本。又参见嵇曾筠撰:《(雍正)浙江通志》卷一百九十三,《四库全书》本。

济宁河署,见治河文策盈架,遂摘其纲要手录成帙,朱之锡目为《河防要览》。著作有《四书了义》等。

(四) 明代义乌阳明学

义乌阳明之学的流传,主要有两个方面:一是由于外地学者的引入。如明代义乌教谕王汝源,曾受业于阳明高第唐枢之门,"端懿沉毅,孳孳圣学,博通经传要旨,讲习磨砺,充养温粹",深得王学之传。及其任职义乌教谕,"日召诸生,相与讲明义理之学",并作《谕士》一编,始立志,终畏法,首尾谆切,归于笃彝伦、务实学、躬行有得",以之引导士子。当其时,王氏鉴于文庙"宫舍颓、庑位乱、祭器残、典籍缺"的凋敝情形,乃谋之县大夫,并捐俸区画,"不逾时,颓者饬,乱者整,残者新而备,缺者构而补",文庙为之改观。至于其"举行乡约,访求节孝,力请表扬,而一尘不染,尤近世所罕睹"①。如此等等,足可见王氏对斯文斯道的笃敬之忱,可谓得阳明融心学与事功学于一炉之正传,而没有某些阳明后学流于空疏、游谈无根、非名教所能羁络之弊。义乌士子熏染于此风此教,自然有奋发于其问者。②二是义乌本籍学者的跟从。义乌本籍的阳明学者,以金世俊为代表。

金世俊(1573—1658),字孟章,号稠原。万历甲午(1594)以《春秋》举于乡,读阳明子、罗近溪语录有会。李材见罗闻其好学,寄以《书要》一部。曾至会稽,与董懋策、陶望龄论学甚契。万历三十五年(1607)进士第三甲第二百三十二名,赐同进士出身。初授中书舍人之职,此后历官吏部主事、文选郎中、太常寺少卿、大理寺卿、工部左侍郎,加尚书服奉、署工部事,多有政声与建树。崇祯皇帝于御屏上书"天下三清官",以金世俊为第一。崇祯六年(1633),金世俊告老还乡,隐居于有介山,侍奉老母,粗衣粝食,家居二十余年,未起新屋。金世俊沉潜书墨,治学不倦,其晚年于学有得,谓紫阳从分不可无阳明之合,而学者又不可不知合中之分,遂作《四书宗贯录》,又有《宁我录》藏于家。③

金氏喜读阳明语录,并与李见罗有所交往。李见罗的思想特征,以"止修"之说为主要,是故黄宗羲《明儒学案》卷三十一直接以"止修"二字冠其学案之名。李见罗的"止修"说,得自《大学》中"止于至善"与"壹是皆以修身为本"的二者糅合。"止"是"止至善","修"是"修身",二者之间的关系:止为"主意",修为"功夫",原非二事。虽然"止于至善"乃是"三纲领"的终极目标,而"修身"则是"八条目"之关键,但二者不可分别,因为止

---

① 《(嘉庆)义乌县志》卷九《宦迹》,清嘉庆七年刊本。
② 中国社会科学院课题组著:《义乌发展之文化探源》,社会科学文献出版社2007年版,第143页。
③ 参见王崇炳撰:《金华征献略》卷九《名臣传》,清雍正十年刻本。

修宗旨,在李见罗看来落脚点在止字,止处即是修处,能止即是修,修在止中。他说:

> 有疑止修两挈为多了头面者,不知全经总是发明止于至善,婉婉转转,直说到修身为本,乃为大归。结实下手,此吾所以专揭修身为本,其实正是实做止于至善,故曰知修身为本,而止之是也。(《答蒋崇父》)①

李见罗认为,《大学》命脉只在一个"善"字,诀窍只是一个"止"字,反反复复,必要说归修身为本,必要揭出修身为本,必悟此而后"止"有入真窍,"善"有当真谛,如此方不堕于边见。对此,金世俊通俗解释说:

> 三纲只是一纲,八目只是一目,《大学》只是一"止至善"耳。"在明明德",言体也;"在新民",言用也。非明何新? 非新何明? 体用一原,人我一体,故揭"在止于至善",以约其会归,指其学的。一"止至善",而明新两到,"于"字有着落。性本至善,而学以尽性,主意在于此,工夫只在于此。知惟明善,性惟为善而已。初学以此为入门,究竟以此为归宿,始条理即终条理也,故承之以"知止"。明德为本,新民为末,本末一物也;"知止"为始,"能得"为终,始终一事也。先其本而末自举,先其始而终自收,故曰"知所先后,则知道矣"。"壹是皆以修身为本",本即至善也,知本即知止也。李见罗先生揭出"止修"二字,以为止是修的主意,修是止的工夫,可谓言约旨尽,彻悟圣宗矣。②

"止修"的全部命脉结穴在"止于至善",故金世俊才说"止是修的主意,修是止的工夫,可谓言约旨尽,彻悟圣宗矣"。同样,金世俊也不主张将"止修"做分别解,这从他批评朱熹过分执着"先后"二字也可看出他的主张,其云:

> 先后二字不可太泥,犹言欲如此,必先如此,乃教人为学之法,然只是一事。"壹是皆以修身为本",而非有节候,有等待也。紫阳云"为学之次第",乃是把先后字太看煞阶级了。阳明先生云"实无先后次第之可分见"。李见罗先生云:"若泥先后字,须是三年诚了意,然后去正心;三年正了心,然后去修身。"可谓快论,足醒滞见也。③

在金世俊看来,知行合一,自是没有先后次第之分。朱子先知后行,要知得真了然后行,太分次第,未免等待。阳明知行合一之说,即知即行,初无先后等待,便足融朱子支离之

---

① 转引自黄宗羲撰:《明儒学案》卷三十一《止修学案》,中华书局 2008 年第二版,第 680 页。
②③ 金世俊撰:《四书宗贯录·大学》,清光绪丁酉刻本。

病，而主意功夫只是一件，两无偏颇。但金世俊同时指出，倘说"必行了才是知，亦是过矫"。可见，他终究是立足阳明学的立场来和合朱、王二家的。知、行二字，程、朱以为先知后行，先博后约，而阳明以为知行合一，博约一致，似稍异。而在金世俊看来，二者皆是。程、朱之说，如今人云要作好文字，须先看透书旨，此言进学之法。阳明知行合一之说，即知即行，即博即约，随处理会，行其所知。如人一面看书，一面作文，造诣虽有浅深，而工夫却无等待，此言为学之功。至于功深力到，知愈透而行愈热，所谓进学在致知，而先知后行之法，已在其中。两说各有当，而正相合。学者深造而自得之，自可了然。由此，他在和合朱、王之际，提出了他的学术理想，其云：

> 阳明以紫阳为支离，故提出"良知"二字，以约其博，所谓有因病下药。若只主良知而不言学问，是以药为饮食也。是人人皆生知，而不须学困也，殊失圣门博约之旨矣。以阳明之主意，用紫阳之工夫，则博约一致，性教一体，而生知与学困同根矣。①

这个学术理想就是"博约一致，性教一体"，达成的路径便是"以阳明之主意，用紫阳之工夫"。阳明以"良知"为药来治朱子支离之病，正所谓因病下药，但倘仅主良知，而不言学问，则是以药为饮食，终究不妥。圣贤立教，各有宗旨，所谓善诱人诱，非可言泥。不会其旨而泥其言，便是痴人前说梦。知、行二字，程、朱以为先知后行，先博后约，而阳明以为知行合一，博约一致，似稍异，但金世俊以为皆有道理所在。理想的状态自然是将二者和合，故他举《中庸》之例云：

> 自诚明谓之性，生而知之也。自明诚谓之教，明善而诚身也。诚则明矣，性之也；明则诚矣，复其性而已，岂有二耶？诚则明矣，明即诚矣，二句须合串说，意重下句，见人与天合处。阳明以诚意即格致，所谓有自诚明者也。紫阳格致而诚意，所谓自明诚者也。然性之者惟圣人，而人多由教而入，则自明而诚。学、问、思、辨，讵可少耶？此章极为直截，朱、王正可合，即博即约，亦可以弗畔矣夫！②

金世俊以为朱子病在太分，不可无阳明之合；但阳明补偏救弊之意，而又似太合。是故学者又不可不知合中之分，分中之合。因为圣学宗旨，本来只是一件，可合可分，无非同条共贯而已。仅就博约这一问题的认识，金世俊企图和合朱、王，还有更深刻的见解，

---

① 金世俊撰：《四书宗贯录·大学》，清光绪丁酉刻本。
② 金世俊撰：《四书宗贯录·中庸》，清光绪丁酉刻本。

其云：

> 君子博学于文，约之以礼，此惟精惟一之旨也。人皆有良知，而气禀不齐，故须博学以宏其执德。然而有物有则，多闻多见，只格以自心之天，则所谓约礼以礼，约博即博，即约即精，即一只致吾良知而已。既不徒博而支离，亦不径约而自用，故不畔于道。精一博约，千古学脉。学者以圣人为的，朱、陆可无异同矣。博文约礼，原是一事，此章极明白。君子博学于文，约之以礼，曰约之即就此文约之也，曰以礼即以此理博之也。离文则所约何之，舍礼则所博何以？紫阳云先博后约，似忘以字。虽豁然贯通，须俟功深力到。夫子知命耳顺，岂不待年？然工夫须一时并做，即博即约，不能待也。阳明专主良知，似忘"之"字。虽德性为本，自可四通八达，夫子一以贯之，不在多识。然生知正好古敏求，约即在博，不能虚也。朱、王皆穴中之异，合之则两是矣。①

他指出，朱、王之异，其实是"穴中之异"，合之则两是。因此以什么立场来看待朱、王之学术，其实是非常重要的。譬如他说《中庸》"大哉圣人之道"，认为礼即是道，"三千三百"皆是道。至德凝至道，敦厚以崇礼。尊德性而道问学，固为一事。倘要穷理，非得博学详说，正以说约，便是约礼。只有知道文礼为一，则博约一致，思学两融，而自能豁然贯通。是故其云：

> 循循善诱，以教为诱，此颜子之妙也。至道不可言传，凡有循皆诱法。诱，非可言泥也。认诱为真，故先博后约，或舍博径约，意见多滞，知诱则自圆通，博约一致矣。②

又云：

> 不食不寝，以思无益，不如学也。此圣人实际语思、学不可偏废，则言良知者，可师心而不言学耶？以良知为学，博约俱收矣。③

照此理解，所谓君子深造之以道，其实亦不过欲其自得。博学详说，将以反约，即深造自得之道。学问之道无他求，自得其心而已。《孟子》之言，即夫子博约之旨，非徒博而非径约，德性问学，正可无歧见。

关于朱子的《大学补传》，历来也是大家关注的话题，金世俊云：

> 紫阳以经文有格致条目，故补传。阳明以古本《大学》原无缺，不必补传，即以

---

① ② ③　金世俊撰：《四书宗贯录·论语》，清光绪丁酉刻本。

诚意功夫为格致，盖笃信古本也。然精一博约，千古学脉，若即以诚意为格致，虽理亦直截，终觉于条目"格致"二字似无位置。《大学》明说欲诚其意者，先致其知。《中庸》明说诚身有道，不明乎善不诚其身矣，分明知为行地。……总之，知行性教，经书中所言甚晰，宜观其会通，古本亦不必过执。秦火之后，经书安能无缺，古本"此谓知本，此谓知之至也"，文理不续，明有阙文，程、朱之补传，不为无见，但只以良知为主，则博约一致，自无异同矣。①

由此可知，金世俊对《大学》文本的认识，不像阳明那样执着于古本，因此对于朱子的《大学补传》他是抱以同情之理解的。原因在两个方面：一是《大学》文理不续，明有阙文；二是典籍经历秦火，安能无阙？总之，金世俊企图将朱子学和阳明学进行一定程度的调和，以为朱子从分不可无阳明之合，而学者又不可不知合中之分，这也反映了明代义乌学者一方面坚守朱子学传统，另一方面又顺应阳明学潮流的和合努力。此外，黄灵庚指出，金世俊的思想虽以阳明学为主，但他也同时认为阳明之学必须与实际结合才有意义，体现了将阳明之学与婺州之学重视事功的传统相结合的新趋势，这是与晚明阳明后学堕入空疏和游谈绝然不同的。②金世俊弟子颇众，限于资料，目前所知者，唯李洵璟一人。

李洵璟，字君采，号六圆。家贫笃学，器识文章，为后生领袖。授徒山寺，兵部尚书张国维、检讨虞国镇出其门。后以选贡入对大廷，其弟子有居要津，准备为他安排官职，洵璟力辞，归里潜心理学，读数百家语录，而于六经多有笔疏，其弟子为之抄录成帙。③金世俊早岁读书家山，与李洵璟兄弟友善。李洵璟垂髫从游，故得夙承知契。金世俊撰《四书宗贯录》，李洵璟为之逐章点评，曰"千年暗室，今乃见日"，极推崇之。关于金世俊《四书宗贯录》的评价，李洵璟序曰："先生读书，灵心慧眼，博综古文，潜心理学。……随便札记，遂尔成帙，约而该，显而深，片言而点圣贤之睛，神情逼现；缓颊以塞穴争之口，意气各平。朱、陆自无异同，而朱、王可以合并，题曰宗贯。盖得其宗，自无不贯。诸谭经者，未之有及也。后之学者，第以此录为主，而引伸触类，皆可自开悟门，不堕一切旁见。博约一致，罔始两捐，其有功于圣学，岂尠哉！"④

---

① 金世俊撰：《四书宗贯录·大学》，清光绪丁酉刻本。

② 黄灵庚主编：《重修金华丛书》三编《四书宗贯录提要》，上海古籍出版社2014年版。

③ 参见《(嘉庆)义乌县志》卷十四《理学》，清嘉庆七年刊本。

④ 李洵璟撰：《四书宗贯录序》，见金世俊撰：《四书宗贯录》卷首，清光绪丁酉刻本。

李尔闿,字又损,号觉庵,崇祯十二年(1639)举于乡,授安吉州学正。著有《朝闻录》《春秋典要》《大易蹄略》。

就目前资料来看,当阳明学在浙江升腾而起的时候,婺州王学则是相对冷清的,义乌思想界亦只有少数人士入王学之门。这种现象使我们看到,经过洪武朱学主流激荡之后的婺州学界,面对新儒学的崛起所保持的一种传统姿态。

四、明代义乌儒学特征

义乌入《明史·列传》者四人:吴百朋、朱廉、王祎、陈泂。除吴百朋外,其余三人都与儒学有关,但这远非明代义乌儒学的全部。明代义乌儒学,从传授来看,基本上延续宋元时期徐侨和黄榦两大系统,前者有黄溍一传,如王祎、傅藻、张衡等;后者有许谦一传,如朱廉等,但也有出二家之外的其他学者。从他们的学术著述来看,明代义乌儒学格局大致呈现三方面图景,即经学、朱子学与阳明学。

(一) 回归经学

义乌儒学从南齐楼幼瑜开始,便具有经学特质。但在宋元以来,主要为理学发展,至明代开始回归经学。洪武时期婺州朱子学除了门户开放而开始接纳唐氏经制之学之外,儒学与文章的合流,仍为它的又一特征,以至于全祖望说"义乌诸公师之,遂成文章之士"。这表明明初金华府儒学是对元代黄溍儒学的直接继承,如王祎、宋濂等人皆以文章闻名于世。但同时我们也必须看到,在经学与文学的权重比较中,他们还是明显偏向于经学的。如宋濂说:

> 经者,天下之常道也。……学经而止为文章之美,亦何用于经乎? 以文章视诸经,宜乎陷溺于彼者之众也。吾所谓学经者,上可以为圣,次可以为贤,以临大政则断,以处富贵则固,以行贫贱则乐,以居患难则安,穷足以为来世法,达足以为生民准,岂特学其文章而已乎![1]

这段话可以看出宋濂重经轻文的意思表达,虽然他本人为一代文宗,但这不足以让他放弃儒家的经学立场。而王祎则从文与道角度,阐述了他对于道高于文的观点,他说:

> 天地之间,物之至著而至久者,其文乎? 盖其著也,与天地同其化,其久也与天地同其运。故文者,天地焉。相为用者也,是何也? 曰道之所由托也。道与文不相

---

① 宋濂撰:《文宪集》卷二《经畬堂记》,《四库全书》本。

离,妙而不可见之谓道,形而可见者之谓文。道非文,道无自而明;文非道,文不足以行也,是故文与道非二物也,道与天地并,文其有不同于天地者乎? 载籍以来,六经之文至矣,凡其为文,皆所以载夫道也。……故曰为文,苟以载夫道,虽未至于圣人之文,固可谓不谬于圣人者也。由是论之,文不载道,不足以为文。①

王袆提出载道之文,就是圣人之文。而经学,就是圣人之文。因为阴阳之变化,载于《易》;帝王之政事,载于《书》;人之情性、草木、鸟兽之名物,载于《诗》;君臣华夷之名分,人事之善恶,载于《春秋》;尊卑、贵贱之等级,以节文乎天理者,则《礼》载焉。声容之美,以建天地之和者,则《乐》载焉。照此看来,六经之所以为文,就在于他的天赋载道功能,故"文不载道,不足为文"。这就是他对文的本体论认识。由于王袆重视经学,故义乌儒学发展到他那里,还体现了重视礼制学研究的特征。王袆不仅是一位大家熟知的历史学家,他其实还是一位礼学家。在元至正二十七年(1367)正月,朱元璋称吴元年七月,王袆在起居注任上,因议即位礼而忤旨,朱元璋在次年将他降任漳州通判,这恰说明他是有自己的礼学主张的。王袆对于经学的造诣以及他的汉代礼制的辑述与研究,为明代义乌儒学增添了新的学术活力(详后专论,此不赘述)。皮锡瑞曾说:"论宋、元、明三朝之经学,元不及宋,明又不及元。"②总体来看,明人的经学研究大都谫陋而不足观,在这种背景下,王袆以一史家身份而重视经学和汉代礼制梳理,就有些难得了。

（二）坚守朱子学

作为元代儒学之继续,义乌儒学仍以传朱子之学为主,或走传统经史之路。如前所述,明代初期,义乌儒学与整个婺州儒学一样坚守朱子之学,并且成为洪武儒学主流。到了明朝中后期,朱子学仍为义乌儒学的主要价值取向。即以凤林王氏家族而论,传承朱子之学自不待言,其他儒学人士如傅藻、朱廉等,或乘黄溍而来、或接许谦而下,或从宋濂所游,就其渊源,实发自朱子之学无疑,故朱子学仍为义乌儒学主流。而且宋元以来义乌朱子学徐侨系与黄榦系,至明代逐渐合流。其他如虞守愚、沈宾国、朱湘、王如心和吴主一等,虽师承不明,但为学方向或重在经史,或张扬理学,终究还是不出义理之门。

（三）关注阳明学

值得注意的是,明代义乌学者除承继朱子理学之外,还对阳明心学也有所关注,并

---

① 王袆:《王忠文集》卷二十《文原》,《四库全书》本。
② 皮锡瑞撰:《经学历史》,中华书局1959年版,第283页。

且一定程度上出现了企图将二者合流的趋向。如前所述,阳明学在整个婺州其实是不甚发达的,义乌也不例外。清人戴殿江曾说:

> 窃见吾婺理学之懿,由于服膺朱子,其渊源授受,有亲炙者,有私淑艾者,既源远而流长,亦统明而绪正,而于金溪明心之学,则谢不欲闻。及其始衰,则枫山先生起而振之,三百年绵绵延延,后先辉映于婺女之墟者,莫非朱学嫡传也。嘉隆以后,良知之教兴,吾婺五峰诸子亦从风而靡,而桑梓之承传,遂投驳乎渐失其旧。①

所谓的"五峰诸子"主要指永康程文德、应典、周莹、卢可久等人,他们是婺州儒学中为数不多的阳明后学人士。其实这些人士,和浙江其他地区的阳明后学比较来看,实力还是薄弱的。戴殿江的学术立场以捍卫朱子学为基础,他对于阳明学在婺州流传所发出的感慨显然有夸大之嫌。当然,王守仁"致良知"学说在明代中叶的崛起迅速,对朱子理学形成巨大挑战,在此氛围之下,义乌学者自不免为王学所吸引,而金世俊便是其中之代表。

---

①　戴殿江撰:《金华理学粹编序》,《金华理学粹编》卷首,清光绪刻本。

第五章　清代义乌儒学

有学者将清代学术分为理学、汉学、今文经学三个形态,这大抵不错。在三个形态中,理学贯穿于整个清代学术发展全过程。清初理学占据了思想界的主导地位,清中期虽然汉学兴盛,但理学仍然以自己的面目存在,只是隐而不显罢了。到晚清,今文经学复兴的同时,也伴随着理学复兴。而正是在这个时候,朱一新以晚清浙江最重要的理学家身份登上学术舞台,使义乌儒学在晚清再次放出耀眼光芒。

一、清代浙江儒学面貌

清代儒学的基本面貌,在徐世昌《清儒学案》中可以看到一个相对完整的图景。《清儒学案》全书共二百余卷,分为"正案""附案"和"诸儒案"。列入正案者有孙奇逢、黄宗羲、顾炎武、王夫之、颜元、戴震、龚自珍、曾国藩、张之洞等 179 人,列入附案者有傅山、惠栋、刘宝楠等 922 人,列入诸儒案者有费密、唐甄等 68 人,共 1 169 人。故徐世昌不无自得曰:"三百年来,名儒辈出,远绍宋明,上述诸家,班班可考。"①这一千多人当然并不是清代儒学人物的全部,但确系清代儒学的主要人物,因此可视为清代儒学的代表。清人所撰清代学术思想史著作,先有唐鉴《国朝学案小识》,崇程、朱理学,门户极深;又有黄嗣东《道学渊源录》中的《圣清录》,但该书只录小传,未做学术梳理;再有江藩《汉学师承记》和《宋学渊源记》,对清代经学与理学各有记叙,却嫌简略。而徐世昌《清儒学案》以黄宗羲《宋元学案》与《明儒学案》为蓝本,不存门户之见,兼收并蓄,梳理各家各派的师承关系与传授渊源,规模浩大,脉络清楚,层次分明。②

(一) 清代儒学人物籍贯静态分布

我们依据《清儒学案》对清代儒学人物的占籍做了初步统计,从籍贯地理分布来看,清代儒学人物的出产主要以南方人士居多,其中尤以江、浙、皖三省为显著,这比较真实

---

① 徐世昌撰:《清儒学案序》,载《清儒学案》卷首,中华书局 2008 年版。
② 参考沈芝盈、梁运华撰:《点校前言》,载《清儒学案》卷首,中华书局 2008 年版。

地反映了清代各省儒学的发展状况。

附:清代儒学人士籍贯总表①

江苏	浙江	安徽	河北	上海	江西	湖南	福建	陕西	山东	河南
297	287	106	64	55	50	47	44	36	35	32
广东	山西	北京	湖北	广西	贵州	云南	四川	内蒙古	天津	辽宁
21	19	17	12	9	7	6	5	4	1	1

从表中可以看出,占据排名第1与第2的江浙两省,其出产儒学人物之和占全国的50％,加上排名第3的安徽,这三省恰好是清代学术的核心区域。以考据学论,一般所谓吴学、皖学、浙学三大派,正好都集中在这三省。

（二）清代浙江儒学形势

为进一步看清浙江省内各区域儒学人士的具体分布,我们将《清儒学案》中涉及浙籍名单单独抄出,胪列如下:

杭州:应扢谦、应礼璧、应礼琼、凌嘉印、沈士则、姚宏任、沈昀、泰云爽、施相、徐介、沈佳、沈兰彧、陆寅、王廷灿、沈近思、王复礼、毛骙、冯景、桑调元、厉鹗、汪师韩、黄易、梁玉绳、梁履绳、梁学昌、张云璈、汪远孙、夏鸾翔、戴煦、谢家禾、吴庆坻、姚之骃、程川、黄模、方观旭、伊乐尧、袁士龙、卢存心、沈廷芳、杭世骏、吴廷华、宋大樽、钱林、赵垣、项名达、龚自珍、谭献、孙之骕、邵懿辰、赵一清、赵佑、朱文藻、龚丽正、孙志祖、孙同元、翟灏、汪家禧。

余杭:严杰。

临安:骆锺麟。

嘉兴:屠安道、徐发、盛枫、徐善、李良年、冯昌临、王元启、张廷济、沈涛、钱仪吉、钱泰吉、钱宝惠、张昌衢、冯登府、李超孙、李富孙、李遇孙、李贻德。

秀水:屠安世、吕璜、吴光西、朱彝尊、朱彝鉴、朱昆田、朱稻孙、张雍敬、徐嘉炎、盛世佐、钱载、张庚、诸锦、万光泰、胡详麟、朱鸿、金衍宗、沈濂、高均儒、赵铭、张王熙、俞汝言、徐庭垣、盛百二、叶维庚、曹溶。

平湖:蒋元、陆陇其、倪淑则、曹宗柱、陆奎勋、王素行、陆邦烈、朱为弼、方坰、方金彪。

---

① 本表据《清儒学案》统计,共得籍贯明确者1 155人,其中14人因籍贯不明未列入表中。

嘉善：徐善建、浦铿、周震荣、孙凤起、程文荣、陈维祺、钟文焘、曹庭栋。

桐乡：张履祥、颜鼎受、颜统、钱寅、丘云、钱煌、陆费墀、程同文、沈善登。

海宁：陈确、陈之问、祝渊、祝洤、查慎行、周广业、周春、陈鳣、吴骞、蒋光煦、管庭芳、唐仁寿、李善兰、许克勤。

海盐：郑宏、吴蕃昌、何汝霖、范鲲、张燕昌、吴东发、崔应榴。

崇德：吕留良。

归安：沈磊、邢志南、郑元庆、吴隆元、茅星来、沈炳震、沈炳巽、丁杰、姚文田、丁溶、严元照、杨凤苞、姚学塽、吴兰庭、潘谘、李慈铭、陶方琦、陶璇宣、王继香、宗稷辰。

乌程：凌克贞、温睿临、沈梦兰、严可均、严章福、施国祁、周中孚、张鉴、凌坤、陈杰、沈垚、纪庆曾、徐有壬、汪曰桢。

长兴：臧寿恭。

遂安：毛际可。

德清：胡渭、胡彦升、许宗彦、徐养原、戴望、俞樾。

萧山：毛奇龄、来蕃、王绍兰、王端履、汪辉祖。

会稽：章大来、章世法、方楘如、章学诚、姚振宗。

山阴：刘沄、刘汉中、徐缄、章宗源、杜煦、张杓。

上虞：徐松。

余姚：黄宗羲、黄宗炎、黄宗会、黄百家、邵廷采、劳史、汪鉴、卢文弨、邵瑛、邵晋涵、韩孔当、邵元长、俞长民、史标、邵曾可、周永年、陈梾、陈梓。

鄞县：全祖望、万斯选、万斯大、万斯同、陈赤衷、李邺嗣、陈锡嘏、陆符、万泰、万斯同、万言、万经、万承勋、陈紫芝、张汝翼、仇兆鳌、范光阳、董秉纯、卢镐、蒋学镛、黄定文、王梓材、董沛、袁钧。

慈溪：郑梁、姜宸英、王约、林颐山、林兆丰。

镇海：刘灿、虞景璜。

象山：姜炳璋。

定海：黄式三、黄以周、黄以恭、黄家岱。

临海：宋世荦、金鹗、烘颐煊、烘震煊。

天台：齐召南、齐世南、徐秉文。

黄岩：王棻、李诚。

太平：戚学标。

瑞安：孙希旦、方成珪、孙诒让。

青田：端木国瑚。

开化：戴敦元。

金华：张作楠。

浦江：费崇朱。

义乌：陈熙晋、朱一新。

以上浙江儒学人士的籍贯地理分布的数量统计，见下表：

附：《清儒学案》所载浙江儒学人士籍贯表

杭州	余杭	临安	嘉兴	秀水	平湖	嘉善	桐乡	海宁	海盐	崇德	归安	乌程	吴兴
57	1	1	18	26	17	8	9	14	7	1	20	14	10
长兴	德清	遂安	萧山	会稽	山阴	上虞	余姚	鄞县	慈溪	镇海	象山	定海	临海
1	6	1	5	5	6	1	18	24	5	2	1	4	4
天台	黄岩	太平	瑞安	青田	开化	金华	浦江	义乌					
3	2	1	3	1	1	1	1	2					

仅就浙江内部来看，倘以浙东与浙西而论，则清代两浙儒学人士的地理分布出现了宋元以来最为不同的景观，这就是浙东的学术人数远远低于浙西。此外，我们将《清儒学案》中"正案""附案"和诸儒案中浙籍人士学案胪列出来，其中浙东区域在"正案"和"附案"有学案 16 家，浙西区域则有学案 23 家，具体如下：

浙东：南雷学案（余姚黄宗羲）、西河学案（萧山毛奇龄）、二万学案（鄞县万斯同、万斯大）、余山学案（余姚劳史）、息园学案（天台齐召南）、谢山学案（鄞县全祖望）、抱经学案（余姚卢文弨）、实斋学案（会稽章学诚）、南江学案（余姚邵晋涵）、鹤泉学案（太平戚学标）、南陔学案（萧山王绍兰）、丹村学案（金华张作楠）、星伯学案（上虞徐松）、儆居学案（定海黄式三）、越缦学案（会稽李慈铭）、籀廎学案（瑞安孙诒让）。

浙西：杨园学案（桐乡张履祥）、三鱼学案（平湖陆陇其）、潜斋学案（钱塘应扬谦）、竹垞学案（秀水朱彝尊）、东樵学案（德清胡渭）、堇甫学案（仁和杭世骏）、惺斋学案（王元启）、耕崖学案（海宁周广业）、颐谷学案（仁和孙志祖）、钱塘二梁学案（钱塘梁玉绳、梁履绳）、秋农学案（归安姚文田）、铁桥学案（乌程严可均）、镜堂学案（归安姚学塽）、嘉兴二钱学案(钱仪吉、钱泰吉)、柳东学案(嘉兴冯登府)、梅侣学案(仁和项名达)、生斋学案(平湖方坰)、定盦学案(仁和龚自珍)、敦三学案(乌程沈垚)、君青学案(乌程徐有壬)、壬叔学案(海宁李善兰)、子勤学案(嘉善钟文烝)、曲园学案(德清俞樾)。

以上39家学案,反映了清代两浙学术谱系构成的基本图景。其中金华府儒学所拥有的学案数量只有"丹邱学案"一家,与宋元时期的婺州所拥有的学案如"东莱学案""龙川学案""说斋学案""北山四先生学案"的盛况相较,下跌趋势明显。浙东地区清代学案数量拥有最多是绍兴府,其次为宁波府。由此可见,金华府在宋元时期的浙江所拥有的学术中心地位,到清代已不再。与此同时,浙西的学术地位较宋元时期也大幅提升,从学案拥有数量上看,浙西已经超过浙东。某种情况而言,地域性学案多寡,往往反映出某一区域学术活动与学术思潮的活跃程度,以及区域学术发达与否的话语方式。

(三)清代金华府儒学之数量与质量

从浙江儒学地理分布格局来看,浙西儒学人士的占籍要多于浙东。就清代金华府儒学人士来看,入《清儒学案》的只有区区4人,即金华张作楠,浦江费崇朱,义乌陈熙晋与朱一新。与宋元比较,儒学图景远为简单。

张作楠(1772—1850),字让之、丹邱,号丹村。清嘉庆十三年(1808)中进士。官处州府学教授,迁江苏桃源知县。移阳湖,擢太仓州知州。升徐州知府,旋乞归,优游林下者十余年。博学多能,学宗程、朱,理探河洛,精于算学。所著若干种,总称《翠微山房数学》。家富藏书,曾据家藏图书撰《翠微山房书目》。其他著作有《四书同异》《乡党小笺》《证文文集》《笔录》《愈愚录》《东郭乡谈》《翠微山房遗诗》《梅簃随笔》《书事存稿》等。张作楠虽为清代著名天文学家,但其思想还是以程、朱为宗,属于宋元以来金华朱子学余脉。

费崇朱,字敬庐。诸生。为刘熙载弟子。潜心性理,刘熙载器之曰:"吾道得传人矣。"后病殁于龙门书院,刘熙载为之恸哭。遗著七种,皆藏于书院,其中《孔子门人考》颇流行。

义乌入《清儒学案》者两人,即陈熙晋和朱一新。朱一新为俞樾弟子,《清儒学案》在《曲园学案》中置俞樾弟子之列,但其传记则又置于《越缦学案》之李慈铭交游之中,颇不合体例。陈熙晋则在诸儒学案(九)中出现,无学派归属。

但是如果我们将眼界放宽,其实金华地区的儒学人士远不止上述诸人。今就《清代朱卷集成》《浙江乡试同年齿录》中所列清道光至光绪年间杭州诂经精舍金华府各县弟子,稍作辑录,就可发现当时金华府人士在诂经精舍的弟子仍大有人在。如金华曹炯,兰溪诸葛寿焘、林鳌、汤煦、唐志欧、永康夏谟、潘树棠、吕念修,浦江倪葆仁、戴心湉,东阳卢正珩、龚启藩、龚启荪,义乌朱怀新,武义李树藩等15人,他们皆不见于《清儒学案》。除此之外,我们从各时期《诂经精舍文集》中,找到的金华府弟子还有兰溪唐壬生、永康应宝时等。

除了诂经精舍,《清代朱卷集成》《浙江乡试同年齿录》履历中显示的其他书院如敷文书院、紫阳书院、崇文书院、东城讲舍、丽正书院、绣湖书院等肄业的金华府弟子尚有:金华韦煐,兰溪刘焜,东阳徐凤苞、龚启之、吴品珩、张廷瑞、蔡汝霖,永康胡福寿,义乌傅晋泰、丁朝牧、朱郁荃、朱献文等12人。

这些资料表明,要对清代金华府儒学人士进行数量统计,其实还有很多途径可加利用。也就是说,《清儒学案》所载其实不能代表金华府儒学人员数量的全部,随着其他资料来源被不断被发掘,清代金华府儒学图景也将不断获得充实。

如何判定一个地区儒学的质量,最好办法当然是看他所产生的社会历史影响了。如果说《清儒学案》所载1 169人是清代儒学的"大全版",而支伟成《清代朴学大师列传》所载370余人则可谓是清代儒学的"菁华版"。根据支伟成的分类,他所录浙江籍贯人士如下:

清代汉学先导大师:黄宗羲(余姚。附:黄宗炎、黄宗会、黄百家)。

吴派经学家:吴廷华(仁和)、盛世佐(秀水)、王绍兰(萧山)、赵坦(仁和)、李贻德(嘉兴)、臧寿恭(长兴)。

皖派经学家:孙志祖(仁和)、丁杰(归安)、周春(海宁)、冯登府(嘉兴)、李富孙(嘉兴)、李超孙(嘉兴)、李遇孙(嘉兴)、徐养原(德清)、沈涛(嘉兴)、洪颐煊(临海)、洪震煊(临海)、宋世荦(临海)、凌坤(乌程)、俞樾(德清)、孙诒让(瑞安)。

常州派经学家:邵懿辰(仁和)、戴望(德清)、姚谌(归安)。

浙粤派汉宋兼采经学家:许宗彦(德清)、严元照(归安)、金鹗(临海)、徐时栋(鄞县)、黄式三(定海)、黄以周(定海)、朱一新(义乌)。

小学家:吴颖云(仁和)、严可均(乌程)、严章福(乌程)、姚文田(归安)、许槤(海宁)。

史学大师:万斯同(鄞县。附:万斯选、万斯大、万斯备、万言、万经)、邵廷寀(余姚)、邵晋涵(余姚)、章学诚(会稽)。

作史学家:温睿临(乌程)、全祖望(鄞县)、吴任(仁和)、陈鳣(海宁)、钱林(仁和)、钱仪吉（嘉兴）、钱泰吉（嘉兴）、龚自珍（仁和）。

考史学家：杭世骏（仁和）、历鹗（钱塘）、沈炳震（归安）、沈炳巽（归安）、梁玉绳（钱塘）、梁履绳（钱塘）、施国祁（乌程）。

地理学大师：胡渭（德清）。

地理学家：郑元庆（归安）、齐召南（天台）、徐松（原籍上虞，后落籍顺天）、沈垚（乌程）。

金石学家：朱为弼（平湖）、张廷济（嘉兴）、张燕昌（海盐）、徐同柏（海盐）、吴东发（海盐）、金锡鬯（桐乡）、吴云（归安）。

校勘目录学家：朱彝尊（秀水）、卢文弨（杭州）、吴骞（海宁）、周中孚（乌程）。

历算学家：张作楠（金华）、项名达（仁和）、戴煦（钱塘）、徐有壬（乌程）、夏鸾翔（钱塘）、李善兰（海宁）。

提倡汉学诸显达：朱筠（萧山）、朱珪（萧山）。

以上《清代朴学大师列传》所载浙籍人士，毫无疑问在学术史上的成就与贡献非《清儒学案》中一般人士可比。如果说徐世昌编纂目的旨在求全，而支伟成则旨在求精。一个重数量，一个重质量，故二书参照使用，对我们立体了解清代学术有莫大帮助。在支伟成书中各学派浙籍人士，具体数量统计见下表：

附：《清代汉学大师列传》所载浙江儒学人士籍贯分布表

杭州	仁和	钱塘	嘉兴	秀水	平湖	桐乡	海宁	海盐	归安	乌程	长兴	德清	萧山
1	10	7	9	2	1	1	5	3	8	8	1	5	3
会稽	山阴	上虞	余姚	鄞县	定海	临海	天台	瑞安	金华	义乌			
1	1	1	2	7	2	4	1	1	1	1			

我们暂且撇开其他史料中记载的金华府儒学人员不说，今仅就《清儒学案》与《清代朴学大师列传》专做比较，以观清代金华府儒学数量与质量。如果说《清儒学案》收录较广，金华地区入选只有4人，而到支伟成《清代朴学大师列传》金华地区只有张作楠和朱一新2人入选。从绝对数比例来看，能列入支伟成所谓"汉学大师"的，金华地区在《清儒学案》中4人有2人入，恰为二分之一，这个比例肯定是高的。

综上，如果仅就《清儒学案》所列清代金华地区的学者数量来看，与《宋元学案》中的婺州儒学盛况相比，实在有天壤之别。吕祖谦当时所谓"得中原文献之传"，到清代金华似乎早已失传。浙东的儒学中心，亦由金华地区转移到余姚和鄞县两地。因此，仅从人数上来看，金华地区几乎可以说已经沦为儒学的不发达地区了。但有时候，儒学人物的出产多寡，其实与一个地区的儒学影响并不完全成正比。因此，两浙的儒学人士地理分布，虽然在清代浙西超过了浙东，但就儒学史上的传播史与影响史而言，浙东由于拥有黄宗羲父子、万斯同万斯大兄弟、章学诚、全祖望、邵晋涵、黄式三黄以周父子、李慈铭、朱一新等，则仍为浙东人士的天下。而就浙东来说，金华地区出产的儒学人士，虽然在数量上比不过浙东其他地区，但就学术影响而论，朱一新作为清代浙江理学之绝响，其意义在晚清以来无疑再次抬升了金华儒学的历史地位，故使该地区在清后期仍可与宋元作出遥相呼应。故某种程度而言，清代义乌儒学，不但代表了金华地区的最高水平，也是清代儒学最具质量的县域之一。仅朱一新一人，在思想界的影响因子则要大大超出其他儒学人士出产较多地区。古婺儒学，因朱一新在晚清的登台，有机会再放异彩，并遥承宋元，使该区域儒学学脉保持不辍，同时也使义乌儒学在清代实现了历史的重光。

二、清代汉学视野下的义乌儒学

从汉学视野看，清代义乌儒学中主要代表人物为陈熙晋与朱一新。清代儒学的走向有三：一是理学，二是汉学，三是今文经学。这三个走向中，陈熙晋关涉汉学，而朱一新则关涉汉学与理学二端，并且都取得不俗的成就。

（一）清代浙江汉学概述

一般谓浙江汉学，是由于仪征阮元任浙抚时力倡而大兴，这大抵不错。阮元所至，兴学教士，在浙立诂经精舍，选两浙才俊诸生肄业，遂使两浙学风大振，士林尊为山斗。但细究起来，其实浙江汉学的发展，应以阮元于嘉庆五年（1800）建诂经精舍①为界限，分为前后两个阶段：一是诂经精舍之前的浙江汉学，二是诂经精舍之后的浙江汉学。此就浙江汉学发展稍作陈述。

应看到，早在阮元抚浙之前，浙江的考据之学已有学者作出了不俗的成绩。支伟成曾在清代汉学先导大师序列中述顾炎武等9人，其中浙江余姚黄宗羲在列。支伟成曰：

---

① 诂经精舍创立时间用徐雁平说。详见徐雁平撰：《清代东南书院与学术及文学》，安徽教育出版社2007年版，第147页。

"清初,明季遗儒,越在草莽,砥砺名节,耻事新朝,相率刊落声华,专治朴学。惩明儒之空疏无用,其读书以通大义为先,惟求经世之务。因痛宗社之变,则好研究古今史迹成败,地理山川阨塞,以为匡复之图。因读古书欲求真解,则好研究训诂名物典章制度诸学,而从事考证。凡斯诸端,实开清代朴学之风。"①照此说法,黄宗羲实为开清代浙江汉学风气之先的人物。黄宗羲之后,阮元之前,浙江汉学发展自成体系,与苏、皖两省呈三足鼎立之势。

今仅就经学与史学两大方向,稍作梳理。浙籍学者在诂经精舍以前的经学,其中学风近于吴派者有吴廷华与王绍兰等人,而近于皖派的学者有孙志祖、丁杰、周春等人,此外尚有嘉兴冯登府、李富孙、李超孙等学者。浙籍学者在诂经精舍以前的史学,则可分为浙西史学集团和浙东史学集团两大阵营。其中浙西史学集团,以考史为主,而浙东史学集团则以作史兼考史为要。先看浙西史学集团。支伟成曾问章太炎曰:"清代作史考史,实均自浙派开之。杭大宗《三国志补注》《补金史》,厉太鸿之《辽史拾遗》,皆'考史'而出乾嘉前者也。但以派分,正所以尊浙之意。不过浙派以'作史'为重,故'考史'止著大宗,聊见先河。……先生以为然否?"章太炎答曰:"史学分'作史''考史',足下所拟极是。"②虽然江苏学者在清朝乾嘉间有三部著名的历史考证著作问世,即赵翼《廿二史札记》、钱大昕《廿二史考异》与王鸣盛《十七史商榷》,但浙江的考史之学在清代其实要远走在江苏之前,这当然是就浙派考史在时间上走在吴派考史的前列而言。此与浙江汉学在清初之兴有莫大关系。浙西史学集团考史先进主要有杭世骏、厉鹗、沈炳震、梁玉绳、周嘉猷等。浙东史学集团,以作史与考史兼而著称。除黄宗羲之外,其余尚有万斯同、邵廷寀、全祖望、章学诚、邵晋涵等。以上所举,皆阮元抚浙以前,亦即诂经精舍创设以前的浙江汉学大概情况。充分的事实证明,浙江汉学发展在阮元抚浙以前已经有相当的基础,其地位不在其他省份之下。

而阮元的到来,特别是《经籍纂诂》的编纂,使浙江汉学一时成为海内高地。因该书编纂而创设的诂经精舍,则又成为了浙江汉学的人才培养基地,其在浙江众多书院中处于学术中心地位,同时也是全国的榜样书院。因此,阮元抚浙以后的浙江汉学,又可分为两大汉学集团:一是与阮元直接有师承关系的阮元汉学集团,二是与诂经精舍又一著

---

① 支伟成撰:《清代朴学先导大师列传第一·叙目》,见《清代朴学大师列传》,岳麓书社1998年版,第1页。

② 支伟成撰:《清代朴学大师列传》卷首《章太炎先生论订书》,岳麓书社1998年版,第5页。

名掌门人俞樾有直接师承关系的俞樾汉学集团。

先看阮元汉学集团。阮元抚浙,选两浙经古之士,参与《经籍籑诂》以及补遗的浙籍人士,以浙西居多,浙东次之,主要有:

钱塘: 何元锡、诸嘉乐、吴文健、梁祖恩、严杰、吴克勤、陆尧春、潘学敏、梁祖恩。

仁和: 汤燧、宋咸熙、赵坦、孙同元、赵春沂、金廷栋。

嘉兴: 丁子复。

平湖: 朱为弼。

嘉善: 孙凤起。

归安: 丁授经、邵保初、杨凤苞。

乌程: 周中孚、张鉴。

海宁: 陈鳣、倪绶。

海盐: 吴东发。

萧山: 王端履、徐鲲、陶定山、傅学灏。

会稽: 顾廷纶、刘九华。

山阴: 何兰汀。

黄岩: 施彬。

临海: 洪颐煊、洪震煊、沈河斗。

开化: 张立本。[①]

这些人士,后来都成为浙江汉学中坚力量的重要组成部分。徐世昌《清儒学案》中,列阮元弟子 22 人,其中浙江弟子占了 11 名,分别为仁和汪家禧,德清许宗彦、徐养原,海盐吴东发,乌程周中孚,平湖朱为弼,嘉善孙凤起,临海金鹗、洪颐煊,青田端木国瑚。这 11 人中,参与《经籍籑诂》的有:洪颐煊、周中孚、朱为弼、孙凤起等 4 人。而不在《清儒学案》卷目中的,其实还有:仁和钱林、胡敬、王述曾、李方湛,钱塘陈鸿寿、陈文述、陈嵩庆、蒋炯、周诰,杭州朱壬、方观旭,嘉兴李富孙、李遇孙,乌程凌堃、施国祁,归安杨知新、姚樟、严元照,武康徐熊飞,海宁查揆、钟大源,平湖胡金题,海盐崔应榴,石门吴曾贯、方廷瑚,鄞县张慧,会稽顾廷纶、王衍梅、周师濂,山阴吴杰、陈銮等。[②]阮元的这些浙江弟子,

---

① 以上名单采自《经籍纂诂》卷首,清嘉庆十七年刻本。
② 以上名单采自阮元任上《诂经精舍文集》,《丛书集成初编》本。

多以考据学见长,著名者有徐养原、金鹗、赵坦、洪颐煊、洪震煊等。

阮元之后,诂经精舍山长虽有秦恩复、陈寿祺、赵坦、黄体芳和谭献诸君子继任,但皆不若俞樾时间之长,是故影响较微。因俞樾在诂经精舍执掌 31 年之故,清代后期浙江汉学人才大都出其门下,故阮元之后,浙江汉学完全可以说进入到俞樾的时代,所以姑称之曰俞樾汉学集团。今存诂经精舍师生课作八集,其中有五集出自俞樾任上。这五集中,俞樾弟子如下:

钱塘:吴承志、丁立诚、俞祖光、张预、王汝霖、张馨、杨振稿、吴庆坻、丁午、陈锦文、王仁溥、杨誉龙、曹树培、朱学聊、费有容、沈廷杰、李凤仪,仁和潘鸿、许郊、陈豪、邵庆辰、张大昌、何镛、卫梓材、徐琪、周元瑞、邬佩之。

杭州:王麟书、蒋其章、邹寿祺。

余杭:孙树义、孙树礼、章炳麟、施崇恩。

富阳:何镕、蒋敬时。

嘉兴:张鸣珂。

吴兴:崔适、周德庆。

秀水:赵铭。

乌程:施补华。

德清:徐承禄。

海宁:羊复礼。

萧山:沈豫。

山阴:胡元鼎、王诒寿、汤震。

诸暨:陈伟、陈遹声、朱渊、蔡启盛、楼藜然、傅振海、王毓俊、许省诗、傅振湘。

慈溪:冯一梅。

镇海:孙瑛。

定海:黄以周、黄家岱、黄家辰、黄以恭、袁之京、林真、宋文蔚。

金华:王国桢。

义乌:朱一新、朱怀新、吴思藻。

西安:叶如圭、王禹堂。

宁海:章桂馨。

临海:尤莹。

黄岩：王棻、张浚、王士骏、何松、许传霈、王舟瑶、王有宗。①

以上人士，仅限于《诂经精舍文集》课艺中有作品者，其实诂经精舍肄业的弟子远不止这个数目。但从中我们还是可以发现一些特点：一是浙西生源明显多于浙东生源；二是生源家族化趋势明显。如定海黄以周家族、义乌朱一新家族等，都属于家族化生源。

倘以清代浙江汉学发展的视野来观照义乌儒学，我们发现在当时浙江汉学的浩浩洪流中，义乌学者并未缺席。他们的汉学成就，不仅属于义乌，而且还是清代整个金华地区汉学的代表性学者。

（二）陈熙晋与嘉道时期义乌汉学

朱一新曾站在光绪朝的时间节点上，回眸此前清代金华府百年学术，其云：

> 吾郡百余年来，学人推西桥、丹邨两先生为最。丹邨先生之名，尚见《续畴人传》，所著《翠微山房算书》，亦风行一时。西桥先生沉潜力学，不骛声华，远宦黔南，交游中胜流甚尠，故嘉道年间名人集内罕见其名，微特外人知之者鲜，即同里后生亦几忘其为"宿儒循吏"矣。②

在清中期以来，金华学术以陈熙晋和张作楠二位为最。其中《清儒学案》以张作楠为"丹村学案"，可见知名度较陈熙晋为著。由于陈熙晋声名不扬，加之学统绍述无人，故徐世昌《清儒学案》将其列入"诸儒学案"，盖因其学术为潜修自得，师传莫考之故。

陈熙晋（1791—1851）一生，恰好跨清嘉庆和道光两朝，故可视为嘉道时期义乌学者之代表。有关陈熙晋生平，较早资料见于王柏心所撰《西桥陈公传》，此后朱一新拟《陈西桥先生传稿》亦大抵取材于是文，而《清史稿》和《清史列传》也出自王氏传。据王氏传可知，陈熙晋"先世居江西弋阳，明季始来徙。代有淳德，四世祖珩，高祖为璋，孝行著闻，邑志有传；曾祖能宽，服勤不懈；祖凤来，邑增生，亦以孝友称。"③可见陈氏家族是一个业儒世家，并以孝行称誉乡里。熙晋为优贡生。以教习官贵州开泰、龙里、普定知县，仁怀同知，擢湖北宜昌府知府。熙晋邃于学，积书数万卷，订疑纠谬，务穷竟原委，取裁精审。政暇则独坐一室，披诵至夜分，每语及经史、三通、历朝会典，衮衮若成诵。所著

---

① 以上俞樾弟子名单采自《诂经精舍三集》《诂经精舍四集》（光绪五年刻本）《诂经精舍课艺五集》（光绪九年刻本）《诂经精舍课艺六集》（光绪十一年刻本）《诂经精舍课艺七集》《诂经精舍课艺八集》（光绪二十三年刻本）。

② 朱一新撰：《佩弦斋杂存》卷上《复张带耕秀才》，《拙盦丛稿》本，清光绪二十二年龙氏葆真堂刻。

③ 王柏心撰：《百柱堂全集》卷四十《西桥陈公传》，见《续四库全书》。

《春秋规过考信》九卷、《春秋述义拾遗》八卷（卷末附《河间刘氏书目考》）、《古文孝经述义疏证》五卷、《帝王世纪》二卷、《贵州风土记》三十二卷、《黔中水道记》四卷、《宋大夫集笺注》三卷、《骆临海集笺注》十卷、《日损斋笔记考证》一卷、《文集》八卷、《征帆集》四卷。

1. 陈熙晋《春秋规过考信》的汉学成就

陈熙晋的《春秋》学，主要体现在《春秋规过考信》和《春秋述义拾遗》二书中。这二书皆为刘炫《春秋规过》与《春秋述议》而作。今言陈熙晋与《春秋》学，仅对《春秋规过考信》作重点分析，以观其《春秋》学成就与业绩。《春秋规过》二卷，隋刘炫撰。此书摘杜预《春秋经传集解》之失以正之，但又非专为攻击杜预《春秋左氏经传集解》错误而作，乃是"先申杜而后加规"。①其义疏散见于孔颖达《春秋正义》疏解之中，然孔疏之例，务主一家，故凡炫所规皆遭排斥，一字一句，无不刘曲而杜直，未协至公。清初学者顾炎武甚重杜解，而又能弥缝其阙失，在《左传杜解补正》一书中，对刘炫的观点多所肯定。可谓扫除门户，能持是非之平。陈熙晋的《春秋规过考信》则主刘炫之说，并为之引证和申发。朱一新评价陈熙晋该书言："熙晋邃于学，积书数万卷，订疑纠谬，务穷竟原委，去取精审。……所著《春秋规过考信》九卷，谓杜预解经厥有三蔽，刘光伯规之，而其书久佚，乃从《正义》中采得一百七十三事，并刺取经史百家及近儒著述与刘规相发明者胪列而备论之，其杜非而刘是者则为之申，以见其说之可据；杜是而刘非者则为之释，以见其不足难；至杜刘两说义俱未安，则为之证，证之群言，断以己意。"②

（1）陈熙晋《春秋规过考信》征引书籍。虽然陈熙晋仅就刘炫所规杜预之过的一百七十余条进行考信，但其引书范围则充分显示了作为一个汉学家对于材料的重视。当然，我们也必须明白，陈氏撼拾诸家议说，其旨在于引证与刘炫规过之意相同，否则不取。下面以朝代为序，略述其征引书籍概况。

汉代征引书籍有司马迁《史记》、班固《汉书》和贾逵的注。

魏晋南北朝引书有郦道元《水经注》、裴骃《史记集解》、沈文阿《仪礼》和《经典大义》、皇侃《论语义疏》等。

唐代引书有杜佑《通典》、柳宗元《柳河东集》、陆德明《经典释文》、赵匡《春秋阐微纂类义疏》，其中尤重视《经典释文》的材料。

---

① 皮锡瑞撰：《经学历史》，中华书局 1959 年版，第 204 页。
② 朱一新撰：《陈西桥先生传稿》，见陈熙晋《春秋规过考信》卷首，清光绪十五年广雅书局刻本。

宋代引书有孙复《春秋尊王发微》、程氏兄弟《二程集》、欧阳修《欧阳文忠公文集》、苏洵《嘉祐集》、孙觉《春秋经解》、王沿《文集》、崔子方《春秋经解》和《春秋本例》、刘敞《春秋权衡》、赵鹏飞《春秋经筌》、蔡元庆《律吕本源》、陈傅良《春秋后传》、程揆《尚书外传》、范处义《诗补传》、洪迈《容斋三笔》、黄震《黄氏日钞》、黄仲炎《春秋通说》、家铉翁《则堂集》、林之奇《春秋周礼论》、吕大圭《春秋或问》、吕祖谦《左氏传说》和《左氏博议》、朱熹《朱子语类》、罗泌《路史》、钱时《春秋大旨》、王观国《学林》、王应麟《困学纪闻》、严粲《诗辑》、叶梦得《春秋谳》《春秋考》和《春秋传》、张洽《春秋集注》、章俊卿《山堂考索》、郑樵《通志》等。陈晋熙在宋人《春秋》学中，特别重视对刘敞著述的引用。敞字原父，临江新喻人，庆历中举进士，官至集贤院学士，事迹具《宋史》本传。刘敞著述之所以受到重视，是因为该书在宋人的《春秋》学著作中，是少有的具备考据精神的著述。陈振孙《书录解题》曰："原父始为权衡以平三家之得失，然后集众说断以己意而为之传。"说明刘敞《春秋》之学自其根柢，而刘敞之所以能够推其渊源之正，则是因为他本人邃于礼。故是书进退诸说，往往依经立义，不似孙复一味尊王发微，意为断制。这种作风，亦说明刘敞的《春秋》学，贵于征实，正好合乎乾嘉时代的汉学精神。而宋代陈熙晋引用较多的还有一位，他是叶梦得。叶氏的《春秋》学，同样重视考据。宋叶梦得撰《春秋考》《春秋谳》《春秋传》，三书于宁宗开禧中同刻于南剑州。元代程端学作《春秋三传辨疑》，多引其说。叶梦得的《春秋》学，主张以周之法度制作作为判断对错的依据，故所言皆论次周典以求合于《春秋》之法，其文辨博纵横而语有本原，大抵典核。是故陈振孙《书录解题》称其辨定考究，无不精详，这同样与合乎后来的乾嘉汉学精神。

元代有程端学《春秋本义》《春秋或问》和《春秋三传辨疑》、黄景昌《春秋举传论》、李廉《春秋诸傅会通》、汪克宽《经礼补逸》（一名《春秋经传附录纂疏》）和《春秋作义要诀》、吴澄《春秋纂言》和《吴文正集》、吴莱《渊颖吴先生集》、赵汸《春秋师说》《左氏补注》和《春秋集传属辞》等。陈熙晋于元代《春秋》学最器重赵汸。盖因赵氏《春秋师说》等书，得其师黄泽"考古今风俗之不同，以见虚词说经之无益"的治学精髓，故其学有本原而其论则持以和平，真可谓本经会传，度越汉宋诸儒之上。

明人引书有宋濂《春秋经传集解》、傅逊《春秋左传属事》和《左传注解辩误》、韩邦奇《律吕新书直解》、陆粲《左传附注》、邵宝《左觿》和《春容堂全集》、孙应鳌《春秋节要》等。众所周知，明代是经学衰微的时代，学风空疏，但陈熙晋所引的几位明代学者如邵宝、傅逊和陆粲的《春秋》学则多考据，是故引起他的重视。比如陆粲长于《春秋》学，在明代空疏学风背景下,他是一位坚持考据的典型学者。陆粲,字子余,长洲人。嘉靖丙戌进士,官至工科给事中,以劾张璁、桂萼谪都镇驿驿丞,终于永新县知县,事迹具《明史》本传。陆粲《左传附注》前三卷驳正杜预之注义,第二卷驳正孔颖达之疏文,第五卷驳正陆德明《左传释文》之音义,多旁采诸家之论,亦间断以己意。陆粲治学,特别重视训诂。历来关于"元年春王正月"之用"王"字,代表性说法是尊王说,而陆粲从钟鼎铭文入手,认为用王字是古代通例,并非孔子发明的所谓《春秋》义法,此说一扫千年迷雾。此外邵宝的《左觽》,乃其读《左传》所记,杂论书法及注解,随意标识于《传》文之上,虽寥寥无多,但深得顾炎武重视,其中精确者,顾炎武《左传补正》已采之。可见顾炎武对明代邵宝、陆粲以及傅逊三位《春秋》学者的考据作风,持推崇态度。他在《日知录》中《驳正左传注后》附书曰:"凡邵、陆、傅三先生所已辨者不录。"邵者,邵宝《左传觽》;傅者,傅逊《左传属事》;陆即陆粲。

清代的《春秋》学,多重实证,故陈熙晋所引最为繁富。《考信》引述清代关涉《春秋》的著作主要有顾炎武《日知录》《亭林文集》和《左传杜解补正》、黄宗羲《宋元学案》、万斯大《学春秋随笔》、魏禧《左传经世钞》和《魏叔子文集外编》、朱彝尊《经义考》、李光地《榕村文集》、臧琳《经义杂记》、高士奇《春秋地名考略》和《左传纪事本末》、江永《春秋地理考实》、阎若璩《尚书古文疏证》、何焯《义门读书记》、程瑶田《宗法小记》、崔述《考信录》、惠士奇《春秋说》、惠栋《左传补注》、焦循《春秋左传杜氏集解补疏》、姚鼐《左传补注》、方苞《春秋比事目录》、孔广森《春秋公羊经传通义》、李惇《左传通释》、梁玉绳《瞥记》和《史记志疑》、卢文弨《抱经堂集》、马宗琏《春秋左传补注》、毛奇龄《春秋毛氏传》和《春秋简书刊误》、陈廷敬《午亭文编》、钱大昕《十驾斋养新录》和《潜研堂文集》、金榜《礼笺》、凌廷堪《校礼堂文集》、刘台拱《国语补校》、高澍然《春秋释经》、顾栋高《春秋左传杜注正讹表》、齐召南《历代帝王年表》、秦蕙田《五礼通考》、全祖望《鲒埼亭集》、邵晋涵《谷梁正义》、宋翔凤《过庭录》、孙星衍《考注春秋别典》、臧庸《拜经堂文集》、吴鼎《易例举要》、汪中《春秋述义》、王引之《经义述闻》、朱彬《经传考证》、徐文靖《管城硕记》、恽敬《大云山房文稿》、庄存与《春秋正辞》等。

陈熙晋在《考信》中,引述顾炎武最多,足见他服膺于顾氏《春秋》之学。顾炎武博极群书,精于考证,清初称学有根柢者以炎武为最。顾氏《春秋》学成就和见解,主要集中在《日知录》卷四和他撰的《左传杜解补正》上。《左传杜解补正》所作,是因为杜预《左传集解》时有阙失,贾逵、服虔之《注》、乐逊之《春秋序义》今又不传,于是他博稽载籍,作为此书。若"室如悬罄",取诸《国语》。"肉谓之羹",取诸《尔雅》。车之有辅,取诸《吕览》。田禄其子,取诸《楚辞》。千亩原之在晋州,取诸郑康成。祐为庙主,取诸《说文》。石四为鼓,取诸王肃《家语注》。祝其之为莱芜,取诸《水经注》。凡此之类,皆有根据。其他推求文义,研究诂训,亦多得《左氏》之意,开有清一代实学之先河。顾氏此书,对明代"吴之先达邵氏宝有《左觿》百五十余条,又陆氏粲有《左传附注》,传氏逊本之为《辨误》一书,今多取之。"①特别值得一提的是,顾炎武虽然重视杜《解》,但对孔颖达《正义》务主一家,凡对刘炫所规杜注,皆予排斥,致使一字一句,无不刘曲而杜直,未协至公,表示不满。因此他在《左传杜解补正》中,一扫门户之见,既择善而从,又能弥缝其失,可谓能持是非之平。某种情况而言,顾炎武重视刘炫所规杜预之过,对陈熙晋决心要做《春秋规过考信》是有启发的,这也是他缘何在书中大量援引顾氏之说的根本所在。

除顾炎武之外,陈熙晋引述较多还有万斯大、臧琳、江永、高士奇、惠士奇、惠栋、马宗琏和齐召南等。万斯大曾编纂《春秋》为二百四十二卷,惜毁于火。其后更自搜辑,成就《学春秋随笔》。万氏之学,根柢于三《礼》,故其释《春秋》亦多以《礼》经为据,较宋元以后诸家空谈书法者有殊。这是万氏《春秋》学的一个特征。另一特征是万氏治《春秋》十分重视史实的征引与考证。据其友人郑梁所述,万氏之言《春秋》有四个原则:一曰专传,即经无事实,待传而明;二曰论世,即据实直书,是非自明;三曰属辞比事,即一事必有本末,异事亦有同形;四曰原情定罪,即以其所处之地,察其所处之情。②从《考信》所遵循宗旨来看,与万氏多有所合,这是《学春秋随笔》深得陈熙晋重视的主要原因。臧琳平生博览群书,长于汉学,尤精《说文》《尔雅》。主张治经应据汉注唐疏,由字、词训诂以明道。著有《尚书集解》《尚书考异》等,《经义杂记》为其读经心得札记,宗尚汉学,精于训诂,与顾炎武一样,也是开清代考据学之先的人物之一。但由于书成后,只有阎若璩等少数人知道,一直晦而不显,直到嘉庆间,才由臧琳玄孙臧庸刻出,一时为学者所重。陈熙晋所引臧氏之学,亦大抵以考据为主。倘若要以征实的精神来治《春秋》,则对于经传中的地理问题一定会重点予以关注。而陈熙晋所引高士奇、江永著述较多,就是因为他们的《春秋地名考略》和《春秋地理考实》。其中高士奇《春秋地名考略》体例,先列国都,次及诸邑。每一地名之下,皆先列经文、传文、杜预注,而后方博引诸籍,考究其异

---

①　顾炎武撰:《亭林文集》卷二《左传杜解补正序》,中华书局1983年版,第27页。
②　郑梁撰:《寒村集·五丁集》卷二《跛翁传》,《四库全书存目丛书》本。

同，贬正其疏舛，颇为精核。而《春秋地理考实》是江永研究春秋地理的代表性著作。该书所列春秋山川、国邑、地名悉从经、传之次，凡杜预以下旧说已得者仍之，其未得者始加辨证。皆确指今为何地，俾学者按现在之舆图即可以验当时列国之疆域及会盟侵伐之迹，悉得其方向道里，意主简明，不事旁掫远引，故名曰《考实》。于名同地异，注家牵合混淆者，辨证尤详。陈熙晋《考信》一书，凡涉及地理与地名处，多援引二家之说以为证。

吴县惠氏家族，以三代传经而闻名有清一代，为吴派经学之代表，足可与皖派经学抗衡。其于《春秋》学，祖惠周惕有《春秋问》，父惠士奇有《春秋说》，孙惠栋有《左传补注》。惠士奇世传汉学，尤覃精于《三礼》。故《春秋说》以礼为纲，而纬以《春秋》之事，比类相从，约取三传附之，亦间证以《史记》诸书，体现尊古、信古的精神。而惠栋的《左传补注》皆援引旧诂以补杜预《左传注》之遗，较朱鹤龄、顾炎武二家之书颇为详密。陈熙晋多引惠氏之说，可见他对惠氏的考证之学甚为推崇。

清代《春秋》之学，发轫于顾氏，中经惠氏，一路迤逦而下，形成汉学传统。但即使为大家，亦不免有小失。马宗琏的《春秋》学既承顾氏、惠氏等汉学一路而来，但同时又对他们的挂漏之处多有补遗。马宗琏乃安徽桐城人，精通古训及地理之学。年少即跟随其舅姚鼐习诗与古文，后从邵晋涵、任大椿、王念孙游。其《春秋》学成就，支伟成说："尝以亭林摘《左传》杜解阙误，根据经典，率皆精核；惠松崖复广搜贾、服、京君之注，援引秦汉子书为证，拾顾氏之遗者尚多，而纠其违失者仅五六条耳，不无挂漏之处；因别撰《春秋左传补注》三卷。所以匡惠氏之误固确，其所自为说，亦足补元凯之略，暨亭林所未及焉。"[1]倘若对陈熙晋所引证者，以学术史的视野进行梳理，是可以寻求到由元至清《春秋》汉学传统传扬与演进之轨迹的。故他自己也曾说：

> 近世纠杜者，元赵氏汸有《春秋左传补注》十卷，明邵氏宝有《左觿》一卷，陆氏粲有《左传附注》五卷，傅氏逊有《左传属事》二十卷，国朝顾氏炎武有《左传杜解补正》三卷，惠氏栋有《左传补注》六卷，顾氏栋高有《春秋左传杜注正讹表》一卷，姚氏鼐有《左传补注》一卷，焦氏循有《春秋左传补疏》一卷，马氏宗琏有《春秋左传补注》十卷，凡所征引，皆主河间之说，为多博稽众家，籍求真是，于《春秋》之学不无小助。[2]

---

① 支伟成撰：《清代朴学大师列传》，岳麓书社1998年版，第91页。
② 陈熙晋撰：《辑录春秋规过条例》，《春秋规过考信》卷首，清光绪十五年广雅书局刻本。

当然,如果换个角度来观察,即从《考信》所引前人和同时代著述来看,陈熙晋的学术重视考据的汉学趋向也是很明显的。

(2)陈熙晋《春秋规过考信》的主要内容。根据陈熙晋的自叙,《春秋规过考信》基本体例有三:"杜氏非而刘氏是者则为之申,以见其说之可据也;若杜氏是而刘氏非者,则为之释,以见其不足难也;杜、刘两说义具未安,则为之证,证之群言断以己意,以明所言之不敢出入于绳墨也。"①在其辑出刘规173条内容中,其中申136条,释17条,证20条。就其申、释、证比例来看,显然是以申为主要,释、证次之。今试以申刘为例,来看看陈熙晋该书的主要内容及其春秋学思想。申刘即以发明、补充刘炫规过内容为主,他主要有从以下几个方面进行。

第一,从义例上申刘。众所周知,《春秋》开篇的"隐公元年春王正月",有两个问题引起后来经师们不同意见。一是始隐问题,二是纪年问题。对此历代经师各有不同诠释。现将杜预、刘炫和孔颖达三家的解释胪列如下:

杜预注曰:

> 隐公之始年,周王之正月也。凡人君即位欲其体元以居正,故不言一年一月也。

刘炫规曰:

> 杜云:欲其体元以居正,谓人君体是元长以居正位,不欲在下陵夺处位不终。炫谓:元,始也。正,长也。此公之始年,故称元年;此年之长月,故称正月。元年正月是一年一月而别立名,元正为取始长之义,不为体元居正。

孔颖达疏曰:

> 元正实是始长之义,但因名以广之。……元者,气之本也,善之长也。人君执大本,长庶物,欲其与元同体,故称元年。正者,直方之间语也。直其行,方其义,人君当执直心,杖大义,欲其常居正道,故月称正也。……刘炫妄解杜意,不为体其元善居于正道,以规杜氏,其理非也。

为此,陈熙晋申曰:

> 夫元者一,公之始年。正者,十二月之长月。史家记述之体,不得不然,即所谓常法也。至于体元居正,虽立号之初,未必非因名示义而揆诸圣人载笔之心,则第

---

①　陈熙晋撰:《春秋规过考信自叙》,《春秋规过考信》卷首,清光绪十五年广雅书局刻本。

仍鲁史之旧文,非义例所在也。孔多袒杜而掩刘,此乃强刘以就杜,故不谓杜解之非,而谓元正实是始长之义,但因名以广之,其殆杜、刘之调人乎?《春秋释例·公即位例第一》:"天子、诸侯嗣子位定于初丧,而改元必须逾年者,继父之业,成父之志,不忍有变于中年也。遭丧继立者,每新年正月,必改元正位,百官以序,故国史皆书即位于策以表之。"元年正月,乃国史书公即位之例,并非以体元居正为义。范氏注《谷梁》亦取杜说,以释元正,然借义非本义,创例非通例,且犹未离乎《公羊》之余论也。光伯易以"始长"二字,而支离穿凿之蔽一扫而空,可谓简而当矣。兹捃拾诸说,可与刘氏说相证者,次于孔氏后,孰是孰非,必有能辨之者。①

陈熙晋所谓"捃拾诸说",主要指在此条目下引用了黄仲炎、章俊卿、黄景昌、程端学、吴莱、赵汸、顾炎武、朱彝尊、卢文绍、宋翔凤等以证杜说之非。在这些所引学者中,宋代黄仲炎的归纳最为到位。黄仲炎《春秋通说》就其中纪元问题将历史上所有观点归纳为两种说法:一是"体元说",二是"明僭说"。其云:

> 说元年者有二:曰体元也,曰明僭也。所谓体元者,曰:《春秋》以一为元,示大始而欲正本也。王者即位,必体元以施化也。使如其说,则《春秋》黜周而王鲁矣。是不然。所谓明僭者,曰:古者列国无私史,诸侯不得自称元年于其国。是亦岂然哉?《虞书》称"月正元日",《商书》称"太甲元年",则是一为元者,从古以然,非《春秋》之新意也。诸侯称于国曰君,其得纪年于国无可疑者,非可以僭言也。然则元年者,鲁史旧文尔,圣人述之以纪事,而后世必以意义求过矣。②

所谓"体元说",即是将《春秋》记载中的"第一年"叫做"元年",意在正本;所谓"明僭说",是因为诸侯各国无权修史,更不该在封国内自称元年,如果这么做了,就是僭越。黄仲炎则认为这两派的说法都不对:首先,"体元说"违反义理,因为这样就会让人以为《春秋》有"黜周王鲁"的倾向;其次,"明僭说"又与史实不符,因为《虞书》和《商书》纪年早就用到"元"字,非《春秋》才开始使用。那么,正确的解释应该为:"元年"二字其实就是鲁史旧文,孔子不过照搬着以纪事而已。后人解释其中的微言大义,实在是过度诠释了。因此,陈熙晋认为刘炫以"始长"二字释"元正",使支离穿凿之蔽一扫而空。元年正月,不过国史书公即位之例,并不存在所谓"体元居正"的义例。

---

① 陈熙晋撰:《春秋规过考信》卷一之上,清光绪十五年广雅书局刻本。
② 黄仲炎撰:《春秋通说》卷一,《四库全书》本。

陈熙晋还认为"破杜氏之例者,自刘始。"如隐公"四年莒人伐杞取牟娄"条,杜注曰:
"书取,言易也。例在襄十三年。"而刘规曰:"上言伐,下言取者,非易。成二年取汶阳田,
乞师盟主,兴兵伐齐得邑,既难而亦书取。"孔疏曰:"襄十三年《传》例曰:凡书取言易
也。……成二年取汶阳田,而亦书取者,因其伐齐晋使还文阳之田,鲁不加兵,故书取,
从易也。刘君或疑此意以规杜氏,非也。"针对孔疏,陈熙晋先引赵匡曰:"凡力得之曰
取,不当取也。《左氏》云:凡书取言易也。《谷梁》亦曰:取,易辞也。案:取者,收夺之名,
何关难易。假令取之难而得之,欲如何书之乎? 又云:凡克邑不用师徒曰取,今经文见
云伐,得云不用师徒乎?"又引孙觉曰:"伐而后言取者,先声其罪以伐之,又夺其邑以为
己有也。《左氏》曰:凡克邑不用师徒曰取。伐而后取安得曰不用师徒哉?《谷梁》曰:取,
易辞也。案:取之为义,罪其不当,何论难易哉? 若以为易,则先伐后取,亦不为易
也。"其实,赵匡与孙觉,虽然不赞同《左氏》与《谷梁》的义例之说,但其反驳的理由并未
从义例自身来加以印证,因此稍嫌软弱。在隐公传"六年冬宋人取长葛"条,杜注曰:"前
年冬围不克而还,今冬乘长葛无备而取之,言易也。"陈熙晋复引惠士奇曰:

> 《春秋》之例,难曰入,易曰取,重故难,轻故易。宋人取长葛,杜预泥于书取言
> 易之例,乃云前年冬围不克而还,今冬乘其无备而取之,言易也。凡《传》所不言,杜
> 预辄以意度之,迁就而为之说,何所据而知其不克而还且乘其无备乎? 灭重于入,
> 入重于取,宋人围长葛一年而后取,师劳力竭,如以难易言,难莫难于宋人取长葛
> 矣。《春秋》仍易之而言取,盖以长葛非下阳国之存亡不系焉。[1]

惠氏反驳杜注,显然比赵、孙更具有说服力。如果说杜注常虚构史实以迁就《传》言,但
陈熙晋并不满足于就事论事,在此基础上,他进一步指出杜预在"《左氏》未始有例"之外
常常"推以为例",其曰:

> 杜以《传》言凡者皆为传例,故引书取言易,谓例在襄十三年也。案:《周官》以
> 九伐之法正邦国,曰眚、曰伐、曰坛、曰削、曰侵、曰正、曰残、曰杜、曰灭,取无闻焉。
> 今经文不曰取牟娄,而曰伐杞取牟娄,则与单言取者有间矣。自伐杞取牟后,僖二
> 十三年公伐邾取訾娄,宣四年公伐莒取向,十年功孙归父帅师伐邾取绎,哀二年季
> 孙斯、叔孙州仇、仲孙何忌帅师伐邾,取漷东田及沂西田,若隐十年宋人、蔡人、卫人
> 伐戴。郑伯伐取之。则克军师之辞与各言取者又不同。传家无伐取之例,注家何

所适从？今夫《春秋》有文同而事异者，亦有事同而文易者，权乎事与文之间而义在焉。得其义，则虽例之所无，不难据义而断；不得其义，则虽例之所有，亦缴绕而其义逾晦。有例无义，则非所以治《春秋》，适所以乱《春秋》矣。诸注言例在者，《左氏》未始有例，杜氏推以为例耳。杜氏曰书取言易，刘氏曰上言伐下言取者非易。刘意非以书取者为必易也，亦非以上言伐下言取者为必非易也。正以见不可以例分难易也。故破杜氏之例者，自刘始。①

比较而言，陈熙晋所谓"诸注言例在者，《左氏》未始有例，杜氏推以为例耳"，最恰当地表达了他对杜氏义例说的批判立场。

又如桓三年经："三年，春，正月。"杜注曰："经之首时必书'王'，明此历，天王之所班也。其或废法违常，失不班历，故不书'王'。"

刘规曰："杜以正是王正历从王出，故以为王者班历，史乃书王。明此历，天王之所班也，其或废法违常，失不班历则诸侯之史不得书王言此十三年无王皆王不班历故也。然天王失不班历，经不书王，乃是国之大事，何得传无异文？"他接着举昭二十三年以后，王室有子朝之乱，经皆书王，岂是王室犹能班历？然后又举襄二十七年再失闰，杜云"鲁之司历顿置两闰"。又举哀十三年十二月螽，杜云"季孙虽闻仲尼之言，而不正历"。如杜所注，历既天王所班，鲁人何得擅改？又子朝奔楚，其年王室方定，王位犹且未定，诸侯不知所奉，复有何人尚能班历？更为值得注意的是，昭二十三年秋，乃书天王居于狄泉，则其春未有王。而时未有王，历无所出，何故其年亦书王呢？倘若春秋之历必是天王所班，则周之错失不关于鲁。鲁人虽或知之，无由辄得改正。那么，襄二十七年传称"司历过，再失闰"，是周司历呢？抑或鲁司历？而杜《释例》云："鲁之司历'始觉其谬，顿置两闰，以应天正'"。若历为王班，当一论王命，宁敢专置闰月、改易岁年？又哀十三年十二月螽，仲尼曰："火犹西流，司历过也。"杜于《释例》又云："季孙虽闻此言，犹不即改。明年复螽，于是始悟。十四年春，乃置闰，欲以补正时历。"既言历为王班，又称鲁人辄改，改之而不惮于王，亦复何须王历？杜之此言自相矛盾，以此立说，难得而通。又案《春秋》经之阙文甚多，其事非一。亦如夫人有氏无姜，有姜无氏，及大雨霖、庿咎如溃之类也。因此，刘炫下结论说："此无王者，正是阙文耳。"②

---

① 陈熙晋撰：《春秋规过考信》卷一之上，清光绪十五年广雅书局刻本。
② 陈熙晋撰：《春秋规过考信》卷一之中，清光绪十五年广雅书院刻本。

孔疏曰："桓公元年、二年、十年、十八年，凡四年于春有王。九年春，无王，无月。其馀十三年，虽春有月，悉皆无王。"这是何故呢？他引《谷梁传》曰："桓无王，其曰王何也？谨始也。其曰无王何也？桓弟弑兄，臣弑君，天子不能定，诸侯不能救，百姓不能去，以为无王之道，遂可以至焉尔。元年有王，所以治桓也。二年有王，正与夷之卒也。十年有王，正终生之卒也。"而十八年书王，孔氏又引范宁注云："此年书王，以王法终治桓之事。"由是知孔氏信《谷梁》之说。至于其余十三年，悉皆无王，孔氏引杜，言此十三年无王皆王不班历故也。针对刘炫规过云"此无王者，正是阙文耳"。孔氏云："杜之所据，虽无明文，若必阙文，止应一事两事而已，不应一公之内十四年并阙王字。"他因此认为刘氏规杜过，"恐非其义也"。[1]

其实，据陈熙晋引杨士郇曰："《春秋》上下无王者凡一百有八。"故吕大圭云："吾以是知桓之《春秋》于是多阙文矣。"对此，顾炎武也说："《春秋》之阙文，后人之脱漏也。"而惠士奇则说："或史阙文，或史误文，或后人乱之，皆不可知。"大多数学者认为，《春秋》上下无王，实为阙文，并无太多微言大义。在前贤基础上，陈熙晋申曰：

> 桓公十八年，惟元年、二年、十年、十八年四年书王，余悉不书王，《左氏》《公羊》无异说，必其所见之本无阙文也。自《谷梁》创桓无王之论，于是贾逵罗织于《左氏》，何休附会与《公羊》，而《春秋》之义愈晦，杜氏求其说而不得，以为失不班历则非其宽也。[2]

确实，陈熙晋有个大发现，为何《左氏》《公羊》对桓有十三年不书王皆无异说，而此正可说明他们两家所见经文，是一个并无阙文本子。只是自《谷梁》创桓无王之微言大义以来，于是附会蜂起。然后他列举除桓之无王十三年之外，考之《春秋》隐不书王者六年、庄不书王者十三年、僖不书王者十四年、文不书王者八年、宣不书王者十年、成不书王者七年、襄不书王者十二年、昭不书王者十三年、定不书王者四年、哀不书王者八年。他问道："岂皆无王耶？又岂皆不班历耶？"由是言之，《春秋》之不书王，非不书也，文之阙也。这又从哪里可知知道呢？他认为答案都藏在《左传》之中。如隐九年经有春无王月，传称"九年，春，王三月，癸酉，大雨霖。庚辰，大雨雪。"知经文"春，正三月"，在"天王使南季来聘"上，"王"字阙。僖五年有春无正月，传称"五年，春，王正月，辛亥，朔，日南至"，知经有王正月而阙也。成十七年传书"春，王正月"，而经书春不书王正月。昭二十二年传书

---

①②　陈熙晋撰：《春秋规过考信》卷一之中，清光绪十五年广雅书院刻本。

"春，王二月"，而经书春不书王二月。哀十二年传书"春，王正月"，而经书春不书王正月，此皆阙文之最有力的证据。故其引毛奇龄曰："《春秋》书时月，而或书王，或不书王者，皆史有详略，无关义例。"①今人杨伯峻也说："《春秋》有时、有月而不书王者共十五条，有时、无月而不书王者共一百余条，史文有详略，未必有义例。"②

第二，从语言上申刘。从语言角度申刘，主要是从文字、音韵、句读、语法、书写等方面来做功课。如宣公六年传"以盈其贯"条，杜注曰："贯，犹习也"。刘规曰："案：《尚书·泰誓》武王数纣之恶，云'商罪贯盈'，言纣之为恶，如物在绳索之贯，不得为习也。"而孔疏则曰："以《诗》称'射则贯兮'，先儒亦以为习，故杜用焉。义得两通，刘规杜过，恐非也。"③对此，陈熙晋征引钱时、顾炎武，二人皆以贯为如物在绳索之贯。接着他继续申之曰：

> 《韩非子·说林下》："有与悍者邻，欲卖宅而避之。曰：'是其贯将满矣。'遂去之。或曰：'姑之矣，子姑待之。'答曰：'吾恐其以我满贯也。'遂去。"④满贯二字本此。《一切经音义》引《仓颉篇》曰："贯，穿也。以绳穿物曰贯也。"光伯信《古文尚书》，故引以规杜，杜未见古文《泰誓》也。

可能是陈熙晋未见邵瑛《刘炫规杜持平》之故，其实邵氏对此也析之甚明，其云："按：《说文》毌部云'贯，钱贝之贯'；《一切经音义》卷一引《苍颉》云'贯，穿也，以绳穿物曰贯'；《易·剥》'贯鱼'，《释文》'贯，穿也'；《论语》卫灵云'予一以贯之'，皇疏'贯，犹穿也'；《书·泰誓》'商罪贯盈'。二孔传疏与刘炫同。杜以'贯'为'习'，经传亦多有之，如《左》襄三十一年'射御贯'，昭二十六年'贯渎鬼神'，《国语·鲁语》'昼而讲贯'之类。但'贯'连'盈'言，自属物在绳索之贯为得，所谓恶贯满盈也。"⑤是故当代著名学者杨伯峻《春秋左传注》亦云"杜注谓'贯犹习也'，误"。⑥

又如僖二十六年传"室如悬罄"，杜注曰："如，而也。时夏四月，今之二月，野物未成，故言居室而资粮县尽，在野则无蔬食之物。"刘规曰："服虔云：'言室屋皆发撤，榱椽

---

① 陈熙晋撰：《春秋规过考信》卷一之中，清光绪十五年广雅书院刻本。
② 杨伯峻撰：《春秋左传注》，中华书局 1981 年版，第 69 页。
③ 陈熙晋撰：《春秋规过考信》卷二之中，清光绪十五年广雅书院刻本。
④ 继案：《韩非子·说林下》原文为："有与悍者邻，欲卖宅而避之。人曰：'是其贯将满矣，子姑待之。'答曰：'吾恐其以我满贯也。'遂去之。"陈氏所引，似有误。
⑤ 邵瑛撰：《刘炫规杜持平》，《丛书集成续编》本。
⑥ 杨伯峻撰：《春秋左传注》，中华书局 1981 年版，第 688 页。

在,如县磬。'炫以为如磬在县,下无粟帛。"孔疏曰:"盖杜以下云'野无青草',言在野无青草可食,明此在室无资粮可啖,炫乃以服义规杜,非也。"陈熙晋先引王观国、臧琳、程瑶田之说,皆主磬为空,空为尽。由是其申之曰:"磬与尽同义,盖借器之中空无物以喻室之中空无物,故曰室如悬磬。若改如为而,则物已尽矣,何悬之有? 不可通矣。杜解非,刘之规杜是也。"①

第三,从名物上申刘。《春秋》经传多载名物,因此对名物的辨析,便成为治《春秋》的一大要务。如成二年传"八月,宋文公卒。始厚葬,用蜃炭"条,杜注曰:"烧蛤为炭以瘞圹。"刘规曰:"用蜃碳者,用蜃复用碳也。"而孔疏曰:"《晋语》云:'雀入于海为蛤,雉入于淮为蜃。'《月令》孟冬'雉入大水为蜃',郑玄云:'大水,谓淮也。'大蛤曰蜃,则蜃者,蛤之类也。《周礼·掌蜃》:'掌敛互物蜃物,以闽圹之蜃。'郑玄云:'互物,蚌蛤之属。闽,犹塞也。将井椁先塞下,以蜃御湿也。'是用蜃以瘞圹也。杜以传用蜃炭共文,故知烧蛤为炭。又且炭亦灰之类,虽灰亦得称炭。刘君以为用蜃复用炭而规杜氏,非也。"为此,陈熙晋申刘曰:

> 《周礼·地官》:"掌炭,掌灰物、炭物之征令。以时入之,以权量受之,以共邦之用,凡炭灰之事。"注:"灰给浣练,炭之所共多。""掌蜃,掌敛互物、蜃物。"注:"郑司农说以《春秋传》曰:'始用蜃炭',言僭天子也。"贾疏:"案《士丧礼》,筮宅,还井椁于殡门之外。注云:'既哭之,则往施之窆中。'是未葬时,井椁材乃往施之圹中,则未施椁前,已施蜃灰于椁下,以拟御湿也。"据《周礼》掌蜃、掌炭既异,其官炭物、灰物亦殊,其用蜃炭二物,非一物。《汉书·酷吏·田延年传》:"茂陵富人焦氏、贾氏以数千万阴积贮炭苇诸下里物。昭帝大行时,方上事暴起,用度未办,延年奏言:'商贾或豫收方上不祥器物,冀其疾用,欲以求利,非民臣所当为。请没入县官。'奏可。"此葬用炭之确证。必如孔言蜃炭共文,以为烧蜃为炭,则下文车马共文,又将何说?②

杜预认为"蜃炭"为一物,孔颖达从其说而驳刘炫之"蜃炭"为二物。陈熙晋据《周礼》既有"掌蜃"一职,又有"掌炭"一职,证明蜃炭实为二物无疑。并且进一步指出,既然杜、孔皆认为"蜃炭"共文,而下文中又出现"车马"共文,则不能将车马也视为一物吧! 在此,

---

① 陈熙晋撰:《春秋规过考信》卷一之下,清光绪十五年广雅书局刻本。
② 陈熙晋撰:《春秋规过考信》卷二之中,清光绪十五年广雅书院刻本。

陈熙晋巧用了以子之矛攻子之盾的驳论方法。

第四，从官制上申刘。襄九年传"使西鉏吾庀府守"条，杜注曰："鉏吾，大宰也。府，六官之典。"刘规曰："鉏吾，大宰，传无其文。贾逵云：'然相传说耳，不知其本何所出也。'杜以府为六官之典，当谓六官之典，其事载之于书，故使具其守。炫以为府守为府库守藏。"而孔疏曰："《周礼》大宰之职，掌建邦之六典，以佐王治邦国：一曰治典，二曰教典，三曰礼典，四曰政典，五曰刑典，六曰事典。六官之典，谓此也。杜以府为六官之典，当谓六官之典，其事载之于书，故使具其守。刘炫以为府守谓府库守藏，今知不然者，以百司府藏，已属左右二师。上华阅讨右官，官庀其司。向戌讨左，亦如之。则是府库之物，二师总令群官所主。案：哀三年，鲁遭火灾，出礼书、御书，藏象魏，皆以典籍为重。明此府守是六官之典。若以为府库财物，便是不重六典，唯贵财物。刘以为府库而规杜，非也。"对此，陈熙晋申刘曰：

> 昭十八年："火作，子产使府人库人各儆其事。"孔彼疏曰："《曲礼》曰：'在府言府，在库言库。'皆是藏财贿之处，故使其人各自儆守以防火也。《周官》有大府、内府、外府、天府、玉府、泉府，而无掌库之官，盖府库通言库，亦谓之府也。"是防火者必重府库之守藏也。文八年："司城荡意诸来奔，效节于府人而出。"宋固有府人矣。宋之府，府人守之，使西鉏吾庀府守，与上文庀武守同一字法，犹子产之儆府人库人也。疏家曲护杜解，引哀三年鲁遭火灾，出礼书、御书，藏象魏，明重典籍之意，不知彼传所谓"百官官备，府库慎守，官人肃给"，固未尝不重府库之守矣。杜彼注云："国有火灾，恐有变难，故慎备。"此庀府守，即慎备变难之意也。且以府为六官之典，尤为据传家言。"宋灾。乐喜为司城以为政"。注："乐喜，子罕也。"孔疏："文七年及成十五年，传言宋六卿之次，皆云右师、左师、司徒、司城、司寇。其右师最贵。今言司城为政卿者，子罕贤知，故特使为政。齐任管夷吾，鲁任叔孙婼，皆位卑而执国政，此亦当然也。"惟桓二年，督为大宰，遂相宋公，盖非常制。大宰实在六卿之下，与《周礼》不合。《曲礼》："天子建天官，先六大，曰：大宰、大宗、大史、大祝、大士、大卜，典司六典。"郑玄注："典，法也。此盖殷时制也。周则大宰为天官，大宗曰宗伯，宗伯为春官，太史以下属焉。"与宋官制亦不合。稽之《周礼》，大史掌建邦之典，则六官之典大史所掌。孔子适周，观书与柱下史，韩宣子至鲁，观书与大史氏，然则典册掌于史官，未必属大宰也。《天官·宰夫》："八职：五曰府掌官契以治藏。"郑注："藏，文书及器物。"是藏文书者，亦曰府。以府与史胥徒并列，非卿大夫所掌，西

鉏吾之为大宰,传无明文。成十八年杜注:"西鉏吾,宋大夫。"此何以知其为大宰乎?上文云:"官庀其司",则六官载籍已属左右二师,断无置典章于不问之礼?故府守之为府库,无可疑者。以左证左,以杜证杜,以孔证孔,刘氏说最可依。①

府守,杜氏以为是六官之典策,而刘氏以为是府库之守藏,孔疏曲护杜注。陈熙晋则采取"以左证左,以杜证杜,以孔证孔"的方法,力攻杜、孔之非而申刘说之是。今人杨伯峻总结说:"刘说似较长。府库所藏,不仅物资财币,典策亦有藏所,刘义可包杜义。"②

第五,从仪礼上申刘。宣十四年:"聘而献物,于是有庭实旅百;朝而献功,于是有容貌采章。嘉淑而有加货。"杜注曰:"物,玉帛皮币也。主人亦设笾豆百品,实于庭以答宾。献其治国若征伐之功于牧伯。容貌,威仪容颜也。采章,车服文章也。嘉淑,令辞称赞也。加货,命宥币帛也。言往共则来报亦备。"刘规曰:"杜谓'于是有'者,皆主人之事,臣闻小国之免罪于大国也,使卿往聘大国,而献其玉帛皮币之物。于是主人亦礼待之,庭前所实笾豆醢醯有百品也。君自亲朝于牧伯之国,而献其治国之功,若征伐之功,于是主人敬以待之。主人之身,有威仪、容貌,车服之饰,有物采、文章。嘉、淑,皆善也,有善言辞,善称赞。燕而送宾,有加增贿货。言宾往既共,则主报亦厚礼。使小国如此朝聘大国者,谋其不免于罪也。若不往朝聘,待其被诛责,而始荐贿货,则无及于好事矣。今'楚子在宋,君其图之',劝君使往聘也。炫以为皆是宾事。'聘而献物',谓献其国内之物。于是所献之物,庭中实之,有百品。谓聘享之礼,龟金竹箭之属有百品也。"以杜注庄二十二年,"庭实旅百,奉之以玉帛",诸侯朝王陈贽币之象,则朝聘陈币亦实百品于庭,非独主人也。"'朝而献功',言治国有功,故土饶物产,于是玄纁玑组,羽毛齿革,乃得为容貌之物采文章。'嘉淑',谓美善之物。'加货',谓贿赂之多。多献贿赂,以谋其不免于罪也。案:此劝君行聘,唯当论聘之义,深不宜言主之礼备。岂虑楚不礼而言此也?君之威仪无时可舍,岂待朝聘宾至,乃始审威仪、正颜色,无宾客则骄容仪?容仪非报宾之物,何言报礼备?又'献其治国',炫云传称朝以正班爵之仪,率长幼之序,则不名献功。成二年王礼巩伯,'如侯伯克敌,使大夫告庆之礼',则侯伯克敌,只合使大夫告王征伐之功,何故亲朝献牧伯?礼,小朝大。小国不合专征,复有何功可献?采章、加货,则聘享献国所有。玄纁玑组,羽毛齿革,皆充衣服旌旗之饰,可以为容貌、物采、文章,嘉

① 陈熙晋撰:《春秋规过考信》卷二之中,清光绪十五年广雅书院刻本。
② 杨伯峻撰:《春秋左传注》,中华书局1981年版,第962页。

淑谓美善之物。加货言贿赂之多。皆宾所献,亦庭实也。案庄二十二年传'庭实旅百',则朝者庭实。又成二年传云:'侯伯克敌,使大夫告庆之礼。'据此文则聘宾有庭实。又'庭实旅百'与'容貌采章'相对,杜何知'庭实'、'容貌'之等,非是宾之所有,必为主人之物? 又君无献征伐之功,何以知献功于牧伯?"“庭实旅百”的字面意思是,将礼物陈列于庭内,谓之庭实。旅,陈也。百举成数言之,以见其多。在此刘炫充分论证了“庭实旅百”其实是小国往聘大国所献之礼物,而非杜谓主人答宾之物。但孔疏则曰:“此传云:'嘉淑,而有加货。'故知'加货'、'庭实'之等,皆是主人待宾之物。《礼》传,宾之于主,无'加货'之文,故杜为此解。襄八年郑伯亲献蔡捷于邢丘,是献征伐之功于牧伯也。刘苟违杜义,以规杜氏,非也。”对此,陈熙晋先引秦蕙田曰:“杜谓主人待宾,刘以为宾所献,以上下文义求之,刘义为长。疏家曲护杜氏,殊未安。”至于孔氏以举《礼》传,以为宾之于主,无“加货”之文,陈熙晋又引孔广森曰:“按:'聘而献物',于是有'庭实旅百';'朝而献功',于是有'容貌'、'采章'。此二句自相偶。'庭实'、'采章',皆所谓加货也。言于彼此嘉好无事之时而荐此加货者,乃所以谋免于诛也。既不免而后贿之,则无及也。此二句又相偶,刘规杜解似矣。”最后陈熙晋申曰:

> 杜以“聘而献物”“朝而献功”谓朝聘于大国,于是以下谓主人答宾,故言往共而来报备,然与上下文语气不相应。刘以为皆是宾事也。孔舜轩以“嘉淑”而有“加货”与诛而加贿相对,盖“庭实旅百”“容貌”“采章”分朝聘析言之,嘉淑而有加货,合朝聘总言之也。足补刘说未逮。[①]

今人杨伯峻亦言“庭实旅百”是小国往聘大国所献之礼物,杜注误。至于“容貌”“采章”等亦均属小国所献大国礼物,杜注以为大国报礼,其误同上。他还举沈钦韩《春秋左氏传补注》、邵瑛《刘炫规杜持平》等著述,并谓二人对此析之甚详。[②]

《春秋》经传涉及仪礼、礼制者颇多,刘炫规杜多有所得,而陈熙晋申刘亦所得较多。如定四年传“社稷不动,祝不出竟”,杜注曰:“社稷动,谓国迁。”刘规曰:“国迁惟在竟内,何得云祝不出竟? 社稷动,谓军行。”孔疏曰:“军行,惟有社无稷。今社稷俱动,故知谓国迁。刘以规杜,非也。”陈熙晋现引惠栋曰:“刘以社稷动为军行是也。杜注非。”然后申曰:

---

① 陈熙晋撰:《春秋规过考信》卷二之中,清光绪十五年广雅书院刻本。
② 杨伯峻撰:《春秋左传注》,中华书局1981年版,第756—757页。

下文云："'君以军行，袚社衅鼓，祝奉以从，于是乎出竟。'与'社稷不动，祝不出竟'反正相应。考之《周礼·春官·大祝》'大师设军社则前祝'，郑司农说'设军社'，以《春秋传》曰所谓'君以师行，袚社衅鼓，祝奉以从者'也。军行有社无稷，云社稷者便文尔。"①

又如关于聘使之法，文六年"季文子将聘于晋，使求遭丧之礼以行"，杜注曰："闻晋侯疾故。"刘规曰："聘使之法，自须造遭丧之礼而行，防其未然也，非是闻晋侯有疾。"孔疏曰："今知不然者，依聘礼出使，唯以币物而行，无别赍遭丧之礼。若主国有凶，则临时办备。今文子聘晋，特求遭丧之礼，出聘之后，晋侯遂卒。考其情事，有异寻常。闻晋侯之疾，何为不可？刘炫以不闻晋侯之疾而规杜氏，恐非其义也。"对此，陈熙晋申刘曰："刘以文子求遭丧之礼，非闻晋侯疾故以规杜，孔氏非之。今知然者，盖文子防未然求遭丧之礼以行，而遭丧之礼不可尽于主国之君。"除此之外，陈熙晋指出遭丧之礼还有《仪礼·聘礼》中所谓的"有遭夫人、世子之丧，有遭己君之丧，有遭己父母之私丧，有遭宾介之丧"等等，倘以《传》考之，则多有可征。正因为所"遭之丧不一，则所求之礼亦非一也"。他针对杜注孔疏强调文子出聘之前已经听说晋侯有疾，故提前做好遭丧准备，而反驳说："谓文子求遭丧之礼，适当晋襄之丧可也；谓文子求遭丧之礼，毕为晋襄之丧不可也。且使文子果闻晋侯有疾，未有聘者闻而从者不闻之理，今其人曰'将焉用之'，则其人未尝闻晋侯有疾也。文子曰'过求何害'，则文子并未尝闻晋侯有疾也。传无明文而杜云然，毋乃与左氏相戾欤？……事可猝办于临时，礼必豫讲与平日。备豫不虞者，豫丧之礼，非豫丧之具也。孔氏谓出使惟以币物而行，无别赍遭丧之礼，此误以丧具为丧礼，失其义矣。近世顾氏栋高以《左氏》引经不及《周官》《仪礼》为疑，今聘而遭丧之礼，见于《掌客》，详于《聘礼》，按之《春秋》皆与之合，不可谓非文子讲求之力也。故备论之，俾使学者知《左氏》之善于礼焉。"②其实，行人出聘，豫习丧礼，这本身就是当时礼制之一。因为不怕一万，就怕万一。行前所习之丧礼，《仪礼·聘礼》中已有具体内容记载。故阎若璩曰："季文子将聘于晋，使求遭丧之礼以行，是礼也，即《聘礼》所载'聘遭丧，入竟，则遂也。不郊劳，不筵几，不礼宾，主人毕归礼，宾唯饔饩之受。不贿，不礼玉，不赠。'又曰：'遭丧，将命于大夫，主人长衣练冠以受。'孔颖达疏号详博，亦未及此语，特

---

① 陈熙晋撰：《春秋规过考信》卷三之中，清光绪十五年广雅书院刻本。
② 陈熙晋撰：《春秋规过考信》卷二之上，清光绪十五年广雅书院刻本。

为补之云尔。"①而吕祖谦的解释或许更为让人易于接受，其云："天下之患不发于人之所备，而发于人之所不备。季文子聘晋，所备者，郊劳赠贿之仪耳，张旜展币之节耳，专对答赋之辞耳。至于遭丧之事，众人以为必无，后其礼而不讲者也。文子当暇豫之时，而汲汲然扣遭丧之礼。吾意鲁国之人窃笑文子之迂阔者多矣。至晋而果遭襄公之丧，使未尝讲丧者处之，其抢攘为如何？其颠错为如何？及是时，始笑文子之迂阔者，未必不反服文子之精审也。"②

第六，从史实上申刘。文十六年："师叔曰：先君蚡冒所以服陉隰也。"杜注曰："蚡冒，楚武王父。"刘规曰："案《楚世家》，蚡冒卒，弟熊达杀蚡冒子而代立，是为楚武王。则蚡冒是兄，不得为父。"孔疏曰："今知不然者，以《世家》之文，多有纰缪，与经、传异者，非是一条。杜氏非不见其文，但见而不用耳。刘以《世家》而规杜，非也。"其实，孔氏对刘炫的批评是毫无道理的，因为他举不出任何的证据来。为此陈熙晋申曰：

> 考《楚世家》，熊绎当周成王之时，封以子男之田，居丹阳。熊绎生熊艾，熊艾生熊䳃，熊䳃生熊胜。熊胜以弟熊杨为后。熊杨生熊渠。熊渠卒，子熊挚红立。挚红卒，其弟弑而代立，曰熊延。熊延生熊勇。熊勇卒，弟熊严为后。熊严卒。有子四人，伯霜、仲雪、叔堪、季徇。熊严卒，伯霜代立，是为熊霜。熊霜卒，仲雪死、叔堪亡，避难于濮；而少弟季徇立，是为熊徇。熊徇卒，子熊咢立。熊咢卒，子熊仪立，是为若敖。若敖卒，子熊坎立，是为霄敖。霄敖卒，子熊眴立，是为蚡冒。蚡冒卒，弟熊通弑蚡冒子而代立，是为楚武王……今杜以蚡冒为武王父，未知所据。③

杜氏对史实的处理往往不够严谨，常出臆断之言。如僖二十六年传"夔子不祀祝融与鬻熊"，杜注曰："祝融，高辛氏之火正，楚之远祖也。鬻熊，祝融之十二世孙。"刘规云："《楚世家》云：'楚之先出自帝颛顼高阳。高阳生称，称生卷章，卷章生重黎。黎为高辛氏火正，帝喾命曰祝融。帝诛重黎，而以其弟吴回居火正，为祝融。吴回生陆终，陆终生季连。季连，芈姓，楚其后也。其后中微，或在中国，或在蛮夷，不能纪其世。周文王之时，季连之苗裔曰鬻熊，事文王。曾孙熊绎，成王封于楚。'是祝融、鬻熊皆为楚之远祖也。自祝融至鬻熊，司马迁不能纪其世。杜言十二世，不知出何书。计其间出有一千二

---

① 引见陈熙晋撰：《春秋规过考信》卷二之上，清光绪十五年广雅书院刻本。

② 吕祖谦撰：《左氏博议》卷十七《季文子如晋求遭丧之礼行》，黄灵庚等主编：《吕祖谦全集》第六册，浙江古籍出版社 2008 年版，第 413—414 页。

③ 陈熙晋撰：《春秋规过考信》卷二之上，清光绪十五年广雅书院刻本。

百年,略而言之,则百年为一世,计父子为十二世,何以得近千二百年乎?"而孔疏曰:"今删定知不然者,以其间或兄弟伯叔相及皆为君,故年多而世少,或可转写误。刘更无别文,以意而规杜氏,未为得也。"为此,陈熙晋申曰:

> 刘辨鬻熊不得为祝融十二世孙,当矣。孔无别文以非刘,则杜此言为无所据,即有所据,亦向壁虚造不可知之书也。①

他接着援引欧阳修的话说:"以孔子之学,上述前世,止于尧、舜,迁远出孔子后,而乃上述黄帝以来,又悉详其世次,其不量力而务胜,宜其失之多也。迁所作《本纪》,尧、舜、夏、商、周皆同出于黄帝。尧下传其四世孙舜,舜复上传其四世祖禹,而舜、禹皆寿百岁。稷、契于高辛为子,乃同父异母之兄弟。今以其世次而下之,汤与王季同世。汤下传十六世而为纣,王季下传一世而为文王,二世而为武王。是文王以十五世祖臣事十五世孙纣,而武王以十四世祖伐十四世孙而代之王,何其谬哉!呜呼!尧、舜、禹、汤、文、武之道,百王之取法也。其盛德大业见于行事,而后世所欲知者,孔子皆已论著之矣。其久远难明之事后世不必知,不知不害为君子者,孔子皆不道也。"因此,他认为司马迁之书世次尚不足信,而况为迁所不道者,则更不足信了。

第七,从句读上申刘。隐公八年传"诸侯以字为谥因以为族"条,杜氏读为:"诸侯以字,为谥,因以为族。"而刘炫读为:"诸侯以字为谥,因以为族。"孔疏认为刘炫妄规杜过,非也。而陈熙晋举春秋以字为谥之例,证刘炫为是。②今人杨伯峻亦认为杜注"诸侯以字"为句,非。"诸侯以字为谥,因以为族",此谓诸侯于大夫,以其字为谥,而其后人因之以为族姓。③

又如僖二十五年传"昔赵衰以壶飧从径馁而弗食",杜注读为:"昔赵衰以壶飧从径,馁而弗食言。"刘炫则规曰:"'以壶飧从',绝句,读'径'为'经',谓经历饥馁,下属为句。"孔疏曰:"杜以径犹行者,以传文为径,故释为行,上读为义。刘炫改'径'为'经',谓经历饥馁,下属为句,辄改其字,以规杜氏,非也。"对此陈熙晋先引《韩非子·外储说》举晋文故事,以"挈壶飧而从"为句;又据《广雅·释诂》"径,过也",证"径"与"经"同;再据定四年杜氏注"畛涂所径也",《释文》谓"径"音"经",证刘氏不非。④今人杨伯峻则认为"径"字一字为句,谓独行小路。赵衰为晋文公携带饭食,随之而行,有时晋文公行大道,赵衰行小

---

①④　陈熙晋撰:《春秋规过考信》卷一之下,清光绪十五年广雅书院刻本。

②　陈熙晋撰:《春秋规过考信》卷一之上,清光绪十五年广雅书院刻本。

③　杨伯峻撰:《春秋左传注》,中华书局1981年版,第61页。

道,赵衰虽饿,亦弗食。①综合三家之说,其实皆可通,但杨说略胜。

第八,从地名上申刘。宣八年传:"楚为众舒叛,故伐舒蓼。灭之。"杜注曰:"舒、蓼,二国名。"刘氏规曰:"杜以舒、蓼二国。案《释例·土地名》有'舒、群舒、舒蓼、舒庸、舒鸠'。以为五名,当为一国名。"孔疏曰:"舒蓼二国名者,盖转写误。与文五年灭蓼同。盖蓼灭后更复,故楚今更灭之。刘炫以杜为二国而规之,非也。"表面上看,孔氏承认舒蓼为一国之名,杜氏以舒蓼二国名是转写误。但陈熙晋指出,孔氏"引文五年灭蓼之事",似乎还是在为"二国"之说辩解,并指出"孔氏之歧说,往往如是。"②

又如诏十二年传:"假道于鲜虞,遂入昔阳。"杜注曰:"鲜虞,白狄别种,在中山新市县。昔阳,肥国都,乐平沾县东有昔阳城。"刘规曰:"杜以昔阳为肥国之都,乐平沾县东有昔阳城,疑此为都也。下注云'巨鹿下曲阳县西南有肥累城',复疑肥国取彼肥为名。炫以为齐在晋东,'伪会齐师',当自晋而东行也。'假道鲜虞,遂入昔阳',则昔阳当在鲜虞之东也。今案乐平沾县在中山新市西南五百余里,何当假道于东北之鲜虞,而反入西南之昔阳也?既入昔阳,而别言灭肥,则肥与昔阳不得为一,安得以昔阳为肥国之都也?昔阳即是肥都,何以复言巨鹿下曲阳有肥累之城,疑是肥名取于彼也?肥为小国,竟不必远,岂肥名取巨鹿之城,建都于乐平之县也?十五年'荀吴伐鲜虞,围鼓',杜云:'鼓,白狄之别。巨鹿下曲阳县有鼓聚。'炫谓肥、鼓并在巨鹿,昔阳即是鼓都,在鲜虞之东南也。二十二年传云晋荀吴'使师伪粜者,负甲以息于昔阳之门外,遂袭鼓,灭之。'则昔阳之为鼓都,断可知矣。"为此陈熙晋申曰:"刘言肥鼓并在巨鹿,昔阳即是鼓都,在鲜虞之东南,一破杜注,最为精确。"③又顾炎武、高士奇、江永、洪亮吉等学者,皆以刘规为是,辩之甚明。

第九,从人名上申刘。宣十二年传:"荀林父将中军,先縠佐之。"杜注曰:"縠季代林父。"刘规曰:"案传文皆称縠子,无縠季。今注云縠季者,杜何以知是縠季?炫以縠非縠季。"孔疏曰:"季之与子,是得通称。子路或为季路。故公子友或称季友。而刘以传唯称縠子,无縠季,而规杜,非也。"为此陈熙晋申曰:"縠子、縠季乃二人。"他举成十八年传:"今縠季亦佐下军。"杜注:"縠季,士鲂。"证明縠子、縠季为不同之人,这是杜氏自己

---

① 杨伯峻撰《春秋左传注》,中华书局1981年版,第436页。
② 陈熙晋撰《春秋规过考信》卷二之中,清光绪十五年广雅书院刻本。
③ 陈熙晋撰《春秋规过考信》卷三之上,清光绪十五年广雅书院刻本。

说的。士鲂,祁姓,彘氏,名鲂,谥号曰"恭",因其本为士氏,因采邑于彘,以彘为氏,故亦可称彘鲂,史称彘恭子。杜氏《世族谱》误以彘子、彘季为一人,冯继先《春秋名号归一图》,以先谷与士鲂同字,亦承杜氏之误。故陈熙晋批评孔颖达"于内外传,曾不检勘,已非刘之此说,甚为疏舛"。①

陈熙晋的申刘氏之说,并不限于上举 9 项,他还涉及时日、典制、音韵等其他各个方面。当然,陈熙晋以乾嘉汉学的严谨,他对刘炫规过的失误也不偏袒,书中若杜氏是而刘氏非者,则为之释,这样的地方有 17 条;而对杜、刘两说义具未安,则为之证,这样的地方则有 20 条,大抵也涉及书法、史实、地理、文物、制度和语言诸方面,不一而足,数不赘述。由上述诸例可以看出,陈熙晋汉学功底深厚,考证详实,理精辞辨,实事求是,其成就非精研《春秋》且旁通诸经者不能得。关于这部书的考据价值,清代著名学者宋翔凤云:

> 正义申杜抑刘,是疏家之体,其文具在,好学深思,瑕瑜自见,此西桥先生《考信》之所为作也。盖杜氏之解多逞私臆,每违《传》意,而刘氏之《规》亦有略发其端,未能旁征博引至于此书,分别义类,决择是非,依刘者申之,存杜者释之,杜、刘具未安者采古今之说以证之,往所瞀乱,咸归条理,各立依据,本末粲然凡其大端莫不备,是刘之未《规》见于别载,蒙视下走,抽绎兼旬,叹为渊海。②

2. 陈熙晋其他汉学成果

陈熙晋的另一部《春秋》学著作为《春秋述义拾遗》,这是一部专注于文献辑佚的著作。他认为《隋经籍志》载刘炫《左氏述义》四十卷,不及《规过》一书,但据孔颖达序称习杜义而攻杜氏,于是怀疑《规过》即在《述义》一书之中。因为《旧唐书经籍志》载《述义》三十七卷,较《隋志》少三卷,而多《规过》三卷,此其证也。《正义》于规杜一百七十三事外,又得一百四十三事,盖皆《述义》之文。其异杜者三十事,驳正甚少。殆唐初奉敕删定,著为令典,党同伐异,势会使然。于是陈熙晋参稽得失,援据群言,成《春秋述义拾遗》八卷。对于这部书的认识,龚绍仁云:

> 西桥先生博极群书,邃于经学,尤服膺河间刘氏,于《规过》外,复得《春秋述义》一百四十三事,为之缀拾丛残,备引古今诸儒论说,与刘氏相发明者,分隶其下,每

---

① 陈熙晋撰:《春秋规过考信》卷二之中,清光绪十五年广雅书院刻本。
② 宋翔凤撰:《春秋规过考信叙》,载《春秋规过考信》卷首,清光绪十五年广雅书局刊本。

事案之辨之,题曰《述义拾遗》。于是刘氏之说焕若神明,复还旧观。……光伯有功六经,孔氏袭取而力沮之,至使河间著述尽归澌灭,其轶见于《正义》者寥寥无几,又皆出于颖达诽诋之余,未必其全书也。后人囿于耳目第见孔疏序文及驳刘诸说,非具卓识,将以光伯为何如人乎?然凡先生亦未尝曲护刘也,如万舞之非干舞,狄盟之非穷庐,下而无直之下非谓宣子,商旅于市之旅非谓陈货,毁中军之敕二家乃施臧而非叔孟,皆足以箴刘失,盖折衷之论,固与党伐殊科也。夫望文生义,空疏者类皆能之,若夫贯串南北,取材于刘、贾、服、郑,不使单词只义,出于臆说,则非博学而精思者不能。今读《规过》与《述义》,信乎光伯之集成也。凡先生之于光伯,既有同好,即有同心,其汲汲表章也宜哉![1]

但关于这部书的评价,著名学者李慈铭有不同看法。其清光绪乙酉(1885)七月初四日《读书记》云:

阅陈熙晋《春秋述义拾遗》。其首一卷辨杜氏《集解》序注疏之说,自卷一至卷八依传文之次,共一百四十三条,末一卷为河间刘氏《书目考》,又缀以《隋书·儒林传》。其每事先标举经文,附以杜注,然后顶格录刘氏《述义》语,皆采自《正义》,又低一格列《正义》说及古今诸家说,后加案曰,以折衷之,亦间有驳刘氏说者。论颇平允,而考证未博,颇有空言,文义近于批抹家者。其为鲁夫人一条,不知传文本无日字。为即日也。每条下多附监利龚绍仁评语,尤为非体。[2]

李慈铭读书论学向以严厉苛刻、不留情面著称。此对陈熙晋该书有褒有贬,但似以贬为多。但无论如何,关于刘炫《春秋述义》文献的辑佚,对于复原其《春秋》研究图景仍具有文献学意义,这是毋庸置疑的。

此外,陈熙晋还旁搜《隋志》《旧新唐志》《玉海》《通志》《通考》,作《河间刘氏书目考》一卷附《拾遗》后。众所周知,六朝经术之盛,南莫著于崔灵恩,北莫著于徐遵明,而学通南北,撰述之多,独推河间刘炫。但刘氏所著书究竟有多少,诸家记载未尽详。陈熙晋通过梳理,考得刘炫所著书目录有:《尚书述义》二十卷(又有《尚书述义》三卷本)、《尚书百篇义》一卷、《尚书孔传目》一卷、《尚书略义》三卷、《毛诗述义》四十卷、《毛诗集小序》一卷、《毛诗谱注》二卷、《周礼义》《礼记义》《春秋左氏传述义》四十卷、《春秋规过》三卷、《春

---

[1] 龚绍仁撰:《春秋述义拾遗跋》,载《春秋述义拾遗》卷末,清光绪十五年广雅书局刊本。
[2] 李慈铭撰:《越缦堂读书记》(上),中华书局2006年第2版,第119页。

秋攻昧》十卷、《春秋述义略》一卷、《春秋义襄》二卷、《公羊义》《五经正名》十二卷、《古文孝经述义》五卷、《论语述义》十卷、《连山易》十卷、《鲁史记》《考定石经》《隋朝仪礼》一百卷、《隋大业律》十一卷《大业令》三十卷、《算术》一卷、《隋书》六十卷、《筮涂》《抚夷论》《文集》等。陈熙晋既为《春秋规过考信》《春秋述义拾遗》以存刘炫著作梗概,复据诸书对刘炫书目分别考之,可谓详尽。

另一部体现陈熙晋汉学成就的是他对黄溍《日损斋笔记》的考证。《日损斋笔记》是黄溍辨经、辨史的考据笔记,为元代少见的汉学成果。陈熙晋在重刊黄溍《文献集》时,作《日损斋笔记考证》一卷。王柏心《传》云:"时黄氏重刊文献,公集力疾为校正,复考证《日损斋笔记》一卷,辑补附录各一卷。"①可见陈熙晋对于义乌乡贤黄溍著作的重编用力甚勤,《日损斋笔记考证》就是其中的工作成果之一。

此外,陈熙晋的汉学成果还体现在其《骆临海集笺注》一书之中。骆宾王是一位在唐代有着非常鲜明个性色彩的义乌人,以诗文著称,又以反对武则天尤富传奇,但其诗文在其身后散佚严重。明代以来,有关骆集的各种注释本增多,主要有颜文选《骆丞集注》四卷,陈魁士《骆子集注》四卷,黄用中注本《骆宾王集》十卷,林绍刻《新刻注释骆丞集》十卷,王世贞注《镌刻太仓王氏音释骆丞集》十卷,虞九章等注释《唐骆先生文集》六卷,黄兰芳评注《重订骆先生集》六卷,王衡等评注《唐骆先生集》,陈继儒注《类选注释骆丞全集》四卷,梅之焕释《刻梅太史评释骆宾王文钞评林神驹》四卷,施凤来评注《鼎镌施会元评注选辑唐骆宾王狐白》三卷等。②明代虽然对骆宾王文集的注本增多,但大都乏善可陈。而陈熙晋笺注本,取明以来众家所长,对骆宾王诗文进行重新编订和分体编年,并且作了大量辑佚和校勘的功夫。故当代学者马茂元指出:"明清两代流行的骆集有各种不同的本子……但所收篇目,大致相同,陈熙晋笺注的《骆临海集笺注》后出,最为完善。"③确实,仅以陈熙晋的注释方法而论,他所采用的完全是乾嘉以来惯用的文字、音韵、训诂和考据的汉学方法与路径,特别是对骆宾王诗文中涉及的典故、成语、职官、制度、天文、地理诸方面考证,皆超越明人,使这部书成为了一部名著,这也是该书至今以来仍为古典文学界所推崇的重要原因。

---

①　王柏心撰:《百柱堂全集》卷四十《西桥陈公传》,见《续四库全书》。

②　参考万曼撰:《唐集叙录》,中华书局1980年版,第29页;中国古籍善本编辑委员会编:《中国古籍善本书目》,上海古籍出版社1987年版,第41—42页。

③　陈熙晋撰:《骆临海集笺注》附录,上海古籍出版社1985年版,第350页。

（三）朱一新与同光时期义乌汉学

朱一新(1846—1894)，字蓉生，号鼎甫。清光绪二年(1876)登进士，历官内阁中书舍人、翰林院编修、陕西道监察御史。为官正义刚直，因疏劾李莲英，降主事，告归。后任广东肇庆端溪书院主讲及广州广雅书院山长。著述颇丰，有《拙庵丛稿》《京师坊巷志稿》《汉书管见》《无邪堂答问》《佩弦斋诗文杂著》等。同治八年(1869)，朱一新入杭州诂经精舍学习，师从著名汉学大师俞樾。诂经精舍由阮元任浙江巡抚时创建，如果说江南是十八至十九世纪中国考据学中心，那么诂经精舍则是十九世纪浙江考据学中心，其学风完全是属于乾嘉汉学性格的。因此，朱一新在诂经精舍两年，受到的是考据学洗礼。

关于诂经精舍的学风，俞樾曾说：

> 昔阮文达公之抚浙也，悯俗学之苟且，慨古训之失传，爰于西湖孤山之麓，创建诂经精舍，俾两浙之士，挟册负素，讽诵其中，沿流以溯源，因文以见道。而又惧流传既久，失其初意，或且以世俗之学，羼并枸驱，特奉许、郑两先师栗主于精舍之堂，用示凯式，使学者知为学之要，在乎研求经义，而不在乎明心见性之空谈、月露风云之浮藻，斯精舍之旧章，文达之雅意也。[①]

俞樾说诂经精舍奉许郑木主于堂，很可以看出即使处于道、咸时代，诂经精舍学风仍然承袭着乾嘉"家家许郑，人人贾马"的风气，这就是朱一新在诂经精舍所浸润的考据学学风。他曾有自述云：

> 我在金华一年，杭州两年，彼时拘谨已甚，不独赌馆、妓船不知何物，即三朋四友往来者亦甚稀，然在金华时竟无大进益，在杭州乃觉眼界稍宽，文思日进。彼时杭、嘉、湖、宁、绍、台六府，博学能文者甚多，而书向尤为英才聚集之所，我在彼半年，后屡有慕虚名而来访者，我仍然漠处之。[②]

所谓"在金华一年"是指他在金华县学，而"杭州两年"，即是在诂经精舍，这两年使他"眼界稍宽，文思日进"，对朱一新后来的影响莫大。尤其在考据方面，他从来对自己都是信心十足的，当与这两年的受训有关。俞樾治学，强调"潜研究沉思，务期心得，必自小学始。"[③]朱一新后来教弟子遵从此训不改。故他虽为理学家，但考据功夫其实也不弱。理

---

① 俞樾撰：《诂经精舍四集序》，载《诂经精舍四集》卷首，清光绪五年刊本。
② 朱一新撰：《佩弦斋杂存》卷上《示儿萃祥》，《拙盒丛稿》本，清光绪二十二年龙氏葆真堂刻。
③ 俞樾语，引见费念慈与缪荃孙书信，收入顾廷龙校阅《艺风堂友朋书札》，上海古籍出版社1980年版，第308页。

学家不废考据,是他常要表达的一个观点。他对于朱熹的推崇,其中也包含了对朱熹重视考据的深刻认识。他说:

> 非精于考证,则义理恐或不确,故朱子终身从事于此,并非遗弃考证之谓也。
> 朱子言:"考证别是一种功夫,某向来不曾做此。"自谦之词。今读《语类》随举一事,无不通贯,非精于考证者能之乎?①

而朱一新本人也非常重视考据的作用,认为"小学训诂,治经之始事,而经义非仅止于斯。训诂既明,乃可进求大方之所在耳。"②简言之,义理与考据应以考据为先,义理为后,二者不可偏废,此与乾嘉学者"训诂明而后义理明"的观点是相一致的。但作为理学家的朱一新,最终在覃思考据与义理的分际时,则强调义理"从考据中透进一层",是为最终治经之目的。从这个立场上看,考据与义理又不纯是先后关系,亦为粗精关系,表里关系,上下关系,终始关系。

1. 朱一新的小学

朱一新学术,重视致用,故其对舆地、边疆、海防、刑法等关注尤甚,体现了其实学的底子,而他在回答弟子提问时,常常现场回答诸多涉及训诂的问题,这又体现了他非同寻常的小学功夫。兹引数例:

> 问:《地理志》"取之不足更费",应劭《注》:"更,偿也。"案:《檀弓》"请庚"之"庚"训"偿",疑《汉志》之"更"是"庚"之借字。考"更"字无训"偿"者。
> 答:"更"训"偿",见《广雅·释言》《周礼·司弓矢》郑《注》《公羊》襄三十年《释文》,《檀弓》借作"庚"耳。《列子·黄帝篇》:"心庚念是非,口庚言利害。"张湛《注》:"庚言作更。"案:"庚""更"同声通用,张《注》非。《礼记·月令注》"庚之言更"也。③

又如:

> 问:《汉·刑法志》"其亡逃及有罪耐以上",颜《注》:"于本罪中又重犯者。"案:"耐"无重义,其罪云何?
> 答:《高帝纪注》引应劭曰:"轻罪不至于髡,完其耏鬓,故曰耏。""耏"本作"而",《说文》:"而,颊毫也。""耐"又为"耏"之或体。(应劭云:"古'耏'字从'彡',发肤之意。杜林以为法度之字皆从寸,后改如是。"案:"耏"已从"而",又从"彡",于义无取,

---

① 朱一新撰:《无邪堂答问》卷三,中华书局 2000 年版,第 116 页。
② 朱一新撰:《无邪堂答问》卷四,中华书局 2000 年版,第 143 页。
③ 朱一新撰:《无邪堂答问》卷二,中华书局 2000 年版,第 84 页。

杜林说是也。《礼运》郑《注》："耐，古能字。"《正义》引《说文》与今本异，或以《字林》为《说文》耳。)颜注盖谓"耐"本罪外，又重犯逃亡之罪。但详上文，语意疑所谓不用此令者。惟指罪人狱已决，以下言之。与上当黥者，至皆弃市一节，各不相蒙。彼论肉刑重罪，此论当完轻罪。("髡"即当完之罪)故云："其亡逃及有罪，髡以上"，不用此令。谓亡逃及髡以上，皆重罪，不得用鬼薪、白粲等轻罪以相比附也。(当仍用髡、钳与笞、弃市之本律。)颜《注》并为一事，似人非。①

弟子问"'耐字'无重义，其罪云何？"是不明"耐"为"髡"之或体之故，此训一明，则"其亡逃及有罪，髡以上"豁然有解。又如：

> 问：《天文志》："鬼哭若谇，与人逢遻。""遻"当作"迕"，《史记·天官书》作"逢俉"。《索隐》："俉，音五故反，亦作迕。""谇"音同"呼"，《广韵》一音"荒故反"，与"迕"为韵。

> 答："遻"训"遇"者，本音"五故切"，与"迕"同。《说文》有"遻"无"遻"，有"啎"无"迕"。"遻""迕"均见《玉篇》，云"遇"也。《尔雅·释诂》："遻，逆也"。"遻，见也"。《释文》："遻，音悟，遻即遻之形变。悟，即啎之音变。悟、啎双声。"《广韵》义同。《玉篇》但收"遻"于"铎"韵，收"遻"于"暮"韵，"遻""遻"乃后世省变。而《广韵》分为两字似误。《楚辞·怀沙》："重华不可遻"。《汉书·贾谊传》作"啎"，即"迕"之本字。《广韵》有"忤""啎"，无"俉"。"俉"即"啎"之省变也。《说文》训"啎"为"逆"。"逆"与"迎"通用，亦有"遇"义。②

朱一新针对弟子以"遻"训作"迕"，以"迕"与"俉"通，故"音五故反"时，认为此训迂曲。因此明确指出当"遻"训"遇"时，本音"五故切"，顺便列举了系列证据以佐之，非精于训诂而不能为之纯熟。又如：

> 傅球林问：《说文新附》："潴从水，猪声。"《禹贡释文》引马云："水所停止，深者曰'猪'。"《史记·夏本纪》"潴"皆作"都"。然则"潴"可通"猪"，亦可作"都"欤？

> 答："都"是本字，"猪"是同声假借字。人所聚曰"都"，水所聚亦曰"都"。都者，大词也。《史记》作"都"用今文，(史迁虽从孔安国问古文，然亦兼用今文。)《檀弓》郑《注》："南方谓'都'曰'猪'。"则俗加水旁耳。《新附》说非。若"都""猪"通用之字，见

---

① 朱一新撰：《无邪堂答问》卷二，中华书局 2000 年版，第 84—85 页。
② 朱一新撰：《无邪堂答问》卷三，中华书局 2000 年版，第 93—94 页。

于古书者甚多。《经籍纂诂》已多征引，无烦赘述。①

傅球林对"潴"可通"都"表述怀疑，而朱一新径谓"都"是本字，"潴"是"都"的同声假借字，并谓"都""潴"通用之字，见于古书甚多，如《水经论·文水》"水泽所聚谓之都，亦曰潴"，即其一例。欲治小学，必通音韵。朱一新云："古韵书为小学而作，今韵书为声律对偶而设，用意本殊。"因此他认为"欲治小学，须于《广韵》求之，此今韵之祖也。"②这些都是很中肯的见解。由于通晓训诂，并能熟练运用，往往使朱一新对经义的理解，更加要趋近经文的原意，当弟子俞恩荣问："相人偶为仁"？朱一新答曰："阮文达此言恐是误读郑《注》。"原来"相人偶为仁"是阮元对郑注《中庸》的概括性理解，而朱一新认为这是阮元的误读，我们先引阮元的原话看来如何解释，其云：

> 《论语》言五常之事详矣，惟论"仁"者凡五十有八章，"仁"字之见于《论语》者凡百有五，为尤详。……今综论《论语》论仁诸章而分证其说于后，谨先为之发其凡曰：元窃谓诠解"仁"字，不必烦称远引，但举《曾子制言篇》"人之相与也，譬如舟车，然相济达也，人非人不济，马非马不走，水非水不流。"及《中庸篇》"仁者，人也"。郑康成《注》"读如相人偶之人"。数语足以明之矣。春秋时，孔门所谓仁也者，以此一人与彼一人相人偶而尽其敬礼忠恕等事之谓也。相人偶者，谓人之偶之也。凡仁，必于身所行者验之而始见，亦必有二人而仁乃见，若一人闲户齐居，瞑目静坐，虽有德理在心，终不得指为圣门所谓之仁矣。盖士庶人之仁，见于宗族乡党，天子诸侯卿大夫之仁，见于国家臣民，同一相人偶之道，是必人与人相偶而仁乃见也。郑君"相人偶"之注，即《曾子》"人非人不济"，《中庸》"仁者人也"，《论语》"己立立人""己达达人"之旨。能近取譬，即马走、水流之意。曰近取者，即子夏"切问近思"之说也。③

由上可见，阮元对"仁"的解释，得自郑玄"相人偶"的注解。他将"相人偶"以《曾子》"人非人不济"释之，并在《论语论仁论》稍后篇幅中曰"犹言尔我亲爱之辞。独则无耦，耦则相亲，故其字从人二。……《诗·匪风疏》引郑氏《注》曰：'人偶，同位之辞。'此乃直以人也为仁也，意更显矣。"但朱一新认为阮元误会了郑《注》，才得出一厢情愿的结论，其云：

---

① 朱一新撰：《无邪堂答问》卷三，中华书局2000年版，第96页。
② 朱一新撰：《无邪堂答问》卷三，中华书局2000年版，第86页。
③ 阮元撰：《揅经室一集》卷八《论语论仁论》，中华书局1993年版，第176—177页。

郑注《中庸》云:"人也,读如'相人偶'之人。"郑《注》"读如"之例与《说文》不同。《说文》,字书。其所举者,制字之本义。故"读如"之字,往往义寓于声,可寻声以得义。郑《注》乃训诂之书,凡"读如"者,皆拟其音,非释其义,义则别有训释以明之。段懋堂《周礼郑读考》所立之例至确。如文达言,则郑《注》当云"仁"读为,不当云"人"读如。郑君此注第谓与"相人偶"之"人"字同音耳,曷尝以"相人偶"为"仁"?①

阮元援引郑《注》,而朱一新则用郑《注》体例来反驳阮元。阮元不明郑《注》为训诂之书,而《说文》则是字义之书,二者体例虽然同用"读如",但前者"读如"皆拟其音,后者"读如"皆释其义,此"读如"非彼"读如",故郑《注》"相人偶"之"人",不能释作"仁",其意只在拟音,而非取义,因此他接着说:

郑《注》:"人也,读如相人偶之'人'。"盖与《觐礼》"匹马卓上"《注》"卓读如卓王孙之卓"。《周官》"以利得民"《注》"利读如上思利民之利","凡珍异之物有滞者"《注》"滞读如沈滞之滞"一例。此类今皆无异音,而郑必作注以明之,盖古今音变久而失其读耳。《公羊传》:"伐者为客,伐者为主。"亦此例。六朝经师多为异读,近儒讥之,不古法如此也。②

朱一新援引郑《注》其他古书之例,以为"读如"皆为释音,可证"相人偶"之读之例,统统属于同一性质的案例。与此同时,他还结合郑《注》上下文进一步申言:

其下文以"人意相存问"之言,乃"仁"字正训。《仲尼燕居》《注》云:"仁犹存也。"(取同部字为训。)即取"人意相存问"之谓。故彼《正义》以"仁,恩相存念"释之。"人意存念"者,乃兼心与事言,非专以事言也。③

郑《注》的体例是"读如"释音,释音之后再释其义,因此以"人意相存问"释"仁",才是郑《注》的"正训",这与《仲尼燕居》所注"仁犹存也"相同,也与孔颖达《正义》"仁,恩相存念"的释义接近,故朱一新最后总结道:

郑君注《礼》笺《诗》,屡言"人偶",其所取义皆与"仁"无涉。④

以上所引可见朱一新训诂功夫,实不在一般汉学家之下。

2. 朱一新的舆地考据

如前所言,朱一新学术重视致用,故精于舆地之学,这也体现了他考据学成就的另

---

① ③ ④ 朱一新撰:《无邪堂答问》卷一,中华书局 2000 年版,第 31 页。
② 朱一新撰:《无邪堂答问》卷一,中华书局 2000 年版,第 32 页。

一个侧面。当有弟子问：

> 《地理志》酒泉郡"禄福"，汪氏远孙曰："《续志》作福禄，非也。"案：《通典》亦作"福禄"，汪说未知何据？

朱一新答曰：

> 《汉合阳令曹全碑》拜酒泉禄福长。钱竹汀《金石文跋尾》引《魏志·庞淯传》及皇甫谧《列女传》载庞娥事云："禄福赵居安之女"。又云："禄福长尹嘉。则汉、魏间犹称'禄福'，晋以后始改'福禄'也。"案：隋、唐诸《志》皆与《续汉志》同。《晋书》载记《张重华传》云："封福禄伯。"《太平寰宇记》引阚骃《十三州志》云："福禄城，谢艾所筑。"《史记·五帝本纪》《赵世家正义》引《括地志》亦皆作"福禄"。钱氏所云晋后改名者，信而有征。惟据庞娥事，似后汉时尚未改，《续志》当转写误倒耳。①

朱一新对于舆地之精熟，超出了一般理学家所关注的范围，他对于新疆、吉林、黑龙江地理沿革和边界变迁都了如指掌，当弟子赵天锡问"吉林边界有白棱河在何地"时，他回答：

> 据《和约》言，在兴凯湖之西，湖布图何之东北，洋文称"土尔必拉"者，蒙古语"河"也。土尔必拉在兴凯湖之西，奎屯必拉之右，距穆棱河不及百里。（中图不载，俄图有之。）其他有图里罗格，距大乌萨赤河二三十里。（当即中国之乌札湖河。）今俄人喀字头界碑立于白棱河口，而我之卡伦亦即在穆棱河东岸。《边防偶述》谓俄欲由松阿察河掘通穆棱河，故造此白棱之名，以图影射其说，盖本于当时定界使臣之奏疏。俄人狡猾，事或有之也。②

由于他对地理的兴趣及其深厚的地理学修养，故他力辨阮元以浙江非渐江之误，分别从古音、文献记载，实地考察三个方面，证明浙江即《水经注》所云："浙江"，对阮元《浙江图考》逐一驳正，③皆言之有理，与现代地理相合。

3. 朱一新的辨伪考据

此外，他力辨《文中子》非伪书，也几成定谳，表现了极深的考据功底，其云：

> 《中说》非伪书。周、秦诸子无不有自相抵忤之说，盖多为后人所杂乱也。《中

---

① 朱一新撰：《无邪堂答问》卷三，中华书局 2000 年版，第 94 页。
② 朱一新撰：《无邪堂答问》卷一，中华书局 2000 年版，第 40 页。
③ 详见朱一新撰：《无邪堂答问》卷一，中华书局 2000 年版，第 42—46 页。阮元撰：《浙江图考》（上中下），详见《揅经室》一集·卷十二，中华书局 1993 年版，第 265—346 页。

说》之杂乱正与此同。特其书抵牾尤甚，又句摹字仿，俨欲以圣自居，人所骇怪，遂并其书而伪之耳。考唐人言《文中子》者，皮日休、陆色蒙、司空图三家之书，昔人已多援据，然犹出于唐末。若李习之、刘梦得、刘志华、裴延翰，则中唐人；王无功、杨盈川、陈叔达，则唐初人也。《续诗》《续书》《元经》之作，皆见盈川所为《王子安集序》。《叔达答无功书》亦有"贤兄文中子，兴《元经》以定真统"之语，复言"薛记室因《元经》著《春秋》。"与盈川序中"薛收为《元经》传"者相合。又云"因沾善诱，颇识大方，"则叔达之为仲淹弟子无疑，与《世家》亦合。无功文中屡及其兄之事，《困学纪闻》曾引数条，今文具在。其《游北山赋》云："察俗删《诗》，依经正史，山似尼邱，泉疑洙泗，"自注有："吾兄仲淹续孔子六经近百余卷，门人弟子相趋成市，故溪今号王孔子之溪。"又《王子安集》有《倬彼我系诗》云："伊我祖德，思济九埏。其位则座，其言则传。爰述帝制，大搜王道。曰天曰人，是祖是考。《礼》《乐》咸若，《诗》《书》具草。"是通当日有疑圣之名，固是实事。刘梦得作《王质墓志》，《旧唐书》多采入《质传》中，决非伪作。其言文中子家世、行事甚至详，并云"当时伟人咸出其门。"则《世家》所云"房、杜、李、魏皆门人"之说，亦非尽属子虚，特夸饰在所不免耳。《中说》非通自著，盖为其徒姚义、薛收等所缀辑，本书《后序》固明言之。后儒致疑者，惟晁公武《读书志》、叶大庆《考古质疑》。辨李德林、关子明、薛道衡三事，年岁相悬，必非事实。若太极殿之名，诸弟子纂辑时，由后改前，事所常有。游乐署诸节，小小抵牾，亦无足异。惟通既以圣自居，诸弟子遂以圣尊之。唐以前又不知僭经之为非，自子云《法言》后，规模沿袭，动辄成风，《中说》之摹拟，亦犹是也。知尊其师而不知所以尊，龙川陈氏所谓适足为是书之累耳。洪氏《容斋随笔》、王氏《挥麈后录》皆疑阮逸伪作，逸他书今犹可考，安能为此？其所伪者《元经》，非《中说》也。朱竹垞谓为子虚亡是之流，指为黎邱之鬼，盖为宋咸之说所误。至王西庄、姚立方辈，肆口漫骂，更无足论矣。[①]

文中子王通，隋代儒学家，宋代《三字经》有"文中子，及老庄"，可见宋人意识中，王通地位较高。从学术史上看，王通是由汉晋经学向宋明理学过渡的关键人物。《中说》是王通的弟子为纪念他，弘扬他在儒学发展中所作的贡献，仿孔子门徒作《论语》而编，又称

---

① 朱一新撰：《无邪堂答问》卷一，中华书局 2000 年版，第 1—2 页。

《文中子》《文中子说》等，是后人研究王通思想以及隋唐之际思想发展的主要依据和参考。可怪的是《隋书》只字不提王通，致使后来对他及其《中说》疑信者参半。关于王通事迹的文献记载始于初唐，富于中晚唐，在唐代基本上还没有人怀疑过其人与其书。宋代首先给王通以较高学术地位的是程颐，南宋朱熹在《近思录》《朱子语类》中亦多处提及王通，评价较高。陆九渊甚至谓孟子之后，以儒称于当世者，荀卿、扬雄、王通、韩愈四子最著。史学家司马光惜正史未曾给王通作传，遂撰《文中子补传》，以补《隋书》之缺。当然对王通的怀疑，也始于宋代，如洪迈、晁公武、王应麟等，都怀疑其书有不同程度的掺伪。明代对《中说》也是信疑存半，如王阳明《传习录》、宋濂《诸子辨》皆如此。清人多疑文中子书为伪书，如顾炎武《日知录》、俞正燮《癸巳存稿》、俞樾《读文中子》、朱彝尊《经义考》、周中孚《郑堂读书记》、姚际恒《古今伪书考》以及王鸣盛等皆视《中说》为伪，而朱一新就是针对汉学家这一普遍性观点所作的辨正。为此，他还认为汉学家疑经，其实有借机以售私说之嫌，其云：

> 姚氏《古今伪书考》多出臆断。古来伪书惟子部最多，经部作伪不易。汉、魏、六朝经师，一字之殊，断断考辨，若张霸、刘炫之伪造者，终不能售其奸。近人动辄疑经，唐以前无是也。《皇清经解》中颇有此弊。大率以己之意见治经，有不合者，则锻炼周内，以证古书之伪，而后可伸其私说。若推此不已，其祸殆烈于焚书。①

因此，朱一新考据功夫令人尊重，考据结论让人信服，更重要的是其考据思想较纯考据家要深刻许多。对于考据辨伪之学，朱一新认为是"于己甚劳，而为人则甚忠"之事，②故尤不可以伸己私说，生心害政，靡所底止，这是他考据思想中很重要的一端。

4. 朱一新的史学考证

值得一提的是，朱一新对清以来浙江作史与考史派的传统有所继承。其《京师坊巷志稿》《广东德庆州志》以及参与纂修《国史儒林传》等为作史之作，而《汉书管见》，则可视为考史之作。关于北京城的街巷著述，明嘉靖间（1522—1566）有张爵《京师五城坊巷胡同集》、沈榜《宛署杂记》中街巷部分，清光绪间则有朱一新《京师坊巷志稿》、刘承干《京师坊巷志考正》与《京师坊巷记校释》等。朱一新《京师坊巷志稿》，是在他编纂的《光

---

① 朱一新撰：《无邪堂答问》卷一，中华书局 2000 年版，第 2—3 页。
② 朱一新撰：《无邪堂答问》卷二，中华书局 2000 年版，第 75 页。

绪顺天府志》之《京师志·坊巷》基础上,稍作增补后的一个单行本。作者自序云:

> 京师坊巷,大抵袭元明之旧,琐闻佚事,往往而在;若其规制之沿革,习俗之隆
> 窳,民生之息耗,则又考古镜今者之渊海矣。……爰钩考其言之雅驯者,述为斯
> 篇。……牙署寺观,各有颛门,标其纲要,补其阙遗,抑亦志地者所不废;若间巷丛
> 祠,王侯甲第,郡国计车之所萃,寓公篇咏之所传,间接繁芜,要关掌故,略仿宋氏
> 《长安志》例,悉加甄录。①

该书分区记载当时北京坊巷胡同,于官署、寺观、王公宅第、会馆、桥井皆随地注明,又由于书中大量征引旧籍中有关的琐闻佚事和前朝故实、诗篇等,使人得窥北京城当时文化风貌。今人研究北京城史,倘要了解自明嘉靖(1522—1566)至清光绪(1875—1908)三百多年间北京街巷的发展演变,实有赖于张爵、沈榜与朱一新的记载。朱一新当时应邀参与《光绪顺天府志》的编纂,非常重视实地考察,为此他"昼则步行广衍委巷,就官堆老卒、本巷居民详询之;夜则备录日中所闻见,证诸旧图,参以往籍,考索钩贯,漏三四下不休"。②由此可见,他撰写《京师坊巷志稿》主要采用了实地考察与文献考证相结合的方式,这完全是乾嘉以来的汉学路径。为此,曹聚仁先生云:"《坊巷志》条列建置沿革,杂证各家记载,结以小小考证,小小篇幅,用力甚勤,犹有汉学家治学精神。"③根据尹钧科等学者的统计,"朱一新记载的北京街巷胡同(包括10个坊名、少量的俗称以及同音或近音的异写)为2 422条,比张爵记载的1 500多条增加了近千条。地名数量的增加,反映了北京街巷在三百年间逐渐密集起来的事实。"④这无疑为后人研究北京城史提供了可靠的一手史料。为此,还有学者根据朱一新有关北京坊巷水井的记载,研究北京当时的生态环境。由于朱一新于每条街巷内的水井,随文标出其具体数目,从而使清末北京内外城的水井分布一目了然。孙冬虎按照朱一新的记载逐条统计,将各区域内的水井数量、街巷胡同数量以及水井的分布密度(水井口数÷街巷数量=每条街巷平均具有的水井数),得出《京师坊巷志稿》所载北京城区水井统计表,⑤如下:

---

① 朱一新撰:《京师坊巷志稿序》,清光绪二十二年刊本。
② 朱怀新撰:《京师坊巷志稿跋》,清光绪二十二年刊本。
③ 曹聚仁撰:《京师坊巷志》,载《书林新话》,生活·读书·新知三联书店2010年版,第90页。
④ 尹钧科,孙冬虎撰:《北京地名研究》,北京燕山出版社2009年版,第361页。
⑤ 统计表转引自孙冬虎撰:《北京近千年生态环境变迁研究》,北京燕山出版社2007年版,第101页。

区域	内 城							外 城					
	皇城	中城	南城	北城	东城	西城	合计	中城	南城	北城	东城	西城	合计
水井口数	92	66	85	97	172	182	694	53	24	84	113	325	599
街巷条数	193	149	200	188	347	386	1 463	123	93	167	114	93	590
水井密度	0.48	0.44	0.43	0.52	0.50	0.47	0.43	0.43	0.26	0.50	0.99	3.49	1.02

从作史角度来看,由于朱一新《京师坊巷志稿》对史料来源于实际的重视,因此对于今天研究当时北京生态才有可能起到实际的作用,同时也反映出不同于一般的史志水平,充分体现了浙东史学的著述传统。

朱一新的《汉书管见》为考史之作。该书凡四卷,首录颜师古《汉书叙例》中有关"诸家注释"的部分,并列出服虔、应劭、邓展、苏林、孟康、韦昭、晋灼、刘宝、蔡谟、崔浩等十人的姓名、爵里、年代、著作卷数,以此表明"旧说所承,注释源流"。次论"目录",朱一新认为"《汉书》本无目录,特刊书者为便于检阅以意为之,故各本详略不同。今据监本添入数人,恐乱毛氏之真也,以朱书别之,附注于下"。①《汉书》最后一篇《叙例》,一方面仿司马迁《太史公自序》,同时又兼用为全书目录。今本《汉书》所谓目录,确系后人所添,无非方便索引而已。《汉书》自诞生之日起,研究者就不断涌现,代不乏人。清代考据学兴,有关《汉书》的考订、校勘、辨伪、训释、补作、辑佚等著述也层出不穷,且水平都较为整齐,如江苏学者代表有钱大昕《汉书辨疑》、沈钦韩《汉书疏证》,浙江考史派学者代表有齐召南《汉书考》、杭世骏《汉书蒙拾》、李慈铭《汉书札记》等。此外,清代三大考史大家钱大昕《廿二史考异》、王鸣盛《十七史商榷》、赵翼《廿二札记》也涉及《汉书》考辨内容较多。纵观整个清代《汉书》研究,朱一新《汉书管见》无论是对《汉书》版本字句校勘与史事考证之精审,还是引征史料上及《史记》与诸家旧注释之博洽,都可入名家之列。最为值得称道的是,他所引资料中,还涉及近代地理学著作,如《海国图志》《瀛环志略》等,体现了朱一新与时俱进的治学理念,是故《汉书管见》可视为浙派考史与近代实学结合的典范,这其实也代表了浙派考史的一个新趋向。

三、清代浙江理学视野下的义乌儒学

浙江理学在清代初期引领了尊朱辟王思潮,为程、朱理学在清代复兴作出了巨大页

---

① 朱一新论《汉书》目录,见朱一新撰:《汉书管见》卷首,清光绪二十二年刻本。

献。但浙江毕竟是王学故地，随着尊朱辟王思潮的推行，浙江理学同时又出现了攻朱入王的另一种声音。这种声音在嘉道时期义乌理学人士陈德调那里产生了回响。随着乾嘉汉学兴盛局面的到来，浙江理学逐渐衰弱，但到清代后期，浙江理学界代表人物朱一新的出现，又将义乌理学成功带到一个新的高度。

（一）清代浙江理学概述

清代理学的兴盛发展主要体现在清初和晚清。对于清初的理学盛局，黄舒昺曾这样描述：

> 洪惟我朝，正学昌明，人文蔚起。陆子（陆陇其）、汤子（汤斌）及桴亭（陆世仪）、杨园（张履祥）、仪封（张伯行）三子，实承斯道之正传。熊孝感（熊赐履）、李安溪（李光地）、朱高安（朱轼）诸元老，力为翼之。杨宾实（杨时）、蔡梁邨（蔡世远）、陈榕门（陈宏谋）诸君子，相与和之。故士有实学，学有成规。①

以上诸人，皆为康熙年间的理学名家或理学重臣。倘就清代初期理学发端而言，它的起步应该在浙江。黄舒昺的第一份名单中，陆陇其和张履祥就是浙江学者。而浙江的理学，无疑又在程、朱理学与陆王心学之间呈现交叉发展的态势，由此而形成不同的理学阵营。

我们先看浙江尊朱辟王的理学情况。清初的理学转向与建树，是以尊朱辟王为路径的。为吸取明亡的历史教训，思想界出现一股检讨王学的风气，程、朱理学在经历明代中晚期以来的削弱之后，此时迎来复兴的局面。在程、朱理学复兴的过程中，明遗民起的作用很大。梁启超说："从顺治元年到康熙二十年约三四十年间，完全是前明遗老支配学界。他们所努力者，对于王学实行革命。"②清初，浙江是明遗民的集中地，这为浙江学者对清初思想文化界将要作出的巨大贡献提供了人才储备。因此，清初程、朱理学复兴局面的开拓，基本上得力于浙江理学界学者们的努力。这段时间形成的尊朱辟王思潮，先导人物就是张履祥。张履祥（1611—1674），字考夫，号念芝，桐乡人，居杨园，学者称杨园先生。张履祥之学，居敬穷理，宗法考亭；知行并进，践履笃实；伏处衡茅，系怀民物。《清儒学案》立"杨园学案"，列弟子9人，交游13人，而此前《光绪桐乡县志》记录张履祥弟子55人，著录弟子多为浙籍人士。③可见这是一个庞大的理学集团。张履祥是

---

① 黄舒昺撰：《国朝先正学规汇钞识语》，同治七年刊本。括号中姓名为引者所加。
② 梁启超撰：《中国近三百年学术史》，天津古籍出版社2003年版，第18页。
③ 严辰撰：《（光绪）桐乡县志》卷十三，清光绪十三年刻本。

清初理学转向的最早推动者,故梁启超说他是"清儒中辟王学的第一人"。①因为这个缘故,张履祥受后来朱子学家推崇,认为他得道学正统。梁启超的评价虽然是对张氏一人而言,其实已经点明了浙江学者对于清初理学的贡献所在。后来,钱穆在《中国近三百年学术史》中,将张履祥对吕留良的影响作了揭示,认为吕留良通过与张履祥的交游,使他尊朱批王之论更加尖锐。最终,清初尊朱辟王的理学思潮,在深受张履祥、吕留良影响的理学名臣陆陇其那里得到发扬光大,而这股思潮也终于由民间走向庙堂。在黄舒昺的名单中,对于浙江理学中人在尊朱辟王思潮中所具体发挥的作用还是不够重视,最近有学者理出了从张履祥、吕留良到陆陇其——清初尊朱辟王思潮的这条主线,将浙江这三位学者接力棒式的努力及其对清初理学转向的贡献作了复原,使我们可以更好地看清当时的历史真相。②

我们再看浙江攻朱入王的理学情况。在浙东王学故地,黄宗羲对于王学有着非常深厚的感情。面对清初尊朱辟王的思潮,梁启超说他"始终不非王学,但是正其末流之空疏而已"。③黄宗羲后来的思想着力点主要不在理学本身,而是通过史学来抒发其思想,在思想界留下无人能及的巨大影响。如果说在清初为理学界带来尊朱辟王思潮的主要是浙江学者,构成尊朱的强大阵营;而几乎与此同时,浙江理学界也出现了攻朱入王的另一个阵营。这便是以毛奇龄为代表的理学阵营。毛奇龄的理学要点在于攻驳朱学,修正王学。其理学思想集中体现在有关《四书》的诸多著作中,如他深刻认同王学关于古本《大学》的诠释,后作《大学正文》《大学知本图说》等文,标明王学立场,而攻驳朱学。他攻驳朱熹《四书集注》的集大成之作《四书改错》,认为朱注无一不错。分人、天、地、物、官师、朝庙、邑里、宫室、器用、衣服、饮食、井田、学校、郊社、禘尝、丧祭、礼乐、刑政、典制、故事、记述、章节、句读、引书、据书、改经、改注、添补经文、自造典礼、小诂大诂、抄变词例、贬抑圣门等三十二门,列四百五十一条,每条之下,先列朱注,再予辩驳纠错,可谓振聋发聩。如果说陆陇其是浙江学者将朱学推向庙堂的官方代表,而毛奇龄则是浙江学者中攻朱入王的民间代表。毛奇龄的意义不仅仅在理学界攻朱入王阵营构建,关键在他所使用的实证方法,促成了清初学风的转向,这也使他成为继顾炎武之后乾嘉

①　梁启超撰:《中国近三百年学术史》,天津古籍出版社 2003 年版,第 111 页。

②　张杰、肖永明撰:《从张履祥、吕留良到陆陇其——清初"尊朱辟王"思潮中一条主线》,载《中国哲学史》2010 年第 2 期。

③　梁启超撰:《清代学术概论》,中国人民大学出版社 2004 年版,第 149 页。

汉学重要的先驱人物之一。

从整个清代的理学形势来看,自乾嘉以来,程、朱理学在清初的兴盛局面不再,理学退潮甚至遭到排斥,潘德舆说:

> 程、朱二子之学,今之宗之罕矣。其中宗者率七八十年以前之人。近则目为迂疏空滞而薄之,人心风俗之患不可不察也。夫程、朱二子学圣人而思得其全体,所谓德行、言语、政事、文学,殆无一不取而则效之。今人不满之者,每能确指其解经不尽吻合乎圣人,制度名物往往疏而不核,诚不为无见。不知此特二子之文学有所不备,而其德行、言语、政事,荦荦大者,固孔孟以后必不可无之。而七八十年来,学者崇汉唐之解经与百家之杂说,转视二子不足道。无怪其制行之日趋于功利邪僻,而不自知也。①

潘德舆将晚清社会危机之发生与社会风气之沉沦的责任,归罪于乾嘉考据之学,虽然过于简单化,但他对于学者溺于考据而丢掉社会责任的忧思,则反映了晚清以来知识界的群体性心态。那么挽大厦之将倾的思想力量来自何方呢? 晚清士人群体的目光注意力不约而同地又集中到了程、朱理学。于是潘德舆开出济世药方,其云:"欲救人事,恃人才;欲救人才,恃人心;欲救人心,则必恃学术。"②而能担当此重任之所谓"学术",即程、朱理学,对此李元春解释:

> 乃吾儒之学亦且分党而角立,指其名则有记诵之学,有词章之学,有良知之学,今日又有考据之学,而皆不可语于圣贤义理之学。汉儒,记诵之学也;六朝及唐,词章之学也;良知之学,窃圣贤之学而失之过者也;考据之学,袭汉儒之学而流于凿者也。独宋程、朱诸子,倡明正学而得其精。通世顾横诋之亦大可感矣。③

由于只有程、朱理学属于正学,故才能担当"正人心、厉风俗、兴教化"之重任。知识界对于理学诉求的呼声日涨,引起朝廷的重视。当然,嘉道两朝对抬升理学地位,也采取了一些直接有效的措施。如朝廷经筵进讲,恢复程、朱理学内容,又如在文庙从祀中增加理学名臣名额。由此嘉道两朝的理学在朝廷和知识界的互动中开始复苏。而至咸同时期,终于呈现了"中兴"局面。当然,咸同的理学中兴,一方面乃时运使然;另一方面也由于具有湖湘学背景的理学家曾国藩在政治上的快速崛起,使朝廷对于理学的信心大增。

---

① 潘德舆撰:《养一斋集》卷十八《任东涧先生集序》,清同治十一年刊本。
② 潘德舆撰:《养一斋集》卷二十二《与鲁通甫书》,清同治十一年刊本。
③ 李元春撰:《时斋文集初刻》卷二《学术是非论》,清道光四年刻本。

这样理学与朝廷的又一次合作,遂使理学中兴有深厚的政治基础。根据史革新的总结:咸同理学中兴,首先表现在理学士人受到朝廷的重用,如倭仁、李棠阶、吴廷栋等理学家之入朝任职;其次,表现为朝廷大力营造崇尚理学的风气,如咸丰十年(1860),清廷规定"嗣后从祀文庙,应以阐明圣学,传授道统为断",故清初许多著名理学家如张履祥、张伯行、王建常等被请祀文庙,由此而强化了清代理学的道统谱系。而对于当朝健在的理学家如夏炘、贺瑞麟、杨树春、薛于瑛大力加以表彰;再次,广泛刊刻理学家著作,从翰林院到各地方教育机构,甚至连洋务学堂也将《四书》《朱子语类》《朱子大全》等理学定本,作为必修课程。最后,理学中兴的最重要体现,就是在晚清时期产生了一大批卓有成就的理学家。①

这些理学家从籍贯的地理分布上看,形成了几大带有地域色彩的理学集团:其中陕西理学集团,主要集中在关中地区,代表有李元春、路德、贺瑞麟、杨树椿、柏景伟等人,他们的学术上承两宋,中接元明,后开晚清关学新的局面;河南理学集团,主要有倭仁、李棠阶、刘廷诏、苏源生、王检心、王涤心、于锦堂、徐淮扬等。对此,徐世昌云:"中州理学之传,阅二百数十年而弗坠,其居最后以儒修得大名者,则倭文端、李文清二公。"②倘论晚清理学家出产最多与最活跃地区,当非湖南莫属。湖湘理学集团,主要有陶澍、贺长龄、贺熙龄、唐鉴、胡达源、曾国藩、罗泽南、刘蓉、李元度、郭嵩焘、丁善庆、王鑫、李续宾、李续宜、贺兴范、钟近衡、胡林翼等。大概因为乾嘉时期考据之学主要集中在江、浙、皖三地之故,而湖南非考据学发达之地,故宋代张轼湖湘之学影响一直得以延续。

值得注意的是,除湖南之外,考据学重镇安徽和浙江的理学家人数也较多。其中安徽理学集团,主要有方东树、许鼎、朱道文、汪桂月、吕缉熙、吴廷栋、夏炘、夏炯、苏惇元、方宗诚、方潜、涂宗瀛、杨德亨、何慎珍等。这些人士中,又以桐城派人士对晚清理学贡献为最著。如方东树的贡献对安徽乃至全国理学的复兴具有非常积极的意义,其《汉学商兑》可谓极大抬升了宋学地位,而《辨道论》则彻底以程、朱理学为正宗,在当时乃至后来都影响甚巨。

浙江理学集团,则主要有宗稷辰、邵懿辰、高钧儒、伊尧乐、应宝时、黄方庆、陈居宽、朱一新等。与清初比较,这时候在浙江理学集团内部,出现了两个方向的融合趋势:一

---

①　以上引述,见史革新撰:《晚清理学研究》第一章"晚清理学兴衰概述",商务印书馆 2007 年版,第 5—39 页。

②　徐世昌撰:《李文清公日记序》,《李文清公日记》卷首,民国四年石印本。

是,对于朱、王的界限分别已经不再执着。如会稽学者宗稷辰尝言:"朱子之学,由闽而递传于浙。吾道之昌于越,自尹子证人之学始,至刘子而证人之学成。故尹犹大春也,刘子犹大冬也。若紫阳则博文而道舒,姚江则守约而道敛,犹之夏发荣而秋落实焉。至于冬,而天地之性于是乎毕见,万物之理于是乎备昭,学统之全,与岁功等。"①宗稷辰将自己的家塾命名为四贤堂,就已经看出他融合朱、王的学术趋向。二是,对于汉宋的判鉴已经趋于调和。汉宋兼采无论在经学领域,还是在理学内部,都成为浙江学术的主潮;前者以定海黄式三、黄以周父子为代表,后者成绩最为突出的就是义乌朱一新。

(二)陈德调与嘉道时期义乌理学

陈德调,字鼎梅,号燮堂。清嘉庆辛未(1811)进士,癸酉(1813)改教官,壬午(1822)补授衢州府学教谕,与门弟子讲学,重实行,彻空言。官衢州 20 余载,家益贫,门人怜其遇,为置负郭田数顷,为养老计。殁,即葬于衢州城南三里许千囊畈。当时朝廷功令,隆重朱子,凡试以《四书》《五经》命题,所课制艺俱以朱注为准绳。而德调讲经传,多与朱子不合,闻者骇走。黄侗评价说:"然考其所言,征引详确,实有为朱子所不逮者。尝语人曰:'圣学贵实践,宋儒托空谈,吾不忍媚古人于一时,误后学于万世也。'其不为苟同每如此。"②著有《我疑录》一卷,《读古本大学》一卷,《存悔堂诗草》一卷。

在清中期,陈德调虽不是著名学者,但其理学思想却是一个另类的存在。透过他,可以了解当时社会基层理学界的某些情况。

1. 陈德调《我疑录》对朱熹《论语集注》的质疑

《我疑录》一卷,所疑者唯朱熹《论语集注》,书中针对朱熹关于"贤贤易色""退而省其私""哀公问社章""君子怀德四句""孟武伯问子路章""伯夷叔齐不念旧恶""与朋友共敝之而无憾""其余则日月至焉而已矣""井有人焉章""子见南子""用之则行舍之则藏""子行三军则谁与""三以天下让""三分天下有其二以服事殷""季氏富于周公章""同也其庶乎屡空""子畏于匡章""莫春者至末节""文犹质也质犹文也""樊迟请学稼""宪问耻节""晋文公谲而不正章""如其仁如其仁""桓公杀公子纠不能死又相之""陈恒弑其君请讨之""道不同不相为谋""师冕见""有攸不为臣东征""王者之迹熄而诗亡节"等 29 条的解释,逐一质疑,并提出自己的见解。主要分为以下几种情况:

---

① 徐世昌撰:《清儒学案》卷二百三《诸儒学案》九《宗先生稷辰》,中华书局 2008 年版,第 7876 页。
② 参见黄侗撰:《小传》,载《我疑录》卷首,民国二十二年排印本。

第一，对《集注》词语解释提出意见与发挥。

《论语·里仁》曰："君子怀德，小人怀土；君子怀刑，小人怀惠。"朱熹《集注》云："怀，思念也。怀德，谓存其固有之善。怀土，谓溺其所处之安。怀刑，谓畏法。怀惠，谓贪利。君子、小人趋向不同，公私之间而已。"陈德调则曰：

> 圣人下字，各有攸当，非若文士之变易求新也。如他处言怀居，此变易怀土。他处言放利喻利，此变言怀惠。夫怀土非怀居比也，怀居者有纵逸自安之意，土则人之所赖以生。先王别五土之宜以利民，故曰"厥心臧"，惟土物爱，怀之不为过分。怀惠又非贪利比也，贪利者有非分争夺之思，惠则人自与我，或出于君上之恩施，或出于朋友之馈遗，怀之，岂尽丧廉？且变惠言利，而以为小人怀利可也，若变怀言贪，而以为君子贪刑，不大笑话乎？盖此君子小人以分位言，犹如士农之别。言君子当怀德，不可如小人之仅怀土也。君子当怀刑，不可如小人之仅怀惠也。德与土皆我之所固有者，刑与惠皆人之加诸我者，故相对成文。①

比较而言，朱熹《论语集注》简洁明了，释义到位，而陈德调的解说似乎透进一层，也更细腻，但未必够得上疑朱，其实是对朱熹诠释的一种引申，起到丰富、补充与发挥作用。

第二，对《集注》古今人物评价提出异议。

《论语·公冶长》曰："伯夷、叔齐，不念旧恶，怨是用希。"朱熹《集注》云："伯夷、叔齐，孤竹君之二子。孟子称其'不立于恶人之朝，不与恶人言'，'与乡人立，其冠不正，望望然去之，若将浼焉'。其介如此，宜若无所容矣；然其所恶之人，能改即止，故人亦不甚怨之也。程子曰：'不念旧恶，此清者之量。'又曰：'二子之心，非夫子孰能知之？'"②陈德调则曰：

> 此当与孟子之言参看。孟子曰："伯、夷，圣之清者也。"其言皆从恶恶正面极力形容。圣人却把他不见有恶时翻转一看，觉更清到极处。"怨是用希"，为不善学夷、齐者进一良方，其实夷、齐意中一概不计。"不念旧恶，此清者之量"。窃谓群圣皆可以量言，惟夷、齐不可以量言。盖夷、齐心头譬如一面实镜，本无尘滓，自然些子难容，及既脱去，仍是一片空明，含容宽恕，概无所用。③

朱熹对《孟子》的引用，重在一个"介"字，但即使如夷、齐有如此之介，仍对所恶之人，保

---

①　陈德调撰：《我疑录》，民国二十二年排印本，第1页。

②　朱熹撰：《论语集注》卷第六《公冶长第五》，朱杰人等主编：《朱子全书》第六册，上海古籍出版社、安徽教育出版社2002年版，第106页。

③　陈德调撰：《我疑录》，民国二十二年排印本，第2页。

持适度的宽容,因此别人对他们也"怨是用希"。朱熹对"怨是用希"的解释,立足于他人对夷、齐之态度与评价,着眼于日常层面,从人之常情道来。而陈德调对《孟子》的引用,则重在一个"清"字,立足于圣人的自我完善,意若对旧恶,一概不计,则我之心中自无怨恨可言。陈德调此处发明,其实是对明代林希元之说的发挥。旧恶,就是夙怨。不念旧恶,就是不念旧仇。林希元《四书存疑》中说:"圣人之心如明镜止水,妍媸因物之自取。盖所恶者,恶其恶也,非恶其人也。因其自取,非出于有心。若恶其人而出于有心,则追念不忘矣。"①陈德调所谓"夷、齐心头譬如一面实镜",与林希元说"圣人之心如明镜止水"似乎相同,所不同者陈德调比林希元对圣人明心见性的发挥更为彻底。林希元的圣人心如明镜止水,其恶虽出于无心,但仍是有恶的;而陈德调的圣人之心"本无尘泽,自然些子难容,及既脱去,仍是一片空明,含容宽恕,概无所用"。本来无怨,何生怨心? 干净彻底,不落一点尘埃。

《论语·宪问》:"如其仁,如其仁。"朱子《集注》:"如其仁,言谁如其仁者,又再言以深许之。盖管仲虽未得为仁人,而其泽及人,则有仁之功矣。"②陈德调曰:

> 按:夫子满口许管仲之仁。《注》言:"管仲虽未得为仁人,而其利泽及人,则有仁之功矣。"则是在外者一仁,而在内者又一仁也。然则有大不仁者于此曰:"吾虽无仁人之事,而固有仁人之心矣。"可乎?③

照陈德调理解,仁无分内外,故不可将仁心与事功折解。如果说管仲未得为仁人,则其事功就未必合乎仁道。管仲为霸者之佐,自始至终事业不过以力借仁而已。孔子所言"如其仁"可能就不是朱熹《集注》说的"深许之"之意了。《论语》其他地方涉及管仲,孔子但皆取其功,至于仁,俱置之不论。按陈德调的意思,《集注》若不论心而但论功,是判心术与事功为二,只讨论一方面容易产生逻辑上的漏洞。

第三,对《集注》断句提出异议。

《论语·公冶长》:"愿车马、衣轻裘,与朋友共,敝之而无憾。"朱子《集注》云:"衣,服之也。裘,皮服。敝,坏也。憾,恨也。"④陈德调曰:

---

① 林希元《四书存疑》之说,转引自程树德撰:《论语集释》卷十《公冶下》,中华书局1990年版,第346页。
② 朱熹撰:《论语集注》卷第七《宪问第十四》,朱杰人等主编:《朱子全书》第六册,上海古籍出版社、安徽教育出版社2002年版,第192页。
③ 陈德调撰:《我疑录》,民国二十二年排印本,第11页。
④ 朱熹撰:《论语集注》卷第三《公冶长第五》,朱杰人等主编:《朱子全书》第六册,上海古籍出版社、安徽教育出版社2002年版,第107页。

按：此句读之错也。以"与朋友共"成句，"敝之而无憾"成句。敝之属友，则憾字自应改作恨字。不知无憾是自快然心慰，与愤恨字全不相假，且如此亦不过一豪侠行径耳，与圣贤心事何与？愚意当读"与朋友共敝之"成句，"而无憾"成句。言愿有此车马、轻裘与朋友久共直至敝之，而此心始快然无憾。敝之，不属己，亦不属友，极言其志同道合，愿与久处，以辅吾仁。①

关于《论语》此章的断句，历来有两种意见。其中朱熹《集注》的断句是一种意见；另一种意见是"敝之"前属。后一种断句，最早见于《白虎通·纲纪篇》引《论语》子路云："愿车马衣轻裘，与朋友共敝之。"张载《论语说》："仲由乐善，故车马衣裘与贤者共敝。从'愿'字至'敝之'字为句。"②陈德调认为，朱熹《集注》断句所表达的意思，充其量不过一豪侠行径，而后者断句则表示未敝之时已有共敝之意，语意直接，尤得圣贤气象。比较而言，陈德调的意见似更能体现仲由本意。唐宋人诗歌中，亦多取"共敝之"之意，如唐马戴《边馆逢贺秀才诗》云"鹿裘共敝同为客"，张文昌《赠殷山人诗》云"同袍还共敝"，苏轼《戏周正儒坠马诗》"故人共敝亦常情"，可见"共敝"是一种为大家普遍认同且具有圣贤气象的解释。

第四，对《集注》释礼提出异议。

《论语·雍也》："子见南子，子路不说。夫子矢之曰：'予所否者，天厌之！天厌之！'"朱子《集注》云："南子，卫灵公之夫人，有淫行。孔子至卫，南子请见，孔子辞谢，不得已而见之。盖古者仕于其国，有见其小君之礼。而子路以夫子见此淫乱之人为辱，故不悦。矢，誓也。所，誓辞也，如云'所不与崔、庆者'之类。否，谓不合于礼，不由其道也。厌，弃绝也。圣人道大德全，无可不可。其见恶人，固谓在我有可见之礼，则彼之不善，我何与焉。然此岂子路所能测哉？故重言以誓之，欲其姑信此而深思以得之也。"③陈德调曰：

《注》："古者仕于其国，有见其小君之礼。"毛西河谓其于礼文无据，而究未明子路所以不说之故。盖此与主颜仇由为一时事。弥子谓子路曰："孔子主我，卫卿可得。"孔子曰："有命。"进以礼，退以义。今又去见南子，则仍是非礼之进，与主弥子

---

①　陈德调撰：《我疑录》，民国二十二年排印本，第2—3页。

②　《白虎通》与张载之说，转引自程树德撰：《论语集释》卷十《公冶下》，中华书局1990年版，第354页。

③　朱熹撰：《论语集注》卷第三《雍也第六》，朱杰人等主编：《朱子全书》第六册，上海古籍出版社、安徽教育出版社2002年版，第117页。

何异？故子路不说，而非谓小君无可见之礼也。"否"字，亦跟弥子来，盖主弥子，夫子之所否者。今见南子，人亦疑夫子为否，故誓言以明之。"予所否者"，古者誓词多用所字打头，如"所不与舅氏者"之类。"天厌之，天厌之"，言若予所否者，则天应早绝我，复何能行道于天下哉？从古宵小多托名流以自重。弥子不得于己则假南子以要之，南子之请见，亦必挟君命先之，故不得不见。要之，圣人道大德宏，其所见者即是圣人之礼，何必于礼外求礼哉？①

在《论语》里，子见南子是一件很令后儒困惑的事情，也是《论语》里获得注释最多的章节之一。前人注释归纳起来集中在三个方面：一是子见南子是否合礼，二是子路为何不悦，三是孔子解释表达了什么。朱熹之前，何晏《集解》综合孔安国等的意思，认为孔子之见南子，乃属于不得已而为之，"欲因而说灵公使行治道"。"不得已而为之"，这是一个比较合乎常情的解释。朱熹《集注》所言"盖古者仕于其国，有见其小君之礼"，引来清初毛奇龄在《四书改错》中的反驳，他说："古并无仕于其国见其小君之礼，遍考诸《礼》文及汉晋唐诸儒言礼者，亦并无此说，惊怪甚久。及观《大全》载朱氏《或问》，竟自言是于《礼》无所见，则明白杜撰矣。"②但朱熹用一"盖"字，有推测之意，不可作定论。而陈德调的意思是，对于孔子之见南子一事，应与子见弥子一事作同样看待，且二者之间还有联系。他认为子见南子一事乃因弥子引起，弥子假南子以要之，南子又挟君命以先之，孔子不得不见。既是不得不见，则与合礼或不合礼无涉，故不必于礼外求礼。言下之意，子路不悦者，其实是凭己之力来衡量圣人的"道大德宏"，不在同一个层面上。要之，这其实不就是朱熹所谓"圣人道大德全，无可不可"吗？当然，陈德调最终要表达的是，朱熹完全用不着虚构一个合乎古礼来为孔子开脱，因为圣人怎么做都是有其道理的。

第五，对《集注》道学之论提出异议。

《论语·述而》："用之则行，舍之则藏。"朱子《集注》云："尹氏曰：'用舍无与于己，行藏安于所遇，命不足道也。颜子几于圣人，故亦能之。'"③陈德调曰：

不是用则行，舍则藏。不是用我则行，舍我则藏。两"之"字，俱有真实经济。

---

① 陈德调撰：《我疑录》，民国二十二年排印本，第3—4页。

② 毛奇龄《四书改错》驳朱熹之说，转引自程树德撰：《论语集释》卷十二《雍也下》，中华书局1990年版，第424页。

③ 朱熹撰：《论语集注》卷第四《述而第七》，朱杰人等主编：《朱子全书》第六册，上海古籍出版社、安徽教育出版社2002年版，第122页。

以颜子言之，定是四代礼乐言用之，则把许多经济一齐展布出去而行之，不是空行。舍之，则把许多经济敛藏有待而藏之，不是空藏。这个本领，惟我许尔有是夫。与，犹许也。惟之为言独也。独我许尔，言他人不能知也。子路疑颜子文事有余而武备不足，故以行军为问。岂知临事而惧，好谋而成，正惟颜子优为。乃知平日所藏，无所不有也。前后三"与"字，一气相应。①

自来对"用之则行，舍之则藏"的解释，认为惟孔子和颜渊可以做到，而能做到者便是圣人。圣人的标准是知进退存亡，乐天知命。但陈德调则立足于两"之"字内涵分析，认为"俱有真实经济"，不是空行，也不是空藏，即是说圣人也有真本领，而非只会玩假动作。前者解释是心性之学范畴，后者则是事功之学了。所以，接下来针对朱熹引谢氏语，陈德调更是以事功之学直接来驳心性之学了。

《论语·述而》："子行三军，则谁与？"朱子《集注》曰："子路见孔子独美颜渊，自负其勇，意夫子若行三军，必与己同。……谢氏曰：'圣人于行藏之间，无意无必。其行非贪位，其藏非独善也。若有欲心，则不用而求行，舍之而不藏矣，是以惟颜子可以与于此。子路虽非有欲心者，然未能无固必也，至以行三军为问，则其论益卑矣。'"②而陈德调曰：

> 谢氏曰：子路以行三军为问，志益卑矣。呜呼！行军之事，果卑耶夫？子论政，足食兼以足兵；朝廷设官司徒，不废司马；禹敷文命，而有三苗之征；惟师尚父，而膺燮伐之任，岂尽卑耶？且孔子不与子路，则所与者，必仍属颜子。岂颜子亦卑耶？嗟乎！南宋之癙，已甚矣！忠贞百战者，斧锁一时；高谈游食者，俎豆千古，则其谓之卑也，亦宜。③

朱熹引"谢氏曰：子路以行三军为问，志益卑矣"。陈德调举南宋困厄之例，反问"行军之事，果卑耶夫"？并将谢氏之论斥之为"高谈游食"之言。关于此章的解释，概括而言，也有三种意见：一是以朱熹为代表的心性派，二是以毛奇龄为代表的事功派，三是以周宗建为代表的折衷派。毛奇龄说："行三军非细事，自神农伐补遂，黄帝伐蚩尤而后，行军皆圣帝明王之所不免。故《易》于《师卦》曰：'开国承家。'又曰：'可以王矣。'未尝卑也。况临事而惧，正夫子慎战之意。好谋而成，正夫子我战则克之意。是夫子明白告语，并

---

①③　陈德调撰：《我疑录》，民国二十二年排印本，第 4 页。

②　朱熹撰：《论语集注》卷第四《述而第七》，朱杰人等主编：《朱子全书》第六册，上海古籍出版社、安徽教育出版社 2002 年版，第 122—123 页。

不贬抑，而读其书者反从而鄙夷之，可乎？"①显然，陈德调的意见是从毛奇龄而来。第三种折衷派意见，周宗建《论语商》云："大抵圣贤经世之学与心性之学不作两橛，故以此出处则舒卷无心，绝不著些豪意见。以此任事，则锋镝消除，绝不露一豪气。子路三军一问，色相炽然，故夫子把经世大机局点化之，亦正欲其体认到里面去也。临事二语，此是千古圣人兢兢业业之心肠。"②如此看来，周宗建是能把经世之学与心性之学综合加以解说的学者。

《论语·先进》"莫春者"至末节，朱子《集注》云："曾点之学，盖有以见乎人欲尽处，天理流行，随处充满，无少欠阙。故其动静之际，从容如此。而其言志，则又不过即其所居之位，乐其日用之常，初无舍己为人之意。而其胸次悠然，直与天地万物上下同流，各得其所之妙，隐然自见于言外。视三者之规规于事为之末者，其气象不侔矣，故夫子叹息而深许之。而门人记其本末独加详焉，盖亦有以识此矣。"③陈德调曰：

此节内外，《注》直说到天地同流、尧舜气象上去。窃以为，圣学不空言气象也。且此章论经济，非论道学也。点盖谓三子各有用世之撰矣，既究竟知我何人，用我何日，点则不预言，撰亦并不待人知。现在春服可服则服之，童冠可与则与之，舞雩沂水可风浴则风浴之。倘异日知我有人，亦且再作理会，此本素位而行，待时而动之意。然已不觉将夫子不怨不尤心事信口道破，故喟然叹曰："吾与点也。"若夫以泉石啸傲为清高，贤劳鞅掌为多事，此西晋祖尚玄虚之习，为吾儒所痛疾者，岂圣人所乐与哉？又以为视三子之规规于事为之末者，其气象迥不侔矣，尤所未晓。……说此章者，能将开首"不吾知也"及"如或知尔"句，眼光牢注，便是善读书人。点虽狂士，既受夫子之裁，何至一味空狂毫无实际。"不吾知也"，自必数点于诸贤之中；"如或知尔"，岂能推点于诸贤之外？沂水春风，其言看似旷远，其实仍是"不吾知也"之意，有以打入夫子心坎里去。首节记诸贤之侍坐，如许多才而使之邱壑终老，为诸贤惜，正为自身惜也。"则何以哉"，不是忧其无具，正欲把各色珍宝大家展玩一番。吾故谓此章，头一个悲者夫子，第二个悲者曾

① 毛奇龄撰《四书改错》驳朱熹之说，转引自程树德撰《论语集释》卷十二《雍也下》，中华书局1990年版，第453页。

② 周宗建撰《论语商》，转引自程树德撰《论语集释》卷十二《雍也下》，中华书局1990年版，第452页。

③ 朱熹撰《论语集注》卷第六《先进第十一》，朱杰人等主编《朱子全书》第六册，上海古籍出版社、安徽教育出版社2002年版，第165—166页。

点，第三个悲者子路。①

《论语·先进》此章，历来解释基本上也是两种意见。一是以朱熹《集注》为代表，从圣人气象上去说。当然，朱熹《集注》实际上也是承皇《疏》、韩愈、程子而来，并有所取。二是以黄震、杨慎为代表，从"答问之正"角度去说。黄震《黄氏日抄》云："三子言为国之事，皆答问之正也。曾晳，孔门之狂者也，无意于世者也，故自言其潇洒之趣，此非答问之正也。夫子以行道救世之心，而时不我予，方与二三子私相讲明于寂寞之滨，乃忽闻曾晳浴沂归咏之言，若有触其浮海居夷之云者，故不觉喟然而叹，盖其意之所感者深矣。所与虽点，而所以叹者，岂惟与点哉！继答曾晳之问，则力道三子之美，夫子岂以忘世自乐为贤，独与点而不与三子者哉？"黄震还批评有些学者过度诠释孔子的意思。他说："后世谈虚好高之习胜，不原夫子喟叹之本旨，不详本章所载之始末，单撮与点数语而张皇之，遗落世事，指为道妙。甚至以曾晳想象之言为实有暮春浴沂之事，云'三子为曾晳独对春风，冷眼看破'，但欲推之使高，而不知陷于谈禅，是盖学于程子而失之者也。"②"谈禅"已经是很严重的用词了。明代杨慎《升庵全集》也说："曾点何如人，而与天地同流，有尧舜气象乎？朱子晚年，有门人问与点之意。朱子曰：'某平生不喜人说此语，《论语》自《学而》至《尧曰》，皆是工夫。'又易箦之前，悔不改浴沂注一章，留为后学病根，此可谓正论矣。"后来陈澧《东塾读书记》亦云："此则程、朱之说亦有未安。"③顺着黄震的思路，而陈德调甚至干脆说："此章论经济，非论道学也。"但他说曾点之言，"此本素位而行，待时而动之意"，则又多少有些误解了。可是，他从心理学角度说："沂水春风，其言看似旷远，其实仍是'不吾知也'之意，有以打入夫子心坎里去。"仍是体贴之言。

第六，对《集注》释义提出更进一步理解。

《论语·颜渊》："文犹质也，质犹文也。"朱子《集注》："言文质等耳，不可相无。若必尽去其文而独存其质，则君子小人无以辨矣。夫棘子成矫当时之弊，固失之过；而子贡矫子成之弊，又无本末轻重之差，胥失之矣。"④陈德调曰：

---

①　陈德调撰：《我疑录》，民国二十二年排印本，第8—9页。

②　黄震撰：《黄氏日抄》卷二《读论语》，张伟等主编：《黄震全集》第一册，浙江大学出版社2013年版，第19页。

③　杨慎、陈澧等说，俱见程树德撰：《论语集释》卷二十三《先进下》，中华书局1990年版，第812—813页。

④　朱熹撰：《论语集注》卷六《颜渊第十二》，朱杰人等主编：《朱子全书》第六册，上海古籍出版社、安徽教育出版社2002年版，第171页。

　　文质两件，自是对待物事可以相胜言，不可以轻重本末言。大抵文一而已，而质有三样：一是质直之质。主内心而言，文质之所从出者也。此是大本，非此不但文有伪，即质亦有伪，《记》所谓"忠信之人可与学礼"是也。一是质干之质。主植基于事先者而言，文质之所由附者也。一是质朴之质。主措施于事物者而言，虽亦从大本而出，然可与文对言，不可与末对言者也。假以一人之身为质干，而文质二者从此附焉。有不衫不履者，有整齐修饰者，不可以不衫不履者为本，整齐修饰者为末也。又以画之粉地为质干，而文质二者从此附焉。有轻描淡写者，有着色渲染者，不可以轻描淡写者为本，着色渲染者为末也。草野之间多简略，冠裳之会盛繁华，不可以草野之间为本，冠裳之会为末也。礼或多之为贵、少之为贵，不可谓少者为本，多者为末也。又有同是礼文之中，而又质之为贵、文之为贵，不可谓贵本而贵末也。以两朝之规模气象言，商尚质，周尚文，不可谓商尚本，周尚末也。以一朝之规模气象言，郁郁乎文哉，不可谓郁郁乎末哉也。其轻重之说，亦即仿是。至若在天为云霞，在地为草木，在人物为须发毛羽，此天然之文质，又是一种。

　　文质先后之分则有之，而后者较重于前。草衣卉服，衣之始也，今人可以供曳娄乎？茹毛饮血，食之始也，今人可以给饔飧乎？至于明堂清庙之间，太羹玄酒，大辂越席，不过略存一二，以昭原始，其他冠裳带舄、尊罍笾豆、羽钥琴瑟，非极情致文不足以将诚敬而鬼神亦不之享，由此观之，文重乎，质重乎？①

陈德调此论，仍是从毛奇龄而来。《四书改错》云："《礼》凡言文质，只是质朴与文饰两相对待之辞，并无曰质是本，文是末者。……向使质是忠信，则文不当胜忠信；文是礼，则质又不当胜礼。相胜且不可，何况相去？朱氏既引杨说，于《质胜章》疑为质是本，文是末，此原是错，而此竟直称质为本，文为末，则错认假逢丑父为真齐顷公矣。"②陈德调说："文质两件，自是对待物事可以相胜言，不可以轻重本末言。"这显然是对毛奇龄的继承，但他通过对"质有三样"的类型分析，然后再来谈文质之关系，却是《论语》诠释史上能够把这个老问题讲清楚的人。

　　《论语·卫灵公》：师冕见，及阶，子曰："阶也。"及席，子曰："席也。"皆坐，子告之曰：

---

① 陈德调撰：《我疑录》，民国二十二年排印本，第9—10页。
② 毛奇龄撰《四书改错》驳朱熹之说，转引自程树德撰《论语集释》卷二十四《颜渊上》，中华书局1990年版，第844页。

"某在斯，某在斯。"师冕出。子张问曰："与师言之道与?"子曰："然。固相师之道也。"朱熹《集注》云："古者瞽必有相，其道如此。盖圣人于此，非作意而为之，但尽其道而已。尹氏曰：'圣人处己为人，其心一致，无不尽其诚故也。有志于学者，求圣人之心，于斯亦可见矣。'范氏曰：'圣人不侮鳏寡，不虐无告，可见于此。推之天下，无一物不得其所矣。'"陈德调曰：

> 师冕，瞽者，非能贸贸然升夫子之阶，登夫子之席也。其自未入门以前，一路便有相者，何待升阶入席而始赖夫子之告? 如谓相者告之，夫子又从而告之，则一堂嘈杂，成何体统。抑知瞽目之人，每到一处，惴惴然惟恐其失仪，夫子曲体之，故于其及阶也，不待相者之告而遽告之，曰："阶也。"其及席也，不待相者之告而遽告之，曰："席也。"其一片肫诚，俱在无意中流出。迨闻子张问，又不便明言其故，姑应之曰："固相师之道也。"然而斯道也，非夫子则莫能尽矣。

陈德调的理解，相对而言更能设身处地，还原当时实际情景。尤其是说孔子每到一处，抢在相者之前而遽告之，这等诚敬之心，自然让人感慕于千载之上。当子张问起"与师言之道与"? 孔子不过轻描淡写回以"固相师之道也"。其平常自然如此。陈德调对此章的体味，既合乎人之常情，又贴近圣人之心，较之前注，可谓略胜一层。

2. 陈德调《读古本〈大学〉》的知行观

陈德调还有《读古本〈大学〉》一卷。古本《大学》其实是王阳明所提倡的，朱熹在为《大学》做集注时，有感于《大学》脱简，做了补文，引起后世很多的议论。这里陈德调标明读的是古本《大学》，其意当然是要区分朱熹的补本《大学》。

陈德调的思想里本来重视经济事功，因此他读古本《大学》一开始就希望找到"力行之事"安在。他说：

> 圣学最重力行，今观《大学》一书，八条目，十大传，概无及于行者，格致只是考究功夫，心意都在腔子里，修身功夫便在格致诚正上，齐治平不过举而措之之事。朱子又云："自致而诚而正至治平，皆从一知，直推到底。"然则《大学》力行之事，究竟安在? 及吾读"物有本末"注，以"明德为本，新民为末"，而经文"自天子至于庶人"节，则又以修身为本，齐治平为末，意窃疑之。又读"明明德于天下"节，自致治以上皆以先后言，独于格物事不曰"先"而曰"在"，意又疑之。后读古本《大学》疏："明明德者，在于章明己之光明之德，谓身有明德而更章显之。"乃知明德之事，即在修身上见。又经文于"其本乱"节下，即紧接之曰"此谓知本，此谓知之至也"，始恍

然曰:"《大学》力行之事有在矣,格物是也。"①

陈德调认为,格物即由行以得知,而非空言穷理。他把人之知分为三种情况:一是天然自得之知,即孩提知爱,少长知敬之类;二是先事而求之知,即博稽古今、参考异同、研求事理、殚精极微的穷理,这虽属于圣学之开途,但其功却尚属虚位;三是及之而知之知,此则是知之至者,如人欲为忠,必向臣道上亲切去做而忠之理始明;欲为孝,必向子道上亲切去做而孝之理始出。但对这三种知的获得,必须通过格物这一路径。他说:"格,至也,来也。"(古本《大学》训格为来)谓即其物之来至我的面前,然后躬亲其境,躬践其事,如此方可究事物之理。其云:

> 譬之适千里者,良知者生而东西南北知所方向;穷理者详考舆地经、道里志,询之往来素熟,纵极周到究之,仍属恍恍;格物者束装裹粮,启行戒道,行十里知十里,行百里知百里,及其既至,而一切所历之山川景物,关津险隘,按之舆经地志、人物传说者,一一信其不谬焉,此物格而后知至之说也。②

一个人倘若要行千里之路,如果凭借良知在先,他也许本能地知道大的方向;如果凭借穷理得到的文献知识,即使周到细致,仍然不免与现实隔膜;但如果采取格物者的姿态,且行且知,便是知行合一了。但这样一来,便有人提出知行的先后问题,陈德调如何解释呢?

> 或曰:学者先知而后行。子之说,不先行而后知乎? 曰:吾固言之矣。穷理者,学问思辨之事,圣学之开途也。格物者,笃行之事,造道之实功也。功实,斯知亦实矣。且夫圣人之教人也,其自弟子之入孝出悌,信言谨行,莫非真切从事,而学文游艺,亲师近友,随时随地而考证焉。即行即知,即知即行,岂若后世之判分两事哉。③

传统观点是将知行判分两事,拆开来讲,陈德调则合起来了。既然知行不可拆解,那么内外、心身也就同样不能分作两开。看他如何解释:

> 又曰:《大学》由知、由意、由心而次以及于身事,皆自内以及外。子之说,不几自外而及内乎? 曰:是不然也。理从内出,功从外入,且人自把许多条目看得七头八脑耳。自内言之,为知、为意、为心,其实只是一个心;自外言之,为身、为家、为国、为天下,其实只重一个身。合心与身而言之,为内、为外,其实只完得一个身。

---

① ② 陈德调撰:《读古本〈大学〉自述》,《读古本〈大学〉》卷首,民国二十二年排印本,第1页。
③ 陈德调撰:《读古本〈大学〉自述》,《读古本〈大学〉》卷首,民国二十二年排印本,第2页。

身即是物，修只是格，故孔子言躬行君子，孟子言修身立命，而《中庸》《九经》亦起于修身而不必更及于心者，言身则心、意、知并运乎其中，而不能把内与外划然分作两开也。①

儒者之所以要严别内外的同时还要重内轻外，是因为内不可假，而外则可假。但在陈德调看来恰好相反，倘若外假，人人得见；而内假则诚伪，便滑入二氏之学。

且儒者之所重内而轻外者，以为外可假，而内不可假耳。吾谓内可假，而外不可假，外则行迹显著，无从遮饰，彼假于声音笑貌之间者，仍是假其内耳。然其内自假，而其声音笑貌则仍然不假。据其实在之声音笑貌而悉心印证之，斯其人之诚伪可得而见，此物格知至之说也。虚摹一声音笑貌之象于意中，谓可得其人之诚伪者，是刻舟求剑，即今之所谓即物穷理者也。然则以探幽索渺为致知，闭门枯坐为慎独，凭空把持为正心，又以为心坎头光光然亮亮然，怀着个明德在内者，是所谓如光灿灿如圆陀陀，二氏之学非吾儒之学也。夫二氏之学，假之大者也。②

即行即知，内外无别，照这个逻辑，则明修亦可相通了。因此，修身之事自然就是明德之事，不必一番功夫分两番做，其云：

明德之事，只在修身上见。古注可据，而人或骇为创闻。窃意人生有个身，便有一个心，心为五官之一本，一气相通者也。内心具个德，本来自明者也。特德不自明，必接于身而后明，犹火不自明，必接于薪而后明，非不知薪之明由火之明也，而非薪则无以丽其明矣。又如一株树，德存乎根本而明见乎枝叶，非不知枝叶之明由根本之明也，而非枝叶则无以验其明矣。盖枝叶者，即根本之菁华也。是以《大学》自格致诚正以下，但言修身之事，而不复言明德之事，显知明与修之初非两事也。若既格致诚正以修其身，又复格致诚正以明其德，不特一番功夫分两番做，八条目不增九乎？③

按照行即知、内即外、明即修的推理一路下去，很显然身、家、国、天下也是一理，能够打通这四者，在陈德调看来便是"格物致知之极也"。其云：

身与家、国、天下虽然只是一理，要必就自身之物深造至极，则身之知至而其道可通于家，就自家之物深造至极，则家之知至而其道可通于国与天下。然所云可通

---

①②　陈德调撰：《读古本〈大学〉自述》，《读古本〈大学〉》卷首，民国二十二年排印本，第2页。

③　陈德调撰：《读古本〈大学〉自述》，《读古本〈大学〉》卷首，民国二十二年排印本，第2—3页。

者,谓知不虚知,则可由此以达彼,而仍不能执此以为彼也。又须到有国与天下之责,然后能格,然后能致焉,何则? 身家者,一人之身家;国与天下者,合国与天下之身家以为身家也。夫合国与天下之身家以为身家,则合国与天下之物以为格,自必合国与天下之知以为致。(平天下章实是最重用人)陈殷置辅,大纲小纪,一人端冕于上,百司承职于下,公好恶,存忠信,有先慎乎德之修,无以财发身之患,夫是以重离继照,旁烛无疆,臻治平之有象也。此格物致知之极也。①

即行即知等观点,并不是陈德调的发明,此前王守仁就已经提出来过。黄宗羲说王守仁讲"即知即行,即心即物,即动即静,即体即用,即工夫即本体,即下即上,无之不一,以救学者支离眩骛,务华而绝根之病,可谓震霆启寐,烈耀破迷,自孔、孟以来,未有若此之深切著明者也"。②但据陈德调自述,这些见解其实是他自悟得来,只是与王守仁暗合。他说:

> 今戊戌(继按:道光戊戌,1838 年)春,读王阳明先生集,有知行并进之说,自维鄙见颇觉相似。又其言格物则必兼致知、诚意、正心,而后其功始备而密,今偏举格物而遂谓之穷理,此所以专以穷理属知,而谓格物未尝有行,非惟不得格物之旨,并穷理之义而失之矣,其言亦与鄙见稍异而大同。③

陈德调作为清代嘉道时期非主流的理学学者,他的《我疑录》,其实是承清初萧山毛奇龄一路而来。毛奇龄思想立场是攻朱入王,其《四书改错》是思想学术史上批评《四书集注》最为严重的著作之一,而陈德调《我疑录》中许多观点亦与毛奇龄相似。虽然他与毛奇龄没有直接的学术传承关系,但是至少可以看出在清代官方崇尚朱子学的背景下,学者们对于朱子学的研究仍表现出一定的个性张扬。陈德调出现在嘉道时期,不是一个偶然现象,因为王学在清代中期已呈一定的复苏局面,不仅体现在思想界,尤其体现在文学界;不仅体现在主流思想界,还体现在基层思想界。

(三) 朱一新与同光时期义乌理学

晚清理学的复兴,原因是多样而复杂的,但若从纯学术的观点来看,乾嘉汉学内部对理学的关注日盛,也是原因之一。此前方东树对乾嘉汉学排斥义理的批评,我们还记得,其云:"近世有为汉学考证者,著书以辟宋儒、攻朱子为本,首以言心、言性、言理为厉

---

① 陈德调撰:《读古本〈大学〉自述》,《读古本〈大学〉》卷首,民国二十二年排印本,第1—2页。
② 黄宗羲撰:《明儒学案·师说·王阳明守仁》,中华书局 2008 年第 2 版,第 7 页。
③ 陈德调撰:《读古本〈大学〉自述》,《读古本〈大学〉》卷首,民国二十二年排印本,第 3 页。

禁,海内名卿巨公、高才硕学数十家递相祖述,膏唇拭舌,造作飞条,竞欲咀嚼。"①方东树讲的是汉学语境下对待理学的一般性情况,其实乾嘉汉学家内部不排斥理学的学者大有人在,如江永便撰《近思录集注》,其在序言中肯定程、朱"为去圣继绝学,为万世开太平"的学术理想。而据江藩《宋学渊源记》所载,惠士奇曾手书"六经尊服郑,百行法程、朱"的楹联,亦可看出他对程、朱理学的尊重;程晋芳则在《正学论》中大声呼吁汉学家不可轻宋学,其云:"为宋学者,未尝弃汉唐也;为汉学者,独可弃宋元以降乎?……诚使有志之士,吾知必不为俗拘,不泥古,不遗今,博学而反求诸约,养心而不蔽于欲,斯卓然为儒大宗矣,岂必专守一家,蒙龊龊小夫之诮哉?"②江永门人戴震虽作《孟子字义疏正》公开挑战程、朱,但从另一个角度看,他之所以如此挑战宋学,反而证明了宋学在乾嘉时的存在已令戴震感到相当的不安了。此后,随着社会变革迫切需要寻求义理的解释时,使乾嘉以降的汉学家也越来越感到汉宋二者不可偏废的重要性,阮元便是当时的代表之一。一方面阮氏大力提但是汉学,另一方面又作《性命古训》《论语论仁论》《孟子论仁论》,孜孜于义理的探究,由此而导出一股新的汉宋合流学术风气,最终使汉宋兼采成为晚清学术的主潮,朱一新便是乘此而来兼综汉宋的晚清理学家之一,这也是支伟成将他列入"浙粤派汉宋兼采经学家"的原因。

朱一新个人的学术经历主要特征是出汉学而入宋学,而这样的学术经历,恰好与他所处晚清整个时代的学术历程相同,这是非常有意思的现象。需要指明的是,朱一新肄业的诂经精舍虽然重视考据,所学以经学为主,但并不排斥义理。阮元本人的治学倾向其实也反映了这一点,他的《性命古训》以训诂考证方式来治"性命"之学,就体现了考据与义理二者的结合。俞樾所云"沿流以溯源,因文以见道",也是倡导考证与义理的相合,他所反对的只是"明心见性之空谈",而非义理本身。这对于日后朱一新出汉学而返理学的为学之途,是有所影响的。

但朱一新的主要意义不在于汉宋兼综,而在于他是光宣时期以经世之用来济义理之穷的理学代表之一。朱一新的理学,体现以理学与经世相结合的特点,故宋慈抱评价他在"嗜濂洛关闽之书"的同时,"其学务通经以致用"。③因此,他的学术之所以热切关注

---

①　方东树撰:《汉学商兑序例》,《商学商兑》卷首,清光绪十一年刻本。
②　程晋芳撰:《正学论》,引见贺长龄《清经世文编》,清道光七年刊本。
③　宋慈抱撰:《义乌朱一新传》,浙江省通志馆编《浙江通志馆馆刊创刊号》,第81页。

海防军情、研究边疆地理、注意中西贯通也就可以理解了,这也是他最终成为浙江乃至清代理学殿军的理由所在。(详后专论,此不赘述。)

四、清代义乌儒学特征

某种情况而言,因为朱一新为清代义乌儒学的符号式人物,是故清代义乌儒学之特征,其实就是朱一新学术与思想之特征,概括言之有三:

（一）与清代儒学总走向趋于一致

清代儒学总走向由清初理学与考据学的反复与博弈,到清后期理学和考据学的兼宗和融合,这一点在朱一新身上得到鲜明的体现。如前所述,他的学术表现了考据学与理学在晚清儒学中的合流趋势。如果说这种合流也是浙粤派经学家共同保持的姿态,那么,因为朱一新从杭州诂经精舍到广州广雅书院,便似乎具有了预先设定的象征意义了。

（二）继续保持外向型的传播姿态

义乌儒学的输出从元代黄溍开始,成为浙东儒学的一道风景。但黄溍的儒学输出意义仅限于浙江一地,因为他的弟子主要集中在浙省之内。而朱一新由于就任广雅书院山长之故,他的儒学输出意义,则超越了浙江的地理界限,到达了岭南的两广地区。两广地区的广东在清代以前一直处于中原中心观念的遥远边缘,但清中期以来实行一口通商的对外贸易政策,受西风东渐的影响,使广东开始不再按照传统中国的发展模式与轨道前行,这里已经成为中西交流、新旧碰撞前沿和敏感区域。朱一新出生成长在浙东腹地,具有深刻的浙东学术背景,又同时在诂经精舍接受严格的汉学训练,因此他对于广雅书院的意义,主要在他将浙东学术精神和治学传统带到了岭南地区,这也可视为义乌儒学的一次长距离播迁。当然,从一个更高的抽象层次来看待朱一新的意义,他虽然将义乌儒学带入广东,但也是因为他,又将义乌与晚清风云变幻、中西文化思潮激荡跳跃的广东联系在了一起,唯此,义乌因为朱一新的缘故,与广东也建立了无形的精神联系之纽带。而且,由于他和康有为有过关于今古文之争,这不仅成为晚清最重要的学术事件,还是区分他们所代表的两个不同时代、两个不同学术背景的话语标识性事件,这些都为义乌儒学历史打下了新鲜的烙印。换句话说,是朱一新让近代史记住了义乌,也是朱一新让近代义乌儒学呈现开放姿态。似乎从那个时代开始,义乌注定就要成为今天中国岭北地区最为外向的义乌了。

（三）经世倾向被赋予新的时代内涵

理学家在晚清以来经世意识越来越强,这是由于巨大社会变革催发的思想上觉醒。朱一新的经世意识,是建立在他对时局极度关注基础之上的。清光绪九年(1883)夏,法国军队占领越南,接下来法军窥视我云南、广西边陲,蠢蠢欲动。八月廿二日,朱一新上《请速定大计以揩危局疏》,以为"今日情形有不能不战之势四,有必当急战之机三"[1],主张坚决抗法。但在同年十二月,中国在中越边境抗法失败。对此,朱一新忧心忡忡,于是在清光绪十年(1884)四月十八日,朱一新又上《和议末可深恃疏》,建议饬严海防。同年九月初七接着上《敬陈管见疏》,指出"防务不可不加意讲求,饷需不可不预为筹备"[2],并开具有关加强防务、抵抗入侵之策略。朱一新的经世思想中,海防占有突出位置。光绪十二年(1886)六月,朱一新上《敬陈海军事宜疏》,因"南北洋地势辽远,宜胶州为重镇,以资联络,兼以屏蔽北洋"[3],故提议建设胶州海军基地;并提出在广东、福建兴办水陆学堂,训练储备海洋人才等等。这些思想与洋务派不谋而合,使他成为理学家中非常重视海洋经略的代表。这又恰好印证他一贯主张的"时务特经济之一端"的理念。也正如此,以朱一新为代表的义乌儒学经世倾向,作为嘉道理学经世的发展,又在光宣时期被赋予新的时代内涵,这也是义乌儒学与时俱进的突出表征之一。

---

① 朱一新撰:《佩弦斋文存》卷首《请速定大计以揩危局疏》,《拙庵丛稿》,清光绪二十二年龙氏葆真堂刻。
② 朱一新撰:《佩弦斋文存》卷首《敬陈管见疏》,《拙庵丛稿》,清光绪二十二年龙氏葆真堂刻。
③ 朱一新撰:《佩弦斋文存》卷首《敬陈海军事宜疏》,《拙庵丛稿》,清光绪二十二年龙氏葆真堂刻。

下编　义乌儒学专论

本编属于义乌儒学个案研究,故名专论。徐侨作为南宋义乌儒学的代表人物,与朱熹有着直接的师承关系。他不仅是朱熹理学在浙江的早期传播者之一,还以其晚年在理宗朝的地位为朱熹理学官方化起到了积极的推动作用,同时他也是南宋后期继续张扬朱熹心性之学的重要学者。傅寅的学术涉及《礼》学、义理学和《尚书》学三个方向,三者中尤以《尚书》学知著,而《尚书》学又以《禹贡》之学影响为最巨。傅寅的《禹贡说断》和陈大昌《禹贡论》、毛晃《禹贡指南》被誉为南宋三大《禹贡》学代表著作,对后世产生较大影响。黄溍作为元代著名的儒学名臣和文学家,与虞集、柳贯、揭傒斯并称"儒林四杰"。而作为元代义乌儒学代表人物,黄溍的突出贡献在于变南宋义乌儒学输入性特征为输出性特征,加上他本人的儒学成就,由此极大抬高了义乌儒学在元代的历史地位。王祎是明代义乌儒学的代表人物。他的学术以史学见长,但其学术远不止史学一端,他的经学思想与理学思想,是义乌儒学的宝贵遗产。王祎经学尤以礼制研究见长,这使他在《大事记续编》中表现出对汉代礼制辑述的热情,超出一般史学家思维界限,因而成就了这部著述的特殊之处。朱一新的学术乘浙东学脉而来,又与乾嘉汉学接轨但不为所缚,最后结穴于理学之境但能开新。又由于他的从政经历,还使他对于时代有着严峻关切,故他的学术不是象牙塔的,其视野与思维也远远超越传统学术的话语边界。朱一新其实是一位具有鲜明时代感的行动的儒家,他既是义乌最后一位儒学集大成者,也是中国传统理学的总结者。

第六章　徐侨理学思想

徐侨作为南宋义乌儒学的代表人物,与朱熹有着直接的师承关系。他不仅是朱熹理学在浙江的早期传播者之一,还以其晚年在理宗朝的地位为朱熹理学官方化起到了积极的推动作用,同时他也是南宋后期继续张扬朱熹心性之学的重要学者。

一、徐侨的著述情况

徐侨著作包括经学、理学、诗文与师友同门往来论学书信等,但因在明代遭回禄之灾,庶几殆尽,今略述之。

(一)徐侨著作的历代记录

关于徐侨的著述情况,在徐侨逝世十四年后,门人朱元龙等撰《徐文清公家传》云:

> 公所著书有《读易记》三卷、《读诗纪咏》一卷、《杂说》一卷、《文集》十卷。①

这是目前关于徐侨著述情况最早也是最可靠的记录。此后赵崇洁《谥议》中只提到《读易记》一种。这些著述中,《读诗记咏》在后来史籍记载中间有不同。如明万历《义乌县志》卷十二《徐侨传》云:

> 所著有《读易记》三卷、《读诗记》一卷、《杂说》一卷、《文集》若干卷。

清雍正《义乌县志》卷十三《徐侨传》云:

> 其所著有《读易记》三卷、《读诗记咏》一卷、《杂说》一卷、《文集》若干卷。

而清初朱彝尊《经义考》卷一百八十三云:

> 《读诗记》,佚。

究竟是《读诗记咏》,还是《读诗记》? 民国学者胡宗懋似乎注意到这是一个问题,据刘毓庆《历代诗经著述考》载曰:

> 《读诗记》,徐侨撰,佚。见《经义考》。胡宗懋《金华经籍志》曰:"《金华府志》作

---

① 朱元龙等撰:《徐文清公家传》,景明钞本。

《读诗记咏》。"①

其实《读诗记咏》与《读诗记》应是两种不同性质的著作。前者很可能是诗歌创作,后者才是《诗经》学研究著作。既然《家传》所载为《读诗记咏》,因为原书已佚,在没有证据证明《家传》所记有误的情况下,还应以《家传》为准。

除此之外,徐侨著述还有《尚书括旨》。景定四年(1263),徐侨逝世26年后姚希得曾为徐侨《尚书括旨》作序,云:

> 先生著述有《读易记》《读诗记诸咏》《杂说》《文素》等书行于世,为世所传诵。若此虞、周二书《括旨》,尤其潜心究学,辑而成帙者。②

徐侨这部重要的《尚书》学著作为何不见载于朱元龙等弟子所撰的《家传》中?很可能朱元龙等不曾获见是书。据姚希得所言:

> 先生暮年以此书进呈皇朝,存于青宫阁秘本。客秋,余得先生原稿,因重录宝藏,允留家塾。③

《尚书括旨》后来在社会上的流传,是靠姚希得从青宫阁抄录出来。清代四库馆臣在《易传灯提要》中,提到徐侨《尚书括旨》一书,但未详细介绍。朱彝尊《经义考》卷八十二云"《尚书括旨》,存",并录姚希得序文一篇。④

《宋史》徐侨本传与《宋史·艺文志》皆无徐侨任何著述的记载,难道徐侨著作在元代已不易见?非也。元代吴师道就曾见过《杂说》,并作《徐文清公手书〈杂稿〉后题》,云:

> 右故宋侍读文清公毅斋先生徐公手书《杂稿》一册,起乙酉止壬辰之所著也。公起家诸生,践历中外,以亮直敢言著声。嘉定中,提举江东常平茶盐,上书忤时相,劾罢归。乙酉,当理宗即位,宝庆之初,乡人万枢密容父、乔侍郎寿朋代为请祠。绍定戊子,力乞休致。又明年庚寅,命下。端平被召,晋擢中秘、奉常,手疏数千言,极陈时弊。侍读经帷,开陈友爱之道,用是复济邸王爵。请废王安石从祀,祀周、程、张、朱,请以赵忠定侑食茂陵。北使至,无国书,请馆之于外,如晋叔向辞郑故事,又忤时相,皆关系之大者。一时俦俊,傅景初、杨敬仲、柴与之、赵昌父、刘平国、

---

① 刘毓庆撰:《历代诗经著述考》,中华书局2002年版,第264页。
② 姚希得撰:《尚书括旨序》,引见朱彝尊《经义考》卷八十二,《四库全书》本。继案:《读诗记诸咏》疑"诸"为衍文,而《文素》应为《文集》,可能为后人传写翻刻之误。
③ 姚希得撰:《尚书括旨序》,引见朱彝尊《经义考》卷八十二,《四库全书》本。
④ 姚希得撰:《尚书括旨》一书在朱彝尊的时代仍存,今未知藏于何处,待查。

陈师复共荐,慎景元、魏华甫、袁广微同列,今犹夸诩诵传也。盖自公之居闲十五六年,此册所载,始终八年,优游休退,自警者凛凛甚严。而于亲友之庆吊问祭、燕集往来,悃款真诚,风流笃厚。至于暄凉晴雨之候,卉木禽兽之情状,密察深省,托兴寓怀,而无一言一事之不出于正。盖其学问侍养不怠于闲暇之时,故风节议论弥笃于晚暮之后,于此可考矣。公早受业乡先生大冶主簿叶君子应,后乃从朱子游。簿君,实东莱门人。前修既远,绪论寖微,晚学之所深恨。间尝扣之簿君曾孙审言,得公《杂说》一卷、《手帖》一通。今复见此,肃乎挹公之清风,蔼乎接公之仁言,起畏起敬,懦立鄙消,不胜其降叹也!谨书其后而始归之耳。①

据吴师道跋语可知,《杂说》所记多为亲友庆吊问祭、燕集往来之事,以及暄凉晴雨之候、卉木禽兽之情状等,悃款真诚,托兴寓怀。而《宋史》在徐侨本传中不载徐侨著作,或许囿于体例,但在《艺文志》中不录徐侨著作就很奇怪了。

(二) 徐侨著作遗存情况

明代,徐侨著作留存情况,据明正德辛未(1511 年)徐侨十一世孙徐兴所作《毅斋诗集别录序》所云,已是大为不妙:

> 其著作有《读易记》《读诗记咏》《文集》《杂说》等书,以之格君心,淑后世,羽翼吾道有补于世教也,尚矣。……奈何世久人微,家无全册,仅有《杂说》数卷。成化丁酉,兴受业于齐山允达王先生之门,复得先正忠文公所藏《毅斋文集》一十卷,几欲锓梓,区区屡困场屋夜雨灯窗之累,莫之暇及。弘治壬戌,□意遭回禄而前集煨烬,可胜惜哉。尚幸是录存于别馆。②

从徐兴所记来看,徐氏家族仅保存《杂说》数卷,但徐侨五传弟子王祎后人在成化丁酉年(1477)仍藏有十卷本《文集》。不幸的是弘治十五年(1502)《文集》因遭于火,大部分化为灰烬。

今人曾枣庄主编的《全宋文》辑徐侨文章三篇,分别为《军国疏略》(辑自《金华文征》卷一四)、《跋伊川先生举逸民追赠二制词》(辑自《四朝闻见录》卷三)、《四训》(辑自吴师道《敬乡录》卷一四)。但其中《跋伊川先生举逸民追赠二制词》落款为"东阳徐某谨书",并不能肯定"东阳徐某"就是义乌徐侨,存疑可也。因此,流传至今的徐侨文章可谓是少

---

① 吴师道撰:《礼部集》卷十七,《四库全书》本。
② 徐兴撰:《毅斋诗集别录序》,明正德刻本。

之又少。徐侨诗作亦主要见于《毅斋诗集别录》，有明正德刻本和《宛委别藏》抄本。另外《全宋诗》收徐侨诗82首，其中78首为《毅斋诗集别录》所存，另有4首辑自《濂洛风雅》等处。

二、徐侨的道统谱系观

道统为儒家传道的脉络和系统。孔子向来重道，言必称尧、舜、禹、汤、文、武、周公。到孟子则建构了一个尧、舜、禹、汤、文、武到孔子的"道"之谱系。唐代韩愈作《原道》以排佛老，以仁义道德为儒家之"道"，其"统"为尧、舜、禹、汤、文、武、周公、孔子、孟轲，而他本人则以继承孔、孟道统为己任，为儒家正宗。下面分述宋人与徐侨道统谱系构建以及徐侨的独特贡献。

（一）宋人与徐侨的道统谱系建构

北宋孙复，将道统分为两个阶段来表述，他说：

> 吾之所为道者，尧、舜、禹、汤、文、武、周公、孔子之道也；孟轲、荀卿、扬雄、王通、韩愈之道也。①

在孙复这里，从尧到孔子为一阶段，自孟子以下为另一阶段。这样划分的理由大概同于其弟子石介的《尊韩》：

> 道始于伏羲，而成终于孔子。道已成终矣，不生圣人可也。故自孔子来二千余年矣，不生圣人。若孟轲氏、扬雄氏、王通氏、韩愈氏祖述孔子而师尊之，其智足以为贤。②

但在程颐那里，韩愈在道统上是没有位置的，其《明道先生墓表》中说：

> 周公没，圣人之道不行。孟轲死，圣人之学不传。道不行，百世无善治；学不传，千载无真儒。无善治，士犹得以明夫善治之道，以淑诸人，以传诸后；无真儒，天下贸贸焉莫知所之。人欲肆而天理灭矣。先生生千四百年之后，得不传之学于遗经，志将以斯道觉斯民。……圣人之道得先生而大明，为功大矣。③

清初学者费密认为北宋关于道统的论述，其实不涉及道统的接传，而仅仅为静态的谱系

---

① 孙复撰：《信道堂记》，见《孙明复小集》，《四库全书》本。
② 石介撰：《徂徕石先生全集》卷七《杂文》，清康熙五十六年刻本。
③ 程颐撰：《河南程氏文集》卷第十一《明道先生墓表》，王孝鱼点校：《二程集》（上），中华书局1981年版，第640页。

描述。到了南宋则开始强调接传之功,这主要为争取道统地位的正宗,其云:

> 独言孟轲之传,开于唐儒韩愈。至宋蔡京遂以王安石上下孟轲,程颐又以程颢为孟轲后一人,而尚无道统接传之论也。南渡后朱熹与陆九渊争胜门户,熹传洛学,乃倡立道统,自以为曾氏独得其宗,而子思,而孟轲,而程颢、程颐接之。①

因此,朱熹《中庸章句序》关于道统的认识,其最显著的特征是重视道统的"接传",他认为尧之授舜,舜之授禹,自是以来,圣圣相承,若成汤、文、武之为君,皋陶、伊、傅、周、召之为臣,即皆以此而接夫道统之传。但以上道统的接传,主要在君臣之间进行,而自孔子始,则开启学者之间的接传,故朱熹云:

> 若吾夫子,则虽不得其位,而所以继往圣、开来学,其功反有贤于尧、舜者。然当是时,见而知之者,惟颜氏、曾氏之传得其宗。及曾氏之再传,而复得夫子之孙子思,则去圣远而异端起矣。子思惧夫愈久而愈失其真也,于是推本尧、舜以来相传之意,质以平日所闻父师之言,更互演绎,作为此书,以诏后之学者。盖其忧之也深,故其言之也切;其虑之也远,故其说之也详。……自是而又再传以得孟氏,为能推明是书,以承先圣之统,及其没而遂失其传焉。……然而尚幸此书之不泯,故程夫子兄弟者出,得有所考,以续夫千载不传之绪;得有所据,以斥夫二家似之之非。盖子思之功于是为大,而微程夫子,则亦莫能因其语而得其心也。②

道统接传之论,必然使道统的谱系进一步得到强化与凸显。那么,朱熹自己认为在道统谱系中的地位又该如何呢?他用较为自谦的口吻追述道:"吾少读程氏书,则已知先生之道学德行,实继孔孟不传之统。"③而在《大学章句序》中,朱子又说:"河南程氏两夫子出,而有以接乎孟子之传,……然后古者大学教人之法、圣经贤传之指,粲然复明于世。虽以熹之不敏,亦幸私淑而与有闻焉。"④朱熹以"私淑"二字较含蓄表达了自己得道统之嫡传的意思,而其门人则直接将朱熹与道统的关系明确化。黄榦《徽州朱文公祠堂记》说:

> 尧、舜、禹、汤、文、武、周公生,而道始行;孔子孟子生,而道始明;孔孟之道,周、

---

① 费密撰:《弘道书》卷上《道脉谱论》,民国九年怡兰堂刻本。

② 朱熹撰:《四书章句集注·中庸章句序》,朱杰人等主编:《朱子全书》第六册,上海古籍出版社、安徽教育出版社 2002 年版,第 30 页。

③ 朱熹撰:《晦庵先生朱文公文集》卷七十八《建康府学明道先生祠记》,朱杰人等主编:《朱子全书》第二十四册,上海古籍出版社、安徽教育出版社 2002 年版,第 3732 页。

④ 朱熹撰:《四书章句集注·大学章句序》,朱杰人等主编:《朱子全书》第六册,上海古籍出版社、安徽教育出版社 2002 年版,第 14 页。

程、张之继之;周、程、张子之道,文公朱先生又继之。此道统之传,历万世而可考也。①

朱熹另一门人陈淳也说:

轲之后失其传,天下骛于俗学,盖千四百余年,昏昏冥冥,醉生梦死,不自觉也。及我宋之兴,明圣相承,太平日久,天地真元之气复会,于是濂溪先生与河南二程先生,卓然以先知先觉之资,相继而出。河洛之间,斯文洋洋,与洙泗并,闻而知者有朱文公,又即其微言遗旨,益精明而莹白之。盖所为集诸儒之大成,而嗣周程之嫡统,萃乎洙泗濂洛之渊源者也。②

在弟子们看来,朱熹不仅得周程之嫡传,而且还是道统的集大成者。在道统谱系的建立过程史中,徐侨承朱熹而来,进一步明确了"孟子师子思,子思师曾子,实接圣道正传之统"的观点。《徐文清公家传》所载其与理宗的对话,得见出大概来:

上因论孟子传授,公奏:"孟子师子思,子思师曾子,实接圣道正传之统。曾子述《大学》以传之子思,子思又述所得于曾子传授心法谓为《中庸》以授孟子。其言中者天下之大本,诚者天之道,实发明理义之大原,其功为最大。子思顾乃从祀,而不得与十哲于堂上,古今阙典也。夫十哲者,夫子因念从于陈蔡者凡十人,偶不在门耳,岂谓弟子之贤哲止此十人而已哉?"上称善,曰:"前此所未闻。"又曰:"升子思而不及伯鱼,恐未安。"公奏:"此道统所系,非可以父子之私论。"③

应该承认,徐侨的道统谱系,大抵不出朱熹《中庸章句序》中的设定。

(二) 徐侨道统学说的独特贡献

那么,徐侨对于道统学说的贡献究竟体现在哪一点上呢? 这要从庙祀说起。我们认为道统其实有两系:一为道统谱系,一为道统庙系。一般而言,道统中人士在庙祀中的地位,反映了他在道统谱系中的地位。道统谱系内部又有两个逻辑关系:一是时间逻辑,一是传接逻辑。由此反映了出道与得道的先后及其传接的次序。而道统庙系,则是从礼制立场,对道统谱系中人物,进行地位高低的辩证。徐侨提出将子思由从侍地位升为与孔门十哲同堂,在历史上首次从道统庙系角度将子思地位抬到最高。徐侨的建议

---

① 黄榦撰:《勉斋集》卷十九《徽州朱文公祠堂记》,《四库全书》本。
② 陈淳撰:《北溪字义》卷下《严陵讲义·师友渊源》,《四库全书》本。
③ 朱元龙等撰:《徐文清公家传》,景明钞本。

是在宋理宗端平元年(1234)。翌年，礼部也有相同建议，将子思升为十哲。而到了咸淳三年(1267)，度宗又封曾子、子思为国公，配享孔庙。与此同时，又将子张升跻十哲，从而完成了四配、十哲制度。徐侨从道统立场，为子思的升祀找到一个最充分的理由，并得到理宗的认可，这也说明当时的朝廷已是完全承认了道统合理性。回想在宋高宗的时代，情形远非如此。南宋绍兴六年(1136)，陈公辅上疏高宗，以程颐为攻击对象，表现出对于道统的尖锐批评：

> 在朝廷之臣，不能上体圣明，又复辄以私意取程颐之说，谓之伊川学。相率而从之，是以趋时竞进、饰诈沽名之徒翕然胥效，倡为大言，谓尧、舜、文、武之道传之仲尼，仲尼传之孟轲，轲传颐，颐死无传焉。狂言怪语，淫说鄙喻，曰此伊川之文也；幅巾大袖，高视阔步，曰此伊川之行也。能师伊川之文，行伊川之行，则为贤士大夫，舍此皆非也。臣谓使颐尚在，能了国家事乎？取颐之学，令学者师焉，非独营私植党，复有党同之弊，如蔡京之绍述，且将见浅俗僻陋之习，终至惑乱天下后世矣。且圣人之道，凡所以垂训万世，无非中庸。非有甚高难行之说，非有离世异俗之行，在学者允蹈之而已。伏望圣慈，特加睿断。察群臣中有为此学，相师成风、鼓扇士类者，皆屏绝之。然后明诏天下，以圣人之道，著在方册，炳如日星，学者但能参考众说，研究至理，各以己之所长而折中焉。惟不背圣人之意，则道术自明，性理自得，故以此修身，以此事君，以此治天下国家，无乎不可矣。[1]

表面上看，陈公辅是在抨击程学，但实际上是在撼动道统，虽然"道统"之名在当时还未确立，可"道统"之实已是公认。那么，高宗对于陈公辅上奏态度又如何呢？高宗批复曰：

> 士大夫之学，宜以孔孟为师，庶几言行相称，可济时用。览臣僚所奏，深用怃然，可布告中外，使知朕意。[2]

高宗所谓"宜以孔孟为师"，显然是提倡人人皆应直接从孔孟原典中获取真知，而不必听信程颐等的再诠释。"宜以孔孟为师"的言下之意是"不宜以程颐为师"，这就伤及本以程颐为师的程颐弟子们，故胡安国上疏申明：

> 士以孔孟为师，不易之至论。然孔孟之道久矣，自程颐始发明之而后其道可学，而至今使学者师孔孟，而禁不得从颐之学，是入室而不由户也。[3]

---

① 李心传撰：《建炎以来系年要录》卷一百七，中华书局 1956 年第 1 版，第 1747—1748 页。
② 李心传撰：《建炎以来系年要录》卷一百七，中华书局 1956 年第 1 版，第 1748 页。
③ 李心传撰：《建炎以来系年要录》卷一百八，中华书局 1956 年第 1 版，第 1755 页。

胡安国所云"自程颐始发明之而后其道可学"。"发明"二字是关键,他从诠释学角度为程颐争得道统之名。这事实上告诉人们,道统就是层层积淀的思想叙事脉络。思想从原典出发,经由无数后人的"发明"而成长,然后形成浩荡之洪流。洪流现,而脉络成;脉络成,而道统立。

那么,胡安国所谓程颐的"发明"到底是什么呢?徐侨自有他的解释。《徐文清公家传》曰:

> 一日,讲毕。上言二程氏理学之纯,公奏:"自孟氏没而正学不传,至我本朝二程氏出,发挥义理,于是圣道涣然复明,诚前代所未有。程颢氏言'天理'二字,是自家体贴出来,此正道理源头。愿陛下于一念虑之微,一号令之出,必悉合乎天理之纯,而不使纤毫私欲杂乎其间。久久,自然纯一之心固,而精一之道得矣。"上曰:"正赖卿。"又曰:"二程氏之学,自濂溪来?"公奏:"论其发端,实自周氏,而其自得之妙,则有非师友所能与者。"上又及横渠之学,公奏:"臣尝言张氏谓性为万物一原,其知性矣;《西铭》之作,其知天矣。但其晚逃佛老,故立言间有未及二程氏之纯处。"上曰:"《西铭》却好?"公奏:"此其文之最纯者,愿陛下勿徒诵其言,而必有以行其言。事事合天,则君道尽矣。"公又奏:"二程氏宜从祀于夫子庙廷。王安石学术颇僻,至谓'天命不足畏,祖宗不足法,人言不足恤',害政坏法,卒基靖康之祸,愿废勿祀。"①

程氏之学虽然承周敦颐而来,但徐侨认为"程颢氏言'天理'二字,是自家体贴出来,此正道理源头",这就是徐侨所谓的"发明"。"发明"是中国思想史一个非常重要的概念。

前述黄榦、陈淳等都将朱熹纳入道统之嫡传,而到了徐侨的时代,他从道统的立场出发,则建议理宗将北宋五子和朱熹列入孔子从祀,《徐文清公家传》记曰:

> 上欣然开纳,且谓:"李埴亦请并祀周敦颐、程颢、程颐、张载、邵雍、朱熹。"公奏:"邵雍氏之学,推数以明理,未及诸先生之纯,愿亟俞李埴之请,先以五人列诸从祀。"②

至此,道统谱系由道学家内部的自我肯定,而演变成朝廷的官方认同。道统由高宗时代的大受怀疑,到理宗时代的备受肯定,中间隔了近百年。因此,只有到了徐侨的时代,道统说以子思升祀和北宋五子及朱熹的从祀为起点,才正式宣告得到官方确认。这中间,

---

①②　朱元龙等撰:《徐文清公家传》,景明钞本。

徐侨功不可没。

总之,无论是道统谱系还是道统庙系,经由徐侨的努力,不仅突出了子思这一环,更重要的是,还将北宋五子以及朱熹抬进了孔庙,这就在国家祭祀层面上为他们在道统中的位置寻求到了制度保证。至此方可说,理学的官方化始告全面完成。

三、徐侨与理宗朝《论语》地位的提升

目前,关于《论语》学史的研究,着重于《论语》文本的注释与流传,以及在各时代所产生的《论语》学流派、《论语》解说与诠释的时代特色。我们认为,这其实只是《论语》学史的线条之一。单纯从学术角度去总结《论语》学史,只是《论语》学史的一个维度。广义的《论语》学史,其实还包括另外一个维度,这就是历代帝王们对于《论语》的接受态度、接受程度与接受事实。因为《论语》的地位升沉,往往与当朝的意见有莫大关系,而这些意见又间接影响到《论语》研究与诠释的学术走向。

(一)宋代以前《论语》地位概观

《论语》之真正受到官方重视,是从汉代开始的。据《汉书·楚元王传》载刘歆《移太常博士书》与赵岐《孟子题词》可知,汉文帝时曾立传记于学官,故《论语》《孝经》《孟子》《尔雅》都被立为博士。但在汉武帝"独尊儒术"以后,反将传记学官罢黜,博士的设置仅限于五经,其中原因值得深入研究。

王充《论衡·本性》篇说孔子是"诸子之中最卓者",原来在汉代人的观念中,"传"主要指诸子之作,《论语》和其他诸子一样被划在传记类中。王葆玹说:

> 西汉人用"传"字来指先秦诸子,是由于武昭宣元时期诸子书都被看作是五经的辅翼,归入经传说记的系统。①

但汉代目录学著作又不将《论语》纳入《诸子略》,而是附在《六艺略》之后,这似乎又强调孔子虽是诸子之一,但《论语》的地位却又要高过一般的诸子之书。《汉书·扬雄传》里,有一句"传莫大于《论语》"的话,就指出了这一点。后来有学者也认为《论语》"对六经的辅翼要高于一般诸子传记,具有六经通论的地位。"②因此,虽然《论语》在汉武帝时期被罢学官,但其地位事实上并未降低,王国维说:

---

① 王葆玹撰:《今古文经学新论》,中国社会科学出版社1997年版,第66页。
② 罗安宪主编:《中国孔学史》,人民出版社2008年版,第279页。

《论语》《孝经》《孟子》《尔雅》虽同时并罢,其罢之之意则不同。《孟子》,以其为诸子而罢之也;至《论语》《孝经》,则以受经与不受经者皆诵习之,不宜限于博士而罢之者也。刘向父子作《七略》,六艺一百三家,于《易》《书》《诗》《乐》《春秋》之后,附以《论语》《孝经》(《尔雅》附)、小学三目,六艺与此三者,皆汉时学校诵习之书。以后世之制明之:小学诸书者,汉小学之科目;《论语》《孝经》者,汉中学之科目;而六艺则大学之科目也。武帝罢传记博士,专立五经,乃除中学科目于大学之中,非遂废中小学也。①

对此,徐复观谓:

《论语》及《孝经》皆传而非经。……然两书在两汉所发生之作用,或且超过五经,实质上汉人即视之为经,故五经皆有纬,而《论语》《孝经》亦有纬。纬对经而言,东汉遂有七经、七纬的名称。刘歆《七略》即以《论语》《孝经》入六艺略,《汉志》因之。汉代五经之儒,几无不学《礼》,更无不学《论语》《孝经》。吴承仕谓"盖《孝经》《论语》,汉人所通习,有受《论语》《孝经》而不受一经者,无受一经而不先受《孝经》《论语》者",吴说得之,然用一'先'字,遂使王国维以《论语》《孝经》与五经分为的两个阶段,一若汉之学制本来如此。②

《论语》在汉代的崇隆地位,固然是由《论语》一书之性质所确定的,但对这一性质之认识与提升,汉代人功不可灭。汉武帝以后,《论语》《孝经》逐渐升格。汉代"以孝治天下",形成以宗法和血缘为基础的政治利益集团,于是,贵胄子弟先读《论语》《孝经》,连同《诗》《书》《礼》《易》《春秋》五经,合称"七经"。汉以后,《论语》继续作为皇室教育的重要教材。三国时期,魏文帝黄初二年(221),下诏恢复孔子祭。令鲁郡修起旧庙,置百户吏卒以守卫之;又于其外广为室屋,以居学者。至魏齐王正始二年(241),帝初通《论语》,使太常以太牢祭孔子于辟雍,以颜渊配。某种情况而言,自汉以后《论语》逐渐成为了帝王之书,在这种背景下,何晏等人集体撰述《论语集解》,就有迎合当朝的意思在里头。《论语集解》集汉魏《论语》学之大成,并在经学注疏中创"集解"体例。《论语集解》问世以后,南朝梁皇侃为之作义疏,北宋邢昺为之作正义。

晋武帝泰始三年(267),改封孔子23代孙宗圣侯震为奉圣亭侯,又诏太学及鲁国四

---

① 王国维撰:《观堂集林》卷四《汉魏博士考》,中华书局1959年版,第178—179页。
② 徐复观撰:《徐复观论经学史二种》,上海世纪出版集团·上海书店出版社2006年版,第148页。

时备三牲以祀孔子。惠帝元康三年(293),皇太子讲《论语》,以太牢祠孔子,以颜回配。至南朝,《论语》继续得到官方重视。据《宋书》卷十四《礼一》载,《论语》与其他经书一道立为博士。南朝的皇家子弟,皆要受《论语》教育,如梁太子萧统三岁受《孝经》《论语》,五岁遍读五经,悉能讽诵。由于梁朝重视《论语》教育,才有皇侃《论语义疏》一书之问世。由于该书旁征博引,保留了大量六朝时期的《论语》古注,故亦可视为六朝《论语》注疏的集成之作。

唐代正式立《论语》为经,《论语》教育自然也未中断,但不突出。

(二) 徐侨对《论语》经筵地位提升的再努力

汉唐以来帝王为讲论经史而特设的御前讲席,宋代始称经筵,置讲官以翰林学士或其他官员充任或兼任。宋代以每年二月至端午节、八月至冬至节为讲期,逢单日入侍,轮流讲读,经筵制度至宋而臻完备。

宋初经筵,《论语》并未纳入讲读范围,而是以《礼》等经书为主要。《论语》在当时还主要是作为东宫教育的基本教材,这似乎与宋以前的《论语》教育相同。《续资治通鉴长编》卷七十二记载宋真宗东宫读《论语》情况,云:"上谓王旦等曰:朕在东宫讲《尚书》凡七遍,《论语》《孝经》亦皆数四。"[1]由东宫的《论语》教育到经筵的《论语》讲读,仁宗朝是一个重要的转折点。乾兴元年(1022)二月戊午,真宗崩于延庆殿,仁宗皇帝继位才13岁,这个年龄正是接受东宫教育的时候,但他的身份却又是皇帝,这便给《论语》由东宫的资善堂[2]走向皇宫的崇政殿提供了契机。因为太后及宰臣对于仁宗的教育虽然仍采取东宫教育模式,但此时仁宗已是皇帝的身份,故模式虽为东宫模式,但形式却必须是经筵的形式,且地点不可能仍在东宫,而必须改在崇政殿。由于这个缘故,《论语》自然而然由东宫教材升格为经筵教材。据《续资治通鉴长编》卷九十九"十一月癸酉"条云:

> 辛巳,(仁宗)始御崇政殿西阁,召翰林侍讲学士孙奭、龙图阁直学士兼侍讲冯元讲《论语》,侍读学士李维,晏殊与焉。初,诏双日御经筵。自是,虽只日亦召侍臣讲读。王曾以上新即位,宜近师儒,故令奭等入侍。上在经筵,或左右瞻瞩,或足鼓

① 李焘撰:《续资治通鉴长编》卷七十二,中华书局1992年版,第1635页。

② 据乔卫平撰:《中国教育制度通史》(第三卷),山东教育出版社2000年版,第195页:"进入真宗朝以后,宋朝专门为皇太子设立资善堂,作为东宫教育的主要场所。资善堂设置翊善、赞读、直讲等官辅教皇子。"又据《宋史·仁宗纪》,赵祯自大中祥符八年(1015)起,就读于资善堂。

踏床，则奭拱立不讲，体貌必庄，上亦为竦然改听。①

同上，"十二月甲辰"条又云："诏辅臣崇政殿西庑观侍讲学士孙奭讲《论语》，既而上亲书唐贤诗以分赐焉。"②翌年，即天圣元年（1023）九月戊寅，仁宗诏冯元讲《论语》。天圣二年（1204）八月己卯，又诏马龟符讲《论语》。此后，仁宗对于《论语》的学习持续不断，数年之中，给仁宗讲《论语》的有孙奭、冯元、马龟符、赵师民、杨安国等，皆一时俊秀。由于东宫教育与经筵讲读结合在一起，《论语》到了仁宗朝在经筵中的地位渐隆。

嘉祐八年（1063）三月辛未，仁宗崩，赵曙继位是为英宗，一沿仁宗故事，经筵仍始讲《论语》。到宋神宗时，《论语》成为考试科目，《续资治通鉴长编》卷三百十一云：

> 中书礼房请令进士试本经、《论语》《孟子》大义，论、策之外，加律义一道，省试二道。从之。③

虽然史籍不见神宗朝有关经筵进讲《论语》之事，但到了哲宗，因其 10 岁登基，事实上又将东宫教育与经筵进讲合二为一，于是《论语》再入经筵。

从元丰八年（1085）到元祐二年（1087），三年中《论语》进讲未曾中断，《论语》也成为哲宗常备之书。在哲宗朝，进讲《论语》者有程颐④、孙觉、范祖禹等人。由于经筵进讲的推动，北宋诸儒对于《论语》的研究与意义发掘，在《论语》学史上掀起一个浪潮。这时期重要著作有邢昺《论语正义》、程颐《论语解》、范祖禹《论语说》等。因此，北宋《论语》学的兴起，与经筵有直接关系，这个问题其实值得作出进一步探讨。

南宋建立之初，高宗即下诏曰：

> 朕朝夕延见大臣，咨访庶务。群臣进对，随事尽言。退阅四方奏牍，少空则披览载籍，鉴观前古，独于讲学，久未遑暇念。虽羽檄交驰，巡幸未定，亦不可废。其以侍从四员充讲读官，万几之暇，就内殿讲读。⑤

这是建炎元年（1127）二月之事，由此可看出高宗在战乱之年仍不忘重建经筵的决心与意志。建炎二年（1128）三月，高宗在扬州首开经筵，讲《论语》，读《资治通鉴》。具体情况

---

① 李焘撰：《续资治通鉴长编》卷九十九，中华书局 1992 年版，第 2303 页。
② 李焘撰：《续资治通鉴长编》卷九十九，中华书局 1992 年版，第 2305 页。
③ 李焘撰：《续资治通鉴长编》卷三百十一，中华书局 1992 年版，第 7538 页。
④ 程颐经筵说《论语》，见于《河南程氏遗书》卷十九《伊川先生语五》载曰："先生旧在讲筵，说《论语》"。王孝鱼点校：《二程集》，中华书局 2004 年版，第 264 页。
⑤ 李心传撰：《建炎以来系年要录》卷十一，中华书局 1956 年第 1 版，第 247 页。

《宋史全文》载曰：

> 时上初御经筵,侍讲王宾讲《论语》首篇,至"孝悌为仁之本",因以二圣母后为言,上感动涕泣。①

绍兴五年(1135),高宗又"诏侍讲孙近、唐辉仍讲《论语》",②足见他对《论语》的重视程度。自此以后,《论语》在经筵进讲中,亦为常态。

宋理宗是一位非常重视《论语》的帝王,对此《宋史全文》屡有记载:

> 丁亥宝庆三年正月己巳,诏:"朕每观朱熹《论语》《中庸》《大学》《孟子》注解,发挥圣贤之蕴,羽翼斯文,有补治道。朕方厉志讲学,缅怀典刑,深用叹慕。可特赠太师,追封信国公。"③

> 辛卯绍定四年三月癸巳,以经筵进讲《论语》终篇,召辅臣听讲。己酉,赐宰执、讲读说书修注官宴于秘书省。④

> 甲辰淳祐四年三月甲寅,经筵进讲《论语》终篇。己未,赐宰执、讲读侍立官燕于秘书省,仍进讲读侍立官一秩。⑤

> 庚戌淳祐十年二月丁酉朔,雪。诏荣文恭王府讲《通鉴纲目》,庄文府讲朱熹《论语集解》。⑥

由上可知,宋代经筵之讲《论语》,到了理宗朝基本上是以朱熹的注本为准绳了。在这个背景之下,徐侨于理宗端平二年(1235)以七十六岁高龄,授工部侍郎,除集英殿修撰,提举祐神观兼国子祭酒、侍讲。吴泳撰《鹤林集》卷七《徐侨授工部侍郎依旧兼国子祭酒兼侍讲制》(端平二年)云:

> 敕:御事罔耆寿俊,何以造周;朝臣无骨鲠儒,莫能兴汉。朕永惟治统之缺,每叹人才之难。今得耆英,宜寘近列。具官某,端信而诚悫,直清而澹夷。在野则布衣躬耕,在朝则端冕敬色。学如可乐,弗违颜子之仁;道或未行,不易下惠之介。剀切曲台之议,从容劝讲之篇。朕虽范围服御无所增,奇技淫巧无所作,实凭宿望,以

①　佚名撰,汪圣铎点校:《宋史全文》卷十六下《宋高宗二》,中华书局 2016 年版,第 1089 页。

②　李心传撰:《建炎以来系年要录》卷八十七,中华书局 1956 年第 1 版,第 1437 页。

③　佚名撰,汪圣铎点校:《宋史全文》卷三十一《宋理宗一》,中华书局 2016 年版,第 2636 页。

④　佚名撰,汪圣铎点校:《宋史全文》卷三十二《宋理宗二》,中华书局 2016 年版,第 2666 页。

⑤　佚名撰,汪圣铎点校:《宋史全文》卷三十三《宋理宗三》,中华书局 2016 年版,第 2758 页。

⑥　佚名撰,汪圣铎点校:《宋史全文》卷三十四《宋理宗四》,中华书局 2016 年版,第 2801 页。

重版曹。职简事清,无妨执艺以谏;道尊德贵,岂以饬材为工? 若曰归哉,非所望也。可。①

洪咨夔《平斋集》卷二十《权工部侍郎徐侨除集英殿修撰提举佑神观兼侍读制》亦云:

> 敕劳侍从之事,愿去承明;考仁圣之风,勉留广厦。虽优老之盛典,实从儒之盛心。具官某志操孤高,问学淳古。咏归沂水之上,世果何求;作兴北海之滨,时然后出。有嘉者艾,置在清华。守益固而眷益隆,进愈峻而辞愈力。兹领祠于阙下,仍劝读于禁中,以体貌大臣之旧规,为尊宠高年之特礼。更升论撰,不替纂修。《行苇》之养老乞言,亦孔厚矣;《大学》之致知格物,尚茂明之。可。②

以上二《制》对徐侨的学行有很高的评价。那么,徐侨之任侍讲,所讲内容又如何呢? 应该是《论语》无疑。吴泳证明了这一点,其云:

> 敕具官某:古我先民,尊尚《论语》。抉圣人之精意大义,安国所以被遇于仁宗;绎孔子之善行嘉言,尹焞所以受知于高庙。皆以是书之蕴,敷于劝讲之筵。具有前彝,何拘近比? 尔经粹行古,年耆德明。疏饭曲肱,不改山林之趣;玄端章甫,能为宗庙之容。朕方举贤而远不仁,修己以安百姓。悼大道之湮郁,必著儒之发挥。如卿笃诚,斯可感悟。《鲁论》二十,既升六艺之科;《曲礼》三千,徐订诸儒之议。庶讲论唐虞之地,如从容洙泗之间。不徒空言,同底实治。可。③

而据《徐文清公家传》记载,更可明了:

> 翌日,御笔兼侍讲,公奏:"起居舍人蒋重珍犹为说书,臣秩卑不当躐居其上。且昨在山间温绎《语》《孟》,若使备数晚说,或可上裨绀熙。"万分再辞,不允。④

《徐文清公家传》中提到的蒋重珍,无锡人,字良贵。宋宁宗十六年(1223)状元。理宗朝,授蒋重珍宝章阁直学士。为提醒理宗防止大权旁落,蒋重珍曾进《为君难》六箴,被授任为秘书郎兼庄文府教授。端平元年(1234),蒋重珍力荐真德秀、魏了翁。蒋重珍兼崇政殿说书时,每起草奏章,必斋心盛服,理宗称其为人平实。徐侨言"臣秩卑不当躐居其上",足见出他对蒋重珍的尊重。因此,徐侨提出,若实在要于经筵中说书,亦只可忝列晚说,因其"昨在山间温绎《语》《孟》","或可上裨绀熙"。即便如此,他还是要"万分再

---

① 吴泳撰:《鹤林集》卷七《徐侨授工部侍郎依旧兼国子祭酒兼侍讲制》,《四库全书》本。
② 洪咨夔撰:《平斋集》卷二十《权工部侍郎徐侨除集英殿修撰提举佑神观兼侍读制》,《四库全书》本。
③ 吴泳撰:《鹤林集》卷七《徐侨授兼侍讲制》,《四库全书》本。
④ 朱元龙等撰:《徐文清公家传》,景明钞本。

辞"，但理宗最终"不允"。然而，就在此时，理宗却接着又下旨升《论语》为早讲。《徐文清公家传》云：

> 有旨径升《论语》早讲。公奏："既升《论语》早讲，宜以《中庸》《大学》《孟子》列于晚说。"①

这给我们一个重要信息：在此前经筵讲读经史，由于时间安排不同，或可反映出不同经史之不同等级与地位。而《论语》既升为早讲，一个"升"字揭示了《论语》此前可能都安排在晚讲之中。由于资料原因，我们尚不能够很清楚地知道宋代经筵讲读时早讲与晚讲具体内容的安排情况，但从"有旨径升《论语》早讲"可以推定，《论语》作为经筵讲读题材，从东宫教育到帝王教育，从晚讲到早讲，其地位到理宗朝被抬到最高。这使徐侨异常兴奋，他在理宗面前对升《论语》为早讲一事，就《论语》在当前的境遇作了一次痛快淋漓的借题发挥，《徐文清公家传》载曰：

> 又谓：《论语》一书，实孔门高第记夫子之微言至行，以著明圣道之大原，通此经则六经可不治而明。今科试乃附于诸经命题之末，而谓之小经。太学讲书，则博士正录讲六经而《论》《孟》不与。夫《论语》者彻上彻下之道，成始成终之学，今直使视为童儒之习，稍长则弃之，理学不明，始基于此。②

在此，徐侨对于当今《论语》的境遇作了深刻分析，并从三个方面对现状表示了不满：第一，科试视《论语》为小经而附于诸经之末；第二，太学讲学，只讲六经而《论》《孟》不与；第三，就全社会而言，仍将《论语》视为童儒之习，稍长则弃，以故理学不明。从政治学术史角度来看，徐侨的批评将使我们对于《论语》在宋代之境遇作出新的认识，这也是当今《论语》学史研究最乏力的地方。那么，如何来改变《论语》的此种境遇呢？徐侨开出了自己的药方，《徐文清公家传》云：

> 仍下礼部国子监裁酌，凡科试命题、学校讲说，并与六经一体施行，庶使天下咸知陛下升崇此经之意，以开后学之良知，以垂万世之丕宪。③

正因为当时对《论语》的认识出现了较为严重的偏差，才使得徐侨对理宗升《论语》为早讲的举措表示了极大的热情。更重要的是，理宗对于《论语》的认识，也超过了此前历代帝王的认识水平。《徐文清公家传》载曰：

---

① ② ③　朱元龙等撰：《徐文清公家传》，景明钞本。

臣昨奉圣训，谓《论语》圣经，欲易以嘉名。①

理宗既然将《论语》奉为"圣经"，便产生了要将《论语》"易以嘉名"的想法，这个任务历史地落到徐侨这里。于是徐侨便提出恢复《论语》初名或更名《鲁经》的建议，《徐文清公家传》云：

在昔此书谓之《鲁论语》以别《齐论语》，若因其旧称谓之《鲁论》或《鲁经》，亦述而不作之义。②

众所周知，《论语》之流传在先秦的邹鲁地区和南方楚国已有口耳相传和辗转传抄两种情况。从战国到西汉，中间虽经秦始皇的焚书坑儒，但《论语》的流传仍绵延不绝。汉初陆贾所作《新语》对于《论语》的引用已经很多，叔孙通在为汉高祖制定礼仪时也曾援引孔子之语。汉代《论语》传本，据《汉书·艺文志》载，有《古》21 篇，《齐》22 篇，《鲁》20 篇。《论语》之有《古》《齐》《鲁》之分，据皇侃《论语义疏》引刘向《别录》的解释，鲁人所学，谓之《鲁论》；齐人所学，谓之《齐论》；合壁所得，谓之《古论》。由此可知，《论语》在汉代流行的三种传本，即《古论》《齐论》和《鲁论》。三种本子在文字、章句上有一定差异，故在研习与传授过程中，出现了不同的师说家法。但到了西汉末年，三家并行的局面彻底改观，《鲁论》独领风骚。自汉代以后，《论语》之传播与接受史，事实上就是《鲁论》史。徐侨说："《论语》一书，实孔门高第记夫子之微言至行，以著明圣道之大原，通此经则六经可不治而明。"这是他将《论语》视为高于六经的明证。既然如此，将《论语》恢复古名就理所应当了。在徐侨开出的两个"嘉名"中，理宗最后选择了《鲁经》之名，《徐文清公家传》云："上遂定名《鲁经》。事下省部见谓迂阔，不行。"遗憾的是，徐侨这个建议被礼部给否决了，理由是"迂阔"。但稍后于徐侨的金华学者王柏却很认同《鲁经》之名，并作有《鲁经章句》。

数百年之后，徐侨上奏更《论语》为《鲁经》一事，后来成为清代一些知名学者的话题。俞樾《茶香室三钞》卷十四《鲁经》云：

国朝周中孚《郑堂礼记》云：《宋鉴》，端平元年，太常少卿兼侍讲徐侨奏："《论语》一书，先圣格言，乞以'《鲁经》'为名，升为早讲。从之。"《论语》之名甚古，何必作此变更？后惟王氏柏有《鲁经章句》，他人莫之从也。③

---

① ② 朱元龙等撰：《徐文清公家传》，景明钞本。

③ 俞樾撰，贞凡等点校：《茶香室丛抄·三钞》卷十四，中华书局 1995 年版，第 1186 页。

周中孚的原话见于其《郑礼堂札记》,云:

> 《论语》之名甚古,何必作此变更?况鲁为国名,岂足以概仲尼微言。《春秋》本鲁国之史,尚不可改为《鲁经》,施之《论语》,尤为失当。后惟王氏柏有《鲁经章句》,他人莫之从也。至近代朱竹垞集中犹沿此名,难乎免于吊诡之讥矣。[①]

周中孚对徐侨奏更《论语》之名的批评,措辞比较激烈,但也有一定道理。需要指出的是,用《鲁经》来代替《论语》之名者,其实不止王柏。在当时还有喻品。《经义考》卷二百二十一《论语》十一就记载有喻品的《鲁经》,不过与王柏的《鲁经章句》一样散佚了。他所提到的朱彝尊,所谓"集中犹沿此名",大概是指朱氏《上山东巡抚张公书》云:"《鲁经》曰:见义不为无勇也。"[②]又朱彝尊《光禄大夫太子太保刑部尚书李公神道碑》云:"《鲁经》有言:一则以惧乌鸟之私,时萦寤寐也。"[③]再朱彝尊《文学沈君墓志铭》云:"《鲁经》取人必也狂狷,有所不为,斯择之善。思我故人,庶几可入作者之林,独行之传者乎?"[④]所谓《鲁经》就是《论语》。此外《经义考》卷二百六十《逸经》上云:"《国语》引'余一人有罪,无以万夫;万夫有罪,在余一人。'文虽与《鲁经》小异,然亦谓《汤誓》。其为《汤誓》逸句无疑也。"[⑤]这里的《鲁经》,也是指《论语》一书。看来朱彝尊还是喜欢用徐侨提出的《鲁经》来称《论语》。他对于徐侨意见之尊重,在《谒泰伯庙四十韵》诗中可见其态度。诗云:"化被仁风厚,经传至德称。"[⑥]该诗为咏徐侨之作。为此,朱彝尊诗自注云:"宋徐侨请更《论语》名为《鲁经》。"朱彝尊为何一直要将《论语》沿用徐侨提出的《鲁经》之名,其用意值得作进一步的研究。

四、徐侨与陈文蔚对理学问题的辨析信息

南宋淳熙二年(1175)五月底至六月初,在信州(今江西上饶)铅山县鹅湖寺举行了一次著名的思想辩论会,时间持续约十日,史称"鹅湖之会"。"鹅湖之会"由吕祖谦邀集,意图调和朱熹和陆九渊两派争执。它是中国思想史上一次堪称典范的学术讨论会,

---

① 周中孚撰:《郑礼堂札记》卷一,清光绪刻本。
② 朱彝尊撰:《曝书亭集》卷三十三《上山东巡抚张公书》,《四部丛刊》影清康熙本。
③ 朱彝尊撰:《曝书亭集》卷七十一《光禄大夫太子太保刑部尚书李公神道碑》,《四部丛刊》影清康熙本。
④ 朱彝尊撰:《曝书亭集》卷七十四《文学沈君墓志铭》,《四部丛刊》影清康熙本。
⑤ 朱彝尊撰:《经义考》卷二百六十《逸经》上,《四库全书》本。
⑥ 朱彝尊撰:《曝书亭集》卷二十《谒泰伯庙四十韵》,《四部丛刊》影清康熙本。

首开书院会讲先河。鹅湖之会前，信州的理学人士很少，即使有，也多从江西陆九渊学，如参加鹅湖之会唯一一位见载于文献的铅山人士傅一飞，据志书云："傅一飞，字伯济，傅长者孙。好古学，游象山陆氏门。尝晤朱子、吕东莱先生于鹅湖僧舍。惜不得寿，赍志以没。"①但在鹅湖之会以后，信州理学受此影响，快速发展起来，且理学人士多从朱熹，逐渐形成一个朱熹理学集团。在信州理学集团中，从学朱熹的人士有赵蕃、徐斯远、陈文蔚、余大雅、余大猷和徐子融等，此外汪应辰、韩元吉、徐安国、王时敏等为朱熹同调。朱熹逝后，其学在信州仍然活跃，陈文蔚就是其中代表人物。

陈文蔚(1154—?)字才卿，自号克斋，信州上饶人(今江西上饶市)。尝举进士。师事朱熹，讲读铅山，隐居不仕。其学以求仁致诚为本，以躬行实践为事。文章醇厚精确，不愧有道之言。端平初，都省言其所作《尚书类编》有益治道，诏补迪工郎。有《克斋集》行于世。学者称克斋先生。

陈文蔚理学思想之表现，除了其9篇讲义外，主要就是他与其他理学家往还的论学书信。这些书信在《克斋集》中共有68通，其中与徐侨的书信有6通。因为徐侨的理学论著已经很难得见，故陈文蔚与徐侨论学的书信显得特别珍贵，从中亦可窥见徐侨的部分理学观点。基于此，我们将《克斋集》中陈文蔚与徐侨论学书全文移录，以供研究者参考。

(一) 中庸不可能问题的讨论信息

嘉定十三年(1220)二月，徐侨江东罢归，陈文蔚从上饶有书来，与徐侨讨论"中庸不可能"问题。陈文蔚《徐崇甫校书庚辰二月》云：

> 《语录》刊行者，文蔚偶有所见，并昌甫所报凡二条与别录所疑，悉见《与叶味道书》中，得暇能相与折衷为佳。有如校书尊兄所守所行，诚不可及，文蔚数与朋友言之。但吾人所学，要在择乎中庸，往往工夫亦未易到，故子思亲切示人，以为天下国家可均，爵禄可辞，白刃可蹈，而中庸不可能。以事情论之，疑莫难于前三者，而莫易于中庸。今子思以前三者为可均、可辞、可蹈，而以中庸为不可能。盖前三者，资禀之相近者，皆可以智能慷慨为之。而中庸非义精仁熟，则不能以从容而中，而智力果敢有所不与矣。不能非狂即狷，不得为中庸也。尊兄试深思之，愚者一得，或

---

① 《(嘉靖)广信府志》卷九之三，明嘉靖刻本，天一阁藏。

有可采。①

"中庸不可能"是南宋学者经常讨论的一个重要话题。朱熹、叶适对这个问题都有自己的理解。从陈文蔚信中可知,徐侨此前对"中庸不可能"曾与陈文蔚有过商讨,但具体内容已不可知了。

（二）惩忿窒欲与仕学问题的讨论信息

绍定三年（1230）,徐侨七十七岁,居家。而此年陈文蔚已八十岁高龄。本年四月至六月间,陈文蔚讲学于信州州学。徐侨对文蔚《信州州学讲义》表示异议,文蔚有书来,与有关于"惩忿""窒欲"和"仕""学"的讨论。陈文蔚《克斋集》卷五《答崇甫所辩讲义二条》:

> 蒙见教惩忿、窒欲二事,较之鄙见,尤觉条畅,足以补其缺漏,甚感甚幸！但谓"忿害浅,故惩之；欲害深,故窒之",愚意恐忿、欲之为害,不可以分浅深。盖忿之来也暴,不知不觉之间,已致于肆横而不可制,故必惩之；惩则尤欲其用力也,程子谓治怒难,治惧亦难。明理可以治惧,克己可以治怒,正谓此耳。欲心发于隐微之中,其来也以渐,只要早觉,才觉便可制,然非恬于世味者不能也。以此观之,忿、欲之为害,不可以分浅深,尊兄以为如何？傥有未然,更俟开晓。

> 仕、学二端,谓理无穷。学宁有穷,援漆雕开事以证,可谓名言,良用敬叹。但引周公事,恐孔子只说凡人虽有周公之才之美,使骄且吝,其余不足观也矣。骄、吝二字,非指周公而言也。来教以为圣人尚尔,况其未至者乎,似便以周公为骄、吝也,未免语病。更幸思之,详以见教。②

（三）人心道心并性理说的辨析

嘉定十四年（1221）三月,徐侨居家。陈文蔚上饶书来,与徐侨论"性善"。陈文蔚《再答徐崇甫书》云:

> 高居无事,温寻旧学,其乐无涯,世间升沉,安足论哉？纸尾见教,良感不鄙。文蔚谓以水之清论性之善非不当,但水论到清浊则涉乎气质矣。所以水不能皆清,就其清之中,亦有不同。有清之甚者,有虽清而不能莹彻者,盖水之清浊,繇地气之美恶,人之气质之性,何以异此？恶者,气质之不美,即水之浊者；善者,气质之美,

---

① 陈文蔚撰：《克斋集》卷五《徐崇甫校书庚辰二月》,《四库全书》本。
② 陈文蔚撰：《克斋集》卷五《答崇甫所辩讲义二条》,《四库全书》本。

即水之清者。然气质虽美,而淳漓亦有不同。如水虽清,而等级亦有不一。若乃就下,则水之本然之性,而《洪范》论五行,亦曰水、曰润下。故孟子有"人无有不善,水无有不下"之说,斯则极本穷源之论。程子谓"性即理"是也,理岂有不善者哉?是乃万物之一源,非若气禀之有不同矣。人心道心,《中庸序》论之备矣,谓"或生于形气之私,或原于性命之正",继之以"人莫不有是形,虽圣人不能无人心,亦莫不有是性。虽下愚不能无道心,必使道心常为一身之主,而人心每听命焉,则危者安,微者著,而动静云为之间,自无过不及之差矣"。文蔚窃谓古今之论,未若此数语之明且正者。尊兄盖未之深考,谓其所论之皆不然,固不可,但毫厘之间,更少分别,遂不觉其意之偏耳。文蔚既荷有讲切之益,不敢不尽诚,或有未然,便来更赐镌晓。①

同年十二月二十六日,陈文蔚从上饶又有书来与徐侨论"人心道心并性理"说。陈文蔚《答徐崇甫人心道心并性理说》云:

> 人心、道心固无二,以其或生于形气之私,或原于性命之正。生于血气之私,岂非人欲?原于性命之正,岂非天理?况舜、禹相诏之语,已有危微之别,则一邪一正固无疑矣。继之以惟精惟一,则欲人于致察之力细密而无不尽,持守之志坚固而无或杂。盖察之不密,则二者交互于胸中,而天理人欲不能致谨于毫厘之辨,虽欲于持守之际,纯乎天理而不杂人欲之私,不可得矣。惟精惟一,则两下工夫并进而中可得矣,中即所谓道也。来谕援孟子"仁也者,人也,合而言之,道也"为证,而谓道即人,人即道。圣贤语言意各不同,两处各看,令融液透彻,庶几不相病耳。性善之说,以水清为喻,非不善,第以清浊为言,则杂乎气质矣。其后谓气有不齐,而其质则一,意欲言性无不善,如水无不清,不知既以气质言,则水不能皆清,性不能皆善矣。当如孟子言"人无有不善,水无有不下",则无病耳。此乃讲学之本原,当取孟子与告子辨论处熟看,仍以《程氏遗书》论性之语参酌求之,知本然之性与杂乎气质而言者不同,则议论方有的当,非臆想料度之可及也。来谕以天命比君命(继案:《朱子语类》卷五有"天命便是君命"之语,说明徐侨是承朱熹而来),此固然矣,但分心性情处,亦恐未然。盖心统性情,性即心之静,而情即心之动(继案:此朱熹观点,朱熹有"性静情动"之语),心不能不静,而亦不能不动,岂有恶于情哉?今曰人之本心即性也,其不善者情也,心性既无毫厘之别,又直以情为不善,则与灭情之见何

---

① 陈文蔚撰:《克斋集》卷五《再答徐崇甫书》(辛巳三月),《四库全书》本。

异？孟子谓"乃若其情，则可以为善矣"，乃所谓善也，岂以情为不善哉？心、性、情之界限，惟孟子之书具其条理，无咎熟咀味也。吾辈相去之远，不得群居讲学，苟书问中，又不能尽情无隐而同声相和，即为同门之罪人，是以不敢苟相阿狥而倾倒。鄙见如此，幸详之，复以见告。

　　一邪一正之说，伤于刻画。人心未必便邪，第生于血气之私，不知简柅，则易流于邪，此所以惟危也。当如叙中语，人莫不有是形，虽圣人不能无人心，必使道心常为一身之主，而人心每听命焉，则危者安，微者著，而动静云为自无过不及之差矣。因暇日抄录旧编，将因书复以告崇父。①

紧跟着，陈文蔚又从上饶寄来《又答徐崇甫说》：

　　前书见教人心、道心之说，谓"惟危惟微者，俱未可以言中；曰惟精惟一者，必如是所以为中。若便指人心为人欲之私，其意义无乃太疏浅"。某再三详之，极感开发愚意。窃谓贵乎精一者，正欲察其微而安其危，如是乃可以得中，非谓精一便为中也。为字似未稳，人心固不可便指为人欲，毕竟生于血气，易流于人欲，此所以为危。《中庸·序》于此辨析甚精。尊兄谓"平心定气味之，又验之于心，其旨自可见"。此言甚善，但当实用其功，则旧见庶可濯去，而新知当自得也。②

众所周知，"人心惟危，道心惟微，惟精惟一，允执厥中"此十六字心传，见于《伪古文尚书·大禹谟》。自北宋以来，"人心""道心"常作为重点命题被加以讨论，是有其缘由的。陈来谓："以理节欲本来是孔子以来儒家哲学的固有思想，宋儒尤其注重培养理想人格，要求提高道德自觉，努力使道德意识最大限度地支配人的行为。为了这一目的，理学从二程起，大力宣讲伪《古文尚书》中所谓'人心''道心'问题，在这一点上朱熹是二程的继承者。"③朱熹论人心道心最集中的表述在《中庸章句序》，曰：

　　心之虚灵知觉，一而已矣，而以为有人心、道心之异者，则以其或生于形气之私，或原于性命之正，而所以为知觉者不同，是以或危殆而不安，或微妙而难见耳。然人莫不有是形，故虽上智不能无人心，亦莫不有是性，故虽下愚不能无道心。二者杂于方寸之间，而不知所以治之，则危者愈危，微者愈微，而天理之公卒无以胜夫人欲之私矣。精则察夫二者之间而不杂也，一则守其本心之正而不离也。从事于

---

① 陈文蔚撰：《克斋集》卷一《答徐崇甫人心道心并性理说》，《四库全书》本。
② 陈文蔚撰：《克斋集》卷一《又答徐崇甫说》，《四库全书》本。
③ 陈来撰：《宋明理学》，华东师范大学出版社2004年版，第185页。

斯,无少间断,必使道心常为一身之主,而人心每听命焉,则危者安,微者著,而动静云为自无过不及之差矣。①

在朱熹看来,心其实只有一个,而又要分作"人心""道心"来说,只是因为前者生于"形气之私",后者得于"性命之正",此皆"为知觉者不同"而已。故其云:

> 非有两个心,道心、人心、本只是一个物事,但所知觉不同。……人心只是一个。知觉从饥食渴饮便是人心,知觉从君臣父子处便是道心。②

又云:

> 此心之灵,其觉于理者,道心也;其觉于欲者,人心也。③

如此看来,"人心""道心"无非只是一体两分。心觉于理,又觉于欲,觉于理者为道心,觉于欲者为人心;故两分之中,若以"人心"与"道心"相比较,似乎"人心"地位要见差一些,且受到道心的主宰,朱熹云:

> 人心是此身有知觉有嗜欲者,如所谓"我欲仁""从心所欲""性之欲也,感于物而动",此岂能无? 但为物诱而至于陷溺,则为害尔。故圣人以为此人心,有知觉嗜欲,然无所主宰,则流而忘反,不可据以为安,故曰危。道心则是义理之心,可以为人心之主宰,而人心据以为准者也。……故当使人心每听道心之区处,方可。然此道心却杂出于人心之间,微而难见,故必须精之一之,而后中可执。然此又非有两心也,只是义理与人欲之辨尔。④

又说:

> 形气犹船也,道心犹柂也。船无柂,纵之行,有时入于波涛,有时入于安流,不可一定。惟有一柂以运之,则虽入波涛无害。⑤

此间将人心与道心区别,则分明不是一体两分,而是主次之分了,这样就有矛盾。对此,

---

① 朱熹撰:《四书章句集注·中庸章句序》,朱杰人等主编:《朱子全书》第六册,上海古籍出版社、安徽教育出版社 2002 年版,第 29 页。

② 黎靖德辑:《朱子语类》卷七十八《尚书一·舜典》,朱杰人等主编:《朱子全书》第十六册,上海古籍出版社、安徽教育出版社 2002 年版,第 2664 页。

③ 朱熹撰:《晦庵先生朱文公文集》卷五十六《答郑子上八》,朱杰人等主编:《朱子全书》第二十三册,上海古籍出版社、安徽教育出版社 2002 年版,第 2680 页。

④ 黎靖德辑:《朱子语类》卷六十二《中庸一·纲领》,朱杰人等主编:《朱子全书》第十六册,上海古籍出版社、安徽教育出版社 2002 年版,第 2014 页。

⑤ 黎靖德辑:《朱子语类》卷六十二《中庸一·纲领》,朱杰人等主编:《朱子全书》第十六册,上海古籍出版社、安徽教育出版社 2002 年版,第 2012 页。

当时已有弟子指出,后人也多认为朱熹人心道心说存在义理矛盾。但钱穆发现朱熹对自己出现的矛盾后来作出过修正,其云:

> 朱子后来即不赞成自己这一说。因若如此说之,则道心为主宰,人心供运使,在一心中明明有了两心对立。朱子论宇宙,理气非对立。论理,善恶非对立。论气,阴阳非对立。凡说成两体对立者,皆非朱子说。故人心道心,非有两心,只是在一心中有此区别。此一区别,贵能浑化,不贵使之形成敌对。故曰:"有道理底人心,便是道心。"又曰:"以道心为主,则人心亦化为道心。"如《乡党》篇所记饮食衣服,本是人心之发,然在圣人分上,则浑是道心。可见宇宙生人,并非与了人一道心,又与人一人心。圣人之心,则浑是一道心,更不见有人心。故能达到人与天合,心与理合之境界。今把此心分为道心人心二者说之,不过要人较易明白此心体,却不是说真有两个心。朱子思想,尽多先后递变处,在先如此说,在后如彼说,大抵总是后胜于前,此乃朱子自己思想之转进。①

钱穆是比较重视朱熹思想前后变化的学者,故他的《朱子学提纲》常常能够在细处发微,给我们勾勒完整的朱熹思想影像。

以上我们用较长篇幅介绍朱熹"人心"与"道心"关系论,就是要由此找到徐侨"人心道心并性理"之说的由来。从陈文蔚与徐侨数通书信争论的问题,重点在理学的经典命题心、性论上。我们认为徐侨的理解并没有错。无论"人心"还是"道心",并是一个"心",这个"心"即是"性理"。这一点钱穆辩得最明白。钱穆认为朱熹解释人心与道心有前后之差,在早期朱熹认为"人心""道心"有别,但后来却不赞成自己这一说法。大抵陈文蔚继承的朱熹早期观点,而徐侨则继承朱熹后期观点,这就是二人对朱熹接受层面之不同。徐侨"人心道心并性理"其实就是朱熹晚年的立场,徐侨曾诫弟子叶由庚曰:"心体之流行,即天运之流行也,无乎不通,而塞之人其物矣。"②徐侨的心性说在南宋后期作为朱熹正宗观点的代言者和守护者,有较大影响。据《宋史·徐侨传》云:"侨尝言比年熹之书满天下,不过割裂掇拾以为进取之资,求其专精笃实,能得其所言者盖鲜。故其学一以真践实履为尚。"这在当时学者中是非常难得的。徐侨虽然从未入川,但其学术思想却为四川学者所敬仰。端平二年(1235),四川学者阳枋,慨然万里,由川入京,"谒文公

---

① 钱穆撰:《朱子学提纲》,生活·读书·新知三联书店 2002 年版,第 93 页。
② 宋濂撰:《文宪集》卷十《叶由庚传》,《四库全书》本。

门人毅斋徐先生，闻人心道心之说"。①"徐以所得考亭存心之要语之曰：'道心为主，人心听命，元只是一个心。人心不流于人欲，道心不流于虚无，便是察得精了。心与道一，一则不二，此便是中。'"②阳枋于是欣然有得。徐侨对"中"的解说，联系陈文蔚书中所引，谓"惟危惟微者，俱未可以言中；曰惟精惟一者，必如是所以为中。若便指人心为人欲之私，其意义无乃太疏浅"。由此可知，徐侨"人心道心"之说是其学术的根本，后人还将其性命心说画成图谱，以便更直观地了解。四库馆臣在王柏《研几图》提要中说，"是书前有自序，称'温习旧书，有未解者，因画成图。沈潜玩索，万理悠然而辐辏'云云。至明永乐中，衍圣公孔昭焕家别传一本，在原图解七十三幅基础上，增缀以李元纲《圣门事业图》、徐毅斋《性命心说诸图》，共为图八十五。③徐毅斋即徐侨。由此可见，徐侨性命心说，至少在明代还引起人们极大兴趣。

以上陈文蔚与徐侨论学书信，时间跨度有十年，而这十年正是徐侨罢归居家之时。考察文蔚与徐侨有关论学内容，多涉及命、性、心、中、诚、仁等理学基本问题，诚如王祎《徐侨传》所言：

> 其在人君前，论学则曰在正心，论治则曰在知人，其教学者以命、性、心、中、诚、仁为穷理之要，九思、九容为主敬之本。④

但综合来看，他们论析的重点仍在"人心"与"道心"上。

①　阳枋撰：《字溪集》卷十二《附录·纪年录》，《四库全书》本。
②　阳枋撰：《字溪集》卷十二《附录·有宋朝散大夫字溪先生阳公行状》，《四库全书》本。
③　四库全书研究所整理：《钦定四库全书总目》卷九十五《研几图提要》，中华书局1997年版，第1248页。
④　王祎撰：《王忠文集》卷二十一《义乌宋先达小传·徐侨》，《四库全书》本。

第七章　傅寅《禹贡》之学

　　傅寅的学术涉及《礼》学、义理学和《尚书》学三个方向，三者中尤以《尚书》学知著，而《尚书》学又以《禹贡》之学影响为最巨。傅寅的《禹贡说断》和陈大昌《禹贡论》、毛晃《禹贡指南》被誉为南宋三大《禹贡》学代表著作，对后世产生较大影响。

一、《禹贡说断》的书名与版本

　　傅寅的《禹贡》研究，今流传下来有两个不同名称的版本系统：一是四库馆臣从《永乐大典》中辑录出来的四卷本，名《禹贡说断》；一是徐乾学以所藏宋本为底本的刊刻本，收在《通志堂经解》中，世称通志堂本，名《禹贡集解》。关于这两个版本的详情，《四库全书总目》有四点信息值得注意：一是关于书名。朱彝尊《经义考》和《通志堂经解》本都作《禹贡集解》，馆臣据《永乐大典》认为《禹贡说断》才是宋本原名，《禹贡集解》之名系"传写错漏而窜易"形成的。二是关于内容。《大典》本较之通志堂本是个足本，不惟通志堂所缺四十余简尚在，而且多出《五服辨》和《九州辨》等独立成篇的内容。三是关于误编。通志堂本将《山川总会》及《九河》《三江》《九江》四图，误编入程大昌的《禹贡论》书中，而《大典》本则系之《说断》篇内。四是关于分卷。通志堂本《集解》为二卷，《说断》为四卷。当然，四卷之分，其实也不是《永乐大典》本原有的，而是馆臣辑录后才"析为四卷"的。①

　　（一）《禹贡说断》书名考

　　我们先辨书名。馆臣谓《禹贡集解》之名是传写错漏而窜易形成的，但这个名称其实在宋代已有。如王应麟《困学纪闻》卷十《地理》于"桐柏大复山在平氏东南淮水所出东南至淮陵入海"条曾引用过《禹贡集解》，②证明《禹贡集解》之名在宋代已有，并非传写错漏而窜易造成的。值得注意的是，无论是题为《禹贡说断》还是《禹贡集解》，这部书在

　　① 四库全书研究所整理：《钦定四库全书总目》卷十一《禹贡说断提要》，中华书局1997年版，第143页。
　　② 王应麟撰：《困学纪闻》卷十《地理》，《四库全书》本。

宋元公私目录学文献中均不见著录,但从宋元之际王应麟所引来看,该书又确曾以《禹贡集解》之名流传。到明代,许多藏书家著录该书,仍有称《禹贡集解》者,如朱睦㮮《万卷堂书目》、①焦竑《国史经籍志》②均是。这恰好说明《禹贡集解》之名由来已久,并非徐乾学等的擅改。清代藏书家瞿镛曾是徐乾学之后宋本《禹贡集解》的又一主人,看他的记载为我们带来的信息,其《铁琴铜剑楼藏书目录》云:

> 《杏溪傅氏禹贡集解》二卷,宋刊本。宋傅寅撰,东阳乔行简序。首列《山川总会》及《九河》《三江》《九江》四图。序首行题曰"杏溪傅氏禹贡集解图",后又题曰"尚书诸家说断",次行曰"禹贡第一"。故《永乐大典》本曰《禹贡说断》,而《通志堂经解》本曰《禹贡集解》,名遂两岐也。每半叶十一行,每行经文十八字。引诸家说首行低一格,次行低二格,已说则概低三格。……所阙四十余简及《五服辨》《九州辨》皆一一吻合,惟"尚书诸家说断"六字亦改作"杏溪傅氏禹贡集解",为失其真耳。③

瞿镛作为这部宋刊本的拥有者,他记载宋刊名本为《杏溪傅氏禹贡集解》,通志堂据以刊刻,书名没有错,何况宋明以来同样的书名还有记录。但通志堂也有错,错在哪里?错就错在擅将该书序首行题曰"杏溪傅氏禹贡集解图"之后的又题曰"尚书诸家说断"六字,改作"杏溪傅氏禹贡集解",这就失去了宋刊本原来的面貌,故瞿镛才批评道"失其真耳"。④所谓"失其真",是从版本学而言,这与四库馆臣批评擅改书名是两回事。

事实上,从不同题记来看,是书在宋代已经是《说断》与《集解》两个名称并存,联系王应麟《困学纪闻》所引,说明《禹贡集解》之名也是当时学者认可的。《永乐大典》名为《禹贡说断》,与通志堂做法一样,亦不过取其一而已。因此,四库馆臣认为《禹贡说断》为旧名,倒也未必。

若从王应麟再往前推,该书在宋代还有一名称,这就是乔行简《序》中所谓的《禹贡说》。照乔行简的说法,是书原为傅寅《群书百考》之一种,名《禹贡说》。但因《群书百考》卷秩繁富,遂挑选《禹贡说》一种单独付梓。⑤付梓的大概时间在傅寅去世不久,亦即1215年之后。而瞿镛据是书中的避讳字推断为孝宗朝刊刻,《铁琴铜剑楼藏书目录》云:

> 书中"恒""桓""慎"字有阙笔,"贞观"改作"正观","魏征"改作"魏证","惟""悙"

---

① 朱睦㮮撰:《万卷堂书目》卷一《书经》,清光绪至民国间观古堂书目丛刊本。
② 焦竑撰:《国史经籍志》卷二《经类》,明徐象橒刻本。
③④ 瞿镛撰:《铁琴铜剑楼藏书目录》卷二《经部》二,清光绪常熟瞿氏家塾刻本。
⑤ 乔行简:《禹贡说·序》,引自朱彝尊撰《经义考》卷九十四,《四库全书》本。

字不阙,当是孝宗时刻。①

瞿镛所见刊本,当是乔行简刊本,因为他著录时明言是书有"东阳乔行简序"。如果乔行简刊本在孝宗朝,则当时傅寅并未去世;因此,与《序》中所言是书乃在同叔亡后所刻不符。合理的解释应该是该书稿本完成于孝宗朝,故傅寅稿本中才会有与孝宗相关的避讳字存在,而乔行简刊刻时据稿本不改,故瞿镛误以为锓木在孝宗朝了。或谓瞿镛著录为《杏溪傅氏禹贡集解》,书名与乔行简记载不同,不排除孝宗朝刊刻的可能。但该书既有乔行简《序》,则亦不可能为孝宗朝所刻,故与书名之异无涉。《禹贡说》之称,在明代官方藏书目录中,仍有记载。明英宗正统六年(1441),杨士奇等人奉诏对文渊阁藏书打点清理,编成《文渊阁书目》(不分卷)。《文渊阁书目》卷一著录:"傅寅《禹贡说》一部二册。""傅寅《禹贡说》一部六册。"②可见在明代国家藏书中,该书被著录为《禹贡说》。为何会有"一部二册"和"一部六册"之异? 可能与残缺有关,或与刊本来源不同有关。因为《文渊阁书目》属于"图书清册"意义上的书目,只记册数,不记卷数,与严格意义上的目录学著述有所不同,因此显得过于简单。但《文渊阁书目》收录较全,且多古本,基本上囊括了明代官府藏书。在杨士奇编纂《文渊阁书目》之前,由翰林院大学士解缙担任总纂修,历时六年(1403—1408)编修完成的《永乐大典》,全部利用的就是文渊阁藏书。我们有理由推断,《永乐大典》中的《禹贡说断》或许就是依据当时文渊阁所藏傅寅《禹贡说》编纂的。此外焦竑《国史经籍志》卷二《经类》著录《禹贡集解》的同时,又著录曰:"傅寅《禹贡说》一卷。"③经细查,焦竑将《禹贡说》一卷放在"传注"类栏下,又将《禹贡集解》二卷放在"集解"类栏下,分开来著录,说明他所见者实为二书。明末清初傅维鳞因参修《明史》之故,后以个人力量私著《明书》,自清顺治四年(1647)开始撰写,到十年(1653)基本完成。其中《经籍志》中著录历代《尚书》类著作44种,便有"傅寅《禹贡说》"④。由于《明书》之《经籍志》主要参考杨士奇《文渊阁书目》以及刘若愚《酌中志》,故亦可见《禹贡说》在当时也是大家熟知的傅寅著作。

除此之外,明代还有将傅寅所著称为《禹贡论》者。前述朱睦㮮的《万卷堂书目》虽

①　瞿镛撰:《铁琴铜剑楼藏书目录》卷二《经部》二,清光绪常熟瞿氏家塾刻本。
②　杨士奇编纂:《文渊阁书目》卷一《天字号第三厨书目·书》,《四库全书》本。
③　焦竑撰:《国史经籍志》卷二《经类》,明徐象橒刻本。
④　傅维鳞撰:《明书》卷七十五志十七《经籍志》一《书》,《畿辅丛书》本。

著录为《禹贡集解》，但他在《授经图义例》则还著录曰："《禹贡论》二卷，傅寅。"①这又是一个不同于其他书目的记载。总之，宋明以来记载的傅寅《禹贡》著述，书名并不一致。但纳兰性德却不这样认为，他说：

> 是编流传者寡，不见采于董氏之《纂注》，而焦氏《经籍志》、西亭王孙《授经图》，或以为《说》，或以为《论》，盖未尝见此书而著于录者。②

清人周中孚同意纳兰之说，其《郑堂读书记》曰：

> 纳兰容若《序》称：是编流传者寡，不见采于董氏之《纂注》，而焦氏《经籍志》、西亭王孙《授经图》或以为《说》，或以为《论》，盖未尝见此书而著于录者。……今按是书明初盖有二本，一为王止仲所藏，本题《禹贡集解》，一为《永乐大典》所载，本题《禹贡说断》……或曰《说断》，或曰《集解》盖一书而二名也。……前有东阳乔行简序又称此书为《禹贡说》，盖省文尔。③

纳兰性德称"焦氏《经籍志》、西亭王孙《授经图》或以为《说》，或以为《论》，盖未尝见此书而著于录者"，未足信。如果焦氏没见到原书，而《文渊阁书目》著录《禹贡说》总是看到原书的。倘如周中孚所言乔行简《序》又称此书为《禹贡说》，"盖省文尔"，似也未足信，因为后人没有必要在著录时也跟着他去"省文"。但他认为"或曰《说断》，或曰《集解》盖一书而二名也"的思路是对的，只不过该书还有《说》《论》之名，也不应遗落。

总之，纳兰性德认为焦氏《经籍志》、西亭王孙《授经图》或以为《说》，或以为《论》，俱未足信的说法过于武断，而四库馆臣批评《通志堂经解》本的做法，也同样站不住脚。归纳而言，是书盖有四名：一曰《禹贡说》、一曰《禹贡集解》、一曰《禹贡说断》、一曰《禹贡论》。

(二)《禹贡说断》版本流传考

清以来各种刻本，凡名之曰《禹贡说断》者，皆属于《四库全书》本系统；凡名曰《禹贡集解》者，则属《通志堂经解》本系统。

由于《通志堂经解》本取自宋刊本《杏溪傅氏禹贡集解》，而这部宋刊本本身的流传情况，据纳兰性德《序》云：

---

① 朱睦㮮撰：《授经图义例》卷八《诸儒著述附历代尚书传注》，《四库全书》本。
② 纳兰性德：《禹贡集解》卷首《序》，又见纳兰性德撰《通志堂集》卷十一《杏溪傅氏禹贡集解序》，清康熙三十年徐乾学刻本。
③ 周中孚撰：《郑堂读书记》卷九《经部》五之下《书类》，民国《吴兴丛书》本。

是本为吴人王止仲藏书，其后归于都少卿穆。其第一卷阙三十有七版，第二卷又阙其四版，验少卿前后印，则知当日已非足本。亟刊行之，俟求其完者嗣补入焉。①

这里讲明了该书入传是楼以前的情况，后来瞿镛《铁琴铜剑楼藏书目录》更为详细记载了流传的线索，云：

此本为王止仲所藏，后归都元敬、刘公𫘬，入传是楼。今所传《经解》本，即据之以刻者。所阙四十余简及《五服辨》《九州辨》皆一一吻合，惟"尚书诸家说断"六字亦改作"杏溪傅氏禹贡集解"为失其真耳。若四图之编入程氏《禹贡论》中，乃装书者之失，非刻本有误也，观成容若《序》自明。卷中有王止仲、元敬、刘体仁印，颍川刘考功藏书记，乾学徐健庵诸朱记。②

根据纳兰性德和瞿镛的记载，这部书的流传在明代初期为王行③所藏，明中期为都穆④所藏，明末清初又为刘体仁⑤所藏，刘体仁之后，又为徐乾学所藏，徐乾学之后再为瞿镛所藏，线索非常清楚。直到今天，是书还藏在国家图书馆。根据《中国古籍善本书目》著录，是书实为宋版元修本。从《中华再造善本》的影印本看，每半页十一行，行十八字，书中钤有"王止仲"（王行）、玄敬（都穆）、"刘体仁""乾学""徐键庵""铁琴铜剑楼"等印，与瞿镛的记载完全相合。

还有一个问题，今通行的《通志堂经解》本《禹贡集解》，其底本是否一定就是国图所藏的本子呢？经王爱亭博士检《经解》本原书，发现卷一阙第三十五至七十一页叶；卷二第一、二十三、二十四、八十一叶为空版，与纳兰性德《序》合。她同时又将《经解》本与国

---

① 卷首《序》，又见纳兰性德撰：《通志堂集》卷十一《杏溪傅氏禹贡集解序》，清康熙三十年徐乾学刻本。

② 瞿镛撰：《铁琴铜剑楼藏书目录》卷二《经部》二，清光绪常熟瞿氏家塾刻本。

③ 王行，字止仲，号半轩，更号楮园，自称淡如居士。明初苏州人。洪武初，郡庠延为经师。泼墨成山水，时人谓之王泼墨。书法学二王。据吴景旭撰《历代诗话》卷七十三引《蓬轩吴记》云：明初张适、高启、杨基、张羽、徐贲、王行、梁时，方以常、钱彦周、杜寅、浦源辈结为诗社，号"十才子"。著作有《半轩文集》十二卷，写本。今不传。

④ 都穆（1458—1525），明代金石学家、藏书家。字玄敬，一作元敬，郡人称南濠先生。原籍吴县南濠里。主要著作为《金薤琳琅录》《南濠诗话》，另著有《周易考异》《使西日记》《游名山记》《史补类抄》《史外类抄》《听雨纪谈》《玉壶冰》《铁网珊瑚》《吴下冢墓遗文》等。

⑤ 刘体仁（1624—1684），颍川卫（今安徽阜阳阜南县）人。顺治十二年（1655）进士，官吏部主事。工诗文，善山水，精鉴别，喜搜罗典籍，与梁清标、孙承泽等知名藏书家相与商榷古今，考辨真赝。有藏书处名"七颂堂"，藏书2万余卷，有宋刻多种。著有《七颂堂识小录》《七颂堂诗集》《七颂堂文集》《七颂堂词绎》《蒲庵集》等。

家图书馆藏宋刻元修本对照,发现二者版式及卷内所缺所空叶次相同,又如卷一第二十七页宋刻多有字迹模糊处,《经解》本则相应为墨块。据此,她推断今存宋刻元修本即为当时徐乾学《通志堂经解》本《禹贡集解》的底本。①

至于四库馆臣批评通志堂本将傅寅的"《山川总会》及《九河》《三江》《九江》四图,《经解》俱误编入程大昌《禹贡论》"中,确实是一大错误。对此,瞿镛已经替通志堂作出解释:"若四图之编入程氏《禹贡论》中,乃装书者之失,非刻本有误也,观成容若《序》自明。"这种装书之失,理论上是有可能的。何况还因为在清初以来,这四图本来就有单行本流传,如清陈昌图《南屏山房集》卷十八《两浙经解考》记载云:"义乌傅寅《禹贡图考》一卷。"②而他的另一处记录更为详细,其《南屏山房集》卷十九《书》云:

> 《禹贡图考》,宋傅寅。《禹贡图考》集先儒之大成,乔行简《序》略云:事为之图,条例诸说,名曰《群书百考》,《禹贡图》其一也。夫说《禹贡》者多家,三江莫定其名,黑水弗知所入,余得此书,摭其说庶求证者有取焉。③

可见《禹贡图考》有时是独立流传的。《禹贡图考》本为傅寅《群书百考》之一种,今《群书百考》不传,而《禹贡图考》留存,也许因《图考》于《禹贡说断》卷首前附有关。但因该图也可独立成为一卷,故通志堂刊刻时装错书函,也是完全有可能的。

清代以来《通志堂经解》本《禹贡集解》和《四库全书》辑录《永乐大典》本《禹贡说断》的流传情况,因线条比较清楚,故不详述。

二、《禹贡说断》征引文献考述

傅寅《禹贡说断》称引汉唐至宋代诸家之说甚广,其中汉唐主要引孔安国、司马迁、刘歆、王横、班固、马融、郑玄、许慎、桑钦、应邵、李巡、王肃、韦昭、杜预、郦道元、郭璞、颜师古、孔颖达、司马贞;宋代主要引苏轼、王安石、沈括、曾旼、吴孜、陈鹏飞、张九成、叶梦得、晁公武、林之奇、薛季宣、郑樵、程大昌、吕祖谦等。另有3处引"刘氏曰"未能找到出处,待考。其中汉唐称引次数最多为孔安国、孔颖达,次为班固、杜预、杜佑、郦道元、郑玄、颜师古等;而宋代称引最多为林之奇,次为张九成、苏轼、王安石、程大昌、吕祖谦、叶梦得等。从体例上看,傅寅前引诸家之说,然后断以己意。兹对傅寅征引书籍略作考述

---

① 详见王爱亭撰:《〈通志堂经解〉底本考论》,载《文献》(季刊)2011年第3期。

② 陈昌图撰:《南屏山房集》卷十八《两浙经解考》,清乾隆五十六年陈宝元刻本。

③ 陈昌图撰:《南屏山房集》卷十九《书》,清乾隆五十六年陈宝元刻本。

如下：

（一）征引汉唐文献考述

傅寅《禹贡说断》对汉唐二孔非常重视，故称引也较多。因为傅寅称引某某之说，只写姓氏，为区别二孔，一般他将汉代孔安国称为"孔氏曰"，对唐代孔颖达则称"唐孔氏曰"，以示不同。傅寅《禹贡说断》引"孔氏曰"多达 154 次，足见他多孔安国之学的重视。汉代《尚书》学发达，孔安国是对汉代《尚书》兴盛作出巨大贡献的学者之一。安国，西汉鲁人，字子国，孔子十世孙。生卒年月不详，约自汉景帝元年（前 156 年），至昭帝末年（前 74 年）间在世。西汉著名经学家。他受《诗》于申公，受《今文尚书》于伏生，后成为武帝《今文尚书》学博士，通过弟子儿宽，促成了《今文尚书》三家学派之兴。武帝末，鲁共王坏孔府旧宅，于壁中得《古文尚书》《礼记》《论语》及《孝经》，皆古籀文，时人不识，安国以今文认读，并整理、训解，又奉诏作《传》，定为五十八篇，谓之《古文尚书》，并教授弟子，形成古文师法，遂创《古文尚书》学派。今传《尚书孔氏传》，一称《孔安国尚书传》，就是傅寅《禹贡说断》称引"孔氏曰"的资料来源。该书明清学者定为后人伪托，但经过当代学者利用出土汉简和其他文献材料证明，《孔传》中确有孔安国本人训解内容，同时该书在成型过程中，实因其后裔传习不绝，直到东汉孔僖、孔季彦等历经数代累积而成。因孔安国首传《古文尚书》，书中又确实有其训解内容，故该书在后来流传中被称为《孔安国尚书传》，或简称为《孔传》也就不足为奇了。①

傅寅《禹贡说断》所引司马迁之说，主要取自《史记》一书。司马迁既习今文《尚书》，又曾从孔安国学古文，理应对孔氏《古文尚书》也不陌生。如前所述，孔安国兼通《尚书》今、古文之学，故司马迁亦然。这在《史记》述《尚书》时，随处兼采今、古文便可明白。不同于一般《书》学家的是，司马迁《史记》由于是历史著作，故他对《尚书》的取材，主要作为他对三代史学叙事的史料来源，而非训解。傅寅在称引时，也多在需要作叙事表达时才会想到《史记》。如在《禹贡》"禹敷土，随山刊木，奠高山大川"条下，他引史马氏曰："禹与益后稷奉帝命，命诸侯百姓，兴人徒以传土。"这在《史记》卷二《夏本纪》中可以读到原文，傅寅略有删改。因为作为叙事性称引，不是傅寅的主要方向，这就是《禹贡说断》只有 3 处称引《史记》的原因。

傅寅称引刘歆之说，出处有些复杂。《禹贡说断》卷二"九江孔殷"条，引刘氏曰："湖

---

① 参见陈以凤撰：《孔安国学术研究》，山东大学博士论文，中国知网 2010 年版，第 66—67 页。

汉九水入于彭蠡,是为九江"。这里傅寅称引刘歆,其实转引自晋《太康地记》引刘歆语。是书为当时一部全国地理总志性质的地记,成书于西晋太康年间,不著撰人,亡佚。《初学记》《艺文类聚》等初唐书多次引用《太康地记》,但到《太平御览》《太平寰宇记》等宋书已为间接引用,故该书亡佚时间可能在唐后期。傅寅所引刘歆,已经再次转引,但刘歆的原话,具体出自何书,今不可考。

此外,《禹贡说断》还有 3 处引"刘氏曰",但非刘歆。第一,"逾于沔"条,引刘氏曰:"《巴汉志》云:汉水二源出氐道之养山,名养。《南都赋注》曰:汉水源出陇西,经武都至武关山,历南阳界出沔口入江。《巴汉志》曰:西汉出陇西嶓冢山,会白水,经葭萌入江。"第二,"又东为沧浪之水"条,引刘氏曰:"《南都赋注》云:汉水至荆山东,别流为沧浪之水。"第三,"又东北入于河"条,引刘氏曰:"《帝王世纪》云:夏太康五弟须于洛汭,在巩县东北三十里。"这三条,显见不是刘歆之语。查宋代傅寅之前,有刘敞(1019—1068)、刘正叟等,皆有《尚书》学著述,但目前未能查到出处,待考。

傅寅引"王氏曰"共 27 条。为区别汉王横与宋王安石,他在引王横时特别注明"汉王氏曰",以区别宋王安石。今《禹贡说断》只有 1 条"汉王氏曰"的内容,见于卷一"九河既道"条。傅寅引"汉王氏曰:昔天常连雨,东北风,海水溢,西南出浸数百里,九河之地已为海水所渐。"这是王横在王莽时代一次有关水利工程决策讨论中,提到以前"海水溢"的一次事件。《汉书·沟洫志》原文记载:

> 大司空掾王横言:"河入勃海,勃海地高于韩牧所欲穿处。往者天尝连雨,东北风,海水溢,西南出,寖数百里,九河之地已为海所渐矣。"[1]

关于这次渤海湾西岸"为海所渐"的现象,王子今介绍说:根据学者们新的考古分析,这次"海水溢"应是发生在局部地区、升降幅度小的短期海平面变动,其年代,大约在西汉末期。也就是说,王横所谓"往者"云云,应是对年代较近的"海溢"灾难的回顾。[2]至今看来,这也是一条难得的海洋古文献材料。所以此引"汉王氏曰",从征引书籍看,出处应为《汉书》无疑。

《说断》所引"班氏曰"41 条,皆指班固。班固是傅寅在汉代称引次数排第二的学者,主要取自《汉书·地理志》,此为大家熟知,不赘述。

---

① 班固撰:《汉书》卷二十九《沟洫志》,中华书局 1997 年版,第 1697 页。
② 王子今撰:《汉代"海溢"灾害》,《史学月刊》2005 年第 7 期。

傅寅引马融3条,引郑玄22条。马融是汉代《古文尚书》的代表,郑玄为其弟子。汉代《尚书》版本系统如前所述,主要有二:一是今文本系统。先有伏生本,后有欧阳、大小、夏侯今文三家;二是古文本系统。现有孔安国本,后有马融、郑玄、王肃。《隋书·经籍志》著录马融《尚书注》11卷,郑玄《尚书注》9卷,惜亡。但马融和郑玄对《尚书》文字的注解,南朝裴骃《史记集解》、陆德明《经典释文》、唐孔颖达《五经正义》等引用甚多,故得部分保存。傅寅称引"郑氏曰"共19条,除1条属于郑樵之外,有18条是引郑玄的,在汉代排第三。郑玄之为经学,兼通今古。据《后汉书》本传,郑玄早年曾师事京兆第五元先,始通《京氏易》《公羊春秋》《三统历》《九章算术》,又徒东郡张恭祖受《周官》《礼记》《左氏春秋》《韩诗》《古文尚书》。可知他的《古文尚书》之学最初受自张恭祖。郑玄后来又西入关,从马融学习,返乡时,马融目送郑玄,喟然叹曰:"郑生今去,吾道东矣!"可见他又深得马融的真传。又据《后汉书·儒林传》:"扶风杜林传《古文尚书》,林同郡贾逵为之作训,马融作传,郑玄注解,由是《古文尚书》遂显于世"。可见郑玄所注应为《古文尚书》。后人对郑玄《尚书》注有专门辑录并作考述者,如焦循《〈禹贡〉郑注释》就是这样一部著作。是书专门辑考郑注,且发明郑氏之例并阐发郑义,可参考。为区别汉代郑玄和南宋郑樵,虽同样称"郑氏曰",但在指郑樵时会在"郑氏曰"之下用小字标明"渔仲"。

傅寅引桑钦5条,经与宋代其他《尚书》学著作所引同条比较,知出《水经》。桑钦,西汉成帝时期的学者者。他曾从平陵人涂浑受《毛诗》,而造诣极深,同时还精通《古文尚书》。关于桑钦是否真正为《水经》的作者,陈桥驿云:

《隋书·经籍志》著录:"《水经》三卷,郭璞注。"这是现存对《水经》一书的最早著录。但这项著录不及撰者,只知是郭璞所注。《旧唐书·经籍志》著录:"《水经》三卷,郭璞撰。"这项著录的价值不大,因为它无非抄录《隋志》而把《隋志》郭璞"注"的"注"字讹作"撰"字。郭璞是东晋人,注书甚多,现存的还有《山海经》《尔雅》《方言》等,因此《隋志》作"注",不致有讹。《新唐书·艺文志》著录:"桑钦《水经》三卷。"这项著录指出了《隋志》和《旧唐志》都不曾记及的这部《水经》的作者,所以对《隋志》是一个重要的补充。桑钦是否撰写过《水经》,这个问题当然还可以讨论。桑钦是西汉成帝时人,所以班固在撰写《汉书·地理志》时已经引用了他的著作。《汉志》绛水、漯水、汶水、淮水、弱水、易水等六条河流中,分别引及桑钦的著作,既然所引均是河川,或许即是他所撰写的《水经》。但由于《汉志》引及桑钦时,并不提出《水经》书名,只是笼统地说"桑钦言""桑钦以为"等等,而《水经注》卷五《河水注》中却明言引及桑钦《地理志》，所以《汉志》所引桑钦，是《水经》、抑是《地理志》或桑钦的其他著作，仍然无法肯定。不过宋《通志·艺文志》著录："《水经》三卷，汉桑钦撰，郭璞注。"则又说明桑钦所撰的《水经》，由郭璞作注，其书或许确曾存在，当然，全书不过三卷，篇幅甚小，而且亡佚已久，内容除《汉志》所引或许出于此书外，也已不得而知了。①

陈桥驿最后对《水经》作者是否为桑钦，留有一定余地。而陈桥驿之所以要对《水经》作者做一番辨证，因为此前清代人对桑钦为《水经》作者，多持否定态度，代表者为四库馆臣。《四库全书总目》云：

> 《水经》作者，《唐书》题曰桑钦。然班固尝引钦说，与此经文异。道元注亦引钦所作《地理志》，不曰《水经》。观其涪水条中，称广汉已为广魏，则决非汉时。钟水条中称晋宁仍曰魏宁，则未及晋代。推寻文句，大抵三国时人。今既得道元原序，知并无桑钦之文，则据以削去旧题，亦庶几阙疑之义云尔。②

这是清代人的看法。与清人不同，宋代人几乎普遍认为桑钦就是《水经》作者。陈桥驿引《新唐书》和《通志》都为宋人所著。而且，宋代人《尚书》学著述中，几乎都以他为《水经》作者，如程大昌《禹贡论》、林之奇《尚书全解》、毛晃《禹贡指南》、魏了翁《尚书要义》等，他们的引述中都直接标明"桑氏《水经》曰"。

傅寅书中引"应氏曰"1条，即指应劭。应劭为东汉学者，字仲远（《汉官仪》作"仲瑗"），汝南郡南顿县（今河南项城西）人。主要著作有《驳议》《汉官礼仪故事》《状人纪》《中汉辑序》《风俗通》《汉仪》等。特别值得一提的是，应劭还对《汉书》有注解，名为《汉书集解音义》。该书《隋书·经籍志》有著录，非常重视地理沿革的解释，傅寅所引，经检录其他宋人的《尚书》著述，对照后可确认出自该书。

傅寅引"李氏曰"5条，是指东汉李巡。李巡，汝南汝阳人。东汉末年宦官。众所周知，《尔雅》一书，为六书之户牖，学者之要津，故历来注家甚众。据赵岐《孟子题辞》称："孝文皇帝欲广游学之路，《论语》《孝经》《孟子》《尔雅》皆置博士。"因知早在汉时，"雅"学便已通行。据《隋书·经籍志》、陆德明《经典释文·序略》所述，汉时为《尔雅》作注者便有犍为文学、刘歆、樊光、李巡与孙炎五家。其中李巡有《尔雅注》三卷。今检录宋代其

---

① 陈桥驿撰：《〈水经注〉概论》，《华北水利水电学院学报》（社科版），2010 年第 1 期。
② 四库全书研究所整理：《钦定四库全书总目》卷六十九《水经注提要》，中华书局 1997 年版，第 964 页。

他人所著《尚书》学著作，如林之奇《尚书全解》、毛晃《禹贡指南》、夏僎《夏氏尚书详解》、陈经《陈氏尚书详解》和魏了翁《尚书要义》，同样内容对照标明傅寅"傅氏曰"，其他论著则直接标为"李巡注《尔雅》曰""李巡曰"。

魏晋南北朝学者中，傅寅引韦昭 2 条。韦昭（204—273），字弘嗣，吴郡云阳（今江苏丹阳）人。三国时期吴国史学家、经学家。《隋书·经籍志》著录韦昭《汉书音义》，虽亡佚，但其轶文至今仍散见于《汉书》颜师古注、《史记三家注》《水经注》和《文选注》等处。东晋学者中，傅寅引"郭氏曰"3 条，即指郭璞。郭璞（276—324），字景纯，河东闻喜县人（今山西省闻喜县）。好古文奇字，精天文、历算、卜筮，擅长诗赋，为《尔雅》《方言》《山海经》《穆天子传》作注。通过与宋代林之奇《尚书全解》、夏僎《夏氏尚书详解》、陈经《陈氏尚书详解》、陈大猷《书集传或问》、胡士行《尚书详解卷》对照，可以肯定出自郭璞的《尔雅注》。至于南北朝学者，傅寅主要引北朝郦道元 25 条，不用说主要出自其《水经注》，此不赘述。

唐代学者中，傅寅引"陆氏曰"2 条。陆德明（约 550—630）名元朗，以字行。苏州吴人。经学家、训诂学家。傅寅所引"陆氏曰"出自《经典释文》。

如前所述，傅寅为区别汉代孔安国和唐代孔颖达，凡引孔颖达必曰"唐孔氏曰"。孔颖达（574—648），字冲远（一作冲远、仲达、冲澹），冀州衡水（今河北衡水市）人。《禹贡说断》引"唐孔氏曰"113 条内容，均出自孔颖达《尚书正义》，不赘述。

《禹贡说断》傅寅引颜氏曰 15 条。颜师古（581—645），名籀，字师古，隋唐以字行，故称颜师古。京兆万年（今陕西西安市）人，唐初儒家学者，经学家、历史学家。少传家学，遵奉祖训，博览群书，学问通博，擅长于文字训诂、声韵、校勘之学。今查考，傅寅所引出自"颜氏曰"，出自颜师古《汉书注》。

而涉及对汉司马迁与唐司马贞的区别，傅寅称司马贞为"唐司马氏"或"小司马氏"。司马贞（679—732），字子正，唐河内（今河南沁阳）人。开元中官至朝散大夫，弘文馆学士，主管编纂、撰述和起草诏令等。唐代著名的史学家，著《史记索隐》，与南朝宋裴骃《史记集解》、唐张守节《史记正义》合称"史记三家注"。傅寅在《禹贡说断》中引司马贞 2 条，便出自《史记索隐》。

唐代学者中，傅寅还非常重视杜佑对《禹贡》的解说。杜佑（735—812），字君卿。京兆万年（今陕西西安）人。唐中叶宰相，政治家、史学家，耗时三十五年完成《通典》，创立了史书编纂的新体裁，在中国史学史理论发展上占有非常重要的地位。傅寅在《禹贡说断》引"杜氏曰"25 条，均出自《通典》。如《卷二》"荆河惟豫州"条引杜氏曰："豫在九州之中,言常安逸也。又云:豫者,舒也。言禀中和之气,性理安舒也。"参杜氏《通典》原文为:"荆河州在九州之中,言常安逸也。又云:逸者,舒也。言禀中和之气,性理安舒也。"①引文与原文基本一致。

(二) 征引宋代文献考述

宋代《尚书》学发达,据《宋史·艺文志》著录,宋末蜀人成申之《四百家尚书集解》58卷,搜集《尚书》文献达400家,其中多为当朝作品。以区域而论,巴蜀地区《尚书》学自汉以来,绵延不绝,到宋代成为《尚书》学的重要地区之一,其中苏氏父子为杰出代表。而傅寅在《禹贡说断》中引"苏氏曰"42条,概见于苏轼《书传》。苏轼《书传》完成于贬谪海南时期,由于材料缺乏,故显简略。但宋代经学有疑古思潮,这在《书传》也有反映。《书传》的一些观点还引起后来广泛的争论,如苏轼解释《禹贡》中"三江"为南江、中江、北江。宋人毛晃、程大昌以及傅寅对此皆有考辨,朱熹弟子蔡沈甚至还以长篇巨论来对其进行反驳。虽然如此,但苏轼的《书传》在《尚书》学史上仍有一定价值。

傅寅引"王氏曰"27条,出自王安石《尚书新义》。是书为王安石重要的经学著作之一,与《诗义》《周礼义》合称《三经新义》。《尚书新义》十三卷,书成于熙宁八年(1075),是王安石羽翼其变法之作。但因《尚书义》过分标新立异,当时就受到广泛诟病,加上王安石变法失败,《尚书新义》也逐渐淡出学者视野,直至亡佚。傅寅所引27条,恰好为王氏著作补佚提供了材料。

《禹贡说断》引"沈氏曰"1条,系指沈括,出《梦溪笔谈》。引"曾氏曰"11条,系指曾旼。曾旼,字彦和,龙溪(今福建漳州)人。神宗熙宁六年(1073)进士。七年,由吴县尉提举修撰经义所检讨。八年,坐诏媚吕惠卿,罢为潭州州学教授。哲宗元符二年(1099)提举编修《刑名断例》,试秘书监。曾官润州仓曹、知滁州。《宋史·艺文志》著录《尚书讲义》三十卷,已佚。今与林之奇《尚书全解》、黄伦《尚书精义》等对照,傅寅所引"曾氏曰"11条,皆出自曾旼《尚书讲义》。

傅寅引"吴氏曰"1条,主要讨论五服之制,据与夏僎《夏氏尚书详解》、黄伦《尚书精义》对照,傅寅所引似应出自吴孜《尚书大义》一书。吴孜生平事迹,史料记载不多。《(乾隆)浙江通志》云:

> 吴孜,(嘉泰)《会稽志》:会稽人,尝从安定胡瑗学,名驰嘉祐治平间。会郡谋建

---

① 杜佑撰:《通典》卷一百七十七《州郡》七《古荆河州》,《四库全书》本。

学,孜即舍宅为基,今学有祠堂存焉。初学成,太守张伯玉至,以便服坐堂上。孜鸣鼓,行学规,伯玉欣然受其罚。①

由此可知,吴孜为北宋嘉祐治平(1056—1067)间人,理学家胡瑗弟子。《宋史·艺文志》著录吴孜有《尚书大义》三卷,朱彝尊《经义考》云久佚。吴孜是北宋前期一位较为重要的《尚书》学者,据晁公武《郡斋读书志》记载:

> 《尚书解》十四卷,右皇朝顾临、蒋之奇、姚辟、孔武仲、刘敞、王会之、周范、苏子才、朱正夫、吴孜所撰,后人集之为一编,然非完书也。②

可见吴孜的《尚书》学在当时与顾临、蒋之奇、姚辟、孔武仲、刘敞、王会之、周范、苏子才、朱正夫等齐名。

傅寅引"陈氏曰"2条,采自陈鹏飞《书解》一书。关于陈鹏飞与他的《书解》具体情况,详后,此不赘述。

在宋代人的《尚书》学著述中,傅寅引得较多的是"张氏曰",共45条。此所谓"张氏",系指张九成,资料采自其《尚书详说》。《直斋书录解题》著录《无垢尚书详说》,《宋史·艺文志》亦载五十卷,但《经义考》却未著录,盖久佚之故。

傅寅引"叶氏曰"25条,经与清人著述如朱鹤龄《尚书埤传》和《禹贡长笺》、胡渭《禹贡锥指》等相对照,可考出自叶梦得《石林书传》。叶氏《石林书传》已亡佚,故傅寅所引成为我们了解是书的重要线索之一,详后。

傅寅征引"晁氏曰"一条,应出自《尚书诂训传》。晁公武是宋代著名的目录学家,也是一位经学家,于《易》《诗》《春秋》《中庸》等皆有著述。在《书》学方面,《宋史·艺文志》著录晁公武《尚书诂训传》四十六卷,他还曾刻《古文尚书》及自撰《石经考异》于石,并为之序。朱彝尊《经义考》云《尚书诂训传》已佚。

傅寅征引"林氏曰"79条,出自林之奇《尚书全解》。林之奇(1112—1176),字少颖,号拙斋,世称"三山先生",福建侯官(今福州)人。少曾拜东莱吕本中为师,精研《尚书》之学,是南宋《尚书》学的一位重要学者。朱熹曾对宋代《尚书》学有个点评,他说:"苏氏伤于简,林氏伤于繁,王氏伤于凿,吕氏伤于巧,然其间尽有好处。"③虽然朱熹对这四家

---

① 《(乾隆)浙江通志》卷一百七十六《人物》五《儒林》中,《四库全书》本。
② 晁公武撰《郡斋读书志》卷一上,《四库全书》本。
③ 朱熹撰《晦庵先生朱文公续集》卷三《答蔡仲默五》,朱杰人等主编《朱子全书》第二十五册,上海古籍出版社、安徽教育出版社2002年版,第4717页。

多有批评，但无意间也透露出宋代《尚书》学中，这四家其实各具代表性，因此在朱熹心目中是有地位的。此前学者认为林之奇《尚书》学影响了吕祖谦，吕祖谦又影响了傅寅，这之间的学术传承与隔代影响，值得深入探讨。林之奇的《尚书》学著述，书名历来有异。据林畊（林之奇孙）《尚书全解序》，最早建安书坊余氏刊本名《尚书全解》，但陈振孙《直斋书录解题》、马端临《文献通考》则著录为《书集解》，《宋史·艺文志》亦名"集解"，朱彝尊《经义考》袭之。故该书有"全解"和"集解"不同名称，不惟如此，在卷数上著录也有差异。林畊参订本为 40 卷，陈振孙、马端临、朱彝尊等著录为 58 卷。然就今通行本而言，林畊本后收在《永乐大典》中，清初《通志堂经解》本、《四库全书》本皆从《永乐大典》中辑出，仍称《尚书全解》40 卷。

傅寅引"薛氏曰"1 条，出自薛季宣《书古文训》一书。薛季宣（1134—1173）字士龙，号艮斋，浙江永嘉人，永嘉学派创始人。薛氏哲学反对空谈义理，注重研究田赋、兵制、地形、水利等经济之学，开永嘉事功学派先声。在《尚书》学方面，薛季宣有《书古文训》十六卷，现存本为《通志堂经解》本。傅寅引"薛氏曰"1 条，出自《书古文训》一书。

傅寅引"郑氏渔仲曰"1 条，出自郑樵《通志》一书。郑樵（1104—1162），字渔仲，南宋兴化军莆田（福建莆田）人，主要著作有《通志》。郑樵治《禹贡》强调《禹贡》作为地理学著作的意义，这一点在此之前也为林之奇所引用并肯定。

傅寅引"程氏曰"32 条，系指程大昌。宋代论《禹贡》三大家为程大昌、毛晃和傅寅。程大昌（1123—1195），字泰之，徽州休宁（今属安徽）人。南宋政治家、学者。史载大昌笃学，于古今事靡不考究。其《尚书》学著作有《禹贡论》《禹贡后论》《山川地理图》，傅寅所引均出自他的"二论"。此外，程大昌还有与《禹贡》相关的单篇论文如《蟠冢》《答人问九江说》《龙门》《怪石》和《秸服》等，构成了他对《禹贡》的系统论述。

傅寅引吕祖谦说，有两种称谓：一是"吕氏曰"19 条，见于卷一至卷四；一是"东莱先生曰"7 条，仅见于卷四。按照体例，傅寅所引一般皆称某氏，而唯独在卷四既有称"吕氏"者，又有称"东莱先生"者。今将傅寅所引无论是"吕氏"还是"东莱先生"的内容集中起来，与今通行本时澜《增修东莱书说》、清严修能手写宋本巩丰笔录《东莱书说》和黄伦《尚书精义》引吕祖谦之说进行比较，通过文本和文字对照，内容大致相同，但文字和语气却不尽相同，说明他们三人都属于语录体笔记，盖各自有记也。

傅寅《禹贡说断》由于征引繁富，有些被征引的书籍今已亡佚，因此该书在《尚书》学史上的地位，不仅表现为傅寅本人对于《禹贡》的诠释与解说有其独到价值；从文献学角度看,该书对于已经亡佚的宋代《尚书》学文献还有一定的辑佚价值。不惟如此,由于傅寅所引吕祖谦说,还无意间为我们提供了另一种形态的吕祖谦语录体《尚书》解说笔记的局部面目,因此该书也为吕祖谦《尚书》学文献研究提供了新的材料与路径。

三、《禹贡说断》的断语分析

在对《禹贡说断》的段语进行分析之前,要先了解《禹贡说断》的体例。顾名思义《禹贡说断》就是先集诸家之说,然后断以己意。这种注疏方式,通志堂本名为《禹贡集解》也是同样的意思。值得注意的是,傅寅《禹贡说断》除了集诸家之说断以己意之外,还间夹着对经文和引文的注释,用小字标明,主要在注明古今地名与建制沿革、前人注解错误和对一些文字进行注音。

首先,注释古今地名,说明地理沿革。如卷一经文"既载壶口",傅寅注曰"在今隰州吉乡"。经文"治梁",傅寅注曰"在今同州韩城"。经文"及岐",傅寅注曰:"在今凤翔府岐山"。对经文的注释,重在讲明古今地名。而对引文的注释,则在此基础上,进一步讲明地理建制的沿革。如引班氏曰:"壶口山,在河东北屈县东。"傅寅注云:"按慈州吉昌县,汉北屈也,有壶口山。北屈,历晋无改,至后魏始更置定阳。隋开皇十八年,又改名吉昌。唐仍旧。本朝熙宁五年慈州废,以吉昌隶隰州,更名吉乡。"又引班氏曰:"梁山,在冯翊夏阳县西北。"傅寅注云:"按同州韩城县,汉为夏阳,有梁山,隋开皇十八年置韩城。"再引班氏曰:"岐山,在扶风美阳县西北。"傅寅注云:"按岐州岐山县,有岐山,周太王徙于岐,即此岐山。本后周三龙,隋开皇十六年改名岐山,以有岐山故也。"①

这样的例子很多。卷一经文"既修太原",傅寅注曰:"在今太原府榆次县。"经文"至于岳阳",傅寅注曰:"即今晋州霍邑县霍山。"针对引文中唐孔氏曰:"太原,原之大者。《汉书》以为郡名,即晋阳县是也。"傅寅注曰:"按隋文帝改汉晋阳为太原县。本朝太平兴国四年,省太原入榆次,榆次在府东南七十里。"②这就将宋以前太原的沿革讲清楚了。

将地理沿革讲清楚之后,对于治水之路径也就好把握了。有时在同一条经文底下,傅寅会多次引同一家之说。但这样做有明确的任务分工,即先引关于地名沿革的解说,再引关于治水路径的解说,二者串联起来,构成整体的解说。如前引林氏曰关于地名的解释,再引林氏曰关于治水路径的解释。经文"岳阳"条,傅寅引林氏曰:"晋州霍邑县有

---

①② 傅寅撰:《禹贡说断》卷一,《四库全书》本。

霍山,一名太岳山,《禹贡》所谓岳阳。"傅寅注曰:"按后汉顺帝阳嘉二年,甃更名永安。隋开皇十八年,永安更名霍邑。"这又将岳阳的沿革讲明白了。再引林氏曰:"曾氏云:太原汾水之所出,岳阳汾水之所经,既修太原,至于岳阳,导汾水故也。"这又将治水路径讲清楚了。对于林氏引文,傅寅注曰:"按《水经》'汾水出太原汾阳县北管涔山,南过永安县西,西至汾水阴县北,西注于河'。今宪州静乐县,即汉汾阳地也。管涔山在其界,河中宝鼎县,即汉汾阴也。本朝祥符四年改为荣河。"①在这条注释中,傅寅仍着重在对地名沿革的把握。

又如卷一经文:"覃怀底绩。"傅寅注曰:"即今怀州之地。"针对杜氏曰:"怀州,《禹贡》覃怀之地。"傅寅注曰:"按唐贞观元年,省怀县入武陟,而杜氏云:武陟汉怀县地,故城在今县西。是贞观所省怀县,即汉之旧,而武陟亦其地也。后世变更,名号不一,难以尽详。《唐志》云:河内县有怀水,往古覃怀之地。今怀之河内、武陟皆有之,武陟在河内东八十五里。"又经文曰:"至于衡漳。"傅寅注曰:"清漳出本潞州涉县,浊漳出长子县。"针对班氏曰:"清漳水出上党沾县大龟谷,东北至渤海阜城县入河。浊漳水出长子县鹿谷山,东至邺入清漳。"傅寅注曰:"阜城,今隶永静军。今为相州临漳县之镇盖熙宁六年,省洺州。肥乡、深州、鹿城冀州、衡水、恩州、漳南,皆漳水所径。唐天宝十五年更鹿城名东鹿,本朝至和元年省漳南入历亭。"经文:"恒卫既从。"傅寅注曰:"恒水出今定州曲阳,卫水出今真定之境。"针对班氏曰:"恒水,出常山上曲阳县恒山北谷,东入滱。滱水出代郡灵丘县东,至文安入大河。"傅寅注曰:"按上曲阳,后齐去上字。隋开皇六年改为石邑,七年改曰恒阳。唐元和十五年,更名曲阳。灵丘属唐蔚州,今为化外。文安,汉渤海之县也。唐隶莫州,今隶霸州。按《水经》:滱水东北至长城,注于易水。班氏谓入大河,恐非。文安,去长城亦近。"又针对班氏曰:"卫水出常山灵寿县东北,东入呼池。"傅寅注曰:"熙宁八年,省灵寿为镇,入行唐。按虖池,出代州繁时县东南阜山,径深州饶阳县北,至冀州信都县东入海。古信都界,当东北至海。"②

卷一经文:"大陆既作。"傅寅注曰:"跨相赵深三州之境。"针对班氏曰:"大鹿泽在巨鹿县北。"傅寅注曰:"按《释地》十薮云:晋有大陆,孙炎等皆云今巨鹿县北,广河泽也。《通典》:邢州巨鹿县,汉南蛮地。汉巨鹿县,今平乡县也。按《九域志》:平乡今废入巨鹿为镇,巨鹿隶相州,是相州巨鹿县有大陆。《通典》:赵州昭庆县,汉河广县也。隋为大鹿

---

①② 傅寅撰:《禹贡说断》卷一,《四库全书》本。

县,有大陆泽。《唐志》云:昭庆本大陆。武德四年曰象城,天宝元年更名昭庆。《九域志》云:皇朝开宝五年,改昭庆为隆平。熙宁六年,省隆平为镇入临城,是赵州临城县有大陆。《通典》:深州陆泽县,《禹贡》大陆亦在此。《唐志》云先天二年,析深州饶阳鹿城,置陆泽县。《九域志》云:皇朝雍熙四年,省陆泽入静安。是深州静安县有大陆。"①在这里,傅寅通过对班氏引文的注释,说明了他对经文"大陆"一地作出"跨相赵深三州之境"解释的理由。

通过梳理历代地理沿革,达到辨明地理与地理之间的关系。如经文:"雷夏。"傅寅注曰:"在今濮州雷泽县。"那么,傅寅注释经文地理的依据何在呢?一般他会在引他人之说时将这个问题作出说明。他先引班氏曰:"雷夏,在济阴城阳县西北。"班固认为雷夏在济阴城阳县西北,而傅寅注曰雷夏在今濮州雷泽县,这二者之间的联系如何呢?傅寅对班固的引文注解说:"按《通典》:濮州雷泽县,汉成阳县也,有雷夏泽。《隋志》云:雷泽,旧曰城阳。后齐废,开皇十六年复置曰雷泽。"这就将雷夏的地理沿革及其与成阳之关系讲清楚了。

当然,有些地名之异同,与古今沿革变更不一定都有关联,但也有属于"异世殊称"的情况。如经文"既略潍淄其道",班氏曰:"潍水出琅琊箕北,至都昌入海。"傅寅注曰:"颜氏云:出箕屋山。《通典》云:密州属汉琅琊莒县,东北有潍山,潍水所出。潍山当即是箕屋山,异世殊称耳。"②傅寅指出,班氏所谓"箕",即颜氏所谓"箕屋山",而"箕屋山"即"潍山",二者不过"异世殊称",这样就将经文中潍水所出,注释清楚了。

其次,辨明前人地理注释错误与疏阙。经文曰:"浮于济漯。"傅寅注曰:"漯水出今北京莘县。"针对班氏曰:"漯水出东郡东武阳,至乐安千乘县入海。"傅寅做出了更为详尽的解释,并指出桑钦在这个问题上的认识错误。其注曰:"应劭平原郡漯阴县注云:漯水出东武阳,东北入海。桑钦云:漯水出平原郡高唐县。按东武阳其地属今北京莘县,即今博州之县。漯阴当在今德棣之境,而千乘则唐属青州。以地望审之,漯水盖出东武阳而过高唐,又东过漯阴,至千乘而入海。桑氏谓出高唐,误矣。"③经文:"既泽潍沮会同。"唐孔氏的解释是:"洪水之时,高原亦水,泽不为泽。'雷夏既泽',高地水尽,此复为泽也。于'泽'之下言'潍、沮会同',谓二水会合而同入此泽也。"而傅寅注曰:"《尔雅》云:河有潍。又曰潍反入。郭璞注云:即河水决出复还入者。今濮州有沮沟,《九域志》以为

《禹贡》沮水。观经'会同'之文,安国谓'会同此泽',则灉、沮二水皆当自濮州入雷夏,而《尔雅》乃以灉为出于河而复入于河,则二水盖不同矣。二水所出所径,载籍别无所详,虽颖达、东坡亦阙而不言。"①

再次,注音。除了注明古今地理与建制沿革之外,再就是注音。如卷三经文:"岷山之阳至于衡山"条,引班氏曰:"岷山,在蜀郡湔氐道县西徼外,江水所出。"傅寅注曰:"湔,子田切。"卷三经文:"过九江至于敷浅原。"引班氏曰:"传易山在豫章历陵县南,古文以为敷浅原。"傅寅注曰:"传,读曰敷。易,古阳字。"卷三经文"过三澨"条,引桑氏曰:"荆州池水在南郡枝江县三澨池之南,在邔县之北。"傅寅注曰:"邔音其已反。"②

需要指出的是,引文中的小字注释,有些是四库馆臣的注语,这是需要详加甄别的。如卷三经文"导嶓及岐至于荆山"条,傅寅引"班氏曰"正文后有小字注释,其中"案:此条引班氏《地理志》止及嶓山、荆山不及岐山者,盖因已见'治梁及岐'条下也。"这就是四库馆臣夹加的注语,即告知读者为何傅寅在此处引班氏有省文,是因前面就"岐山"经文已有所引,故此不重复。

据《提要》云,四库馆臣在辑录《说断》时,工作思路是"取经解刊本,谨依《永乐大典》本详加校定。讹者正之,阙者补之。"因此,这些校正成果都直接反映在文本之中,有时为方便读者,四库馆臣也会用小字注解说明之。如卷三经文"又北播为九河同为逆河入于海"条,傅寅引程大昌大段文字,四库馆臣曰:"按程氏说,刻本多阙误,今从《永乐大典本》校正。"说明对这段引文四库馆臣曾与通志堂刻本对校过。卷三经文:"又东至于沣"条,傅寅引"郦氏曰"下,四库馆臣注曰:"刻本作颜氏。"这也是与通志堂刻本对校的结果。同时于傅寅引"颜氏曰"条下。四库馆臣又注曰:"颜氏,刻本作郦氏。"说明通志堂刻本引文将姓氏弄错了。卷四"导渭自鸟鼠同穴"条,傅寅断语云:"此禹自其源而导之也。余询曾官陇西者,曰鸟鼠各有雌雄。是张氏之说为然也。"四库馆臣在此注曰:"案刻本下衍四十八字,今从《永乐大典》本校正。"又卷四经文"四隩既宅"条下,傅寅引"杜氏曰:隩,犹淇奥之奥。"条下,四库馆臣注曰:"案刻本下衍奥隈二字,今从《永乐大典》本校正。"同条下,傅寅引"吕氏曰:言四方之外皆可宅也。"四库馆臣注曰:"案刻本脱吕氏曰言四字,今校正。"等等,诸如此类,请读者自辨。

① 傅寅撰:《禹贡说断》卷一,《四库全书》本。
② 傅寅撰:《禹贡说断》卷三,《四库全书》本。

（一）驳辨诸家之说

除了注语之外，傅寅也不是在每条集说之下都作自己的断语，《禹贡说断》全书共有断语98条，对诸家之说，有驳有申，也有借机发挥自己义理思想者，不一而足。如关于《禹贡》置于《夏书》之首，亦即《禹贡》与《夏书》之关系问题，诸家意见不一。其中有两种比较有代表性的说法，一是"二孔"之说，一是林之奇之说。汉孔安国曰："此尧时事，而在《夏书》之首，禹之王以是功。"唐孔颖达曰："此篇史述时事，非是应对言语。当是水土既治，史即录此篇。其初必在《虞书》之内，盖夏史抽入《夏书》。或仲尼始退，其第事未可知也。"首先，《禹贡》所载，不是应对之语，这一点与《尚书》其他篇目不同，而是"史述时事"；其次，此虽发生在尧时，但却置于《夏书》之首，是因为所记为大禹治水之功，而大禹又实为夏之开创者之故。但林之奇却说："《邶》《墉》《卫》之诗，邶地所采者则谓之邶国风，墉地所采者则谓之墉国风，卫地所采者则谓之卫国风，其间非有异也。《禹贡》之篇，夏史所录，故不得谓之《虞书》而谓之《夏书》耳。孔氏乃谓此尧时之事，而在《夏书》之首，禹之王以是功，此过论也。"表面上看，林之奇似乎有道理，但傅寅断曰：

> 《尧典》，尧之书也，而为《虞书》之首；《禹贡》，舜之时所作也，而为《夏书》之首。孔子之定书如此，何也？舜之有天下，盖传于尧；而禹有地平天成之功，是其所以受舜之禅宜也。至于汤革夏，则其书首《汤誓》；武王翦商，则其书首《泰誓》，圣人之意盖可知矣。孔氏之言曰：此尧时事，而在《夏书》之首，禹之王以是功。此正殆于有见，而林氏执邶、墉、卫之说以非之，未可为通论。[①]

《诗》中《邶》《墉》《卫》之得名，乃是以地域言，与《虞书》《夏书》之得名完全是两回事，故傅寅驳林氏之说"未可为通论"。

对于诸家之说中的一些迂腐之论，也在傅寅的驳斥范围。如关于"九州"的解说，陈鹏飞认为："九州之为州久矣，然州之义，学者不论也。在尧之时，洪水之害，浩浩荡荡，封疆之界不可得而别。禹从其巨镇之在水中者而别之，曰此冀也、此兖也、此青徐也、此荆扬也、此豫梁雍也，是巨镇之宛然出于水之中，故曰九州也。州与洲同。"照陈氏看来，九州之"州"与沙洲之"洲"义同。对此傅寅驳曰：

> 洪水之害如此其久，使弥年亘月，无有止息，则民生无噍类矣。以理推之，当亦每岁之中泛滥有时，如今之春夏暴长而特为尤甚焉耳。禹之治之也，当其怀山襄陵

---

① 傅寅撰：《禹贡说断》卷一，《四库全书》本。

之际,亦无所措其力,忧民之切,虽曰由己溺之,亦必俟其势之既杀,方向有可辩,而土功有所施。于是乎寖寖规画,以豫为后来之防而已。若其别九州,如陈氏谓从其巨镇之在水中者别之,余恐无是理也。学不通世务,腐儒耳。故余不得不为之辩。①傅寅斥陈氏之说为腐儒之见,实缘于不通世务。《尚书》之学,尤其是《禹贡》之学,是为实学。正因如此,许多学者的迂腐往往在治《禹贡》时容易暴露无遗。如关于经文"随山刊木"的解说,诸家多迂误。林之奇谓:"随山刊木者,除障蔽而驱禽兽,使避水者各安其居也。"而傅寅则认为:

> 治水,非土木为用不可也。土则随处以分布,木则随山以刊伐,见禹之规模简易,无生事扰民之患也。如治华阴之河,则先于华阴左右分布可取之土,于华阴之山刊用便近之木,此敷土随山之义。②

比较而言,傅寅认为在治水过程中,土与木是最主要的两种物材,"随山刊木"就是就近取材,以便治水,这比林氏的驱赶禽兽说要切乎实际得多。林氏说《禹贡》,迂腐之处较多,故傅寅常要批评其"世务不通甚矣"。

对于地名的考误,傅寅主要依据的是古今地名变迁。经文"泗滨浮磬"条,班固曰:"泗水出济阴乘氏县东南,至临淮睢陵县入淮。"首先,傅寅在经文"泗"下加注曰:"出今兖州泗水县。"其次,又在班氏解说之后加注曰:"乘氏,今隶曹州。睢陵故城,在下邳东阳。"最后断语曰:

> 泗水实出兖之泗水县,而班氏言出乘氏者,菏之分济者也。东与泗会,故菏泗之称遂乱。③

与这个问题相关联者,是对经文"浮于淮泗达于河"的解说。班固云:"《禹贡》:浮于淮泗,达于河。水在山阳湖陵南。"对此,傅寅引程大昌云:"菏水,南可接泗,北可上济。于是经即江、海、淮、泗、菏、济、河,次比言之,其序由南而北,悉相灌受,无复间断。而书法所及已言者,不复申言,截然一律。此经书法所谓简而能该者见矣。许氏《说文》,引徐贡本曰'达于菏',诚为有理。湖陵,地属今单州鱼台。"结合程大昌所言,傅寅对班固的错误作了集中梳理,其云:

> 班氏言菏泽在定陶东,泗水出乘氏县。定陶乘氏,相去盖数十里间耳。泗水实

---

①② 傅寅撰:《禹贡说断》卷一,《四库全书》本。
③ 傅寅撰:《禹贡说断》卷二,《四库全书》本。

出兖之泗州县界，安得西与菏泽比乎？此盖菏水分济而东，与泗会合，故菏泗之称遂乱，而班氏所以为菏为泗也。湖陵之水亦菏也，班氏又名为河，此皆于地理未核，遂使后人难以稽据。许氏以徐贡之河为菏，亦据见水道实迹，而于安国所传之书，有不尽信焉耳。程氏深取许，而于浮汶道汴之说，皆黜弃之，信乎其稽古之审也。然于班氏犹有所假借。云菏、河二字，古多转借互用，果如其说，则徐贡之所谓"达于菏"者，岂不以一字之文，而乱他州之所谓入河、达河者乎！经《书》导济云"东至于菏"、《书》豫之治水云"导菏泽"，皆为菏字，而于此独为河，何哉？此盖古文传写之误无疑。学者径宗许氏可也，程氏此论甚详，余不必悉引。①

班固既将菏、泗之称弄乱，又以湖陵之水为河，实缘于地理未核，遂使后人难以稽据。为此，傅寅所作的梳理，较为详尽地解决了这个历史上长期以来纠缠不清的问题。按：傅寅云"程氏此论甚详，余不必悉引"。系指程氏对经文"沿于江海达于淮泗"条的解说，在此程氏对泗、菏有详解，其云："泗之北，济之南，有菏水者，自定陶而下，经昌邑、金乡、东缗、鱼台、四邑，而与泗水合。是水也，班固以为河水，许叔重以为菏水。菏、河古字应通，然后知徐贡之书达河也，非以越济也，正因菏以达。夫惟有菏，以为达济之因，则江、海、淮、泗、菏、济，自南而北，交相灌注。水道既无阙绝，而经文书例已尽者，更不再书，通此经一律也。"

《孟子·滕文公上》云："禹疏九河，瀹济、漯，而注诸海；决汝、汉，排淮、泗，而注之江，然后中国可得而食也。"汉代赵岐《孟子》注对"排淮、泗而注之江"未作解释。那么，淮、泗是否皆可入江？这个问题引起汉以后学者的争议。在经文"沿于江海达于淮泗"条，林之奇云："禹之时，江未有入淮之道。自扬州入于帝都，则必由江而入海，然后入于淮、泗。至吴王夫差掘沟通水，与晋会于黄池，然后江、淮始通。若禹之时，则未有此道也。而《孟子》曰：禹疏九河，瀹济、漯而注之海，决汝、汉排淮、泗而注之江。此盖误指吴王夫差所通之水，以为禹迹，其实非也。使禹时江已与淮通，则何须自江而入海，自海而入淮，为是之迂回也哉？"②表面上看，林之奇说得有道理。对此，朱熹亦认为："据《禹贡》及今水路，惟汉水入江耳，汝、泗则入淮，而淮自入海。此谓四水皆入于江，记者之误也。"③

---

①　傅寅撰：《禹贡说断》卷二，《四库全书》本。

②　傅寅撰：《禹贡说断》卷一，《四库全书》本。

③　朱熹：《孟子集注》卷第五《滕文公章句上》，朱杰人等主编：《朱子全书》第六册，上海古籍出版社、安徽教育出版社 2002 年版，第 315 页。

但傅寅则云：

> 孟子于《禹贡》之书，讲之素矣。岂不知禹之时江无入淮之道乎？孟子去春秋之世近矣，又岂不知吴开邗沟，江始有通淮之道乎？然而曰禹排淮、泗而注之江者，盖淮之东，大抵地平而多水，古沟洫法，江、淮之所相通灌者，非必一处，岂但邗沟之旧迹而已哉？林氏之说，未可为通论。①

很显然，在这个问题上，傅寅的思路更为开阔，而且对古地理之推测也更为合乎实际。清代考据学大兴，对这一问题，至少有二十余学者论及之，因此也出现两派意见。一派主林之奇、朱熹之说。如阎若璩云："淮水入江，自孟子一时误记，朱子所谓不必曲为解说最是。"②然后阎氏据史实与水路进行考证，以申朱子之说。一派主傅寅之说。如孙兰、孙星衍、焦循、宋翔凤等人认为《孟子》所言"排淮、泗而注之江"无误。特别是焦循，其《孟子正义》对此有详解。他先广泛引证《禹贡》《水经注》《汉书注》《舆地纪胜》《货殖传》《舆地广记》《元丰九域志》《方舆胜览》《合肥旧志》等历史文献，经过梳理之后，指出"淮水与沘水、泄水、施水合……古巢湖水北合于肥河，故魏窥江南，则循涡入淮，自淮入肥，由肥而趋巢湖"。合肥有肥水、淮水，宋时庐州有镇淮楼。"盖肥合于淮，淮水盛则被于肥，此淮水至合肥之证"。再引孙兰《舆地隅说》、孙星衍《分江导淮论》等清代学者之言，结合近代水利失修的实际情况，认为"《孟子》言排淮、泗而注之江，今不得其解，或以为误，或以为据吴沟通江、淮之后言之。实近世水利不修，淮、肥流断，然巢湖之水，夏间犹达合肥，古迹可寻求也。且古说大别在安丰，为今霍丘地，禹迹至此排淮，故导江有至大别之文，此又淮流与江通之证矣。"最后他接着说："夏时贡道，正可由巢湖溯施、泄、肥水之流通淮，达于菏泽，菏泽会沛、泗之流，故云达于淮、泗。"③焦循之外，宋翔凤还引《墨子》《淮南王》《地道记》等，对该焦循的论证作了补充。④虽然清代大部分学者都认为淮水不入江，但经焦循等引经据典，这个问题其实已经基本得到解决，傅寅的观点由此也得到印证。因此，他批评"林氏之说，未可为通论"，是站得住脚的。

经文"沱潜既道"条，驳苏轼之说。苏氏曰："枝江沱水，华容夏水，此荆州之沱潜也。

---

① 傅寅撰：《禹贡说断》卷二，《四库全书》本。

② 阎若璩撰：《四书释地续》之《淮注江》，《四库全书》本。

③ 焦循撰：《孟子正义》，中华书局 1987 年版，第 381—383 页。

④ 参考刘瑾辉撰：《清代〈孟子〉考据学综论》，载《北京大学学报》2006 年第 6 期；《焦循〈孟子正义〉的疏证特色》，载《徐州师范大学学报》2007 年第 3 期。

郫县沱水,安阳潜水,此梁州之沱潜也。以安国、颖达之言考之,味别之说,古人盖知之久矣。梁州、荆州相去数千里,非以味别,安知其合而复出耶?”对此,程大昌并不同意苏轼之说,其云:“水自河出为灉,故宂有灉沮之灉,而后世亦以宋水之受泲者为灉,不限一水也。江有沱之诗,始曰沱,中曰氾,终曰渚。三者辗转变称,皆取声协,亦可以见其不主一地,不专一名也,是皆可以类推者。然则凡水之出江汉,皆可以名沱潜,则沱潜云者,乃从江汉下流得名耳。荆贡自汉阳以上,浮汉支水皆为潜,浮江支水皆为沱。”此说较苏轼为畅达。而傅寅根据古今地理相互印证,也对苏轼进行了辩驳,其云:

> 郑氏不以枝江沱水为此之沱,以其非从江出故也。而东坡指以为是,盖亦姑从《汉志》云耳。余考枝江之地隶今松滋,松滋在江陵西南,亦安知枝江之水,不于江出而复入江耶?至若郑氏以夏水为沱,而东坡则指以为潜,此东坡之疏耳。何者?夏水首出江于华容之境,行五百里,东入沔。此正合《尔雅》江出为沱之说。而东坡以为潜,非也。然则潜不可得而知欤?国初乾德中以汉江陵县地置潜江县,在荆南东北百有余里。或者水有自汉而来,名之曰潜,故县因以名欤?程氏求沱潜于汉阳而上之地,得之矣。①

傅寅其实是一位好思善辩的学者。经文“入于渭乱于河”条,他驳苏轼“襃斜之间绝水百余里,故曰‘逾于沔’,盖禹时通谓襃为沔也”之说。其云:

> 吾固质之经而莫敢信也。且以经而参之史,沔、汉本二源甚明,但不知沔东行几百里入汉水耳。今而浮潜以至汉上,去沔为近,故舍舟陆行以入沔,而沔之相通者,又有襃焉。故自沔北入襃,又自襃逾斜而北达渭。然言“入”,不言“达”,以襃斜之间绝水百余里,又有如汉人所言故也。兼上文既言“逾沔”,亦所以该下而省文也。夫沔、襃既是水道,言沔不言襃可也;斜渭既是水道,言渭不言斜可也。如其必欲言沔、渭之间,有襃、斜绝水不通,则当曰逾于沔、逾于渭,古人之文,岂如是其不简直哉!学者试以予说思之,当亦见学经之不可苟。而有以发明先儒之所未能言者,顾岂好辩也乎!②

傅寅掌握历史地理资料丰富,又能结合当今地理的实际情况,还能仔细区别经文字义的微殊,以及注意古人行文的间直之风等诸方面,作综合的考察,然后得出与前贤不同的结论,具有作为一个学者应该具有的好思善辩精神。尤其值得一提的是,傅寅的辩驳,

---

①②　傅寅撰:《禹贡说断》卷二,《四库全书》本。

往往建立在对经文本身的尊重与细读之上,这样避免了妄断与臆说。如经文"逾于河"条,诸家之说如孔安国曰:"此谓梁山龙门西河。"孔颖达曰:"逾于河,谓山逾之也。"张九成曰:"北条荆山,首自岍岐东绝西河而北,虽河不能隔断也。"吕祖谦曰:"人逾,非山逾。"而傅寅则曰:

> 非山逾,亦非人逾,禹所记之言然耳。盖在河之西,导此等山,过河之东与北。则导彼等山,非导岐荆既毕,而后始涉河以导壶口也。"冀州既载壶口,治梁及岐",是治水越河而西,经文明甚。学者将信经文乎,将从臆说乎?①

由此申发,傅寅断语,往往比较重视经文之妙的细读。如经文"过九江至于敷浅原"条,傅寅的断语,有似读后感。云:

> 此梁荆扬导江之役也。禹之导山,惟言雍、冀、梁、豫、荆、扬,而不及青、徐、兖三州。惟冀特言入海,而扬止于敷浅原,何也?盖青、徐、兖、扬四州,与冀之碣石等处,地皆滨海者也。碣石入海,既北于冀见之,故南于此四州不言也。文省而事该,此最作经之妙,后世史官及之乎!②

当然,执着于经文之细读,并非仅仅停留在"徒于章句"之学层面。他批评班固、孔颖达等对经文"熊耳外方,桐柏至于陪尾"条的解释,云:

> 西倾朱圉鸟鼠至于太华,即雍州终南惇物至于鸟鼠之役也。熊耳外方桐柏至于陪尾,即豫州伊洛瀍涧与夫导淮之役也。图而观之,凡畎浍之水,或入于河渭,或入于伊洛,或入于淮,皆可以形势见也。学者知此味,其肯徒章句乎!③

从治学角度看,章句之学固然重要,但执着于章句之学,则往往不能通达大义而拘泥于辨析章句了,于学为何?

(二) 申发诸家之说

当然傅寅对诸家之说,并非一味驳斥,本着实事求是之精神,他对前贤合理的观点照样申发。如经文"厥土赤埴坟草木渐包"条,林氏曰:"此州之土,色而别之则赤,性而别之则有坟埴之二种。坟者,土膏脉起也。徐州之地,受淮之下流,其地垫溺已甚,草木不得遂茂,为日久矣。今也洪水既平,乃至于进长丛生,故可书也。"相对于傅寅所引孔安国、孔颖达、叶梦得、吕祖谦和张九成而言,傅寅最认可林之奇。他以林之奇为据,对张氏之说提出批评。傅寅曰:

---

① ② ③　傅寅撰:《禹贡说断》卷三,《四库全书》本。

土之性埴者不能坟，坟不能埴，故林氏以为二种，其说甚当。而张氏言赤粘而坟起，或者其未之察欤。①

又如经文"荆及衡阳惟荆州"条，汉孔安国注曰："北据荆山，南及衡山之阳。"对此，曾旼曰："临沮之荆，其阴为豫州，其阳为荆州。"林之奇曰："孔氏曰：'北据荆山，南及衡山之阳'者，盖以衡为大山，其南无复有名山大川可以为记，故谓南及衡山之阳。然谓北据荆山则不可。先儒以为据者，皆跨而越之也。若兖州东南距济，是越济而东南也。青州曰东北据海，是越海而东北也，此州与豫州荆山为界。荆山之北，则豫州也，安得跨而越之哉！故谓之北距荆山则可，谓之据则不可。"傅寅曰：

> 曰荆及衡阳，则阳字上该荆矣。如必曰荆阳及衡阳惟荆州，此成何等文义。

曾、林二公之说，足以证孔氏之误，非深于经文不能也。②

在此，傅寅遵曾、林二人之说以驳孔安国。傅寅遵从前人之说，有时候还体现在对前人之说的未尽之处进行发挥。如经文"东渐于海西被于流沙朔南暨声教讫于四海"条，张九成曰："《王制》云：西不尽流沙，南不尽衡山，东不尽东海，北不尽恒山。今此声教，东言海，西言流沙，朔南不言所至，以是知不止于恒山、衡山而已也。盖四海之内，南北长，东西短，故东西皆可言其所止，而南北其际未易穷也。《中庸》曰：声名洋溢乎中国，施及蛮貊。天之所覆，地之所载，日月所照，霜露所坠，舟车所至，人力所通，凡有血气者，莫不尊亲，其此之谓欤！"对此条经文的解说，前有"二孔"、吕祖谦、林之奇等，但解说较为透彻者，还是张九成。傅寅虽然最为欣赏张氏引《中庸》以解此段之旨，但他又认为其实张氏之说，还有未尽之处，其云：

> 东海、流沙、衡山、恒山，九州疆界之所至也。是谓四海之内，要荒二服，则为四海矣。朔南不言所至，举东、西以见朔南也。若夫声教之所及，则不限以疆界之所至。言东界于海，则海以东渐之矣。言西被于流沙，则流沙以西被之矣。言朔南暨声教，而继以讫于四海，则朔南所暨，又不至于恒、衡二山明矣。张氏引《中庸》为说甚当，言南、北亦是。而以东、西为止于东海、流沙，则又与《中庸》未合。圣人之政令，虽自有分限，而声教之所耸动，光华之所覆被，盖与天地之高明溥博一也。无垢之说，余谓本之以明其所未尽，吾徒以为何如！③

地理空间虽有分限，但圣人声教之光华普照，则无分限也。这就是傅寅处处以理学家的

---

①②③　傅寅撰：《禹贡说断》卷二，《四库全书》本。

义理思想来断说《禹贡》的自觉态度。（详后，此不赘言。）

（三）存疑诸家之说

存疑，即指在治学过程中，对有些问题暂时保留疑问不做定论的学术态度。中国学术发展到宋代，存疑的精神愈来愈强，学者对于《古文尚书》的真伪之辨，已发端倪。傅寅虽对经文本身未作怀疑，但其专注于《禹贡》，对历代学者的解说，却不断有存疑之思。经文"浮于江沱潜汉逾于洛至于南河"条，孔安国以顺流而下释"浮"，学者多从之。如张九成曰："顺流而下曰浮。自荆州顺江流以入沱，自沱顺流以入潜，自潜顺流以入汉，至汉则舍舟陆行以入洛，自洛以入于南河。"但程大昌并不同意张氏之说，其云："荆之贡不径浮江汉，而兼用沱潜者，随其贡物所出之便。或由正径，或循支派，期便于事而已也。溯汉之极，无水可浮，则陆行至洛，以期达河。故曰浮于江沱潜汉，逾于洛，至于南河也。"对此，傅寅于孔安国与张九成之说也明确表示怀疑。其云：

> 自孔安国有顺流曰浮之说，学者多信之，而余窃有甚疑者。豫贡浮于洛，达于河，顺流也。雍贡浮于积石，至于龙门西河，亦顺流也。而济漯受河而东流，兖贡浮济漯以达于河，果为顺流乎？泗水东流入淮，徐贡自淮以浮泗，自泗以达河，果为顺流乎？况荆贡所谓浮于江沱潜汉，正如程氏各随其便之说，而逾洛则是溯汉而上，无水可以通河，故舍舟陆行以入洛，由洛以至于河耳。又安可谓浮汉为顺流乎？浮也者，舟行水上之谓。安国不究经始末，而轻为之解，学如无垢，亦为所误。信哉，程氏用功于《禹贡》也深！而昔者余之所疑，亦因是而判然矣。[①]

又如，经文"三江既入震泽厎定"条，苏轼曰："三江之解，古今皆不明。予以所见考之，自豫章而下，入于彭蠡，而东至海为南江。自蜀岷山至于九江彭蠡，以入于海，为中江。自嶓冢导漾东流为汉，过三澨大别，以入于江，汇为彭蠡以入于海，为北江。此三江自彭蠡以上为二，自夏口以为为三，江汉合于夏口，而与豫章之江皆汇于彭蠡，则三江为一。过秣陵京口以入于海，不复三矣。然禹贡犹有三江之名，曰北曰中者，以味别也。盖以三水性不相入，江虽合而水则异，故至今有三泠之说。古今称唐陆羽知水味，三泠相杂而不能欺，不可诬也。"程大昌对苏轼之说除肯定之外，仍有一定程度保留。其云："苏氏即中北二江之文，以求三江，遂以豫章彭蠡之江，南出而北会者，指为南江，以足三江之数是也。其于地则有考，以经则相应，最为惬当。而其所以分三江者，又求之经文之外，故

---

① 傅寅撰：《禹贡说断》卷二，《四库全书》本。

学者信矣，而不坚也。"傅寅曰：

> 为扬州之患者，江也。为江之患者，彭蠡也。夫以三江之水相注，斗激荡溢，以致横流之多者，是势之必然者也。今也禹之导江，必于是焉致其力，大其容，而使之安会而不竞，深岷汉所趋之地，而使之缓来而不奔，则三江之入海，固不必用吾力，而震泽亦蒙其赐矣。经于此州治水，首书彭蠡，其规画尚可想见于数千载之下也。一江名三江，考经于会彭蠡之后，分辨中北江甚明。当是尧禹时三江既会彭蠡而出，则岷汉二江复分而为二。至今下流，每分合不常。余以秣陵而下，盖尝亲考之矣。经文岂欺我哉！程氏以比西河南河，随方命名，其为说非不工，然以解经之导漾东为北江，导江东为中江之文，终为不安，宜试思之。①

傅寅因为对"秣陵而下，盖尝亲考"，故不敢妄断，同时对程氏之说，亦"终为不安"，故主张"宜试思之"。这种态度，就是存疑的精神。存疑，可以避免臆说。在经文"导弱水至于合黎余波入于流沙"条，他批评程大昌曰：

> 余观程氏所论弱水，最为究求之力。然取禹贡导水之文，而熟复之。弱水黑水，言导而不言所导之处，盖其由来甚远，虽禹亦不能沿流以穷其源也。……禹在当时，足迹之所亲，目力之所及，犹不能用意于非所用意之外，而学者生于数千载之下，居数万里之外，而顾执诸家异同之言，以遐想而意决之，殆可谓穷无穷而极无极矣。②

由此可见，傅寅对《禹贡》地理的态度相对比较客观。他认为对当时禹所不能到达的地方，不必作臆想式的穷究，存疑可也，否则将流于穿凿。经文"导黑水至于三危，入于南海"条，关于黑水之源，历来众说纷纭。对此，傅寅云：

> 黑水亦出外戎，经雍州极境，过三危，越河南渡，经梁州西界，而入南海，此经文可推者也。说者必欲言黑水所自出，凿矣。夫禹不言，而后世欲言之，宜其说之不同，而徒为是纷纷然也。……前此未有黑水之称，称黑水，自程公始，其殆可深据乎？又孔颖达云：滇水有黑水祠，而不见水。程公乃疑更世既久，祠或移之他地，遥设而望祀，是盖亦臆度之说也。又三危山无所证着。以三苗遗种在宕昌，其当在东女弱水旁。凡此皆余所未敢执以为实者也。余恐学者慕名而轻信，昧多闻阙疑之

---

① 傅寅撰：《禹贡说断》卷二，《四库全书》本。
② 傅寅撰：《禹贡说断》卷三，《四库全书》本。

理,故谆谆若此焉耳,非好辩也。①

关于黑水所出,大禹没有记载,后世仅凭推测,当然更弄不明白,故傅寅主张存疑,这是客观的态度。当然,本该作存疑之处,傅寅有时也会从另一个角度给予解释。在经文"导河积石"条,对于黄河所经之地,以当时的条件,也是一个无法给予肯定回答的问题。故程大昌言:"导河自积石以下,未至龙门以上。经但一书积石,不言方向,知荒远在所当略也。"程氏对经文不作黄河所经之记载,给出的解释是因为荒远之故,本来也合符当时的认知条件所限,但傅寅则曰:

> 按:雍州昆仑之戎浮积石,则谓河出昆仑山,宜亦不妄。杜言其山在吐蕃中,亦不为无所据矣。然禹不言河源,惟记积石耳。今吾第论其所记,不必求其所以不言也。若夫自积石至于龙门,计应三千余里,禹记河之所径,所以疏阔若此者,以龙门而上、积石而下,地高而水不为患,禹功所不加,故不言也。程氏荒远之说非。②

傅氏认为,经文不载,是因为"禹功所不加",亦即大禹治水未曾达到之地,故不言,而以程氏"荒远"之说为非。比较而言,我们认为程大昌之说更为切合实际,但傅寅则从另一角度,即从禹迹未至角度同样给予了存疑,也是值得认同的。

(四) 实证诸家之说

需要特别指出的是,傅寅所谓识得地理形势,并非只是纸上谈兵,他对《禹贡》解说,还注重实证,这是非常难得的。关于"鸟鼠同穴",孔颖达曰:"《释鸟》云:鸟鼠同穴,其鸟为鵌,其鼠为鼵。李巡曰:鵌、鼵,鸟鼠之名,共处一穴,天性然也。郭璞曰:鼵,如人家鼠而尾短。鵌,似鵽而小,黄黑色,穴入地三四尺。鼠在内,鸟在外。孔氏《尚书传》云:共为雌雄。张氏《地理记》云:不为牝牡。璞并载此言,未知谁得其实也。"对此,傅寅经过求证实地到过陇西的朋友,得出了自己的结论,云:"余询曾官陇西者,曰:鸟鼠各有雌雄。是张氏之说为然也。"③傅寅的注重实证,曾为清代人所引录。清代学者方浚师曾批评胡渭对"鸟鼠"解释的不确,云:"宋傅寅《禹贡说断》云:余曾询曾官陇西者,曰:鸟鼠各有雌雄。胡盖未见传氏《说断》之书也。"④

经文"既载壶口治梁及岐"条,诸家之说大多就事论事,而傅寅则以古今相印证,旨

---

① ② 傅寅撰:《禹贡说断》卷三,《四库全书》本。
③ 傅寅撰:《禹贡说断》卷四,《四库全书》本。
④ 方浚师撰:《蕉轩随录》卷九《鸟鼠同穴》,清同治十一年刻本。

在明确山川攸关的道理,其云:

> 二州山川,有利害相关,而同一时之役者,非特此也。示例于此,而他不言可知矣。熙宁十年秋七月乙丑,河决于澶渊,东流入巨野,北溢于济,南溢于泗,而彭城最受其害。水之环城至高二丈八尺,时苏东坡守彭城,恐其民惊溃,乃登城以镇之曰:"当与城俱存亡。"及水退,东坡相视于城之东门,正当水之冲,府库在焉。而地狭不可以为瓮城,乃大筑其门,护以砖石,建黄楼于其上。继而颍滨将之宋,过而登之,乃为之赋曰:"嗟维此邦,俯仰千载。河东倾而南泄,蹈汉世之遗害。包原隰而为一,窥吾墉之摧败。吕梁龃龉横绝乎其前,四山连属合围乎其外。水洄洑而不进,环孤城而为海。"观此赋,则知吕梁与河患相表里也。吕不韦之说,苏颍滨之赋,学者不可不知。①

所谓吕不韦之说,是指诸家所引吕不韦所说:"龙门未辟,吕梁未凿。"傅寅自注云:"徐州彭城县吕梁山也,有吕梁镇。"他近举北宋熙宁十年(1077)秋七月乙丑彭城大水之例,远举吕不韦之说,以证经文"治梁"之"梁"为彭城之"梁"。虽然所证地理有误,但他讲究实证的方法与思路却是对的。何况傅寅在此旨在说明山与川利害攸关,所谓"吕梁与河患相表里",即此之谓也。

"沱潜既道",《禹贡》在荆、梁两州都提到,其中梁州又有"西倾因桓是来",历来存在着费解的问题。孔安国梁州下注云:"沱潜发源梁州入荆州。"孔安国之说,又被孔颖达接受,曰:"《释水》云:水自江出为沱。汉出为潜。而孔梁州注云:沱潜发源此州,入荆州。以二州沱潜为一者,盖以水从江汉出者,皆曰沱潜。但地势西高东下,虽于梁州合流,还从荆州分出,犹如济水入河,还从河出。"孔颖达依据汉孔安国的解释,谓沱潜发源梁州而又入荆州,完全是不顾地理形势的猜想。毛晃《禹贡指南》云:"潜水出天柱山,天柱山亦名霍山。"②天柱山在大别山脉东部,其水入于淮河,亦与《禹贡》原意不符。傅寅在荆州的"沱潜既道"下,先引班氏《汉书·地理志》曰,"江沱出南郡枝江县西,东入江"。又引郑氏曰:"枝江之沱,尾入江耳,首不于江出也。华容有夏水,首出江,尾入沔,盖此所谓沱也。潜则未闻象类。"此说为苏轼所接受。独程大昌曰:"凡水之出江汉,皆可以名沱潜。则沱潜云者,乃从江汉下流得名耳。荆贡自汉阳以上,浮汉支水皆为潜,浮江支

---

① 傅寅撰:《禹贡说断》卷一,《四库全书》本。
② 毛晃撰:《禹贡指南》卷二,《四库全书》本。

水皆为沱。"对此,傅寅以古今地理沿革考沱潜所出,具有一定的实证意味。其云:

> 郑氏不以枝江沱水为此之沱,以其非从江出故也。而东坡指以为是,盖亦姑从《汉志》云耳。余考枝江之地,隶今松滋。松滋在江陵西南,亦安知枝江之水,不于江出而复入江耶?至若郑氏以夏水为沱,而东坡则指以为潜,此东坡之疏耳。何者?夏水首出江于华容之境,行五百里,东入沔。此正合《尔雅》江出为沱之说。而东坡以为潜,非也。然则潜不可得而知欤?国初乾德中以汉江陵县地置潜江县,在荆南东北百有余里,或者水有自汉而来名之曰潜,故县因以名欤!程氏求沱潜于汉阳而上之地得之矣。①

断语提到"余考枝江之地隶今松滋,……亦安知枝江之水,不于江出而复入汀耶?"枝江有小水从大江流出而复入江,可以证实。又说"国初乾德(963—967)中,以汉江陵县地置潜江县。……或者水有自汉而来,名之曰潜,故县因以名欤?"虽则都在疑似之中,但比较诸家的各种见解,因为傅寅注意引证古今地理建制变化加以说明,总体上还是让人信服的。②

这种重视实证的精神,使他将《禹贡》之学,直接导向"有用之学",这又是傅寅不同一般章句之徒的实学精神。经文"九山刊旅九川涤源九泽既陂"条,他长篇累牍地引用程大昌有关河堤之论,云:"河之为患,至能忧劳尧禹,久之乃平,则后世遭罹其患者,亦何敢讳劳惜费。臣独有怪者,三代而后,能变乱为治,使天地万物悉就条理者,惟汉、唐、本朝,而河患特甚它代。秦、晋、隋得国不久,固不暇远略,其余三国、五季以及南北,不能包揽河境。设有策画,东不能指之于西,南不能以及其北,其不相该应如此,宜其常决不救,及反厘厘有之。此似天有定数,非人力得预,臣尝深为难晓也。久之,熟思汉人贾让之论,谓古堤阔,故游波有所纵荡;汉堤狭,故束迫而为决溢。乃慨然叹曰:'此天下至理也,是河道平决之分也。'让独专以论堤,而臣推以论世。于是宿疑释然,河事可得而论矣。让之言曰:齐与赵、魏为境,齐作堤去河二十五里,水抵堤,泛赵、魏,赵、魏亦为堤,去河二十五里。汉堤,狭者去水数百步,远者数里。夫以汉堤而较古堤,其受容不同如此,而水比古不加少,彼不决,安归也?且古人岂不知弃地可惜?正为有所弃,乃能有所存,不容曲计目前耳。后经治世生齿众,作业盛,但见河壖有地而弃,不知古人有为为之也。既已田之,又从而治屋庐,或聚落,稍虑漂没,则堤外起堤,以自护壅,它日复有田

---

① 傅寅撰:《禹贡说断》卷二,《四库全书》本。
② 参考王成组撰:《中国地理学史——先秦至明代》,商务印书馆 1988 年,第 164—166 页。

庐其外者益又添堤。以贾让所见，齐、赵、魏以及黎阳、内黄、诸马诸有堤处，大堤之外小堤，大抵数量，以率言之。凡边河州县近河，添堤益多，则容水益陿，其理然也。汉去古不远，已不知遥堤本意。恣民堙障，不立限禁，苟无贾让谓之发明，则古制殆无传矣。利之所存，惟人希土旷，则河壖得以受水，稍经生息，则遥堤之外，展转添堤，固其所也。则何怪乎汉、唐以及我宋？平治久，则河决益数也。是故汉自高后以前，唐自肃代以后，河患特少，则生齿登耗，乃与河之平决相应，盖有以矣。惟国朝建隆之初，即决隶滑，与它朝事势不类。盖周世宗父子于大河下，方兼南北有之，民视濒河为内地，故攘据其中者众，以端拱诏书验之，则可见矣。"显见傅寅非常赞同程大昌治理水患，拟复古时遥堤之备。是否恢复遥堤，在宋太祖乾德、太宗兴国、真宗祥符年间都提出来过，惟独兴国诏书为详。曰："河防旧以遥堤宽其水势，其后民利沃壤，咸居其中，河以盛溢，则罢其患。"遂遣赵孚（字大信，河南洛阳人）等，条析堤内民籍税数，议蠲赋、徙民、兴复堤利。宋太宗希望能够究知害源，锐意复古。但赵孚辈智不及远，徒曰："遥堤存者，百不一二，役费甚大。"遂妄以他语塞诏而止。然而，表面上看遥堤久废，骤复十数郡，废置诚大；搁熟田不得耕，徙民不得居，妨碍诚多。但如果深究其利害，实在是可以大大冲抵其害而利有余的。因为，倘河不决，犹岁岁有春料费，常不下巨万万；一旦决溢，则不论何地、何时，悉杂役兵夫，救塞劳费，殆无已时，何尝不费？而且决溢所及，不但河堤本身以及近河之地，并在下游城郭、屋室、丁口、生业，漂溺扫地，比之徙民益业，害又益大。程大昌因此批评赵孚不从长计议，而曲以目前言之，殊可恨也。即便如此，于今而言，如果采取访遥堤、毁近障的措施，只要葺废定令，以渐为之，规模一定，则定可息水怒于不争。纵初时劳费，而逸宁之效，燕及无极，其功始可缵禹，后世将受益无穷。傅寅对此极为推崇，谓："程氏之论河堤，究极古今，发明利害，真有用之学也。余受之不忍弃，编之于此，则夫学《禹贡》而但说山川之名者，可以愧矣！"[①]

（五）抉隐《禹贡》笔法

需要着重提出的是，傅寅关于《禹贡》中涉及江河"溯源"问题的认识，其实贯穿了他读《禹贡》的一个思路，就是以大禹治水是否需要"溯源"为前提。如他解释禹究水之源有两种情况：一是如江之源甚远，未能为水害，故禹不必极其源；二是如淮、渭、洛，其源甚近，其水害，非但下游，上游亦然，这样才要究源以为治。因此，他在经文"嶓冢导漾"

---

① 傅寅撰：《禹贡说断》卷四，《四库全书》本。

条下说：

> 漾江之来甚远。地且高而源微，未能为害，禹正不必极其源也，故止于岷嶓导之。淮、渭、洛之源近，而为雍、豫等州害者，非特下流而已，故禹治之必极其源。[①]

这是傅寅读《禹贡》最为独到的心得。傅寅读《禹贡》，久而久之，自然总结出一套传世读《禹贡》之法。概言之，有两点：一是要识得地理形势。如经文"覃怀底绩至于衡漳"条下，傅寅针对诸家之说，做出评议，并借机提出自己的读《禹贡》之法。其云："尧都冀之平阳，今晋州所治临汾县也。禹之治水，莫先于帝都，而冀州三方距河，深患所在，其疏导莫先于河矣。然行河当自下流始，而冀州所纪，惟急于帝都之傍近，而下流未尝及焉。何也？今以地理详之。"傅寅先列出大禹治水的重点以及大致路径，然后，从地理形势上，对大禹治水的方法论，做出了详细的解释，他接着说：

> 壶口、梁、岐，皆帝都之西也。太岳，在霍邑。霍邑北临汾百有余里，则太原、岳阳，帝都之北也。覃怀，帝都之南也。衡漳，帝都之东也。于帝都四面，固无水不达于河，而吾第忧河之下流不决，而上之水皆奔赴之速，则豫、兖、青、徐之民，将何所逃其害乎！禹之用固爱君之至，而其于救斯民之溺特可缓乎？窃尝思之，而得其说于孟子之谈禹。而又熟复《禹贡》之书，然后其疑始释。而于神禹治水之规画，始井井乎知其序矣。孟子之言曰：禹疏九河，瀹、济、漯。是其于谈禹之要旨，无出于此者。夫九河者，河之最下。而济漯者，其傍流也。治其最下而速其行，通其傍流而使其中无停积之患，则河之大体，无足忧矣。禹既规画成此，然后疏帝都四傍之水，举达于河，而冀州之患平矣。冀州之患既平，则凡兖、青、徐、扬之所当治，或四载躬临，或赞佐分命，又从而次第举矣。苟或不然，则虽奇计百出，堤防万端，以殚终身之劳，而水胡可得而治耶！[②]

以上涉及从地理角度去看待大禹治水的路径，即要识得地理形势，方能看得明白《禹贡》的治水之法，这同时也是读懂《禹贡》之法。二是要识得文章笔法。这也是读《禹贡》必须要掌握的，他接着说：

> 今观《禹贡》，而冀州不言疏九河，以九河为兖州之地，而首言于兖州故也。不言瀹济漯，以漯流兖州，济历豫、兖，而不可总之于冀故也。且又导九州之首尾，各

---

① 傅寅撰：《禹贡说断》卷三，《四库全书》本。
② 傅寅撰：《禹贡说断》卷一，《四库全书》本。

巳条列于后，使于每州一一言之，则经文不几于重复之甚乎！又况禹之治水，苟其利害相因，则虽一川异州，亦必有同一时之役者。如其必待某州之功毕，然后治某州，则禹之圣岂无权，而几于执一者乎？或曰：壶口、梁、岐之役，曾氏以为凿龙门，而冀州所记，不及龙门，何也？曰：导河积石至于龙门，巳列之于后，故于此但言壶口、梁山所以互见其事也。亦犹言'导岍及岐，至于荆山，逾于河'。而舍梁山不言者，与此治梁互见之也。'壶口、雷首至于太岳'。则上舍太原而不言，下举雷首，以见治龙门梁山之下，而底柱析城王屋太行之治，则覃怀底绩之由也。《禹贡》一书，吾姑举其一州言之，其互见之法，精密如此，学者可得而易言乎哉！①

《禹贡》文章笔法，就是傅寅所谓的"互见之法"。傅寅对自己的这个发现非常自负，他说学者倘若不识形势与笔法"而观此书，譬之青天白日，瞽者欲知其清明其可得乎"？②正因为傅寅掌握了这两种读《禹贡》的方法，所以他对有些问题才能较正确地断以己意。经文"又东至于澧"条，诸家多以澧为澧水，如孔安国曰："澧，水名。"郦道元曰："澧水，出武陵充县，西至长沙下巂县，西北入江。"但傅寅根据地理形势做出了不同解释，其云：

> 江水别而为沱，其经流则东至于澧也。汉孔氏云：澧，水名。郦氏云：澧水，出武陵充县，西至长沙下巂县，西北入为江。《楚辞》曰：濯余佩兮澧浦。颜师古谓澧在荆州，苏氏亦谓澧水在荆州。历观诸儒所说，则以澧为水名，非无所据也。然郑氏谓此经，自导弱水以下。言过、言会者，皆是水名。今长沙郡有澧陵县，其以陵名为县乎？郑氏此言，似亦有理。故曾氏曰：澧，郑氏以为澧陵。今江水不至澧陵，故先儒疑焉。皆以为澧水。夫春秋之豫章，在江北汉淮之间。汉之浔阳江，夏在江北。后世皆在江南，乌知禹之时，澧陵非江水所至之地乎？以曾氏此说观之，则知郑氏以为陵名，有合于经文。然经文曰"导弱水至于合黎，余波入于流沙"。则是合黎，必有受水之处。而郑氏以其曰"至于"，遂以合黎为山名。苟以合黎为山名，则安能受弱水所入之势，而溢其余波于流沙乎？此又不能无疑也。余按下文九江，澧水既与其一，则其非水明矣。③

再就是傅寅运用他读《禹贡》总结出来的文章笔法，来做出比他人更合符情理的解释。如他在《导沇辨》这一专论中，发挥他关于"圣经书法之妙"的心得，其云：

---

①② 傅寅撰：《禹贡说断》卷一，《四库全书》本。
③ 傅寅撰：《禹贡说断》卷三，《四库全书》本。

弱、黑二水,来自雍州塞外,至远而不可穷,故禹言导而不言其所自起。至于沈水,源出中国,且去帝都不远,而禹之所书,顾与弱、黑同例,何也?郿、杜二子皆有沈水潜行之说,意者禹疑其水之异,而略于记欤?叹曰:非也。甚远者,不能书;甚近者,不必书。而沈源近在帝都之南,所以不书也。圣经书法之妙,大抵如此。①

又如在经文"导渭自鸟鼠同穴"条,林之奇曰:"渭水出于首阳南谷,而禹之导渭。惟自鸟鼠同穴而始,故曰导渭自鸟鼠同穴。"对此,傅寅再次从"书法"角度,做出自己的解释,其云:

余考《水经》有所谓出鸟鼠山者,有所谓出南谷者,二者皆以渭水名之。然禹言导渭自鸟鼠,而南谷者不记。则南谷者,他水之名渭者耳。桑、郿之说,得之传闻,大抵不足多据。而林氏援之以断经,顾不思禹"导漾江",不言"自",为其源之远也。而渭比漾江之源,为如何哉!下比淮洛同一书法,禹之意可知矣。②

傅寅对《禹贡》笔法的抉隐发微,处处体现在他对《禹贡》的细读之上。对经文"九山刊旅九川涤源九泽既陂"中的九山、九川、九泽,林之奇主泛论之说,其云:"九山、九川、九泽,皆是泛指九州之山川泽而言之。若必欲以弱水而下为九川,雷夏而下为九泽,则导岍而下,果九山否乎?"对此,傅寅持不同意见,他说:

山者川之所自出,所由径者也。言九山于上,而九川系之,则是九山者,九川所出所径之山也。泽者川之所或至所或锺者也,言九川于上而九泽系之,则是九泽者,九川所至所锺之泽也。禹之言曰:"予决九川,距四海。"而导弱以下,又正当其数。则所谓"九川涤源"者,非泛指亦明矣。说者意禹为总括之语,而不知九川者,百川之所会。列九川而言,则凡九州之川,见其中矣。记事之精简,宜无大于此者,而况禹之施功虽偏天下,要固自有足迹未尝及者,以非患之所在故也。涤源而泛指,岂百川皆涤源乎?九山自导岍而下,九泽自雷夏而下,皆是也。凡其川流脉络,渚蓄汇溢,皆与九川相为表里者也。主之以九川,而山之与泽,皆亦名九,以见山泽之非泛指,而皆其附九川而名之者也。详经文之首末,讨治水之规模,固不容于泛论也。学者试思之!③

对于九山、九川、九泽,傅寅之所以不主泛论之说,与他一贯认为大禹治水自下而上有关。试以九川而论,因为九川在下,为九州百川所会,故禹治水,重在决九川。九川通则

---

① 傅寅撰:《禹贡说断》卷三,《四库全书》本。
②③ 傅寅撰:《禹贡说断》卷四,《四库全书》本。

百川通，九川泄则百川泄。禹治九川，行迹必至。同样道理，在对九州之山既已刊除、设置坛场而旅祭以告成功的叙事过程中，《禹贡》笔法，则以九州之山首尾言之。诚如吕祖谦所言："九州惟梁、雍书旅山，而梁必书蔡、蒙者，书之于所言山之末，以示告成功之义也。雍必书荆、岐者，书之于所言山之首，又以见禹迹所至，无不祭也。以二州互见之文，而上该他州之祀礼，禹之书法，大抵简严如此也。"[1]傅寅主九川为禹迹所至，而未涉及有关九山的说断，他援引吕祖谦所论，认为九山为九川所系利害之山，再次证明《禹贡》笔法，在此确非泛书。

四、《禹贡说断》的义理思想

傅寅由读《禹贡》之法，而上升到义理思想的发挥，因此体现了作为一个理学家读《禹贡》的应有姿态。概括而言，傅寅在《禹贡说断》中表现出的义理思想，主要体现以下三个方面。

（一）经济地理思想

《左传》所谓"茫茫禹迹，划为九州"，正是后人对《禹贡》"禹别九州，随山浚川，任土作贡"的追忆与认同。《禹贡》以当时的中原为中心，将中国划为冀、青、徐、扬、荆、豫、梁、雍等九州。不惟如此，该书还对九州的自然条件、水陆交通、农产物产等方面的差异作了区分与归类，并根据区域条件的差异，先行确定区域土地等自然条件等级，然后藉此再为各州制定了不同的贡赋等级。为此《禹贡》保存了我国上古时期非常丰富的经济地理的内容。而傅寅的经济地理思想，便主要体现在他对《禹贡》有关内容的解说之中。今试围绕经文"任土作贡"诸家的解说与傅寅的断语来作分析，以观傅寅的经济地理思想之大概。关于《禹贡》之"贡"，傅寅认为大有深意可掘，其《断语》云：

> 古人之命名不苟也。三代取民之制，必以贡、助、彻为名，其用心之仁可知矣。是故史官之名此书，孔子之作此序，皆于"贡"之一字深致其意。幼学能于此乎察，壮行犹于此乎背，况未尝知此者乎！[2]

为何傅寅认为"史官之名此书，孔子之作此序，皆于'贡'之一字深致其意"？众所周知，贡赋制是中国上古社会特有的一种政治经济现象。"贡"字的本义，孔颖达在《尚书正

---

① 傅寅撰：《禹贡说断》卷四引吕祖谦说，《四库全书》本。
② 傅寅撰：《禹贡说断》卷一，《四库全书》本。

义》里将其解为："从下献上之称,谓之以所出之谷,市其土地所生异物,献其所有",而《说文解字》释其为"献功也",《国语》中同样也有"社而赋事,蒸而献功"之语,韦注为:"春分祭社也,事农桑之属也;冬祭曰蒸,蒸而献五谷布帛之属也。"因此,"贡"的本义是指以布帛或土地所产异物为用,以下供奉其上,献其功劳以求安康福祉的一种行为。①但既为"贡",本来就具有一定的强制性、无偿性和固定性,何来"用心之仁"一说？我们假设"贡"作为一种国家制度是必须的,因为国家运行的维系本来就离不开"贡",但在设置"贡"的体系与内容,以及获取"贡"的途径上,还是能够体现出用心仁与不仁之差别来的。傅寅所谓孔子序《书》"凡三句十二字",即指"禹别九州,随山浚川,任土作贡"之语,这十二字,其实体现了禹治水的世界观和方法论。傅寅断语曰:

> 九州之分尚矣。顾其间高山大川,托以为疆界所视者,不容无所记载。禹为司空,习此亦素,而特其洪水为害,封域沦坏,川流故渎,亦决徙不明。故禹先定其高山大川之方向,以别九州之分限,则凡地之远近高下,水之源委曲折,皆可得而审矣。随山浚川,任土作贡,于是次第施之,何往而不如其意乎! 任土作贡,夫人能言之,而随山浚川,说者罕见其的。余请详辨之。禹之自言曰:予乘四载,随山刊木。史之辞亦曰:禹敷土随山刊木。说者意孔子序文,当不与之异,故多以刊木通道为解,殊不知孔子之文,随山浚川,与任土作贡对立。随山而浚川,任土而作贡,程氏所谓因其所自然之谓也。且四渎之水皆东行以入海,而弱水则西,黑水则南者,其所出所径之山势则然也。山之势所向背,水因而趋避之者也。禹不能逆山以行水,亦犹不能强所无以作贡。应变施设,虽曰多端,而经画妙用,同乎顺理。孔子序《书》凡三句十二字,而深于经意者,知其该贯首末,无复余蕴。此岂泥于文辞之间者,所能窥哉!②

我们现在来分析傅寅这段话的潜台词。如果说"禹别九州"具有世界观性质,而这九州的世界观就是当时理想的王朝疆理政治。但理想的疆理政治,必须要有好的方法来加以落实或者说推行。因此,"随山浚川"在傅寅看来,就不仅仅是诸家所谓的"随山刊木"意思。因此他才会说:"随山浚川,说者罕见其的。"也就是说大家都没说到点子上。唯一比较接近孔子原意的是程大昌。他说:"禹之自言曰:予决九川,距四海,浚畎浍。距

---

① 参见孔祥龙撰:《贡赋制度与虞朝的建立》,《鸡西大学学报》2013年第1期。
② 傅寅撰:《禹贡说断》卷一,《四库全书》本。

川者，因也。孔子叙其《书》曰'随山浚川，任土作贡'者，亦因也。孟子曰：禹之行水也，行其所无事，亦因也。因者，本其所自然而无所增损云耳。功以因而成，则《书》载其功，亦岂外于因哉!"傅寅认为"程氏所谓因其所自然之谓也"，此即顺其自然的意思。那么，既然"随山浚川"与"任土作贡"为对文，实则二者皆有顺其自然之意蕴。那么，在"作贡"中具体如何体现顺其自然的理念呢？这就是要做到前面两个字"任土"。任，由着、听凭的意思，与"随"义近。随山浚川，简言之就是顺着山势导水；而任土，简言之就是由着土色分贡。因此，"随山"与"任土""浚川"与"作贡"就对起来了。如此，"浚川"的方法论，就过渡到"作贡"的方法论了。这就是傅寅总结的"应变施设，虽曰多端，而经画妙用，同乎顺理"。而孔子的十二字，之所以"深于经意"者，就在于他揭示了"任土作贡"的仁心所在。要具体体会"任土作贡"的仁心究竟是如何得以映现，这就要按照傅寅要求来做。他告诫我们读《禹贡》一定要与《周官》合起来读。傅寅在经文"百里采"条中说："读《禹贡》，而参以《周官》，则庶乎王制之沿革可知矣。"①

下面我们将根据《周官》记载，大致复原大禹是如何"任土作贡"的。前面已经提到"任土"就是根据土地的颜色，来对土地的等级做出区分，这为后来的周人所接受，周人通过"辨土"来实施对土地定级的"土宜"之法。如《周礼·地官·大司徒》载曰："大司徒之职，掌建邦之土地之图与其人民之数，以佐王安扰邦国。以天下土地之图，周知九州之地域广轮之数，辨其山林、川泽、丘陵、坟衍、原隰之名物。"这里讲大司徒以九州为限，先辨地理地貌特征，亦即"山林、川泽、丘陵、坟衍、原隰"。郑玄注曰："积石曰山，竹木曰林，注渎曰川，水钟曰泽，土高曰丘，大阜曰陵，水崖曰坟，下平曰衍，高平曰原，下湿曰隰。"②这是就区域性生态属性而言，但这样还不足以作为定贡的依据，因此必须对土壤的成色作出更为细致的划分，以此确定土地的等级。这在《禹贡》的时代已经开始有所作为了，如《禹贡》言"厥土惟白壤"，孔安国传曰："无块曰壤，水去土复其性，色白而壤。"孔颖达疏曰："色白而壤雍州，色黄而壤豫州，直言壤不言其色，盖州内之土不纯一色，故不得言色也。"③通过对土壤进行辨析，大致可以确定雍州为白壤、豫州为黄壤、青州为白

---

① 傅寅撰：《禹贡说断》卷四，《四库全书》本。

② 郑玄注、贾公彦疏：《周礼注疏》卷十，阮元校刻：《十三经注疏》(附校勘记)本，中华书局1980年版，第702页。

③ 孔安国传、孔颖达疏：《尚书注疏》卷第六《禹贡》，阮元校刻：《十三经注疏》(附校勘记)本，中华书局1980年版，第146页。

坟。白、黄代表当时人们对土地性状的认识,也是作为土地等级的色彩符号。而土地等级的确定,有两项目的,一是为定贡赋,二是为定种植作物,而这两项其实有时互为表里的。因为土壤的好坏,决定农作物的品种与丰歉,而农作物的品种与丰歉,又决定贡赋的类型与多寡。到《周礼》的时代,土壤的辨别更为细化,《周礼·地官·大司徒》载曰:"辨十有二壤之物而知其种,以教稼穑树艺。"郑玄注曰:"壤亦土也,变言耳。以万物自生焉,则言土,土犹吐也。以人所耕而树艺焉,则言壤,壤和缓之貌。"贾公彦疏曰:"此十二壤即上十二土。上经论居人物之事,此经辨其种殖所宜,故变其文。云'辨十二壤之物'者,分别物之所生而知其所殖之种,遂即以教民,春稼秋穑,以树其木,以艺其黍稷也。"①根据郑玄的解释,"土"是自然属性,而"壤"是生态属性,自然属性决定生态属性,而生态属性关涉到种植的各个方面。在人们对土壤自然属性与生态属性具体辨析的漫长过程中,便逐渐形成了"土宜"之法。故《周礼·夏官·土方氏》曰:"以辨土宜土化之法,而授任地者。"郑玄注曰:"土宜,谓九谷稙稺所宜也。土化,地之轻重粪种所宜用也。任地者,载师之属。"②可见"土宜"之法,是根据对土地生态属性的辨析,作出适宜种植作物的判断与选择,简言之,就是解决该土壤宜种或不宜种何种植物的问题。在此基础上,再发展出"土化"之法。所谓"土化"之法,就是变化土壤气质之法,亦即现代人所谓改造土壤、优化土壤之法,这是根据作物需要而作出的经验性判断与总结。是故贾公彦疏曰:"既为土方氏,非直度地相宅,亦当相地所宜,故须辨土宜并土化之法而授任地者,此谓以书作法授之。九谷之文,出于九职。言土宜,明是土地所宜,故以此解之。云'土化,地之轻重粪种所宜用也'者,谓若《草人职》'掌粪种之法'。地有九种,轻重不同,其所用粪种,若用麋、用牛之等是也。云'任地者,载师之属'者,载师掌任地事,下文'廛里'已下,皆是任地之事也。"③任地者,作为一种职业要求,必须懂得"土宜""土化"之法。《禹贡》时代所谓"任土作贡"之"任土",后来便发展为一种专门的职业了,即是对土地有着很强辨析本领的"任地"之职,这就是《周官》中所谓"载师之属"的土方氏。当然,在周时"任土"者,并不止于土方氏,根据地区不同,还有大司徒、草人专门负责王畿内的"土

---

① 郑玄注,贾公彦疏:《周礼注疏》卷十,阮元校刻:《十三经注疏》(附校勘记)本,中华书局1980年版,第703—704页。

②③ 郑玄注,贾公彦疏:《周礼注疏》卷三十三,阮元校刻:《十三经注疏》(附校勘记)本,中华书局1980年版,第864页。

宜"与"土法"，而土方氏则负责王畿以外诸侯各国的"土宜"与"土法"。总之，根据贾公彦的解释，无论大司徒、草人，还是土方氏，其职责无非"辨十有二土，任人性居之"。但农业生产，主观上为人民生息，客观上还必须为国家服务，而为国家服务，便需要制定一套贡赋制度来加以实现。这就是在土宜、土化之法基础上，派生出来的具有意识形态与上层建筑意义的"土均"之法。《周礼·地官·大司徒》载曰："以土均之法辨五物九等，制天下之地征，以作民职，以令地贡，以敛财赋，以均齐天下之政。"郑玄注曰："均，平也。五物，五地之物也。九等，骍刚、赤缇之属。"贾公彦疏曰："以土均之法辨五物者，即上山林川泽之等是也。云九等者，据五地之内分为九等之地，骍刚、赤缇之属，粪种所宜不同也。云制天下之地征者，言天下则并畿外邦国所税入天子而言也。此地征与下为目也。"概言之，土均之法，就是通过对各地土地进行分等以及对土地上种植的不同作物进行分类，以此来制定相对公平的贡赋标准。因此，土均之法，建立在辨五物九等基础之上，制天下之地征，以作民职，以令地贡，以敛财赋，以均齐天下之政。

当我们明白"任土"的大致意思之后，再来看"作贡"的具体情形。我们应知道"任土作贡"之贡，诚如郭永琴所言它"是九州之贡和赋的总称，相较九州之贡，它是广义的贡，不仅包括进献的方物，还包括各地征敛的赋税，而九州之贡是狭义的贡，主要是指诸侯国进献的方物，相当于后世职贡。"①傅寅所理解的"贡"，就是广义之"贡"，包含贡与赋。然后让我们再回到《禹贡》的时代，看看当时是如何"任土作贡"的。

《禹贡》将九州之土，各作辨析。冀州："厥土惟白壤，厥赋惟上上错，厥田惟中中"；兖州："厥土黑坟，厥草惟繇，厥木惟条，厥田惟中下，厥赋贞"；青州："厥土白坟，海滨广斥，厥田惟上下，厥赋中上"；徐州："厥土赤埴坟，草木渐包，厥田惟上中，厥赋中中"；扬州："厥土惟涂泥，厥田惟下下，厥赋下上上错"；荆州："厥土惟涂泥，厥田惟下中，厥赋上下"；豫州："厥土惟壤，下土坟垆，厥田惟中上，厥赋错上中"；梁州："厥土青黎，厥田惟下上，厥赋下中三错"；雍州："厥土惟黄壤，厥田惟上上，厥赋中下"。仅就土壤性质而言，冀州云白壤、青州云白坟、兖州云黑坟、徐州云赤埴坟、扬州、荆州云涂泥、豫州云坟垆、梁州云青黎、雍州云黄壤，共九等。这九等的排序与贡赋的等级，在经文"厥土惟白壤厥赋惟上上错厥田惟中中"条，傅寅列表以说明之如下：②

①　郭永琴撰：《禹贡中的"贡"与"赋"的关系》，载《山西师范大学学报》（社会科学版）2013 年第 1 期。
②　傅寅撰：《禹贡说断》卷一，《四库全书》本。

州　名	土壤等级	错　秩	赋　秩
冀	田第五	错第二	赋第一
兖	田第六	错无	赋第九
青	田第三	错无	赋第四
徐	田第二	错无	赋第五
扬	田第九	错第六	赋第七
荆	田第八	错无	赋第三
豫	田第四	错第一	赋第二
梁	田第七	错第七第九	赋第八
雍	田第一	错无	赋第六

从上表可以看出,土壤性状不同,影响田赋的高低。而土地所产必是米谷之类,倘要教民树艺,以及令地贡敛财赋,必辨九州土壤之所宜。土性不同,则所宜之谷,亦不同。如《周官·职方氏》,荆、扬州宜稻,冀、雍州则宜黍稷之类。因其土地所宜,而教之播种,则其收获必多。故禹于洪水既平之后,将欲教民粒食,因而致田赋之差,必先辨九州土壤所宜,以此来利民。傅寅认为《禹贡》中所体现的"仁心"有二:一方面在教民树艺,另一方面在致田赋之差。

关于致田赋之差,在此之前林之奇已经注意到这一点,他说:"九州之赋,较数岁之中以为常,则自九州之赋,自有常数,而九等之差,亦不可改变。而又有错出于他等之时者,盖岁有丰凶水旱之不同,不可取必于每岁之常赋,必时有所蠲放以利民。是以其所入之总数,自有增损多寡之不同。"之所以要将"九等之差"特别提出,因为早在孟子曾对历史上的贡法提出过严厉的批评。林之奇针对孟子的批评,有过反驳,其云:"孟子曰:治地莫善于助,莫不善于贡。贡者,校数岁之中以为常。乐岁粒米狼戾,多取之而不为虐,则寡取之。凶岁粪其田而不足,则必取盈焉。为民父母,使民盼盼然将终岁勤动,不得以养其父母。又称贷而益之使老稚转乎沟壑,恶在其为民父母也。孟子此言,谓其有激而云。将以救战国之虐政则可,若谓《禹贡》之法为不善,则不可。盖九州之赋,既有每岁之常数,而又有杂出于他等之时。则是其于凶年无取盈之理,观《禹贡》一篇,然后

知禹之贡法,未尝有不善也。"①对此,傅寅表示了赞同,他说:

> 林氏之说曰:九等之差不可易,而又有错出于他等之时者,盖岁有丰凶水旱之
> 不同,不可取必于每岁之常,赋必时有所蠲放以利民。是以其所入之总数,自有增
> 损多寡之不同。此其为说甚善。②

但傅寅认为林氏所解尚未尽意。他接着说:

> 而愚窃有甚疑者二,不可以不论也。九州惟冀、兖、豫、梁有错,而余所无者五
> 州。岂水旱之灾,惟冀、兖、豫、梁为有,而余则无之乎? 不然,何厚于彼而薄于此
> 也? 冀之赋第一,而错降之为二;梁之赋第八,而错降之为九,是优恤之例然也。至
> 于扬则自七而升六,豫则自二而升一,梁则又有自八而升七之时,凡水旱宜优恤,而
> 顾反增益,何耶? 如其谓乐岁粒米狼戾,多取之不为虐,则禹亦岂于定制之外,横有
> 所取于民者乎? 夫孟子之议贡,盖其叔世之弊政。而禹之定制,虽校数岁之中以为
> 常,其于凶荒之岁,则必有为之轻恤者矣。其于上熟之岁,则必能藏富于民矣。如
> 其不然,则岂有禹圣人而于政在养民之说,能言而不能行耶? 窃尝屏去诸家训传,
> 独取经文,端坐熟复。意其错之为言,非杂也,差也。九州之赋,有一州之内,而可
> 均齐者,则无差等之例。如其不可均齐,则大概几何,而或升或降,亦任土随宜可
> 也。故冀州大概则上上,而差等之例,则有降而为上中。扬州大概则下上,而差等
> 之处,则有升而为中下。皆其当时之则例如此,要不可以指定言耳。若如此说,则
> 庶乎经文前后,可以通贯,考古者更为我评之。③

从经文的表面上看,九州之中,只有冀、兖、豫、梁有错,而其他五州则无。故傅寅对此心
生疑虑,云:"岂水旱之灾,惟冀、兖、豫、梁为有,而余则无之乎? 不然,何厚于彼而薄于
此也?"这是一个疑问。另一个疑问是有关于赋与错的设计。如果说"冀之赋第一,而错
降之为二;梁之赋第八,而错降之为九,是优恤之例然也";但"扬则自七而升六,豫则自
二而升一,梁则又有自八而升七九之时,凡水旱宜优恤,而顾反增益,何耶"? 这两个问
题,使人不得不怀疑"岂有禹圣人而于政在养民之说,能言而不能行耶"? 历来注家如二
孔、王安石、苏轼、叶梦得、张九成、林之奇等对于这两个问题,尤其是后一个问题,要么
未引起深思,要么未做出解释,要么未得其要旨。对此,傅寅"屏去诸家训传,独取经文,

---

① 林之奇所言,引自傅寅《禹贡说断》卷一,《四库全书》本。
②③ 傅寅撰:《禹贡说断》卷一,《四库全书》本。

端坐熟复",终于在对"错"字的重新解释中,解决了这些疑虑。原来,"错"在此经文中不应作"杂"解,而应作"差"解,则所有关于这些问题的疑虑就解决了。既然"错"解为"差",则上表中的错秩似不应再列出了,在经文"厥田惟中下厥赋贞"条,傅寅列表中,只剩赋秩的排序了。而在断语中,他继续对上述观点做出补充,云:

> 禹定九等之田九等之赋,考于经明甚。而不应于兖一州,又附雍之第六,而独无下下一等也。东坡之说,似是而非。二孔之见虽的,而"贞"之一字训释不通。林氏取舍虽甚当,而论"贞"之为义,犹孔氏也。余不满,于是画禹赋之次第而思之。然后知经文之妙,非后世史官所可跂而望者,何者?纪赋之次,自冀之上上而至于梁之下中,其为八等著矣。兖不言其为九,可知矣。故变下下之文而言"贞",所以明其赋为什一之正,轻重不容加损也。以一州之断义,而上该八州之成,则经文不亦焕然矣乎!犹之行水,载、治、修之三字举于冀,而八州惟言其效。犹之二州之同役,壶口、梁、岐著于冀,而八州惟言境内之所治。经文简严,大抵如此。非深求其意,莫能知也。①

以上论述,傅寅的目的很明确,就是要说明禹在"任土作贡"的实际举措中,体现了"差地设征"的仁政之举。而这并非后人对远古时期大禹善政的想象之词,或认为《书序》较经文晚出,乃后人伪作之词。2002 年春天,北京保利艺术博物馆人员在海外文物市场上偶然发现的遂公盨,专家认为它不但证实了大禹及夏朝的确存在,而且这件约 2 900 年前铸造的青铜器上面铸有铭文 98 字,也是目前所知中国最早的关于大禹及德治的文献记录。因为此盨铭文开篇就写道:"天命禹敷土,随山浚川,乃差地设征。"其文字与文气,几乎与《书序》完全一致。由于实物证明"任土作贡",也可换言之为"差地设征",可见"任土做贡"并非臆想,而是当时大禹德治的现实。因此,我们应该认为傅寅关于"错"字的解说,不但合符情理与事实,而且还有文物实证的支持。

那么,《禹贡》的时代,圣人制定"任土作贡"或"差地设征"时,其心态又是如何呢?在经文"庶土交正底慎财赋咸则三壤成赋中邦"条下,傅寅借引吕祖谦之说,继续阐发他对这个问题的看法。吕祖谦曰:"庶土交正,九州之土,彼此相视高下,各得其正。底慎二字,见圣人当庶土交正之时,欲制其赋,先慎敬慎之心,制其法归于中,以为万世之传。惟先有敬心,则能制上中下三等之壤以成赋。……今此四句,载禹制赋之辞,本末皆备。

---

① 傅寅撰:《禹贡说断》卷一,《四库全书》本。

底慎者，其心也；则壤者，其迹也。以此见古之秉笔作史者，皆知道之人。"吕祖谦解释"底慎者，其心也"。可见圣人制定贡赋时，在任土基础上，根据区域差异，其心态是极其"先慎敬慎"的。因为"惟先有敬心"，才能将定赋工作做到完满。故傅寅说"庶土交正，底慎财赋"，即可"谓之尧舜之道，而非桀貊之道也"。①因此，他在经文"锡土姓祗台德先不距朕行"条下，强调"害去而利兴，法善而政行"，②正是傅寅要借此表达的其经济地理思想中的核心内容。

（二）地缘政治思想

《禹贡》一书，体现了鲜明的地缘政治色彩，傅寅在《断语》中，通过对诸家之说的评议与一些专论，无意中也为我们窥察他的地缘政治思想提供了机会。

经文"淮夷蠙珠暨鱼"条，诸家注释中，孔安国认为"淮夷"为水名。孔氏曰："淮夷二水，出蠙珠及美鱼。"而林之奇不主"夷"为水名，其云："唐孔氏云：淮夷盖小水，后竭涸，不复有其处耳。王肃亦同此说。郑氏谓：'淮水之上，夷民献珠与鱼。'当从郑氏之说。按《诗》云：'憬彼淮夷，来献其琛。'则是淮夷不得为水名也。蠙，即蚌之别名，谓淮上之夷民，当此洪水既平之后，献蠙珠及鱼之二物，亦如《诗》所谓'来献其琛'是也。"对此，傅寅也不主淮夷为水名，而视为"夷民"。但他不止于此，而是借机申发他的地缘政治思想，其云：

> 淮夷要服也，在徐州之外。商之末世，盖有西侵中国之地，而居淮水之上者矣。武王既定天下，通道夷蛮，封域之正，当尽复古，而周公摄政，成王即辟，虽尝服辄叛，有东伐之师，不容其乱我华也。其后周衰，四夷交侵中国，淮之南北，不复周有。故宣王中兴，命召公平淮夷以复境土。则知大禹弼成之制，其所以限中外而正封圻者，甚严也。古之兴王，其经纶之务，莫先于此矣。③

众所周知，古代王畿外围，以五百里为一区划，由近及远分为甸服、侯服、绥服、要服、荒服，合称五服。要服为古代五服之一，按每服五百里为单位，则要服在一千五百里至二千里之间。傅寅对于淮夷历史变迁的简述大抵正确，今人徐中舒从文字学、考古学以及文献学多角度对淮夷作了详论，可参证。④但傅寅并未像一般的注释家那样，仅仅停留在

---

① 傅寅撰：《禹贡说断》卷一，《四库全书》本。
② 傅寅撰：《禹贡说断》卷四，《四库全书》本。
③ 傅寅撰：《禹贡说断》卷二，《四库全书》本。
④ 徐中舒撰：《蒲姑、徐奄、淮夷、群舒考》，载《四川大学学报》（哲学社会科学版）1998 年第 3 期。

史实的考证与引论上,而是笔锋一转,由淮夷故事联想到"大禹弼成之制,其所以限中外而正封圻者,甚严也。"这实际上是对大禹时代五服制度的推崇与神往。

《禹贡》"五服"记载:"五百里甸服:百里赋纳总,二百里纳铚,三百里纳秸服,四百里粟,五百里米。五百里侯服:百里采,二百里男邦,三百里诸侯。五百里绥服:三百里揆文教,二百里奋武卫。五百里要服:三百里夷,二百里蔡。五百里荒服:三百里蛮,二百里流。东渐于海,西被于流沙,朔、南暨,声教讫于四海。"①五服制度的记述,除《禹贡》外,尚见于《国语》《左传》《荀子》《礼记》《论衡》《仪礼》《史记》《前汉书》等多种文献,由此可知这个制度是历来都被认为实际存在过的一种制度。有学者认为:"五服制描述了一个由三个要素构建起来的社会政治体系,即:王室与周边的关系——服;不同关系形成的不同层次——甸、侯、绥、要、荒五服;不同关系层次的地理定位——里数。"②其实这个社会政治体系的构建,最主要还是由于地理空间的远近所形成的结构性定位,因此是可以从地缘政治学范畴来加以考察的。尤其在交通不发达的古代,地理空间的远近,往往决定着教化的成熟与否,而教化的成熟与否,又是文明的重要标志。这是从文明与地理关系上所作思考的一个方向。另一个方向,就是政治的方向。地理与政治的关系,必须以经济为纽带才能看得清楚。而王朝与周边邦国的关系如何体现在实际的层面而非意识的层面,或者说王朝与周边邦国关系如何通过某项制度得以显化,来真正确立王权的威严,这就必须建立一套制度。这套制度在古代中国其实就是"朝贡"制度。朝贡体系的建立,就是后来所谓华夷秩序的建立,这里有两个关键因素:一是地理的因素,一是经济的因素。最终,经济的因素克服了地理的空间障碍,而得以将王畿以外的空间连接起来,并根据距离的远近做出不同的制度规定。因此,有学者又将五服说解释为"圈层地带结构模式",③而五百里等距的五层结构,则更加突出了该制度的地缘政治色彩。有关五服制度是否在上古真正得以实行,后来的考古证明,该制度确实是有存在可能的。据赵青春介绍,"经过数十年来考古工作者的辛勤劳动,目前学术界已经初步建立起中原及其附近地区的新石器时代考古学文化谱系。大约公元前 2500 年以后,随着龙山文

---

① 孔安国传、孔颖达疏:《尚书注疏》卷第六《禹贡》,阮元校刻:《十三经注疏》(附校勘记)本,中华书局 1980 年版,第 153 页。

② 参见岳红琴撰:《〈禹贡〉五服制与夏代政治体制》,载《晋阳学刊》2005 年第 5 期。

③ 参见刘盛佳撰:《〈禹贡〉——世界上最早的区域人文地理学著作》,载《地理学报》第 15 卷第 4 期,1990 年 12 月。

化的出现,开始出现了以中原为中心的历史趋势。所谓的中原龙山文化是一个庞大的史前文化体系。处于中心区域的是王湾三期文化,是为核心文化圈,为第一个文化圈,也可以称之为'内圈'。围绕着它分布一周中原龙山文化诸文化类型,构成第二个文化圈,也可以叫做'中圈'。在中原龙山文化的外围,又分布一圈诸支龙山时代考古学文化,构成第三个文化圈,也可以称之为'外圈'。"①这样三个文化圈的规模构成,基本与五服制度下的地理空间相重叠,而且在中原内部还发现有大量的与四夷文化交流的考古学证据,为此赵青春总结说:"这样,包围在中原龙山文化之外的实际上就是所谓'四夷'文化遗存。"②至此,我们对傅寅"大禹弼成之制,其所以限中外而正封圻者,甚严也"的论述相信又多了一层理解。所谓"甚严也",实际上就是对该制度在地缘政治意义上的评价,而这又恰为现代考古学所证明。对于地理与政治的重要性,傅寅表示"古之兴王,其经纶之务,莫先于此。"

傅寅的地缘政治思想有过理想化的色彩,这种理想是建立在他对五服制度的高度认同基础之上的。林之奇曾有这样的论述:"先王强理天下,以绥服二百里,为奋武卫之地,谨华夷之辨,此真万代不易之法也。"所谓"谨华夷之辨",就是维护华夏中心与正统地位。对此,傅寅表示"林氏此论当矣"。在此,林之奇用的是五服的视野,傅寅表示赞同他的见解,也是基于五服框架而言。但是,傅寅对林之奇将《舜典》中所谓"蛮夷猾夏",解释为"此非境外之蛮夷",则强烈表示反对。林之奇云:"舜之世,九州之内盖有蛮夷,与吾民错居。境内冀、扬州之岛夷,青州之莱夷,徐州之淮夷,梁州之和夷是也。惟其与吾民杂居于境内,而能肆为侵叛,以为吾民之害,于是使皋陶辨华夷内外之分,以法绳治,而时取其尤桀黠者而诛之耳。"③为此,傅寅驳曰:

> 夫先王谨华夷之辨,见于绥服奋武卫之制,截然不可侵紊如此,顾何从而有境内之夷乎?林氏之说,自相矛盾如此。盖见春秋以来,中国有戎,故杂疑信之心,而或为是说焉耳。④

林氏之所以自相矛盾,问题在于他将九州的地理空间架构与五服的地理空间架构搞混了。关于境内有夷,林之奇是以九州视野来作判断的;而关于谨华夷之辨,傅寅是从五

---

①②　引见赵青春撰:《〈禹贡〉五服的考古学观察》,载《中原文物》2006 年第 5 期。

③　林之奇撰:《尚书全解》卷二,《四库全书》本。

④　傅寅撰:《禹贡说断》卷四,《四库全书》本。

服视野来作陈述的。这是两种不同的地缘政治出发点，或者说政治空间架构。因此，要论傅寅的地缘政治思想，必须从他的五服观来谈起，而五服观实际上就是华夷观。九州的空间布局与五服的空间布局，在宏观上似乎一致，其实微观上仔细对比，就会发现，二者并不相同。傅寅在《五服辨》中指出：

> 《王制》言"四海之内，方三千里"，正与孟子所谓"海内之地，方千里者九"同也。较之《禹贡》止得为三服，而要、荒实为九州之外甚明也。观《禹贡》所叙九州之境，亦自可见。①

对此，今人顾颉刚也说："这个五服之说，我们一看就知道它只是假想的纸上文章，世界上哪有这样方方整整的区划！而且这个区划跟界线不规则的九州说比较，就显出了很大的冲突。照九州说来讲，作者所设想的王都在冀州，所以各州的贡道都直接间接地达到黄河，然而冀州在九州里却是处于北部的一个州，和五服说把王都放在中心的绝对不同。两种说法画成了地图套不上去。"②可见，九州与五服其实是两个虽有联系但实际不同的地缘政治图景，这是要区别对待的。

尽管傅寅前面在论淮夷时，已经提到淮夷之乱的历史，淮夷出于徐州，徐州属于九州之一，则九州有夷为事实。但九州有夷，不等于中国有夷，这才是傅寅要说明的问题。因为，中国与九州是两个不同的概念。中国主要是相对于五服而言的，或者说，中国这个概念，只有在五服视野下才能够得以成立。甸、侯、绥、要、荒五服，以黄河中下游的中原河洛地带为中心，在地理空间上向外作梯次延展，形成具有极强地理想象的圈层地带结构模式。五服中，甸、侯二服是内圈，绥服是中圈，要、荒二服是外圈。内圈中的甸服为中国的核心统治区，即王城所在地。侯服环绕甸服，为分封之域。作为内圈向外圈的过渡，中圈绥服是一个重要的节点。因为外服中要、荒二服，前者所居为以夷、蛮为主，后者所居以戎、狄为主，故绥服的节点意义是作为重要的军事缓冲地带而存在的。对此，顾颉刚先生指出："侯服以外四面各五百里唤做'绥服'，这是介于中原和外族间的地区，应当给它安抚和羁縻，所以一方面要在那里推广中原文化，一方面又要整顿武备来保护甸服和侯服的安全。"③倘将绥服再作空间细分，则其内方三百里为教化安抚带，外方二百里为武装保卫地带。外方二百里为武装保卫地带，就是林之奇所谓"以绥服二百

---

① 傅寅撰：《禹贡说断》卷四《五服辨》，《四库全书》本。
②③ 顾颉刚撰：《顾颉刚古史论文集》卷九《尚书禹贡注释》，中华书局 2011 年版，第 109 页。

里,为奋武卫之地"。

从傅寅所谓"限中外而正封圻"来看,他认为五服之"服"是具有疆界意义的。封圻,就是疆域。正封圻,就是正疆域。正疆域,就是要严格区分中外界限。而严格区分中外界限,就是为的华夷之辨。这是傅寅地缘政治很重要的一个观点,即维护华夏的尊严、正统与纯粹。其实蛮夷与诸夏杂居,在后来学者的研究或考古发现中已经证明,如今人顾颉刚则认为"服"只是部分或类别的意思。前述顾颉刚先生认为五服只是一个纸上的制度,但他只是认为在上古并未实行,而在西周却有可能为事实。因此他又指出:"五服说不是一个假想的制度,是古代实际存在的,在《国语》的《周语》里说:'先王之制:封内甸服,封外侯服,侯卫宾服,蛮夷要服,戎狄荒服。甸服者祭,侯服者祀,宾服者享,要服者贡,荒服者终王。日祭、月祀、时享、岁贡、终王。'那时所谓夷、蛮、戎、狄诸少数民族都是和诸夏杂居的,而甸服里也分诸侯,所以这里所谓服,只是部分或类别的意思,不是分疆画界的意思。"①但在傅寅的时代,他之所要将这个问题提出,并对林之奇进行反驳,自然有他身处南宋那个特殊时代的背景性要求,此不展开。

总之,傅寅的地缘政治思想,明显具有"中国"中心论的观念。《诗经·大雅》曰:"惠此中国,以绥四方"。故五服制成为王朝理想的处理地缘关系的圈状结构模式,王朝与要、荒二服之关系,虽然不排除"绥服"的武装保卫战略,但这并非唯一的战略,更为持久与有效的战略则是"守内虚外""守中治边"和"守在四夷",这才是最为理想地缘政治战略。如此一来,能够最大程度缓解在王朝安全问题上的地缘压力,往往不是武力,而是"以德化夷""以德昭夷"的和平理念与手段。因此,纳贡体系的建立,就是维系王朝与域外关系看似最松散但却又最有效的途径。故傅寅在经文"庶土交正底慎财赋咸则三壤成赋中邦"条,驳王安石曰:"荆公谓土赋有及于四夷,非也。四夷皆以贡言,不当以赋言也。"②也就是说,四夷只是纳贡体系中的一员,而非缴赋体系中的一员。一方面这是历史事实,另一方面,这也是傅寅五服观念中谨严华夷之辨的内在反映。当然,如果就"以德化夷""以德昭夷"的教化而言,则无九州之限,五服之界。在经文"东渐于海西被于流沙朔南暨声教托于四海"条下,傅寅曰:

东海、流沙、衡山、恒山,九州疆界之所至也,是谓四海之内。要、荒二服,则为

---

① 顾颉刚撰:《顾颉刚古史论文集》卷九《尚书禹贡注释》,中华书局 2011 年版,第 110 页。

② 傅寅撰:《禹贡说断》卷四,《四库全书》本。

四海矣。朔南不言所至,举东西以见朔南也。若夫声教之所及,则不限以疆界之所至。言东渐于海,则海以东渐之矣。言西被于流沙,则流沙以西被之矣。言朔南暨声教,而继以讫于四海。则朔南所暨,又不至于恒、衡二山明矣。张氏引《中庸》为说甚当,言南北亦是,而以东、西为至于东海、流沙,则又与《中庸》未合。圣人之政令,虽自有分限,而声教之所鼓动,光华之所覆被,盖与天地之高明溥博一也。无垢之说,余谓本之以明其所未尽,吾徒以为何如!①

地缘政治虽有界限,但在傅寅看来有一种力量可以超越此种界限,这就是德化的力量。也就是说,在圣人的声教光芒中,地缘政治的界限是不复存在的。德化的威力,具有超自然、超时空的绝对规定性。此即《中庸》所谓:"声名洋溢乎中国,施及蛮貊。舟车所至,人力所通,天之所覆,地之所载,日月所照,霜露所队,凡有血气者,莫不尊亲。"②中国既是德化的策源地,自然是德化的象征与符号。她既有辐射效应,也具有吸附效应。故她作为中心的意义永恒不变。所以中国既是一个实体概念,也是一个形而上概念。虽然傅寅已经看到德化的光芒万丈,但是他的以中国为中心的地缘政治思想依然故我。因此,他还是跳不出《中庸》的圈子。

(三) 治水规画思想

傅寅的治水规画思想,主要体现在他对《禹贡》治水记载的理解,不同于其他学者的观点,形成的他对大禹治水模式的独特思考。因此,这既可说是傅寅对大禹治水思想的总结,也可视为他借此机会表述他本人的治水观,二者其实兼而有之。

梳理傅寅在《说断》中提得最多的大禹治水规画,就是所谓的"自下而上"说。在《说断》中,傅寅曾多次提到大禹治水的路径,乃自下而上。其实这个问题最早被唐孔安国注意到,在经文"冀州"条下,孔安国认为九州的排序,与大禹治水的先后顺序有关;而治水的顺序,又与水性下流,故治水从下开始有关。他说:"九州之次,以治为先后。以水性下流,当从下而泄,故治水皆从下为始。冀州,帝都,于九州近北,故首从冀起。而东南次兖,而东南次青,而南次徐,而南次扬,从扬而西次荆,从荆而北次豫,从豫而西次梁,从梁而北次雍,雍地最高,故在后也。自兖以下,皆准地之形势,从下向高,从东向西。青、徐、扬三州并为东偏,雍州高于豫州,豫州高于青、徐、雍、豫之水从青、徐而入海

---

① 傅寅撰:《禹贡说断》卷四,《四库全书》本。
② 朱熹撰:《中庸章句集注》,朱杰人等主编:《朱子全书》第六册,上海古籍出版社、安徽教育出版社 2002 年版,第 56 页。

也。梁高于荆，荆高于扬，梁、荆之水从扬而入海也。兖州在冀州东南，冀、兖之水，各自东北入海也。冀州之水不经兖州，以冀是帝都，河为大患，故先从冀起，而次治兖。若使冀州之水东入兖州，水无去处，治之无益，虽是帝都，不得先也。"①苏轼大致也持此说云："以下流既治，可以少缓也。"但林之奇则相反，他说："禹之治水，其始也，必决其怀、襄之水，然后乃导其川泽之流，而其所为先后之序，具载于九州之后，导岍及岐以下是也。"②照此意思，则林之奇主大禹治水自上而下。对此，傅寅评论并申发曰：

> 孔、苏二家执九州之次，以为禹之治水自下而上。林氏执导岍以下之文，则以为自上而下。二者将孰从而折衷之。孟子曰："禹疏九河，瀹济漯，而注诸海；决汝汉，排淮泗，而注之江，然后中国可得而食也。"孟子之言，自北而南，自下而上，且不及雍梁，而遽言中国可得而食，则禹之规模亦可见矣。若夫导岍至敷浅原，此乃记浚畎浍距川之方向，导黑水至东北入于河，此乃记九川之首尾。林氏未明经意，遽执此文，谓治水必自上而下，其于世务不通甚矣。且使禹之行河，必欲积石之功既毕，然后凿龙门以治华阴孟津诸处。则于三数月之间，其或雨潦骤集，冀豫兖青之民，又何所赖于禹乎？故夫治水者，必使其下能容而有余，易泄而无碍，然后可以安受上流，而不至于冲激以生怒。禹之经画，所以首冀、兖而后雍、梁者，此也。苟能明此，则非惟达禹贡九州之次，且于孟子之谈禹，知其有自来矣。孔、苏之论，又安可忽哉！或曰：禹疏九河，而后瀹、济、漯，信孟氏之言有伦也。决汝汉，排淮泗，亦岂必自下而上乎？曰：此其文为注江而设也。其实禹之治水，瀹济漯之后，遂治淮泗以及于江。江治矣，然后治汉治汝，如《禹贡》所载九州之次也。或又曰：四水惟汉入江耳，汝泗入淮，淮径入海，安得俱言注之江乎？曰：古沟洫法，南北东西，互相通灌。如扬之邗沟，虽吴王所开广，然古必有迹道，可以泄淮水而注之南矣。不然，则孟轲氏岂容无稽据而肆为之说乎？③

傅寅《说断》对孟子《尚书》之说，多有维护。在经文"作十有三载乃同"条，傅寅曰：

> 孟子曰：禹八年于外，三过其门而不入；而此言作十有三载，何也？盖八年而水患平，十有三年而兖之田赋定。兖虽河患最甚，施功八年，其患亦已去矣。而土田沮洳，疆畎废坏，离散未集，室庐未修，故犹有待于五年之久，而田赋始定者，盖可知

---

① 引见傅寅撰：《禹贡说断》卷一，《四库全书》本。
② 苏轼、林之奇二说，俱见傅寅撰《禹贡说断》卷一所引，《四库全书》本。
③ 傅寅撰：《禹贡说断》卷一，《四库全书》本。

矣。……岂若后世之人,冀以要君之宠,而必欲趋时以为便乎!……大抵后世传经
之士,多以私意窥臆圣人,故经意愈不明,而说者愈纷纷也。孟子生秦汉之前,去古
犹近,凡有所言,正当取信,要不可泥孔、张三载之说,而废孟子八年之计。善稽古
者,其必有以辨之。①

对于孟子之说的维护,傅寅可谓不遗余力,但又有理有据。在经文"沿于江海达于淮泗"
条,他认为孟子去古未远,有些观点自然可引以为据。他说:

孟子于《禹贡》之书,讲之素矣,岂不知禹之时,江无入淮之道乎!孟子去春秋
之世近矣,又岂不知吴开邗沟,江始有通淮之道乎!然而曰"禹排淮泗而注之江"
者,盖淮之东大抵地平而多水,古沟洫法,江淮之所相通灌者,非必一处,岂但邗沟
之旧迹而已哉!②

其实通淮入江,也是自下而上的例证之一,因为江在淮之南,以地理大势而论,南低北
高,导淮入江,以缓淮急,此古沟洫法亦然。总之,禹治水自下而上的路径,出处可见,在
经文"九江孔殷"条,傅寅又寻到证据,曰:

自夫彭蠡既渚于扬州,而江汉于此,乃得安会顺趋,以达于海。而其上合流之
西有九江者,于是亦从而孔殷焉。沱潜也,云梦也,皆由此而治也。是皆禹之导水,
自下而上。而彭蠡者,荆扬腹心之疾也。先有以治之,而二州之水害去矣。说者惟
不识此,故不求九江于江汉合流之上,而求之于合流之下。此说之所以纷纷,而终
莫可信执也。胡不玩经文而思之乎!胡不以江汉九江沱汉云梦,次比其地势而观
之乎?始余读众说,无一当余心者。及以叶氏之论详之,然后知余每论大禹治水之
规画,颇有可信者。九江不必求其有九,然后为是。如太湖一湖,而得名五湖。昭
余祁一泽,而得名九泽。皆不可以数求也。今之洞庭,当是尧禹之时名为九江,无
足疑者。不然,则澧之下,东陵之上,有水大如洞庭,而为江所过者,禹顾不书
何耶!③

傅寅不但在此找到禹治水自下而上的证据,而且认为九江为洞庭之旧名,创为新说,有
理有据。此说朱子亦主张,可见其论不孤。在经文"伊洛瀍涧既入于河"条,他继续持自
下而上之论,云:

---

① 傅寅撰:《禹贡说断》卷一,《四库全书》本。
②③ 傅寅撰:《禹贡说断》卷二,《四库全书》本。

下文导洛言东北会于涧瀍，又东会于伊，此序水之次第，自上而及下也。此言伊洛瀍涧，乃治水之先后，自下而及上也。曾、林二公不知察此，而求为大小相敌之说。夫三水入洛，而洛得兼三水而为大，顾谓之相敌可乎！不然，则禹数九川，洛与其一，奚为而三者不言也。①

在经文"漆沮既从沣水攸同"条下，傅寅曰：

治弱水以及泾漆沮，虽自西而东，然泾漆沮治，而后治沣，则又自下而上也。②

又，在经文"导岍及岐至于荆山"条，傅寅曰：

禹之言曰：予决九川距四海，浚畎浍距川。是先大而后小也。至此则先言导山而后导川，又先小而后大，何也？盖治水之法，由下而上，故其言先大而后小也。③

当然，自下而上并非绝对，它的实施也要根据地理的条件来定。如果地理条件特殊，那么就必须修改规画。傅寅曰：

禹之规画，非不定如此，度势随宜，行其所无事也。如河患在九河，疏其下则其上易为力；江患在彭蠡，潴其上则其下无足忧，皆所以先后顺理也。学者得余说而通之，然后可以观《禹贡》。④

规画的制定，关键在度世随宜，顺理成章，也不必拘于非自下而上不可。因此，傅寅要求"学者得余说而通之，然后可以观《禹贡》。"

如果说傅寅总结的大禹治水思想，也可视为他本人的治水思想；那么，这个思想的运用，其实是可以覆盖到社会治理上来的。在经文"恒卫既从大陆既作"条，傅寅说："学者读《禹贡》，须察其缓急先后之宜，则智识可以。明而他日辅吾圣君以经纶天下之大务，当与禹治水同，学者其勉哉！"⑤可见，傅寅治《禹贡》之学，留心以治水之道来喻治世之道，既体现了他的义理思想，也体现了他的政治热度，这才是他总结大禹治水思想的旨归所在。

---

① ② ④　傅寅撰：《禹贡说断》卷二，《四库全书》本。
③　傅寅撰：《禹贡说断》卷三，《四库全书》本。
⑤　傅寅撰：《禹贡说断》卷一，《四库全书》本。

第八章　黄溍学术与思想

义乌黄氏家族是婺州一个有名的儒学家族,黄溍自幼便得其家学,又从多位名师,故渊源深厚。黄溍作为元代著名的儒学名臣和文学家,与虞集、柳贯、揭傒斯并称"儒林四杰"。而作为元代义乌儒学代表人物,黄溍的突出贡献在于变南宋义乌儒学输入性特征为输出性特征,加上他本人的儒学成就,由此极大抬高了义乌儒学在元代的历史地位。

一、《日损斋笔记》撰述旨趣与成就

在元代"儒林四杰"中,黄溍和柳贯具有通儒色彩。黄溍弟子宋濂尝论其学云:

> 先生之学,博极天下之书,而归于至精。有问经史疑难、古今因革与夫制度名物之属,旁引曲证,语蝉联不能休。至于剖析异同,谳决是非,多先儒之所未发发。①

宋濂所言,是指黄溍考据作品《日损斋笔记》。据宋濂的学生刘刚云:

> 初,公之为此书,随笔而录,未及诠次。刚因忘其僭逾,以类相从,分而为三:曰《辨经》、曰《辨史》、曰《杂辨》。②

由此可知,今所见《日损斋笔记》是经黄溍再传弟子刘刚整理重编过的,四库馆臣即据以收入《四库全书》,为今见本。

（一）《日损斋笔记》的撰述旨趣

元代学术,不重考据,故黄溍的考据学成就在元代学者中比较少有。黄溍的《日损斋笔记》,如刘刚所云分为三个部分,包括《辨经》六则,《辨史》十六则,《杂辨》十三则,共计四十五则。其中涉及校勘文字、辨析名物、补正讹误、考证制度、疑古辨伪等方面的旨趣,具体表现为:

1. 评论得失。如《辨经》部分,有辨《河》《洛》一则,今对此则试作解读,以观其评论得失之旨趣。关于《河图》与《洛书》的性质,一直是学者关心的问题,特别是宋代,学者

---

①　宋濂撰:《文宪集》卷二十五《故翰林侍讲学士中奉大夫知制诰同修国史同知经筵事金华黄先生行状》,《四库全书》本。
②　刘刚撰:《日损斋笔记后序》,《四库全书》本。

们的意见分为鲜明的两派。对此,黄溍辨之曰:

> 鹤山魏氏曰:"朱文公以十为《河图》,九为《洛书》,引邵子之说为据,而邵子不过曰:'圆者《河图》之数,方者《洛书》之文。戴九履一之图,其象圆;五行生成之《图》,其象方。'是九圆而十方也,安知邵子不以九为《图》,十为《书》乎? 朱子虽力攻刘氏,而犹曰'《易》《范》之数,诚相表里',又曰'安知《图》之不为《书》,《书》之不为《图》',则朱子尚有疑于此也。朱子发、张文饶精通邵学,皆以九为《图》,十为《书》,朱以列子为证,张以邵子为主。尝以《乾凿度》及张平子传所载《太一下行九宫法》考之,即所谓戴九履一者,则是《图》相传已久,安①知非河《图》也。"鹤山素尊信文公之学,独于此《图》《书》之辨,不能无异论。然而又曰:"靖士蒋得之云,当以先天图为《河图》,生成数为《洛书》,亦是一说。"又若有取焉。往年闽人吴蟾者来京师,自言从谢叠山得异人所授《河图》,朝野诸公多传之,而秘不轻出。其详虽莫得闻,大抵亦是以八卦为《河图》,未必不与蒋说同所自出也。按:孔安国《尚书·顾命》传曰:"伏羲氏王天下,龙马出河,遂则其文,以画八卦,谓之《河图》。"王肃曰:"《河图》,八卦也。"王充《论衡》亦曰:"伏羲王,《河图》从河水中出,《易》卦是也。"伏羲得之,非作之,则八卦为《河图》,自昔已然。鹤山之说,似不可不考也。②

黄溍引鹤山语,见魏了翁《鹤山集》卷六十三《跋司马子纪先后天诸图》一文。魏了翁所说的背景,源自宋代关于《河图》的种类主要有"刘氏《河图》"和"蔡氏《河图》"两家,而两家之别在九数与十数之异。

所谓"刘氏《河图》",系指北宋刘牧称九数为《河图》,其《易数钩隐图》对此辨析甚详。而刘牧之说承陈抟而来。在陈抟之前,《尚书·顾命》中便有《河图》记载,但因图失传,以至于两汉时期学者对此说法不一,聚讼纷纭。到了宋初,陈抟著《龙图序》,又名《易龙图序》,依据道家经典,揭示失传的《龙图》基本内容,认为"龙图"是一个物象数理起源图示,这对南宋数学家秦九韶的《数术九章》产生极大影响。此后刘牧又将陈抟的龙图发展为河图和洛书的两种图式,而以龙马所负之图(龙图)为河图。他认为:

> 昔宓羲氏之有天下,感龙马之瑞,负天地之数,出于河,是为龙图者也。戴九履

---

① 今本《全元文》卷九八六《黄溍》五十二收录此篇,(见《全元文》第三十册第529页,凤凰出版社2004年版。)阙"非"字。核之魏了翁《鹤山集》卷六十三《跋司马子纪先后天诸图》,原文有"安"字,则《全元文》误而不通矣。

② 黄溍撰:《日损斋笔记·辨经》,《四库全书》本。

一，左三右七，二与四为肩，六与八为足，五为腹心，纵横数之，皆十五。盖《易·系》所谓'参伍以变，错综其数'者也。①

宋代所谓的河图、洛书，是两张有黑白点组合构成的图，黑点组合表示偶数，白点组合表示奇数。其中一张图包含一至十十个数字，另一张图包含一至九九个数字。从以上引文可知，刘牧河图、洛书论主张"图九书十"说。据詹石窗解释说："河图之组合数只有九个。其排列方式是这样的：五点居中央位置，六与八像人左右两条腿，二与四像人的两个肩膀，三在左边，头上戴着九数，脚下踩着一数。显然，这是以人的器官组合形态作参照系来进行阐述的。"②

关于洛书，刘牧有"书十"之论，即指一至十数组合而成的"五行生成图"，其云：

> 夫洛书九畴，惟出于五行之数，故先陈其已交之生数，然后以土数足之，乃可见其成数也。③

詹石窗解释刘牧的这段话说："他把《洛书》看成是出于五行之数，这就等于说《洛书》是有五行之数推演而成的，五行有生数和成数，生数五，成数五，两五相伍则十，所以《洛书》系自一至十之数的排列。"④黄溍所谓的朱子发，即南北宋之际的理学家朱震（字子发），他也持"图九书十"之说，并对刘牧《洛书》的排序有以下具体说明：

> 右《洛书》，刘牧传之。一与五合而为六，二与五合而为七，三与五合而为八，四与五合而为九，五与五合而为十。一六为水，二七为火，三八为木，四九为金，五十为土，十即五五也。⑤

对于这段话的意思，詹石窗解释说："据此，则刘牧《洛书》的总和为五十五。其画法是先把五行的生数陈列开来，然后在各自加上'土数'五，于是有六七八九十的成数，所以刘牧称'以土数足之'。"⑥总之，刘牧作为宋代象数派的代表人物，他的"图九书十"说，自成系统。但朱熹与之相反，他采用的是其弟子兼好友蔡元定"河十洛九"说法。在《易》学史上，有所谓"蔡氏《河图》"之说，以与"刘氏《河图》"相对。蔡元定攻刘牧曰：

> 古今传记，自孔安国、刘向父子、班固，皆所为《河图》授羲，《洛书》锡禹。关子明、邵康节，皆以十为《河图》，九为《洛书》。盖《大传》既陈天地五十有五之数，《洪

---

① 刘牧撰：《易数钩隐图》卷下《易数钩隐图遗论九事·太皞氏授龙马负图第一》，《四库全书》本。
②④⑥ 詹石窗撰：《刘牧〈易数钩隐图〉略析》，《宗教学研究》1996 年第 3 期。
③ 刘牧撰：《易数钩隐图》卷下，《四库全书》本。
⑤ 朱震撰：《汉上易传卦图》，《四库全书》本。

范》又明言"天乃锡禹洪范九畴",而九宫之数戴九履一,左三右七,二、四为肩,六、八为足,龟背负之象也。惟刘牧意见,以九为《河图》,以十为《洛书》,托言出于希夷。既与诸儒旧说不合,又引《大传》以为二者皆出于伏羲之世。其《易》置《图》《书》并无明验,但为伏羲兼以《图》《书》,则《易》《范》之数诚相表里,为可疑耳。①

对此,庹永解释说:首先,蔡元定以前人说法为依据,认为刘牧之说,纯属己见。其次,他认为刘牧之说与经典不符。《大传》以天地之数总和为五十五,而十数图说有数字的总和也是五十五,《尚书·洪范》讲天赐大禹《洪范》九畴,而九数图正是由一至九九个数数字组成。所以,十数图对应《周易》,九数图对应《洪范》。再综合前人"伏羲则《河图》作八卦,大禹则《洛书》作九畴"的说法,十数即是《河图》,九数即是《洛书》。②

朱熹亦称十数图为《河图》,在与蔡元定合著的《易学启蒙》中,朱熹对此作了详尽解释。《周易·系辞》云:"天一,地二,天三,地四,天五,地六,天七,地八,天九,地十。天数五,地数五,五位相得而各有合。天数二十有五,地数三十,凡天地之数五十有五,此所以成变化而行鬼神也。"朱熹针对《易传》"天地之数"本文,揭示说:

> 此一节,夫子所以发明《河图》之数也。天地之间,一气而已,分而为二则为阴阳,而五行造化,万物始终,无不管于是焉。故《河图》之位,一与六共宗而居乎北,二与七为朋而居乎南,三与八同道而居乎东,四与九为友而居乎西,五与十相守而居乎中。盖其所以为数者,不过一阴一阳,以两其五行而已。所谓天者,阳之轻清而位乎上者也。所谓地者,阴之重浊而位乎下者也。阳数奇,故一、三、五、七、九皆属乎天,所谓'天数五'也。阴数偶,故二、四、六、八、十皆属乎地,所谓'地数五'也。天数地数各以类而相求,所谓'五位之相得'者然也。天以一生水,而地以六成之;地以二生火,而天以七成之;天以三生木,而地以八成之;地以四生金,而天以九成之;天以五生土,而地以十成之。此又其所谓'各有合'焉者也。积五奇而为二十五,积五偶而为三十,合是二者而为五十有五,此河图之全数。皆夫子之意,而诸儒之说也。③

---

① 朱熹、蔡元定撰:《易学启蒙》卷一,朱杰人等主编:《朱子全书》第一册,上海古籍出版社、安徽教育出版社 2002 年版,第 211 页。

② 引见庹永撰:《蔡元定对河图洛书的区分》一文,《周易研究》2010 年第 6 期。

③ 朱熹、蔡元定撰:《易学启蒙》卷一,朱杰人等主编:《朱子全书》第一册,上海古籍出版社、安徽教育出版社 2002 年版,第 212—213 页。

朱熹认为《河图》主全，故极于十，而奇偶之位均，然后见其偶赢而奇乏；而洛书主变，故极于九，而其位与实皆奇赢而偶偶乏。朱熹推崇五行生成图，认为《河图》体现了五行相生的顺序。若以生出之次来看，则始下，次上，次左，次右，以复于中，而又始于下；若从运行之序来看，则始东，次南，次中，次西，次北，左旋一周，而又始于东。其与五行的关系表现为由东始左旋，东到南为木生火，由南到中为火生土，由中到西为土生金，由西到北为金生水。他还认为，《河图》之数以一、二、三、四、五生数（五行相生之数）为主，以六、七、八、九、十附于生数之外，即以一二三四五，统率六七八九十，生数居于内，成数（五行生成之数）成于外，中者为主，外者为客。其方位：一、六为水居北方，二、七为火居南方，三、八为木居东方，四、九为金居西方，五、十为土居中央。故其总结云：

> 圣人则《河图》者虚其中，则《洛书》者总其实也。《河图》之虚五与十者，太极也。奇数二十偶数二十者，两仪也。以一、二、三、四为天，六、七、八、九者，四象也。析四方之合以为乾、坤、离、坎，补四隅之空以为兑、震、巽、艮者，八卦也。①

朱熹以十为《河图》，后来尊崇者甚众。但朱熹本人似乎更倾向于融合《河图》《洛书》，其云：

> 《河图》之一、六为水，二、七为火，三、八为木，四、九为金，五、十为土，则固《洪范》之五行，而五十有五者，又九畴之子目也。是则《洛书》固可以为《易》，而《河图》亦可以为《范》矣，且又安知《图》之不为《书》，《书》之不为《图》也耶？②

而魏了翁误将朱熹融合二者的企图，理解为"朱子尚有疑于此也"，即认为朱熹自己怀疑自己的观点。关于刘牧和朱、蔡两家之说在后世的影响，四库馆臣作了很好的总结，其云：

> 汉儒言《易》，多主象数，至宋而象数之中，复岐出"图书"一派。牧在邵子之前，其首倡者也。牧之学出于种放，放出于陈抟，其源流与邵子之出于穆、李者同。而以九为《河图》，十为《洛书》，则与邵异。其学盛行于仁宗时。黄黎献作《略例隐诀》、吴秘作《通神》、程大昌作《易原》，皆发明牧说，而叶昌龄则作《图义》以驳之，宋咸则作《王刘易辨》以攻之，李觏复有《删定易图论》。至蔡元定则以为与孔安国、刘歆所传不合，而以十为《河图》，九为《洛书》，朱子从之，著《易学启蒙》。自是以后，若胡一

---

① ② 朱熹、蔡元定撰：《易学启蒙》卷一，朱杰人等主编：《朱子全书》第一册，上海古籍出版社、安徽教育出版社 2002 年版，第 215 页。

桂、董楷、吴澄之书，皆宗朱、蔡，牧之图几于不传。①

虽然朱、蔡之说影响较刘牧更为深远，但在南宋时，魏了翁敢于对朱熹提出批评，其学术勇气可嘉。至于魏了翁本人对《河图》《洛书》之数的看法，主要体现在认为《河图》《洛书》之数古无明文，对于九、十之说表示怀疑，其云：

> 《河图》《洛书》之数，古无明文。汉儒以后，始谓羲卦本之《图》，禹畴本之《书》。本朝诸儒始有九为《图》、十为《书》，九为《书》、十为《图》之说。二者并行，莫之能正。至朱文公始以九《图》十《书》为刘长民托之陈图南，辞而辟之，而引邵子为证。然邵子不过曰'圆者河洛之数，方者图书之文'，第言圆方，不言九十。②

朱熹主十《图》、九《书》之说，并引邵雍之论为据。但在魏了翁看来，朱熹此说并不可靠，因为邵雍只言方圆，未言九、十。邵雍说：

> 圆者星也，历纪之数其肇于此乎？方者土也，画州井地之法其仿于此乎？盖圆者《河图》之数，方者《洛书》之文，故羲、文因之而造《易》，禹、箕叙之而作《范》也。③

正因如此，故魏了翁反驳朱熹说"戴九履一之《图》，其象圆；五行生成之《图》，其象方。是九圆而十方也，安知邵子不以九为《图》，十为《书》乎"？黄溍大抵从朱熹之论，并举证孔安国《尚书·顾命》传曰："伏羲氏王天下，龙马出河，遂则其文，以画八卦，谓之《河图》。"王肃曰："《河图》，八卦也。"王充《论衡》亦曰："伏羲王，《河图》从河水中出，《易》卦是也。"则以八卦为《河图》，自昔已然。故鹤山之疑朱熹，似不可考，由此表明了黄溍不同意魏了翁反驳朱熹的立场。

2. 存疑慎断。"尽信书不如无书"，研究历史也要有存疑精神。黄溍《日损斋笔记》中所体现出来的学术思想，充分说明了这一点。《辨史》第一则，辨《史记》"徇齐"之义。云：

> 《史记》"黄帝幼而徇齐"，《家语》《大戴记》并作"叡齐"。司马贞曰："徇亦作浚。"盖以徇与浚音相近、浚与叡文相近而言也。又曰："浚当读为迅。"则又因裴骃训徇为疾，而以迅为疾，义相近而言也。去古既远，经史中鲁鱼、亥豕，若此者不一，学者必欲以意强通之，岂缺疑之义乎？④

---

① 四库全书研究所整理：《钦定四库全书总目》卷二《易数钩隐图提要》，中华书局1997年版，第9页。
② 魏了翁撰：《鹤山集》卷三十三《答蒋得之山》，《四库全书》本。
③ 邵雍撰：《皇极经世书》卷十三《观物外篇上》，《四库全书》本。
④ 黄溍撰：《日损斋笔记·辨史》，《四库全书》本。

此则批评司马贞对"徇齐"一词采两种解释,反不如阙疑。由于司马贞和裴骃的两种不同解释,使历代注家对"幼而徇齐"的注释也分为这两派。与司马贞同者有:

明吴昆《素问吴注》云:"徇,从善无我也。齐,与善为一也。"

明张介宾《类经一卷·摄生类一》云:"徇,顺也。齐,中正也。"

清张志聪《素问集注》云:"徇,音循。徇,顺;齐,正。"

清高士宗《素问直解》云:"徇,顺也。齐,正也。"

日本的丹波元简《素问识》:"按《礼记·曲礼》:'十年曰幼。'《通雅》云:'《史》黄帝幼而狗齐。'注:'狗,迅也。齐,疾也。'《家语》作'睿齐',《大戴礼》作'慧齐'。智按《尔雅》:'宣徇,遍也。'狗乃徇之讹,言圣哲遍知而神速也。考王'徇'训'疾',马本作'狗齐',并非也。《西都赋》注:引孔安国《尚书传》注'徇,循也。'"

与裴骃同者有:

唐王冰注云:"徇,疾也。"

明马莳《素问注证发微》:"郑、裴俱训曰:'徇,疾;齐,速。言圣德幼而疾速也。'"

日本的森立之《素问考注》:"《说文》:徇,即'侚'俗字。《说文》:'侚,疾也。'《广雅·释诂》:'侚齐,疾也。'《史记》作'徇齐',《大戴礼》作'睿齐',亦作'慧齐'。按:'侚'字或作'徇'者,增画之例也。"

黄潜对于"徇齐"之义的训释,不主张意欲强通,这是比较谨慎的存疑精神之表现。直到今天,由于敦煌文献的研究进一步深入,人们对《史记》"徇齐"的解释,才终于有了定论。当代著名语言学家张涌泉十分重视敦煌文献对故书的校勘价值,他认为敦煌文献中保存的古书的较早抄本或引文,可据以纠正传世文献的一些传刻之误。他举例说:

《史记·五帝本纪》:"黄帝……生而神灵,弱而能言,幼而徇齐,长而敦敏。"裴骃集解:"徇,疾;齐,速也。言圣德幼而疾速也。"司马贞索隐:"斯文未是。今案:徇、齐皆德也。……《孔子家语》及《大戴礼》并作'睿齐',一本作'慧齐'。睿、慧皆智也。太史公采《大戴礼》而为此纪,今彼文无作'徇'者。《史记》旧本亦有作'浚齐'。盖古字假借'徇'为'浚',浚,深也,义亦并通。《尔雅》齐、速俱训为疾。《尚书大传》曰:'多闻而齐给。'郑注云:'齐,疾也。'今裴氏注云徇亦训疾,未见所出。或当读徇为迅。迅于《尔雅》与齐俱训疾,则迅、浚虽异字而音同也。又《尔雅》曰:'宣、徇,遍也。浚,通也。'是遍之与通义亦相近。言黄帝幼而才智周遍,且辩给也。"

按:清段玉裁引《素问·上古天真论》"黄帝幼而侚齐,长而敦敏。"王冰注:"侚,疾也。"谓今本《史记》"徇"为"侚"之讹,王筠谓《史记》"徇"当作"侚",极是。《说文·人部》:"侚,疾也。"正与裴注"徇"字字义相合。敦煌写本斯 388 号《字样》:"徇,行示;侚,疾也,即《史记》'幼而侚齐'字。"据此,《史记》原文本应作"侚",裴骃《集解》所据似尚未误,故训为疾。至司马贞作《索隐》,则"侚"确已误作"徇",故云"裴氏注云徇亦训疾,未见所出",而疑当读为"迅",曲加解释,实非切诂。今得敦煌写本所引,乃知《史记》原文实本作"侚",则裴注可通,段校王校可从,而司马说为妄也。①

值得一提的是,元代由义乌人黄溍所关注的这个问题,越七百余年后又由另一位义乌籍学者张涌泉得到彻底解决,这也是义乌文脉至今未曾断绝的最好明证。

存疑精神在《日损斋笔记》中随处可见,如《杂辨》第一则云:

> 许由事不见于经传,司马子长、扬子云皆以为疑。或曰:"尧始让四岳,四岳举舜,乃让于舜。《春秋左氏传》云:'许,太岳之后。'四岳,即许由也。"按:周武王封伯夷之裔孙文叔于许,为四岳之嗣。则四岳在唐虞时未尝封许,安得预以为氏乎? 大抵《庄子》多寓言,如必旁引曲证,以实其说,所谓子州、支父、石户之农者,又为谁乎? 姑阙其疑,可也。②

基于种态度,他因此对司马迁《史记》所表现出来的存疑精神给予肯定,其《辨史》第二则云:

> 太史公以百家言黄帝,其文不雅驯,择其言尤雅者,著为《本纪》书首,故取公孙卿获宝鼎迎日推策之说,而不取其仙登于天之语,直书曰:"黄帝崩,葬桥山。"乃于《封禅书》备述卿言黄帝骑龙上天,至武帝问黄帝冢,则又称:"或对曰:'黄帝已仙,群臣葬其衣冠。'"或者,疑辞也。其叙事可谓婉而直、微而显矣。③

由于司马迁的存疑立场,以至于对《史记》的文风产生了积极的影响,因此黄溍赞叹"其叙事可谓婉而直、微而显矣"。更进一步,他还要求后世学者应以《史记》为法,要善于阙其所不知,《辨史》第三则云:

> 《史记》书轩辕与炎帝战于阪泉之野,诸侯咸尊轩辕为天子,代神农氏,是为黄帝。审如其说,则以征伐得天下,自黄帝始矣。汤之放桀,何以谓予恐来世以台为口实? 仲虺作诰,何以不引阪泉之事为言乎? 孔子序《书》,断自唐虞而下,《周

---

① 张涌泉撰:《从语言文字的角度看敦煌文献的价值》,《中国社会科学》2001 年第 2 期。
② 黄溍撰:《日损斋笔记·杂辨》,《四库全书》本。
③ 黄溍撰:《日损斋笔记·辨史》,《四库全书》本。

易·系辞下》称黄帝、尧、舜垂衣裳而天下治。学者考信于六艺,而阙其所不知,可也。①

在劝学者要阙其所不知的同时,他自己考辨《史记》也遵循不为古人增误的原则。众所周知,自魏晋以来,考史家逐渐形成一种猎奇的不良风气,在没有史料依据的情况下,妄加推断,以至于渐失历史之真。如《辨史》第五则云:

> 《汉书》沛公引兵至薛,秦泗川守壮兵败于薛。走至戚,沛公左司马得杀之。颜师古曰:"得者,司马之名。"今按《史记》本文云:"沛公左司马得泗川守壮,杀之。"师古盖因班孟坚删去"泗川守壮"四字,而误以"得"字属于上文。②

这个考证,后来受到四库馆臣的赞扬。他接着指出司马贞虽然知道颜师古以"得"为人名之误,但又固执认为左司马当有名,那么这个人应该是谁呢? 于是司马贞"遂以为曹无伤"。黄溍因此批评道:

> 无伤之名仅见于沛公入关之后,而前无所考。姑存其阙文,可也。③

而司马贞以曹无伤为左司马名,即属于增误之例。在《辨史》第四则,黄溍考《史记·武帝纪》及《封禅书》所载黄锤史宽舒,云:

> 《封禅书》注引徐广曰:"锤,丈志反。锤县、黄县,皆在东莱。"《武帝纪》注引韦昭曰:"黄锤,人姓名。"一以为地名,一以为人名,前后自相矛盾。《汉书·郊祀志》注引孟康曰:"二人皆方士。"颜师古曰:"锤,直垂反。"其不取徐广之说,盖以一人不应系两县也。然宽舒之名,数见于后,而无所谓黄锤者,又似可疑耳。④

关于"黄锤",黄溍一方面认为不应是地名,另一方面又认为作为人名又无可稽查,故应存疑,而不能遽断,这也是为了避免产生新的错误。故他在《辨史》第七则中,对待问题就非常慎重,云:

> 汉文帝纪年有"后元",景帝有"中元"、有"后元"。葛胜仲曰:"谓之后,则疑若有极,乃不讳避,何耶?"按:刘贡甫《两汉刊误》:"元鼎四年方得宝鼎,无缘先三年而称之。《封禅书》云:'后三年,有司言元宜以天瑞命,不宜以一二数。'自元鼎以前之元,皆有司所追命也。"由是言之,则所谓中元、后元者,岂亦后来之追命乎? 宜其无所讳避也。然以汉之《武帝纪》考之,元鼎元年得鼎汾水上;四年得鼎后土祠旁。应劭于元年注曰:"得宝鼎,故因是改元。"贡甫因《封禅书》"后三年"之语,不取应劭之

---

① ② ③ ④ 黄溍撰:《日损斋笔记·辨史》,《四库全书》本。

说，而谓四年方得鼎，似当考也。①

有时候，他对于读书时遇到的问题，只负责提出，而不一定解答，这也是一种存疑的态度。如在《辨史》第八则云：

汉元朔元年，有司奏："古者诸侯贡士，一适谓之好德，再适谓之贤贤，三适谓之有功，乃加九锡。"然则九锡者，先王赏功之常典耳，后世顾假以为篡语，何也？②

所谓九锡是古代天子赐给诸侯、大臣的九种器物，是一种最高礼遇。《公羊传·庄公元年》"锡者何？赐也；命者何？加我服也"汉何休注曰："礼有九锡：一曰车马，二曰衣服，三曰乐则，四曰朱户，五曰纳陛，六曰虎贲，七曰宫矢，八曰鈇钺，九曰秬鬯。"《汉书·武帝纪》："元朔元年，冬十一月……有司奏议曰：古者，诸侯贡士，壹适谓之好德，再适谓之贤贤，三适谓之有功，乃加九锡。"林逋《深居杂兴诗》之四："三千功行无圭角，可望虚皇九锡表。"杨珽《龙膏记·宠赐》："群僚皆拱向，九锡足恩光。"

但从魏晋六朝开始，九锡有新添的含义。其时掌政大臣夺取政权、建立新王朝率皆袭王莽谋汉先邀九锡故事，故以九锡为权臣篡位先声。杜牧《和野人殷潜之题筹笔驿十四韵》："三吴裂婺女，九锡狱孤儿。"《新五代史·孔循传》云："太祖曰：'我不由九锡作天子可乎？'"黄溍所谓"后世顾假以为篡语，何也"？非其不知王莽谋汉先邀九锡故事，只是感叹这二者没有必然的逻辑关系，何以使九锡成为篡位的代名词，这其实是大可深究的。

3. 宗正史而轻野史。黄溍重视正史，对清代考史家有所影响。清代考据史家对史料的鉴别取舍，重官修正史，轻野史小说。如钱大昕《廿二史考异》对小说叙事不实多有指陈。王鸣盛也有类似观点："读史宜专心正史。世之学者，于正史尚未究心，辄泛涉稗官杂说，徒见其愚妄。且稗史最难看，必学精识卓，方能裁择参订，否则淆讹汩乱，虽多奚为？"③唐宋以来笔记繁多，稗史丛生，因此对待正史与野史的态度，各治史者往往有所不同。从黄溍所考几则野史来看，指瑕者居多，如《辨史》第十一则云：

僧莹《湘山野录》卷首书："真宗即位之次年，赐李继迁姓名，进封西平王。"按：《宋实录》，继迁以太宗淳化二年，赐姓赵，名保吉，授银州管内观察使，封天水郡侯。以其叛服不常，所赐姓名，两经削夺。至道三年，真宗即位，因其归顺，仍呼之曰赵

①②　黄溍撰：《日损斋笔记·辨史》，《四库全书》本。
③　王鸣盛撰：《十七史商榷》卷三十八《后汉书年表》，凤凰出版社2008年版，第211页。

265

保吉，非赐姓名也。其授夏州刺史、定难军节度使、银、绥、宥、静等州观察处置押蕃落等使，但加食邑，而不进封。制下于是年十二月甲辰，亦非次年。咸平六年，继迁陷西凉府，为潘罗支所杀。终其身未尝封王也。其子德明既立，奉表纳款，乃以景德三年封西平王。《大诏令》及今新修《宋史》所载并同，而《野录》无一与之合。继迁建节之制，见于《实录》及《大诏令》者，本云："先帝早深注意，方议推恩，值轩鼎之俄成，筑韩坛而未暇，逮眇躬之篡位，俄封疏以贡珍。彰厥远图，冠于当代，宜伸懋赏，式劝忠勋。"《野录》所记既多异词，且易"推恩"二字曰"真封"，以实其封王之说，皆未可尽据，李氏《续通鉴长编》及陈均《编年备要》乃独有取焉，其书太祖开宝九年十月壬子夜之事，亦是舍正史而取《野录》。笔削之意，莫得而详也。①

黄溍指出僧莹《湘山野录》载真宗即位之次年，赐李继迁姓名一事，应在太宗淳化二年(991)，对此四库馆臣已经予以充分肯定。而他批评李焘《续资治通鉴长编》书太祖开宝九年(976)十月壬子夜之事，完全依据僧莹《野录》而作删减，故黄溍批评他"笔削之意，莫得而详"。舍正史而取《野录》，则反映出他宗正史而轻野史的立场。《辨史》第十二则依然是对野史记事不确提出批评，其云：

周公谨《齐东野语》曰："礼家如聚讼，虽兄弟不容苟同，其大者，无如天地之祭。东坡主合祭，颍滨主分祭，朝廷迄从合祭之说，以至于今。"按：《宋史》，郊议始于神宗元丰元年，至六年乃罢合祭。哲宗元祐七年，诏复行合祭，以伸始见之礼，俟亲行北郊，则修元丰六年之制，仍集官详议以闻。礼部尚书苏轼主合祭，从之者五人；枢密都承旨刘安世主分祭，从之者四十人；请以十月神州地祇之祭，易夏至方丘之祭者三人；请上不亲祠而通爝火，于禁中望拜者一人。遂再令详言。安世等复执前议。苏辙时为门下侍郎，请降旨罢议，而安世议状竟不得上。二苏之主合祭，固未尝不同也。其后合祭罢于绍圣三年，而北郊亦未及行。至徽宗政和三年以后，凡四祭地。谓"朝廷从合祭之说以至于今"，尤非也。②

这是据正史驳野史之例。所谓合祭是指天神地祇，合在一起祭祀。据洪迈记载：

郊祀合祭分祭之论，国朝元丰、元祐、绍圣中三议之矣，莫辩于东坡之立说。然其大旨驳当时议臣，谓周、汉以来，皆尝合祭，及谓夏至之日，行礼为不便，予固赞美之于《四笔》矣。③

---

①② 黄溍撰：《日损斋笔记·辨史》，《四库全书》本。
③ 洪迈撰：《容斋五笔》卷七《叙西汉郊祀天地》，《四库全书》本。

郊祀合祭、分祭之论，在北宋元丰、元祐、绍圣中有过三次议论，皆莫辩于东坡之立说，然其大旨驳当时议臣，谓周、汉以来，皆尝合祭。考察宋代礼制史，圜丘合祭天地，始于宋太祖乾德元年（963）。自此，北宋由宋太祖到宋神宗熙宁的百余年间，皆遵行合祭之礼。但到了神宗元丰三年（1080），翰林学士张璪建议南北郊祭要分开进行，主张冬至南郊祀天，由皇帝亲祀；夏至北郊祀地，由冢宰代表皇帝完成，于是合祭天地之礼至此遂罢。当时曾肇提出反对意见，认为："今冬至若罢合祭，则夏至又以有司摄事，则不复有亲祭地祇之时，于父天母地之义若有隆杀。请遇亲祀南郊之岁，以夏至日备礼躬款北郊，以存事地之义。"①但此议未被采纳。宋哲宗元祐五年（1090），合祭之议再起。对于此议，支持者认为，自宋太祖以来皆行合祭之礼，祖宗成法，不得擅改；反对者则认为，合祭之礼于古无据，乃始于西汉王莽，不能依例而行，理当废止。元祐八年（1093），时任礼部尚书的苏轼复陈合祭六议，作《请诘难圜丘六议札子》。又作《上圜丘合祭六议札子》，开篇云："圜丘合祭，允当天地之心，不宜复有改更。"②然后针对大臣们反对合祭的六种异议，逐一反驳。第一，征引《尚书》《诗经》《春秋》，论证合祭符合周礼的规定；第二，提出"礼当论其是非，不当以人废"的观点，认为王莽行合祭，并不意味着后世不能行之。刘秀推翻王莽以后，所行仍为合祭之礼，自后数百年皆行之，于今行之又有何不可？其他四点皆一一举证反驳，此不赘述。当时支持苏轼者有 8 人，反对者则有 22 人，苏轼等虽为少数派，但在太皇太后的支持下，最终采纳了少数派的意见，仍用合祭之礼。

周密《齐东野语》载苏轼主合祭大抵不错，但谓苏辙主分祭则不然。因为当时太皇太后决断采用合祭之礼，还是由苏辙起草的《拟合祭天地手诏》。更主要的是，苏辙有《论合祭天地札子》，对历代合祭进行了梳理，表明了他力主合祭的观点。苏辙所举本朝合祭、分祭之变，与黄潜所据《宋史》相同。而《论合祭天地札子》通篇持论，无非力主合祭，故黄潜曰"二苏之主合祭，固未尝不同也"，实为有据。由此可见，黄潜宗正史而轻野史的道理所在。第十三则云：

　　《齐东野语》卷首纪孝宗善政，史阙不载者十余事，其一曰："淳熙中，张说为枢密都承旨，奏请置酒延诸侍从。上许之。说退约客，独兵部侍郎陈良佑不至，说殊不平。上遣中使赐以上樽珍膳，说因附奏：'臣奉旨集客，而良佑不至，是违圣意

---

① 　脱脱等撰：《宋史》卷一百《志》第五十三《礼志三》，中华书局 1997 年版，第 2450 页。
② 　苏轼撰：《东坡全集》卷六十三《上圜丘合祭六议札子》，《四库全书》本。

也。'已而上命再赐,说复附奏:'良佑迄不肯来。'夜漏将上,忽报中批陈良佑除谏议大夫,坐客皆愕然。"按:《宋实录·陈献肃公良翰传》载此事甚具,非良佑也。良佑亦同时从官,公谨误以良翰为良佑,而不知《良翰传》未尝不载也。且说为都承旨,亦非淳熙中。盖说以隆兴初为枢密副都承旨,乾道初,落副字。而良翰之除大夫在五年十二月。八年,说已为签枢,累进知院事。淳熙元年即罢去矣。记一事而三失焉,于秉史笔者毋责,可也。①

《齐东野语》在此"记一事而三失",难怪黄溍要对野史采取不信任态度了。

4. 批评流俗好古而不详古义。如《辨经》其四云:

《礼记》曰:"凡祭宗庙之礼,羊曰柔毛,鸡曰翰音。"注谓:"异其名所以别于人用也。"而今之致饩于人者,反借以为雅称,是以鬼事人也。世之好用古语,而不详其文义,若此类者极多,此特其一耳。②

《礼·曲礼下》载曰:"凡祭宗庙之礼,牛曰一元大武,豕曰刚鬣,豚曰腯肥,羊曰柔毛,鸡曰翰音,犬曰羹献,雉曰疏趾,兔曰明视,脯曰尹祭,鱼曰商祭,鲜鱼曰脡祭,水曰清涤,酒曰清酌,黍曰芗合,梁曰芗萁,稷曰明粢,稻曰嘉蔬,韭曰丰本,盐曰咸鹾,玉曰嘉玉,币曰量币。"③祭宗庙之礼所用牲物,不用本名而用别称,据郑《注》的解释是为了区别人用。但今人将馈赠于人的活牲畜亦学古人用别称,黄溍讥其无异于以事鬼之法来事人,是不明古义而滥用古语,反映出流俗好古而不知古的浅陋。

(二)《日损斋笔记》的学术成就

《日损斋笔记》的学术成就是多方面的,其中比较突出的成就有以下几个方面。

1. 首开《宋史》考评先河。清代考史名家对《宋史》都有考评,其中钱大昕《廿二史考异》中《宋史》考异 297 条,赵翼《廿二史札记》涉及《宋史》54 条,而黄以周等《续资治通鉴长编拾补》中《宋史》考异内容则有数百条之多。黄溍《辨史》16 则中,以下三则注重宋朝史实的考订,纠《宋史》记载之讹误,开后来考评《宋史》先河。

第十四则云:

靖康元年,宗忠简公留守京城,岳忠武王飞时隶麾下,犯法当斩。忠简见而奇

---

① 黄溍撰:《日损斋笔记·辨史》,《四库全书》本。
② 黄溍撰:《日损斋笔记·辨经》,《四库全书》本。
③ 郑玄注,孔颖达疏:《礼记正义》卷五《曲礼下》,阮元校刻:《十三经注疏》(附校勘记)本,中华书局 1980 年版,第 1269 页。

之曰：“此将材也。”遂释不斩，而留之军前。会金人侵汜水，乃授以五百骑，俾为踏白使。已而凯旋，补为统领。寻迁统制，飞由是知名。此事与汉王陵之于张苍、滕公之于韩信、暴胜之之于王欣，大抵相类。汉史备著三人之事，以彰其奇遇。飞孙珂撰飞《行实》，乃独讳而不录，幸《忠简家传》今行于世，而新《史》得以备著之。①

这是对新修《宋史》善用史材，以还史实的表扬。但以下这是对《宋史》的批评，其第十五则云：

嘉熙四年庚子六月，吴公渊自隆兴改知镇江，是岁大禊。明年辛丑，改元淳祐。公力行荒政，分置粥场，以哺两淮流移之人。先曾祖户部公时客吴公所，从吴公亲行视诸场，识汪公立信于稠人之中而奇之，亟言于吴公。公与语，大悦，即令授馆而礼遇焉。供张服御之盛，比它重客有加，人咸惊讶。既而立信与先户部相继登丁未、庚戌第。宝巳三年乙卯，吴公以观文殿学士开闽京湖，辟立信干办公事，先户部准备差遣。五年丁巳正月一日，吴公拜参知政事，请致仕，未报，而没于江陵府治。闻檄立信同先户部护送归葬宣城，而先户部为撰《行状》，上于史官。其后立信入跻从班，出专方面，名位略与吴公等。人始服公有知人之明，而不知立信实先户部之所举。新《史》于《立信传》虽备著其事，而不能详先户部之名，误以“梦炎”为“应炎”，是犹可诿曰：“庶官名不登于史册，无所于考。”乃以七年丁未取进士，则题名有记，亦弗之考。而旁采传闻多异辞，以七年为六年，则岁在丙午；又以为见吴公之次年，则岁在壬寅，殊不思两年皆非策士之岁。后之秉史笔者，所宜考焉。②

此则批评《宋史·汪立信传》有二失。一失在弄错黄溍曾祖之名。先看《宋史》原文：

初，立信之未仕也，家窭甚。会岁大侵，吴渊守镇江，命为粥以食流民，使其客黄应炎主之。应炎一见立信，与语，心知其非常人，言于渊，渊大奇之，礼以上客，凡共张服御视应炎为有加，应炎甚怏怏。渊解之曰：“此君，吾地位人也，但遭时不同耳。君之识度志业，皆非其伦也，盍少下之。”是年，试江东转运司，明年登第，后其践历略如渊而卒死于难，人谓渊能知人云。③

黄溍的曾祖为黄梦炎，而非黄应炎。黄溍《桂隐先生小传》云：

桂隐先生黄府君，讳梦炎，字子旸，溍之曾祖。……府君博学，善为文，淳祐末

---

① ②　黄溍撰：《日损斋笔记·辨史》，《四库全书》本。
③　脱脱等撰：《宋史》卷四百一十六《列传》一百七十五，中华书局 1997 年版。

登进士第,后升入京湖制幕,以掌典故准备差遣。平反盗公库银冤狱,得释者数百人。入淮东制幕,由干办改升主管机宜文字,建议蠲放屯租四千七百余石。于是,两司亦尽捐其屯租,为米麦十七万六千余石,钱会四十二万三千余贯,边民之被兵者,得以安心复业。由武学教谕出通判平江府,在官未及期,樽节浮蠹,得钱十七万缗,以代民田租。白免淮西总领累世所索无名钱一万五千缗,民力以苏。吴丞相去国,言者以为尝受丞相兄辟举,遂奉祠而归。秩满,添差淮南东路制置司参议官。提刑使者关奉闻檄决四郡系囚,人称明允。咸淳初,除司农寺丞书,拟内藏库纲解。斯时内帑空乏而支用浩繁,大微宿负于列郡,衰数多而期会迫急,因轮对力言其弊。略与潼川宪司岁额银二万六千余两,照宝佑初元,则当起五百两,岁额一万一千余匹,乞加考订,为之变通,且进减浮费之请,奉宴私之戒。度宗嘉纳,令内外著司条具申省以闻。除枢密院编修官,迁太常丞,历兼右司及吏部之尚右郎,官户部之左官曹郎,皆仍兼编修。先是,时宰欲授置言路,而奉行其风指,俾客微示以意,巽谢却之。故虽久在朝,行不过庶僚,乞补一郡,亦靳弗予。引年以朝请大夫致仕,扁所居曰桂隐,室曰澹斋。①

此《小传》可补《宋史》之阙,故照录之。二失在弄错汪立信登进士第的时间,《宋史·汪立信传》:

> 淳祐元年,立信献策招安庆剧贼胡兴、刘文亮等,借补承信郎。六年,登进士第,理宗见立信状貌雄伟,顾侍臣曰:"此闽帅才也。"

按《宋史·理宗本纪》云淳祐五年(1245)镇江、常州亢旱,诏监司、守臣及沿江诸郡安集流民。七年(1247)六月癸巳(1246),赐礼部进张渊微以下五百二十七人及第出身有差。吴渊之守镇江,食流民,盖在六年之春,故曰是年试江东转运司,明年登第,则登第在七年明矣。这两处纠错,其实可作为当今学界订正《宋史》依据。

第十六则云:

> 开庆元年七月,朱公魏孙由史馆校勘授武学博士。而先曾祖户部府君由添差通判庆元军府事,授武学教谕,实与公并命,同一诰词。是年十一月,魏孙除监察御史,而先户部奉敕兼枢密院编修官。后九十年,是为今至正九年,获观公家所述公年谱,乃以武学为太学。盖不详当时典故,而疑武学为武官,故以意擅改之云耳,殊

---

① 黄溍撰,王颋点校:《黄溍全集》,天津古籍出版社 2008 年版,第 416—417 页。

不知国子太学博士、正录、武学博士、教谕，皆师儒之清选也。间尝录家藏先世所被诰命归之，以补其阙而订其讹。近阅新《宋史》貔孙本传，乃止据其《家传》作太学博士。诰词首云："敕史馆校勘朱貔孙等，古者文武同方"云云，尤足验其为武学，而非太学也。谨识于此，以俟后之秉史笔者刊正焉。①

《宋史·朱貔孙传》云："迁太学博士，属帝亲擢监察御史兼崇政殿说书，首疏论大全权奸误国之罪，倡言学校六士之冤。"而黄溍据家藏诰命，发现朱貔孙与其曾祖黄梦炎同时被命为武学博士。但朱貔孙后人所作年谱，擅改武学为太学，《宋史》据之，故与事实不符。

总之，黄溍涉及《宋史》考辨虽只有几则内容，但因其史料来源可靠，皆为不刊之论，可为今人勘误《宋史》提供确凿依据。宋濂曾说："间尝侍函丈，共读新修《宋史》，无一传无讹者，非官制、地里，即岁月、事实，甚至连氏名抑或舛误。观公辩驳之精若此，则其平昔考古之学，为何如哉！"②当非虚评。

2. 精于辨析史实与梳理制度。对于古史的考证，由于资料的严重匮乏，在没有足够地下物证的前提下，对已有文献细作辨析，也不失为一条路径。

黄溍《辨经》第三则辨《礼记》"文王舍伯邑考而立武王"事，其云：

《礼记》曰："文王舍伯邑考而立武王。"《帝王世纪》谓："文王囚羑里时，伯邑考已为纣所杀。"则是伯邑考既死，武王不得不立，非舍也。《史记》云："文王崩，太子发立。"岂伯邑考未死，文王已舍之而立武王为太子耶？③

《礼记》所谓"文王舍伯邑考而立武王"，涉及历史上夺嫡事件。所谓夺嫡是指以支子取代嫡子的地位。封建时代，帝王之家，支子因受宠或贤明，得以嗣位，而废嫡子，皆称夺嫡。如隋炀帝之取代杨勇，唐太宗之取代建成等。黄溍引《帝王世纪》见《史记·殷本纪正义》。据《史记·管蔡世家》：

武王同母兄弟十人。母曰太姒，文王正妃也。其长子曰伯邑考，次曰武王发，次曰管叔鲜，次曰周公旦，次曰蔡叔度，次曰曹叔振铎，次曰成叔武，次曰霍叔处，次曰康叔封，次曰冄季载。冄季载最少。同母昆弟十人，唯发、旦贤，左右辅文王，故文王舍伯邑考而以发为太子。及文王崩而发立，是为武王。伯邑考既已前卒矣。④

---

① 黄溍撰：《日损斋笔记·辨史》，《四库全书》本。
② 刘刚撰：《日损斋笔记后序》，《四库全书》本。
③ 黄溍撰：《日损斋笔记·辨经》，《四库全书》本。
④ 司马迁撰：《史记》卷三十五《管蔡世家第五》，中华书局 1997 年版，第 1563 页。

则武王立,乃因伯邑考已死之故。而《礼记》所载言"文王舍伯邑考而立武王",旨在讨论伯考虽死,犹不得立武王,其云:

> 公仪仲子之丧,檀弓免焉。仲子舍其孙而立其子,檀弓曰:"何居? 我未之前闻也。"趋而就子服伯子于门右,曰:"仲子舍其孙而立其子,何也?"伯子曰:"仲子亦犹行古人之道。昔者文王舍伯邑考而立武王,微子舍其孙腯而立其衍也。夫仲子亦犹行古之道也。"子游以问诸孔子。孔子曰:"否。立孙。"①

这一节论仲子废嫡立庶,为檀弓所讥之事。但这个问题,涉及是据殷礼还是据周礼的问题。孔子所据的是周礼,故云"立孙"。而子服伯子所据的是殷礼,故曰:"仲子亦犹行古人之道。"由此而在历史上就这一问题形成两派不同意见。

一是循周礼说。孔子之后,如《淮南子·泛论训》:"立子以长,文王舍伯邑考而用武王,非制也。"②后苏辙云:"太王舍太伯、仲雍而立季历,文王舍伯邑考而立武王,而周以之兴。诚天命之所在,而吾无心焉,乱何自生。"③虽然苏辙并不反对文王舍伯邑考而立武王,但从文意中还是透露出此举虽不符周制,可却符合天命。至章太炎则干脆将文王舍伯邑考,视作中国历史上独特的"长子屯寋"现象之一,其云:

> 明人郑晓论建成事,谓中国开创之君,其长子多不得安。今案,夏启嗣禹、而太康失国;太甲、汤之长孙而被放;文王舍伯邑考而立武王;秦杀太子扶苏;汉惠帝立而无后,主汉祀者为文帝子孙;东汉光武长子东海王强被废;刘禅,昭烈嫡子,而舆榇降魏;孙亮乃权之少子;晋司马师无后;惠帝庸劣,怀、愍皆惠帝之子;宋营阳王被弑;齐郁林王为明帝所杀;梁昭明太子早卒,武帝舍长孙而立简文,后为侯景所弑;陈武帝殂时,其子昌殁于长安,兄子文帝入嗣大统;隋文帝废太子勇而立炀帝;唐太子建成为太宗所杀;五代异姓为继,不足论;宋太祖不得传位于子;明懿文太子早卒,太祖嫡孙为燕王所篡。综观数千年来,自周而后,开国之君,长子每多不利,形家言震为长子,方位在东,中国西北高而东南下,故长子屯寋者多。④

当然,这也可看出章太炎其实是循周制说的。

---

① 郑玄注、孔颖达疏:《礼记正义》卷六《檀弓上》,阮元校刻:《十三经注疏》(附校勘记)本,中华书局 1980 年版,第 1273 页。

② 刘安撰,高诱注:《淮南鸿烈解》卷十三《泛论训》,《四库全书》本。

③ 苏辙撰:《栾城后集》卷十《历代论四·唐高祖》,《四库全书》本。

④ 章太炎撰:《国学讲演录·史说略说》,华东师范大学出版社 1996 年版,第 162 页。

二是循殷制说。《礼记·檀弓上》"文王舍伯邑考而立武王。"郑注曰："文王之立武王，权也。"颖达《正义》曰："文王在殷之世，殷礼自得舍伯邑考而立武王。而言权者，殷礼若适子死，得立弟也。今伯邑考在而立武王，故云权也。"①对此，阎若璩《尚书古文疏证》卷五下曰："读《管蔡世家》云：文王崩而发立，是为武王。伯邑考既已前卒矣。又云：伯邑考其后不知所封。可知当时伯邑考固有子，文王乃舍伯邑考之子，而立次子发，以遵殷礼。实与引以况公仪仲子者一例。"②王国维曰："三世兄弟之名，先后骈列，无上下贵贱之别，是故大王之立王季也，文王之舍伯邑考而立武王也，周公之继武王而摄政称王也，自殷制言之，皆正也。"③

黄潜对于这一事件的看法，立足情状而言，故云"武王不得不立，非舍也。"这似乎可作为第三种说法而成立。

在梳理制度方面，黄潜充分显示了他的博洽，《杂辨》第三则云：

> 汉因秦官置御史大夫，掌副丞相，所居曰寺，亦谓之宪台。《朱博传》但称御史府，而后人多引博故事，称柏台、乌台。盖御史有两丞，其一在兰台，谓之中丞。其后大夫废，遂独存，与尚书、谒者并为三台。齐有都水台，隋有司隶台。唐御史台尝改宪台，又改肃政台，而门下为东台，中书为西台，秘书为麟台，不专以御史所居官署为台也。若夫所谓大行台者，自魏、晋至隋、唐，皆有之。其官有令、仆、尚书丞、郎、郎官，犹夫今之行省。而所谓外台者，汉以称州郡，唐以称三司监院之带御史者。宋之监司既不带御史，人以其掌纠察之任，亦循习呼之曰外台云。④

以上对历代御史制度考辨，见出黄潜参互比伍，融会贯通之功，非同一般。

3. 擅于推远遡源。溯源考证，这种考史方法是探究史料的起源，强调离历史事件最近的记载具有更大的可靠性，通过考察史料在流传过程中的演变发现问题，纠正谬误，达到正本清源的目的。这种方法后为清代考史大家钱大昕等所常用。如黄潜《杂辨》第四则云：

> 《千字文》篇首曰："敕周兴嗣次韵。"世言此时未以诏命为敕，当是误以梁字为

---

① 郑玄注、孔颖达疏：《礼记正义》卷六《檀弓上》，阮元校刻：《十三经注疏》（附校勘记）本，中华书局 1980 年版，第 1274 页。

② 阎若璩撰：《尚书古文疏证》卷五下，朱维铮主编：《中国经学史基本丛书》第七册，上海书店出版社 2012 年版，第 121 页。

③ 王国维撰：《观堂集林》卷十《殷周制度论》，中华书局 1959 年版，第 455—456 页。

④ 黄潜撰：《日损斋笔记·杂辨》，《四库全书》本。

敕也。程泰之《考古编》力辨其非，引《南史·贾希镜传》"敕注《郭子》"，既以帝命为敕，而《兴嗣传》云"敕制寺碑"，尤可为证。按：《汉书·冯异传》"以诏敕战功"，《宣秉传》"敕赐尚书禄"，《董宣传》"敕强项令出"，然则以诏命为敕，自汉已然。泰之特以《兴嗣传》切近可证，而但引《南史》耳。①

由上可见，黄潜将以诏命为敕的历史，由程大昌所引《南史》的时代，上推到汉代，这样便大大拓展了与之相关的历史知识谱系。

4. 长于辨析语词。《辨经》第二则，辨《尚书》"在治忽"，主要是针对"在治忽"的训诂而言。其云：

> 《尚书》古文《益稷篇》"在治忽"，今文作"采政忽"，《史记》作"来始滑"，《汉书》作"七始咏"。采与在、滑与忽，音相近。来与采，始与治，七与在，咏与忽，文相近。政与治，义相近。诸儒皆随字解之，独郑玄忽作智，而谓留者，臣见君所秉，君亦有焉，是以留为笏也。其说尤异。②

关于这个问题，也曾引起南宋王应麟的注意。但王应麟对于复杂异文，向来不轻加按断，往往是阙疑存异，以待后人采择。如《困学纪闻》卷二《书》中载："在治忽"，今文作"采政忽"，《史记》作"来始滑"，《汉书》作"七始咏"，"忽"又或作"智"。在清代会试卷中，《书·益稷》"在治忽"三字，于《史记》《汉书》中的不同写法，曾作为训诂学的一道试策题。但对于这三个字的解释，汉代以来其实有两种不同意见。

第一种意见，认为"在治忽"是"察治乱"的意思。虽然古文《尚书》之"在治忽"，在今文《尚书》里写作"采政忽"，但基本意思还是一样的。即"在"犹"察"，"治"犹"政"，"忽"犹"乱"。孔安国《传》云："言欲以六律和声音在察天下治理及忽怠者，又以出纳仁义礼智信五德之言施于民以成化，汝当听审之！"孔颖达《正义》亦云："以此音乐察其政治与忽怠者。"苏轼《书传》卷四："在察也，忽不治也。"③这个意见，一直持续到清李光地，其《尚书七篇解义》卷一亦云："治忽犹治乱也。"④

第二种意见，认为"在治忽"在《汉书》中被写成"七始咏"，其实作音乐名解。《朱子

---

① 黄潜撰：《日损斋笔记·杂辨》，《四库全书》本。

② 黄潜撰：《日损斋笔记·辨经》，《四库全书》本。

③ 孔安国传、孔颖达疏：《尚书正义》卷第五《益稷》阮元校刻：《十三经注疏》（附校勘记）本，中华书局1980年版，142页。

④ 李光地撰：《尚书七篇解义》卷一《益稷》，《四库全书》本。

语类》载："问：'予欲闻六律、五音、八音，在治忽，以出纳五言。汝听。'曰：'亦不可晓。'《汉书》'在治忽'作'七始咏'。七始，如七均之类。"①所谓七均，古代以七音配十二律，每律均可作为宫音，以律为宫所建立的七种音阶，称为"七均"。《隋书·音乐志中》："译遂因其所捻琵琶，弦柱相饮为均，推演其声，更立七均。"黄庭坚《和邢惇夫秋怀》之三："七均师无声，五和常主淡。"而七始，本又有两解。一是古代乐论，以十二律中的黄钟、林钟、太簇为天地人之始；姑洗、蕤宾、南吕、应钟为春夏秋冬之始，合称"七始"。见王应麟《小学绀珠·律历·七始》。二是作为乐曲名。《汉书·礼乐志》引《安世房中歌》之二："《七始》《华始》，肃倡和声。"颜师古注引孟康曰："七始，天、地、四时、人之始。华始，万物英华之始也。以为乐名，如《六英》也。"后世多以《汉书》所记"七始咏"为曲名。如宋代史绳祖云：

> 《前汉·律历志》引《书》曰："予欲闻六律、五声、八音、七始咏，以出纳五言。"女听予者，帝舜也。言以律吕和五声施之八音，合之成乐。七者，天、地、四时、人之始也。顺以歌咏五常之言听之，则顺乎天地，序乎四时，应人伦，本阴阳，原情性，风之以德，感之以乐，莫不同乎一，惟圣人为能同天下之意，故帝舜欲闻之也。"七始咏"三字，今文《尚书》却只作"在治忽"，《注》谓"察天下治理及忽怠者""在治忽"三字，于六律、五声、八音，解家颇傅会，反不若班氏所载"七始咏"义训胥协也。又《礼乐志》房中祠歌曰《七始》《华始》，肃倡和声。孟康注引班氏所载云："七始者，天、地、四时、人之始，以为乐名。以此则知汉初尚存此咏，施之祠乐。予谓'七始咏'三字甚新，可加以舜字作词题。"②

杨慎撰《丹铅摘录》云：

> 《汉书·律历志》引古文《尚书》"予欲闻六律、五声、八音、七始咏，以出纳五言。"今文"七始咏"作"在治忽"。史绳祖据《汉郊祀歌·七始》《华始》，肃倡和声。而以今文"在治忽"近于傅会。以予考之，此言声律音咏是一类事，但《汉书注》不注"七始"之义。今之切韵宫商角徵羽之外，又有半商、半徵，盖牙齿舌喉唇之外，有深喉、浅喉二音，此即所谓七始咏。咏即韵也。汗简颖古七始咏夹始。盖古文七作黍，黍与夹相近而误，尤可验史氏之说为是。由此言之，切韵之法，自舜世已然，不

---

① 朱熹撰：《朱子语类》卷七十八《尚书·益稷》，朱杰人等主编：《朱子全书》第十六册，上海古籍出版社、安徽教育出版社 2002 年版，第 2677—2678 页。

② 史绳祖撰：《学斋佔毕》卷三《舜七始咏》，《四库全书》本。

起于西域胡僧,又可知予特表出之。①

但陈耀文并不完全同意杨慎的说法,其云:

> 《汉书志》曰:予欲闻六律云云,五言汝听言,以律吕和五声,施之八音,合之成乐。七者,天地四时人之始也,顺以歌咏五常之言,此本《志》自明。谓注无七始之义,孟康意料之言,俱误《七始》《华始》安世房中歌也。云郊祀歌,又误其切韵云云,不必辨。②

综上,对于"在治忽"的理解有两种意见:一是治乱,一是音乐。细察之,黄溍以"治"为"政",故对"在治忽"持"察治乱"解,这是符合《尚书》本意的。他还批评郑玄以"忽"作"曶",其说尤异,这也是实事求是的。

在中国古代,每一个朝代都会有独特的时代用语,有些后来延续,有些后来消失,有些保留下来,但意义发生了变化,这些都需要通过训诂手段加以训释,以求为历史寻求确解。

在《杂辨》第五则,黄溍对同音而不同字的姓氏,提出不能轻易互用的观点,其云:

> 米元章自书其姓名及所用图记,米或为芊,芾或为黻。黻与芾犹可通用,芊乃楚姓。米氏自出西域米国,其人入中国者因以为姓。唐有回纥米怀玉,五代有沙陀米至减,非若楼之与娄、邵之与召同所祖也。姓固不可改,字音之相近者,宁可混而一之耶?或曰:"山谷极称引黄初平、初起,岂皇与黄可混为一姓乎?"是不然,所谓金华仙伯、金华牧羊客者,盖言其先金华人耳,非指初平、初起为同姓也。然他传记初平、初起,亦皆作黄,而山谷则自谓七世以上失其谱,于金华之族尚莫适相通,盖未尝以初平与初起混皇、黄为一姓也。③

《杂辨》第五则考证俗语,对岳丈、泰山作了类似于语源学意义上的梳理,其云:

> 俗呼人之妇翁,曰岳丈,曰泰山。说者以为泰山有丈人峰,故有是称。然古者通谓尊长曰丈人,非特妇翁也。或又以为张说因东封,而其婿躐迁五品,故称之曰泰山,其说尤凿。按:《汉·郊祀志》,大山川有岳山,小山川有岳婿。山岳而有婿,则岳可以谓之妇翁矣。世俗之称谓,未必不以是。又因岳山而转为泰山耳!④

---

① 杨慎撰:《丹铅摘录》卷二,《四库全书》本。
② 陈耀文撰:《正杨》卷二,《四库全书》本。
③④ 黄溍撰:《日损斋笔记·杂辨》,《四库全书》本。

《杂辨》第八则辨证"檠"字读音,有益于今人对该字古读的了解,其云:

> 檠者,定弓体之器。《周礼·弓人》注"音景"。《汉书·苏武》注"又音巨京反"。苏文忠诗云:"大弧一弛何缘彀,已觉翻翻不受檠。"陆放翁曰:"檠作平声押,用《汉注》也。灯檠亦谓之檠,音与《汉注》同。"李义山诗云:"九枝灯檠夜珠圆。"《汉·地理志》"朝鲜民饮食以笾豆",颜师古曰:"若今之檠,音其敬反。"《韵书》檠字注曰:"有足以几物也。"义山以檠为去声,盖本于此,又与前二音不同。①

(三)《日损斋笔记》的评价

对于《日损斋笔记》的学术评价,宋濂《日损斋笔记序》,评价最为得法与恰当,他认为世之为士者,贵于立言。然立言不可以徒立,必有经史的依据,并为之辨证,以为来学寤疑辩惑之助。在这方面,《日损斋笔记》做到了这一点,其序云:

> 金华侍讲黄公溍,以文辞冠于一代,藏诸金匮,勒于乐石,既已播厥中外,既又出其绪余,随笔志之,号曰《日损斋笔记》。凡经史奥旨,昧者显之,讹者订之。虽优柔不迫,而难决之疑,久蔽之惑,皆涣然而冰释。其据孔氏之传,而以八卦为《河图》;辨僧莹之妄,而知熙陵为仁君;此尤超然自得之见,揆之于用,殆犹布之与帛、菽之与粟者欤?奇异可珍之物,名虽贵而实有不足者欤?非揽之于至博、而约之于至精者,不可以与于此欤?②

宋濂还将《日损斋笔记》与宋祁的《笔记》一编,方回《笔记》一百六十余则相比较,认为此二公虽素称该洽,而其所失尚多,究其原因,乃博焉而不及精之故也。而宋濂的弟子刘刚《日损斋笔记后序》,则将黄溍之书与陈师道之《谈丛》,沈括之《笔谈》,宋敏求之《春明退朝录》,孙升之《谈圃》,洪迈之《随笔》,史绳祖之《学斋占毕》相比较,认为黄溍此书,盖可与之并传。此外,《四库全书总目提要》评曰:

> 书中皆考证经、史、子、集异同得失,其辨史十六则,尤精于辨经。如引《史记》"沛公左司马得泗川守壮杀之"之文,证颜师古《汉书注》之误。又引《宋实录》李继迁赐姓名不在真宗时,证僧文莹《湘山野录》之误。引据尤极明确,非束书不观而空谈臆断者也。③

---

① 黄溍撰:《日损斋笔记·杂辨》,《四库全书》本。
② 宋濂撰:《日损斋笔记原序》,黄溍撰:《日损斋笔记》卷首,《四库全书》本。
③ 四库全书研究所整理:《钦定四库全书总目》卷一百十八《日损斋笔记提要》,中华书局1997年版,第1591页。

二、黄溍策问试题及其儒学思想

科举试策，始于隋代，这是一种将选才与求言两项重要的政治安排合二为一的考试手段。隋炀帝初置进士科，便以试策取士，以后逐渐成为定制。唐以后，乡试、会试、殿试一般均有试策。内容或经史、或时务、或政事，试题形式有长有短，有一问有多问，也有边论边问，每道试题一般在300字左右。由于科举试策不仅是教育史，也是政治史，更是思想史的第一手材料，故从其考题可看出出题人对于经史、时务、政事的基本立场与态度。

北宋开禧二年（1206），自成吉思汗崛起斡难河以来，蒙古军事力量无坚不摧，迅速向外扩张，端平元年（1234）蒙古灭金。此后又连年伐宋，凡城邑以兵得之者，悉坑之，而江淮、西蜀之地士兵被俘，皆没为奴。在蒙古贵族长达三四十年的对汉族地区进行的征伐与杀戮中，不仅严重破坏中原地区的经济与文化，而且还招来汉族士庶的怨恨与反抗，这显然不利于蒙古贵族在汉族地区的长久统治。由此，经过了将近半个世纪之久的跋涉，他们逐渐认识到"以汉法治汉"的重要性，终于在窝阔台时期有了科举取士的尝试。《元史·选举志一》云：

> 太宗始取中原，中书令耶律楚材请用儒术选士，从之。九年秋八月，下诏令断事官术忽��与山西东路课税所长官刘中，历诸路考试。以论及经义、词赋分为三科，作三日程，专治一科，能兼者听，但以不失文义为中选。其中选者，复其赋役，令与各处长官同署公事。得东平杨奂等凡若干人，皆一时名士。而当世或以为非便，事复中止。①

此即蒙元历史上所谓的"戊戌选试"，是为蒙元科举之始。据《元史·太宗纪》记载，这次中选者得四千三十人，其中包括四分之一是已被蒙古掳掠为奴的汉族文士，这些人后来成为当地政府的议事官，知名者有杨奂、赵良弼等。但这一次的科考，不过是蒙元的一次试验，"而当世或以为非便，事复中止"。

1260年，忽必烈成为蒙古大汗，1271年，改国号为元，是为元世祖。元世祖是一位重儒学不重科举的帝王，他一方面接受刘秉中、许衡等人建议，尊孔重儒，以程、朱理学为官方思想，在全国各地遍设儒学，另一方面在位30年间却不行科举，以至于从太宗到武宗去世后七十余年不曾举行科考，致使汉人文士入仕之路长久断绝。而由此带来的恶果便是元代官员多由吏胥出身，文化素质偏低，导致吏治黑暗与腐败，关汉卿《窦娥冤》

---

① 宋濂等撰：《元史》卷八十一《志》第三十一《选举一》，中华书局1997年版，第2017页。

便是这一社会问题的极端反映。元至大四年（1311）元武宗死，仁宗继位，开始有兴科考之举。《元史·李孟传》云：

> 帝每与孟论用人之方，孟曰："人材所出，固非一途，然汉、唐、宋、金，科举得人为盛。今欲兴天下之贤能，如以科举取之，犹胜于多门而进；然必先德行经术，而后文辞，乃可得真材也。"帝深然其言，决意行之。①

至仁宗皇庆二年（1312）十月，根据中书省所奏，认为取士之法，经学实修己治人之道，词赋乃摛章绘句之学，自隋、唐以来，取人专尚词赋，故士习浮华。今则所拟将律赋省题诗小义皆不用，专立德行明经科，以此取士，庶可得人。仁宗同意了中书省的奏议，当年十一月，诏告天下云：举人宜以德行为首，试艺则以经术为先，词章次之。浮华过实，在所不取。由此废止了唐宋辽金以来施行了近七百年的诗赋考试，更为重要的是确定考试标准用书。如蒙古、色目人第一场问经五条，俱从《大学》《论语》《孟子》《中庸》内设问，用朱熹《四书章句集注》。汉人、南人，第一场明经经疑二问，也是从四书中设问，并用朱熹《章句集注》。其他经义一道，各治一经，亦以程、朱一系的注疏为主，如《诗》以朱氏为主，《尚书》以蔡氏为主，《周易》以程氏、朱氏为主，已上三经，兼用古注疏，《春秋》许用《三传》及胡氏《传》，《礼记》用古注疏。②这一规定此后历明、清两代，沿用六百年之久。

有关考试程序和各色人等的录取人数，据《元史·选举志》可知为每三岁一次开试。规定各省乡试定在当年八月二十日开始，蒙古、色目人，试经问五条；汉人、南人，明经经疑二问，经义一道。二十三日，蒙古、色目人，试策一道；汉人、南人，古赋诏诰章表内科一道。二十六日，汉人、南人，试策一道。天下选合格者 300 人赴会试，会试在此年的二月上旬于京师举行。其中蒙古人取合格者七十五人，色目人取合格者七十五人，汉人取合格者七十五人，南人取合格者七十五人。会试在这 300 人内取中选者 100 人，其中蒙古、色目、汉、南人分卷考试，各取 25 人，当然各地区名额有所不同。蒙古、色目人为一榜，称为右榜（元以右为上），汉人、南人为一榜，称为左榜。需要解释的是，所谓色目人，是指除了蒙古人以外的来自西域等地的其他少数民族人，汉人是指原金朝所辖境内的汉人和女真人、渤海人，南人是指原南宋境内以及包括河南在内的汉人。③

仁宗延祐元年（1314）秋，全国 17 个地区举行了第一次乡试，黄溍至杭州参加乡试，

①　宋濂等撰：《元史》卷一百七十五《列传》第六十二《李孟》，中华书局 1997 年版，第 4089 页。

②　宋濂等撰：《元史》卷八十一《志》第三十一《选举一》，中华书局 1997 年版，第 2018—2019 页。

③　参考李树撰：《中国科举史话》，齐鲁书社 2004 年版，第 122—127 页。

以《太极赋》折服考官,特置前列,时年 38 岁。延祐二年(1315),黄溍赴京师参加会试,拜谒程巨夫、赵孟頫。三月十三日,中进士。因此,黄溍可以说是元代以来施行科考的第一批受益者。文宗天历三年(1330)冬,黄溍因马祖常的推荐,除应奉翰林文字,同知制诰,兼国史院编修官。顺帝至正元年(1341)授浙江儒学提举,任乡试官,作《江浙乡试蒙古、色目人策问》《江浙乡试南人策问》,此后不断有出题之举。

纵观黄溍为蒙古、色目人所设计的"策问",从一个侧面反映了元代以儒家文化作为政治基础来处理国事的思想格局,也可视作蒙古、色目人如何登陆儒学、运用儒学的一个重要"标记"。因此,"策问"作为一种特殊的论述体裁,其针对具体问题阐述见解,恰恰可以看出出题人的思想由来与去向。除了儒学问题,从黄溍的策问试题来看,它还揭示了元代统治者对汉族历史的阐述,即如何取法于汉民族历史。故某种程度而言,黄溍的所"问",表明他所提出的问题已成为元代统治者所关注的问题,而这些问题又如何在汉文化历史中寻求相应的答案,故凡涉及历史部分的"策问",所列之"问"往往又是历史课题,这样我们就可以借机了解元代统治者与汉文化历史的对话所含内容究竟是什么。可以说,黄溍的"策问"实际为我们提供了审视元代如何利用汉文化历史资源的具体方式与取向。

黄溍所出的试策题今保存下来的有 51 首,包括《会试汉人、南人策问》1 首、《上都乡试蒙古、色目人策问》1 首、《江西乡试南人策问》1 首、《江浙乡试蒙古、色目人策问》1 首、《江浙乡试南人策问》1 首、《国学蒙古、色目人策问》18 首、《国学汉人策问》24 首、《堂试蒙古、色目人策问》1 首、《堂试汉人、南人策问》3 首。黄溍的策问试题对于汉人、南人和蒙古、色目人所提问题有较明显的深浅区别。但二者有一个共同之处便是并非开口即问、一问即了,而是他自己要先对某个问题作论述,论述之后再就其中的精微处提出疑问。如《国学汉人策问》其八云:

> 一代之兴,必有一代之俗。风声既立,气习系焉。东汉尚清议,而名节日以崇;西晋好清谈,而礼法日以替。得非好尚之殊,遂以成俗欤?然夷考其人,无所回挠,戮力王室者,清议激之也;而亦有逊辞恭色,取媚于时者焉;清议果安在欤?任放为达,废弛职业者,清谈启之也。而亦有捡摄众事,未尝少闲者焉;清谈何尝为之累欤?岂士君子之制行,有不随风声气习转移者欤?稽前言往行之得失以自鉴,而防其好尚之偏,不亦学者之切务欤?幸试陈之,以观所趋向者安在?①

---

① 黄溍撰,王颋点校:《黄溍全集》上册,天津古籍出版社 2008 年版,第 146 页。

黄溍对一代之兴与一代之俗的关系一边讨论，一边提出一系列疑问，最后要求答题者陈述己见，并表明志趣立场。这些问题的随机设置，给回答问题的个人在见识和思想上留下很大的发挥空间，也为我们了解黄溍本人对这些问题的看法提供了文本空间。

（一）以儒饰吏，以经决事的为政之道

强调儒术与吏事的结合，是黄溍政治儒学的一个重要思想。西汉人所谓"以儒术缘饰吏事"，不仅体现了援儒入法的立场，也表明儒法对接的技术性成熟，使汉代制度已经趋于儒法合流或者儒法互补。由此汉代的统治模式，便呈现出外儒内法，礼法并重，德刑兼用的特点，这样既吸取了前秦严刑酷法所带来的苛暴教训，又避免了纯用儒术可能导致的迂阔柔弱，造就汉代社会政治成为一个宗儒家理想与讲刑法强力的刚柔相济局面，因此获得长期稳定。显然，黄溍对汉代的政治儒学是表示认同的，其《国学蒙古色目人策问》二云：

> 学者将以行之也，所学何道欤？所行何事欤？弦歌之化，本于四科之文学，后世专门名家，犹有以儒术饰吏者，以经义决事者。夫何古道湮坠，士习日偷，群居则玩思空言，而指簿书、钱谷为细务；从政则苟谊吏议，而视仁义礼乐为虚文？不几于所学非所用，而所用非所学欤？二三子蒙被乐育，以幼学为壮行之地，可无所熟讲而素定欤？孔门远矣，西汉之士，有不可企而及者欤？愿试陈之，无以让为也。①

"以儒术饰吏，以经义决事"作为黄溍所推崇的理想政治社会制度，他希望元代统治贵族的子弟有所了解，因此才会有这样一道题目的出现。汉代士人对秦亡教训，有颇为一致的认识。陆贾指出秦"以刑罚为巢，故有覆巢破卵之息"，"失之者乃举措暴众而用刑太极故也"；②贾谊则说："秦王置天下于法令刑罚，德泽亡一有，而怨毒盈于世，下憎恶之如仇雠，祸几及身，子孙诛绝，此天下之所共见也"。③于是董仲舒在此基础上进一步提出具有建设性的意见，他说："教，政之本也；狱，政之末也。"④"道者，所由适于治之路也，仁义礼乐皆其具也。故圣王已没，而子孙长久安宁数百岁，此皆礼乐教化之功也。"⑤因此，汉代的以儒饰吏，另一个角度看，也是为政过程中重视德治、礼制和教化的表现。在

① 黄溍撰，王颋点校：《黄溍全集》上册，天津古籍出版社 2008 年版，第 139—140 页。
② 陆贾撰：《新语》卷上《辅政第三》，《四库全书》本。
③ 贾谊撰：《新书》卷十，《四库全书》本。
④ 董仲舒撰：《春秋繁露》卷三，《四库全书》本。
⑤ 班固撰：《汉书》卷五十六《董仲舒传》第二十六，中华书局 1997 年版，第 2499 页。

以儒饰吏的趋势下,汉代官吏中出身儒家人数也逐渐增加,他们以儒学思想为指导,自觉追求三代的王道之治。据《汉书·黄霸传》记载:

> 会宣帝即位,在民间时知百姓苦吏急也,闻霸持法平,召以为廷尉正,数决疑狱,庭中称平。……时上垂意于治,数下恩泽诏书,吏不奉宣。太守霸为选择良吏,分部宣布诏令,令民咸知上意。使邮亭乡官皆畜鸡豚,以赡鳏寡贫穷者。然后为条教,置父老师帅伍长,班行之于民间,劝以为善防奸之意,及务耕桑,节用殖财,种树畜养,去食谷马。……霸力行教化而后诛罚,务在成就全安长吏。①

到东汉,涌现出一批像黄霸这样的循吏,如寇恂、贾复、伏湛、鲁恭、杨仁、刘宽、杜林、杜诗、张湛、张霸、鲍昱等等,均"教化行而治功立",不可尽数。而黄溍所谓的"以经义决事",则是指以儒家经义来作为处理政事官务或刑狱之事的前提与依据,这也源自西汉董仲舒所极力倡导的"春秋听狱之法"。董仲舒关于儒家治理天下的构想与设计,基于"教,政之本也;狱,政之末也"的认识,主张刑狱上的一切措施,都应以《春秋》所揭示的天道义理作为根据,他因此组织编写了《春秋决事比》(又称《春秋决狱》),收录232个以《春秋》决案的典型案例,后来逐渐成为整个汉朝司法审判中的判例法。除了《春秋》外,《易》《诗》《书》《礼》《乐》等经典中的思想当然也是可以用来作为判决案件依据的,故《春秋》决狱或"经义决狱"成为传统中国法律上的一种特殊文化现象,自汉迄清,经义决狱无代无之,使它和"以儒术缘饰吏事"成为一种制度惯性。即使成为一种制度惯性,但因元代社会政治的特殊性,在当时仍然出现黄溍所不愿意看到的现象,即"士习日偷,群居则玩愒空言,而指簿书、钱谷为细务;从政则苟道吏议,而视仁义礼乐为虚文"。这种所学非所用,所用非所学的情况,正是黄溍所担忧的,他因此要求考生以西汉为例,结合现实,对这种现象陈述自己的看法,这是大有深意的。

作为黄溍的一种政治理想,强调儒术与吏事的结合,一方面表现在他对前代政治人物的敬仰,将他们作为学习的榜样。如黄溍认为唐代著名政治家陆贽,是由儒入吏的典型。因此他在《送宣公书院陈山长序》中,对陆贽敢于讥陈时弊的认识,要从其"本于仁义"立场去观察,如此才能够做到"上不负天子,下不负所学",故"可为后世法者,非儒家者流不能知也"。②另一方面还表现他对同时代以儒饰吏者的旌扬,以此作为典型而推

---

① 班固撰:《汉书》卷八十九《黄霸传》第五十九,中华书局1997年版,第3629—3631页。
② 黄溍撰,王颋点校:《黄溍全集》上册,天津古籍出版社2008年版,第237页。

广。黄溍在《中宪大夫淮东道宣慰副使致仕王公墓志铭》中，记述诸暨王艮与他有四十年的交情，是一位读书明理，长于吏事的干才。其"少受业郡庠，笃行励学，克自植立，每慨然以康济为志"。在两淮都转运盐使书吏任上，督办富安场岁课，因盐场距海较远，潮不时至，盐丁负水取卤，力疲而赋不充。他带人为考察地形，凿渠以通海潮，公私咸称方便。后擢海道漕运都万户府经历。当时越地官粮入海运输年达十万石，但越城距海有十八里之遥，每年官府令有司拘民船以修短送，舟人为之失业，他到任后，厉行革除积弊，使广大运户免于破家。在江西行省任上，抚之金溪，有陆氏三先生祠堂，豪民据其屋而夺其田，陆氏子孙三走诉于京师，竟不得申。王艮得知，一按其籍，使悉归之。王艮"处家庭，莅官临民，各尽其道。平居慎重寡言，故言必有中，至于委蛇进退之际，莫可得而瑕疵，人尤以为难能"。黄溍赞扬王艮是一位"读书明理以致用，不苟事言说为名高"的儒士与能吏，因此"士饫其德，民酣其惠"①。这是黄溍所极力倡导的缘儒饰吏的典型。再一方面，还表现在他经常以此来告诫后学，激励他们要有一定的政治作为。如在《送王仲楚序》中他写道，王仲楚"以名父之子被服儒术，受知当路而从事于省闱，用例出为闽阃列曹掾"。由于福建自昔号称难治，又由于元代立国，统治者为蒙古贵族，福建与朝廷的关系更加疏远，因此每一次选派官员，都慎择文武才智之臣赴任。刚好近几年来福建大盗窃发，山驱海聚，为东南之忧。黄溍批评当政者，未能防患于未然，他说："向令任承流宣化之寄者，能听于无声，视于无形，而逆折其萌芽，岂遽至是哉？"面对这种局势，一时的高压也能短期解决问题，但"欲为久安长治之策，则险驱默化，俾之日迁善远罪，而同跻于仁畴之域，宜有其术矣"。"其术"为何？黄溍认为对福建的治理，应该采取德治与法治的结合。王仲楚所任曹掾之职，秩虽卑列，但因"郡以政交于大府，悉由之关白，得以文墨议论持而不可，而赞其可为，责至重而不轻也"，故在这方面是大有可为的。王仲楚自幼"服膺过庭之训"，熟讲儒学，黄溍一方面认为他有将儒学与吏事结合的先天条件与基础，但另一方面提醒王仲楚，不能将儒学仅仅作为吏事的表面装饰，而要认认真真地把二者结合到实处。故他强调说："夫儒术者，岂可为文法吏事之缘饰而已哉？"②黄溍对于社会治理的理想是儒法并举，而对于士人在贯彻落实社会治理理想时，则强调学与政的合一。在《中宪大夫淮东道宣慰副使致仕王公墓志铭》中，他

---

① 黄溍撰，王颋点校：《黄溍全集》上册，天津古籍出版社 2008 年版，第 497—499 页。
② 黄溍撰，王颋点校：《黄溍全集》上册，天津古籍出版社 2008 年版，第 247—248 页。

称赞王艮："公起文儒，敏于吏治。询其职业，匪专抚字。士饫其德，民酣其惠。所去见恩，如古循吏。"①显然，他对王艮的表扬是以汉代循吏作为参照的，这看出他对儒术与吏事、学与政互通互用的推崇。因此黄溍认为"《书》所谓儆戒必于无虞之时，《易》所谓思患豫防亦在既济之后"的关键点，在于儒术对于吏事的内在操控，这可简化为"以儒御吏"的四字箴言。倘若按照四字箴言去做，会出现怎样的实际效果呢？证之以历史，他在《国学汉人策问》十九云：

> 昔之大儒，盖有以习文法吏事见稱于史氏者，然则文法吏事，亦君子之所宜知也，安可忽乎？孔子曰："古之知法者能省刑，本也；今之知法者不失有罪，末矣。"②

从事刑法工作依照孔子的说法，有两种境界：一种是"省刑"，即减少犯罪，此为治本；一种是"不失有罪"，即不放过任何一个犯罪者，此为治标。前者只有孔子所谓"古之知法者"，即以大儒身份而又精通文法吏事之人才能做到，这种人能够从根本上消灭犯罪，当然"省刑"。这就是"以儒御吏"的实际效用。

（二）既庶富之，既富教之的牧民之道

"庶、富、教"语出《论语·子路》。原文：

> 子适卫，冉有仆。子曰："庶矣哉！"冉有曰："既庶矣，又何加焉？"曰："富之。"曰："既富矣，又何加焉？"曰："教之。"③

孔子将庶、富视为立国的基础，而将教育视作立国的根本。黄溍《会试汉人南人策问》以"庶、富、教"为题，从中可以看出他本人对这三者的看法，其云：

> 孔子告门人以既庶加富、既富加教、牧民，而三事具则王道成矣。其设施之略，可得而知欤？稽之《周官》，则所以庶之者，有九两、保息、本俗；所以富之者，有九职、土会、土宜、土均、荒政、职事；所以教之者，有八统、十二教、三物、八刑、五礼、六乐。其经制之详，可得而闻欤？孟子之语时君，无非周公之法，孔子之意也。推而行之，果可通于今欤？汉、唐盛时，亦云庶且富矣，君子或以为其教无闻焉，或以为未知所以教也。伊欲尽三事之责，若何而可以去汉唐之陋？若何而可以比成周之

---

① 黄溍撰，王颋点校：《黄溍全集》下册，天津古籍出版社 2008 年版，第 499—500 页。
② 黄溍撰，王颋点校：《黄溍全集》上册，天津古籍出版社 2008 年版，第 150 页。
③ 朱熹撰：《论语集注》卷七《子路》第十三，朱杰人等主编：《朱子全书》第六册，上海古籍出版社、安徽教育出版社 2002 年版，第 181 页。

隆？抑有其道欤？其酌古今之宜，而折衷之以对。①

黄淯这道策问，集中反映了两个主要问题，其一：孔子提出既庶富之，既富教之的理论设计，如何通过具体的行政措施来加以实现？第二，庶、富、教三者如何协调，其中教育的地位如何突出？而对于第一个问题，实际上黄淯自己已经作出了回答，其答案就在《周礼》之中。

关于"所以庶之者"，黄淯认为主要可以依据《周礼》所提出的"九两、保息、本俗"三项措施来得以实现。所谓"九两"，系指《周礼》中诸侯联缀万民，不使其离散的九项政治措施。《周礼·天官·大宰》："以九两系邦国之民。一曰牧，以地得民；二曰长，以贵得民；三曰师，以贤得民；四曰儒，以道得民；五曰宗，以族得民；六曰主，以利得民；七曰吏，以治得民；八曰友，以任得民；九曰薮，以富得民。"郑玄注："两，犹耦也。所以协耦万民。"贾公彦疏："使诸侯与民相合耦而联缀，不使离散，有九事，故云以九两系邦国之民也。"②所谓"保息"，是指安养百姓，使之繁衍生息的措施。《周礼·地官·大司徒》："以保息六，养万民：一曰慈幼，二曰养老，三曰振穷，四曰恤贫，五曰宽疾，六曰安富。"郑玄注："保息，谓安之使蕃息也。"③而所谓"本俗"，即尊重百姓的传统习俗。郑玄注："本犹旧也。"《周礼·地官·大司徒》："以本俗六，安万民：一曰媺宫室，二曰族坟墓，三曰联兄弟，四曰联师儒，五曰联朋友，六曰同衣服。"④

关于"所以富之者"，主要是指发展生产，在制度上保障财政收入。所谓"九职"，指周时的九种职业。《周礼·天官·大宰》："以九职任万民：一曰三农，生九谷；二曰园圃，毓草木；三曰虞衡，作山泽之材；四曰薮牧，养蕃鸟兽；五曰百工，饬化八材；六曰商贾，阜通货贿；七曰嫔妇，化治丝枲；八曰臣妾，聚敛疏材；九曰闲民，无常职，转移执事。"⑤杜佑《通典·食货三》："周知其万民众寡之数，乃分九职焉。九职既分，则劬劳者可见，勤惰者可闻也。"⑥即谓尽力调动一切劳动生产力要素，讲求生财、聚财、用财之道；使得"万民

---

① 黄淯撰，王颋点校：《黄淯全集》上册，天津古籍出版社 2008 年版，第 137 页。
② 郑玄注、贾公彦疏：《周礼注疏》卷二《天官·大宰》，阮元校刻：《十三经注疏》（附校勘记）本，中华书局 1980 年版，第 648 页。
③④　郑玄注、贾公彦疏：《周礼注疏》卷十《地官·大司徒》，阮元校刻：《十三经注疏》（附校勘记）本，中华书局 1980 年版，第 706 页。
⑤　郑玄注、贾公彦疏：《周礼注疏》卷二《天官·大宰》，阮元校刻：《十三经注疏》（附校勘记）本，中华书局 1980 年版，第 647 页。
⑥　杜佑撰：《通典·食货三》，《四库全书》本。

各有职事,职事必有功,有功必有贡"。所谓"土会",是指统计山林、川泽、丘陵、坟衍、原隰五类土地的产物,以制定贡税。《周礼·地官·大司徒》:"以土会之法,辨五地之物生:一曰山林,其动物宜毛物,其植物宜皂物,其民毛而方。二曰川泽,其动物宜鳞物,其植物宜膏物,其民黑而津。三曰丘陵,其动物宜羽物,其植物宜核物,其民专而长。四曰坟衍,其动物宜介物,其植物宜荚物,其民皙而瘠。五曰原隰,其动物宜臝物,其植物宜丛物,其民丰肉而庳。"①土宜天时,百物行治。所谓"土宜"谓各地不同性质的土壤,对于不同的生物各有所宜。《周礼·地官·大司徒》:"以土宜之法,辨十有二土之名物。"孙诒让《正义》云即辨各土人民鸟兽草木之法也。所谓"土均",即按土地质量以确定其等差。所谓"荒政"是指在遇到荒年时所采取的救济措施。《周礼·地官·大司徒》:"以荒政十有二聚万民:一曰散利,二曰薄征,三曰缓刑,四曰弛力,五曰舍禁,六曰去几,七曰眚礼,八曰杀哀,九曰蕃乐,十曰多昏,十有一曰索鬼神,十有二曰除盗贼。"②中国古代王朝早已在拯灾救荒这方面形成了一套完备、严密的制度,并将拯灾救荒视为朝廷不可推卸的公共责任,该制度被称为"荒政"。它在灾难发生时发挥着极为重要的作用。早在两千多年前的西周时期,"荒政"就已初具雏形。当时即有"大荒,舍用振穷,开廪同食"。所谓"职事",即《周礼·地官·大司徒》谓:"颁职事十有二于邦国都鄙,使以登万民:一曰稼穑,二曰树艺,三曰作材,四曰阜蕃,五曰饬材,六曰通财,七曰化材,八曰敛材,九曰生材,十曰学艺,十有一曰世事,十有二曰服事。"③《尚书·周官》:"六卿分职,各率其属,以倡九牧,阜成兆民。"④意为六卿分管职事,各自统率属官,倡导九州之牧,使得百姓富足安定。

关于"所以教之者",即如何对百姓实施教化,有所谓"八统",旧时指统治民众的八种方法,实际上就是八种教育的内容。《周礼·天官·大宰》:"以八统诏王驭万民,一曰亲亲,二曰敬故,三曰进贤,四曰使能,五曰保庸,六曰尊贵,七曰达吏,八曰礼宾。"郑玄

---

① 郑玄注、贾公彦疏:《周礼注疏》卷十《地官·大司徒》,阮元校刻:《十三经注疏》(附校勘记)本,中华书局1980年版,第702页。

② 郑玄注、贾公彦疏:《周礼注疏》卷十《地官·大司徒》,阮元校刻:《十三经注疏》(附校勘记)本,中华书局1980年版,第706页。

③ 郑玄注、贾公彦疏:《周礼注疏》卷十《地官·大司徒》,阮元校刻:《十三经注疏》(附校勘记)本,中华书局1980年版,第707页。

④ 孔安国传、孔颖达疏:《尚书正义》卷十八《周官》,阮元校刻:《十三经注疏》(附校勘记)本,中华书局1980年版,第235页。

注：“统，所以合牟以等物也。”①所谓“十二教”，指西周时地官司徒用以教化万民之总则。《周礼·地官·大司徒》：“因此五物者民之常，而施十有二教焉：一曰以祀礼教敬，则民不苟。二曰以阳礼教让，则民不争。三曰以阴礼教亲，则民不怨。四曰以乐礼教和，则民不乖。五曰以仪辨等，则民不越。六曰以俗教安，则民不愉。七曰以刑教中，则民不虣。八曰以誓教恤，则民不怠。九曰以度教节，则民知足。十曰以世事教能，则民不失职。十有一曰以贤制爵，则民慎德。十有二曰以庸制禄，则民兴功。”②所谓“三物”，《周礼·地官·大司徒》云：“以乡三物教万民而宾兴之：一曰六德，知、仁、圣、义、忠、和；二曰六行，孝、友、睦、姻、任、恤；三曰六艺，礼、乐、射、御、书、数。”③所谓“八刑”，是要让百姓知道不服教化所要承担的惩罚，《周礼·地官·大司徒》云：“以乡八刑纠万民：一曰不孝之刑，二曰不睦之刑，三曰不姻之刑，四曰不弟之刑，五曰不任之刑，六曰不恤之刑，七曰造言之刑，八曰乱民之刑。”④所谓“五礼、六乐”，《周礼·地官·大司徒》：“以五礼防万民之伪，而教之中。以六乐防万民之情，而教之和。凡万民之不服教而有狱讼者，与有地治者听而断之；其附于刑者归于士。”郑注：“乐，所以荡万民之情思，使其心应和也。”⑤五礼即吉礼、凶礼、军礼、宾礼、嘉礼。六乐指《云门大卷》《咸池》《大韶》《大夏》《大濩》《大武》六套乐舞。周时保存有完整的这六套乐舞，成为六乐，分别在重大的祭祀活动中使用：《云门大卷》用于祭祀天神；《咸池》祭地神；《大韶》祭四望；《大夏》祭山川；《大濩》祭周始祖姜嫄；《大武》祭祀周代祖先。这些教育内容的概言之，无非德礼二字，故黄潛在《国学汉人策问》其一云：“《传》有之曰：‘教之以德，齐之以礼，则民有格心；教之以刑，则民有遁心。’此岂非圣人所以论治者乎？”⑥孔子“庶、富、教”的思想主张，是孔子社会发展观的集中体现，也是儒家治国安邦和社会协调发展的总纲领。而黄潛对于孔子“庶、富、教”思想的具体落实与操作，要稽之《周礼》，其实也反映出他对西周制度思想的推崇。

①　郑玄注、贾公彦疏：《周礼注疏》卷二《天官·大宰》，阮元校刻：《十三经注疏》（附校勘记）本，中华书局1980年版，第646页。

②　郑玄注、贾公彦疏：《周礼注疏》卷十《地官·大司徒》，阮元校刻：《十三经注疏》（附校勘记）本，中华书局1980年版，第703页。

③④　郑玄注、贾公彦疏：《周礼注疏》卷十《地官·大司徒》，阮元校刻：《十三经注疏》（附校勘记）本，中华书局1980年版，第707页。

⑤　郑玄注、贾公彦疏：《周礼注疏》卷十《地官·大司徒》，阮元校刻：《十三经注疏》（附校勘记）本，中华书局1980年版，第708页。

⑥　黄潛撰，王颋点校：《黄潛全集》上册，天津古籍出版社2008年版，第144页。

在整个《周礼》的指导思想中,以道德伦理规范作为治国安邦的根本原则,显然与后来的儒家思想息息相通,黄溍推崇《周礼》的治国思想,这也与他崇尚儒术和史事的完美结合是相通的。而对于策问中的第二个问题,充分表明了黄溍对兴学的重视。他批评汉唐之陋,就在于"未知所以教也",其实这是讲给元朝统治者听的,因此具有现实意义。在《江西乡试南人策问》中,他针对"国家以经术取士,而是书不列于科目"表示不满,并指出"厥今朝廷,内建六曹,盖古六官之遗意也",因此要求"诸君子为有用之学",对于《周礼》"宜熟讲之矣"。①

(三) 即器求道,下学上达的设教之道

黄溍的为教思想,主要体现在对即器求道、下学上达的重视。其《国学蒙古色目人策问》十八云:

> 钦惟天朝建国学为育材之地,二三子以公卿贵胄,而齿于诸生。其相与言者,无非天人性命之理,若夫五射、六御、干戈、羽钥,凡古所用以为教者,皆未尝以接于心目。岂不曰:彼所习者器之末,此所讲者道之本欤? 是宜成材就实,有卓乎其特异者,乃或不能无愧于古,何欤? 先儒之论学,盖曰:不可厌末而求本。古人为教之具,亦有可用于今者否欤? 愿推求其遗法,将以复于上,而与二三子讲习焉,毋徒以空言为也。②

"不可厌末求本",是朱熹在《论语集注》中所提出的见解。《子张》云:

> 子游曰:"子夏之门人小子,当洒扫、应对、进退,则可矣。抑末也,本之则无。如之何?"子夏闻之曰:"噫! 言游过矣! 君子之道,孰先传焉? 孰后倦焉? 譬诸草木,区以别矣。君子之道,焉可诬也? 有始有卒者,其惟圣人乎!"

朱熹《集注》解释说:"子游讥子夏弟子,于威仪容节之间则可矣。然此小学之末耳,推其本,如大学正心诚意之事,则无有。"然后朱熹《集注》围绕子夏的反驳,引申道:

> 君子之道,非以其末为先而传之,非以其本为后而倦教。但学者所至,自有浅深,如草木之有大小,其类固有分别。若不量其浅深,不问其生熟,而概以高且远者强而语之,则是诬之而已。君子之道,岂可如此? 若夫始终本末一以贯之,则惟圣人为然,岂可责之门人小子乎? 程子曰:"君子教人有序,先传以小者近者,而后教

---

① 黄溍撰,王颋点校:《黄溍全集》上册,天津古籍出版社 2008 年版,第 138 页。
② 黄溍撰,王颋点校:《黄溍全集》上册,天津古籍出版社 2008 年版,第 143 页。

以大者远者。非先传以近小，而后不教以远大也。"又曰："洒扫应对，便是形而上者，理无大小故也。故君子只在慎独。"又曰："圣人之道，更无精粗。从洒扫应对，与精义入神贯通只一理。虽洒扫应对，只看所以然如何。"又曰："凡物有本末，不可分本末为两段事。洒扫应对是其然，必有所以然。"又曰："自洒扫应对上，便可到圣人事。"愚按：程子第一条，说此章文意，最为详尽。其后四条，皆以明精粗本末。其分虽殊，而理则一。学者当循序而渐进，不可厌末而求本。盖与第一条之意，实相表里。非谓末即是本，但学其末而本便在此也。①

从二程子的教人有序，到朱熹的不可厌末求本，都体现了宋儒强调循序渐进的致知工夫。宋儒要求学者从探究一事一物的下学工夫上去做知识的积累，最后在穷通众理的基础上达到豁然贯通而悟道，这与道家强调逐渐放弃知识以悟道是绝然不同的。道家强调"以无为本"的工夫论及其"为道日损"的方法，而宋儒反对这种舍弃下学而求上达的求道工夫论，他们主张在"下学人事"（"不厌末"）中"上达天理"（"求本"），朱熹的《论语或问》记载：

> 曰：下学而上达者，言始也下学，而卒之上达云尔。今程子以为下学人事，便是上达天理，何耶？（朱子答）曰：学者学乎人事，形而下者也；而其事之理，则固天之理也，形而上者也。学是事而通其理，即夫形而下者而得其形而上者焉，非达天理而何哉？②

朱熹认为只能通过"下学人事"的致知工夫，才能真正实现"上达天理"的本体体悟。而且，这种"下学人事"的工夫必须得通过对一事一物的穷理致知才能完成的。黄淯以此为据，也十分重视对形而下之事物的"下学"，他指出五射、六御、干戈、羽钥均是"下学"的对象。所谓"五射"是指古代的五种射技。这五种射技为：白矢、参连、剡注、襄尺、井仪。白矢，箭穿靶子而箭头发白，表明发矢准确而有力；参连，前放一矢，后三矢连续而去，矢矢相属，若连珠之相衔；剡注，谓矢行之疾；襄尺，臣与君射，臣与君并立，让君一尺而退；井仪，四矢连贯，皆正中目标。此外，六御指古代驾驭马车之法，干戈指古代的武舞，羽钥则指古代祭祀或宴飨时舞者所持的舞具和乐器。这些其实都是古所用以为教

---

① 朱熹撰：《论语集注》，见朱杰人等主编：《朱子全书》第六册，上海古籍出版社、安徽教育出版社 2002 年版，第 235—236 页。

② 朱熹撰：《论语或问》卷十四《宪问》第十四，朱杰人等主编：《朱子全书》第 6 册，上海古籍出版社、安徽教育出版社 2002 年版，第 839 页。

的形而下之事物,虽然今人不一定都要去学五射、六御、干戈、羽钥,但设教与为学的道理古今不变,这就是要从具体的、日常的事相入手,积累致知的功夫。由此可知,黄溍是反对空谈天人性命之理的。他在《国学汉人策问》其二中,再次表达了这个意思,其云:

> 二三子朝斯夕斯,所谈无非天人性命之理,凡昔人为教之具,皆未尝身服其事,宁不曰:彼所习者,器之末;此所讲者,道之本欤? 先儒之论学,盖曰:不可厌末而求本。①

朱熹认为"不可厌末而求本",并非说末就是本,他只是指出本在末中,此即所谓"但学其末而本便在此也"。即器求道、下学上达之所以成为可能,就因为本在末中的缘故,这也是以朱熹为代表的宋儒为何必须经由下学的渐进工夫而上达的理由所在。即器求道、下学上达,说到底就是《大学》所谓的格物致知原理。对此,黄溍的立场与宋儒的立场是一致的。格物致知的精神,就是考察事物,获得真知。但获得真知,不是最终目的,而是要通过知识的积累"脱然贯通",进而一通而无不通,终至于"知夫万理之为一",这就是所谓的"上达"之境。黄溍的设教为学之道,从他的策问来看,显然坚持朱熹为代表的格物致知思想方法。

(四) 经世致用,精业专能的取才之道

宋代婺州儒学的传统一直强调经世致用。经世致用之学,指学问必须有益于国事,应以治事、救世为急务,反对理学家不切实际的空虚之学,对后世影响很大。程、朱理学虽然把"修身"置在最重要的位置上加以强调,但由于落实到行动上,往往容易使修身养性的"内圣"与治国平天下的"外王"相提并论而形成事实上的对立,以至于有产生割裂"修齐治平"之间有机整体联系的趣向。当然责任不在朱熹,而在朱学末流。在黄溍的时代,社会上普遍出现学者"相与言者,无非天人性命之理"的现象,从而走上了"穷理"的末途,极大地违背了朱熹"经世"的本意,这就是黄溍缘何要在策问试题中重新强调朱熹"不厌末而求本"的意图所在。学以致用,且要精业专能,黄溍通过策问这一特殊的手段,继续发挥他对元代社会的影响。其《国学蒙古色目人策问》十三云:

> 昔安定先生之教学者,有经义斋,有治事斋。治事者,人治一事,又兼一事,故其出而仕,多适于世用。②

---

① 黄溍撰,王颋点校:《黄溍全集》上册,天津古籍出版社 2008 年版,第 144 页。
② 黄溍撰,王颋点校:《黄溍全集》上册,天津古籍出版社 2008 年版,第 142 页。

安定，即胡瑗(993—1059)，字翼之，江苏泰州(今江苏如皋)人，安定学派的鼻祖，世称安定先生。黄宗羲《宋元学案》开篇第一学案，就是《安定学案》，表明宋世学术之盛，便是从胡瑗开始。他一生致力于教育事业，门生弟子满天下，被王安石誉为"天下豪杰魁"。他在苏州、湖州两地办学，除教授儒经外，还教给学生各种专门技能，如农田、水利、算术、军事等。为了方便学生分门别类地学习这些知识和技能，胡瑗创造性地采用了"分斋教学"的体制，在学校里设立"经义斋"和"治事斋"。其中经义斋主要学习经学基本理论，属于"明体"之学；治事斋则以学习农田、水利、军事、天文、历算等实学知识为主，属于"达用"之学。在治事斋中，一人各治一事，又兼摄一事。所谓兼摄一事，相当于今日之选修。此即被后来教育界认为的创立了分科教学和学科的必修以及选修制度(史称"苏湖教学法")，在世界教育史上是最早的。分斋教学制度产生后，在社会上引起了强烈的反响，"四方之士，云集受业"，纷纷到胡瑗主持的湖州州学来求学。在范仲淹当政时期，甚至太学也"取胡瑗法以为法"，足见其影响。胡瑗教人能尽其才，其弟子中，相当一部分后来成了专家、学者和一代名人。如长于经义之学的孙觉、朱临、倪天隐等；长于政事的范纯仁、钱公辅等；长于兵战的苗授、卢秉等；长于文艺的钱藻、滕元发等；长于水利建设的刘彝等，都是宋代非常有名的人物。欧阳修曾称颂胡瑗道："吴兴先生富道德，诜诜子弟皆贤才。"①他的儿子欧阳发也是跟从胡瑗学习而成为了学识渊博的通才。黄漳特别仰慕胡瑗的办学，评价"故其出而仕，多适于世用"。他还进一步认为："夫穷经而不能致用，则经为空言矣；作事而不师于古训，则其为事亦苟焉而已矣。"他强调经义与治事二者实不可偏废，甚至若将二者作出比较，他还有明显偏于治事一端的倾向，故云"然以成效观之，则又如彼何欤？"②

经世致用的有用之学，是黄漳儒学思想的一个重要方面，他在《国学汉人策问》六云：

> 古之为国者四，曰井田，曰封建，曰学校，曰内刑，其存于今者，学校而已。夫阡陌之已开者，不可复矣，何以使民无甚贫而遂其生欤？郡县之已置者不可变矣，何以使吏无数易而成其治乎？棰令已定，则法之轻者不可加重矣，何以使人无易犯而不陷于罪庚乎？若夫学校，虽以著令仅存，而知仁、圣义、忠和之教不及于万民，直

---

① 欧阳修撰：《文忠集》卷二《送章生东归》，《四库全书》本。
② 黄漳撰，王颋点校：《黄漳全集》上册，天津古籍出版社 2008 年版，第 142 页。

温宽栗刚简之教不行于胄子,何以使之成其材、就其实乎？先生之遗制废,而莫之举者既如彼,存于今者又如此,其弛张损益,亦有可议者乎？二三子游于庠序之间,而务为有用之学,得无夙讲于此乎？其酌古今之宜以对毋以剿说为也。①

此道策问,涉及生民、吏治、刑法、儒术、育才诸多方面内容,是一道综合题,皆是黄溍认为的"有用之学"。

江南多水患,黄溍因此针对江浙一带的考生,专门出了一道有关水利的策问,其《江浙乡试蒙古色目人策问》云:

> 先儒以经义治道,分斋教诸生,而水利居其一。然则水利,亦儒者之所当知也。古所谓水利,日河渠,日沟洫。沟洫施于田间,故其效易见；河渠限于地势,故其功难成。方今言东南之水利,莫大于吴松江。视古之河渠与沟洫,其为力孰难而孰易？其为利孰少而孰多？诸君子习为先儒之学,必夙讲而深知之矣。幸试陈之,以裨有司之余议。②

魏特夫在《东方专制主义》一书中提出"治水社会"这一概念,认为中国早期国家制度性特征以"治水社会"为基础形成。"治水社会"这一概念,反映出水患治理和水资源利用对维系农业生产、社会生活和政治统治具有至关重要的作用,所以引水治水成为历代政府的主要职能之一。伟大的水利工程,不仅改变了当地的自然、人文地理环境,还改变了人们的劳作方式和生活方式；它不但是整个农业文明的兴衰的标志,还是中华民族生息繁衍的历史符号,更是"究天人之际,通古今之变"的空间存在。因此,早在司马迁《史记》中有《河渠书》,班固《汉书》有《沟洫志》,这都说明史家非常重视水利治理的历史经验总结。黄溍提出"视古之河渠与沟洫,其为力孰难而孰易？其为利孰少而孰多"的问题,是一个很难回答的一个问题。首先,这涉及河渠与沟洫的名称问题,章学诚在《文史通义》中认为:

> 史迁为《河渠书》,班固为《沟洫志》,盖以地理为经,而水道为纬。地理有定,而水道迁徙无常。此班固之所别沟洫于地理也。故河是天设,而渠则人为。迁以河渠定名,故见天工人险之义,而固之命沟洫,则考工水地之法,井田浍畎所为,专隶于匠人也。不识四尺为洫,倍洫为沟,果有当与瓠子决河、碣石投海之义否？然则

---

① 黄溍撰,王颋点校:《黄溍全集》上册,天津古籍出版社 2008 年版,第 145—146 页。
② 黄溍撰,王颋点校:《黄溍全集》上册,天津古籍出版社 2008 年版,第 138 页。

诸史标题,仍马而不依班,非无故矣。①

章学诚批评班固使用"沟洫"一词不足以概括抗洪、填海诸事,因此有取名不当之嫌。但王先谦则认为,对"沟洫"一词不应做狭义的理解,而应作广义的解释。他在《汉书补注》中说:"史迁作《河渠书》,班易为《沟洫志》,用《论语》尽力沟洫之文。《书》云:'予决九川距四海,浚畎浍距川',孔子云尽力以此。沟渎通训大小,皆得称之。《释水》,'注浍曰渎',又云'江淮河济为四渎'。参之《说文》邑中曰沟之训,班曰沟洫二字即指距川通渠言之,不泥广深尺数为说,应(劭)说过拘,殊失班意。"②虽然班固的《沟洫志》要解决的中心问题就是"河患",但按照一般的理解,沟洫与河渠总是有区别的,黄溍要求考生回答二者孰难孰易,孰多孰少,其意也认为二者是有别的。

其次,还涉及二者的内涵问题。"河渠"一词兼顾了天然和人工水道的概念,是指像大禹治水那样的改造自然的伟业。故《史记》太史公曰:"余南登庐山,观禹疏九江,遂至于绍兴太湟,上姑苏,望五湖;东窥洛汭、大邳,迎河,行淮、泗、济、漯洛渠;西瞻蜀之岷山及离碓;北自龙门至于朔方。曰:甚哉,水之为利害也!余从负薪塞宣房,悲《瓠子》之诗而作《河渠书》。"③而"沟洫"一词,是指灌溉渠。灌溉渠系的出现,大约在4 000多年前的殷商时期。考古发现约4 000多年前商代的甲骨文中,出现了井和田的符号"田《",意指田边的水沟。在西周的经济中心区——黄河下游今山东、河南一带,产生了一种被后来奉为"神圣的王制"的制度——"井田沟洫",就是将一块土地分为呈"井"字状的9块,中央是蓄水的井,其余8块是被渠道环绕的耕地。因此"沟洫"一词,在儒家话语中,往往与"井田"连用。所谓的"井田沟洫之法",寄托的就是一种"天下大同"的理想。从这个角度来看,"河渠""沟洫"仍然是有所区别的。这道试题对于江浙的蒙古、色目人而言,是有点偏难了。不过,从另外角度看,也许江南的蒙古、色目人早已经具备了回答这个问题所必需的儒学修养。

水利当然是经世致用之学,而荒政在生产力不发达的传统社会,更是一个随时都要面临的课题。《国学蒙古色目人策问》十六云:

除盗救荒,非无良法,然莫思患而豫防之。乃今圣仁在上,威行惠孚,蚁聚之

① 章学诚撰:《永清县志水道图序例》,《文史通义校注》,中华书局1985年版,第741页。
② 王先谦撰:《汉书补注》,中华书局1983年版,第854页。
③ 司马迁撰:《史记》卷二十九《河渠书》,中华书局1997年版,第1415页。

众,固已肃清;菜色之民,殆将苏息。及是时也,儆戒无虞,蓄积备具,有不可不素讲者。二三子傥有志焉,于从政乎何有?请试陈之,以俟有司之采。①

荒政思想的一个重要方面,是做好灾前备荒,此乃救荒的上上之策。在黄溍的救荒思想中,"儆戒无虞,蓄积备具"的积极预防论属于这个范畴。而在积极的备荒思想实践中,设立常平仓自汉以来则是历代的首选做法。黄溍要求考生分析常平仓的利弊得失,也是考其致用的功夫。《国学汉人策问》十三云:

> 汉耿寿昌奏设常平仓,萧望之非之,而宣帝不听。常平法既行,民果以为便,后世因之莫敢废也。夫以望之论议有余,材任宰相,岂迂阔于事情而不知变通者欤?若寿昌者,徒以能商功利得幸于上,何以使法施于人如是之久欤?近代常平、义仓,领以专使。逮至我朝,乃有义仓,而无常平。顷尝有以复常平为请者,事下有司,将行而辄止。或者寿昌之遗法,至是不能无弊,而望之之言为不谬欤?征古验今,以究其得失而折衷之,有司之所愿闻也。②

所谓常平仓,是历代政府为调节粮价,储粮备荒以供应官需民食而设置的粮仓。在市场粮价低的时候,适当提高粮价进行大量收购,以免"谷贱伤农";在市场粮价高的时候,适当降低价格进行出售,又免"谷贵伤民"。因此常平仓对于平抑粮价和维护稳定起到了积极作用。与此同时,常平仓还可在青黄不接时,为农民出借种子口粮,以解决临时性困难,而遇到在大灾之年,常平仓则可赈济灾民。义仓的设立始于隋文帝,它与常平仓的区别在于义仓是属于民办,设在乡村,而常平仓属于官办,设在都城。二者互补,覆盖城乡。元代义仓的设立,至元年间是个很重要的时期。据至正《四明续志》记载:"至元元年七月,奉省劄钦奉圣旨:'义仓乃民间自藏之粟,备凶年缺食之用,丰年则验口而收,旱荒则随人而给,今后每社设立义仓一所,提调官设法敦劝。钦此。'行下州县劝率收贮,似省计点。"③可见从至元元年起朝廷就在各地推行义仓。此后为了规范各地义仓的设立,社规十五款在至元二十三年(1286)颁布各路,依例施行。其中第九款云:"每社立义仓,社长主之。丰年验各家口数,每口留粟一斗,无粟者抵斗存留杂色物料,以备凶

---

① 黄溍撰,王颋点校:《黄溍全集》上册,天津古籍出版社 2008 年版,第 143 页。
② 黄溍撰,王颋点校:《黄溍全集》上册,天津古籍出版社 2008 年版,第 148 页。
③ 《(至正)四明续志》卷第六《赋役·义仓》,浙江省地方志委员会编:《宋元浙江方志集成》第 10 册,杭州出版社 2009 年版,第 4603 页。

荒。"①义仓的突出优点是遇到凶年,反应迅速,赈济方便,"丰年则验口而收,旱荒则随人而给",而且不劳官方财力维持,仅由民间社长管理调遣,元代义仓因此推行颇广。总之,元代的常平仓与义仓的建立,成效是显著的,基本做到饥不损民,丰不伤农,粟值不低昂,而民无菜色。在当时情况下,对于元代社会稳定、矛盾缓和、政权巩固起到一定作用。

黄溍出此题的背景,是因为元代历史上常平仓、义仓制度置废不常。元代的常平仓始于蒙古蒙哥七年(1257)初立,不久废置。元世祖至元八年(1271)复命各路立仓,由本处正官兼管,但后来因仓粮起运尽空,同时又不及时收籴,以故名存实亡。至元十九年(1282),命依旧设立,但因官吏多不尽责,因此若存若亡。元武宗至大二年(1309),复命各路府州县皆置,不久又罢。总之,元代的常平仓在黄溍出题之前,事实上早已呈旋置旋罢局面,运转极不正常。而到黄溍所在的朝代,据他说是只有义仓,而无常平仓了。但此时义仓的情况也不容乐观,由于义仓不由官方直接掌控,因故出现严重的监管缺失,致使地方官吏和社长同流合污,侵蚀仓粮,几成风气。因此黄溍就是针对至正年间二仓衰落的现状,要求考生就常平仓与义仓制度的得失进行评议,故具有很强的现实意义。这从一个侧面看出黄溍所提出的这些问题,都是要求去切实解决的实际问题。当然士人一定要处理好道德性命之学与精业专能经世之学的关系,在《送李子贞序》中,他说:

> 若夫指道德性命之言,为吏议所不急,而惟以簿书出纳为问,此则儒者自失其职业,而非有司之过也。②

他于是进一步对士人提出"有常业"与"有常守"的高标准要求。在《国学汉人策问》十八中,他说:

> 古者士有常业,官有常守,故其为事专,而成效易见也。夫何后世之用人,惟以岁月序迁,而不复审其能否?至于官数易其守,而士数易其业。以儒名家者,不得专意于稽古礼文;以吏为师者,不得专力于簿书期会。自非以数术方技执艺事为世守,鲜有久于其职业者,授以不素习之事,而欲委任责成焉,亦难矣。岂当世之士,皆有非常之才,而措诸事业者,无施不可欤?抑为士者徒知计官资之崇卑,而未能

① 柯劭忞撰:《新元史》卷一一四,吉林人民出版社 1995 年版,第 1590 页。
② 黄溍撰,王颋点校:《黄溍全集》上册,天津古籍出版社 2008 年版,第 251 页。

如数术方技执艺事者之安其所守欤？不然，则古者任人之道，不可行于后世欤？必有其说。①

黄溍主张"士有常业，官有常守"，因为只有如此才能"为事专，而成效易见"。他批评为儒而不专意于"稽古礼文"，为吏而不精通于"簿书期会"，如此委以重任，则是很困难的事情。由此出发，黄溍的人才标准，似可概括为"修学储能"四字，强调知识和能力并重。总之，以上所述可以看出，黄溍是非常重视事功之学的。

三、黄溍对宋元浙东儒学评价与谱系初构

浙东儒学谱系的建构，以黄宗羲《宋元学案》最为完整与稽详。但在黄宗羲之前，黄溍对浙东儒学特征的描述及其谱系的建构，表现出一定的自觉与热情，体现了儒学谱系早期建构的雏形，因此值得作进一步的挖掘与梳理。

元代对宋代学术所作的总结，主要见于脱脱《宋史》中的《道学传》和《儒林传》。但《宋史》将吕祖谦置于《儒林传》中，而排在《道学传》之外，关于这种安排是否妥当，是后世学者常议的一个话题。黄溍虽没有直接针对《宋史》做法发表议论，但他认为吕祖谦其实由二程一脉下来的性理学者，其在《送曹顺甫序》云：

> 盖婺之学，陈氏先事功，唐氏尚经制，吕氏善性理，三家者唯吕氏为得其宗而独传。至于人自为书，角立竞起，吕氏终莫能挈而合之也。其在温，则王道甫之慷慨，名义尝合于陈氏矣，而其言无传焉。陈君举本薛士隆，上下古今而和齐斟酌之，以综世变，为说不皆与唐氏合，其廑存者，亦莫之传也。叶正则推郑景望、周恭叔以达于程氏，若与吕氏同所自出，至其根柢六经，折衷诸子，剖析秦、汉，讫于五季，凡所论述，无一合于吕氏，其传之久且不废者，直文而已，学固弗与焉。②

很显然，黄溍在宋代浙东学者中最为推崇的是吕祖谦，这可以看出他的吕学立场。值得注意的是，他认为吕祖谦"善性理"，与陈亮的重事功、唐仲友的尚经制不同，三人中只有吕祖谦得理学正宗，远绍二程。虽然温州叶适（正则）通过郑伯熊（景望）、周行己（恭叔）以达于二程，与吕祖谦同源，但其所论述无一与吕氏相合，其不过一文士而已。这个观点，遭到黄宗羲的反驳，黄宗羲云：

---

① 黄溍撰，王颋点校：《黄溍全集》上册，天津古籍出版社 2008 年版，第 149—150 页。
② 黄溍撰，王颋点校：《黄溍全集》上册，天津古籍出版社 2008 年版，第 237 页。

　　黄溍言：“叶正则推郑景望、周恭叔以达于程氏，若与吕氏同所自出。至其根柢六经，折衷诸子，凡所论述，无一合于吕氏。其传之久且不废者，直文而已，学固弗与焉。盖直目水心为文士。以余论之，水心异识超旷，不暇梯级。……其意欲废后儒之浮论，所言不无过高，以言乎疵则有之，若云其概无所闻，则亦堕于浮论矣。”①黄宗羲批评黄溍言论，是不合实际的浮论。在黄溍眼里，叶适只是一个以文章而闻的文士，所见确有偏颇，黄宗羲的批评有一定道理。但倘若将叶适抬到与朱、陆鼎足而立的地位，似也不妥。后来参与《宋元学案》撰著的全祖望也说：“乾淳诸老既殁，学术之会，总为朱、陆二派；而水心断断其间，遂称鼎足。”而且他还认为“永嘉功利学术，至水心始一洗之”。②这是《宋元学案》与黄溍大不相同的地方，也是与后世学者对叶适学术定位大不同的地方。学术界普遍性的看法是叶适乃永嘉学派的集大成者。细检永嘉学术的发展脉络，在其前期并不十分重视事功。这个学派是由北宋周行己，许景衡等人所开创，他们的学说是直接从二程发展而来。南宋初，永嘉学经由周行己的私淑弟子郑伯熊兄弟“复而振之”，在温州地区仍以传播伊、洛之学为主。只是到了南宋中期的薛季宣、陈傅良那里，才逐渐形成了永嘉的事功之学，而叶适思想则直接导源于薛季宣、陈傅良。因此，全祖望对叶适的评价同样是值得商榷的。

　　在元代，对于前代学术史的回顾与梳理，成为一种风气。黄溍的学术史也有很强的该意识，因此在文集中十分重视学术史的梳理工作，其《送曹顺甫序》云：

　　　　三代之圣人远矣，于大道隳裂之余，而能必尊其所闻，必行其所知，岂非卓然独立而不惧者乎？是未可以专私蔽锢，为其诟病也。冢巨沦没，晚后无所依，风承响接，第以世之所共传为信，遂使散者不可复合，不传者日就泯坠，安知纷然不同之中，有混然大同者在耶夫？考师友源流之自，务合乎圣人之本统，以壹诸生之道德，学校之重事也。③

　　首先，黄溍认为做学术史必须要客观公正，尊重史实，不得“专私蔽锢”，为后人所诟病；其次，他的学术史观中，重视对学术谱系的建构，注意“考师友源流”，以及统绪的勾勒与梳理。他认为书院之所以释奠于先师，就是要求后学相率尊师，以继师传。他在《送东川书院陈山长序》中援古例说：“古之释奠于先师者，必本其学之所自出，而各自祭

①　黄宗羲等撰：《宋元学案》卷五十四《水心学案》，中华书局 1986 年版，第 1794 页。
②　黄宗羲等撰：《宋元学案》卷五十四《水心学案》，中华书局 1986 年版，第 1738 页。
③　黄溍撰，王颋点校：《黄溍全集》上册，天津古籍出版社 2008 年版，第 237 页。

之。非其师弗学也,非其学弗祭也。"①而元代书院普遍存在一种"祭非所学,学非其师"的学术传承断裂现象,黄溍因此批评道:"学于其祭之所不及,而祭于其学之所不传,何其交相戾若是欤?"②尤其是当学术生态多元、学术派别林立的时候,学者似乎更应该自守师门,不能乱阵。基于这种理念,黄溍特别重视对区域学术史的总结。因为,在同一区域,出现不同学派的并存和竞争,是学术史上的常态,而辨章学术,考镜源流,则要求对其作出符合史事的分析与判断。以宋代学术发展为例,自二程之后,学术面貌呈多元趣向,黄溍《送慈溪沈教谕诗序》描述道:

> 昔者河南二程子殁,门人各尊其所闻,各行其所知,人自为学。至考亭朱子出而集其大成,程子之道,赖以复明。然学术之散,未有甚于此时者。永嘉之经制,永康之事功,姑置勿论;临川陆氏与朱氏并以性理为学,而其为说莫适相通,虽鹅湖之会,终不能挈而合之也。③

黄溍所谓的"学术之散",实际上就是指出现不同旨归的学术流派。特别是南宋时期,虽然朱熹之出,号为二程学术的集大成者,但同时各不同学派也在这个时间节点纷纷登台,黄溍以上所描绘者,就是南宋学术生态主峰特立,群峰起伏,壮丽多彩的气象。而南宋学术面目最为多元的区域,则在浙东地区。因此,黄溍的学术史梳理与学术谱系的早期建构,呈现立足浙东区域学术描述的鲜明特征,并由此还原历史。

(一) 庆元儒学评价与谱系初构

一般而言,浙东学术,从地理空间上可分为数个单元。一是婺州地区,二是温台地区,三是庆元地区,四是绍兴地区,五是其他地区。由于黄溍的学术交游圈主要活跃在婺州、庆元和绍兴三地,故他对于这三地的学术人物、学术发展的关注比较集中,保存这三地的儒学文献也最为丰富。我们先看他在《送慈溪沈教谕诗序》中对浙东庆元地区学术生态描述,其云:

> 言陆氏之学者以慈溪杨文元公、鄞袁正宪公父子为巨擘,士生其乡,知有陆氏而已。宗正少卿黄公亦慈溪人,始以朱子之学倡于其间,而务以躬行为本。其大意谓陆氏以简易自高,而以支离病朱子,是徒见其穷探极讨,为说之详,似乎支离,而

---

① 黄溍撰,王颋点校:《黄溍全集》上册,天津古籍出版社2008年版,第235页。
② 黄溍撰,王颋点校:《黄溍全集》上册,天津古籍出版社2008年版,第237页。
③ 黄溍撰,王颋点校:《黄溍全集》上册,天津古籍出版社2008年版,第246页。

不知真修实践,所守之约,固未尝不简易也。使宗卿与文元生同时,宁不足发鹅湖所未决之余论乎?①

从南宋庆元的学术生态与谱系来看,其中慈溪的杨简(文元)谨学自持,为南宋学者陆九渊嫡传,开江西陆学在庆元的传播之风。全祖望云:"象山之门,必以甬上四先生为首,盖本乾、淳诸老一辈也。而坏其术者实慈湖。然慈湖之言不可尽从,而其行则可师。"②另一位是鄞县袁燮(正宪),王梓才云:"先生尝师东莱,友止斋,而究其所归宿者,则象山也。"③他的学术虽受吕祖谦的影响,但最终皈依陆学,因此他和杨简成为庆元地区的陆学代表人物。

而朱子学在庆元的传播要晚于陆学。黄溍认为只有到了黄震(东发)才"始以朱子之学倡于其间"。黄震也是慈溪人,但他生活的年代去乾淳诸儒较远,已是接近于宋末了。全祖望云:

> 庆元之专宗朱氏者,东发为最。《日钞》百卷,躬行自得之言也,渊源出于辅氏。晦翁生平不喜浙学,而端平以后,闽中、江右诸弟子,支离舛戾固陋,无不有之,其能中振之者,北山师弟为一支,东发为一支,皆浙产也。其亦足以报先正倦倦浙学之意也夫。④

由此,庆元的学术生态呈现朱、陆不同的风貌。黄宗羲的《宋元学案》对于黄震的三个儿子有简单的介绍,其中对第三子黄叔英介绍尤简。而黄溍的《黄彦实墓志铭》则为我们提供了相当详尽资料,使我们对黄叔英可作深入的了解。其《黄彦实墓志铭》云:

> 彦实讳叔英,明慈溪黄氏,年五十有五,以泰定四年九月某日卒于鄞。明年九月庚申,葬余姚之竹山。溍异时与彦实游,彦实言今天下文章巨工,知我者惟伯长。伯长必先我死,我死,子其铭我。伯长,故翰林侍讲学士袁文清公也。溍藐焉晚出于文清,无能为役,彦实乃欲以之承其乏耶?而孰知溍之哭文清仅逾月,又哭彦实邪?溍虽不敏,彦实之言讵可忘耶?初朝廷既新贡举法,而场屋事久废,老生宿学,多已物故,后进之士,无所依承,则相率之彦实,受弟子业。凡彦实所指授,取科名、预荐书相望,否者亦且去而补儒学官,人皆为彦实喜,而彦实顾不能少自贬,以就有

① 黄溍撰,王颋点校:《黄溍全集》上册,天津古籍出版社 2008 年版,第 246 页。
② 黄宗羲等撰:《宋元学案》卷七十四《慈湖学案》,中华书局 1986 年版,第 2466 页。
③ 黄宗羲等撰:《宋元学案》卷七十五《絜斋学案》,中华书局 1986 年版,第 2526 页。
④ 黄宗羲等撰:《宋元学案》卷八十六《东发学案》,中华书局 1986 年版,第 2884 页。

司之绳尺,讫无所遇合以死,人又莫不深悲之。其知彦实者,若是而已。至于彦实之所存,知之者,未必尽也。彦实之先大夫文洁先生,宋宝祐丙辰文天祥榜进士,负材能尚气节,而甚邃于经术,所著书世多有之。盖先生之学,壹以躬行为本,故在朝著见为忠鲠,而分符握节所至,举其职业,风采凛然。先生三子俱克绍其家学,而彦实最少,介然特立,不务为苟同,尤酷肖焉。文清称:"彦实少游故都,见世所称知名人,率脂韦自保密,怅恨无可与语。酒酣气雄,谓海宇方宴安休明,宜取天下事,置念虑以入计划,否则搜抉险幽,浩然为万里游,遇不遇,命也。"未几,溯采石,上汉江,西游荆襄,历观用武关要,荒榛废垒,犹有能言昔时得失,益慷慨自振。而所见公卿大夫与布衣之士,则皆与昔交游者无大异。于是,治其居曰"懿庵",闭门读书,益不妄交。嗟乎!彦实之于天下,独以文清为知己,而文清之言如此,彦实所存固可概见也。彼以琐琐者,为彦实置欣戚焉,何哉?彦实尝为晋陵、宣城、芜湖三学教谕,又为和靖、采石两院山长,间以茂异,遣诣中书,弗果行。彦实殊不以小试为辱,亦不以不大用为诎也。彦实于经、史、百氏之书,过目辄成诵。为文隽杰伟丽,意气奔放,若不可御,而要其归,能弗畔于道。有《懿庵暇笔》三卷,《诗文杂著》总二十卷,藏于家。铭曰:物之不齐,杂糅错出。恶妍喜媸,千古一律。德人天游,不物于物。尚无有已,孰得为失。惟浩然之,死是不没。磊落轩昂,峥嵘突兀。发其遗编,犹见髯髯。写以石章,用告幽室。[①]

细读黄溍《墓志》,知《宋元学案》传记资料出自该志,今录之以补《宋元学案》之简。此外,黄震长子黄梦榦(字祖勉)之子黄正孙,《宋元学案》也只有短短一句话的记载,其云:"黄正孙,字长孺,祖勉子也。本堂之婿,有学行。"[②]同样过于简略。恰好黄溍曾为黄正孙作有《慈溪黄君墓志铭》,其云:

> 慈溪黄君卒于嘉兴之寓舍,其孤玠将返柩以葬,来谂于某。……某之曾祖户部公与君之大父宗卿府君,同仕宋季,凤有雅故,而玠又与某托文字交,谊不得辞。君讳正孙,字长孺,姓黄氏,世为明之慈溪县人。曾大父讳一鹗,以子贵,赠奉议郎大。父讳震,擢宝祐丙辰进士第,历知抚州提举、江西浙东常平茶盐。其在江西,又尝提点刑狱,终于宗正少卿,积阶朝奉大夫。父讳祖勉,补将仕郎。母林氏。君生有美

---

① 黄溍撰,王颋点校:《黄溍全集》下册,天津古籍出版社 2008 年版,第 485 页。
② 黄宗羲等撰:《宋元学案》卷八十六《东发学案》,中华书局 1986 年版,第 2903 页。

质,雅志恬静,年十二,而宋亡,即绝意于仕进。父殁,事母尽孝,与仲父、季父患难相从,不异赀产,逮今雍睦,罄巳橐嫁孤妹三人。……君履行端粹,为学者所尊慕。雅不喜记诵辞章之习,文成,无留稿,晚自号尚絅翁,以见其志云。至正乙酉正月七日以疾卒,享年八十有一。属纩之夕,戒其二子曰:"吾祖一部州符,三持使节,枲麻葛越之衣,菜茹鱼鲑之食,淡素终身,《日抄》等书,今方盛行,遗风余祚,弥久弗坠,汝等善继承之,无忝为清白吏子孙。"言毕而逝。……君夫人陈氏,讳润,字汝玉,同郡奉化人。父著,宗卿府君同年进士,由太学博士知台州。公年二十,出为赘婿,居十有七年乃归。夫人于夫妇之间,相成以道,执箕帚、侍巾栉无违礼,治丝茧、缝衣裳无废事,主馈食、共祭祀无旷典,而又不惮勤勚,致养于姑,得其欢心。《诗》《书》《语》《孟》及《女诫》《女则》等篇,皆能成诵。玠方幼,口授以书,程督严于外传,尤喜观《易》,所占多验,间作小诗,亦有思致。尝为二子赋诗若干韵,有关于伦纪,可裨于治化,学士大夫咸称诵之。……惟宗卿府君以直道为时名臣,而其学一本于躬行,所著书不为空言以相高。公亲传家学,不自表襮,而教其子玠,克有成立,遂以文名于一时。世顾罕有能知君者,铭不可以无作也。①

在《宋元学案》中,冯云濠案语曰:"黄文献志先生墓云:'年二十出为赘婿,居十有七年乃归。至正乙酉卒,年八十一。子二,长即隐君玠也。'又称其雅志恬静,年十二而宋亡,即绝意于仕进。晚自号尚絅翁,以见其志。"②可见冯云濠在作《宋元学案》补遗时,非常重视黄溍所作《墓志》,并作了适当吸收,以补原《学案》之不足,丰富了黄震家族儒学的研究。值得一提的是,黄溍在黄正孙《墓志》中,还较多文字提到其夫人陈润,是一位极有经学教养和文学天赋的知识女性,这对于庆元区域儒学生态的观察与把握,提供了一个全新的研究视角。元代女子之读经,一直是学术界的研究空白,这是一个值得重视的研究课题,而黄溍所作《墓志》,则为我们提供了新鲜的材料。

庆元朱子学除了黄震一支外,还有史蒙卿一支,黄溍《将仕佐郎台州路儒学教授致仕程先生墓志铭》说:

> 盖宋季之士,率务以记诵辞章为资身取宠之具,而言道学者,亦莫盛于此时。庆元之学,祖陆氏而宗杨、袁,其言朱子之学者,自黄氏震、史氏蒙卿始。朱子之传,

---

① 黄溍撰,王颋点校:《黄溍全集》下册,天津古籍出版社 2008 年版,第 526—527 页。
② 黄宗羲等撰:《宋元学案》卷八十六《东发学案》,中华书局 1986 年版,第 2904 页。

则爰氏渊、大阳先生某、小阳先生某,以至于史氏。①

黄溍提到的爰渊,号莲塘,四川涪陵人,受业朱熹。爰渊门人又为阳枋,号字溪,人称大阳先生。阳岊,号存斋,人称小阳先生,而史蒙卿为小阳的弟子。史蒙卿,字景正,号果斋,鄞县人,独善先生弥巩之孙。年十二,入国子学,通《春秋》《周官》。时江益公万里为祭酒,甚器之。咸淳元年进士,授景陵主簿,历江阴、平江教授。黄溍为作《墓志》的主人程端礼,是史蒙卿的弟子。程端礼,字敬叔,鄞县人。学者称为畏斋先生。初用举者为建平、建德两县教谕。历稼轩、江东两书院山长,累考授铅山州学教谕,以台州教授致仕。端礼色庄而气夷,善诱学者,使之日改月化。其弟程端学,克谨师法,学者咸严惮之,人们因以将鄞县的程氏兄弟比作河南二程。据黄溍《墓志》所引,当时江浙行省屡聘程端礼较文乡闱,但他认为:"国朝设科初意,专取朱子贡举私议,今多违之,吾往宜不合力。"因此力辞不往。

程端礼在长期的教育实践中,已经觉察到当时许多儒学学校围绕科考的指挥棒,一味强调"背文""学文",而忽视学问根基的培养和道德修炼的提高,单方面要求学生早日应举,参加科举考试,一举成名。长此以往,学生不能真正"读书明理",最终还是"失序无本,欲速不达"。他于是根据朱熹的"为学之道莫先于穷理,而穷理之要,必在于读书"的原则,编撰了《程氏家塾读书分年日程》,形成一整套严密的教学程序与教学计划。其主要宗旨是要求学生无论是学经、学史或学文,都必须贯通"性理""制度""治道"三个主要方面内容。他认为制度书多兼治道,而治道又以性理为依据,因此主张从制度入手,择其大要如"律历、礼乐、兵刑、天文、地理、官职、赋役、郊祀、井田、学校、贡举"等项,将经、史、文、性理、制度、治道等熔为一炉,作综合的学习与整体的思考。我们倘若将黄溍所有策问在内容上作一分类,其实也可看出这个特点。由此可以说,程端礼之教授学生和黄溍之考查学生,其内在精神是一致的。据黄溍记载,程端礼的《进学规程》,后得到官方的承认,国子监以颁于郡县学,使以为学法。某种意义上说,这也是浙东庆元朱子学者对元代儒学传播的一大贡献。

黄溍的这篇《墓志》,对宋元以来庆元的学术史,尤其是朱子学史,作了条理清晰的梳理。黄宗羲后来谓:"庆元之学,祖陆氏而宗杨、袁,其言朱子之学,自黄东发与先生始。黄氏主于躬行,而先生务明体以达用,著书立言,一以朱子为法。宋亡,不复仕。自

---

① 黄溍撰,王颋点校:《黄溍全集》下册,天津古籍出版社 2008 年版,第 481 页。

号静清处士。有《静清集》。"①黄百家云:"庆元自杨、袁、舒、沈从学于象山,故陆氏之学甚胜。其时传朱子之学者有二派:其一史果斋,从爱氏入;其一,余正君,从辅氏入。又王深宁从学于王埜,埜从学于真文忠公,亦出自朱门詹体仁者也。"②他们的这些描述,其实都可以从黄溍当时的一些记载与分析中找到源头。

尤其值得一提的是,在元代有许多色目、蒙古族人士学习朱子学,他们拜汉人为师,自应列入儒学的传承谱系之中,在《宋元学案》中,有记载,但不多。③黄溍在《沿海上副万户石抹公神道碑》中载曰:

> 公幼从昭毅公在庆元,师事前进士史先生蒙卿,先生殁,公为治葬,且割田以祭焉。四明之学,大抵祖陆氏而宗杨、袁,惟先生上接爱氏之传,为学一本于朱子。公天资颖悟,凡先生所指授,闻辄领解,然不徒守其空言,而务在明体以达用。④

这是黄溍为明里帖木儿所作,该资料也可以补《宋元学案》之不足。由此观之,元代朱子学传承谱系,倘若将色目、蒙古族包含进去,其内容一定会更加丰富。而对色目与蒙古族人士儒学传承谱系的梳理,是值得作进一步研究的。

总体来看,到了元代,由于朱子学变为官学,庆元地区学术生态的多元性开始凋萎,黄溍《送慈溪沈教谕诗序》云:

> 国朝承平日久,治教休明,建学立师,设科取士,悉主于朱子之说。至是而鄞、慈溪之士于朱子之书,莫不家传人诵之。⑤

以黄溍的学术立场来看,是宗朱子学的。所以他在送沈教谕赴慈溪时,勉励他对朱子学的传播要"宜尽心焉",其云:

> 沈君在金华,尝登许先生益之之门,而卒业于吴君正传,其所受实朱子之学。今去而莅教事,又适在文元宗卿乡邑。夫学术之分合,重事也,为师儒者,所宜尽心焉。故予于其行,举以告之。⑥

在黄溍看来,"学术之分合,重事也",因此对于学派的皈依一定要有自己的主见,且要一

---

① ② 黄宗羲等撰:《宋元学案》卷八十七《静清学案》,中华书局 1986 年版,第 2910 页。
③ 如《宋元学案》卷八十二《北山四先生学案》中许谦门人中,有冯云濠补入的"县官合剌不花先生",为蒙古族人。冯云濠谓:"元儒惟鲁斋之门有以蒙古从学者,此外惟白云而已。"但《学案》中王柏(鲁斋)门人中不见有载,见第 2794 页。
④ 黄溍撰,王颋点校:《黄溍全集》下册,天津古籍出版社 2008 年版,第 691 页。
⑤ ⑥ 黄溍撰,王颋点校:《黄溍全集》上册,天津古籍出版社 2008 年版,第 246 页。

以贯之,他对于沈教谕的冀望正体现了这一点。

(二)绍兴儒学评价与谱系初构

如上所述,黄溍为浙东儒学人物所作的墓志铭,对于我们今天了解元代浙东儒学的面貌,具有非常高的文献价值。元代绍兴的朱子学传播,始自韩性的父亲韩翼甫。翼甫号恂斋,宋朝奉郎、大理寺主簿,学者尊之曰恂斋先生。元代取宋,向之在班行者,多携故所受告敕入换新命,独韩翼甫挈家绝江而东,杜门不交人事,以圣贤之道自乐。韩翼甫之学出于崇德辅广,而辅广是朱熹的弟子,因此元代绍兴朱子学的传播与韩翼甫有直接的关系。韩翼甫治学,用功本诸四书,四书通,然后求之六经。其子韩性(1266—1341),终于成为一代理学名家,使朱子学在绍兴地区开花结果。

黄溍在韩性去世后作《安阳韩先生墓志铭》,后来《元史·儒林传》《元儒考略》《宋元学案》等有关于韩性的传记资料,无一不出自该《墓志》。黄溍评价韩性学术,"于近世儒先性理之说,尤深造其阃域。秉心制行,表里如一,不徒驰骋于空言而已"。又云:

> 延祐初,有诏以科目取士,四方学者,不远千里,负笈而来,以文法为请。先生语之曰:"今之贡举,悉本朱文公私议。欲为贡举之文,而不知文公之学,可乎?《四书》六经千载不传之学,自程氏两夫子至文公,而发明无余蕴矣。顾力行如何耳。有德者必有言,施之场屋,直其末事,岂有他法哉?"盖先生之文,一主于理,凡经其口授指画,不为甚高论,而义理自胜,不期文之工而不能不工,以应有司之求,亦未始不合其绳尺,预荐送取科级者,彬彬多佳士焉。①

由此可见韩性为学的旨趣,不在科考,而在求真,且以朱子学为宗的事实。这与上举程端礼的想法是一致的。明眼人可以看出,这其实也是黄溍自己的意思。从黄溍所撰《墓志》,我们还可知道韩性与前代遗老王应麟、俞浙,以及文章大家戴表元为忘年交。②这可看出当时绍兴地区与庆元地区的学术交往状况。除了忘年交之外,韩性与黄震的第三子黄叔英还相为善,当时黄叔英家在鄞县,自是离绍兴不远。值得一提的是,黄溍还为我们提供了一个重要信息,即韩性与"永康胡之纲仍仲、之纯穆仲、长孺汲仲,并以学行相高,于先生为内兄弟,而齿差长,间以微辞奥义相叩击,三人咸自以为他日当有所不及"。这对于研究浙东地区儒学圈内部的姻亲关系,是很有价值的资料。

韩性作为一个具有独立品格的理学家,无论是其行为还是文章,在绍兴当地都成为

---

① ②　黄溍撰,王颋点校:《黄溍全集》下册,天津古籍出版社 2008 年版,第 457 页。

了一道名士风景,黄溍载曰:

> 同里与先生游最密者,唐珏玉潜、王易简理得、吕同老复初,皆一时名士,而王
> 监簿英孙,礼遇之甚至。每值风日清美,或同挟策于云门、禹穴,或共榜舟于耶溪、
> 镜湖,逍遥容与,弥日忘返,望之者疑其为世外人。先生之文,博达隽伟,而变化莫
> 测,人第见其如奇葩珍木,不择地而发,鱼龙出没,隐显后先,以为可喜可愕,而莫知
> 夫山之所以高,海之所以深也。①

中原韩氏渡江时,有仕籍者尚八九十人,散处江南诸郡,而越族为特盛。其家法之严,族
义之厚,迄今不变者,在绍兴惟韩性为表率,黄溍载曰:

> 先生操履纯固,体备至和,日与世应,动必中节。任斯道之重,而不苟立标榜为
> 名,高人自化服之。负高世之志,而谦恭不伐,不见其崖岸。人自乐亲之士,有一善
> 必为之延誉不已,及辨析是非,则毅然有不可犯之色。平居不问家有无,自奉简约,
> 而好周人之穷。买地数百亩于山阴岩谷中,死无所归者,给以棺槨,聚瘗其处。②

由此,韩性以其学问、道德、文章,在元代的绍兴享受到了最高的尊重:

> 先生出无舆马仆御,所过负者息肩,行者避道,巷夫街叟争前迎揖,童稚厮役咸
> 称之曰:韩先生,韩先生云。③

故黄溍最后感叹说:

> 昔曾文定公论古之世其道德者,汉有袁氏、杨氏、陈氏,唐有柳氏。窃考宋三百
> 年,故宰相家克世其道德,未有如吕氏、韩氏久而益振者也。吕氏自许公八世,而东
> 莱先生出于中兴盛世;韩氏自魏王八世,乃得先生于运去物改之后。故家乔木,不
> 与海桑俱化,而文献所存有足征者,岂偶然哉?④

元代越地儒学值得一提的还有韩性从兄韩忬,字义行,与韩性自相师,先后师表当世。
此外,韩翼甫的弟子陈普,本为福建宁德人,闻韩翼甫倡道浙东,负笈走绍兴而从之游。
陈普记韩翼甫曰:"聆韩先生夜旦诵《四书》,如奏《九韶》,令人不知肉味。"⑤

除此之外,黄溍还为越地其他较鲜为人知的儒学人物,保存了许多有价值的文献,
使我们对元代浙东的儒学生态细节有更清楚的了解。其《蒋君墓碣》:

---

①②③　黄溍撰,王颋点校:《黄溍全集》下册,天津古籍出版社 2008 年版,第 457 页。
④　黄溍撰,王颋点校:《黄溍全集》下册,天津古籍出版社 2008 年版,第 458 页。
⑤　黄宗羲等撰:《宋元学案》卷六十四《潜斋学案》,中华书局 1986 年版,第 2060 页。

305

潜弱冠时,及石先生之门,闻先生当宋景定咸淳间,执弟子礼者恒以百数。顾生晚不得厕其列,然窃心慕之。先生没十有六年,而某为诸暨州判官,始识蒋君陶朱山中,叩其师友之渊源,则执弟子礼于先生者也。君不以辈行自高,言必称同门,若尝与游与居者焉。①

这是黄溍为诸暨的蒋朋龙所作《墓志铭》,他和黄溍同出于石一鳌之门,且辈分较黄溍为高,在诸暨陶朱山中教授子弟,不为世闻。《宋元学案》列石一鳌弟子有四人,分别为石定子、陈取青、黄溍和李直方,②但无蒋朋龙,是故此则资料可补《宋元学案》之不足。

与此同时,黄溍《屏山处士王君墓志铭》还记载了越之剡地东林,有王氏家族,世代以儒为业。其中处士王琰,绝意仕进,面山筑堂,贮书万卷,扁曰"训经"。王琰竟日坐斋中读经史,尽卷乃止。远近朋友,时节必来会,相与讲经义,通宵达旦。又筑东林精舍,为聘名师,同里邻邑,闻风争来就学。③这些资料,都可看出元代越地儒风之盛。

（三）婺州儒学评价与谱系初构

婺州的儒学生态在宋元以来的浙东最为繁富。黄溍因与婺州当时许多重要的儒学人物有直接的交游,所以他留下来有关婺州儒学文献最为可靠,价值也最大,故黄宗羲《宋元学案》许多地方直接取材于黄溍的记载,今择其要而述之。

黄溍与金华叶邽的曾孙叶审言为同时代人,二人过往甚密,时有诗交寄。黄溍文集中便收有《叶审言、张子长同游北山知者寺,既归复与子长至赤松由小桃源登炼子山,谒二皇君祠,回宿宝积观赋绝句十首》《赠叶审言别》《寄叶审言》《送叶审言诗后序》等。叶审言死后,黄溍为作《叶审言墓志铭》,其云:

审言姓叶氏,讳谨翁,审言字也,世为婺之金华人。曾大父大冶县主簿邽,受业吕成公之门,以所得于成公者授徐文清公侨,文清后为朱文公门人高第,而于大冶君执弟子礼,没身不衰。④

这则资料不仅对于我们了解叶氏先祖叶邽的学术渊源有所帮助,还对我们了解义乌徐侨的学问所出有所帮助。因为徐侨著作的失传,使我们对他的学问无法深入了解。关于徐侨的师承,黄溍从叶审言处得知,他还是叶审言曾祖的弟子,而叶邽又是吕祖谦的

① 黄溍撰,王颋点校:《黄溍全集》下册,天津古籍出版社 2008 年版,第 492 页。
② 黄宗羲等撰:《沧洲诸儒学案表》,《宋元学案》卷六十九,中华书局 1986 年版,第 2246 页。
③ 黄溍撰,王颋点校:《黄溍全集》下册,天津古籍出版社 2008 年版,第 548 页。
④ 黄溍撰,王颋点校:《黄溍全集》下册,天津古籍出版社 2008 年版,第 483 页。

门人,因此徐侨实际上还是吕祖谦的再传弟子,只是后来才又从朱熹问学。这则资料,后来被黄宗羲直接移到《宋元学案》中,并标明取自黄溍文集,黄宗羲云:

> 叶邽,字子应,金华人。大冶主簿,受业吕成公之门。以所得于成公者授徐文清公侨。文清后为朱文公门人高弟,而于先生执弟子礼,没身不衰。(参《黄文献集》。)　①

由此可见,黄溍有关于宋元婺州的儒学文献,有些成为后世学术史研究者的一手资料。《宋元学案》中关于叶氏家学的有关材料,也直接取自黄溍所作的《墓志》,如《学案》云:

> 叶荣发,金华人。其父邽为徐文清公师。先生深自韬晦,罕与物接。子霖,始复以家学授徒。端明殿学士王埜知南康军,叶闾咸敬礼焉。官终兰溪儒学教授。

> 叶审言,字谨翁,金华人,兰溪教授霖之子。先生于书,无所不读,卓然自立,父子相为师友。尝仕浦江、义乌二县教谕,所至以兴坏起废为务。任衢州之明正书院山长,复道流冒占之田二百余亩。及为吉水教授,士论翕然。主晋江簿,同寮有与之不合者,力构陷之。使者得其冤状而莫能直,竟去官。改婺州路司狱,以年请老,诏晋秩同知瑞安州致仕。先生学以寡欲为宗,治家有法。吉凶诸礼,一遵成公家范,曰:"吾有所受之也。"室庐再厄于火,侨寓唐氏说斋精舍。久之,乃得老屋数椽。教子之余,日以种莳为事,所入不足自给,处之晏然。卒之日,有书数卷,田数亩而已。许文懿公谦、柳待制贯、吴礼部师道、张修撰枢,皆雅重之。②

将以上资料与黄溍所作《墓志》比较可以看出,基本上是对《墓志》的改写。而对于叶审言的学术端概,我们从黄溍《叶审言墓志铭》的记载也大约得知为如下情形,其云:

> 审言性明达而夙有知,于书无不读,由家传之端绪,溯儒先之原委,卓然自立,诸老无不乐与之游。③

而且,还因为他记载了叶审言与婺州诸儒都有交往的事实,使我们看到当时婺州儒学群体彬彬之盛的状况,其云:

> 审言所交,皆四方名士,里居之日,最所友善者,许文懿公谦、翰林待制柳公贯、太常博士胡君助、礼部郎中吴君师道、翰林修撰张君枢,而溍而幸获陪诸公之末。④

---

① 黄宗羲等撰:《宋元学案》卷七十三《丽泽诸儒学案》,中华书局 1986 年版,第 2434 页。
② 黄宗羲等撰:《宋元学案》卷七十三《丽泽诸儒学案》,中华书局 1986 年版,第 2452 页。
③ 黄溍撰,王颋点校:《黄溍全集》下册,天津古籍出版社 2008 年版,第 483 页。
④ 黄溍撰,王颋点校:《黄溍全集》下册,天津古籍出版社 2008 年版,第 484 页。

当时的婺州儒学,是继南宋之后又一个黄金时期,这从黄溍所列的名单已经可以看出。但到黄溍写这篇《墓志》的时候,他感慨"至是,诸公多以凋谢,惟胡君与某独存"。

涉及元代浙东重要儒学人物文献的,是黄溍的《白云许先生墓志铭》。这是我们目前所能见到的较早关于元代著名理学家许谦的传记资料,《元史》《宋元学案》有关许谦的传记,材料均出自黄溍该文。特别是黄溍关于金华朱子学统绪的论述,开《宋元学案》先河,其云:

> 自圣贤不作,师道久废。宋初学者,有师始于海陵胡公,先生六世祖受业于海陵,号称能以师法终始者。逮二程子起而倡圣学,以淑诸人,朱子又溯流穷源折衷群言而统一其归,使学者有所据以从事,由是师道大备。文定何公既得朱子之传于其高弟文肃黄公,而文宪王公于文定则师友之,金先生又学于文宪,而及登文定之门者也。三先生皆婺人,学者推原统绪,必以三先生为朱子之世適。先生出于三先生之乡,而克任其承传之重,遭逢圣代,治肇休明,三先生之学,卒以大显于世。然则程子之道,得朱子而复明;朱子之道,至先生益尊。先生之功大矣。①

在学术史上,黄溍是较早对婺州朱子学统绪作出总结的学者之一。这里勾勒出"朱熹—黄榦—何基—王柏—金履祥—许谦"的金华朱子学谱系,是朱子学在浙东最为完备的传承图谱。在黄溍的观念里,他对金华本土的吕学有深深的敬意,也有深深的遗憾,他在《张子长墓表》中说:"初,东莱吕成公倡道于婺,不幸天不假以年,故婺之言性理者,悉本于紫阳朱文公。由文公五传,为白云许先生。"②朱、吕之学,同属于性理学派,但具体侧重有所不同。在黄溍看来,如果吕祖谦不早死,婺州的学术版图可能就不是现在所见到的面目,至少在婺州的学术生态中可能不会出现朱子学一派独大的局面。在金华四先生中,黄溍对许谦在金华朱子学地位的评价最高。黄溍认为何基、王柏、金履祥三先生之学,是因为许谦而"卒以大显于世",此其一;还以为朱熹使程子之道复明,而许谦使朱子之道益尊,此其二。这两个评价都表明许谦在金华北山学派的地位非同一般,故他与元代北方的大儒许衡,被人们并称为"南北二许"。

黄溍在《白云许先生墓志铭》中提到金履祥对许谦说的一段话,还涉及金华朱子学的核心特色,其云:

---

① 黄溍撰,王颋点校:《黄溍全集》下册,天津古籍出版社 2008 年版,第 462 页。
② 黄溍撰,王颋点校:《黄溍全集》下册,天津古籍出版社 2008 年版,第 726 页。

金先生尝告之曰："吾儒之学，理一而分殊，理不患其不一，所难者分殊耳。"先生由是致其辨于分之殊，而要其归于理之一。①

"理一分殊"四字是程颐在回答杨时关于《西铭》的疑问是提出来的。程颐认为易象是代表现实世界的事物，而理则是易象的本体。易象虽千差万别，但所含的理只有一个。朱熹后来发挥程颐学术，他借用周敦颐的太极说，认为太极便是"总天地万物之理"，此即万物之共理。天地万物，便是太极的显现与作用。然而万物又各具一理，此即所谓一物之理。总万物之理与一物之理便是理一分殊的关系。到了金履祥，他将朱熹理一分殊的理学本体论，改造为分殊而理一的认识方法论，而许谦就是按照金履祥的路子去"辨于分之殊"，再"归于理之一"的。从宋元理学的发展来看，黄溍所作的此项揭示，意义重大，可谓契中了金华朱子学的一大特色。此外黄溍评论许谦学术总特征及其影响云：

先生之教，以五性人伦为本，以开明心术变化气质为先，以为己为立心之要，以分辨义利为处事之制。至诚谆悉，内外殚尽，尝曰："己或有知，使人亦知之，岂不快哉？"或有所问难，而辞不能自达，则为之言其所欲言，而解其所惑，讨论讲贯，终日无倦，摄其麄踈，入于密微。闻者方倾耳听受，而其出愈真切，惰者作之，锐者抑之，拘者开之，放者约之，为学者师垂四十年，著录殆千余。②

这些评价都为《宋元学案》所采纳。综合来看，黄溍对许谦的学术有较为全面的评述，我们逐一引述如下。

第一，对《读四书丛说》的评述。该书是许谦代表作，除许谦的弟子吴师道之外，黄溍是对该著作进行早期评论的学者之一，他说："读《四书章句集注》有《丛说》二十卷，敷绎经义，惟务平实。"可见许谦是以非常严肃谨慎的态度来对待四书的，他具体记载许谦曾教人重视四书和《四书章句集注》时说：

每戒学者曰：士之为学，当以圣人为准的，至于进修利钝，则视己之力量何如，然必得圣人之心而后可学圣人之事，舍其书，何以得其心乎？圣贤之心，尽在四书，而四书之义，备于朱子。③

而黄溍在《白云许先生墓志铭》中记载许谦自述其阅读四书的体会时，更可以看出他著《丛说》的用意与态度：

①　黄溍撰，王颋点校：《黄溍全集》下册，天津古籍出版社 2008 年版，第 459 页。
②　黄溍撰，王颋点校：《黄溍全集》下册，天津古籍出版社 2008 年版，第 459—460 页。
③　黄溍撰，王颋点校：《黄溍全集》下册，天津古籍出版社 2008 年版，第 461 页。

顾其立言,辞约意广,读者或得其词,而不能悉究其义,或以一偏之致自异,而初不知未离其范围。世之诋訾贸乱务,为新奇者,其弊正坐此耳。始余三四读,自以为了然,已而不能无惑,久若有得,觉其意初不与己异,愈久而所得愈深,与己意合者,亦大异于初矣。童而习之,白首不知其要领者何限,其可以易心求之哉?①

黄溍指出许谦对待四书和《四书章句集注》这种不可"易心求之"的态度,从许谦弟子吴师道那里可以得到证明,其曰:"今观《丛说》之编,其于《章句集注》也,奥者白之,约者畅之,要者提之,异者通之,画图以形其妙,析段以显其义,至于训诂名物之缺,考证补而未偹者,又详著焉。"②而《四库全书总目》也说:"书中发挥义理,皆言简意赅,或有难晓,则为图以明之,务使无所疑滞而后已。其于训诂名物亦颇考证,尤足补《章句集注》所未备。于朱子一家之学,可谓有所发明矣。"③鉴于此,吴师道总结《丛说》的学术地位道:"欲通四书之旨者,必读朱子之书;欲读朱子之书者,必由许君之说。兹非适道之津梁,示学之标的欤?"④

第二,对许谦经学著作的述评。许谦著述许多都已失传,幸赖黄溍的引述,我们才得知其大概,其云:

读《诗集传》有《名物钞》八卷,正其音,释考其名物度数,以补先儒之未备,仍存其逸义,旁采远援,而以己意终之。读《书集传》有《丛说》六卷,时有与蔡氏不能尽合者,每诵金先生之言曰:"自我言之,则为忠臣;自他人言之,则为谗贼。要归于是而已。"其言《春秋三传》有《温故管窥》若干卷,间以《春秋大义》数十百条,与友人张君枢极论之,皆传注所未发。于《三礼》则参伍考订,求圣人制作之意,以翼成朱子之说。其语学者必顺天地之理,酌古今之宜,使通于上下,皆可遵用。又尝句读《九经》《仪礼》《三传》而于其宏纲要旨,错简衍文,悉别以铅黄朱墨,意有所明,则表见之。其后友人吴君师道得吕成公点校《仪礼》,视先生所定,不同者十有三条而已,其与先儒意见吻合如此。⑤

据黄溍的记载,许谦对于《周易》还有相当精深的研究。婺州有一老儒,自以为善言《易》,力诋程子。许谦与之反复辩论,辞详义正,老儒语塞,乃谢曰:"不意子之于《易》若

---

①⑤　黄溍撰,王颋点校:《黄溍全集》下册,天津古籍出版社 2008 年版,第 461 页。

②④　吴师道撰:《礼部集》卷十五《读四书丛说序》,《四库全书》本。

③　四库全书研究所整理:《钦定四库全书总目》卷三十六《读四书丛说提要》,中华书局 1997 年版,第469 页。

是其精也。"许谦中年以后，"仰观俯察，益有见于于阴阳、往来、升降、消长、阖辟之故。曾说伏羲之经，广大悉备，文王、周公、孔子之辞，乃其传注六爻之义，特发凡举例耳。诸儒于象辞、变占，各有攸尚，要不可举此而废彼也。"①但许谦于经学中，独于《易》无所论述，黄溍推测许谦"岂不以孔子晚始好《易》，孟子深于《易》而不言易乎"？ 这为后世了解许谦的学术世界，提供了丰富的信息。

第三，对许谦史学论著的评述。黄溍《白云许先生墓志铭》曰：

> 其观史，有《治忽几微》若干卷，仿史家年经国纬之法，起大皞氏，讫宋元祐元年秋九月尚书左仆射司马光卒，备其世数，总其年岁，原其兴亡，著其善恶。盖以为光卒，则宋之治不可复兴，诚一代理乱之几，故附于续经而书孔子卒之义，以致其意也。②

黄溍还记载，许谦在《治忽几微》一书初成之后，以示弟子张枢，为言："运祚之延促，岂必推之天命？ 犹有人事焉。汉之大儒言灾异，皆欲近修人事，上答天变，况圣贤之培植基本、祈天永命者哉！ 有国家者，不可不仁民，盖以此也。"③这反映了他切近人事，重视仁政的历史观。

关于许谦学术成就的广博性，通过黄溍记载，我们知道他对于天文、地理、典章、制度、食货、刑法、字学、音韵、医经、数术，靡不该贯，一事一物可为博文多识之助者，必谨志之。甚至对于释老之言，亦皆洞究其蕴。之所以如此，他对学者表明自己观点说："孰不曰辟异端？ 苟不深探其隐，而识其所以然，能辨其同异，别其是非也几希。"最后，黄溍《白云许先生墓志铭》总结说：

> 道学之传，天下为公。婺之儒先，独得其宗。巨人迭兴，踵武相接。逮于先生，绵绵四叶。先生之学，能自得师。实践之功，出乎真知。万殊之差，无微不析。一本之同，会归有极。酬酢万变，必用其中。涵养本原，以敬始终。际兹休明，力扶正学。闻风而来，闾间南朔。春阳时雨，随地发生。洪纤高下，咸仰曲成。迪惟前人，学有师法。克生后贤，规重矩迭。先生有作，弥大而昌。师严道尊，于昔有光。先生之身，斯道所寄。视其安否，以为隆替。天胡不慭，不讫耄期。山颓木坏，人将畴依。不亡者存，遗书孔有。文不在兹，尚启尔后。④

---

①②③　黄溍撰，王颋点校：《黄溍全集》下册，天津古籍出版社 2008 年版，第 461 页。

④　黄溍撰，王颋点校：《黄溍全集》下册，天津古籍出版社 2008 年版，第 462 页。

黄溍作为许谦的同时代人,他对许谦学术思想的总结,代表了当时学术精英们的普遍性看法,也成为后来人们对许谦学术思想进行研究的学术起点。

许谦课徒,数以千计,成为元代中后期婺州儒学的主要力量,也使金华地区成为江南朱子学传播的重要基地。在这些数以千计的门人中,张枢是其中较为突出的一位。张枢的文献资料亦以黄溍所作《张子长墓表》为最全,其中涉及张枢的学术评价,可以补《学案》之不足。《学案》中关于许谦之子许元的传记,未能涉及许谦死后,许元曾师事张枢之事,故王梓才案语曰:"白云之殁,以先生(指许元)属于张子长,先生欲师事之,则以白云之待己者待焉。见黄文献所作《子张墓表》。"①王梓才就是据黄溍所作《张子长墓表》如下记载而加的案语,黄溍云:"许先生之殁,以其子元属于子长,元欲师事之,而子长则以先生之待己者待焉。"②事实上,《学案》在对许谦的学术谱系描述中,将张枢不作许谦门人看待,而作许谦学侣安排,也是根据黄溍的《墓表》记载。黄溍云:

> 子长少先生二十二岁,先生偶见之,漫叩以汉高帝何以取天下,辄应口而对,出入纪传,贯穿钩引,语蝉联不能休。先生大奇之,阅数日,子长以书上谒,先生答书,亟道期之以大成。子长请就弟子列,先生不可,始终以朋友待之。③

可以肯定,就是根据黄溍的记载,《宋元学案》才将张枢纳入许谦"学侣"。关于张枢的学术著作,黄溍介绍说:

> 谓学《春秋》者必始于《三传》,而其义例互有不同,乃辨折其是非,会通其归趣,参以儒先之说,裁以至当之论,为《三传归一义》三十卷。又谓唊氏于《春秋》卓然有见于千载之下,而陆氏继之所纂《春秋微旨》,以朱墨别《三传》之当否,岁久漫灭,寖失其真,乃重加考订,为《三传朱墨本》若干卷。言有未周,意有未畅,则出新义以补之。④

可见他的主要学术成就在《春秋三传》的研究上。此外,张枢承婺州史学传统之绪迹,对两汉三国史多有心得,黄溍说:

> 谓三国之正闰,固不待辩,自古国必有号,史亦从其实而书之。汉之为汉,未尝称蜀,陈寿欲帝魏而以晋承其统,遂以蜀易汉,抑此所以伸彼也。寿父获罪于诸葛武侯,而寿又为武侯子瞻所薄,故于武侯之骏功伟烈,多略弗著,而武侯再挫司马

---

① 黄宗羲等撰:《宋元学案》卷八十二《北山四先生学案》,中华书局1986年版,第2768页。
② 黄溍撰,王颋点校:《黄溍全集》下册,天津古籍出版社2008年版,第727页。
③④ 黄溍撰,王颋点校:《黄溍全集》下册,天津古籍出版社2008年版,第726页。

懿,亦没而不及,内以报私憾,外以为时讳也。谯周,寿之所师,力赞后主纳欵于魏,卖降覆国,寿不以为非,反善其策。余所书往往类是,乃纠其疵谬之害义,正其繁简之失宜,为《刊定三国志》六十五卷。又别撰《汉本纪列传》附以魏、吴载纪,为《续后汉书》七十三卷。三国之臣有能致节于其君者,旧史或讳不书,或书而失其实,或仅见于异代之史,皆为更定,而于汉事必备载以详正统。或一事数说,必参订使归于一,是非疑似,抑扬予夺,咸有论著,系于各篇之后,名曰《训志》。①

所谓正闰,主要是指中国史学中的正统和非正统。最先较为完整提到"正闰"这个概念的是北宋司马光,在《资治通鉴·魏文帝黄初二年》中,他说汉传于魏而晋受之,晋传于宋以至于陈而隋取之,唐传于梁以至于周而大宋承之,故不得不取魏、宋、齐、梁、陈、后梁、后唐、后晋、后汉、后周号,以纪诸国之事,非尊此而卑彼,有正闰之辨也。但早在司马光之前,陈寿的《三国志》已经尊魏为正统。这是因为陈寿为晋臣,而晋是承魏才有天下的。所以,在《魏书》中为曹操写了本纪,而《蜀书》和《吴书》则只有传,没有纪。记刘备名《先主传》,记孙权称《吴主传》。张枢对于陈寿之尊魏,表示异议。他认为陈寿"以蜀易汉",是"抑此所以伸彼也"。而且他进一步分析陈寿所以这样做的理由,是因为陈寿的父亲曾获罪于诸葛亮,而陈寿又为诸葛亮之子诸葛瞻所卑薄,故他于诸葛亮之骏功伟烈,多略弗著,而诸葛亮之再挫司马懿,在《三国志》中亦没而不及,由此陈寿借修史"内以报私憾,外以为时讳"。其实,魏、蜀正伪论争,作为正闰之辨的历史内容,常常成为检验一位历史学者的史学思想之标尺。特别是在宋代,许多历史学者借此表达他的正闰观念,甚至形成改修《三国志》之风,这从一个侧面可以看出正闰之辨在宋代史学思潮中的地位和影响。此外,正闰有时也表现为"夷夏之辨"。南宋叶适云:"若夫不别夷夏,不分正闰,恬其仇我,俛焉并立,甚至以为戎狄之德,黎民怀之,若天眷命而然,则尤公师友之所讳也。"②叶适在南宋将正闰与"夷夏之辨"挂钩,自然与那个时代的民族要求相关。而到了元代,情况发生了根本性的变化。由于元朝属于入主中原的北方少数民族政权,统治者为了求得自身地位的合法性,需要努力革除这一正闰观念与"夷夏之辨"所带来的贻害,故在编纂《辽》《宋》《金》史时,三史都总裁官、中书右丞相脱脱,代表朝廷独断曰:"三国各与正统,各系其年号。"这样在中国史学史上,第一次以朝廷名义,客观上肯

---

① 黄潽撰,王颋点校:《黄潽全集》下册,天津古籍出版社 2008 年版,第 726—727 页。

② 叶适撰:《水心集》卷二十三《兵部尚书蔡公墓志铭》,《四库全书》本。

定了各民族政权的合法地位。由此而言,脱脱在中国史学史上的独特贡献其实不能忽视。张枢在元代中后期,他的史学观还主张正闰之分,而且在行为上仍然坚持宋逸民的姿态,这是少见的。不仅如此,据黄溍称,他还大量搜集宋逸民资料,以存史证。黄溍《张子长墓表》云:

> 谓宋之亡也,将相群臣伏节死义者,固已有传在史氏,卑官下士,吏卒女妇之死者,多史所弗录,乃询诸故老,旁采稗官,得若干人,为《宋季逸事》若干卷。[1]

黄溍自己虽然入仕,但他对张枢的举动,内心还是极为推崇的。这种态度,表现在他为张枢作《墓表》时,一改常态写法,起首便曰:

> 上即位之十一年,分命儒臣纂修辽、金、宋三史,今师相以监修国史领都总裁。既进,拟收擢遗逸之士四人,以两院次对之职,俾参笔削,仍奏辟子长为本府长史。使者奉驿券行四千里,求得子长于金华山中,力辞不拜,四方之士,莫不高其风。后五年,申命史臣纂修本朝后妃功臣传,于是,山林特起之招,皆正除入馆,俾预讨论。子长名在五人之列,以翰林修撰、儒林郎、同知制诰兼国史院编修官召,复避不就,使指有严,不得已为之起。行至武林驿,卒辞而归,士益以是高之。[2]

张枢所持修史理念,与脱脱既然完全不同,当然无法加入到脱脱的修史团队中去。他的两次征诏不就,大概与他的史学观念有深刻的关联,并不仅仅是为博得士林声誉,这在前引黄溍所作《墓表》中就已看得明白了。

黄溍对于元代中后期婺州儒学某些具有特征性的变化的认识与把握,还可以从他为戚崇僧所作的《墓志》中看出大概。黄溍与金华戚氏家族有世交,他为戚象祖、戚崇僧父子都作有《墓志》。透过黄溍所作《墓志》,可以得知这个家族具有深厚的学术渊源。戚氏在楚丘者,实宋之世家,南渡后迁居婺州。戚象祖的曾祖戚如琥与其从兄戚如圭、戚如玉,并受业于吕祖谦,兄弟三人起南宋绍兴年间和乾道、淳熙间进士。今《宋元学案》卷七十三《丽泽诸儒学案》列戚氏三兄弟在吕祖谦名下,就是依据黄溍的记载。而关于戚象祖与父戚绍的学术渊源,黄宗羲《宋元学案》列在"戚氏家学"之中,两则传记资料根据小注来看,也是取材黄溍。[3]黄溍还提到金华戚氏,四代与义乌朱氏联姻,其中戚象祖的长女嫁给著名的理学家、医学家朱震亨,这也为我们研究义乌与金华两地学术世家

---

① 黄溍撰,王颋点校:《黄溍全集》下册,天津古籍出版社 2008 年版,第 726 页。
② 黄溍撰,王颋点校:《黄溍全集》下册,天津古籍出版社 2008 年版,第 725 页。
③ 黄宗羲等撰:《宋元学案》卷七十三《丽泽诸儒学案》,中华书局 1986 年版,第 2441、2458 页。

的姻亲文化圈提供了素材。据黄溍给戚崇僧所作的《墓志》,我们知道,戚崇僧是许谦的弟子,与他父祖辈的学术归属有所不同,这也看出这个吕学世家入元以后的学术转向。这其实与元代整体的学术选择不无关联,也与吕祖谦学术在元代的式微不无关联。据黄溍记载,戚崇僧是一个绝意仕进的人,但开始所学尽在诗文,其《戚君墓志铭》云:

> 君兄弟二人,兄某以材见推择,从事于宪府,用例补官。君独不以荣进为念,端居苦学,间弄翰于诗文,皆积丽绵密可喜。①

后来,一改旧习,开始留意学术,终成许谦的高足,黄溍说:

> 年二十有七,始尽弃其学,而从乡先生许公讲道于东阳之八华山,用意坚确。蚤夜弗懈,博通经史,旁及诸子百家,尤潜心于儒先性理之说,探幽发微,必极其根柢而后已,同门推为高弟。②

值得注意的是,婺州元代的儒学虽然在戚氏家族出现了吕学向朱学的转向,但是据黄溍的记载,其实这个转向,某种程度而言,未尝不是两大学派在一个家族内部的融合。由此可知,对于一时代的学术史整理,有些现象其实并不能作简单化处理。黄溍曰:

> 初,袁州府君与从兄如圭、如玉并受业东莱吕氏之门,而许公之所承传,本于考亭朱子,君以得于许公者归,而稽诸家庭之所闻,无不吻合,自信愈笃。③

虽然戚崇僧为许谦高弟,但稽诸其家族内部的吕学传统,亦无不吻合。在这里黄溍对当时婺州学术生态以家族为单元所作的细致观察与揭示,对于我们研究朱、吕之后的婺州儒学具有极大的方法论与认识论意义。黄溍最后为作铭文,对此总结道:

> 戚之家学宗吕氏,百年遗响君克嗣。私淑诸人祖朱子,溯其承传归一揆。君先群从皆进士,季由师氏为刺史。流芳五叶未渠巳,孰无望君复其始。时之可行君则止,世其学弗世其仕。杜门著书逾纪两,书成未出君不起。俾以铭章示源委,后人母忘趾其美。④

朱、吕之学的合流趋势,在元代以后,不仅表现于戚氏家族的内部,其实就整个婺州的儒学而言,这种合流的趋势也是较为明显的。此外,《宋元学案》中关于戚崇僧的传记资料一依黄溍所作《戚君墓志铭》,而戚崇僧的著述,据黄溍《戚君墓志铭》载曰:

> 君有《春秋学讲》一卷,盖其少作,晚岁所著有《春秋纂例原指》三卷,《四书仪

---

① ② ③　黄溍撰,王颋点校:《黄溍全集》下册,天津古籍出版社 2008 年版,第 584 页。
④　黄溍撰,王颋点校:《黄溍全集》下册,天津古籍出版社 2008 年版,第 585 页。

对》二卷，《后复古编》一卷，《昭穆图》一卷，《历代指掌图》二卷，以六书之学世儒率置而不讲，所传经籍之文多致讹舛，乃考许氏《说文》，参以近代诸名公之所订定，用古篆缮写《易》《书》《诗》《仪礼》《春秋》《孝经》《论语》《大学》《中庸》《孟子》，将献于有司，而乞颁行于四方。以《仪礼》一经未既，弗及上。①

此外值得一提的是，黄溍在《道一书院山长戚君墓志铭》中，记载了金华戚氏与永康吕氏，还有着姻亲关系。因为戚崇僧的二妹嫁给了永康吕汲的长子吕梓。②据黄溍《水西翁吕公墓志铭》记载，吕梓本伯兄之子，后过继给吕汲。③戚崇僧的父亲戚象祖，有一次赴永康太平山中看望女儿和女婿吕梓，喜欢太平山水，因故"侨寓久之"。而戚崇僧后亦赴太平省亲，"遂卜居焉"。黄溍在《戚君墓志铭》中载曰，戚崇僧"性恬静，默坐一室，环以书数百卷，非有故不妄出。吕公既遣诸孙来学于君，复创义塾，聚族人之子弟使就学，诿君主其教事"。④戚崇僧虽绝仕进，后在永康太平山中设馆授徒，"克谨师法，持规严，学者敬惮之。"匾其室曰"朝阳"，以表乡土之怀，人称之朝阳先生云。但他的政治热情仍还保留，"又尝为书言时政，欲诣阙陈之，亦弗果行"。故黄溍最后评价说："人见君高蹈物表，目以为畸人静者，而不知其未始忘情斯世，第不屑苟售耳。"⑤

元代永康吕汲这一支，其实是陈亮门人吕约之弟吕源的后代，也是一个世代业儒的家族。据黄溍《水西翁吕公墓志铭》载曰：

吕氏于婺为著姓，而非一族人，因以其所居地望为别，居永康县之太平乡者，号太平吕氏。宋之中叶，有以经学教授于乡里者曰遵，遵之子曰迪功郎师愈，仇家构飞语中其长子约，而连及之。父、子同时与龙川陈公，俱下天狱。次子皓，先以赈济受知仓使，朱文公奏补郡文学，用漕荐再上春官，时年二十有四，叩匦上书，乞纳所得官，赎父、兄罪。丞相白无例，孝宗正色曰："义事，安用例？"立命出之，缘坐得释者五十余人。幼子源，是为府君（吕汲）五世祖，累赠通直郎。高祖讳介，曾祖讳羔，皆承节郎。祖讳埜，承信郎。父讳懋，咸淳间，尝与计偕试礼部。入皇朝，版授知永康县，至元十五年也。⑥

吕汲虽然是永康的巨富，但这个家族自宋以来一直保持有鲜明的儒家风范，黄溍对吕汲的行事与族风，有很详细的记载，其云：

①④⑤ 黄溍撰，王颋点校：《黄溍全集》下册，天津古籍出版社2008年版，第584页。
② 黄溍撰，王颋点校：《黄溍全集》下册，天津古籍出版社2008年版，第582页。
③⑥ 黄溍撰，王颋点校：《黄溍全集》下册，天津古籍出版社2008年版，第489页。

少嗜学，至老不懈，读书务穷理，而于百家数术，靡不旁通其说。平居致养于亲，为具必丰；族人不能自食者，月有廪，年当入学者，家有塾；列为成规，守而不废。子女婚嫁，必择故家名族，未尝论财。接宾友，情文兼至，各尽其欢而止。邻里有急，必周之。岁大祲，为粥食饿者，所全活以千百计。至于自奉，乃极简薄，衣无美饰，食无珍味，器用苟完。出入无傔从，唯以一僮挟策自随，人望之萧然山泽之癯也。其恭俭出于天性，孝友行于家，仁爱及于宗族乡党。可见者如此，而又多材。能遇事明敏，所处必中于理，众咸厌服，为人排难解纷，勇于赴义，不以为惮。[1]

吕汲的两个儿子吕权、吕机，同时师事许谦。据黄溍记载，可知这两位许谦的门人都不幸早逝，其云：

权既长，遣从乡先生许公益之受学八华山中，业成未及见于用，而先府君十五年卒，无子。府君（吕汲）以继体之重，为之斩衰三年。仍命以机子烜为之后，而机亦先府君三年卒。[2]

后《宋元学案》在"白云门人"条下增补了有关吕权、吕机的传记资料，云：

吕权，字子义，永康人。从白云，竟夕不寐。尝自书其梦中之语曰："青壁虽万里，白云只三寻。"已而三十八岁病卒。弟机，字审言，亦从白云。通《春秋左氏》，尤精于《资治通鉴》，有笃行。[3]

此可与黄溍的记载互相补充。

特别值得一提的是，黄溍为石一鳌所作墓表，其中涉及宋元义乌儒学渊源的文献记载，成为后来《宋元学案》最主要的取材。其《石先生墓表》云：

先生石氏，讳一鳌，字晋卿，世为婺之义乌人。至大四年，年八十有二，卒。明年十有二月壬申，葬贾山之原。呜呼！先生宋景定甲子，乡贡进士也。人莫或用为其称而称之，必曰先生者。先生，学者之共尊，众人之同慕也。初徐文清公倡道丹溪上，及门者或仕或不仕，皆时闻人。文清之学，盖亲得于考亭，而秘书丞王君世杰，则有得于文清者也。先生少受业于监榷货务都茶场王君若讷，既又从秘丞君游，学日以茂实，大而声远，负笈而至执弟子礼者亡虑数百人。然自秘丞君以来，惟用举子业相授受，故先生之门，名贤书升学馆者相望，其高第或据乙科，最后榷货君

---

① 黄溍撰，王颋点校：《黄溍全集》下册，天津古籍出版社 2008 年版，第 489—490 页。
② 黄溍撰，王颋点校：《黄溍全集》下册，天津古籍出版社 2008 年版，第 490 页。
③ 黄宗羲等撰：《宋元学案》卷八十二《北山四先生学案》，中华书局 1986 年版，第 2789 页。

之孙龙泽，遂为成淳甲戌进士第一人。国朝以材学显荣于时者，犹彬彬焉，识与不识，咸以是为先生之盛。至其端绪之微，蕴奥之邃，世固未必尽知之也。盖先生晚而覃思，于《易》著《互言总论》十卷，其为说不皆本于徐氏。凡文清之教，曰命、曰性、曰心、曰中、曰诚、曰仁，微辞奥义，或尚有托乎？呜呼！昔者子贡盖叹孔子之文章，而以性与天道为不可得闻，窃意今之称先生者，虽其文章，犹莫得而闻也，顾以是琐琐者为其盛耶？吾见其为先生之累而已。呜呼！有足哀乎？夫所谓同尊而共慕者，其果出于此乎？彼乎？潜生也后，幸获执弟子礼，而不及与夫数百人者群游并进，于先生十卷之书，复未能与有闻焉。间乃掇其弃余，以充有司之求。向之累先生者，阅四十年而固在也。呜呼！不又可哀乎？夫使先生之道，卒捃摭而弗扬者，谁与？潜实惧焉。谨次其师友源流，揭表墓道，庶来者之求先生，无以彼易此，而徐氏之传，不终寥寥也。①

义乌宋元儒学渊源从徐侨到王世杰，到石一鳌，再到黄潜，这是该文献为我们留下来的最为完整的资料。故黄潜自己也说"谨次其师友源流，揭表墓道，庶来者之求先生，无以彼易此，而徐氏之传，不终寥寥也"。《宋元学案》"毅斋门人"条下云：

> 王世杰，字唐卿，义乌人。官秘书丞。初徐文清公倡道丹溪上，及门者或仕或不仕，皆时闻人。文清之学，盖亲得于考亭，而先生则有得于文清者也。（参《黄文献集》。)②

此处标明参《黄文献集》。而且，他还对徐侨的主要学术特征有所记载，使后人得窥徐侨理学风貌之一斑。此外，黄潜《杏溪祠堂记》所载，傅寅之子傅定"受业朱门，得其微言奥旨，归与诸弟子共讲"，③也为《宋元学案》所采入。④

如果说《宋元学案》对黄潜所作《石先生墓表》多有取材的话，而黄潜另一篇为义乌王炎泽所作的《南稜先生墓志铭》同样重要，则又恰好被《宋元学案》所忽略。这篇墓志对于了解宋元以来义乌王氏家族儒学，是一份重要的文献。比如王固，登北宋皇祐五年(1053)进士第，宋三百年，义乌取科第，自王固始。最为值得一提的是，黄潜在《南稜先生墓志铭》中，提到王固早年游学胡瑗之门。如果说宋世学术之盛，胡瑗为开先河，而王固

---

① 黄潜撰，王颐点校：《黄潜全集》下册，天津古籍出版社2008年版，第721页。
② 黄宗羲等撰：《宋元学案》卷七十《沧洲诸儒学案》下，中华书局1986年版，第2331页。
③ 黄潜撰，王颐点校：《黄潜全集》上册，天津古籍出版社2008年版，第370页。
④ 黄宗羲等撰：《宋元学案》卷六十《说斋学案》，中华书局1986年版，第1964页。

作为胡瑗弟子,他也应为义乌理学的开山人物。但《宋元学案》在《安定学案表》中,未列王固,不能不说是一个遗漏。此外,黄溍对王固以后的义乌王氏家族儒学作了详细的介绍,其中提到王炎泽的母亲是叶由庚的女儿,由此而得染朱学风声气习,其《南稜先生墓志铭》云:

> 少嗜书,稍长治举子业,颖出侪辈间。运去物改,而场屋事废,因得专意探索圣贤之微旨。家庭所受,既得其素,而通斋为外大父又从徐文清公,传考亭朱子之学,风声气习之所存,感发尤多,而操行愈坚。穷居约处,开门授徒,绝口不言仕进。①

"通斋",即指叶由庚。而《宋元学案》在《沧洲诸儒学案表》中,于叶由庚名下无传,似应加上"王炎泽"为妥。

总之,关于元代婺州儒学,黄溍是较早的关注者、梳理者和总结者之一。我们今天所能看到的婺州儒学面貌,许多资料来自他的文集记载,因此从元代的学术史整理与谱系的建设而言,黄溍应该占有一席之地。

(四) 处州儒学评价

在宋元时期,处州与浙东其他地区相比,儒学发展一直相对滞后。在《宋元学案》中,收录有为数不多的几位学者,赵雷是其中的一位。《宋元学案》在卷六十九《沧洲诸儒学案表》中,列表为:朱熹——滕璘——赵雷——赵顺孙。由此可见,赵雷为朱熹二传弟子,其子赵顺孙为朱熹三传弟子。但《学案》有关赵雷传记,仅云:"赵雷,字省之,缙云人。滕溪斋弟子。"小注云:"参《儒林宗派》。"②其子赵顺孙则有表无传。我们现在所知的赵顺孙(1215—1277)生平,主要以黄溍《格庵先生赵公阡表》所记资料为主。其云:

> 公讳顺孙,字和仲,八岁能诵说九经。嘉定十五年,赐童子出身。真文忠公见而奇之,谓少傅曰:"大君之门者,必此子也。"公不以自矜,益务亲师取友,而求其所未至。朝淬夕砺,几三十年,乃以春秋试于乡、于礼部皆第一。淳祐十年,赐进士出身。调太平州学教授。秩满,差江东常平司干官,未上,改临安府学教授。召试除秘书省正字兼景献府教授,升校书郎,添差通判婺州,以内忧去。咸淳改元,入为秘书郎兼崇政殿说书。公因进讲言:"今兹建元伊始,正治乱相承之机。"度宗竦听,谕公曰:"卿老儒,议论似富弼、苏轼。"公退,有旨擢监察御史,仍兼说书。历右正言、

---

① 黄溍撰,王颋点校:《黄溍全集》下册,天津古籍出版社 2008 年版,第 482 页。
② 黄宗羲等撰:《沧洲诸儒学案下》,《宋元学案》卷七十,中华书局 1986 年版,第 2340 页。

左司谏,遂为殿中侍御史,皆兼侍讲。……累疏乞召洪天锡、陈宗礼、陈宜中还,居言职,劾龚日升昏鄙,不宜为察官,它所荐汤汉、李伯玉、何基、徐宗仁、吕圻、欧阳守道、吕大圭等数十人,多朝廷宿望及当世知名士,度宗皆嘉纳焉。……贾似道以太傅、平章军国重事,公力陈其买田、变楮之弊,乞讨论之。似道上章自辨,且求谢事,会其侄蕃世守广德,负势贪虐,公奏黜之。似道滋不悦,公屡以疾丐去,皆不允。……除吏部侍郎兼国子祭酒、兼同修国史、实录院同修撰,仍兼侍读。公犹不自安,求去益力,遂以显文阁侍制、知平江府兼淮浙发运使,四年八月也。……六年,由吏部尚书拜端明殿学士,同签书枢密院事,进签书院事兼权参知政事。八年,同知枢密院事,兼参知政事如故。十年,依旧职知福州福建安抚使。①

奇怪的是,对于这样一位人物,《宋史》除了卷二七四《宰辅表》、卷四七《瀛国公本纪》、卷一七三、一七八《食货志》间有其事迹记载之外,居然没有为他立传。这样黄溍的《格庵先生赵公阡表》几乎成为赵顺孙最重要的生平资料来源。至于黄溍如何会为早他半个世纪的儒学前辈作《阡表》,他自己解释说:

> 后五十有五年,公之孙机以墓隧之石未有刻文,爰以状授溍,俾谍次以备阙轶。溍于公《纂疏》之书,童而习之,而我曾大父户部府君义与公有同年好,施及后人,不敢以不敏辞。②

黄溍提到的《纂疏》,就是指为赵顺孙在儒学史上赢得地位的《四书纂疏》,黄溍说:

> 盖自考亭朱子合四书而为之说,其微辞奥旨,散出于门人,所纪录者,莫克互见。公始采集以为《纂疏》,今四方学者,既家有其书,以故弗论。③

从"四方学者,既家有其书"情况来看,《四书纂疏》确实为他赢得声誉。一方面因为这部著作许多资料得自家传,另一方面与他不断修改,精益求精的质量意识也密切相关。黄溍载曰:

> 初,少傅师事考亭门人滕先生璘,授以尊所闻集,公既脱去场屋,迟次里居,因以得于家庭者,遡求考亭之原委,《纂疏》所由作也。后虽成书,犹不废考订,至易箦乃已。④

赵顺孙自己也说:

---

① 黄溍撰,王颋点校:《黄溍全集》下册,天津古籍出版社 2008 年版,第 734—735 页。
②④ 黄溍撰,王颋点校:《黄溍全集》下册,天津古籍出版社 2008 年版,第 737 页。
③ 黄溍撰,王颋点校:《黄溍全集》下册,天津古籍出版社 2008 年版,第 734 页。

子朱子《四书注释》,其意精密,其语简严,浑然犹经也。顺孙旧读数百过,茫若望洋,因遍取子朱子诸书及诸高第讲解有可发明注意者,悉汇于下,以便观省。间亦以鄙见一二附焉,因名曰《纂疏》。[①]

后《四库全书总目》引黄溍之说以为据,评论说:

考黄溍集有《顺孙阡表》曰:"自考亭朱子合四书而为之说,其微词奥旨,散见于门人所记录者,莫克互见。公始采集以为《纂疏》。盖公父少傅魏公雷,师事考亭门人滕先生璘,授以尊所闻集。公以得于家庭者,溯求考亭之原委,《纂疏》所由作也。"则顺孙距朱子三传矣。故是书备引朱子之说,以翼《章句集注》,所旁引者惟黄榦、辅广、陈淳、陈孔硕、蔡渊、蔡沈、叶味道、胡泳、陈植、潘柄、黄士毅、真德秀、蔡模一十三家,亦皆为朱子之学者,不旁涉也。邓文原作胡炳文《四书通序》,颇病顺孙此书之冗滥,炳文亦颇摘其失。然经师所述,体例各殊。注者词尚简明,疏者义存曲证。顺孙书以疏为名,而自序云陪颖达、公彦后,则固疏体矣。繁而不杀,于理亦宜。文原殆未考孔、贾以来之旧式,故少见而多怪欤。[②]

四库馆臣对赵顺孙《四书纂疏》的评价,其基本观点来自黄溍。值得注意的是,他们对邓文原批评赵书"冗滥",表示不满,认为这是符合"疏体"原则的,因为"疏者义存曲证",即使"繁而不杀,于理亦宜",是故馆臣反斥邓文原是"少见多怪"。赵顺孙的《四书纂疏》自南宋在乡校刊印以后,很快就普及开来,成为研究朱熹《四书》学的重要参考书籍,更成为学生求取功名的必读课本,各地纷纷刊刻印行。由于《四书纂疏》引用书籍40多种,而这些书籍至今又大半失传,因此要了解或者研究他们的著作,就得靠《四书纂疏》,这对保存先儒散佚资料在客观起到巨大作用。

关于赵顺孙的其他著述,黄溍记载说:

公处馆职,秉史笔者或质所疑,辄口占其本末以授之,其博敏又如此。公奏草可见者二十有九,所著惟《四书纂疏》行于世,《近思录精义》若干卷,《孝宗系年录》若干卷,《中兴名臣言行录》若干卷,《文集》若干卷,并藏于家。[③]

这对于了解赵顺孙的著作情况都是难得的资料。

---

①　赵顺孙撰:《四书纂疏序》,《四库全书》本。

②　四库全书研究所整理:《钦定四库全书总目》卷三十五《四书纂疏提要》,中华书局1997年版,第467页。

③　黄溍撰,王颋点校:《黄溍全集》下册,天津古籍出版社2008年版,第737页。

最后值得一提的是,黄溍在《阡表》中还说赵顺孙有"女一人,婿曰东平吕汲"①。据黄溍为吕汲所作《吕府君墓志》说:

> (吕汲)前娶朱氏,乡贡进士环之女,先四十三年卒;后娶赵氏,参知政事、资政殿大学士顺孙之女,先五年卒。②

这又为我们提供了一份浙东儒学圈内的姻亲关系名单。

四、黄溍的理学思想

黄宗羲曾将徐侨一度纳入吕祖谦学派之中,这是因为徐侨曾经师从叶邦之故。王梓材基本同意黄宗羲的看法,仍然目徐侨为吕祖谦一系,其于朱学只是兼通而已。他加案语曰:

> 东莱学派,二支最盛,一自徐文清再传而至黄文献、王忠文,一自王文宪在传而至柳文肃、朱文宪,皆兼朱学,为有明开一代学绪之盛。③

但在全祖望等看来,由于徐侨最终卒业于朱熹,且其弟子多称朱学,故宜入朱门。冯云濠由此案曰:

> 梨洲《学案》原本归文清弟子朱先生元龙于《东莱学案》。谢山《序录》于《丽泽诸儒学案》云:"明招诸生,历元至明未绝。"亦兼指文清所传学派而言。顾文清卒业于晦翁,为朱门高弟,数传而后,如黄文献诸先生多称朱学,则文清学派宜入《沧洲诸儒学案》为是矣。④

从黄溍本人的从学历史来看,他先后从王炎泽和石一鳌,二人均为徐侨再传弟子,如此看来对他的思想产生主要影响的还是朱熹这一脉。黄溍虽然曾从傅肖说,而因其为傅寅的后代,傅寅又为唐仲友的弟子,似乎黄溍的学统里有说斋经制之学的影子;又因黄溍还从方凤,而方凤为陈亮后学,黄溍思想中似应有龙川事功之学的因子。但比较而言,黄溍的思想可以说兼具这二者,但立足点还在朱子学。所谓"如黄文献诸先生多称朱学",这个判断大抵是可以成立的。就黄溍本人而言,他对于朱熹的推崇,经常溢于言

---

① 黄溍撰,王颋点校:《黄溍全集》下册,天津古籍出版社 2008 年版,第 737 页。
② 黄溍撰,王颋点校:《黄溍全集》下册,天津古籍出版社 2008 年版,第 490 页。
③ 全祖望撰:《丽泽诸儒学案序录》王梓材案语,见黄宗羲等撰:《宋元学案》卷七十三《丽泽诸儒学案》,中华书局 1986 年版,第 2434 页。
④ 黄宗羲等撰:《宋元学案》卷六十九《沧洲诸儒学案上》,中华书局 1986 年版,第 2263 页。

表。如他在《送慈溪沈教谕诗序》中说：“昔者河南二程子殁，门人各尊其所闻，各行其所知，人自为学。至考亭朱子出而集其大成，程子之道，赖以复明。”①又如，他《送王云卿教授诗序》还说：“昔朱文公与张宣公、吕成公生同时，且同以圣人之道为己任，而传洛学者，独推朱氏为大宗。”②已经看得明了，故黄溍在理学立场上尊崇朱熹，是毋庸置疑的。从同时代人对黄溍的学术趋向的评价，也可看出他们也基本认为黄溍是“多称朱学”的。如傅亨评黄溍“言性理探程、朱之奥妙，论著述继韩柳之雄深”。③而黄溍弟子王祎，也说“以精纯之学，羽翼圣学；以典雅之文，黼黻人文。诚一代之儒宗，百世之师表”。④这些评价都指出黄溍崇尚程、朱的趋向。

（一）诚本体思想

黄溍的本体论思想主要体现在其名篇《太极赋》，该赋是元仁宗延祐元年（1314）黄溍乡试的一份答卷，以文学形式表现其对于太极这个理学核心命题的理解。后被清代御制《性理大全》收入，这也反映出历代都将其作为理学思想史上的一篇重要作品来对待。黄溍的这篇《太极赋》一出，立刻引起巨大反响，如当时人黄玠说：“惟我宗人兄，早登南宫试。当时《太极赋》，可使纸价贵。”⑤苏天爵亦云：“晋卿宋故儒家，自应乡荐，以《太极赋》名海内。”⑥黄溍的弟子王祎甚至将该赋列为唐以来三首著名的科举作品，其云：“唐宏词之论传于世者，唯韩文公所试《颜子不贰过》一首；制举之策载于史者，唯刘贲所对一篇，皆非系重轻于科目者也。吾黄先出此赋，其亦不以科目为轻重者乎？天下学者，家传人诵，而钱君复以隶古书之，以遗诸同志，可谓知重矣。”⑦确实，仅就元代而言，有陈樵、黄溍、胡炳文三家《太极赋》，但最为有名者，还数黄溍此篇。根据宋濂的评价，认为“时贡赋以《太极》命题，场中作者，往往不脱陈言，独先生词致渊泳，卓然有古风，特置前列”。⑧

一般而言，太极是阐明宇宙从无极而太极，以至万物化生的过程。太极一词最早见

---

① ② 　黄溍撰，王颋点校：《黄溍全集》上册，天津古籍出版社 2008 年版，第 246 页。

③ 　傅亨撰：《请谥文移》，《日损斋笔记》附录，《四库全书》本。

④ 　王祎撰：《王忠文集》卷十六《黄文献公祠堂碑铭并序》，《四库全书》本。

⑤ 　黄玠撰：《弁山小隐吟录》卷一《送黄少监晋卿还金华》，《四库全书》本。

⑥ 　苏天爵撰：《滋溪文稿》卷二十八《题黄应奉上京纪行诗后》，《四库全书》本。

⑦ 　王祎撰：《王忠文集》卷十七《跋太极赋》，《四库全书》本。

⑧ 　宋濂撰：《文宪集》卷二十五《故翰林侍讲学士中奉大夫知制诰同修国史同知经筵事金华黄先生行状》，《四库全书》本。

于《易传·系辞上》："是故易有太极,是生两仪,两仪生四象,四象生八卦,八卦定吉凶,吉凶生大业。"意思是太极生成天地,富有万物,作为哲学范畴,指宇宙衍生的总根源。汉代郑玄作《周易注》,将"太极"诠释为"极中之道",即至高至当之理。其符号,最初作"一",天地万物,皆源于此。故东汉许慎《说文解字》释"一"云"惟初太极,道立于一,造分天地,化成万物。"三国吴人虞翻《周易注》亦云:"太极,太一也。"此皆太极之初义。黄溍《太极赋》第一层意思为:"厥初冯翼以瞀暗兮,维玄黄其孰分?"①大抵谓宇宙生成论;第二层意思:"指道妙于难名兮,曰以一而生两。是谓太极兮,非虚无与惚恍。高下以位兮,天尊地卑。燥湿以类兮,五行顺施。南乾北坤兮,西坎东离。万物错综兮,殊巨细与妍蚩。"②此为万物生化论。第三层意思:"谓斯道之匪它兮,在夫人而曰诚。"③此为人性论。黄溍的"太极"观,落实到人道,便是一个"诚"字,即以"诚"为"太极",这是他的《太极赋》最为显著的特色。《礼记·中庸》说:"诚者天之道也,诚之者人之道也。"认为"诚"是天的根本属性,努力求诚以达到合乎诚的境界则是为人之道。又说:"诚者,物之终始,不诚无物。"认为一切事物的存在皆依赖于"诚"。孟子说:"是故诚者,天之道;思诚者,人之道也。"④周敦颐以"诚"为至高无上的宇宙本体,曰:"诚者,圣人之本。大哉乾元,万物资始,诚之源也。"⑤程、朱学派也认为"诚"是天理之本然。朱熹说:"诚者,真实无妄之谓,天理之本然也。"⑥联系朱熹以"理"来释"太极",有云"太极只是一个理字",而此"理",对于人道而言亦无非一个"诚"字而已。是故黄溍的人性论,"诚"本体是其重要内容。

(二)性善论思想

延祐甲寅(1314 年)乡试的《诗》义卷题为:"天生蒸民,有物有则。民之秉彝,好是懿德。"黄溍在回答这道试题时,对孟子的性善说多有阐发。他说:

> 天之所赋予人,与夫人之宗,其大者,一理而已。盖天之生人,非徒具形以与人,而人之好善,由其本心之有善也。⑦

---

①②③　黄溍撰,王颋点校:《黄溍全集》上册,天津古籍出版社 2008 年版,第 246 页。

④　朱熹撰:《孟子集注·离娄上》,朱杰人等主编:《朱子全书》第六册,上海古籍出版社、安徽教育出版社 2002 年版,第 344 页。

⑤　周敦颐撰:《通书·诚上第一章》,谭松林等整理:《周敦颐集》,岳麓书社 2002 年版,第 15 页。

⑥　朱熹撰:《中庸集注》,朱杰人等主编:《朱子全书》第六册,上海古籍出版社、安徽教育出版社 2002 年版,第 48 页。

⑦　黄溍撰:《天生蒸民,有物有则,民之秉彝,好是懿德》课卷,《全元文》卷九四九,凤凰出版社 2004 年版,第 241 页。

何谓"一理而已"？他然后立足与气、理关系，以证"则""彝""德"即是天理，其云：

> 惟夫生人之初，有气则有理，既莫不与生而俱生，是以本心之正，有理而无欲，亦莫不好善而恶恶，曰则、曰彝、曰德，一理而已。①

由是孔子所谓"道"、孟子所谓"善"，莫不合于此"理"，或者就是此"理"的另一种表现，所以他说：

> 昔者孔子尝读是诗，而以知道赞之矣；孟子又尝以引是诗，而以证其性善之说矣。道者何？即此理也；善者何？亦此理也。②

此为藉"理"的本原性来证"善"的本原性。惟"理"的本原性特征，才又有赋于"理"为规律的形式，此即为"常"，而"常"亦即"物则"之态，于是"诗人惟能烛乎是理，故其推之的；圣贤惟有契乎是理，故其取之也深"。③那么，具体而言，何为"物"？何为"则"呢？他说：

> 自吾身之百骸、九窍、五脏。达之父子、君臣、夫妇、朋友、长幼，无非物也。其视之明、听之聪、貌之恭、言之顺，推而至于父子之亲、君臣之义、夫妇之别、长幼之序、朋友之信，莫不各有当然之法焉，所谓则也。譬如天之所以高、地之所以厚、日月之所以明，有莫知其然而然者，岂假乎娇揉而增益之哉？自其气以成形，而理亦赋之矣。是乃斯民所执之常性，物则之外，宁复有所谓彝与德者乎？④

如果说物是气，则是理，那么物则之关系，其实就是理气之关系。气赋物以形，而理便是物的规则。照程颐看来，宇宙间最根本的就是理，理就是生生不息的运动变化过程本身。穷理，就是据此而要达到尽善尽美的境界，此乃人所执之常性，"惟执此以为常也，是以悦此以为美也"。事物皆有常，不过表现形式不同而已，黄溍因此申言之曰：

> 润下，水之常，故同归于湿；炎上，火之常，故同趋于燥；性善，人之常，故其情之所同好者，美德而已⑤。

水之常润下，火之常炎上，人之常性善，皆同一天理。常者，恒也，有恒性方有恒德。故黄溍《恒德斋铭》说：

> 《易》之为义，随时变通。有不变者，确乎其中。是曰恒性，人之固有。充为恒德，不息则久。⑥

---

①②③④⑤　黄溍撰：《天生蒸民，有物有则，民之秉彝，好是懿德》课卷，《全元文》卷九四九，凤凰出版社2004年版，第241页。

⑥　黄溍撰，王颋点校：《黄溍全集》上册，天津古籍出版社2008年版，第119页。

而人所秉之常,之所以有不可得变者,在黄溍看来无非因"良知、良能与生俱生而然"①之故。良知、良能,是孟子性善论的重要概念,系指人不用经过学习思虑便先天存在的道德善性和道德评判能力。孟子说:"人之所不学而能者,其良能也;所不虑而知者,其良知也。"②王守仁说:"心即理也。天下又有心外之事,心外之理乎?"③故良知是人的一种天赋道德观念,就是孟子所说的"不虑而知",王阳明所说的"不假外求",是生而知之,此即黄溍"与生俱生"之谓也。善既是天之所赋予人,而这最初的那一点,乃性之根、心之蒂,故黄溍《白牛镇戴氏义塾记》说:

> 天之生人也,莫不赋以仁义礼智之性,圣贤与涂人本无以异,因其根于心者,使之亲师取友、朝益暮习,而日趋于善。④

既然仁义礼智是天赋予人的,为何还要教育的存在呢? 黄溍解释说:"盖设教必有先后次第,此特导以幼学之节,而养其良知之本云尔。"⑤后天之教与学,不过是为养其先天之本,即保养所赋,敬共奉持。是故天赋予人,人乐于天,黄溍因此总结道:"愚故因先儒之绪论,推圣贤之遗言,而发诗人之本旨,以为天之所赋于人,与夫人之共乐其天者,一理而已。"⑥

(三) 气学论思想

黄溍关于气的表述,多与其论文有关。黄溍的气化论思想中,继承了先秦以来将气作为构成万物的原始材料的思想。如他在《跋竹静斋记》中说:"竹植物,非动物,宜若静矣。夫一寸之萌,至于剑拔十寻而上者,气化而形生之也。"⑦联系上文黄溍认为物是"自其气以成形"的说法,皆可见黄溍对"气"理解,具有造物哲学的观念。在先秦哲学思想里,"气"指某种构成生命、产生活力、体现为精神的抽象物,无形而无所不在。往古的宇宙观认为,在天地开辟以前,世界为一片混沌元气,故天地万物皆从混沌产生,由元气构成。而万物之灵的人,则又是由元气中的精气构成的。从《周易·系辞上》中的"精气为

---

① 黄溍撰:《天生蒸民,有物有则,民之秉彝,好是懿德》课卷,《全元文》卷九四九,凤凰出版社 2004 年版,第 241 页。

② 朱熹撰:《孟子集注·尽心上》,朱杰人等主编:《朱子全书》第六册,上海古籍出版社、安徽教育出版社 2002 年版,第 430 页。

③ 王守仁撰,吴光等编校:《王阳明全集》卷一《传习录上》,上海古籍出版社 1992 年版,第 2 页。

④⑤ 黄溍撰,王颋点校:《黄溍全集》上册,天津古籍出版社 2008 年版,第 315 页。

⑥ 黄溍撰:《天生蒸民,有物有则,民之秉彝,好是懿德》,《全元文》第 29 册,第 243 页。

⑦ 黄溍撰,王颋点校:《黄溍全集》上册,天津古籍出版社 2008 年版,第 173 页。

物"，到《文子·十守》中的"精气为人，粗气为虫"，都出自同一造物哲学观念。而荀子则进一步认为，万物各有特色，但都有气，气是构成万物的基本元素。他说："水火有气而无生，草木有生而无知，禽兽有知而无义；人有气有生有知亦且有义，故最为天下贵也。"①黄淛认为物由"气化而形生"，便是对以上传统观点的继承。不仅物由气化而生，更进一步，黄淛还认为"天"也是由"清灵秀淑之气"蕴积而成，其《霁峰文集序》云：

> 宇宙间清灵秀淑之气，未有积而不发，天不能閟藏，而复出以为文，遭时遇主，咏歌帝载，黼黻王度，则如五纬丽天下烛万物，有目者，孰不仰其余光？退而托于空言，以俟来哲。则如珠捐璧委，而辉山媚川，终不可揜盖。有得于天者，不必皆有合于人，显晦虽系乎时，天之所不能閟藏者，人亦不能閟藏之也。此理之所必至，夫何疑焉？②

黄淛这段话的主旨虽然是以气论文，但从中可以看出他所理解的"天"，便是"清灵秀淑之气"，而天人关系，亦无非造物与人事之关系。

中国哲学，由造物哲学这一条线，衍生出气与道与理的关系问题。张载认为道是气化过程。其云："由太虚，有天之名；由气化，有道之名；合虚与气，有性之名；合性与知觉，有心之名。"③其中的"由气化，有道之名"，即是言道由气生。而二程不同意张载的观点，他们认为道即理，理比气更为根本，气有生灭，而理却永恒。因此程颐说："凡物之散，其气遂尽，无复归于本原之理。天地间如洪炉，虽生物销铄亦尽，况既散之气。"④朱熹融合张载和二程的思想，他说认为未有天地之先，毕竟也是理，有理便有气，有气便流行发育成万物。他说："天地之间，有理有气。理也者形而上之道也，生物之本也；气也者形而下之器也，生物之具也。是以人物之生必禀此理，然后有性；必禀此气，然后有形。其性其形虽不外乎一身，然其道器之间分际，甚明不可乱也。"⑤理气在朱熹看来有形上与形下之分，理主性，气主形。以人而言，理借助气而派生人，故人有性有形。黄淛此前关于"物、则"的理解，其实就是遵从朱熹的理气论而来。但在这里，他似乎与朱熹

①　梁启雄撰：《荀子简释·王制》，中华书局 1983 年版，第 109 页。
②　黄淛撰，王颋点校：《黄淛全集》上册，天津古籍出版社 2008 年版，第 258 页。
③　张载撰：《张子全书》卷二《正蒙一》，《四库全书》本。
④　程颢、程颐撰：《河南程氏遗书》卷十五《伊川先生语一》，王孝鱼点校：《二程集》上，中华书局 1981 年版，第 163 页。
⑤　朱熹撰：《晦庵先生朱文公文集》卷五十八《答黄道夫》，朱杰人等主编：《朱子全书》第二十三册，上海古籍出版社、安徽教育出版社 2002 年版，第 2755 页。

的理气观又有所不同,因为他所谓的"天"并非"性命"之"天",而是气化之"天"。

由造物哲学出发,黄溍论文时因此主张"任气"。某种程度而言,"任气"其实就是遵从自然的法则。具体落实到写文章,便是驱才运气,自然抒写。他评论杨载(仲弘)的文章时,对他任气为文,大加赞赏。其《杨仲弘墓志铭》云:

> 盖仲弘于书无所不读,而其文,益以气为主,毫端叠叠,纵横巨细,无不如其意之所欲出。譬如长风怒帆,一瞬千里,至于畸岸之萦折,舨敧柂侧,亦未始有所留碍也。①

同样他对李洧孙(霁峰)为文任气,也非常看重,其《霁峰文集序》,云:

> 笔势横放,如悬河注水,愈出而不竭。与夫屑屑然刻雕藻饰以求工于片言只字者,固自不侔也。②

而对于他自己的老师刘应龟之任气,更是推崇有加。任气者都有一个共同的特点,就是像刘应龟一样的不追世好,而世亦未有能好之者,概言之就是"以气自豪",其《绣川二妙集序》云:

> 吾里中前辈,以诗名家者,推山南先生(刘应龟)为巨擘,傅君景文(傅野)、陈君景传(陈尧道)其流亚也。先生曩游太学,未及释褐,而学废士散,束书东归,遁迹林壑间,览物兴怀,一寓于诗。悲壮激烈,有以发其迈往不群之气。自视与石曼卿、苏子美不知何如? 近代江湖间,呫呫然动其喙者,姑勿论也。二君之年稍后于先生,而皆有能诗声。景文之诗,精切整暇,如清江漫流,一碧千里,而鱼龙光怪,隐见不常,莫可得而测也。景传之诗,涵肆彬蔚,如奇范珍木,洪纤高下,杂植于名园,终日翫之而不厌也。其以气自豪则同。③

气,作为中国哲学的重要命题,有两条线路:一是前所提到的造物哲学线路;二是精神哲学线路。精神哲学这条线,从孟子开始的。他说:"我知言,我善养吾浩然之气。"他养的"气"有具体内容,是"至大至刚,以直养而无害,则塞于天地之间","配义与道","集义所生"。由于养气而可以"知言",即能够识破各种"辞""淫辞""邪辞""遁辞"④。所以孟子

---

① 黄溍撰,王颋点校:《黄溍全集》下册,天津古籍出版社 2008 年版,第 476 页。
② 黄溍撰,王颋点校:《黄溍全集》下册,天津古籍出版社 2008 年版,第 258 页。
③ 黄溍撰,王颋点校:《黄溍全集》上册,天津古籍出版社 2008 年版,第 264—265 页。
④ 朱熹撰:《孟子集注·公孙丑上》,朱杰人等主编:《朱子全书》第六册,上海古籍出版社、安徽教育出版社 2002 年版,第 281—282 页。

是把抽象的"气"变为具体的思想、充实的精神,具有刚强正直的道义内容。而孟子的这一养气观更对后世作者的写作产生深远影响,成为儒家文论的一种经典依据。因此,黄溍气论思想中,还应该包括对气的精神哲学的理解。从精神哲学角度看,黄溍所任之气,是悲壮激烈,迈往不群之气,如此方可"以气自豪"。而这股"气"的内涵则包括物理之盈虚、人事之通塞、兴废之由迹。这可从他评方凤之诗看出来,其《方先生诗集序》云:

> 缘情托物,发为声歌,凡日用动息,居游合散,耳目之所属,靡不有以寓其意。而物理之盈虚,人事之通塞,至于得失废兴之迹,皆可概见。故其语多危苦激切,不暇如他文人藻饰浓丽以为工也。①

方凤是陈亮的再传弟子,而黄溍亦曾从游方凤于仙华山中。是故黄溍"以气自豪"的思想,若寻其渊源,盖得自陈亮事功派的浸润。元人刘埙评论陈亮曰:

> 当是时性命之说盛,鼓动一世,皆为微言高论,而以事功为不足道。独龙川俊豪开扩,务建实绩。……人惟称其为功名之士。至其雄才壮志,横骛绝出,健论纵横,气盖一世,与朱文公往复辩论,每书辄倾竭浩荡,河奔海聚。……其文集宏伟博辩,足以立懦。②

由此可见,陈亮实则是"以气自豪"的典范。而在任气方面,黄溍与陈亮事功学派之间有直接继承关系。

如果说任气是以气自豪,其哲学基础与事功学说有天然的联系;那么,御气则是对任气的一种节制、操控与驾驭,因此御气的哲学基础,自然就与性理之学发生了联系。有学者认为:"黄溍在以气论文时表现出极大的矛盾性和折衷性,他既主张任气以为文,又要求御气。"③这似乎可以说,黄溍的气论思想是兼通事功派与理学派的。如何御气,且以何御气呢? 黄溍提出了志以御气的主张,其《张子长墓表》说:

> (张枢)大抵其文主于气,气命于志,志立于学,故言无所苟,出处之际,无不克践其言。④

黄溍认为气应该听命于志,即以志来御气,究其思想来源,这其实是对孟子和二程学说的直接继承。因为孟子说过:

---

① 黄溍撰,王颋点校:《黄溍全集》上册,天津古籍出版社 2008 年版,第 228 页。
② 刘埙撰:《龙川功名之士》,《隐居通议》卷二,《四库全书》本。
③ 查洪德撰:《在矛盾中求融通——黄溍学术思想探讨》,《郑州大学学报》2002 年第 6 期。
④ 黄溍撰,王颋点校:《黄溍全集》下册,天津古籍出版社 2008 年版,第 727 页。

夫志，气之帅也；气，体之充也。夫志至焉，气次焉。故曰："持其志，无暴其气。"既曰"志至焉，气次焉"，又曰"持其志，无暴其气"者，何也？曰："志壹则动气，气壹则动志也。"①

朱熹解释孟子这段话说：

志固心之所之，而为气之将帅；然气亦人之所以充满于身，而为志之卒徒者也。故志固为至极，而气即次之。人固当敬守其志，然亦不可不致养其气。盖其内外本末，交相培养。……志之所向专一，则气固从之；然气之所在专一，则志亦反为之动。②

孟子将志视为气的统帅。那么，志又为何物呢？志，就是《国语·晋语》所谓的德义之府。可见志是德义的寓居之所，是生发精神的根基与渊薮。在《孟子》一书中，凡言"心"，大都指"道德心"，而道德心具有三种基本的能力，即好善恶恶的能力、分辨善恶的能力等。朱熹所谓"志固心之所之"，便是在此基础上，进一步指出"志"是道德价值判断的"心"的展现，因此才可成为气的将帅。在"志"与"气"的对治格局中，志为主宰，气被主宰。因此，志与气有着主次之分，此即"夫志至焉，气次焉"。那么，在具体的操作过程中，"志"又怎样作为主宰来御气呢？孟子认为，这就要"持其志，无暴其气"。意为只要积极地敬守、操持其志，牢固地执持"志"所蓄的德义，便可使气"无暴"，即不会失去控制。在志对于气的驾驭过程中，志起到主导作用。在这个前提下，再进一步实现"志"与"气"的互动。所谓"志壹则动气，气壹则动志"，便说的是"志"与"心"的交互影响。朱熹解释"志之所向专一，则气固从之；然气之所在专一，则志亦反为之动"，即是对这种互动关系的最好说明。经过"志"所治的"气"，就不再是一般意义上的自然生理之气，而是转化为具有价值判断的道德义理之气，是孟子所谓"配义与道"，"集义所生"的"浩然之气"。思孟学派后来为二程所直接继承，并由此而生发道学，也即理学。他们也主张"以志胜气"，即以义理来治气。"以志克气"的目的是"以义理胜气"。黄溍的以志命气说，正是对孟子和二程思想的借用。

此外黄溍还认为，志的养成，必须有赖于学，所谓"志立于学"也。孔子一贯强调"学"的重要性，认为学是一切美德的基础，也是修身之本。那么，黄溍所谓的学，又具体

---

①②　朱熹撰：《孟子集注·公孙丑上》，朱杰人等主编：《朱子全书》第六册，上海古籍出版社、安徽教育出版社 2002 年版，第 281 页。

何指呢？从他的《吴正传文集序》中，我们可知大概，其云：

> 弱冠因阅西山真氏遗书，乃幡然有志于为己之学。刮摩淬砺，日长月益，讫为醇儒。①

所谓"为己之学"，是儒学的核心目标：强调一个人的学习，主要是为了要提升自己内在的修养水平，成就自己的德行，如此方可成为一个"醇儒"。学与志、志与气的关系，经过黄溍的总结，就形成了以下的逻辑链条，其《吴正传文集序》云：

> 惟夫学足以辅其志，志足以御其气者，气和而声和，故其形于言也，粹然一出于正。②

学以辅志，志以御气，在这样的逻辑框架里，"气"才是完美而纯粹的和正之气。如果不以志御气，一味任气，则很可能出现"骄气"和"吝气"，故黄溍《吴正传文集序》又说：

> 盖三代而下，骚人墨客，以才驱气，驾而为文，骄气盈则其言必肆，而失于诞；吝气歉则其言必苟，而流于诌。③

此处黄溍提到的"骄气盈""吝气歉"，语出程颐。程颐在回答弟子问"大则不骄，化则不吝，此语何如？"时，指出：

> 骄与吝两字正相对，骄是气盈，吝是气歉。……吝是吝啬也，且于啬上看，便见得吝啬止是一事。且人若吝时，于财上亦不足，于事上亦不足，凡百事皆不足，必有歉歉之色也。④

在孔子看来，"如有周公之才之美，使骄且吝，其余不足观也"。⑤意为骄与吝，乃修德之大敌。故当弟子针对孔子所言，问程颐曰："此莫是甚言骄吝之不可否？"程颐回答说："是也。若言周公之德，则不可下吝骄字。此言虽才如周公，骄吝亦不可也。"⑥此即常言"才美亦难敌骄吝"，故若要祛除骄与吝，在黄溍看来其实就必须以志御气，使气趋于纯粹和正，达到盈而不肆，伏而不折的境界。由此，黄溍的以志御气说，最终使他由事功派的任气，走向理学派的以道命气之途。这从他评朱熹书法，对于道义之气的极度推崇，就可完全看得出来。他在《跋晦庵先生帖》其二云：

①②③　黄溍撰，王颋点校：《黄溍全集》上册，天津古籍出版社 2008 年版，第 259 页。

④⑥　程颢、程颐撰：《河南程氏遗书》卷十八《伊川先生语四》，王孝鱼点校：《二程集》上，中华书局 1981 年版，第 221 页。

⑤　朱熹撰：《论语集注》卷第四《泰伯第八》，朱杰人等主编：《朱子全书》第六册，上海古籍出版社、安徽教育出版社 2002 年版，第 134 页。

国朝善书者,称秋涧王公。评考亭朱子之书曰:道义精华之气,浑浑灏灏,自理窟中流出。又曰:道义之气,葱葱郁郁,散于文字间。①

因此,查洪德从黄溍文论思想的角度,指出他最终"从事功派的'气'学文论倒向了理学派的'理'学文论",并由此寻找矛盾的折衷点。②我们认为这个观察是深刻的。

---

① 黄溍撰,王颋点校:《黄溍全集》上册,天津古籍出版社 2008 年版,第 188 页。
② 查洪德撰:《在矛盾中求融通——黄溍学术思想探讨》,《郑州大学学报》2002 年第 6 期。

第九章　王祎学术与思想

王祎是明代义乌儒学的代表人物。他的学术以史学见长,《大事记续编》是他的史学名著。但是王祎的学术远不止史学一端,他的学术面向还包括经学和理学。经学中尤以《礼》学见长,这使他在《大事记续编》中表现出对汉代礼制辑述的热情,超出一般史学家思维界限,因而成就了这部著述的特殊之处。此外,其经学思想与理学思想,也是义乌儒学的丰富遗产。

一、王祎经学笔记

王祎对经学史的梳理,主要体现在读书笔记《丛录》卷中。《丛录》与《卮言》作于同时,皆为王祎在至正十五年乙未(1355)避乱青岩山中的读书笔记。所不同者,《卮言》多谈理学,而《丛录》则关涉经学。王祎曾作《青岩山居记》详细记载了青岩山的地理风貌以及他山居读书时的心态。其云:"十年以来,吾南走越,北走燕,而惟利禄之是干,其劳心苦思,殆亦甚矣,是岂志于隐者乎? 今天下用兵,南北离乱,吾之所学非世所宜用,其将何求以为仕? 藉使世终不吾用,吾其可以枉道而徇人,则吾终老于斯,益研究六艺百家而考求圣贤之故,然后托诸言语,著成一家之书,藏之名山,以俟后世,何不可哉?"①今存《丛录》前有短序云:"古人之读书,凡其有会于心者,则笔而记之。志有得,示无忘也。向予读书青岩山中,遇有所见,辄钞以为书,谓之《丛录》。既乃删其肤近烦碎者,为贪常嗜琐之戒,而有关于经史百氏之大要者则存之。聊以示诸子姓云。"②由此可知,今本《丛录》是经王祎后来做过整理与删节的。据《四库》本,《丛录》有关于《易》《书》《诗》《春秋》《礼》《周礼》《中庸》《大学》《纬书》《佛氏之学》《老子之道》《医家之书》等读书笔记凡十二篇,今就其六经中的读《易》《书》《诗》《礼》笔记逐一介绍,余则不赘。

---

① 王祎撰:《王忠文集》卷八《青岩山居记》,《四库全书》本。
② 王祎撰:《王忠文集》卷八《丛录序》,《四库全书》本。

(一) 读《易》笔记

《丛录》首篇为王祎读《易》笔记,根据内容,计分为三个部分。第一部分为《易》书简介,其云:

> 《易》自伏羲始画八卦,因而重之为六十四卦。(重卦:王弼以为伏羲,郑玄以为神农,孙盛以为禹,司马迁以为文王。)当时盖有图而无书也,后圣因之作《连山》、作《归藏》、作《周易》,皆本于伏羲之图,而取用各不同。三《易》既亡其二,惟《周易》独存。《周易》经上下二篇,文王、周公作。《彖》《象》《系辞》上下、《文言》《说卦》《序卦》《杂卦》为传十篇,孔子作。秦焚书,《易》以卜筮,故存。《汉志》:"《易》十二篇,经二,传十也。"①

我们发现王祎在青岩山居期间所读之书,其中有马端临《文献通考》。因为我们将《丛录》与马端临《文献通考》对读,发现王祎《丛录》中《易》学笔记的这部分内容,基本上是摘抄自《通考》卷一百七十五《经籍考》二《易》的部分。

第二部分为描绘汉魏易学传授谱系,其云:

> 初商瞿受《易》于孔子,五传而为田何。汉世《易》分三家,自田何始。田氏《易》十二篇,有章句,其后杨何、施酬、孟嘉、梁丘贺之徒所学,皆祖田氏。杨何先出,武帝时已立博士。施、孟、梁丘至宣帝时皆立博士,而《易》有施、孟、梁丘之学矣。是时,复有焦赣、费直二家之《易》。焦氏之《易》,无师授,专述阴阳灾异之术。焦传之京房,元帝时京《易》亦立学官。费氏亦无所授,又无章句,其初惟传民间,厥后郑康成等皆传费氏《易》,于是费氏兴,而田焦之学息矣。盖自费氏始,以《彖》《象》《文言》杂入卦中,而古十二篇之《易》遂亡。然犹止以《彖》《象》系于本卦之末,未为淆乱正经。至魏王弼,乃以《彖》《象》分附各爻之下,而经始与传杂,是古经始变于费氏,而卒乱于王弼也。

以上内容也是摘自《文献通考》,不过较原文为简略,兹不赘述。

第三部分评论历代注《易》之得失,其云:

> 弼注上下经,高谈理致,以庄、老之意为解,而晋韩康伯注《系辞》《说卦》等篇,其说亦本于王弼,疏略而无据。唐孔颖达为正义,则又徒事训诂,而不足以言道。其他言《易》者虽众,鲜复有名家者。至宋而邵子、程子之《易》出焉。夫自周秦以

---

① 王祎撰:《王忠文集》卷八《丛录》,《四库全书》本。

来,伏羲之图,鲜或传授而沦落于方技家。孔子于《系辞》《说卦》,固尝言之,学者不察也,邵子实始得而发挥之。盖邵子得之李挺之,挺之得之穆伯长,伯长得之陈希夷,所谓先天之学也。自先天之学明,人知有伏羲之《易》,而学《易》者不断自文王周公始矣。……程子谓《易》道自秦而下无传者,其为传,主于体用一源,显微无间,而随时变易以从道。盖世之考象辞者,既泥于术数;谈义理者,又沦于空寂。其因时立教,以承三圣,不同于法而同于道者,惟程子之书而已。先儒之论谓包羲之象,文王之辞,皆依于卜筮,而孔子之赞,则一于义理,为教为法不同,而道无不同。自秦汉以来,皆不足以言《易》,盖惟邵子之《易》本于数,程子之《易》本于理。为得先天、后天之秘,而理、数二者,要未始相离也。若朱子本义之作,则专主于卜筮。以谓《易》之为书,广大悉备,包涵万理,其实则古者卜筮之书,不必专说理与数,亦未尝滞于一端。圣人复起,不能易其说也。然由魏晋至今世,所行者唯费氏、王氏《易》,及东莱吕氏始用晁氏之说,更考定之,悉存古十二篇之旧,谓之古《易》,而朱子因之,是又可谓深有功于《易》者矣。[1]

只有到这部分读书笔记,王祎才有自己的见解。归纳而言,王祎的易学观,大抵对王弼一系的注《易》持否定态度,原因是他们以庄老为之解。同时他对唐代孔颖达等人的注《易》也不满,这是因为他们只重视训诂,而不求《易》理,离道学甚远。轻视训诂,也是王祎一贯的主张。整体来看,王祎对宋代易学诸大家基本上持肯定态度。

首先,他对于邵雍的先天易学表示认同。邵雍的易学思想主要体现在《皇极经世》一书中,在《伊川击壤集》中也所反映。他将传统的易学,分为先天易学和后天易学。前者指伏羲画卦之前的易学,也被称作是伏羲易,后者是指文王、周公、孔子之后的易学。邵雍的易学立足点主要在先天易上,被后来学者简称为先天学或先天象数学。王祎认为,先天象数学,自周秦以来,世间鲜或传授而沦落于方技家,但孔子于《系辞》《说卦》本来所有论及,可惜后来的学者未能察觉出来,因此只有到了邵雍才开始有所发挥。如果说邵雍易学的传承得之李挺之,而李挺之得之穆伯长,穆伯长得之陈希夷的话,那么王祎在此更将邵雍的易学思想与直接孔子挂上钩了。这也从一个侧面看出,王祎对邵雍易学的重视。邵雍的易学简言之就是将《周易》和道教思想(由著名道士陈希夷一脉传递而来)结合,型构了一个宇宙图式,具有一定的创世色彩,由此在"先天八卦图"中用八

---

[1] 王祎撰:《王忠文集》卷八《丛录》,《四库全书》本。

卦方位和六十四卦次的排列来推衍自然和人事的变化，以为天地万物之理尽在此图之中，并强调这种图式及其象数原理先于天地而存在，故称先天图，其学说也被称做先天学。宋锡同的研究认为，邵雍先天易学在流传过程中，遭遇到两极态度：一方面有赖于朱熹、蔡元定、俞琰等人推阐，另一方面又招致王夫之、黄宗羲、黄百家等学者的批评。但邵雍易学引导象数易学与义理易学的融合，对朱熹影响最大，实际上其价值已不在先天易学自身的虚构是否合理，而主要在于邵雍借易学来发挥其儒学思想，这对宋初理学起到了奠基作用，这才是他的价值所在。①王祎所谓"孔子于《系辞》《说卦》，固尝言之，学者不察也，邵子实始得而发挥之"，其深意正在于此。

其次，对程颐易学表示认同。王祎比较邵雍与程颐易学之不同，云："邵子之《易》本于数，程子之《易》本于理。"这是符合历史的判断。虽然邵雍有引导象数与义理融合的趋向，但他的易学毕竟还是偏于象数的。宋代义理派易学，较早有胡瑗《周易口义》、孙复《易说》、石介《徂徕易解》、李觏《易论》，当然最具代表性的义理派易学，还是程颐所作《易传》。王祎说："程子谓《易》道自秦而下无传者，其为传，主于体用一源，显微无间，而随时变易以从道。"②指明了程颐易学的特征，主要在以《易》传道，将《周易》视为具有高度抽象化和哲理化的经典。今读程颐《易传》，处处体现了这个特色。如程颐《易传序》曰：

> 易，变易也，随时变易以从道也。其为书也，广大悉备，将以顺性命之理，通幽明之故，尽事物之情，而示开物成务之道也。圣人之忧患后世，可谓至矣。去古虽远，遗经尚存，然而前儒失意以传言，后学诵言而忘味。自秦而下，盖无传矣。予生千载之后，悼斯文之湮晦，将俾后人沿流而求源，此《传》所以作也。《易》有圣人之道四焉："以言者尚其辞，以动者尚其变，以制器者尚其象，以卜筮者尚其占。"吉凶消长之理，进退存亡之道，备于辞。推辞考卦，可以知变，象与占在其中矣。君子居则观其象而玩其辞，动则观其变而玩其占。得于辞，不达其意者有矣；未有不得于辞而能通其意者也。至微者理也，至著者象也。体用一源，显微无间。观会通以行其典礼，则辞无所不备。故善学者，求言必自近。易于近者，非知言者也。予所传者辞也，由辞以得其意，则在乎人焉。③

---

① 参考宋锡同撰：《邵雍先天易学流传论》，《东岳论丛》2011年第3期。
② 王祎撰：《王忠文集》卷八《丛录》，《四库全书》本。
③ 程颐撰：《易传序》，王孝鱼点校：《二程集》下，中华书局1981年版，第689页。

象数与义理的关系,在程颐看来就是"体用一源,显微无间"的关系,这是程颐易学的基本理路。程颐认为《周易》义理的主要表现是性命之理、事物之情、成务之道三者。由此义理框架,他在《上下篇义》中说:"《乾》《坤》天地之道,阴阳之本,故为上篇之首;《坎》《离》阴阳之成质,故为上篇之终。《咸》《恒》,夫妇之道,生育之本,故为下篇之首;《未济》《坎》《离》之合,《既济》《坎》《离》之交,合而交则生物,阴阳之成功也,故为下篇之终。二篇之卦既分,而后推其义而为之次,《序卦》是也。"①这样看来,《周易》其实就是一部义理学著作了。《周易》的义理旨归,主要在载道。他说:"圣人作《易》,以准则天地之道。《易》之义,天地之道也。"又说:"《易》之义,与天地之道相似,故无差违,相似,谓同也。"②其实,程颐所谓的天地之道,就是天理。既然《周易》是一部载道之书,本应该从义理角度去求之。故他解《易》,多以天道、天理言之。如他解《乾》卦曰:"乾,天也。天者天之形体,乾者天之性情。……夫天,专言之则道也。"③又如他解《无妄》曰:"无妄者至诚也,至诚者天之道也。天之化育万物,生生不穷,各正其性命,乃无妄也。人能合无妄之道,则所谓与天地合其德也。无妄有大亨之理,君子行无妄之道,则可以致大亨矣。无妄,天之道也。"④又说:"无妄者,理之正也。更有往,将何之矣?乃入于妄也。往则悖于天理。"⑤程颐以至诚诠释无妄,直接援《中庸》而入《周易》,又以无妄来阐发天理之正,这都是他义理易学的具体体现。对此,王祎是基本认同程颐义理易学的,他评价说:"盖世之考象辞者,既泥于术数;谈义理者,又沦于空寂。其因时立教,以承三圣,不同于法而同于道者,惟程子之书而已。"由此可见,"同于道"三字是王祎对程颐易学的高度概括。

最后,对朱熹易学也表示赞同。朱熹易学独特之处,是他认为"《易》本卜筮之书"。他说:

> 《易》本为卜筮而作。古人淳质,初无文义,故画卦爻以"开物成务"……此《易》之大意如此。古人淳质,遇事无许多商量,既欲如此又欲如彼,无所适从,故作《易》示人以卜筮之事,故能通志、定业、断疑,所谓开物成务者也。⑥

①　程颐撰:《周易程氏传·上下篇义》,王孝鱼点校:《二程集》下,中华书局1981年版,第692页。
②　程颐撰:《易说·系辞》,王孝鱼点校:《二程集》下,中华书局1981年版,第1028页。
③　程颐撰:《周易程氏传》卷第一《乾》,王孝鱼点校:《二程集》下,中华书局1981年版,第695页。
④　程颐撰:《周易程氏传》卷第二《无妄》,王孝鱼点校:《二程集》下,中华书局1981年版,第822页。
⑤　程颐撰:《周易程氏传》卷第二《无妄》,王孝鱼点校:《二程集》下,中华书局1981年版,第823页。
⑥　黎靖德辑:《朱子语类》卷六十六《易二》,朱杰人等主编:《朱子全书》第十六册,上海古籍出版社、安徽教育出版社2002年版,第2179页。

正因为《易》为卜筮之书,故早期的学校并不将《易》书列于教材,学校所教《诗》《书》《礼》《乐》而已。基于卜筮之书的认识,朱熹《周易本义》《易学启蒙》,较为成功地实践了他重视将象数与义理相结合的教育想法。他批评象数易学和义理易学各有穿凿与汗漫之弊,但并非彻底否定二者与《周易》的内在联系,他只是反对过于偏执一端而已。假如《周易》为卜筮之书,则卜筮恰恰必须以象数来占吉凶,故卜筮与象数关系密切。孔子因为通晓卜法和了解《易》旨,故能辨别吉凶进退存亡之道。这也就是说《易》书并非没有义理,但对于《易》理的把握必须建立在"已晓卜筮之法"的基础之上。因此,无论是对于象数的运用,还是对义理的把握,都必须以通晓筮法为前提,否则言象数便穿凿,言义理便汗漫。由此我们知道,朱熹强调卜筮,实则是希望能够以此为基础而融合象数与义理二端,为此他说道:

> 《易》本卜筮之书,后人以为止于卜筮;至王弼用老、庄解后,人便只以为理,而不以为卜筮,亦非。想当初伏羲画卦之时,只是阳为吉,阴为凶,无文字。某不敢说,窃意如此。后文王见其不可晓,故为之作彖辞。或占得爻处不可晓,故周公为之作爻辞。又不可晓,故孔子为之作《十翼》,皆解当初之意。今人不看卦爻而看《系辞》,是犹不看《刑统》而看《刑统》之序例也。安能晓!今人须以卜筮之书看之方得,不然不可看《易》。尝见艾轩与南轩争,而南轩不然其说,南轩亦不晓。[①]

朱熹对《易》书性质的理解,具有一定的辩证性。一方面,他提醒大家《易》为卜筮之书,但又同时告诫不能止于卜筮;另一方面,他认为《易》书自有其义理存在,但又不能止于义理而忘了其卜筮的本质。最佳的途径是在深刻承认《易》的卜筮本质基础之上,再来谈论义理。张栻(南轩)不同意朱熹将《易》视为卜筮之书的,为此他和林光朝(艾轩)有过争论,朱熹认为张栻"亦不晓"其中的道理。王祎所谓:"朱子本义之作,则专主于卜筮。以谓《易》之为书,广大悉备,包涵万理,其实则古者卜筮之书,不必专说理与数,亦未尝滞于一端。"就是针对朱熹的辩证思维而言。总之,依照蔡方鹿先生的说法,朱熹易学思想主要体现在以象数、卜筮求《易》理,旨在统一象数与义理两派,从而集宋代易学之大成。[②]

此外,王祎还对宋代诸家主张《经》《传》相分,旨在恢复古本《周易》的努力表示了赞

---

① 黎靖德:《朱子语类》卷六十六《易二》,朱杰人等主编:《朱子全书》第十六册,上海古籍出版社、安徽教育出版社 2002 年版,第 2181—2182 页。

② 蔡方鹿撰:《朱熹对宋代易学的发展》,《周易研究》2001 年第 4 期。

同。他说："然由魏晋至今世,所行者唯费氏、王氏《易》,及东莱吕氏始用晁氏之说,更考定之,悉存古十二篇之旧,谓之古《易》,而朱子因之,是又可谓深有功于《易》者矣。"关于经传相分,朱熹记晁说之之说云:

> 《汉·艺文志》:"《易经》十二篇,施、孟、梁丘三家。"颜师古曰:"《上》《下经》及《十翼》,故十二篇。"是则《彖》《象》《文言》《系辞》始附卦爻而传于汉欤? 先儒谓费直专以《彖》《象》《文言》参解《易》爻,以《彖》《象》《文言》杂入卦中者自费氏始。其初费氏不列学官,惟行民间。至汉末,陈元、郑康成之徒学费氏,古十二篇之《易》遂亡。孔颖达又谓,辅嗣之意,《象》本释《经》,宜相附近,分爻之《象》辞各附当爻。则费氏初变乱古制时,犹若今《乾》卦《彖》《象》系卦之末欤? 古《经》始变于费氏,而卒大乱于王弼,惜哉![①]

按照晁氏之说,《易》书《经》《传》本来是相分的,但自费氏始变,而终大乱于王弼,以至于《经》《传》不分。对此,朱熹加按语说:

> 熹按:《正义》:曰夫子所作《象》辞,元在六爻《经》辞之后,以自卑退,不敢干乱先圣正经之辞。及王辅嗣之意,以为《象》者本释《经》文,宜相附近,其义易了故分爻《象》辞各附其当爻下言之,此晁氏所引以证王弼分合《经》《传》者。然其言夫子作《象》辞,元在六爻经辞之后,则孔氏亦初不见十二篇之《易》矣。又在于《彖》及《大象》发之,似亦有所未尽。[②]

朱熹虽然对晁氏提出的《经》《传》相分表示赞同,但不同意他认为"夫子作象辞,元在六爻经辞之后"的说法,因为这仍有《经》《传》相合的嫌疑,不能彻底体现《经》《传》分离的思想。易学史上,在费直和王弼之后,从晁氏开始才将《经》《传》分开处理,这直接影响了吕祖谦的易学,故王祎云:"东莱吕氏始用晁氏之说。"晁说之和吕祖谦为了区分《经》《传》,旨在恢复《周易》的原始面目,因此在注《易》时都要特意冠以古《易》之名,其中晁说之的注本名《古周易》,吕祖谦的注本叫《东莱吕氏古易》。王祎指出,吕祖谦易学用晁说之,朱熹易学又因吕祖谦,始作《周易本义》。朱熹《周易本义》篇首语曰:

> 周,代名也;《易》,书名也。其卦本伏羲所画,有交易、变易之义,故谓之《易》。

---

① 朱熹撰:《晦庵先生朱文公文集》卷六十六《记嵩山晁氏卦爻彖象说》,朱杰人等主编:《朱子全书》第十六册,上海古籍出版社、安徽教育出版社 2002 年版,第 3217 页。

② 朱熹撰:《晦庵先生朱文公文集》卷六十六《记嵩山晁氏卦爻彖象说》,朱杰人等主编:《朱子全书》第十六册,上海古籍出版社、安徽教育出版社 2002 年版,第 3217—3218 页。

其辞则文王、周公所系,故系之周。以其简表重大,故分为上下两篇。《经》则伏羲之画,文王、周公之辞也。并孔子所作之《传》十篇,凡十二篇。中间颇为诸儒所乱。近世晁氏始正其失,而未能尽合古文。吕氏又更定,著为《经》二卷,《传》十卷,乃复孔氏之旧云。①

朱熹认为《周易》一书的成书历史漫长,先是由伏羲画卦,后由文王据卦而作卦辞,再由周公作爻辞,因此才成为《经》的部分。孔子作《十翼》,阐述并发挥《经》的义理,于是有《易传》。《经》《传》本来就是相分的,只是"中间颇为诸儒所乱"(指费直、王弼等),才出现《经》《传》混杂的情况。晁说之虽然开始着力纠正《经》《传》相杂的混乱,但"未能近合古文",只有到吕祖谦才把《易经》分为《上》《下经》二卷,并将《传》十卷附在上下经之后,《经》《传》分别排列,终于恢复古本《周易》原貌。朱熹《周易本义》所用的本子,其实就是吕祖谦的版本。那么,朱熹为何要恢复古本《周易》呢? 说来也简单,就是证明《经》文部分为卜筮之书。这个动机在他为吕祖谦《古文周易》作跋时就已经表明了,其云:

《古文周易》经传十二篇,亡友东莱吕祖谦伯恭父之所定,而《音训》一篇则其门人金华王莘叟之所笔受也。熹尝以谓《易经》本为卜筮而作,皆因吉凶以示训戒,故其言虽约,而所包甚广。夫子作传,亦略举其一端,以见凡例而已。然自诸儒分经合传之后,学者便文取义,往往未及玩心全经,而遽执《传》之一端,以为定说。②

因此,经王祎的梳理,便将晁说之——吕祖谦——朱熹这一脉的易学线条作了清晰的勾勒。这一脉强调的是《经》《传》相分。从中可见他对宋代程、朱学派《易》学的推崇。

(二) 读《书》笔记

王祎认为,《书》有古文、今文之异。今文二十八篇,为汉伏生所传授。古文二十五篇,乃晋梅赜所奏上。王祎的此则读书记,主要还是读《文献通考》卷一百七十七《经籍考》四《书》的内容,同意《古文尚书》为伪书。在明代认为《古文尚书》为伪作,是很有见地的。

(三) 读《诗》笔记

王祎的诗学观,从这篇笔记来看,主要有二个方面:第一,对战国以来《诗经》周公、

---

① 朱熹撰:《周易本义》,朱杰人等主编:《朱子全书》第一册,上海古籍出版社、安徽教育出版社 2002 年版,第 30 页。

② 朱熹撰:《晦庵先生朱文公文集》卷八十二《书临漳所刊四经后》,朱杰人等主编:《朱子全书》第十六册,上海古籍出版社、安徽教育出版社 2002 年版,第 3889—3890 页。

孔子编订《诗经》表示怀疑，他说：

> 《诗》三百篇，始定于周公，再定于孔子。二《南》及大小《雅》《周颂》，周公之所定也。幽厉之后，风雅俱变，孔子于诸国之风则删其淫邪者，于公卿大夫之作则取其可为训戒者。东迁之后，王国列为国风，既又得《商颂》《鲁颂》等篇，合周公之所定者，为三百篇。①

关于周公与《诗经》的关系，战国秦汉学者一般认为三百篇中的《七月》《鸱鸮》《常棣》《文王》《清庙》《时迈》《酌》诸篇为周公所作。而涉及《诗经》的编订，则主要认为是孔子，至于周公对《诗经》的编订，则语焉不详。王祎认为《诗经》的编订有两次，一次是周公，一次是孔子，并且明确指出周公编订的篇目是二《南》及大小《雅》《周颂》。统计来看，《周南》有 11 篇，《召南》有 14 篇，《小雅》74 篇，《大雅》31 篇，《周颂》31 篇，共计 130 篇为周公所编订。这样就意味着王祎并不认为《诗经》就是孔子一人所删订，他的理由是：

> 二《南》以《关雎》配《鹊巢》，以《葛覃》配《采蘩》，以《卷耳》配《草虫》，以《樛木》配《江沱》，以《螽斯》配《小星》，以《桃夭》配《摽梅》，以《兔罝》配《羔羊》，以《芣苢》配《采苹》，以《汉广》配《行露》，以《汝坟》配《殷雷》，以《麟趾》配《驺虞》，各十一篇，整然相合，其为周公所定无疑。②

当然，在上述《周南》与《召南》对应的 22 首序列中，因为《召南》还多出三首，则二《南》似乎又应是周公所编订的了。王祎接着又说：

> 若《甘棠》后人思召伯也，《何彼秾矣》王风也，《野有死麕》淫诗也，此三诗乃皆列于二《南》，然则虽二《南》亦非周公之所定者矣。③

那么，《诗经》是否又是孔子所编订的呢？王祎同样持怀疑态度。

第二，略叙历代有关《诗序》作者之异见，其云：

> 初《诗序》自为一编，毛公始以分置诸篇之首，乃若诗人所命之题而诗之，因序以作者经之本旨，不复可考。其序或以为出于孔子及弟子之知《诗》者作，或曰子夏作，或曰《大序》子夏作，《小序》子夏、毛公合作。《东汉儒林传》曰"卫宏作《毛诗序》"，王肃曰"子夏所序今之《毛诗》是也"。《隋经籍志》曰"《毛诗》子夏所创，毛公及卫宏又加润益"。韩愈又以为《诗序》非子夏所著，王安石则以为诗人所自制。或曰"太史采诗之时已序其美刺之意于篇端，自美刺而下意者，讲师之说"。或出于子

---

① ② ③　王祎撰：《王忠文集》卷八《丛录》，《四库全书》本。

夏,或出于毛公与卫宏之徒,非出一人之手,故其辞往往重复云。唐以来儒者皆莫觉其为失,儒顾有觉之者,然莫能去也。至朱子始深斥其失而去之,足以洗千载之谬矣。①

以上结论可见他同意朱熹关于《诗序》的看法。此外,王祎还有一篇《学诗斋诗记》,②也重申了以上观点,读者可以参看。

(四) 读《礼》笔记

王祎对礼学史的简要梳理,时间跨度涉及先秦、汉唐、宋元三个大的阶段,然后主要有以下几方面的内容。

第一,他认为《礼经》为周公所作,《礼传》为孔门所述。王祎论"礼",以《仪礼》为经,《礼记》为传。认为《仪礼》为周公所作,乃三代圣人法制之所存,故孔子有学礼之言。而《礼记》是为读礼之文。认为《礼记》之作,出自孔氏。孔子既没,七十二子之徒共撰所闻为记,或录旧礼之文,或录变礼所由,或兼记体履,或杂序得失,总之,都属于对《仪礼》之传疏。以上是对先秦时期《礼》书的撰作于传授,稍作描述。

第二,梳理了汉唐以来《仪礼》与《礼记》的成书与流传情况。先看王祎对《仪礼》小史的梳理。他说始皇焚书,《礼》废最甚。但汉兴以来,高堂生得《仪礼》十七篇以授瑕丘萧奋,萧奋授东海孟卿,孟卿授后苍,后苍授大戴德、小戴圣,是为今文。郑康成为之注。需要说明的是,二戴及刘向《别录》所传十七篇次第各不同,尊卑吉凶,先后次序惟《别录》为优。故郑氏用之。至武帝时,鲁恭王坏孔子宅,得古经五十六卷于壁中。河间献王得而上之,其字皆篆,是为古文。其中十七篇与《仪礼》正同,余三十九篇,藏在秘府,谓之《逸礼》。哀帝初,刘歆欲以《逸礼》列之学官,而诸博士不肯置对,竟不得立。唐初犹存,而诸儒不以为意,遂至于亡。此外,关于《仪礼》之名,《汉书·艺文志》与《隋书·经籍志》皆称古经,直到《唐书·艺文志》乃始称《仪礼》。

关于《礼记》小史,王祎认为《礼记》之见于汉者,其初百三十一篇,为刘向校定得二百余篇,号《大戴礼》。戴圣又删为四十六篇,号《小戴礼》。王祎着重指出,《小戴礼》虽云"四十六篇",其实真正只有四十三篇,因为《曲礼·檀弓杂记》分上下,故为四十六篇。后马融又增以《月令》《明堂位》《乐记》三篇,总四十九篇。郑康成为之注。今世所行者,

---

① 王祎撰:《王忠文集》卷八《丛录》,《四库全书》本。
② 王祎撰:《王忠文集》卷十一《学诗斋诗记》,《四库全书》本。

惟《仪礼》十七篇,《小戴礼记》四十九篇,而《大戴礼》存者四十三篇,不大行。汉代《礼记》之学,王祎认为始于后苍,有《曲台记》。故汉尝立后苍为礼博士。但随着二戴的出现,于《礼记》之学方始为备。从传授来看,大戴以授徐良,小戴以授桥仁、杨荣,于是大戴有徐氏之学,小戴有桥、杨之学。而宣帝时,大小戴皆立之学官。厥后诸儒如卢植、王肃、孙炎、马融之流,皆有功于《礼》,而郑氏为盛。正因为郑注的流传,遂使《小戴礼》得以大行于后世。

自晋、宋至周、隋,传《礼》学者为多。其为义疏者,王祎认为分为南北两系:南有贺循、庾蔚、崔灵恩、沉重、范宣、皇甫侃,北有徐道明、李业兴、李宝鼎、侯聪、熊安生等。至唐魏徵以小戴综汇不伦,更作《类礼》二十篇。开元中诏元行冲与诸儒为疏,将立之学官,而张说沮之。而唐代对《仪礼》与《礼记》的注疏,当时学者各有侧重。其中疏《仪礼》者,为贾公彦等;疏《礼记》者,为孔颖达诸儒,代表了当时经学的最高水平。

第三,述宋、元时期朱熹与吴澄礼学。如果说,王祎对先秦以及汉唐礼学小史的梳理与总结,大抵不出《文献通考》所载,还属于摘录性的读书笔记,但他论及宋元礼学,以朱熹与吴澄为重点,则不是一般意义上的读书摘录了。王祎书宋元礼学,只涉及朱熹和吴澄,因为这两个人物的治《礼》一则具有承接性,二则都属于改经派。宋代疑经、改经之风大盛,朱熹则为改经派的代表。他先将《大学》《中庸》从《礼记》中挑出来,与《论语》《孟子》合为《四书》,虽还不是明显的改经行为,但已经看出他对于经典的重组态度与实践。到了他晚年作《仪礼经传通解》,则完全是按照自己的意思来改经了。王祎虽未曾对朱熹的改经作出评判,但他貌似客观的叙述本身,就可看出他对于朱熹的首肯,否则他又何必专门挑朱熹和吴澄作宋元礼学的代表呢? 他说:

> 及宋朱子与东莱吕子商订,欲取《礼记》中有关于《仪礼》者附之经,其不系《仪礼》者仍别为记,不果。晚乃作《仪礼经传通解》,以《仪礼》为纲,分王朝、邦国等类,而以《礼记》分隶于其间。朱熹《仪礼经传通解》乃未成之书,而《丧》《祭》二礼,后由其门人黄氏、杨氏所续也。①

王祎这段话其实源自读吴澄《礼记纂言序》时所作的笔记。朱熹《仪礼经传通解》体例上的主要特点有二:一是将《仪礼》经文打乱,分类编撰。其分类编撰的工作基础是以《仪礼》为纲,并将《仪礼》经文以家礼、乡礼、学礼、邦国礼、王朝礼、丧礼、祭礼等七礼按类拆

---

① 王祎撰:《王忠文集》卷八《丛录》,《四库全书》本。

分，试图以此还原西周仪礼的本来面目，当然这个面目必定是朱熹本人想象中的仪礼图景。二是"经传相参、通修作一书"。所谓"经传相参"之"经"，当然是指《仪礼》了，而"传"则指《礼记》，"相参"就是王祎所谓将"《礼记》分隶于其间"。也就是说朱熹将《仪礼》拆分后按类排别的经文视作"经"，而将《礼记》及《礼记》以外的相关礼学资料视为释经的"传"。这样经、传相参，"通修作一书"，便彻底改变了原来《仪礼》与《礼记》分为两书的状况，合为纲举目张的一部整体性著作了。朱熹开启的这一《礼》学研究新思路，为元代吴澄所接受。但吴澄并不满意朱熹对经文的分类与编撰，故王祎说：

> 近时吴氏澄独疑其经、传混殽，为朱子未定之槁，于是重加纂次，以十七篇者并依郑氏次第为正经，取戴《记》、郑《注》中有经篇者离之为《逸经》。礼各有义，则经之传也。以戴氏所存，兼刘氏所补者，合之为传。正经居首，逸经次之，传终焉。其外仍以归诸戴氏之《记》。朱子所辑及黄氏丧礼、杨氏祭礼亦去其重复，名之曰"朱氏记"，与二戴《记》为三焉。①

因为《仪礼经传通解》为朱熹晚年未定稿，疑其经、传混殽，故吴澄才有重加纂次的想法。《礼记纂言》体例是每一卷为一篇，大旨以《戴记》经文庞杂，疑多错简，故每一篇中其文皆以类相从，俾上下意义联属贯通，而识其章句于左。吴澄的工作思路是：

首先，列出"负面清单"。先以《大学》《中庸》，程、朱与《论语》《孟子》并为《四书》，故不再纳入；又因《投壶》《奔丧》为礼之正经，亦不取。这样他以郑康成注本的"十七篇"为正经，而又取大、小戴《记》与郑注中涉及与经文相关的文字重整为《逸经》八篇。其中二篇取之《小戴记》的《投壶》《奔丧》。三篇取之《大戴记》的《公冠者》《侯迁庙》《诸侯衅庙》。还有三篇取之郑氏《注》中《夹禘明堂》《王居》《明堂》。《逸经》八篇体制是吴澄的独创，但改经的做法仍为朱熹的延续。然后又以《戴记》中《冠义》《昏义》《乡饮酒义》《射义》《燕义》《聘义》，认为此乃周末汉初人作以释《经》之文，而戴氏抄以入《记》中。正为《仪礼》之传，乃依《经礼》篇次萃为一编。《射义》一篇，迭陈天子、诸侯、卿、大夫、士之射，厘为《卿射义》《大射义》二篇。《士相见义》《公食大夫义》，则用清江刘原父所补。惟《觐义》阙，取《大戴记·朝事》一篇以备之，共为十篇。于是《仪礼》之经，自一至十各有传了。正经居首，逸经次之，传终焉。其外仍以归诸戴氏之《记》。

其次，在以上工作基础上，吴澄认为他心目中的《礼记》已经不夹杂经传，故变得纯

---

① 王祎撰：《王忠文集》卷八《丛录》，《四库全书》本。

粹了,这时候他才开始将《礼记》秩序打乱,分为通礼、丧礼、祭礼、通论四类。其中,通礼据王祎言是将《小戴记》存者三十六篇,重加序次如下:

通礼者九:《曲礼》《内则》《少仪》《玉藻》,通记大小仪文,而《深衣》附焉。而《月令》《王制》专记国家制度。《文王世子》《明堂位》附焉。

丧记十有一:《丧大记》《杂记》《丧服小记》《服问》《擅弓》《曾子问》六篇记丧,而《大传》《间传》《问丧》《三年问》《丧服四制》五篇,则记丧之义。

祭礼者四:《祭法》一篇记祭,而《郊特牲》《祭义》《祭统》三篇,则记祭之义。

通论者十有二:《礼运》《礼器》,经解一类;《哀公问》《仲尼燕居》《孔子闲居》为一类;《坊记》《表记》为一类,《深衣》为一类,《儒行》自为一类,《学记》《乐记》其文雅驯,则以为是书之终。

综上,吴澄先将《礼记》中他认为属于《礼》经的内容专门辑出,别裁为《逸经》。然后又将他认为是解释《逸经》的篇章再次辑出,别裁为《仪礼》之传。最后将《礼记》《大戴礼记》和郑氏三《注》打乱,重新按类拆分,编成《礼记纂言》,以一篇为一卷,合为三十六卷。

二、王祎的经学思想

王祎的经学思想主要表现为以下几个方面:

(一) 经学即道学

关于经学与道学的关系问题,王祎在《拟元儒林传》中有如下表述:

> 大抵儒者之功,莫大于为经。经者,斯道之所载焉者也。有功于经,即其所以有功于斯道也。金氏、许氏之为经,其为力至矣。其于斯道,谓之有功,非耶?

这是王祎对金华著名理学家金履祥、许谦的评论所引发的一个话题,话题的含义涉及王祎经学思想的一个重要方面,就是经学即道学。很显然,他在此有意将经学与道学打通,所谓"有功于经即其所以有功于斯道",便是倡导"经学即道学",此论开启清初顾炎武"经学即理学"之先声。同样观点,王祎在《说学斋论说》一文中也有提到,其云:

> 学者所以学圣贤之道也,圣贤往矣,曷从而求其道? 载籍者,圣贤之道之所存也。故学圣贤之道者,必载籍而求之。[1]

在另一篇文章中,他也一再强调圣贤之道在典籍中,其云:

---

[1]　王祎撰:《王忠文集》卷八《说学斋记说》,《四库全书》本。

人不可以不学，而非所当学不可以为学；知所当学而学焉，斯可以言学矣。所当学者何？圣贤之道是也。圣贤远矣，而其典籍具在，其言可考，其道可求，勉焉以至也。知其学而学焉，虽未至于圣贤，盖亦圣贤之徒也。①

但是，诚如王祎本人所言"载籍之广，非可易求也"；那么，具体应该从哪些典籍中获得圣贤之道呢？王祎明确说道：

然则圣人之为道也，曷从而求之。曰：求之经。经者，圣人之道之所载也。《易》以明阴阳，《书》以纪政事，《诗》以理性情，《春秋》以示王法，《礼》以谨节文，圣贤传心之要，帝王经世之法，皆于是乎载焉。②

所谓六经其实就是圣贤之道的载体，故求圣人之道必向六经求之。他接着以醉经来喻醉道，其云：

惟圣人之道，犹通衢之尊也。酒注于尊，而尊设于通衢，人之过之者咸得把而饮之，随其分量莫不有获而沾醉焉。人之于圣人之道也，亦然。③

人于经中求道，犹尊中取酒，人人皆可把而饮之，所不同的地方为"造其深而乐之，犹能饮者之饮其醇而多也"；"涉其浅而好之，犹不能饮者之饮其醨而恶也"。④道之于人的融照无差等、无厚薄之别，但人之于道的获取则有多寡、浅薄之分。因此他强调对于道的把取，必须以醉经与会心为前提，其云：

穷经以求夫道，味道而会诸心，心与道一，融液而无间，则自得之妙，莫有知其所以然者矣，斯不亦醉经之谓欤！⑤

王祎强调通过主体对五经的体味与会心，从而获得对道的把握与理解，其在方法论上遵循孟子、二程、朱熹等人所提出的"自得"。一如《孟子·离娄下》所言："君子深造之以道，欲其自得之也。自得之则居之安，居之安则资之深，资之深则取之左右逢其源，故君子欲其自得之也。"由于王祎依据五经来体道履仁，不贰不疑，心与道一，故他极力反对章句训诂之学，其云：

汉世儒者或皓首不能穷一经，汩于训诂而昧其指趣故也。是故训诂，经之糟粕也。汩训诂以求经，犹啜糟粕以求醉。其有醉焉者，几希矣。⑥

王祎将训诂视着五经之糟粕，故凡汲汲于训诂者，犹求醉于糟粕，自然不能把得经中之

---

① 王祎撰：《王忠文集》卷八《知学斋记》，《四库全书》本。
②③④⑤⑥ 王祎撰：《王忠文集》卷八《醉经堂记》，《四库全书》本。

道了。训诂非但不能于经中求得圣人之道，反而会因浮辞曲辩淆乱经意，使道不彰。①更有甚者，倘若"士之为业者，训诂而已，辞章而已"，还将导致"世降俗宠，道术分裂"。②因此，"训诂于汉，圣远言埋，愈传而愈失，时异事易，愈变而愈非，其流弊遂有不可胜言者矣"。③就学经而言，王祎由于反对训诂，自然否定记诵之学与辞章之学了，因为这二者求之愈深，而离圣贤之道愈远。

（二）经学以致用

《论语·宪问》曰："古人之学为己，今人之学为人。"邢昺疏曰："古人之学，则履而行之，是为己也。今人之学，空能为人言说之，己不能行，是为人也。范晔云：'为人者冯誉以显物，为己者因心以会道也。'"④意思是说古人学习之目的是修身克己，践履道德，做一个完善的人，是故"为己"并非现代意义上的为私，而为人之学，则是将学识作为招牌，但不去践行，只是做给他人看的。那么，有一个问题随之而来，孜孜以求的圣贤之道难道仅仅是为做一个完善的人吗？王祎认为除"为己"之外，还应该"为用"，其云：

> 六经，圣人之用也。圣人之为道，不徒有诸己而已也，固将推而见诸用，以辅相乎天地之宜，财成乎民物之性，而弥纶维持乎世故。所谓为天地立极，为生民立命，为万世开太平者也。⑤

以上是王祎关于六经之大用的宏观表述，即"为天地立极，为生民立命，为万世开太平"。这本是张载关于道学使命的论述，在此被王祎视为六经的使命，仍与前述经学即道学观点相关联。具体而言，六经的致用方向如下：

> 是故《易》者，圣人原阴阳之动静，推造化之变通，以为卜筮之具，其用在乎使人趋吉而避凶；《书》者，圣人序唐、虞以来帝王政事号令之因革，以为设施之具，其用在乎使人图治而立政；《诗》者，圣人采王朝列国风、雅之正变，本其性情之所发，以为讽刺之具，其用在乎使人惩恶而劝善；《礼》，极乎天地朝廷宗庙，以及人之大伦，其威仪等杀，秩然有序，圣人定之，以为品节之具，其用在乎明幽显辨上下；乐，以达

---

① 参见王祎撰：《王忠文集》卷四《六经论》，《四库全书》本。
② 王祎撰：《王忠文集》卷四《原士》，《四库全书》本。
③ 王祎撰：《王忠文集》卷八《沧江书舍记》，《四库全书》本。
④ 何晏集解，邢昺疏：《论语注疏·宪问》，阮元校刻：《十三经注疏》（附校勘记）本，中华书局1980年版，第2512页。
⑤ 王祎撰：《王忠文集》卷四《六经论》，《四库全书》本。

天地之和,以饰化万物,其声音情文,翕然以合,圣人协之,以为和乐之具,其用在乎象功德格神人;《春秋》之义,尊王抑霸,内夏外夷,诛乱贼、绝僭窃,圣人直书其事,志善恶,列是非,以为赏罚之具,其用在乎正义不谋利,明道不计功。①

总之,六经之用关乎趋吉避凶、图治立政、惩恶劝善、显辨秩序、和乐天地、正义明道等,涵盖了天地人神所有方面。天地之所以位,万物之所以育,世故之所以久长而不坏,皆由六经使之然。故言"圣人之用载于六经,如日月之明,四时之信,万世无少替也"。②由是观之,六经实乃圣人致治之要术,经世之大法,措诸实用,为国家天下不可一日或缺。既然如此,学者就不能以空言视六经,更不能以空言治六经。王祎认为,自汉代以来,由于记诵、词章、训诂之徒以浮辞曲辩淆乱六经,至今已有二千余年,使六经中包含的圣人致治经世之用日益隐晦不显,故训诂之徒,实为六经之罪人。而对于将六经视为心学的观点,王祎也同样是持批判态度的。有一种观点认为六经乃圣人之心学,故《易》有先天后天之卦,为圣人的心画;《书》有危微精一之训,是圣人的心法;《诗》则为心之所发,而《礼》则由心之所制,乐故由心之所生;若论《春秋》,则又是史外传心之典。在此基础上,进一步主张:说天莫辨乎《易》,由吾心即太极之故;说事莫辨乎《书》,由吾心即政之府之故;说志莫辨乎《诗》,由心统性情之故;说理莫辨乎《春秋》,由吾心善分善恶之故;说体莫辨乎《礼》,则由吾心本有天序之故;道民莫过乎乐,则由吾心早备人和之故。心中之理无不具,故六经之言无不该。③以上观点,其实是王祎同学宋濂的观点。宋濂有一篇与王祎同题文章《六经论》,以陆九渊的心学来论六经。表明在明代初期,以王祎与宋濂为首的金华儒学,对于六经的看法,却是存有极大歧义的。我们兹将宋濂的《六经论》全文抄录如下,以观其经学思想之全豹。其云:

> 六经皆心学也。心中之理无不具,故六经之言无不该,六经所以毕吾心之理者也。是故说天莫辨乎《易》,由吾心即太极也;说事莫辨乎《书》,由吾心政之府也;说志莫辨乎《诗》,由吾心统性情也;说理莫辨乎《春秋》,由吾心分善恶也;说体莫辨乎《礼》,由吾心有天叙也;导民莫过乎乐,由吾心备人和也。人无二心,六经无二理,因心有是理,故经有是言。心譬则形,而经譬则影也。无是形,则无是影。无是心,则无是经。其道不亦较然矣乎?然而圣人一心皆理也,众人理虽本具,而欲则害之,盖有不得全其正者,故圣人复因其心之所有,而以六经教之。其人之温柔敦厚,

---

① ② ③　王祎撰:《王忠文集》卷四《六经论》,《四库全书》本。

则有得于《诗》之教焉。疏通知远，则有得于《书》之教焉。广博易良，则有得于乐之教焉。洁静精微，则有得于《易》之教焉。恭俭庄敬，则有得于《礼》之教焉。属辞比事，则有得于《春秋》之教焉。然虽有是六者之不同，无非教之以复其本心之正也。呜呼！圣人之道，唯在乎治心。心一正，则众事无不正。犹将百万之卒，在于一帅，帅正则靡不从令，不正则奔溃角逐，无所不至矣。尚何望其能却敌哉？大哉心乎，正则治，邪则乱，不可不慎也。秦汉以来，心学不传，往往驰骛于外，不知六经实本于吾之一心，所以高者涉于虚远而不返，卑者安于浅陋而不辞，上下相习，如出一辙，可胜叹哉！然此亦皆吾儒之过也。京房溺于名数，世岂复有《易》？孔郑专于训诂，世岂复有《书》《诗》？董仲舒流于灾异，世岂复有《春秋》？乐固亡矣，至于小大戴氏之所记，亦多未醇，世又岂复有全《礼》哉？经既不明，心则不正；心既不正，则乡间安得有善俗，国家安得有善治乎？惟善学者，脱略传注，独抱遗经而体验之。一言一辞，皆使与心相涵。始焉则戛乎其难入，中焉则浸渍而渐有所得，终焉则经与心一。不知心之为经，经之为心也，何也？六经者，所以毕吾心中所具之理故也。周孔之所以圣，颜曾之所以贤，初岂能加毫末于心哉？不过能尽之而已。今之人不可谓不学经也，而卒不及古人者，无他，以心与经如冰炭之不相入也。察其所图，不过割裂文义以资进取之计。然固不知经之为何物也。经而至此，可不谓之一厄矣乎？虽然，经有显晦心无古今，天下岂无豪杰之士，以心感心于千载之上者哉？[①]

如果说王祎认为经学即道学的话，而宋濂则认为经学即心学，这是两人经学观最大的不同。虽然宋濂曾说过这样的话："天地未判，道在天地；天地既分，到在圣贤；圣贤既殁，道在六经。"[②]但六经之道则是由心而生的。他说："心存则理之所存也。前乎千万世，此心同、此理同也；远而四海之广，此心同、此理同也。所谓东海有圣人出焉，此心同、此理同也；西海有圣人出焉，此心同、此理同也；南海北海有圣人出焉，此心同、此理同也。"[③]由此可见，宋濂思想中明显受陆九渊心学影响。既然六经是毕吾心中之理的文本，那么从文本中求道，反不如穿越六经而直接求之于心，故云："世求圣人于人，求圣人之道于经，斯远已。我可圣人也，我言可经也，弗之思耳。天下之事或小或大，或简或

---

①　宋濂撰：《文宪集》卷二十八《六经论》，《四库全书》本。

②　宋濂撰：《文宪集》卷七《徐教授文集序》，《四库全书》本。

③　宋濂撰：《文宪集》卷二十八《段干微》，《四库全书》本。

烦，或亏或赢，或同或异，难一矣。君子以方寸心摄之，了然不见其有余。"①所以他在《六经论》开头便说："六经皆心学也。心中之理无不具，故六经之言无不该，六经所以毕吾心之理者也。"既然六经是心中之理的反映，而心有此理故经有此言，无此心则无此经，"其道不亦较然矣乎"？因此，他力主圣人之道惟在乎治心。对此，王祎先设问道："然则以圣人之心言六经者，经其内；以圣人之用言六经，则经其外矣。心者其本，而用者其末矣。舍内而言外，弃本而取末，果可以论六经乎？"然后加以反驳曰：

> 非然也。心固内也，而经则不可以内外分，内外一体也，而尤不可以本末论。圣人之道，蕴诸心而不及于用者有之矣，未有措诸用而不本于心者也。况乎六经为书，本末兼该，体用毕备。吾即圣人之用以言之，则圣人之道为易明，而圣人之心为已见。本体之全，固在是矣。若夫徒言乎心，而不及于用者，有体无用之学，佛、老氏之所为道也，岂所以言圣人之经哉？②

王祎从致用角度论六经，因为"《易》以明阴阳之理，《书》以纪帝王之政，《诗》以道人之性情，《春秋》以示世之赏罚，《礼》以谨上下之节文，乐以通天地之气运，凡先王之道所以立天下之大本，先王之制所以成天下之大业者，皆于是乎者"。③

由于王祎坚持经世致用之精神，故他对于永嘉经制之学，推崇有加，其云：

> 永嘉东南名郡也，山川峻清，伟人间出。在宋世，号称六艺文章之府。许景行氏、周行己氏，皆登程子之门，而载伊洛之道于东南。南渡以还，言性理之学者，故宗永嘉，而郑景望氏实承之。然当其时，薛士龙氏之学，复自成一家。其说详于古今之经制，以谓自周季绝学，先王制作之原，晦而弗章，若董仲舒名田、诸葛亮治军、王通氏河汾之所讲论，千余年间，端绪仅或一见。及二程子、张子作，相与发挥，本末精粗，纲纪悉备，而后之传者，莫得其要。于是发愤覃思，深究体统，兴王远大之制，叔末寡陋之法，礼乐刑政，损益同异之际，必审其故实，研索不遗，于经无不合，于事无不可行。自薛氏一再传，为陈君举氏、叶正则氏、戴少望氏，而陈氏尤精密，讨论经史，贯穿百氏，年经月纬，昼验夜索，一事一物，咸稽于极，上下千载，珠贯而丝组之。综理当世之务于治道，可以兴滞而补弊，复古而至道，条画本末，粲如也。

---

① 宋濂撰：《萝山杂言二十首》之十八、十九两首，《文宪集》卷二十七《杂著》，《四库全书》本。

② 王祎撰：《王忠文集》卷四《六经论》，《四库全书》本。

③ 王祎撰：《王忠文集》卷八《沧江书舍记》，《四库全书》本。

此所以永嘉经制之学，要在弥纶以通世变，操术精而致用远，博大宏密，封植深固，足以自名其家也。论者顾谓其说不皆本于性命，以故近时学者，一切党同伐异，唯徇世取宠之为务，其学遂废而不讲。而不知穿凿性命，穷高极远，徒骛于空言，其将何以涉事耦变，以适世用哉？呜呼，永嘉之学可弗讲乎！①

王祎对永嘉经制之学推崇的同时，反对空谈性命。他指出圣贤之道之所以致用于世，主要在礼乐、典章、制度、名物等，这些既是致用之具，又是圣贤精神心术的寄寓之所，因此学者们尤不可以不讲不习。基于致用在乎经邦，经邦在乎立事，立事在乎师古，师古在乎随时的内在理路，王祎进一步指出，如果不参古今之宜，穷始终之要，则将凭借何种途径来涉事济变而弥纶天下之务呢？他批评"秦汉以来，儒者之学，或泥于训诂，或沦于辞章，或滥于清虚，或滞于功利，其于圣贤致用之道，能通焉者鲜矣"。②而只有到了宋代永嘉经制之学的出现，才于井牧、卒乘、郊丘、庙社、章服、职官、刑法之类，靡不博考而精讨，本末源流，粲然明白，条分缕析，可举而行，是故圣人之道方得通行。稍后，金华唐仲友的帝王经世之术，永康陈亮的古今事功之说，与之并出。虽然朱熹对唐仲友和陈亮学术持批判态度，但于永嘉诸君子之学，则独深许之。王祎因此总结道，此"岂不以经制之讲，固圣贤之所以为道者欤"？③在此他甚至将经制之学也抬到圣贤之道的高度来对待，表明他对于经世致用学术精神认同，已到相当自觉的程度。

（三）四子与六经同理

所谓四子，即指《论语》《大学》《中庸》《孟子》四书。王祎指出，自河南二程子，实始尊信《大学》《中庸》而表章之，《论语》《孟子》亦各有论说。到朱熹，始合四书谓之"四子"。关于四子与六经的关系，先儒之论，以谓治六经必先通乎四书，四书通，则六经可不治而通。如二程子对此就有论述。载曰：

> 或问穷《经》旨，当何所先？子曰："于《语》《孟》二书，知其要约所在，则可以观五经矣。"④

从读书阶程来看，二程认为要先读《论语》《孟子》，在掌握了《论语》和《孟子》的要领之后，就可以接下来读五经了。朱熹对之很认同，他说：

> 河南程夫子之教人，必先使之用力乎《大学》《论语》《中庸》《孟子》之言，然后及

---

① 王祎撰：《王忠文集》卷六《送顾仲明序》，《四库全书》本。

②③ 王祎撰：《王忠文集》卷七《王氏迁论序》，《四库全书》本。

④ 杨时订定，张栻编次：《河南程氏粹言》卷一《论书》，《二程集》下，中华书局1981年版，第1204页。

乎六经。盖其难易、远近、大小之序，固如此而不可乱也。①

朱熹对二程的说法做了一定程度的诠释，认为《四书》和六经之间有着"难易、远近、大小之序"，好比升堂入室，要先上阶梯，以此循序渐进，才可窥探到经学的奥秘。此外，朱熹对四书、六经还分别有一个形象的比喻，他说："《语》《孟》《中庸》《大学》，是熟饭，看其他经是打禾为饭。"②四书是"熟饭"，可以马上吃下去填饱肚子，而六经则是"打禾为饭"，要经过几道程序才能成为可以吃的饭。所以要先读四书，后读六经。但是，至于六经、四书之所以相通，先儒并未有明言。为此王祎论述道：

> 以予论之，治《易》必自《中庸》始，治《书》必自《大学》始，治《春秋》则自《孟子》始，治《诗》及《礼》《乐》必自《论语》始。是故《易》以明阴阳之变，推性命之原，然必本之于太极，太极即诚也。而《中庸》首言性命，终言天道。人道必推极于至诚，故曰治《易》必始于《中庸》也。《书》以纪政事之实，载国家天下之故，然必先之以德，峻德、一德、三德是也。而《大学》自修身以至治国平天下，亦本原于明德，故曰治《书》必始于《大学》也。《春秋》以贵王贱霸、诛乱讨贼，其要则在乎正，谊不谋利，明道不计功，而《孟子》尊王道，卑霸烈，辟异端，距邪说，其与时君言，每先义而后利，故曰治《春秋》必始于《孟子》也。《诗》以道性情，而《论语》之言《诗》有曰"关雎乐而不淫，哀而不伤"，又曰"可以兴、可以群、可以怨"。《礼》以谨节文，而《论语》之言《礼》，自乡党以至于朝廷，莫不具焉。乐以象功德，而《论语》之言《乐》，自韶舞以及翕纯皦绎之说，莫不备焉。故曰治《诗》及《礼》《乐》必始于《论语》也。此四子，六经相通之类然也。虽然，总而论之，四子本一理也，六经亦一理也。汉儒有言"《论语》者，五经之錧辖，六艺之喉衿，《孟子》之书则而象之"。嗟乎，岂独《论语》《孟子》为然乎？故自阴阳性命道德之精微，至于人伦日用家国天下之所当然，以尽乎名物度数之详，四子、六经皆同一理也。统宗会元，而要之于至当之归，存乎人焉尔。③

王祎将四子核心与六经要旨一一作了对应，阐明了它们之间的内在联系，最后得出"四子、六经皆同一理也"的结论。使二程、朱熹关于《四书》与六经相通之论，得到丰富

---

① 朱熹撰：《晦庵先生朱文公文集》卷八十二《书临漳所刊四子后》，朱杰人等主编：《朱子全书》第二十四册，上海古籍出版社、安徽教育出版社2002年版，第3895页。

② 朱熹撰：《朱子语类》卷十九《论语一》，朱杰人等主编：《朱子全书》第十四册，上海古籍出版社、安徽教育出版社2002年版，第645页。

③ 王祎撰：《王忠文集》卷四《四子论》，《四库全书》本。

和圆满的解释,令人信服。当然,这也从另一角度让我们看到王祎在四书上的宋学立场,差不多是将四书抬到与经学同等地位了。

三、王祎的原儒思想

王祎的原儒思想,立足于六经致用精神,强调传心与经世二者兼顾。

(一) 有用之儒与无用之儒

王祎认为既然六经以致用,那么儒者的职责自然也应以致用为目标了。为此王祎将儒者分为有用之儒和无用之儒两类,其云:

> 有用之谓儒。世之论者顾皆谓儒为无用,何也? 曰:非论者之过也。彼所谓无用,诚无用者也。而吾所谓有用者,则非彼之所谓无用矣。夫周公、孔子,儒者也。周公之道尝用于天下矣,孔子虽不得其位,而其道即周公之道,天下之所用也。其为道也,自格物致知以至于治国平天下,内外无二致也。自本诸身以至于征诸庶民,建诸三王,本末皆一贯也。小之则云为于日用事物之间,大之则可以位天地育万物也。斯道也,周公、孔子之所为儒者也。周公、孔子远矣,其遗言固载于六经,凡帝王经世之略,圣贤传心之要,粲然具在,后世儒者之所取法也。不法周公、孔子,不足谓为儒。儒而法周公、孔子矣,其不可谓为有用乎? 噫! 斯吾之所谓儒也,其果世之所谓无用者乎?[①]

王祎针对世间关于儒者有用和无用的争论,不是以正方的立场去反驳,而是心平气和地将儒者作出有用与无用的区分。首先,他提出有用之儒的标准,一是要能够行道于天下,二是要其道又为天下所用。藉此标准,他指出在历史上周公和孔子就属于这样的有用之儒,亦即是真儒。周公、孔子所行之道,便是"格物致知以至于治国平天下"之道。此道"小之则云为于日用事物之间,大之则可以位天地育万物"。虽然周公与孔子去我们已远,但他们所传之道,仍保存在六经之中,是故通六经,就是通有用之道。通有用之道以法周公、孔子者,就是有用之儒。而怎样的儒者又为无用之儒呢? 王祎指出:

> 且世之所谓无用者,我知之矣。缝掖其衣,高视而阔步,其为业也,咕毕训诂而已耳,缀缉辞章而已耳。问之天下国家之务,则曰我儒者,非所习也;使之涉事而遇变,则曰我儒者非所能也。嗟乎! 儒者之道,其果尽于训诂辞章而已乎? 此其为儒

---

① 王祎撰:《王忠文集》卷十八《儒解》,《四库全书》本。

也,其为世所诋訾,而迂阔之讥也固宜。谓之为无用,固诚无用矣,而又何怪焉?①王祎坚持认为,训诂、词章、记诵为末学小技,于六经无补,于天下无用。故他认为此为儒者,确实是无用之儒。而这些无用之儒,事实上就是孔子批评的小人儒、荀卿轻之的贱儒。

(二)原儒精神:传心与经世

在《儒解》一文中,王祎将儒作了有用与无用之分,更进一步作《原儒》,试图阐述他心目中的原儒及原儒精神。那么,何谓原儒?何谓原儒精神呢?所谓原儒,是指先秦时代的儒家及其代表人物孔子、孟子、荀子等。此即王祎所谓:"儒者成德之称,盖其称肇于孔子,至荀卿氏论之为悉,而其后复有八儒之目。"②原儒精神,则是指孔、孟思想的核心价值及其传道精神。围绕原儒核心思想来展开的追寻与践履,便是王祎所谓的"圣贤之学"。他说:"及秦汉以下,儒之名虽一其学,则析而为二:有记诵之学、有词章之学,有圣贤之学。"③而为圣贤之学者,则为具有元儒之精神者。其云:"圣贤之所以为学者,何也?必其性之尽于内者,有以立其本;而才之应于外者,足以措诸用也。"④圣贤之学,包含内外两个方面。其中"性之尽于内者,有以立其本",这是圣贤之学为己的方面,亦即通常所谓"内圣"方面。孔子认为"为仁由己"。其曰:"克己复礼为仁。一日克己复礼,天下归仁焉。为仁由己,而由人乎哉?"一个人能否成为仁人,关键在于自我的修养。正所谓"我欲仁,斯仁至矣",这就是达己。而成仁达己,则立其本。本立,则"才之应于外者,足以措诸用也"。此即所谓"外王"的方面。"措诸用"就是践履,就是"外王",就是"达人"。因此,孔子说:"夫仁者,己欲立而立人,己欲达而达人。"则"仁者"一词之义,有己立立人、己达达人的双层意蕴,切不可作单向度的理解。是故,由"仁"出发,立本以"修己"为始,致用以"治人"为终。子曰:"修己以敬""修己以安人""修己以安百姓",都是说的同一个意思。内圣与外王是互为统一的不可分割的整体,内圣是基础,外王是目的,内外一贯,体用兼该。如此,"小可以为国家天下之用,而大可以用天下国家也"。⑤概言之,这就是王祎强调的原儒精神,其云:

自小学以底大成,本末虽殊而无二致;自一己以对天下,体用虽别而皆一理。

所推者广而所守者可谓简,所行者若近而易知,而所任者不可不谓远且重也。此圣

① 王祎撰:《王忠文集》卷十八《儒解》,《四库全书》本。
②③④⑤ 王祎撰:《王忠文集》卷四《原儒》,《四库全书》本。

贤之学所以为天地立心、为生民立命、为往圣继绝学、为万世开太平者也。尧、舜、禹、汤、文、武之为君，皋、陶、伊、傅、周、召之为臣，孔子、颜、曾、思、孟之所以为教者，其不以此也欤？①

王祎因此慨叹："三代以还，圣贤之学于是不明、不行也久矣。"②他于是批评近世远离原儒精神的词章、记诵之儒，不过徒有儒名而已，其云：

> 凡今世之所谓儒者，剽掠纤琐，缘饰浅陋，曰"我儒者辞章之学也"；穿凿虚远，傅会乖离，曰"我儒者记诵之学也"，而人亦曰此所以为儒也。嗟乎！昔之称词章者，唐之燕许，宋之杨亿，其词章盖诚足以华国也；昔之称记诵者，汉之马、郑，宋之刘敞，其记诵盖诚足以穷经也。使若人也其记诵、词章而止若是焉，固亦何取其为儒名耶？③

他明确指出，儒可分为二：

> 是故吾所谓圣贤之学者，皆古之真儒；而今世之称记诵词章者，其不为孔子之所谓小人儒、荀卿之所谓贱儒者几希。④

其中王祎所谓的真儒，就是他推崇的原儒。原儒以圣贤之学为职，而他理解的圣贤之学，就是：

> 故自格物致知，诚意正心，以至齐家治国平天下，皆一本也。自本诸身以至证诸庶民，考诸三王，建诸天地，质诸鬼神，俟诸后圣，无二用也。其本末体用，所以内外之兼至者，诚也。内而性之尽者，其本既立矣，外而才之应者，其用复周焉，诚之至也。此所谓圣贤之学者也。⑤

在王祎看来，能尽其性，则大本立。而推而至于尽人物之性，又由其才有以应之。故自日用之间，以及乎参天地赞化育，所以品节弥纶之者，非才无以应之。才之周，事之所以成。是故天下之理无不有以明诸心，性之尽于内而推己以及乎人物，使天下皆有待于我，则是才之应于外的结果。倘能尽于内，则未有不能应于外。不能应于外，乃因不能尽于内之故。因此，王祎的圣贤之学，实则就是体用之学。但圣贤之学，不明已久，他感叹道：

> 周公、仲尼已矣，孟轲以后，自荀卿、扬雄已不能臻乎此。而董仲舒、韩愈仅庶几焉。于是圣贤之学，不明也久矣。盖千数百年，而周、邵、张、程诸君子者出，始有

---

① ②　王祎撰：《王忠文集》卷八《知学斋记》，《四库全书》本。
③ ④ ⑤　王祎撰：《王忠文集》卷四《原儒》，《四库全书》本。

以为其学,而周公、孔子不传之绪乃续焉。①

以上所举诸子,皆道统中人士。道从经中流出,道学与经学实不可分,故云:

> 本诸《易》《诗》《书》《语》《孟》以明时用,《春秋》以验行事,《三礼》以节人情,而后知人所以官两仪裕万物者,在此而不在彼。五三六经,不为虚言,而匹夫匹妇皆可以与知。②

而能够将"传心精微之本,经世博大之用"发挥得最好的是朱熹、张栻、吕祖谦三位,其云:

> 迨考亭朱子,广汉张子,东莱吕子,又皆同心僇力以倡其学,至是而圣贤传心精微之本,经世博大之用,发挥无余蕴矣。③

传心与经世,一为本,一为用,体用合一,在王祎看来这正是朱、张、吕三人共同的学术趋向,也正是在此一点上,他们同时兼具了原儒的精神。更进一步,他还将宋代儒学的发展与流变整体上纳入传心与经世的体用合一框架中来加以评述,这是很可注意的一种倾向,其云:

> 惟舂陵周子者出,始有以上续千载不传之统,河南两程子承之,而后二帝三王以来传心之妙、经世之规,焕然复明于世。关西张子因之,崇执礼之教,考三代以示方来,推一乡以达天下,皆可谓卓哉圣贤之学者矣。迨考亭朱子又集其大成而折衷之,广汉张子、东莱吕子皆同心僇力,以开先圣之道。而当其时,江西有易简之学、永嘉有经济之学、永康有事功之学,虽其为说不能尽同,而要为不诡于道者,岂不皆可谓圣贤之学矣乎?④

正是在传心与经世二者兼顾这一点上,王祎发现了宋儒的共通之处,因此将周、程、张、朱、吕、二陆以及永嘉经济之学、永康事功之学做了统合,以为皆可谓圣贤之学。而诸家之所以皆可谓圣贤之学,皆因他们在深谙"传心之妙"的同时,又不忘"经世之规",使二者焕然复明于世,亦使原儒之精神复明于世。

四、王祎的理学思想

王祎的《卮辞》是一部理学笔记,其他散见于文集中的理学思想也较为丰富,今勾稽连缀如下。

---

① ② ③　王祎撰:《王忠文集》卷四《原儒》,《四库全书》本。
④　王祎撰:《王忠文集》卷八《知学斋记》,《四库全书》本。

（一）立于诚、尽乎性、措乎用

王祎的主要理学思想，可以概括为九个字：立于诚，尽乎性，措诸用。"尽性"二字是《大学》《中庸》的思想纲领。《中庸》开篇便说："天命之谓性，率性之谓道，修道之为教。"所谓率性就是尽性。王祎对性与尽性的理解，以《中庸》为旨归，其云：

> 性者，万物之一原，非有我之得私也。尽性则理之在我者无不明，而视天下无一物之非我矣。①

那么，尽性与至诚的关系又如何呢？《中庸》接着有言曰："唯天下之至诚，为能尽其性；能尽其性，则能尽人之性；能尽人之性，则能尽物之性；能尽物之性，则可以赞天地之化育；可以赞天地之化育，则可以与天地参矣。"②周敦颐为此解释诚其实是宇宙最高本体"无极"体现于人和万物所形成的人、物之性。③换言之，他就是以诚为人的本性，故其云："诚者，圣人之本。'大哉乾元，万物资始'，诚之源也。"④黄宗羲评周敦颐云："周子之学，以诚为本。本立而道生，千变万化皆从此出。"⑤王祎的"诚"论，对周敦颐有所继承。"诚"在王祎的理学思想中地位非常崇高，其云：

> 夫造化之理，一至诚无息之妙而已。《易》之为卦，取象有八曰：天地定位，山泽通气，雷风相薄，水火不相射。是八者为物不同，而其为理同一至诚无息之妙者也。夫天确然在上者也，而日月之代明，寒暑之迭运，其行至健，未始或息也；地隤然在下者也，而草木之并育，河岳之悉载，其承至顺，未始或息也；山人见其为止也，而物俱由以成，未尝息焉；泽人知其为说也，而物咸赖其润，未尝息焉；雷若有时而息矣，而复于地中；风若有时而息矣，而升于地中，亦未尝有息也；水洊习而常流，火继明而常照，又皆不息者也。非特此也，凡物之有形于天地间者，其消长禅续，生生不息，举无异于是焉。其所以不息者何？莫非至诚之妙，造化自然之理也。造化自然之理，所谓道体也。道本无体，然体物而不遗，故妙万物而无不在与，万物相为用而无穷也。吾故观于物，察乎造化之理，而知为至诚无息之妙也。《中庸》曰："至诚无息。"天机之流动，岂非造化自然之理，至诚无息之妙乎？然而观物以察其理，察理

---

① 王祎撰：《王忠文集》卷八《知学斋记》，《四库全书》本。
② 朱熹撰：《中庸集注》，朱杰人等主编：《朱子全书》第六册，上海古籍出版社、安徽教育出版社2002年版，第51页。
③ 参见舒钺撰：《试论宋明"诚"论的发展》，《孔子研究》1986年第4期。
④ 周敦颐撰：《通书·诚上第一章》，谭松林等整理：《周敦颐集》，岳麓书社2002年版，第15页。
⑤ 黄宗羲等撰：《宋元学案》卷十二《濂溪学案下》，中华书局1986年版，第523页。

以反诸身者,学之要也。故君子所以贵乎体验之功也。天之健也,地之顺也,吾因以充吾健顺之德而自强焉;山之止也,吾因以成物而不倦;泽之说也,吾因以润物而不厌;观水之洊习,吾因以常德行;观火之继明,吾因以常中正;观风雷之恒,吾因之以久于道而立不易方,此之谓观物而察其理,察理而反诸身也。反诸身者,诚之之事也。诚之至,则诚矣。《中庸》曰:"诚者天之道也。"诚之者,人之道也。自诚之以至于诚,纯而不已,谓之与天合德可也。①

他还认为:"至诚之道,通天人,贯古今,万理之原,百行之根。其存不易,其运不息,不易故有常,不息故无疆。"②从这个角度上看,至诚其实就是尽性。

因此,至诚也好,尽性也罢,在王祎看来都是立本的功夫,其云:"夫能尽其性,则大本立矣。"③在此基础上,他还继承程颐"性即理"的思想,认为:

> 仁、义、礼、知,心之所具之性也。心之明,则性之尽也。尽性,则理之具于我者无不明,而视天下无一物之非我矣。故曰"惟天下至诚,为能尽其性。能尽其性,则能尽人之性;能尽人之性,则能尽物之性"也。④

但王祎的理学思想并不在立本的形上层次上停滞不前,他最终要将立本的内在功夫向外导向致用,故他的理学思想主要立足点是在探讨才与诚的合一,以及由此而产生"周天下之治"的实际效果。他说:

> 圣贤之所以为学者,何也? 必其性之尽于内者有以立其本,而才之应于外者足以措诸用也。……推而至于尽人物之性,又由其才有以应之也,故自日用之间,以及乎参天地赞化育,所以品节弥纶之者,非才莫有以应之,才之周事之所以成也。此其所以小可以为国家天下之用,而大可以用天下国家也。故曰"才与诚合,则周天下之治也"。⑤

所谓"才与诚合,则周天下之治也",则是二程的观点。二程曾与张载在洛阳就才与诚的问题有过专门的对话:

> 伯淳谓:"天下之士,亦有志在朝廷而才不足,才可以为而诚不足。今日正须才与至诚合一,方能有济。"子厚谓:"才与诚,须二物只是一物。"伯淳言:"才而不诚,

---

① 王祎撰:《王忠文集》卷八《天机流动轩记》,《四库全书》本。
② 王祎撰:《王忠文集》卷十九《卮辞》,《四库全书》本。
③④⑤ 王祎撰:《王忠文集》卷四《原儒》,《四库全书》本。

犹不是也。若非至诚,虽有忠义功业,亦出于事为,浮气几何时而不尽也。"①

在二程看来,当时朝廷中的许多官员,大都存在两方面的缺陷:一方面有志于朝廷而才不足,此即谓有些官员尽管忠心朝廷,有志为朝廷出力,但缺乏为政之才;另一方面才可行事而诚又不足,此即谓有些官员虽然具备一定才能,却又缺乏正心诚意。这两类人于才与诚,各执一端,各有所偏,都未能将立本与致用很好结合起来,皆有所偏差与不足。因此,二程认为只有将"才与至诚合一,方能有济"。对二程观点,真德秀解释说:"程子曰'才与诚一,则周天下之治'。又曰'才与至诚合,则可以有为'。愚按此才指才能而言,诚即德也。近于温公之说。"②他还认为二程之说,与司马光观点接近。真德秀所谓温公之说,是指司马光对于才德的辨明。司马光有言:"夫才与德异,而世俗莫之能辨,通谓之贤,此其所以失人也。夫聪察强毅之谓才,正直中和之谓德,才者德之资也,德者才之帅也。"③如果说二程与司马光关于才与诚与德的关系,是属于具体问题的讨论,其思想的指向明确无误;而王祎在对此有所继承基础之上,更注重对二程观点在义理上的发挥,其云:

> 是故天下之理无不有以明诸心者,性之尽于内而推己以及乎人物,使天下皆有待于我者,才之应于外也。夫有以尽于内,未有不能应于外者也;不能应于外,由不能尽于内矣。故自格物致知,诚意正心,以至齐家治国平天下,皆一本也。自本诸身以至证诸庶民,考诸三王,建诸天地,质诸鬼神,俟诸后圣,无二用也。其本末体用,所以内外之兼至者,诚也。内而性之尽者,其本既立矣,外而才之应者,其用复周焉,诚之至也。此所谓圣贤之学者也。④

以上王祎对于"尽于内"与"应于外"之间的关系,作了近于辨正的理论诠释。在他看来"人莫不有是性也,有是性则有是才",而圣贤之学就是为了尽其性而充其才。子思谓:"唯天下至诚,为能尽其性;能尽其性,则能尽人之性;能尽人之性,则能尽物之性。"对此王祎推衍认为,由"尽人、尽物之性,则天下含智之人、肖翘之物,举必待我以遂其生,乐其所矣。所以然者,由我之尽性,而又有我之才有以应之也。是故家国天下之事,众多

---

① 程颢、程颐撰:《河南程氏遗书》卷第十《洛阳议论》,王孝鱼点校:《二程集》上,中华书局1981年版,第110页。此外张载《张子全书》卷十四《性理拾遗》所载二程议论,与此内容大致相同,见《四库全书》本。
② 真德秀撰:《西山读书记》卷十六《才德》,《四库全书》本。
③ 司马光撰:《资治通鉴》卷一,《四库全书》本。
④ 王祎撰:《王忠文集》卷四《原儒》,《四库全书》本。

不易为也,而所以品节弥纶之,非才则莫有以应之。"①盖尽诸己而及乎人与物,皆由性之所以尽;而尽乎人、物而本之于一己者,又由才之所以充。更进一步王袆还将性与才都上升到天的高度,其言:"性出于天,才出于气,而气亦天也。尽其性,充其才,则有以合乎天矣。合乎天而无间焉,则与天为一矣。"②而为何能够达到如此高度呢? 其关键在于诚。他接着说:"而其至于是也,亦本于诚而已矣。"③此圣贤之学,所以为天地立心、为生民立命、为往圣继绝学、为万世开太平的全部道理都在于此。④

(二)《厄辞》对理学诸问题的散点思考

《厄辞》是王袆的理学笔记,主要记录他在山中读书时对一些理学问题的散点性思考。其自序云:"至正戊戌之岁,自秋徂冬予挈家避兵县南,往来风林杏溪之间,朋友离散,又绝无书可观,心邑鬱不自聊,间因追忆畴昔所闻见者志之于简,以其为言乃夫人所同好,故名曰《厄辞》,用以质诸同志者焉。"⑤王袆虽将山中的思考,自谦为《厄辞》,意为随和人意,无主见之辞,其实这些读书笔记也在一定程度上反映了他的理学思想与见地。如关于"仁义",他就认为是人心所固有,他说:

> 五伯假仁义,仁义不待假也,根于人心之固有者。夫人有之,奚独五伯而假之也? 谓之假者,自其行事而言之,比之尧、舜、汤、武固为有间已。⑥

既然仁义为人心所固有,那么圣人之治天下,讲仁义,其实就是讲固本、讲内圣的功夫,而治内必须和治外相结合,这样方能交治天下,其云:

> 圣人之治天下也,仁、义、礼、乐而已矣。仁、义充其所固有,所以治其内也;礼、乐修其所当为,所以治其外也,是故内外交治而天下化矣。⑦

礼、乐治其外,是故有"五帝异礼,三王不同乐"。但既有形下之礼乐,也有形上之礼乐。因此王袆指出:

> 五帝异礼,三王不同乐,此言礼乐之文耳。圣人建天地之中以为礼,导天地之和以为乐,故"大礼与天地同节,大乐与天地同和",此万世之所同也。五帝三王岂得有所损益也哉?⑧

形下之礼乐,仅指礼乐之文(形式)而言,形上之礼乐则指礼乐之精神而言,这种精

---

①②③④　王袆撰:《王忠文集》卷八《知学斋记》,《四库全书》本。
⑤　王袆撰:《王忠文集》卷十九《厄言并序》,《四库全书》本。
⑥⑦⑧　王袆撰:《王忠文集》卷十九《厄言》,《四库全书》本。

神是万世相同的。而这种形上之礼乐，就是《礼记》所谓的"大礼"与"大乐"。《礼记·乐记》云："大乐与天地同和，大礼与天地同节。"又云："乐者，天地之和也；礼者，天地之序也。"这些都是就礼乐的精神而言，由此而诱发我们对于宇宙生生不息以及运行规律的图景想象，即所谓"观天之道，执天之行"。大礼、大乐精神就是感悟天道、顺应天道、效法天道的精神。《乐记》又云："乐者，天地之和也；礼者，天地之序也。和故百物皆化，序故群物皆别。"这种精神，具体而言，就是天、地、人三者的和谐与秩序所表现出来的永恒境界，这也是一种神圣的理性之美。而宇宙的和谐与秩序不仅是一种礼乐精神，更是"至诚"之道的体现，所以他几乎是用抒情的语言来赞美"至诚之道"，其云：

> 至诚之道，通天人，贯古今，万理之原，百行之根，其存不易，其运不息，不易故有常，不息故无疆。①

生生不息，永恒无疆的"至诚之道"，其光芒融照，将成就君子之所为君子的道德充实，从而达成自修与自立的自由之境，其云：

> 道德，君子之宝也。德其本也，道其用也。修行所以畜德也，立言所以载道也。德成矣，行不期修而自修；道至矣，言不期立而自立。②

人置身于浩荡的时间之流之中，倘若始终保持自修、自立，最后将自致于不朽，其云：

> 千古在前，千古在后，吾身处其间，百年顷刻耳。奈何前承千古，后垂千古乎？亦曰：自致于不朽焉耳矣。不朽之道，奈何？曰：太上立德，其次立功，其次立言。③

心是宋明理学的中心概念之一。王祎所谓的心学，不是陆、王意义上的心学，而是孟子意义上的心学。其云：

> 人身甚微细也，而至广且大者心也。范围天地，经纬古今，综理人物，酬酢事变，何莫非心思之所致也。④

以上王祎认为心可范围天地，经纬古今，综理人物，酬酢事变，皆由心之所思之故。可见王祎强调心的思维功能，等同于《孟子·告子上》所谓"心之官则思"。虽然宋代理学家已将"心"视为道德本体，某种程度上具有了世界本源的性质，如邵雍说"心为太极"、程颢说"心是理，理是心"、朱熹说"心与理一"，都将心本体化了。但王祎似乎没有沿着他们设定的路线前行，而是继续将心的作用限定在思维活动的范畴之内，他说道：

> 人心之灵，思而已矣。《书》曰："思曰睿，睿作圣。"《管子》曰："思之思之，又重思

---

①②③④　王祎撰：《王忠文集》卷十九《卮言》，《四库全书》本。

之。思之而不通,鬼神将通之,非鬼神之力也,精诚之极也。"《扬子》曰:"神心恍惚,经纬万方。"《孔丛子》曰:"心之精神是为圣。"《大学》致知格物之功,其有出于思之外者乎? 或曰:《易》言"何思何虑",何也? 曰:始于思,终于无思;非无思也,不待思也。庖丁之解牛,轮扁之斫轮,复何待于思哉?①

"人心之灵,思而已矣",是他对于心的基本看法。他特别提到"《大学》致知格物之功",不出于思之外,这是值得注意的。后来明末清初思想家王夫之企图还心之本来面目,与王袆的出发点有一定相似性。王夫之提出:"一人之身,居要者心也。而心之神明,散寄于五藏,待感于五官。肝、脾、肺、肾,魂魄志思之藏也,一藏失理而心之灵已损矣。无目而心不辨色,无耳而心不知声,无手足而心无能指使,一官失用而心之灵已废矣。其能孤扼一心以绌群用,而可效其灵乎?"②王夫之认为不发而之于视、听、言、动四个方面,不可谓心。因此,心是目之内景,耳之内牖,貌之内镜,言之内钥,具有意向性和功能化的特征,从而即用显体、即器践道。当然,孟子一方面认为"心之官则思",另一方面又讲人心固有仁、义、礼、智四端,具有"操则存,舍则亡"的特性,因而不可放失其心。王袆云:

> 于是圣贤有心学焉,先之以求放心,次之以养心,终之以尽心。是故心学废,人之有心者犹无心矣。无心则无以宰其身,伥伥焉身犹一物耳,何名为人哉?③

因此王袆所谓"圣贤有心学",主要还是针对孟子的"求放心"而言。孟子说:"学问之道无他,求其放心而已矣。"④这里的心,指善心。放心,意为迷失善心。求放心,即是要找回那颗迷失的善心。无论是求放心、养心还是尽心,其实都是要讨回人的本性,因为孟子的"心",一般而言就是指人的本性。故王袆所谓"心学",其实也是关于如何讨回人之本性的认识途径与修养方法。

除了孟子所谓的求放心、养心、尽心等修养工夫之外,北宋理学家不断提出新的修养途径。如主静便是北宋周敦颐提出的一种修养工夫,而王袆不满足于将静视为涵养方法论,认为静是道之体,由此而带出对于静与动、虚与实逻辑关系的思考。其云:

> 惟至静足以制天下之物,惟至虚足以容天下之物。静者道之体,虚者道之具。不能静,未有能乘动者也;不能虚,未有能致实者也。不能乘动,道无由而用;不能

---

① ③　王袆撰:《王忠文集》卷十九《卮言》,《四库全书》本。
②　王夫之撰:《尚书引义》卷六《毕命》,清道光守遗经书屋刻本。
④　朱熹撰:《孟子集注》卷十一《告子章句上》,朱杰人等主编:《朱子全书》第六册,上海古籍出版社、安徽教育出版社 2002 年版,第 405 页。

致实,道无自而立。①

王祎将静抬到道体的高度来理解,而将虚视为道之具,即虚是静的表现形式,也是道的表现形式。由此而进一步认为动由静生,实由虚致,道因此得到确立并发挥作用。而在道的体认与把握上,王祎主张以天道摄人道,其云:

> 圣人法天而立道。春者天之所以生也,仁者君之所以爱也;夏者天之所以长也,德者君之所以养也;秋冬者天之所以杀也,刑者君之所以罚也。此天人之义,古今之道也。②

王祎以春配仁、以夏配德、以秋冬配刑罚,虽无新意,但多少也反映了其天人合一的思想。他还特别对"春者天之所以生也,仁者君之所以爱也"的天人之义有所生发,提出人君想要天下和谐,必须效法大自然的春天,"遂群生之性而纳之于仁寿",使百姓免于"七亡""七死"之灾,其云:

> 人君欲天下之气之和也,在遂群生之性而纳之于仁寿。欲人之仁寿,在乎立制度、修教化。制度立则财用省,财用省则赋税轻,赋税轻则人富矣;教化修则争竞息,争竞息则刑罚清,刑罚清则人安矣。既富且安,则仁让兴焉,寿考至焉,而天地和平之气应矣。所以灾害不作,休祥荐臻,四方底宁,万物咸遂也。民有七亡:阴阳不和,水旱为灾,一亡也;县官重责,更赋租税,二亡也;贪吏欺公,受取不已,三亡也;豪强大姓,蚕食无厌,四亡也;繇役苛烦,失农桑时,五亡也;部落团结,男女遮逊,六亡也;盗贼劫掠,取民财物,七亡也。七亡犹可也,又有七死焉:酷吏欧杀,一死也;治狱深刻,二死也;冤滥无辜,三死也;盗贼横发,四死也;怨雠相残,五死也;岁恶饥饿,六死也;时气疾疫,七死也。有七亡而无一得,有七死而无一生,欲望国安而刑措,诚难也矣。③

天人关系,最终必须落实到现实上,故是否合于天道,感应之机,还要征于人事。其云:

> 天人之际,至亲且密也。人事感于下,则天变应于上,和气致祥,乖气致异,致祥则休征而五福至,致异则咎征而六极生。感应之机,间不容发,是故善言天者必有征于人。④

在社会治理这个层面,欲使人道合于天道,人君的作为是关键。"而人君要有所作为必须合于天道,要合于天道,首先要做到正心,正心则和协。"其云:

---

①②③④ 王祎撰:《王忠文集》卷十九《卮言》,《四库全书》本。

董仲舒之言曰："人君正心,以正朝廷;正朝廷,以正百官;正百官,以正万民;正万民,以正四方;四方正,远近莫不一于正。"公孙弘之言曰："人主和德于上,百姓和合于下,故心和则气和,气和则形和,形和则声和,声和则天地之和应。"美哉乎,皆可谓有德者之言矣!其人固不可同年而语也。然惟君子,不以人废言。①

正心是《礼记·大学》一个很重要的概念。正心就是端正心性,使己与外合,集中注意,由此培养《孟子》所倡导的"浩然之气"。朝廷、百官、万民、四方之正,皆有赖于人君之正,正则致中和。人主和德于上,百姓和合于下,心、气、形、声同与天地相和应,此即和德之学,劝民之道。如此则风雨时,甘露降,五谷登,六畜蕃,嘉禾兴,朱草生,山不童,泽不涸,父不丧子,兄不哭弟,长幼有序,老少相得,德配天地,明并日月,协和万邦,远方来朝,这就是所谓的和之至、和之极的具体表现。当然,人君在做到正心与协和之后,还要有三惧。其云:

明主者有三惧,一曰处尊位而恐不闻其过,二曰得意而恐骄,三曰闻天下之至言而恐不能行。②

"三惧"之外,人君之正心,祛除私心亦是内容之一。其云:

王者能富万民而不能富一夫,能安四海而不能安一户,岂其智弗及而力弗逮哉?无私故也。③

人君正心,乃修身之要。按照程、朱理学观点,正心的工夫,关键在一"敬"字。所谓敬,即不睹不闻之时,而怀戒惧;己所独知人所未知之时,而能致谨;静时无不敬,即所以致中;动时无不敬,即所以致和。故云为人君者,但当恪守一"敬"字。静时以此涵养,动时以此省察,并最终以此存天理,遏人欲。对于天理与人欲的关系,王祎自有见解,其云:

天理人欲,势必相反。故循天理,则绝人欲;徇人欲,则灭天理。然世固有徇人欲而合天理者,有绝人欲而反天理者。齐桓、晋文之霸也,九合诸侯,一匡天下,号令列国,几于改物,无非徇人欲也。然其尊王室,安中国,惩僭窃,则循天理矣。杨朱、墨翟、老佛之徒,以为我兼爱、清净寂灭为教,无非绝人欲也,至于无父、无君,殄人类为禽兽之归,则灭天理矣。循天理,绝人欲,惟圣人能之。徇人欲,灭天理,则小人矣。霸者、异端,处二者之间,其将盗名而陷于一偏者乎?④

王祎认为检验圣人与小人的标准其实就是观其存天理、绝欲与否。但另有二种

---

① ② ③ ④　王祎撰:《王忠文集》卷十九《卮言》,《四库全书》本。

情况存在：一是徇人欲而循天理者，一是绝人欲而灭天理者。前者如齐桓、晋文之霸，后者如杨朱、墨翟、老佛之徒。这二者处于存天理与灭人欲之间，是要特别引起注意并加判别的。如果说存天理，灭人欲是一个崇高的理念，那么具体到革去君心之非，又该如何做呢？王祎认为：

> 惟大人为能格君心之非。君心之非，非一端也。莫难强，如怠心；莫难制，如欲心；莫难降，如骄心；莫难平，如怒心；莫难抑，如忌心；莫难开，如惑心；莫难解，如疑心；莫难正，如偏心。故必随其非而格之，格之道，攻之以言难为从，感之以德易为化。故非大人，莫之能。古之大人，伊尹、周公是已。[①]

革去君心之非，要感之以德，而且惟大人为能。而作为君子，在日常生活中则需要时时保持"五耻"之心。其云：

> 君子有五耻而不能富贵，不与焉。行不择义，君子耻之；言不成文，君子耻之；学不闻道，君子耻之；仕不得君，君子耻之；泽不及民，君子耻之。[②]

由天人关系，王祎还涉及君民关系。其云：

> 天非人无以为灵，人非天无以为生，天人其一气乎？君非民不能自立，民非君不能自一，君民其一职乎？[③]

天人一气，君民一职，在此王祎将民的地位抬升得较高，至少认识到君民关系要从辨正的立场上去看待，一定程度上突破了君本论思想。"君非民不能自立"，强化了民乃国之本的作用，这似乎表明了王祎对先秦孔、孟、荀等重民意识的回应。在提出民为国之本的同时，王祎还进一步强调天下之才与天下之器对于治理国家的重要性。其云：

> 为天下者必先有天下之才，而又有天下之器，乃足以成天下之功矣。才以施之，器以容之。施之欲无弊，容之欲无遗。施之周，故其业可大；容之广，故其德可久。[④]

以天下之才，任天下之治。天下之器，或量乎大，或量乎小，倘若天下之器广大，则其为物盛多，如此尽用天下之才，天下方能得到大治。是故明王用人之仁，不求其勇；用人之智，不考其信；用人之言，不较其德。故《诗》曰："采葑采菲，无以下体。"是说明王收人才之博，以运天下之器。当然，以天下之器，揽天下之才，不可不谓众多，但仅仅如此还不够，还要区分不同人才的特长，做到才有所用。其云：

---

①②③④　王祎撰：《王忠文集》卷十九《卮言》，《四库全书》本。

才各有所用。当其用，则其才乃见。伊尹、周公设不用为相，而使为百工，特百工之一耳。何以见其相才乎？干将、莫邪以之水，斩蛟龙、陆剸犀革，其芒刃有余，利用以割鸡屠狗，犹夫刀也。骐骥要裹，一日千里，不竭蹶而可至，顾使局促，立仗下，其与驽骀奚异哉。①

由用人之道，王祎又引出为人之道。君子较为完美的人格典型，孔子极为重视。在儒家思想里，君子一词具有德性上的意义，如《论语·宪问》曰："君子之道者三，我无能焉。仁者不忧、知者不惑、勇者不惧。"又《论语·里仁》曰："君子无终食之间违仁，造次必于是，颠沛必于是。"王祎认为君子之于世，无论仕与隐，皆不违仁。其云：

> 君子之于世，仕隐二端而已。食人之禄，死人之事，以身徇国，固为难矣。若夫依约玩世，怀其道而不轻售于人，以完其身，以乐其真，斯尤难也。故忘己以为人，与独善其身，其操虽殊，其志于仁则一而已。②

陆游曾说："古之君子，学以为己，可行则行，可止则止。仕以行义，止以远耻。"③是故君子受天地之命，则当任天地之寄，仕以行义，将以济世；倘若世道崩毁，君子不遇，独治其身以立于世间，不失其操，亦同样合于仁的要求。此外，王祎还非常重视君子弘道的人间精神，其云：

> 毋以智术杀身，毋以政术杀人，毋以业术杀子孙，毋以学术杀天下后世。天道远，人道迩，故君子贵于尽人道。④

天道远，未可测观；而国事、家事、人事则就在面前，是故君子贵于尽人道。但天道虽远，而天心并不远。王祎认为人可欺，天不可欺。其云：

> 人心昧，天心显，故君子蕲于合天心。人可欺也，天不可欺也，心不可欺也。⑤

天心就是民心，这是自古以来有识之士的共识。是故君子必明于天理，知于天命。其云：

> 天不可知也，可知者理；命不可必也，可必者义。明于理，则合天；安于义，则尽命。⑥

君子明于理，故不惑于仁，不违于天。与此同时，人倘不知命，则无以为君子。因为人如果不知命，则见患难必避，见利必趋，其何以为君子呢？只有安于义而自乐，则可无咎。孟子曰："求之有道，得之有命。"因此，王祎申言道：

---

① ② ④ ⑤ ⑥　王祎撰：《王忠文集》卷十九《卮言》，《四库全书》本。
③　陆游撰：《渭南文集》卷二十二《崔伯易画像赞》，《四库全书》本。

　　道成而不获于天者,命也;时至而不用于人者,性也。命在天,性在人。在天者
不可强而致,在人者不可苟而从。人之欲为善也,由乎一念之烈而已。反而求之,
克而致之,盗跖有不可为尧、舜者乎?①

人只要有为善的强烈欲望,人人皆可为尧、舜。因为善乃人之本性,发明本性,就是为
善。因此,在发明本性的同时,人要戒"三不祥"。其云:

　　人有三不祥:曰盈、曰矜、曰争。盈则倾,矜则陵,争则刑,惟盈故矜,惟矜
故争。②

君子要戒除盈、矜、争,故要向水学习。其云:

　　君子观于水,亦可以喻道矣。其流而不息似道,遍予而无私似德所及者生似
仁,其流卑下句倨皆循其理似义,浅者流行深者不测似智,其赴百仞之谷不疑似勇,
绵弱而微达似察,受恶不让似包,蒙清泠以入、鲜洁以出似廉,至量必平似正,盈不
求概似度,其万折必东似信。

水德无限,似道、似仁、似义、似智、似勇、似察、似包、似廉、似正、似度、似信……,是故君
子似水,其德无垠。总体来看,王祎的理学思想以尚程、朱为主流,终极追求为穷理尽
性,其云:

　　致其知者思也,思则明之于心矣。既思矣,必见于为见于为者行也。行则诚之
于身矣。盖吾身万物皆备,而吾心又广大精微,无不具焉者也。心以思之,身以行
之,思之至则穷理矣;行之至,则尽性矣。穷理尽性,以至于命圣贤之道,如此
而已。③

(三)《大学》改本的再认识

　　在中国儒学史上朱熹《大学》"格物致知补传"是一个重要的话题,历来争论不断,与
王祎对待朱熹的《中庸章句》态度不同,他是不同意朱熹补传的。为了更好地理解王祎
的观点以及他的观点在明代以后儒学史上的回响,我们有必要回到问题的原点上说起。

　　众所周知,《大学》文本是有所谓"古本"和"改本"之分的。《大学》本为《礼记》中的第
四十二篇,此即儒学史上所称的"古本"。东汉郑玄为之作注,唐孔颖达为之作疏。自北
宋司马光作《大学广义》一卷,此后《大学》一篇便开始脱离母体《礼记》而独立流行。后

---

① ② 　王祎撰:《王忠文集》卷十九《卮言》,《四库全书》本。
③ 　王祎撰:《王忠文集》卷九《说学斋记说》,《四库全书》本。

来又因受二程的重视,并成为他们资以论学的思想源泉,《大学》由此地位日隆,到朱熹的时代便居《四书》之首了。二程怀疑《大学》文本内部行文顺序有"错简"的可能,以至造成《大学》思想逻辑的不畅。程颢率先对《大学》文字作了三处调整,按照他的理解将《大学》"三纲领"与"八条目"的逻辑似乎理顺了。而程颐对《大学》文本也有自己的想法,他的改动主要是将《大学》作了"经""传"的区分。①到了朱熹的时代,他作《大学章句》,兼采二程改本中他认为合理之处,然后又出以己意,形成了独具特色的《大学》改本。概言之,他的更改包含三项:一是区分经传,二是调整顺序,三是增补传文。其中前两项都是仿二程的做法,第三项则是他的独创,这就是儒学史上著名的"格物补传"。他补作的内容全文为:

> 所谓致知在格物者,言欲致吾之知,在即物而穷其理也。盖人心之灵莫不有知,而天下之物莫不有理,惟于理有未穷,故其知有不尽也。是以《大学》始教,必使学者即凡天下之物,莫不因其已知之理而益穷之,以求至乎其极。至于用力之久,而一旦豁然贯通焉,则众物之表里精粗无不到,而吾心之全体大用无不明矣。此谓物格,此谓知之至也。②

以上 134 字,朱熹说:"右传之五章,盖释格物、致知之义,而今亡矣。间尝窃取程子之意以补之。"③需要说明的是,朱熹所谓"窃取程子之意以补之",是指其所补内容与程颐释"格物"为"穷理"意思相同,而非程颐也有补传的想法被朱熹给实现了。就是因为朱熹的这个补传,后来引起《大学》古本是否有错简还是脱简的话题争论。首先表示异义的是张栻门人彭龟年,他说:

> 学者用力之处,莫切于格物致知。而此篇之书,自诚意至平天下,条析甚明,而读于格物致知无说,朱编修以为阙文是也。然龟年尝以为自平定天下,遡而求之,其极至于格物致知;自物格知至,顺而达之,其极至于国治天下平。其间虽节目繁伙,而其道甚要。所谓要道,盖不过格物致知而已耳。然圣人自"诚意"而下,又各疏其说焉,非谓格物致知之外又别有所谓诚意、正心、修身、齐家、治国、平天下之

---

① 一般谓《大学》分经传始自朱熹的《大学章句》,而早在南宋王柏《大学沿革论》已经指出《大学》分经传非自朱熹始。清朱鹤龄在《愚庵小集》卷十《与杨令若论〈大学〉补传书》亦谓:"《大学》古本……原不分经传,伊川始分经传,更定今本所次,文理粲然通贯。"见王柏《鲁斋集》卷九,《四库全书》本。
②③ 朱熹撰:《大学章句集注》,朱杰人等主编:《朱子全书》第六册,上海古籍出版社、安徽教育出版社2002 年版,第 20 页。

道。此盖圣人深指人以格物致知者然也。故圣人于齐家之条,引《书》曰"若保赤

子,心诚求之,虽不中不远矣"。此格物致知之最近者也,不识是否?①

这是彭龟年向张栻请教的话。照他理解,一篇《大学》表面上看"节目繁伙",而其要道亦无非格物致知而已。要说为传,则《大学》全文,就是有关于格物致知之传,因此既不阙文,也无需补传。但彭龟年不能肯定自己的想法是否正确,故有此问。而张栻的回答却很干脆,他说:"自诚意正心以至平天下,固无非格物致知事也。然疑致知格物一段解说,自须有阙文。"②不止彭龟年表示异议,就连朱熹的再传弟子饶鲁(双峰)也对朱熹的补传持不同意见,据许谦引饶鲁之语云:

> 饶双峰云:知本只是物格二字之误,知字仿佛与物字相类,本是从木,亦是格字偏旁。③

古本《大学》经传两处出现"此谓知本"。其中经文中"此谓知本",饶鲁从文字角度提出,"知本"二字很可能是"物格"二字之形误。而元代学者史伯璇亦引饶鲁之语曰:

> 饶氏谓:朱子补传似乎说得太汗漫,学者未免望洋而惊。如既谓"即凡天下之物",则其为物不胜其多。又谓"因见其已知之理,而益穷之,以求至乎其极。"不知又何处是极。"表里精粗全体大用",亦是自立此八字,经传中元无此意。④

在此,饶鲁的批评更为直接,认为朱熹的补传过于汗漫,不着边际。稍后,朱熹的另一位再传弟子董槐(?—1262),也不同意朱熹的补传,据黄震记载云:

> 辛酉岁,见董丞相槐《行实》载此章,谓:经本无阙文,此特错简之厘正未尽者耳。首章明德、新民、至善三句,纲领之下,即继以欲明明德,以下条目八事之详,此经也。自"知止而后有定,定而后能静,静而后能安,安而后能虑,虑而后能得,物有本末,事有终始,知所先后,则近道矣,此谓知本。子曰:'听讼,吾犹人也,必也使无讼乎!'无情者不能尽其辞,大畏民志,此谓知本,此谓知之至也。"右正释致知在格物,不待别补,今错在首章三句之下耳。⑤

---

① 张栻撰:《新刊南轩先生文集》卷三十一《答彭子寿》,杨世文点校:《张栻集》第四册,中华书局 2015 年版,第 1240—1241 页。

② 张栻撰:《新刊南轩先生文集》卷三十一《答彭子寿》,杨世文点校:《张栻集》第四册,中华书局 2015 年版,第 1241 页。

③ 见许谦:《读四书丛说》卷一引,《四库全书》本。

④ 见史伯璇:《四书管窥》卷一引,《四库全书》本。

⑤ 见胡渭撰:《大学翼真》卷三《董氏改本》引,《四库全书》本。

董槐也同意将古本《大学》作经传之分,但他不认为《大学》古本有脱简而只是错简,故格物致知传并不曾亡佚。他将古本《大学》首段中的"知止而后有定,定而后能静,静而后能安,安而后能虑,虑而后能得,物有本末,事有终始,知所先后,则近道矣"42字及古本中第一次出现的"此谓知本"4字,再合"子曰"至"此谓知本"30字,最后加上"此谓知之至也"6字,共计82字,做了重新组合和调整,形成完整的格物致知传,此即胡渭所谓的《董氏改本》。又据方孝孺记载,与董槐同时叶梦鼎亦持错简说。①再据朱熹的三传弟子、金华四先生之一的王柏记载,其弟子车若水也力持此说。当王柏首次听到车若水说《大学》格物、致知传并不曾亡佚是,雀跃而起,为作《大学沿革论》。其云:

> 咸淳己巳,得黄岩玉峰车君书,报予曰:"致知格物传未尝忘也,自'知止而后有定'以下,合听讼一章,俨然为格致一传。"于是跃然,为之惊喜,有是哉,异乎吾所闻也!②

王柏在接到车若水的报告之后,"反复而思之",最终认定格物、致知之传错简于"至善"之下。但二程和朱熹三先生"所以确然信之而不以为疑",是因为"其逃亡也为甚切,其掩藏也为甚密,盖其承上句也为甚紧",以至于瞒过了他们的火眼金睛。为了证明车若水之不误,王柏"于是深有味于车君之言",从十个方面做了补充证明。③不久,王柏复作《大学沿革后论》。④表示他经过反复讽咏,确实感到车若水改本"文从字顺,体正意足",对于《大学》的错简,乃"不可不易"。于是再一次表达了他的欣喜之情,其云:

> 乃欲以首章"知止"至"近道矣"一段充之,未免跃如其喜。是喜也若为新奇而然,其意非喜其新,而喜其复于旧,非喜其奇,而喜其归于常。以其不赘词说之追补,而经传俨然,无有亡缺,岂非后学之大幸?仆尝作《沿革论》,而犹有所未尽。既而以《大学》首章朝而读,莫而思,退一段读之数十百遍,又添此一段读之,亦数十百遍,沈潜玩味,文从字顺,体正意足,然后知其不可不易也。⑤

欣喜之余,他最终对朱熹"勇于补而不勇于移"抱以深深遗憾。⑥同时王柏还对朱熹的补

---

① 方孝孺撰:《逊志斋集》卷十八《题大学篆书正文后》云:"《大学》出于孔氏,至程子而其道始明,至朱子而其义始备。然致知格物传之阙,朱子虽尝补之,而读者犹以不见古人全书为憾。董文清公槐、叶丞相梦鼎、王文宪公柏皆谓传未尝阙,特编简错乱,而考定者失其序,遂归经文。'知止'以下至'则近道矣'以上四十二字,于'听讼吾犹人也'之右为传第四章,以释致知格物,由是《大学》复为全书。"《四库全书》本。

②⑥ 王柏撰:《鲁斋集》卷九《大学沿革论》,《四库全书》本。

③ 详见王柏撰:《鲁斋集》卷九《大学沿革论》,《四库全书》本。

④⑤ 王柏撰:《鲁斋集》卷九《大学沿革后论》,《四库全书》本。

传文字本身的也表示遗憾,其云:

> 字义非不亲切,旨意非不分明,熟复玩味,终是后世之词,不如古人之宽厚,而朱子亦自以为未善。故存斋必大问:"所补致知章,何不效其文体?"曰:"亦尝效而为之,竟不能成。"以朱子义精笔健,岂有所不足于此?然古今风气不同,不得强而用其力也。每读《大学》至此,未尝不为之掩卷太息。①

其后,王柏又说:"一日闻《大学》格致章不亡,不特车玉峰有是言也,自董巨堂以来已有是言矣。"②由此他才知道,不特车若水有是言,董梦臣也有是言。更进一步,他还发现,"昔日严陵吴守盘亦有此说",并尝以此说请教于叶味道,叶氏云"且去涵养",不置可否。③他借机批评"考亭后学,一时尊师道之严,不察是否,一切禁止之"。同时又预言"此言既出,流传渐广,终不可泯"。④要之,王柏在此前的景定年间(1260—1264)曾作《致知格物宗派图》,以朱熹格物致知补传为宗,又作《大学三纲八目图》,一依朱熹《大学章句》经一传十之旨。而到咸淳五年己巳(1269)得车若水之论以后,遂摈弃朱熹脱简说,而从错简说。至此,可以说在朱熹之外,关于《大学》改本复又有了另一种具有代表性的意见,这就是董槐、叶梦鼎、吴盘、车若水、王柏等人的《大学》改本。

通过以上简要回顾,我们得知在南宋末期朱熹后学群体中,对他的格物致知补传多持反对态度,这在朱子学史上是一个值得注意的有趣现象。

接下来,我们再看看元代学者在朱熹和南宋末期朱熹后学之间是如何取舍的。许谦是元代金华朱学的代表人物,他在《读四书丛说》曾引饶鲁谓"知本"为"物格"之误,其评曰:

> 此说亦有意思。若如此,则两句总是格物致知章语句尔,不必作衍文。⑤

其意为就算"此谓知本"为"此谓物格"之形误,与下句"此谓知之至也",终究还是格物致知章语句,故不必作衍文对待。然后他借解释朱熹为何要将"格物"与"致知"合作一传而不分作二传的机会,申明了对朱熹所作补传的尊崇,其云:

> 《大学》在《礼记》中其次第错乱不齐,程子曾正之而未尽。朱子重正之而为经传,其余传与经相合,皆有条理。惟"格物致知"无传,而《大学》工夫始于格物,若无传则格物无用功之方。朱子取程子之意,为《格物致知传》。致知格物是推极我之

---

① 王柏撰:《鲁斋集》卷九《大学沿革论》,《四库全书》本。

②④ 王柏撰:《鲁斋集》卷九《大学沿革后论》,《四库全书》本。

③ 王柏撰:《鲁斋集》卷八《回赵星渚书》,《四库全书》本。

⑤ 许谦撰:《读四书丛说》卷一,《四库全书》本。

心知，在穷究事物之理只是一意，但在我、在物不同耳。所以只作一传，不分为二。①
可见许谦对待朱熹补传的态度，是极力维护的。而对于董、车、王一派的改本，元代大理
学家吴澄持反对意见。首先，他对于二程与朱熹的改本，明显倾向于朱熹，其云：

> 《大学》一书，旧来只杂于《礼记》中。河南二程子生于千余载之后，独得圣道之
> 传，故能识此篇为圣人之书，并《中庸》一篇皆自《礼记》中取出，表而显之。明道、伊
> 川二先生皆有更定《大学》传文次第，然皆不如晦庵之当。②

其次，他批评董、车、王一派的改本云：

> 经文二百余字，谨严简古，真圣笔也。与传之文体全然不同，今乃拆破经之第
> 二节、第三节以补致知格物之传，岂不识经传文体之不同乎？而此两节欲强解作致
> 知格物之义，亦且不通。徒见有一物字、有一知字而欲以为格物致知之传，无乃不
> 识文义之甚乎？且经文中除了此两节，岂复成文？如一玉盘，打破而去其一角，但
> 存其三角，岂得为浑全之器哉！③

奇怪的是，吴澄一方面认为经文不能打破一角，但他本人又取经文"知止"至"则近道矣"
42字为格物、致知补传，据元代景星介绍说：

> 江西吴氏澄谓经文"知止"至"则近道矣"四十二字，为格物致知传上半截。而
> 以第四章及此为下半截无阙文也。吴氏此说，虽与章句不同，学者不可不知。④

景星所谓"第四章"即指"子曰听讼"30字，"即此"是指"此谓知本，此谓知之至也"10字，
加上经文"知止"至"则近道矣"42字，总计为82字，恰好与南宋后期董、车、王等人的改
本完全相同。如此，吴澄的改本既然与董、车、王等人相同，为何又要批评他们的做法
呢？抑或吴澄之论，因时间关系而在认识有前后差异？这是需要再作深入探讨的。至
于景星本人对该问题的看法，他在介绍吴澄之后，有一案语，基本上是在引用董槐的观
点，由此可知他还是董、车、王一派的支持者。总之，元代对于《大学》的改本问题，基本
上还是以尊崇朱熹的补传占了上风。

明初王祎首倡董、车、王一派改本，开明代近三百年议论《大学》改本之风尚。其云：

> 《大学》在《礼记》中通为一篇，朱子始分为经传，以明德、新民、止善为三纲领，

---

① 许谦撰：《读四书丛说》卷一，《四库全书》本。
②③ 吴澄撰：《吴文正集》卷三《答海南海北道廉访副使田君泽问》，《四库全书》本。
④ 景星撰：《大学集说启蒙》，《四库全书》本。

以格物、致知、诚意、正心、修身、齐家、治国、平天下为八条目,可谓规模宏大,工夫详密矣。惟其间《格物致知传》朱子以为亡而补之,旨意固已完矣,然亦孰知其未尝亡也? 今即其书求之,有曰:"所谓致知在格物者,知止而后有定,定而后能静,静而后能安,安而后能虑,虑而后能得。物有本末,事有终始,知所先后,则近道矣。此谓知本。子曰:'听讼,吾犹人也。必也使无讼乎!'无情者,不得尽其辞。大畏民志,此谓知本,此谓知之至也。"此十七言者,足"格物致知一传",盖错简在他所则为美语,而取以为传则极其精切。朱子勇于补而不勇于移,何耶? 且三纲领八条目之外,安有所谓本末,乃别为之传耶? 董丞相槐及车玉峰氏、叶西涧氏皆著论以辨其非是,使朱子复生,将必以其言为然也。①

和王祎对待《中庸章句》的态度不同,他对朱熹《大学章句》所作的格知补传,并不认同。甚至引用王柏的话,批评朱熹"勇于补而不勇于移"。并且相信倘若朱子复生,必将会相信董槐、车若水、叶梦鼎等人所作的改本。方孝孺也推尊董、车、叶、王之说,洪武十四年(1381)冬,方孝孺有云:

> 《大学》出于孔氏,至程子而其道始明,至朱子而其义始备。然致知格物传之阙,朱子虽尝补之,而读者犹以不见古人全书为憾。董文清公槐、叶丞相梦鼎、王文宪公柏皆谓传未尝阙,特编简错乱,而考定者失其序,遂归经文。"知止"以下至"则近道矣"以上四十二字,于"听讼吾犹人也"之右为传第四章,以释致知格物,由是《大学》复为全书。车先生清臣尝为书,以辨其说之可信。……盖圣贤之经传,非一家之书,则其说亦非一人之所能尽也。……是语虽异于朱子,然异于朱子而不乖乎道,固朱子之所取也欤。②

方孝孺从"圣贤之经传,非一家之书,则其说亦非一人之所能尽"的认识高度,强调应该允许不同改本的存在,董、车、叶、王之说虽异乎朱子,但不乖于道,"固朱子之所取也"。此外,明代徐伯龄《读大学》引黄震《读大学注朱子补格物章下》载董槐改本,谓"此足有功朱子"。③

明初,自王祎阐扬董、车、叶、王改本之后,影响了有明一代对于《大学》改本的认识,其基本上与南宋末期的情况相似。同时,还出现了许多不同于朱熹也不同于董、车、叶、

---

① 王祎撰:《王忠文集》卷二十《丛录》,《四库全书》本。
② 方孝孺撰:《逊志斋集》卷十八《题大学篆书正文后》,《四库全书》本。
③ 徐伯龄撰:《蟫精隽》卷十一《读大学》,《四库全书》本。

王等人的改本,如杨守陈之改本,刘积之的改本,高拱的改本,季本之改本,刘宗周之改本等。这些改本,虽面目各异,但都不以朱子改本为尊,无疑是对明初王祎的立场的延续。而尤为值得一提的是,王守仁的《大学》改本,也受王祎之说的影响不小,这是需要专门讨论的另一个话题。

五、王祎的礼制思想

王祎其实还是一位礼学家。在元至正二十七年(1367)正月,朱元璋称吴元年七月,王祎在起居注任上,因议即位礼而忤旨,朱元璋在次年将他降任漳州通判,这恰说明他是有自己的礼学主张的。王祎的礼制思想,存在保守与变通的矛盾,今分两个方面举例说明。

(一)《七出议》与其保守的礼制思想

明清以来对于"七出"之礼,王祎、刘基、俞正燮、钱大昕四位学者的观点比较知名。而这四位学者的观点又可分为截然不同的两派。一是以明代刘基和清代俞正燮对"七出说"的反对,一是以明王祎和清钱大昕对"七出说"的拥护。七出,亦即七去(也称七弃)。《大戴礼记·本命》云:"妇有七去:不顺父母去,无子去,淫去,妒去,有恶疾去,多言去,窃盗去。"①一般认为,七出是从礼制、法律和习俗上确立丈夫单方面带有极大强制性的一种离婚权力。

王祎的《七出议》,是中国礼制思想史上较为重要的一篇文章,其主旨是为"七出"作出辩护,云:

> 《礼》(《大戴礼·本命篇》),妻有七出:不顺父母、无子、淫、妒、恶疾、多言、窃盗是也。而又有三不去:有所取无所归、与更三年之丧、前贫贱后富贵是也。凡此圣人所以顺男女之际,重婚姻之始也。后世之议者,或曰:妇人不顺父母、淫妒、多言、窃盗,其为罪而见出,宜也。若无子、恶疾,乃其不幸,非其罪也,而去之,非礼也。圣人之制礼,岂其若是严甚哉?故七出定为五出,于礼为称也。曰:圣人之制礼,严与宽,盖并用也。惟其严也,故有以合乎天理之公。惟其宽也,故有顺乎人情之正。宽严相适,而制礼之意得矣。今自七出言之,无子、恶疾,固妇人之不幸也。而出之,若过乎严矣。然三不去者,妇人孰无之,使其无子、恶疾矣,而或其有所取无所归。与更三年之丧也,前贫贱而后富贵也,则固不得而去之也。是又未尝不宽甚

---

① 王聘珍撰:《大戴礼记解诂》卷十三《本命第十八》,中华书局1983年版,第255页。

也。夫夫妇之配偶,人伦之本也。圣人之制礼,其必审于此矣。故曰宽严相适,圣人制礼之意,所以为中也。或曰:恶疾、无子而或有是三不去者,固不去矣。使或无是也,则其出也,庸岂其罪欤？曰:妻道二:一曰奉宗祀也,一曰续宗嗣也。二者,人道之本也。今其无子,则是绝世也；恶疾,则是不可与共粢盛也,是义之不得不绝者也。夫不顺父母以其逆德也,淫以其乱族也,妒以其乱家也,多言以其离间也,窃盗以其反义也,五者其恶德之见绝于人者也。无子之绝世,恶疾之不可与共粢盛,二者其恶德之见绝于天者也,其于义所当绝均也。或曰:古者诸侯,一夫人,六侄娣,两媵。大夫,一妻二妾。士,一妻一妾。藉使妻有恶疾无子,则固有妾,足以生子而奉祀,奚必妻之出也？曰:礼莫重于嫡孽之分,所以培化本而窒乱源也。庶孽正嫡,家国之祸,莫不由兹。苟因妻有恶疾无子,而成庶孽之宠,以启争夺之祸,是家国之大不幸也。又况庶人有妻而无妾,其为不幸也尤大。夫因妇人之不幸,而致家国之大不幸,轻重之际,圣人故有以权衡之而谨其始矣。然则以恶疾、无子而出妻,义之不得已,而礼之不可免者也。或曰:礼者,先王教人之具；律者,圣人御世之准,故礼虚文而律实法也。七出之文,虽载于礼,而五出之法,今著于律。奚为其不可也？曰:礼与律,非二物也。礼者,防之于未然；律者,禁之于已然,皆缘人情而为制。礼之所不许,即律之所不容。出于礼,则入于律也。恶疾、无子之当出,其著于律,历代相因,未之有改,由人情之所同也。礼、律二者,均为圣人之所制,其轻重之际详矣。七出之目,胡独于今而废之也。故尝论之:夫妇之道,以义合,以礼成者也。其成也,则纳之以礼,不合也,则出之以义。圣人之所许也。《礼》载:"诸侯出夫人,夫人比至于其国,以夫人之礼行。至,以夫人入。使者将命曰:'寡君不敏,不能从而守社稷宗庙,使使臣某敢告于执事。'主人对曰:'寡君固前辞不教矣,寡君敢不敬须以俟命。'大夫以下出妻,夫使人致之曰:'某不敏,不能从而共粢盛。某也敢告于侍者。'主人对曰:'某之子不肖,不敢辟居,敢不敬须以俟命。'"是其进退之间,从容逊顺有如此。先王因其义之不得已,而礼之不可免,所以存其辞而不废也。是故孔氏之家,三世尝出妻矣。使果以出妻为难也,然则圣人非欤？由是论之,徇私情,昵细惠,不知礼义之大节,谓妇人无子、恶疾为不当去,而欲减七出为五出者,可谓野于礼也已。①

---

① 王祎撰:《王忠文集》卷十五《七出议》,《四库全书》本。

以上可以看出,王祎非常重视礼义内在规定的合理性与合法性要求,其主要立场是以礼裁情。

第一,他从整体上指出,圣人制礼已经考虑到宽严相济的原则。如"七出"之外,还规定了"三不去"。就"三不去"的精神实质而言,这是对"七出"的一种限制,既体现了儒家的仁义思想,也反映了对人伦的重视。因此圣人制礼,其实是严与宽并用的。严以合乎天理之公,宽以顺乎人情之正。宽严相适,所以为中,这才是圣人制礼的根本意思。

第二,王祎认为,为妻之道有两点最为重要:一是奉宗祀,二是续宗嗣。同时,这二者还是为人之道的根本。无子,则是绝世;恶疾,则是不可与共祭祀。因此,有违此二者,实在也是义之不得不出也。

第三,从实践层面上看,"无子"不出,容易造成庶孽与正嫡的颠倒,由此可能带来家国之祸;"恶疾"不出,则易造成庶孽之宠,以启争夺之由,是故也可能带来家国之不幸。因此以恶疾、无子而出妻,于礼而言实在也是不可避免的。

第四,涉及礼与律的关系问题,王祎指出,礼与律二者相辅相成,精神实质是相通的。礼主要防患于未然,律主要禁止于已然。二者皆缘人情而定制,因此礼之所不许,即律之所不容。出于礼,则入于律。当有人认为,礼有七出之制,律有五出之则时,王祎指出"恶疾、无子之当出,其著于律,历代相因,未之有改"。这是符合历史事实的判断。在汉代,虽然在礼制中已经有了"七去"的说法,但一直未成为具有法律效应的强制性规定。七出之说,首次纳入法律条文之中,是从唐代的《唐律》开始的。值得注意的是,《唐律》中对于《大戴礼记》所载的七出顺序有所调整,依次为:一无子,二淫佚,三不事舅姑,四口舌,五盗窃,六妒忌,七恶疾。金眉的研究指出,与礼制的顺序不同,《唐七出》在《唐律》中有较大调整,主要表现在无子出妻由礼制中的第二位取代"不顺父母去"而跃居第一位,这实际上表明法律对继嗣的重视较礼制有所上升,因为娶妻的目的就是生育出承祖传家的男性继承人,这也是为妻的最大职责。[1]到宋、元以后,七出的法律规定甚至比唐代还要更加严格地实行,这种制度最终延续到明清二代。

此即以宋代为例,看主流人士对于"七出"的某些观点。司马光有云:

> 故凡娶妻,不可不慎择也。既娶而防之以礼,不可不在其初也。其或骄纵悍戾,训厉禁约而终不从,不可以不弃也。夫妇以义合,义绝则离之。今士大夫有出

---

[1]　参见金眉撰:《试析唐代"七出三不去"法律制度》,《南京大学学报》2001年第6期。

妻者，众则非之，以为无行，故士大夫难之。按礼有七出，顾所以出之，用何事耳！若妻实犯礼而出之，乃义也。昔孔氏三世出其妻，其余贤士以义出妻者众矣，奚亏于行哉？苟室有悍妻而不出，则家道何日而宁乎？①

意为男子娶妻，不能不慎重。娶妻之后以礼进行训导，一定要从新婚开始就施行。妻子骄纵悍戾，丈夫经过训导禁约，却仍然不能听从，丈夫就要考虑休掉她。夫妇之间有情义就在一起生活，没有情义就分手。现在有的士大夫休掉妻子，就会引来许多非议，以为他没有德行，所以士大夫要想休掉他的妻子是一件很难的事。按照礼法，如果妻子违背七条妇德中的一条，就应该将她休掉。根据这七条妇德来决定是否休妻，还用费什么事呢？如果妻子确实违背了礼法，休妻就是一种义举。为此，朱熹也认为"七出"是"正当道理"。《朱子语类》卷十三记载：

问："妻有七出，此却是正当道理，非权也"。曰："然。"②

因此，王祎拥护"七出"之说，实际上也是对宋以来主流观点的一种坚持。钱大昕对于"七出"也持拥护态度。当钱大昕的弟子问道："妇人之义，从一而终。而《礼》有七出之文，毋乃启人以失节乎。"这个问题的提出，是因为《礼·郊特牲》有曰"一与之齐，终身不改"之语，《礼》则有"七出"的规定，似乎存在着矛盾。为此钱大昕回答曰：

此先王所以扶阳抑阴，而家道所以不至于穷而乖也。夫父子兄弟，以天合者也；夫妇，以人合者也。以天合者，无所逃于天地之间，而以人合者，可制以去就之义。尧舜之道，不外乎孝弟，而孝弟之衰，自各私其妻始。妻之于夫，其初固路人也，以室家之恩联之，其情易亲。至于夫之父母，夫之兄弟姊妹，夫之兄弟之妻，皆路人也。非有一日之恩，第推夫之亲以亲之，其情固已不相属矣；矧妇人之性，贪而吝，柔而狠，而妯娌姑姊之伦，亦妇人也，同居而志不相得，往往有之，其真能安于义命者，十不得一也。先王设为可去之义，义合则留，不合则去，俾能执妇道者可守从一之贞，否则，宁割伉俪之爱，勿伤骨肉之恩。故嫁曰归，出亦曰归，以此坊民，恐其孝衰于妻子也。然则圣人于女子，抑之不已甚乎？曰：去妇之义，非徒以全丈夫，亦所以保匹妇。后世闾里之妇，失爱于舅姑，谗间以叔妹，抑郁而死者有之；或其夫淫酗凶悍，宠溺嬖媵，凌迫而死者有之。准之古礼，固有可去之义，亦何必束缚之，禁

① 司马光撰：《家范》卷七，《四库全书》本。
② 黎靖德辑：《朱子语类》卷十三《学七·力行》，朱杰人等主编：《朱子全书》第十四册，上海古籍出版社、安徽教育出版社 2002 年版，第 400 页。

锢之,置之必死之地以为快乎!全一女子之名其事小,得罪于父母兄弟其事大。故父母兄弟不可乖,而妻则可去。去而更嫁,不谓之失节。使其过在妇欤?不合而嫁,嫁而仍穷,自作之孽,不可逭也。使其过不在妇欤,出而嫁于乡里,犹不失为善妇,不必强而留之,使夫妇之道苦也。自七出之法不行,而牝鸡之司晨日炽,夫之制于妇者,隐忍而不能去,甚至于破家绝嗣,而有司之断斯狱者,犹欲合之。知女之不可事二夫,而不知失妇道者,虽事一夫,未可以言烈也;知臣之不可事二君,而不知失臣节者,虽事一君,未可以言忠也。此未谕先王制礼之意也。①

钱大昕有一个观念前提,这就是"尧舜之道,不外乎孝弟,而孝弟之衰,自各私其妻始"。此即将一个家庭可能出现的孝弟之衰,归咎于每个做丈夫的各私其妻。因此,当夫妇关系真的成为危害家庭中父子兄弟的天伦关系时,就得通过"出妻"来挽救孝弟了。这在逻辑上为何可以行得通呢?因为父子兄弟是血缘关系,而血缘关系是一种天定关系,即所谓的"以天合者",因此血缘关系是"无所逃于天地之间"的;比较而言,夫妇关系不过是一种后天的非血缘关系,即所谓"以人合者",是故这种非血缘的关系是"可制以去就之义"的。所以,"七出"之礼的设定,其根本就是为了"扶阳抑阴",从而使家道"不至于穷而乖"的圣人之法。妻子被动的地位是天定的,是因为夫妇的关系不在天定的框架之内。"先王设为可去之义,义合则留,不合则去,俾能执妇道者可守从一之贞,否则,宁割伉俪之爱,勿伤骨肉之恩"。钱大昕此论,总体看来是一切以维护孝弟为出发点。有学者认为钱大昕虽然拥护"七出"之说,但他对于被出的妇女还是有同情心的,因为他反过来认为"七出"虽然表面上对妇女是不公平的,恰恰是这种不公平,对于妇女反而起到一定的"保护"作用。因此他认为"去妇之义",不仅仅成全丈夫应尽的孝弟,某种程度上也"保护"了妇女。因为"失爱于舅姑,谗间以叔妹,抑郁而死者有之;或其夫淫酗凶悍,宠溺嬖媵,凌迫而死者有之。准之古礼,固有可去之义,亦何必束缚之,禁锢之,置之必死之地以为快乎"!照这样看来,出妻之举,似乎也是为了妇女的解放了。其实还是因为"全一女子之名其事小,得罪于父母兄弟其事大。故父母兄弟不可乖,而妻则可去"。钱大昕不但赞同寡妇再嫁,甚至还认为"去而更嫁,不谓之失节"。但如果该女子是以"无子"和"恶疾"被出,再嫁是否还有可能呢?这是我们在他回答弟子中没有读到的。是故,钱大昕总体上而言,与王祎一样都是"七出"说的维护者,不过理由似乎比王祎要人性化些。

---

① 钱大昕撰:《潜研堂文集》卷八《答问五》,江苏古籍出版社 1997 年版,第 108 页。

其实拥护派和反对派关于"七出"的争论焦点，主要集中在无子出和恶疾出这两条上。我们先看反对者刘基的观点。刘基原则上同意七出之议的中五出，但反对无子与恶疾之出，其云：

> 或问于郁离子曰：在律妇有七出，圣人之言也。曰：是后世薄夫之所云，非圣人意也。夫妇人从夫者也，淫也、妬也、不孝也、多言也、盗也，五者天下之恶德也，妇而有焉，出之宜也。恶疾之与无子，岂人之所欲哉？非所欲而得之，其不幸也大矣。而出之，忍矣哉！夫妇，人伦之一也。妇以夫为天，不矜其不幸，而遂弃之，岂天理哉？而以是为典训，是教不仁以贼人道也。仲尼没而邪辞作，惧人之不信，而驾圣人以逞其说。呜呼！圣人之不幸，而受诬也久矣哉。①

刘基出于以情裁礼的立场，认为无子和恶疾，并不是人"所欲而得之"，得之实为大不幸。在这种情形下出妻，于心何忍？况且"妇以夫为天，不矜其不幸，而遂弃之，岂天理哉"？唐代张籍的《离妇》诗，或可为刘基的以情裁礼找到当时社会生活的注脚，诗云：

> 十载来夫家，闺门无瑕疵。薄命不生子，古制有分离。托身言同穴，今日事乖违。念君终弃捐，谁能强在兹。堂上谢姑嫜，长跪请离辞。姑嫜见我往，将决复沉疑。与我古时钏，留我嫁时衣。高堂扶我身，哭我于路陲。昔日初为妇，当君贫贱时。昼夜常纺织，不得事蛾眉。辛勤积黄金，济君寒与饥。洛阳买大宅，邯郸买侍儿。夫婿乘龙马，出入有光仪。将为富家妇，永为子孙资。谁谓出君门，一身上车归。有子未必荣，无子坐生悲。为人莫作女，作女实难为②。

在这首诗中，我们看到这位离妇来夫家十余年，"闺门无瑕疵"——洁身自好，"昼夜常纺织"——勤俭持家，"济君寒与饥"——吃苦耐劳，最后帮助夫君发家致富，但就因为无子，还是被出。因此发出"有子未必荣，无子坐生悲。为人莫作女，作女实难为"的哀叹。刘基所谓的"于心何忍"，确实值得深思。

清代同为乾嘉考据学者的俞正燮，在七出问题上，属于刘基一派，对之持反对态度。他认为《礼·郊特牲》所谓的"一与之齐，终身不改"，应该是对夫妇双方的要求。他说：

> 妇无二适之文，固也，男亦无再娶之仪，圣人所以不定此仪者，如礼不下庶人，刑不上大夫，非谓庶人不行礼，大夫不怀刑也。自礼意不明，苛求妇人，遂为偏义。③

---

① 刘基撰：《郁离子》三《羹藿》第十七，《诚意伯文集》卷十九，《四库全书》本。

② 陈贻焮主编：《增订注释全唐诗》卷三七〇《张籍二》，文化艺术出版社2001年版，第1864—1865页。

③ 俞正燮撰：《癸巳类稿》卷十三《节妇说》，清道光日益斋刻本。

他指出，古《礼》所谓"夫妇合体同尊卑"，已经讲得很明白，即是要求男女同尊同卑。如果规定女子夫死不得再嫁，那么男子妻死应该也不得再娶。自古以来，我们对于"一与之齐，终身不改"的理解出现了严重的偏差，因为总是站在男性一方去对女性作出要求，其实"终身不改"之"身"，"则男女同也"。男子同意自己再娶，反倒要苛求女子不能再嫁，这是"男子理义无涯涣，而深文以罔妇人"，因此"是无耻之论"。最后，他的观点是：女子"再嫁者，不当非之，不再嫁者，敬礼之斯可矣"。①他因此告诫男子，千万别借女子的贞洁，来显示自己的荣耀，此所谓"男儿以忠义自责则可耳，妇女贞烈，岂是男子荣耀也"②？

以上可以见出，俞正燮的妇女观是具有近世情怀的。具体涉及与"七出"相关的论述，他有一篇《妒非女人恶德论》，认为"妒在士君子为恶德，谓女人妒为恶德者，非通论也"。意为对于女子的妒忌是否为恶德，要区别对待，不能一概而论。他再次强调"夫妇之道，言致一也"。也就是说夫妻双方应该共同遵守夫妇之道，二者要作一致的要求。他因此为女人的妒忌辩护道："夫买妾而妻不妒，则是恝也，恝则家道坏矣。"所谓"恝"，即淡然、无动于衷、不在意的样子。从心理学说，妻子对于丈夫纳妾而不妒，其实是不正常的。因为这很可能她将怨恨藏在心里，表面上装出一副无所谓的样子，这样反而有害于家道，或者说是家道中衰的征兆。他接着说："天地纲缊，万物化醇，男女媾精，万物化生。《易》曰：'三人行则损一人，一人行则得其友。'"所谓三人同行，则会损害一人，一个人出行则会得到朋友。这是因为三个人在一起，往往会闹出矛盾来，意见常常会不一致，其中的两人会与另一个不和，往往容易出现两个人对付一个人的情况，而另一个人就会因此受到伤害。如果是一个人出行，他反而会努力寻求帮助，交结朋友。丈夫买妾，这就与妻子构成"三人同行"关系，而妻子往往就是那个最容易受到伤害的人，古今同理。所以他的结论是："妒非女人恶德，妒而不忌，斯上德矣。"③

与刘基，特别是与俞正燮比较而言，王袆在"七出"问题上的看法是趋于保守的。我们认为他所举出的那些理由，并未能对"出妻"作出较为通达的考虑。如《唐律》中规定无子是可"出妻"，似乎是将无子的责任片面地归咎于妻子这一方面。如果说一个人的生育能力从 14 岁开始可以延续到 50 岁左右的话，这意味着男子可在这个时间段内任何

① 俞正燮撰：《癸巳类稿》卷十三《节妇说》，清道光日益斋刻本。
② 俞正燮撰：《癸巳类稿》卷十三《贞女说》，清道光日益斋刻本。
③ 俞正燮撰：《癸巳类稿》卷十三《妒非女人恶德论》，清道光日益斋刻本。

时候都可以"出妻",但《唐律》有明确限制,其云:"妻年五十以上无子,听立庶以长。即是四十九以下无子,未合出之。"①这表明唐代规定妻处于生育年龄之内,是不能援引无子出妻律法的。至于恶疾,属于何种病症才能算得上是恶疾呢? 对此礼制与律法都无明确规定与解释。从历史上看,对于恶疾的解释有宽狭之分。《公羊传·昭公二十年》何休注云:"恶疾,谓瘖、聋、盲、疠、秃、跛、伛,不逮人伦之属也。"这是属于较宽泛的解释。此外《说文》云:"疠,恶疾也。"专指麻风病,与癞同。《素问·风论》:"疠者,有荣气热胕,其气不清,故使其鼻柱坏而色败,皮肤疡溃。"《素问·脉要精微论》:"脉风成为疠。"王冰注:"然此则癞也。"无论是或宽或狭的解释,总之恶疾是指不能够参与祭祀的病症。王祎所谓"恶疾之不可与共粢盛"之"粢盛",本是指盛在祭器内以供祭祀的谷物,如《公羊传·桓公十四年》:"御廪者何? 粢盛委之所藏也。"何休注:"黍稷曰粢,在器曰盛。"《汉书·文帝纪》:"亲率耕,以给宗庙粢盛。"又如吴自牧《梦粱录·明堂差五使执事官》:"而其总务官,职任甚繁,……如擦祭器,涤濯无垢,以奉粢盛。"再如徐霖《绣襦记·谋脱金蝉》:"神仙斋供,间腥荤粢盛洁丰。"故"粢盛"一词,后专为祭祀的代称。妻得恶疾,不能与丈夫一同祭祀宗庙,因此妻"传家事、承祭祀"的职责无法胜任,丈夫自然是可解除婚约的了。

但上述七出内容中,应分为主观过错和客观事由两种情况区别对待。其中不顺父母、无淫、妒、多言、窃盗五项是属于主观过错,而无子、恶疾则属于客观事由。王祎过于强调宗庙继嗣的神圣性,因此为无子和恶疾之出进行辩护,某种程度上表现了其礼法思想的保守性的一面。

(二) 名教观

所谓名教,是指以"正名分"为中心的传统礼教。中国传统的礼教因其重视名分,又称名教,即以名为教。名即名分,教即教化。名教是通过规定名分等级,来达到教化天下的一整套秩序规范。名教观念与制度设定是儒教思想的重要组成部分,最初始于孔子。他说:"名不正,则言不顺。言不顺,则事不成。事不成,则礼乐不兴。礼乐不兴,则刑罚不中。刑罚不中,则民无所措手足。故君子名之必可言也,言之必可行也。君子于其言,无所苟而已矣。"②孔子强调以等级名分教化社会,指出为政首先要正名,做到君

① 长孙无忌等撰:《唐律疏议》卷十二《户婚上》"妻无七出而出之"条,《四库全书》本。
② 朱熹撰:《论语集注》卷第七《子路第十三》,朱杰人等主编:《朱子全书》第六册,上海古籍出版社、安徽教育出版社 2002 年版,第 178 页。

君、臣臣、父父、子子。董仲舒据此提炼并简化为纲常名教。他认为,在人伦关系中,君臣、父子、夫妻三种关系存在着天定的、永恒不变的主从关系:君为主,臣为从;父为主,子为从;夫为主,妻为从,由此而形成"君为臣纲,父为子纲,夫为妻纲"的"三纲"。在这个主体关系确立之后,在配以仁、义、礼、智、信"五常"之道,作为处理君臣、父子、夫妻、上下尊卑关系的基本法则。如果对名教系统有所破坏,这种行为则被称为"僭越"。据此,王祎在梳理孔子庙从祀人员先后、上下、尊卑秩序时,对以往的做法提出了异议,其云:

> 圣孙孔伋,故列孔鲤之下,而曾参亦在曾皙后。咸淳三年,始升配享于颜、孟为四侑。东坐而西向,父以从祀立庑下,而子以配享坐堂上,尊卑舛逆,莫此为甚。圣人之道,在于明人伦,而先自废乱,何以诏后世。借曰曾子、子思以传道为重,然子必当为父屈。昔鲁祀僖公,跻之闵公之上,传者谓子虽齐圣,不先父食,以为逆祀。今孔氏、曾氏,父子之失序,非逆祀乎?是故曾参、孔伋,今当降居于曾皙、孔鲤之下。又司马光于程颢、程颐为先进,张载于二程为表叔,而位次皆在下,其先后次序,亦不可不明。咸淳之定从祀,徒依朱子《六赞》,以周、二程、邵、张、司马为序,而不知朱子之赞,特以形容六君子道德之盛,初未尝定其先后之次,胡可遂据以为准乎?是故司马光、张载,今当升居于程颢、程颐之上。若夫荀况、扬雄、何休、王弼之徒,有不当与于从祀者,兹又未敢以遽数也。①

王祎指出,南宋度宗咸淳三年(1267)虽然升孔伋、曾参与颜回、孟子一道作为配享,这是重视道统传承的一种表现。因为孔子的孙子孔汲(子思)师从曾参,又传授给孟子。因之,曾参和孔伋是上承孔子,下启孟子的重要环节,这次将孔伋和曾参由从祀升为配享,实际上是强化他们二位对孔子儒家思想继承、发展中的作用。但是与此同时,却忽略了人伦之尊卑的考虑。因为这样一来,孔鲤、曾点的升配,却出现了"父以从祀立庑下,而子以配享坐堂上,尊卑舛逆"的局面,这又是严重违背名教的。同样道理,司马光于程颢、程颐为先进,张载于二程为表叔,而位次皆在二程之下,这也是不符名教规定的。故王祎感叹道:

> 嗟乎!天下之礼,有似缓而实急,似轻而实重者,以其有关于名教也。公议所在,孰得而废之。况乎礼文之事,自儒者出,则于有功圣道之人。礼所宜与祀,而未称于礼者,固不得置之而不之议也。是用疏其为名教所系,而公议之不可废者。列

---

① 王祎撰:《王忠文集》卷十五《孔子庙庭从祀议》,《四库全书》本。

之如右,庶几议礼之君子,有所采择云。①

无独有偶,他的同学宋濂也提出相同的问题,其云:

> 古者立学,专以明人伦,子虽齐圣,不先父食久矣。故禹不先鲧,汤不先契,文武不先不窋,宋祖帝乙,郑祖厉王,犹上祖也。今一切寘而不讲。颜回、曾参、孔伋,子也,配享堂上;颜路、曾点、孔鲤,父也,列祀庑间。张载,则二程之表叔也,乃坐其下。淳祐初,张居程上,后因国子监集讲再定,张遂居程下,颠倒彝伦,莫此为甚。吾又不知其为何说也?②

由宋濂此议,我们得知事实上在南宋理宗淳祐初年,这种违背人伦、不符名教的“逆祀”就已存在了,这不能不说是宋人的一大失误。王祎、宋濂他们的建议,到嘉靖九年(1530),终于得到大学士张璁的呼应,据《明史·礼志》记载:

> 嘉靖九年,大学士张璁言:“先师祀典,有当更正者。叔梁纥乃孔子之父,颜路、曾皙、孔鲤乃颜、曾、子思之父,三子配享庙庭,纥及诸父从祀两庑,原圣贤之心岂安?请于大成殿后,别立室祀叔梁纥,而以颜路、曾皙、孔鲤配之。”帝以为然。因言:“圣人尊天与尊亲同。今笾豆十二,牲用犊,全用祀天仪,亦非正礼。其谥号、章服悉宜改正。”③

由此观之,王祎与宋濂二人关于孔子庙从祀问题的看法,一方面强调道统,一方面又恪守名教,这在明代是有代表性的。

(三)《孔子庙庭从祀议》及其道统观

王祎对于道统一直重视,并且有很好的描述,他说:

> 夫自唐虞而降,七圣所传;洙泗而下,四子所授。斯道之统,由周衰以来不绝如线。大抵溺于训诂辞章之习者,不能究道德性命之原;怵于权谋功利之术者,无以建礼乐刑政之本。而又异端邪说,横流错行其间而不可遏,道之不明,亦既甚矣。历千数百年至宋东都,而后河南二程子出,始续其既绝之统,斯道赖以复明。及南渡后新安文公朱氏集圣贤之大成,而广汉宣公张氏以及吕氏同心僇力,以间先圣之道,三氏鼎立,皆奋然自任,以道统之重者也。④

---

① 王祎撰:《王忠文集》卷十五《孔子庙庭从祀议》,《四库全书》本。
② 宋濂撰:《文宪集》卷二十八《孔子庙堂议》,《四库全书》本。
③ 张廷玉等撰:《明史》卷五十《志》第二十六《礼》四《吉礼四》,中华书局1997年版,第198页。
④ 王祎撰:《王忠文集》卷八《思微人辞后记》,《四库全书》本。

此可谓王祎道统的整体概括,他提出的七人名单多为传道之儒,尤其重视宋元理学。唐朝以前,在学校祭祀中,孔子只是周公的配享。如汉永平二年(59)冬十月,明帝率群臣养三老五更于辟雍,郡县行乡饮酒礼于学校,皆祀周公和孔子。此为国学与郡县祀孔子的最早记载,但孔子是作为周公配享而出现的。唐武德二年(公元619年)诏令奉周公为先圣,孔子为先师,岁时致祭。而到了贞观年间,情况发生变化,孔子升祀,不再作为周公配享。据吴兢记载:

> 贞观二年,诏停周公为先圣,始立孔子庙堂于国学,稽式旧典,以仲尼为先圣,颜子为先师,两边俎豆干戚之容,始备于兹矣。是岁,大收天下儒士赐帛给传。①

由此可知,在国学中建孔子庙堂始于贞观二年(628)。此外,在贞观四年(630),诏令全国各州县学也要设立孔庙,因此大多数学宫旁边都建有孔庙,于是孔庙与中国历史上的正统教育发生密切关系,"庙学合一"初步形成。景祐二年(1035)范仲淹在苏州知府任上,将府学与孔庙结合在一起,正式开创了"庙学合一"的体制,并由此而成为定式延及明清。

从孔子配周公,到孔子升为先圣,唐贞观年间的系列举措毫无疑问起到关键作用。但对于孔子先圣先师地位的最后确立,是在高宗显庆二年(657)。故后来先圣先师的祭祀,成为唐代重要祀典之一。《唐六典》云:"凡祭祀之名有四:一曰祀天神,二曰祭地祇,三曰享人鬼,四曰释奠于先圣先师。"②孔子为道统之源,是故祭祀孔子,也是尊崇道统。明朝鄞人程端学之子程徐上书说:"古今祀典,独社稷、三皇与孔子通祀。天下民非社稷、三皇则无以生,非孔子之道则无以立。孔子以道设教,天下祀之,非祀其人,祀其教也,祀其道也。"③便指出了这一点。因此在祭孔的同时,还包括孔门弟子和历代传经与传道之儒,这就涉及所谓的附祭制度。附祭由配享与从祀两大位阶组成。为方便起见,我们以下行文将二者统称从祀。关于从祀人员的选择,明代程敏政有很好的意见,其云:

> 古圣王之治天下,必以祀典为重,所以崇德报功而垂世教淑人心也。故有功德于一时者,一时祀之,更代则已;有功德于一方者,一方祀之,逾境则已。然犹欲以劝一时、范一方,而不敢轻议焉。况先师孔子有功德于天下于万世,天下祀之,万世

---

① 吴兢撰:《贞观政要》卷七《崇儒学》第二十七,《四库全书》本。
② 李林甫等撰,陈仲夫点校:《唐六典》,中华书局1992年版,第120页。
③ 张廷玉等撰:《明史》卷一百三十九《列传》二十七《钱唐、程徐列传》,中华书局1997年版,第3981—3982页。

祀之,则其庙庭之间,侑食之人岂可苟焉而已？必得文与行兼,名与实副,有功于圣门而无疵于公议者,庶足以称崇德报功之意。若侑食者非其人,则岂惟先师临之神不顾歆,将使典模范者莫知所教,为弟子者莫知所学,世教不明,人心不淑,通于天下而施及后世,其为关系,岂特一时一方之可比哉?①

王世贞也说：

> 文庙之有从祀者,谓能佐其师,衍斯世之道统也,亦以报功也。……虽德之者不能举无功之祀,怨之者不能废应祀之功。斯礼也,人主行之以厚道,而持之以公道者也。②

以上二人对于祭孔的从祀人选资格,都提出了很好的原则性意见。但在实际的操作层面,因各种情况的复杂性,包括推荐人的权衡立场、对于道统的理解歧异等等,往往在从祀问题上出现争议。而且从宏观上来看,黄进兴指出："在帝制中国,孔庙作为官方祭祀制度,恰是传统社会里政治与文化两股力量最耀眼的交点",故"历代从祀人选的标准难免随着儒家思想脉动,而有所变迁。"③因此,历代对于从祀人员的选定,都带有较为鲜明的时代特色和个人的道统理解。我们先看王祎对孔子庙庭从祀沿革总结,他说：

> 孔子庙庭从祀者凡百有五人。自淡台灭明至孔鲤七十一人,皆受业圣人之门,而承圣人之教者也。自左丘明至许衡三十四人,皆传注圣经,尊崇圣学,而有功于圣人之道者也。盖自唐贞观二十一年始,以左丘明至范宁等二十一人,从祀庙庭。及宋元丰七年,复增荀况、扬雄、韩愈,以世次先后,从祀左丘明二十一人之间。淳祐元年,乃以周敦颐、程颢、程颐、张载、朱熹列于从祀。景定二年,又增张栻、吕祖谦。咸淳三年,又增邵雍、司马光。及元皇庆二年,乃以许衡继宋九儒,居从祀之例。所谓三十四人者也,以今论之,汉儒之从祀者十四人,而犹阙者一人,董仲舒是也。唐之从祀者一人,而犹阙者一人孔颖达是也。宋之从祀者九人,而犹阙者四人,范仲淹、欧阳修、真德秀、魏了翁是也。元之从祀者一人,而犹阙者一人,吴澄是也。④

王祎此论,是以明以前孔庙从祀制度为基础并结合当下所作的描述。其中,王祎关于

---

① 程敏政撰：《篁墩文集》卷十《奏考正祀典》,《四库全书》本。
② 王世贞撰：《弇州四部稿》卷一百十五《山西第三问》,《四库全书》本。
③ 黄进兴撰：《优入圣域:权力、信仰与正当性》,2010年版,第186—187页。
④ 王祎撰：《王忠文集》卷十五《孔子庙庭从祀议》,《四库全书》本。

"自左丘明至许衡三十四人"的说法,事实上还可作"传经之儒"和"传道之儒"的细分。他说的左丘明至范宁二十一人,为传经之儒。根据我们对《新唐书》的梳理,贞观二十一年(647)诏"左丘明、卜子夏、公羊高、谷梁赤、伏胜、高堂生、戴圣、毛苌、孔安国、刘向、郑众、贾逵、杜子春、马融、卢植、郑康成、服虔、何休、王肃、王弼、杜预、范宁"等二十二人配享,其中"卜子夏"属于孔子弟子,故王祎所说的二十一人可在《新唐书》中找到印证。而宋代增祀的荀况、扬雄、韩愈、周敦颐、程颢、程颐、张载、朱熹、张栻、吕祖谦、邵雍、司马光十二人,加上元代增祀的许衡一人,则属于"传道之儒",这在《宋史》和《元史》中也可找到引证。

关于祭孔时的从祀问题,在历代是一个不断变化的过程。为了更好地理解王祎所作的描述,今就明以前孔子庙从祀情况,列表如下:

附:明以前孔子庙从祀简表

朝代	从祀				史　源
	弟子	传经之儒	传道之儒	行道之儒	
汉代	七十二弟子①				《后汉书·明帝纪》"永平十五年(72)"、《后汉书·章帝纪》"元和二年(85)"、《后汉书·安帝纪》"延光三年(124)"
三国魏	颜回②				《三国·魏志》"齐王纪正始二年(241)"
西晋	颜回、原宪③				《晋书·礼志》《晋书·潘岳传》附潘尼《释奠颂》"元康二年(292)"、《晋书·石崇传》

① 案:东汉祠孔子者皆于阙里。

② 案:此以颜子配享,亦汉以来释奠之礼的延续。所不同者,至是始行于太学,而非阙里。

③ 案:《晋书》卷三十三《列传》第三《石崇传》:"(石崇)尝与王敦入太学,见颜回、原宪之象,顾而叹曰:'若与之同升孔堂,去人何必有间。'敦曰:'不知余人云何,子贡去卿差近。'崇正色曰:'士当身名俱泰,何至瓮牖哉!'其立意类此。"原宪在《史记·仲尼弟子列传》列名第十五。既然原宪与颜回设像于孔堂,十哲或七十二弟子皆有可能设像,但因文献不足征,阙如。详见孔喆撰:《孔子庙附享的历史演变》所作的推断,《孔子研究》2011年第4期。

朝代	从　祀				史　源
	弟子	传经之儒	传道之儒	行道之儒	
东晋	十哲(子渊、字骞、伯牛、仲弓、子有、子贡、子路、子我、子游、子夏)				(唐)许嵩《建康实录》卷九《晋·烈宗孝武皇帝》太元十年(385)注
南北朝	颜回				《南史·杜之伟传》《北史·魏本纪·太武帝本纪》"始光三年(426)"、《北史·魏本纪·孝明帝本纪》"正光二年(521)"、《隋书·礼志》
隋	颜回				《隋书·礼志》
唐	十哲及六十七弟子(共计七十七人)	左丘明、卜子夏、公羊高、谷梁赤、伏胜、高堂生、戴圣、毛苌、孔安国、刘向、郑众、贾逵、杜子春、马融、卢植、郑康成、服虔、何休、王肃、王弼、杜预、范宁			《新唐书》卷十五《志》第五
宋	十哲、孔鲤①及七十二弟子(共计八十三人)	左丘明、卜子夏、公羊高、谷梁赤、伏胜、高堂生、戴圣、毛苌、孔安国、刘向、郑众、贾逵、杜子春、马融、卢植、郑康成、服虔、何休、王肃、王弼、杜预、范宁	子思、孟子、荀况、扬雄、韩愈、王安石、王雱②、周敦颐、张载、邵雍、司马光、程颢、程颐、朱熹、张栻、吕祖谦		《宋史》卷一百五《志》第五十八

　　①　案:孔鲤,南宋咸淳三年(1267)增祀。

　　②　案:王安石,崇宁三年(1104)增祀,淳祐元年(1241)罢祀。王雱,政和三年(1113)增祀,淳熙四年(1177)罢祀。

续表

朝代	从　祀				史　源
	弟子	传经之儒	传道之儒	行道之儒	
元	七十二弟子	左丘明、卜子夏、公羊高、谷梁赤、伏胜、高堂生、戴圣、毛苌、孔安国、刘向、郑众、贾逵、杜子春、马融、卢植、郑康成、服虔、何休、王肃、王弼、杜预、范宁	子思、孟子、荀况、董仲舒①、扬雄、韩愈、周敦颐、张载、邵雍、司马光、程颢、程颐、杨时、李侗、胡安国、朱熹、张栻、吕祖谦、蔡沈、真德秀②、许衡③		《元史》卷七十七《志》二十七下

从上表可以看出，王祎所言唐、宋、元三代孔子从祀情况，乃是就其大概而言之，具体情形还是比较复杂的。问题是，王祎所谓汉儒之从祀者犹阙董仲舒与宋之从祀者犹阙真德秀，这点若是针对前代而言，则是不确切的。因为元文宗至顺元年(1330)，诏令以董仲舒从祀孔子，位列孔子弟子七十子之下。元惠宗后至元三年(1337)，元廷应河间路总管王思诚之请，准予在董仲舒的故里景州大董故庄董子祠设董子书院，可见董仲舒在元代的地位是很高的。另外，在元至正二十二年(1362)增祀宋五贤的名单中，也有真德秀。因此，据我们推测，王祎此论，或许是针对他所处的明初而言。程敏政曾言："洪武二十九年(1396)，行人司司副杨砥建议请黜扬雄，进董仲舒，太祖高皇帝嘉纳其言而行之。"④由此可知，至少在王祎写作此议时，明代的祀典中董仲舒并未按照元代之惯例而在从祀之列。这说明王祎此议作于洪武二十九年(1396)之前无疑。此外我们看到《明史》在成化二年(1466)记载追封董仲舒广川伯、真德秀浦城伯，而在嘉靖年间一份完整的从祀名单中，我们又找到董仲舒、真德秀的名单，这都说明董仲舒和真德秀虽在明代被列为从祀，但都在洪武二十九年(1396)之后。至于他说唐之从祀者犹阙孔颖达，宋之从祀者犹阙者范仲淹、欧阳修、魏了翁，元之从祀者犹阙吴澄，从上表中看出，都是正确无误的。

---

① 案：董仲舒，至顺元年(1330)增祀。
② 案：杨时、李侗、胡安国、蔡沈、真德秀五贤，至正二十二年(1362)增祀。
③ 案：许衡，皇庆二年(1313)增祀。
④ 程敏政撰：《篁墩文集》卷十《奏考正祀典》，《四库全书》本。

接下来,我们逐一分析王祎主张董仲舒等从祀的理由,及其所表现出来的道统思想。王祎认为:

> 自夫孟轲既往,圣学不明,邪说盛行,异端并起,历秦至汉,诸儒继作,然完经翼传,局于颛门之学,而于圣人之道,莫或有闻。惟董仲舒于其间,号称醇儒,其学博通诸经,于《春秋》之义尤精,所以告其君者,如天人性命、仁义礼乐,以及勉强遵行正谊明道之论,皆他儒之所不能道。至其告时君,罢黜百家,表章六经,以隆孔子之教,使道术有统,异端息灭,民到于今赖之,则所以尊崇圣学者,其功殆不在孟子下。以荀况之言性恶,扬雄之事新莽,犹获从祀,而仲舒顾在所不取,何也?①

董仲舒的历史贡献主要有三个方面:第一,他在汉初长期黄老思想流行之下,复兴了被掩埋达百余年之久的儒家文化;第二,他在一个新的历史时期,融会贯通了汉以前各家各派的思想,并加以分析总结,把它们整合为一个布局合理、定位明确的崭新思想体系,而这个体系的内部涵摄了儒家伦理与政治的互动与同构,直接将仁义的伦理精神,规定为基本的政治法度,使孔孟的理想设计具备了现实的可操作性;第三,在此基础上他提出了"罢黜百家,独尊儒术"的主张,遂使孔教得隆,道术有统。这就是王祎认为要将董仲舒纳入从祀行列的理由所在。值得注意的是,王祎对"荀况之言性恶,扬雄之事新莽,犹获从祀",表现出极大的不满,而他的同学宋濂比他更进一步,干脆提出要将这二位和其他为学不纯、德行有污者皆要统统逐出从祀行列,其云:

> 孔子集群圣之大成,颜回、曾参、孔伋、孟轲实传孔子之道,尊之以为先圣先师,而通祀于天下固宜。其余当各及其邦之先贤,虽七十二子之祀,亦当罢去,而于国学设之,庶几弗悖礼意。……今以杂置而妄列,甚至荀况之言性恶,扬雄之事王莽,王弼之宗庄老,贾逵之忽细行,杜预之建短丧,马融之党附势家,亦厕其中,吾不知其为何说也?②

宋濂此议作于洪武四年(1371)。由此可知,在明代立国之初,有识之士企图借有关孔庙从祀的问题,来发表他们对于道统和礼制的见解。秦蕙田谓王祎此文作年无考,③今观其主要论点多与宋濂同,盖亦与宋濂前后矣,此为王祎此议作于洪武初年的又一旁证。宋濂欲要罢去七十二弟子的从祀资格,其实并无礼制上的依据,但要求罢去为学不纯、

---

① 王祎撰:《王忠文集》卷十五《孔子庙庭从祀议》,《四库全书》本。
② 宋濂撰:《文宪集》卷二十八《孔子庙堂议》,《四库全书》本。
③ 秦蕙田撰:《五礼通考》卷第一百十九《吉礼》一百十九《祭先圣先师》附录,《四库全书》本。

德行有污者,却与王祎相呼应。

关于唐代孔颖达,王祎认为应该纳入从祀之列,其云:

> 秦人之后,圣经阙逸,汉儒收拾散亡,各为笺传,而偏学异说各自名家。晋宋以来,为说滋蔓,去圣既远,莫可考证,学者茫昧不知所归。唐初孔颖达受诏撰定诸经之疏,号曰《正义》。自是以来,著为定论。凡不本于《正义》者谓之异端,诚学者之宗师,百世之取信也。是其所以传注圣经者,较之马融、郑康成辈,功无所与逊。且何休注《公羊》而黜周王鲁,王弼注《易》而专尚清虚,害道已甚,然在祀列,胡独至于颖达而遗之也?①

众所周知,唐初的经学依然沿袭南北朝以来的师承关系。一般而言,继北学者以汉代章句之学为重,承南学者则以魏晋援玄入儒为尚。经学家们师出百门,千人千面,莫衷一是。于是,孔颖达编订《五经正义》,力破汉以来经学内部的门户之见,学兼南北,融合百家,于众学择善定优,于群言折中备览,既最大限度保留了前代丰富的经学成果不致泯灭,又使五经文本及其诠释力求做到整合与统一。在王祎看来,孔颖达"诚学者之宗师",而《五经正义》实"百世之取信也"。这样一位在中国儒学史上具有大总结、大一统之功的人物,自然应该纳入从祀者行列。但事与愿违,孔颖达偏偏就被遗漏了。这引起王祎的极大不满。他将孔颖达与马融、郑玄比较,认为其功不在二人之下,更何况何休、王弼?王祎之强烈要求增祀孔颖达,在明代虽然没有结果,但他对于马、郑、何、王等人的批评,却成为后来明代学者的共识。此后,请求罢去有罪者的从祀资格,呼声渐高。如程敏政在弘治元年(1488)上书云:

> 唐贞观二十一年,始以左丘明等二十二人从祀孔子庙庭。盖当是时圣学不明,议者无识,拘于旧注疏,谓释奠先师,如《诗》有毛公,《礼》有高堂生,《书》有伏生之类。遂以专门训诂之学,为得圣道之传而并及马融等,行之至今,诚不可不考其行之得失与义之可否,而厘正于大明有道之世也。②

他指责马融贪浊免官,髡徒朔方,又不拘儒者之节,前授生徒,后列女乐,是一个集众丑备于一身之人,故五经因他而为之扫地。刘向喜诵神仙方术,所著《洪范五行传》,最为舛驳。使箕子经世之微言,流为阴阳术家之小技。贾逵不修小节,专一附会图谶以致贵

---

① 王祎撰:《王忠文集》卷十五《孔子庙庭从祀议》,《四库全书》本。
② 程敏政撰:《篁墩文集》卷十《奏考正祀典》,《四库全书》本。

显，是一位左道乱政之人。王弼与何晏，倡为清谈，所注《易》专祖老庄。范宁追究晋室之乱，以为王、何之罪深于桀纣。何休《春秋训诂》一书，黜周王鲁，又注《风角》等书，乃异端邪说之流。戴圣为九江太守，治行多不法。王肃在魏，以女适司马昭。又为司马师，画策以济其恶。杜预所著亦止有《左氏经传集解》，其大节益无可称，以吏则不廉，以将则不义。故他最后说：

> 臣愚乞将戴圣、刘向、贾逵、马融、何休、王肃、王弼、杜预八人褫爵罢祀，郑众、卢植、郑玄、服虔、范宁五人各祀于其乡。①

程敏政的这些观点，显然是受了王祎的影响。传经之儒以学术为主，传道之儒则以思想为重。在汉代，除了传经之儒之外，董仲舒严格意义上讲，应该属于传道之儒。如果说孔颖达还是属于传经之儒的话，那么接下来，王祎在论及范仲淹、欧阳修时，又回到传道之儒的道统链接上来了。所谓道统，即儒家传道的脉络和系统。这一谱系由一系列在儒家学说传承发展中有重大贡献和影响的儒者构成。历史上，许多学者都提出了自己的道统谱系，故道统说是由历代层累而成。当然，最重要的道统谱系构建，还是程、朱这一系，这在徐侨一章已经论及，此不赘述。徐侨以后元人的道统观，从《宋史·道学传》可见其大概，而且对宋儒的道统谱系勾勒得最为充分，其云：

> 孔子没，曾子独得其传，传之子思，以及孟子，孟子没而无传。两汉而下，儒者之论大道，察焉而弗精，语焉而弗详，异端邪说起而乘之，几至大坏。千有余载，至宋中叶，周敦颐出于舂陵，乃得圣贤不传之学。……张载作《西铭》，又极言理一分殊之旨，然后道之大原出于天者，灼然而无疑焉。仁宗明道初年，程颢及弟颐实生，及长，受业周氏，已乃扩大其所闻，表章《大学》《中庸》二篇，与《语》《孟》并行，于是上自帝王传心之奥，下至初学入德之门。融会贯通，无复余蕴。迨宋南渡，新安朱熹得程氏正传，其学加亲切焉。大抵以格物致知为先，明善诚心为要，……此宋儒之学所以度越诸子。而上接孟氏者欤。……邵雍高明英悟，程氏实推重之，旧史列之隐逸，未当，今置张载后。张栻之学，亦出程氏，既见朱熹，相与博约又大进焉。②

这似乎又是继徐侨之后，有关宋儒进入道统谱系的扩展版。明代学者对于道统的认识，不再囿于道学家一派，他们用更开阔的视野来看待并补充和充实着道统谱系，王祎便是

---

① 程敏政撰：《篁墩文集》卷十《奏考正祀典》，《四库全书》本。
② 脱脱等撰：《宋史》卷四百二十七《列传》第一百八十六《道学一》，中华书局1997年版，第12709—12710页。

这方面的代表。王祎从礼学立场出发，认为从祀孔子者，在宋代应该增加范仲淹和欧阳修，其云：

> 圣人之道，或著之事功，或载之文章，用虽不同，而实则一。致三代以下，人才莫盛于宋，东都其间，慨然以圣人之道为己任，而著之行事者，范仲淹而已。其言以为士当先天下之忧而忧，后天下之乐而乐，虽伊尹之任，无以尚之。况当其时天下学术未知所宗尚，而仲淹首以《中庸》授张载，以为道学之倡。盖其为学本乎六经，而其议论无不主于仁义，虽勋业之就，未究其志，而事功所及，光明正大，实与司马光相上下。自圣道不行，世儒徒知章句以为事，而孰知圣人经世之志固不专在是也。欧阳修与仲淹同时，实倡明圣贤之学而著之文章。其《易》《春秋》诸说，《诗本义》等书，发挥经学为精，至其欲删诸经正义谶纬之说，一归于正，尤有功于圣道。其为言根乎仁义而达之政理，所以羽翼六经而载之于万世。至于《本论》等篇，比之韩愈之《原道》，夫复何愧？而世之浅者，每目之为文人。夫文以载道，道因文而乃著，虽经天纬地者，亦谓之文，而顾可少之哉？然则如范仲淹之立功，欧阳修之立名，皆可谓有功于圣人之道者。韩愈、司马光既列从祀，则此二人固决在所当取者也。①

王祎认为在北宋初期，"天下学术未知所宗尚，而仲淹首以《中庸》授张载，以为道学之倡"。虽然汪应辰不认为张载实际从学范仲淹，但他也承认范仲淹以《中庸》授张载的事实，其云："范文正公一见横渠，奇之，授以《中庸》。谓横渠学文正，则不可也。"②而王梓材则云："横渠之于高平，虽非从学，然论其学之所自，不能不追溯高平也。"③如此看来，范仲淹其实也是道学的先导人物。后来全祖望也说："高平一生粹然无疵，而导横渠以入圣人之室，尤为有功。"④而且范仲淹还特别鼓励私家讲学，并邀当时的理学创导者胡瑗（安定）、孙复（泰山）到太学、国子监讲学，故北宋理学经范仲淹倡导，对后世影响很大。因此，王祎认为范仲淹从祀孔子，是完全够格的。除范仲淹之外，欧阳修是一位坚定的儒者。全祖望曾说：杨文靖公有言："佛入中国千余年，祗韩、欧二公立得定耳。"说

---

① 王祎撰：《王忠文集》卷十五《孔子庙庭从祀议》，《四库全书》本。
② 汪应辰撰：《文定集》卷十五《与朱元晦》，《四库全书》本。
③ 黄宗羲等撰：《宋元学案》卷三《高平学案》，中华书局 1986 年版，第 139 页。
④ 全祖望撰：《高平学案序录》，《宋元学案》卷三《高平学案》，中华书局 1986 年版，第 133 页。

者因谓其因文见道。①欧阳修也是宋朝理学的开创者、启发者和倡导者。特别是欧阳修的义理经学理论，对于推动北宋庆历前后的儒学复兴、经学由汉学向宋学的转型起到了关键性作用。某种情况而言，欧阳修就是宋初义理之学的领袖人物。同时，欧阳修还开宋代疑古思潮之先声，故他对自己的经学颇有自信，其云：

> 余尝哀夫学者，知守经以笃信，而不知伪说之乱经也，屡为说以黜之，而学者溺其久习之传，反骇然非余一人之见，决千岁不可考之是非，余以自孔子没至今二千岁之间，有一欧阳修者为是说矣。又二千岁，焉知无一人焉，与修同其说也，同余说者既众，则众人之所溺者可胜而夺也。②

欧阳修这段话里，还分明有着以道统自居的意味。是故王祎认为欧阳修也应该纳入从祀者的行列。事实上，在王祎之前，苏轼就已经认为欧阳修本来就是继韩愈之后的道统中人。宋代对于道统谱系的构建除道学家们的意见之外，还有非道学家的精英人士的意见也值得注意。程颐的道统谱系中没有韩愈的位置，苏轼很不以为然。而且他进一步认为欧阳修其实是接续韩愈道统的，其云：

> 自汉以来，道术不出于孔氏，而乱天下者多矣。晋以老、庄亡，梁以佛亡，莫或正焉。五百余年而后得韩愈，学者以愈配孟子，盖庶几焉。愈之后三百有余年而后得欧阳子，其学推韩愈、孟子以达于孔氏。著礼乐仁义之实，以合于大道。其言简而明，信而通，引物连类折之于至理以服人心，故天下翕然师尊之。自欧阳子之存，世之不说者哗而攻之，能折困其身而不能屈其言。士无贤不肖不谋而同曰："欧阳子，今之韩愈也。"③

欧阳修作为天命意志的担当者，与韩愈一样，皆有自觉的弘道意识，也是一位"继往圣之绝学，开万世之太平"的历史人物，他接着说：

> 宋兴七十余年，民不知兵，富而教之，至天圣、景祐极矣，而斯文终有愧于古。士亦因陋守旧论卑而气弱，自欧阳子出，天下争自濯磨，以通经学古为高，以救时行道为贤，以犯颜纳谏为忠。长育成就，至嘉祐末，号称多士，欧阳子之功为多。呜呼！此岂人力也哉？非天其孰能使之。④

---

① 全祖望撰：《庐陵学案序录》，《宋元学案》卷四《庐陵学案》，中华书局 1986 年版，第 181 页。
② 欧阳修撰：《文忠集》卷四十七《廖氏文集序》，《四库全书》本。
③④ 苏轼撰：《东坡全集》卷三十四《六一居士集叙》，《四库全书》本。

在苏轼的眼里,欧阳修的位置是要大大超过二程的。因此,苏轼的道统观与道学家的道统观显然不同,这是值得作进一步研究的课题。如果从孔子庙的从祀角度来看道统谱系建构,王袆欲将欧阳修和范仲淹增祀,其实也反映了他对宋以来道统谱系的修补和增益。与此同时更反映出他对于范、欧二位在思想中的定位,是有别于一般道统观念的。

除了对北宋初期道统谱系的修订之外,王袆还对南宋后期的道统谱系有所关注。他提出真德秀和魏了翁也应该纳入从祀行列,其云:

> 自周敦颐接圣贤千载不传之绪,而程颐兄弟承之,道统于是有所传。迨朱熹有作,五经四子,皆有传注论述,统宗会元,集圣贤大成,绍程氏之传。其中更学禁,其道不行,于是真德秀、魏了翁并作力以尊崇朱学为己任,而圣贤之学乃复明。真氏所著有《大学衍义》《读书记》,魏氏所著有《九经要义》,大抵皆黜异端,崇正理,质诸圣人而不谬其于圣人之道,可谓有功,而足以缵朱氏所传之绪矣。是则此二人者,固又当继朱氏而列于从祀者也。①

真德秀(1178—1235),字景元,号西山,后世称西山先生。真德秀曾师事詹体仁,因此为朱熹的再传弟子。而对于真德秀之学与朱熹的关系,全祖望一言以蔽之曰:"西山之望,直继晦翁。"②又说:"乾、淳诸老之后,百口交推,以为正学大宗者,莫如西山。"③朱熹之后,真德秀是一位重要的理学家,倘仅从闽学而言,则其始倡于杨时,中盛于朱子,末振于真德秀。真德秀的重要学术著作是《大学衍义》,该书受到来自学术和政治两个方面的高度评价,为他在传道之儒中赢得了地位。《大学衍义》本来是真德秀《西山读书记》中的一篇,后被他单独抽出,于端平元年(1234)进献给理宗皇帝。"其书之指,皆本《大学》,前列二者之纲,后分四者之目,所以推衍《大学》之义也,故题之曰《大学衍义》"④。《大学衍义》问世后一直受到高度重视,从宋理宗到元武宗、明太祖、明成祖、清乾隆等,历代帝王们一致肯定。由此可见,《大学衍义》在历代帝王中所产生的影响是巨大的。而对于《大学衍义》的学术评价,根据四库馆臣的意见,这是一部非空谈心性而有实际内容的著作,其云:

---

① 王袆撰:《王忠文集》卷十五《孔子庙庭从祀议》,《四库全书》本。
② 全祖望撰:《西山真氏学案序录》,《宋元学案》卷八十一《西山真氏学案》,中华书局1986年版,第2695页。
③ 全祖望撰:《题真西山集》,《宋元学案》卷八十一《西山真氏学案》,中华书局1986年版,第2708页。
④ 真德秀撰:《大学衍义》卷首《大学衍义序》,《四库全书》本。

《大学衍义》羽翼圣经,此书又分类铨录,自身心、性、命、天、地五行以及先儒授受源流,无不胪析。名言绪论,征引极多,皆有裨于研究。……在宋儒诸书之中,亦可谓有实际矣。[①]

《大学衍义》除了在南宋末期和元、明、清经筵必讲之书和士子研治帝王之学的必读经典之外,还对朝鲜和越南的儒家政治产生深远影响。从经典诠释学角度看,《大学衍义》还开创了经典诠释的新体例——衍义体,这也对后来的经典诠释学形成一定的影响。元代已经有人提议将真德秀纳入从祀者行列,其云:

我朝崇儒重道之意,度越前古。既已加封先圣大成之号,又追崇宋儒周敦颐等封爵,俾从祀庙庭,报功示劝之道,可谓至矣。然有司讨论未尽,尚遗先儒杨时等五人,未列从祀,遂使盛明之世,犹有阙典。……西山先生真德秀,博学穷经,践履笃实。当时立伪学之禁,以锢善类,德秀晚出,独以斯文为己任,讲习躬行,党禁解而正学明。……真德秀《大学衍义》亦备经筵讲读,是皆有补于国家之治道者矣。各人出处,详见《宋史》本传,俱应追锡名爵,从祀先圣庙廷,可以敦厚儒风,激劝后学。[②]

事实上,到来了至正二十二年(1362)真德秀与其他四位宋代理学家一同被增祀,只是在明初又没有了他的名单,所以才有王祎的此通议论。

王祎提到的另一人是魏了翁。魏了翁(1178—1237),字华父,号鹤山,邛州蒲江(今属四川)人。主要著作有《鹤山集》《九经要义》等。魏了翁并非朱熹的再传弟子,他只是私淑于朱熹。全祖望说:

嘉定而后,私淑朱、张之学者,曰鹤山魏文靖公。兼有永嘉经制之粹,而去其驳。世之称之者,以并之西山。……梨洲则曰:"鹤山之卓荦,非西山之依门户所能及。"予以为知言。[③]

和真德秀不同,魏了翁推崇朱熹理学,但也对朱注各经有所怀疑,这就是黄宗羲所谓的"非西山之依门户所能及"。至于他在宋代理学上的地位,当时人刘宰已有揭示,其云:

天下学者自张、朱、吕三先生之亡,怅怅然无所归。近时叶水心之博,杨慈湖之

---

① 四库全书研究所整理:《钦定四库全书总目》卷九十二《读书记提要》,中华书局1997年版,第1217页。

② 宋濂等撰:《元史》卷七十七《志》第二十七下《祭祀志六》,中华书局1997年版,第1921—1922页。

③ 全祖望撰:《鹤山学案序录》,《宋元学案》卷八十《鹤山学案》,中华书局1986年版,第2650页。

淳,宜为学者所仰。而水心之论既未免惕,学者于有慈湖之论又未免诱学者于无。非有大力量如侍郎者,孰能是正之！①

当然,除了真、魏二位各自的独特学术贡献,为力明正学,接续道统起到巨大作用之外,他们的共同功劳,就是如王袆所言"并作力以尊崇朱学为己任,而圣贤之学乃复明"。在理学处于低潮时期,他们为确立理学正统地位起了关键性的作用,从此使程、朱理学影响中国学术思想的发展长达五、六百年之久。在这个方面,黄百家说:"从来西山鹤山并称,如鸟之双翼,车之双轮,不独举也。"②

关于元代传道之儒的从祀问题,王袆认为吴澄是不可漏掉的人物,他说:

> 及元兴,许衡起于北方,尊用朱氏之学以教人,既有以任斯道之重。而其时吴澄起于南方,能有见于前儒之所未及,《孝经》《大学》《中庸》《易》《书》《春秋》《礼》皆有传注,隐栝古今诸儒之说而折衷之。其于礼经尤多所删正,凡以补朱氏之未备,而其真修实践,盖无非圣贤正大之学,则其人又可谓有功圣人之道,固宜与许衡同列于从祀,而不可以或遗也。③

吴澄(1249—1333),字幼清,晚字伯清,学者称草庐先生,抚州崇仁(今江西崇仁县)人,元代著名理学家。吴澄从辈分上来说,是朱熹的四传弟子。因为他是徽州程若庸的弟子,而程若庸为余干饶鲁弟子,饶鲁则为黄榦的弟子。这一脉在朱熹的传承谱系中属于最正宗的一脉,是故他以圣贤之道自任,立志接武朱熹,并最终跻身于圣贤之列的愿望是完全可以理解的。虽然在他的思想里有兼主陆学的倾向,但最终还是近乎朱子学。为此,全祖望指出:

> 草庐出于双峰,固朱学也,其后亦兼主陆学。盖草庐又师程氏绍开,程氏尝筑道一书院,思和会两家。然草庐之著书,则终近于朱。④

宋度宗咸淳三年(1267),吴澄"十九岁作《道统图并叙》"⑤,描述了儒家道统承传和发展的图谱。在写给学者的书信中,他曾以"豪杰"比之于儒学"圣贤",又"以绍朱子之统而自任"。他这样说道:

---

① 刘宰撰:《漫塘集》卷十《通鹤山魏侍郎》,《四库全书》本。
② 黄宗羲等撰:《宋元学案》卷八十一《西山真氏学案》,中华书局 1986 年版,第 2696 页。
③ 王袆撰:《王忠文集》卷十五《孔子庙庭从祀议》,《四库全书》本。
④ 全祖望撰:《草庐学案序录》,《宋元学案》卷九十二《草庐学案》,中华书局 1986 年版,第 3036 页。
⑤ 危素撰:《吴文正年谱》,《吴文正集》附录,《四库全书》本。

天生豪杰之士不数也。夫所谓豪杰之士，以其知之过人，度越一世而超出等夷也。战国之时，孔子徒党尽矣，充塞仁义若杨、墨之徒，又滔滔也。而孟子生乎其时，独愿学孔子而卒得其传。当斯时也，旷古一人而已，真豪杰之士哉！孟子没千有余年，溺于俗儒之陋习，淫于老、佛之异教，无一豪杰之士生于其间。至于周、程、张、邵，一时迭出，非豪杰其孰能与斯时乎？又百年而朱子集数子之大成，则中兴之豪杰也。以绍朱子之统而自任者，果有其人乎？[①]

吴澄在这里高度评价孟子继承与光大儒家道统的历史功绩，随即又明确指出在朱熹之后尚无他人接续道统。此表述很像韩愈在《原道》中的表述一样，实际上是吴澄自许为朱子之后一人而已的委婉说法。接下来，他便说得更为直接了：

澄之龆龀，惟大父家庭之训是闻，以时文见知于人而未闻道也。及知圣贤之学，而未之能学也。于是以豪杰自期，以进于圣贤之学，而又欲推之以尧、舜，其君民而后已。实用其力于斯，谿然似有所见，坦然知其易行，而力小任重，固未敢自以为是，而自料所见愈于人矣。[②]

要知，此时的吴澄，据虞集说才刚为弱冠之年，而有志自任如此。倘从吴澄整体学术成就来看，他在经学上确实可谓对朱熹经学有继承和发展。王祎说：

有元以来，大江之西，有二大儒焉，曰吴文正公、虞文靖公。文正之学，主于为经。其于群经，悉厘正其错简，折衷其疑义，以发前儒所未发而集其成。讨论该洽，封殖深固，视汉儒之颛门名家者有间矣。[③]

黄百家也评价曰：

幼清从学于程若庸，为朱子之四传。考朱子门人多习成说，深通经术者甚少，草庐《五经纂言》，有功经术，接武建阳，非北溪诸人可及也。[④]

吴澄自己也说："朱子考定《易》《书》《诗》《春秋》四经，而谓《三礼》体大，未能叙正。晚年欲成其书，于此至惓惓也。《经传通解》乃其编类草稿，将俟丧祭礼毕而笔削焉，无禄弗逮，遂为万世之阙典。澄每伏读而为之惋惜。"[⑤]五经中，吴澄深感《仪礼》十七篇尚不完

---

①②　虞集撰：《道园学古录》卷四十四《故翰林学士资善大夫知制诰同修国史临川先生吴公行状》，《四库全书》本。

③　王祎撰：《王文忠集》卷五《赠陈伯柔序》，《四库全书》本。

④　黄宗羲等撰：《宋元学案》卷九十二《草庐学案》，中华书局1986年版，第3037页。

⑤　吴澄撰：《吴文正集》卷一《三礼叙录》，《四库全书》本。

备,便有意辑补以续十七篇之末。于是他从《礼记》《大戴礼记》《小戴礼记》以及郑玄《三礼注》等书中,辑得《仪礼逸经》八篇,即《中溜礼》《禘于太庙礼》《王居明堂礼》《投壶礼》《奔丧礼》《公冠礼》《诸侯迁庙礼》《诸侯衅庙礼》。然后又从《大戴礼记》《小戴礼记》中采摭,辑得《仪礼传》十篇,即《冠仪》《婚仪》《士相见仪》《乡饮酒仪》《乡射仪》《宴仪》《大射仪》《聘仪》《公食大夫仪》《朝事仪》。此书严格按照朱熹《仪礼经传通解》体例进行编纂,其云:

> 呜呼,由朱子而来,至于今将百年,然而无有乎尔! 澄之至愚不肖,犹幸得以私淑于其书,实受罔极之恩,善继者卒其未卒之志,善述者成其未成之事,抑亦职分之所当然也。是以忘其僭妄,辄因朱子所分《礼》章,重加伦纪。其《经》后之《记》依《经》章次秩叙其文,不敢割裂,一仍其旧,附于篇终。其十七篇次第,并如郑氏本,更不间以他篇,庶十七篇《正经》,不至杂糅二戴之《记》中。有《经》篇者,离之为《逸经》。《礼》各有义,则《经》之传也,以戴氏所存,兼刘氏所补,合之而为《传》。《正经》居首,《逸经》次之,《传》终焉,皆别为卷而不相紊。此外悉以归诸戴氏之《记》。朱子所辑,及黄氏《丧礼》、杨氏《祭礼》,亦参伍以去其重复,名曰《朱氏记》,而与二戴为三。①

由此可知,吴澄对于朱熹经学的接续意识,是相当自觉的。故全祖望说:"《礼记》为草庐晚年所成之书,盖本朱子未竟之绪而申之,用功最勤。"②而王祎特别指出吴澄为学"其于礼经尤多所删正,凡以补朱氏之未备",这正是吴澄最具备从祀资格的主要条件之一。

王祎最后总结道:

> 按《祀法》有功于圣道,则祀之。是七人者,其有功于圣人之道如此,而从祀阙焉,此甚不可。搜累代之旷典,昭万世之公议,举而明之,固于今日矣。③

那么,王祎所提出的董仲舒、孔颖达、范仲淹、欧阳修、吴澄、真德秀、魏了翁等七人,在明、清两代的孔子庙从祀中,又有多大程度的执行呢? 我们先看下表:

---

① 吴澄撰:《吴文正集》卷一《三礼叙录》,《四库全书》本。
② 全祖望撰:《读草庐礼记纂言》,《宋元学案》卷九十二《草庐学案》,中华书局 1986 年版,第 3060 页。
③ 王祎撰:《王忠文集》卷十五《孔子庭庭从祀议》,《四库全书》本。

附：明清孔子庙从祀表①

朝代	从　祀				史源
	弟子	传经之儒	传道之儒	行道之儒	
明	七十二弟子及颜回之父颜无繇、曾参之父曾点、子思之父孔鲤。	左丘明、公羊高、谷梁赤、伏胜、高堂生、孔安国、毛苌、后苍、杜子春	**董仲舒**、王通、韩愈、胡瑗、周敦颐、程晌、程颢、程颐、邵雍、张载、司马光、**欧阳修**、杨时、罗从彦、李侗、胡安国、朱松、朱熹、张栻、陆九渊、吕祖谦、蔡元定、蔡沈、**真德秀**、许衡、**吴澄**②、薛瑄、陈献章、胡居仁、王守仁		《明史》卷五十《志》第二十六《礼》四《吉礼四》
清	七十二弟子及颜回之父颜无繇、曾参之父曾点、子思之父孔鲤、孔子之侄孔忠	左丘明、公羊高、谷梁赤、伏胜、高堂生、毛苌、毛亨、孔安国、杜子春、郑康成、许慎、刘德、赵岐、范宁	**董仲舒**、王通、韩愈、胡瑗、周敦颐、程晌、程颢、程颐、邵雍、张载、谢良佐、游酢、吕大临、司马光、**范仲淹**、**欧阳修**、杨时、罗从彦、李侗、胡安国、尹焞、朱松、朱熹、张栻、陆九渊、吕祖谦、黄榦、蔡元定、蔡沈、**真德秀**、陈淳、何基、王柏、魏了翁、袁燮、辅广、金履祥、许谦、陈澔、赵复、许衡、**吴澄**、刘因、薛瑄、陈献章、胡居仁、王守仁、罗顺钦、陆陇其、吕枬、曹端、刘宗周、吕坤、孙奇逢、黄道周、黄宗羲、王夫之、顾炎武、张履祥、陆世仪、张伯行、汤斌	诸葛亮、陆贽、李纲、韩琦、文天祥、陆秀夫、方孝孺	《清史稿》卷八十四《志》五十九

---

①　案：表中黑体字为王祎所提出的名单。
②　吴澄，宣德十年从祀，嘉靖九年罢祀。

根据《明史·礼志》的记载，洪武二十八年（1395）"以行人司副杨砥言，罢汉扬雄从祀，益以董仲舒"。宣德十年（1435），"慈利教谕蒋明请祀元儒吴澄，大学士杨士奇等言当从祀，从之"。成化二年（1466），追封董仲舒广川伯。后吴澄在嘉靖九年（1530）罢祀（乾隆二年（1737）恢复）。正统二年（1437），以真德秀从祀。成化二年（1466），追封真德秀浦城伯。嘉靖九年（1530），欧阳修从祀。①这基本上与王祎意见相合。但王祎主张的孔颖达、范仲淹、魏了翁在明代还是没有纳入从祀范围。其中范仲淹直到清康熙五十五年（1716）从祀，魏了翁到清雍正二年（1724）从祀。而孔颖达一直没有从祀资格，以他在传经方面的历史贡献，他其实是有资格进入从祀序列的，个中原因值得探究。

总体来看，王祎的《孔子庙庭从祀议》，一方面表现了他对道统谱系的理解，另一方面作为孔子庙从祀史上一篇较为重要的理论文章，在礼制史上也有一定地位。清代著名礼学家秦蕙田认为，观"其所议，颇为折衷有理"②，因此《孔子庙庭从祀议》作为附录被他收进其名著《五礼通考》之中。

六、王祎对汉代礼制的辑评

王祎以礼学家视野撰《大事记续编》，其与朱熹《通鉴纲目》最大不同在于对历代礼制的重视与辑述，这一点在《大事记续编》汉代部分表现尤为明显。因此，研究王祎对汉代礼制的看法，《大事记续编》是很好的材料。王祎《大事记续编》全书七十七卷，为其史著代表性作品。所谓"续编"，乃据吕祖谦《大事记》而言。吕氏《大事记》二十七卷，由正文十二卷、附录《通释》三卷、《解题》十二卷三部分组成，是编年体史书。时间上起于周敬王三十九年（前481年），止于汉武帝征和三年（前90年）。王祎《大事记续编》旨在接续吕氏之书，故其起于汉武帝征和四年（前89年），止于五代周世宗显德六年（959年）。与吕书体式有所不同的是，他将《解题》附于各条之下，不别为一书。但俞恂称其书自征和迄宋德祐二年（1276），凡一千三百六十五年。而今所传本至周世宗显德六年（959），四库馆臣谓："不知恂何所据而云然。或是书抄本仅藏蜀王府中，至成化间始刊版，传写有所佚脱欤？"③这是要深究的。《大事记续编》七十七卷中，有二十卷涉及汉代史事，占全

---

① 张廷玉等撰：《明史》卷五十《志》第二十六《礼》四《吉礼四》，中华书局1997年版，第1293—1294页。
② 秦蕙田撰：《五礼通考》卷第一百一十九《吉礼》一百一十九《祭先圣先师》，《四库全书》本。
③ 四库全书研究所整理：《钦定四库全书总目》卷四十七《大事记续编提要》，中华书局1997年版，第662页。

书卷数的四分之一。值得注意的是,在每一卷几乎都有关于汉代礼制的辑述,连缀成篇,其实就是一部简明的汉代礼制史。

　　吕祖谦对所涉汉代部分的礼制进行了较为系统和全面的辑述,并且通过《解题》对汉代重要的礼制改革与建设做了集中性的回顾与梳理。与此同时,我们也看到,王祎对于汉代礼制的辑述无论从思路还是从重视程度上,都明显对吕祖谦有所继承,仅以此点来说,其书云《大事记续编》我们推想吕祖谦是会同意的。从王祎《大事记续编》的辑述来看,主要有以下几方面:

　　(一) 汉代宗庙制度辑述

　　王祎《大事记续编》对汉代礼制有意识进行全面梳理。由于《大事记续编》是对吕祖谦《大事记》的接续,吕氏终于汉武帝征和三年(前 90 年),故王祎《续编》从征和四年(前89 年)开始。除武帝外,他对昭帝、宣帝、元帝、成帝、哀帝、平帝、光武帝、明帝、章帝、和帝、殇帝、安帝、顺帝等历朝帝王的即位典礼都有辑述,这一点对吕祖谦的做法有所继承。丧葬礼也是王祎系统辑述的一项内容,对于有些情况比较特殊的丧葬礼,他还要加《解题》来说明。如卷十云:"汉显宗孝明皇帝永平十八年,秋,八月壬子。帝崩于东宫前殿,遗诏无起寝庙,藏主于世祖庙便殿。"其《解题》就长达 400 余字。而他对西汉庙制的关注,在《大事记续编》中表现得尤为系统。西汉元帝时期的庙制改革,奠定了汉代庙制的一些基本定式,具有一定的历史意义。对此《大事记续编》皆有辑述。其中汉元帝永光四年(前 40)冬十月乙丑条云:"罢郡国祖宗庙,诸陵分属三辅。"汉元帝永光五年(前39)十二月乙酉条云:"毁太上皇孝惠帝寝庙园。"汉元帝竟宁元年(前 33)五月壬辰条云:"帝崩于未央宫。毁太上皇、孝惠、孝景皇帝庙,罢孝文太后、孝昭太后、昭灵后、武哀王、昭哀后寝园。"①在此条正文之后,王祎《解题》用较长篇幅对西汉庙制作了集中回顾和诠释,理清了西汉庙制发展的来龙去脉,突出了对相关重要问题的辑述。因此,王祎《解题》中有关汉代宗庙制度的辑述,可从以下几个部分来解读。

　　1. 元帝以前庙制

　　王祎对汉元帝以前西汉庙制情况进行了整体回顾与梳理。《解题》云:

　　　　初,高祖时,令诸侯王都皆立太上皇帝庙。②至惠帝尊高帝庙为太祖庙,景帝尊

---

　　① 　以上引述,俱见王祎撰:《大事记续编》卷三,《四库全书》本。
　　② 　吕祖谦曰:"郡国置别庙始于此"。见《大事记解题》卷九,黄灵庚等主编:《吕祖谦全集》第八册第 564页,浙江古籍出版社 2009 年版。

孝文庙为太宗庙，所尝行幸郡国，各立庙。宣帝复尊孝武庙为世宗庙。凡祖宗庙在郡国六十八，合百六十七所（颜师古曰：六十八者，郡国之数也。百六十七所，宗庙之数也。）。而京师自高祖至宣帝，与太上皇、悼皇考各居陵旁立庙，并为百七十六。又园中各有寝、便殿（颜师古曰：寝者，陵上正殿。若路寝便殿者，寝侧之别殿。）。日祭于寝，月祭于庙，时祭于便殿。寝，日四上食；庙，岁二十五祠（晋灼曰：《汉仪注》：宗庙一岁为十二祠。五月尝麦。六月、七月三伏，立秋貙娄，又尝粢。八月先少馈飨，皆一太牢，酎祭用九太牢。十月尝稻，又饮烝，二太牢。十一月尝，十二月腊，二太牢。又每月一太牢，如闰加一祠，与此上十二为二十五祠）；便殿，岁四祠。又月一游衣冠。而昭灵后、武哀王、昭哀后、孝文太后、孝昭太后、卫思后、戾太子、戾后各有寝园，与诸帝合，凡三十所。①

首先，王祎根据《汉书·韦贤传》对西汉以来的宗庙数量进行了统计，合计是"百六十七所"。那么，这个数字是如何构成的呢？对此，郭善兵算了一笔账，他说：

汉高祖十年诏令诸侯王皆立太上皇庙，其时诸侯王国 8 个，相应有 8 所太上皇庙。惠帝为高帝立郡国庙时，皇帝直属郡有 14 个（内史不计），当有 14 所高庙。诸侯王国、支郡也要立高庙。高帝十二年时，共有 10 个诸侯国，辖支郡 29（王都所在本郡不计），因此诸侯王们应在王郡和支郡共立 39 所高庙，合汉郡的 14 所，全汉郡国共有高庙 53 所。景帝元年时，全国共有直属郡 25（左、右史不计），诸侯王国 16，共辖有支郡 16，合之为 57 之数。高帝庙和文帝庙之和应为 110 所。加上宣帝为武帝所立 49 所，西汉一代皇帝郡国庙总数应为 167 所（8 所太上皇庙＋53 所高帝庙＋57 所文帝庙＋49 所武帝庙）。②

汉初以来的宗庙，若从空间分布来看，又可分为京庙、陵庙、郡国庙三种类型。此所谓 167 所宗庙，主要指分布在京师和郡国两地的京庙与郡国庙，若加上陵庙则上升到 176 所，可见数量之庞大。

其次，王祎对汉初以来宗庙采用的"岁二十五祠"祭祖制度，做了梳理。大家知道，汉代宗庙祭祀分为三种类型：一是在陵寝中举行的"日祭"，二是在陵庙中举行的"月祭"，三是在陵寝便殿中举行的"时祭"。三种类型中的陵庙祭祀采取"岁二十五祠"制

① 王祎撰：《大事记续编》卷三《解题》，《四库全书》本。
② 郭善兵撰：《西汉元帝永光年间皇帝宗庙礼制改革考论》，《烟台师范学院学报》2004 年第 4 期。

度。王祎引晋灼解释说，汉代每月定期举行一次庙祭，一年十二次，加上特定节日，如"尝麦""伏""貙娄""尝粢""馈飨""酎""尝稻""烝""尝""腊"等祭祀共十二次，如遇闰月再加一祀，合计25祠。

汉初孙叔通之制礼，多采撷秦代制度，亦多违古礼，以至于皇帝宗庙多达一百多所，与《礼记》"天子七庙"尤为不合，加上又有兄终弟及、庶接嫡统等掺杂其中，难怪何焯要讥讽高帝为"失礼之时"了。①

不用说，倘若按照汉高祖以来初定的庙制继续发展下去，则汉代无论京师还是郡国，都将会出现宗庙林立的"盛况"，其繁费程度可想而知。

2. 元帝庙制改革

由是，汉代宗庙制度的改革，已经势在必行。王祎对元帝的宗庙制度改革进行了详细的辑述。元帝时，宗庙改革最早是由翼奉首倡的，他认为"诸寝庙不以亲疏迭毁，皆烦费，违古制"。②又说"汉家郊兆寝庙祭祀之礼多不应古，臣奉诚难宣居而改作，故愿陛下迁都正本"。③此后，贡禹正式提出朝廷应当制定宗庙迭毁之礼，元帝接受了他的建议，由此开启元帝时期数十年的庙议。是故王祎《解题》曰：

> 元帝时，贡禹言："古者，天子七庙，今孝惠、孝景庙皆亲尽，宜毁。及郡国庙不应古礼，宜正定。"永光四年，乃下诏先议罢郡国庙，承相玄成等七十人以为宗庙在郡国，宜无修。奏可。因罢昭灵后、武哀王、昭哀后、卫思后、戾太子、戾后园，皆不奉祠。后月余，复下诏曰："明王制礼，立亲庙四，祖宗之庙万世不毁，所以明尊祖敬宗，著亲亲也。惟大礼未备，战栗恐惧，其与将军、列侯、中二千石、二千石、诸大夫、博士议。"玄成等四十四人奏议曰："《礼》，王者始受命，诸侯始封之君，皆为太祖。以下五庙而迭毁。（颜师古曰：迭，互也。亲尽则去，故云迭也。）毁庙之主藏乎太祖，五年而再殷祭，言一祫一禘也。（颜师古曰：殷，大也。禘，谛也。祫，合也。一一祭之也。）祫祭者，毁庙与未毁庙之主皆合食于太祖，父为昭，子为穆，孙复为昭，古之礼也。（颜师古曰：昭穆者，父子易其号序也。昭，明也。穆，美也。以晋讳改昭为韶）。《祭议》曰：'王者，禘其祖自出（颜师古曰：所从出也。），以其祖配之，而立四庙。'言始受命而王，祭天以其祖配，而不为立庙，亲尽也。立亲庙四，亲亲也。亲尽

---

① 何焯撰：《义门读书记》卷十五，《四库全书》本。
② 班固撰：《汉书》卷七十五《翼奉传》中华书局1997年版，第3175页。
③ 班固撰：《汉书》卷七十五《翼奉传》中华书局1997年版，第3176页。

而迭毁，亲疏之杀，示有终也。周之七庙，以后稷始封，文、武受命而王，是以三庙不毁，与亲庙四而七。臣愚以为高帝宜为帝者太祖之庙，世世不毁，承后属尽者宜毁。今宗庙异处，昭穆不序，宜入就太祖庙而序昭穆如礼。太上皇、孝惠、孝文、孝景庙皆亲尽宜毁，皇考庙亲未尽，如故。"

大司马车骑将军许嘉二十九人以为孝文皇帝宜为帝者太宗之庙。廷尉忠以为孝武皇帝宜为世宗之庙。谏大夫更始等十八人以为皇考上序于昭穆，非正礼，宜毁。于是上重其事，依违者一年，乃下诏曰："王者祖有功而宗有德，尊尊之大义也；存亲庙四，亲亲之至恩也。高皇帝为汉太祖，孝文皇帝为汉太宗，世世承祀，传之无穷。孝宣皇帝为后，于义壹体（颜师古曰：谓俱为昭也。《礼》：孙与祖俱为昭。宣帝于昭帝为从孙。刘歆曰：以孝宣为昭帝后，臣子一体也。）。孝景皇帝及皇考皆亲尽，其正礼仪。"玄成等奏曰："高皇帝为太祖，孝文皇帝为大宗，孝景皇帝为昭，孝武皇帝为穆，孝昭皇帝与孝宣皇帝俱为昭。皇考庙亲未尽。太上、孝惠庙皆亲尽，宜毁。孝文太后、孝昭太后寝祠园宜如礼勿复修。"奏可。①

汉帝国发展到元帝时，已经有百余年历史。这百年来汉朝政治经济已经相对稳固，儒家思想进一步深入人心，而且以儒家礼制思想观照、衡量汉代百年来的礼制实践已然成为当时大臣们的一种自觉行为。面对愈来愈膨胀的宗庙制度，元帝时期的宗庙改革应运而生。根据王袆的辑述，元帝的宗庙改革，主要有两点：

一是罢毁郡国庙。元帝时，贡禹首先提出"古者天子七庙，今孝惠、孝景庙皆亲尽，宜毁。郡国庙不应古礼，宜正定"，"天子是其议，未及施行而禹卒"。②可惜的是，未等到元帝采纳，贡禹便去世了。永光四年（前39），元帝下诏先议罢郡国庙。曰：

朕闻明王之御世也，遭时为法，因事制宜。往者天下初定，远方未宾，因尝所亲以立宗庙，盖建威销萌，一民之至权也。今赖天地之灵，宗庙之福，四方同轨，蛮貊贡职，久遵而不定，令疏远卑贱共承尊祀，殆非皇天祖宗之意，朕甚惧焉。传不云乎："吾不与祭，如不祭。"其与将军、列侯、中二千石、二千石、诸大夫、博士、议郎议。③

---

① 王袆撰：《大事记续编》卷三《解题》，《四库全书》本。所引朱熹语，出自《禘祫议》一文。案：王袆《解题》，亦可参见马端临《文献通考》卷九十二《宗庙考》二《天子宗庙》。
② 班固撰：《汉书》卷七十三《韦贤传》，中华书局1997年版，第3116页。
③ 班固撰：《汉书》卷七十三《韦贤传》，中华书局1997年版，第3116—3117页。

元帝诏书分析了汉初以来郡国设宗庙的原因,是因为当时的国情,需要"建威销萌";而今欲罢郡国宗庙的理由是,目前天下已经稳定,还要"令疏远卑贱共承尊祀",有违皇天祖宗之意,更何况"吾不与祭,如不祭"。于是,丞相韦玄成、御史大夫郑弘、太子太傅严彭祖、少府欧阳地余、谏大夫尹更始等七十人皆曰:

> 臣闻祭,非自外至者也,繇中出,生于心也。故唯圣人为能飨帝,孝子为能飨亲。立庙京师之居,躬亲承事,四海之内各以其职来助祭,尊亲之大义,五帝三王所共,不易之道也。《诗》云:"有来雍雍,至止肃肃,相维辟公,天子穆穆。"《春秋》之义,父不祭于支庶之宅,君不祭于臣仆之家,王不祭于下土诸侯。臣等愚以为宗庙在郡国,宜无修,臣请勿复修。①

这个理由是相当充分的,元帝因此采纳了群臣的建议,诏罢郡国宗庙,并同时罢昭灵后、武哀王、昭哀后、卫思后、戾太子、戾后园,皆不奉祠,仅派吏卒守护而已。

罢郡国宗庙,虽然可以解决远距离祭祀与压缩宗庙规模问题,同时也改变了宗庙的空间布局,但京师宗庙随时间推移,还会有不断膨胀的可能,这就需要有下一步的行动。

二是推行迭毁。所谓"迭毁"是一种宗庙制度。天子设七庙供奉七代祖先,诸侯设五庙供奉五代祖先。其中始封之君、开国帝王之庙,世世不毁,余则亲过高祖而毁其庙,迁其神主于太庙中。亲庙依次而毁,故称迭毁。元帝在罢郡国庙后月余,复下诏令群臣商议"迭毁"之制。

仔细梳理元帝时期对迭毁制的制定,大概经历了两个阶段。而这两个阶段,臣相韦玄成起的作用很大。第一阶段,韦玄成依礼提出"高帝受命定天下,宜为帝者太祖之庙,世世不毁,承后属尽者宜毁"的方案。王柏中据此解释:

> 所谓"属尽者",指的是"五服"以外亲属关系,即除高帝庙为太祖庙不毁外,以下只设高、曾、祖、祢四世亲庙,超出这四世之外者则亲尽而毁。实质上他所采用的是天子五庙制。②

若要按照"五庙制",则韦玄成等四十四人上奏认为"太上皇、孝惠、孝文、孝景庙皆亲尽宜毁,皇考庙亲未尽,如故。"③这个具体的实施方案,涉及惠、文、景三帝的迭毁,因此引发了争议。由此,便有了第二阶段的方案。因为在文帝等是否应该罢毁问题上意见不

---

① 班固撰:《汉书》卷七十三《韦贤传》,中华书局 1997 年版,第 3117 页。
② 王柏中撰:《汉代庙制问题探讨》,《史学月刊》,2003 年第 6 期。
③ 班固撰:《汉书》卷七十三《韦贤传》,中华书局 1997 年版,第 3118 页。

统一，其中大司马车骑将军许嘉等二十九人以为孝文皇帝宜为帝者太宗之庙，理由是："孝文皇帝除诽谤，去肉刑，躬节俭，不受献，罪人不帑，不私其利，出美人，重绝人类，宾赐长老，收恤孤独，德厚侔天地，利泽施四海，宜为帝者太宗之庙。"而廷尉忠以为孝武皇帝宜为世宗之庙，理由是"孝武皇帝改正朔，易服色，攘四夷，宜为世宗之庙"。而谏大夫更始等十八人以为皇考上序于昭穆，非正礼，宜毁。①这些意见都有道理，元帝无法遽断，便悬置起来。如此依违者一年，乃下诏定调。他首先认为："王者祖有功而宗有德，尊尊之大义也；存亲庙四，亲亲之至恩也。"然后依此而论其先祖之功，曰：

> 高皇帝为天下诛暴除乱，受命而帝，功莫大焉。孝文皇帝国为代王，诸吕作乱，海内摇动，然群臣黎庶靡不一意，北面而归心，犹谦辞固让而后即位，削乱秦之迹，兴三代之风，是以百姓晏然，咸获嘉福，德莫盛焉。高皇帝为汉太祖，孝文皇帝为太宗，世世承祀，传之无穷，朕甚乐之。孝宣皇帝为孝昭皇帝后，于义一体。孝景皇帝庙及皇考庙皆亲尽，其正礼仪。②

韦玄成于是按照元帝的意思，拿出了第二套方案：高皇帝为太祖，文帝为太宗，景帝为昭，武帝为穆，昭帝与宣帝俱为昭。皇考庙亲未尽。而太上、惠帝庙皆亲尽，宜毁。与此同时，太上庙主宜瘗园，惠帝为穆，主迁于太祖庙，寝园皆无复修。③这个方案中，采纳了许嘉等人最早提议，后经元帝定下的以文帝入为帝者太宗之庙，但武帝为世宗之庙的提议未被吸纳。这样，除确立高帝庙、文帝庙，同为万世不毁之庙外，其他宗庙，依礼迭毁。至此，元帝任上的宗庙迭毁制正式形成。当然韦玄成出于现实的需要而采取折衷的方案，本来是可以理解的，但明代万斯同对此却有异议，他说："且玄成前言立亲庙四，亲尽而迭毁，何其说之善变乎？"④我们认为万斯同的批评，从道理上讲并无错，但不考虑当时的实际情况，则未免有严苛之嫌。

王祎为何在《大事记续编》"汉孝元帝竟宁元年五月壬辰"条，要特别记载"帝崩于未央宫。毁太上皇、孝惠、孝景皇帝庙，罢孝文太后、孝昭太后、昭灵后、武哀王、昭哀后寝园"呢？这一不被其他史家所重视的史实，正反映了他对于元帝庙制改革的重视，因为这是礼制史上的一件大事。他所辑述的这一条史料，来自《汉书·元帝纪》，说明元帝崩

---

① 班固撰：《汉书》卷七十三《韦贤传》，中华书局1997年版，第3118—3119页。
② 班固撰：《汉书》卷七十三《韦贤传》，中华书局1997年版，第3120页。
③ 班固撰：《汉书》卷七十三《韦贤传》，中华书局1997年版，第3120页。王祎据此辑述。
④ 万斯同撰：《庙制图考》，《四库全书》本。

后，迭毁制已经自动启动了。值得注意的是，景帝庙也在被毁之列，王柏中解释这是"由于元帝的去世使之出于五服而亲尽。由此可见，元帝生前议定的'祖宗之庙，世世不毁，继祖以下，五庙而迭毁'的宗庙迭毁制度确实得以施行"。①这也视作王祎特别记载这一史实的原因所在。

迭毁制度的推行，必须要有另一项制度做配套，这就是祫祫。根据王柏中的研究，认为在迭毁以前，宗庙祭祀都是以单庙进行的，"而宗庙迭毁制度的运行，还必须要有与之相应的合祭方式，即所谓的'祫祫'"。②依照王祎引韦玄成解释，元帝时的祫祭，是"祭天以其祖配"，祫祭是"毁庙与未毁庙之主皆合食于太祖"。而祫祫祭是五年而再殷祭，故最为隆重。韦玄成认为"父为昭，子为穆，孙复为昭，古之正礼也"。后来在《汉旧仪》记载的祫祭盛大场面里得到印证：

> 宗庙三年大祫祭，子孙诸帝以昭穆坐于高庙，诸隳庙神皆合食，设左右坐。高祖南面，幄绣帐，望堂上西北隅。帐中坐长一丈，广六尺，绣绚厚一尺，著之以絮四百斤。曲几，黄金扣器。高后右坐，亦幄帐，却六寸。白银扣器。每牢中分之，左辨上帝，右辨上后。俎余委肉积于前数千斤，名曰堆俎。子为昭，孙为穆。昭西面，曲屏风，穆东面，皆曲几，如高祖。馔陈其右，各配其左，坐如祖妣之法。太常导皇帝入北门。群臣陪者，皆举手班辟抑首伏。大鸿胪、大行令、九傧传曰："起。"复位。而皇帝上堂盥，侍中以巾奉觯酒从。帝进拜谒。赞飨曰："嗣曾孙皇帝敬再拜。"前上酒。却行，至昭穆之坐次上酒。子为昭，孙为穆，各父子相对也。毕，却西面坐，坐如乘舆坐。赞飨奉高祖赐寿，皇帝起再拜，即席以太牢之左辨赐皇帝，如祠。其夜半入行礼，平明上九卮，毕，群臣皆拜，因赐胙。皇帝出，即更衣巾，诏罢，当从者奉承。③

但西汉以来的祫祫之制，毕竟由于韦玄成等未能深考古制，而未尽合。对此，王祎也觉察到这一点，从他在《解题》中引述朱熹的《祫祫议》可以清楚看出来：

> 朱熹曰：《王制》："天子七庙，三昭三穆，与太祖之庙而七。"大夫、士，降杀以两。天子太祖百世不迁，一昭一穆为宗，亦百世不迁。（宗亦曰世室，亦曰祧。郑康成

---

① 王柏中撰：《汉代庙制问题探讨》，《史学月刊》，2003 年第 6 期。

② 王柏中撰：《汉代庙制问题探讨》，《史学月刊》，2003 年第 6 期。关于这个问题王柏中撰：《汉代国家宗庙祭祀制度考论》有更为详细的介绍，见中国知网·吉林大学硕士学位论文，1995 年。

③ 范晔撰：《后汉书·志》第九《祭礼下》李贤等注文引《汉旧仪》，中华书局 1997 年版，第 3195 页。

曰：远庙曰祧。周为文武之庙，迁主藏焉。先公藏主于后稷之庙，先王藏之于文、武之庙，明堂有文世室、武世室。郑康成曰："世室者，不毁之名也。"）二昭二穆为四亲庙。高祖以上，亲尽则毁而递迁。（昭常为昭，穆常为穆。假令新死者当祔昭庙，则毁其高祖之庙，而祔于左祧，迁其祖之主于高祖之故庙，而祔新死者于祖之故庙。当祔于穆者，其序亦然。盖祔昭则群昭皆动，而穆不动。故虞之明日祔于祖父，盖将代居其处，故为之祭，以告新旧之神也。元丰何洵直、张璪以此为说，而陆佃非之，曰："昭穆者，父子之号。方其为父则称昭，其为子则称穆。岂可胶哉？坛立于右，墠立于左，以周制言之，则太王亲尽，去右坛而为墠；王季亲尽，去左祧而为坛，左右迁徙无嫌。"殊不知昭穆本以庙之居东居西、主之向南向北而得名，初不为父子之号也。必曰父子之号，则穆之子又安得复为昭哉？坛墠之左右，亦为去庙之后，主藏夹室而又有祷之祭，且坛墠又皆一而已。昭不可以越坛而俓墠，穆不可以有坛而无墠，故迭进而无嫌，非若庙之有昭穆，而可以各由其序而递迁也。况昭穆之分，自始封以下，入庙之时便有定次，后虽百世不复移易，而其尊卑则不以是而可紊也。①《仪礼》所谓"以其班祔"，《檀弓》所谓"祔于祖父"者。三代之制，大略如此。汉承秦敝，不能深考古制，贡禹、韦玄成、匡衡之徒虽欲正之，而终不能以尽合，旋亦废罢。②

至于朱熹所谓的"旋亦废罢"，乃因与古不合，只是原因之一。其实更重要的理由是因为元帝在罢毁京师宗庙之后，连年疾病，他以为这是因毁庙而得罪了祖先之故，于是将罢毁的京师宗庙，在以后若干年里又渐次恢复。对此，王袆《解题》曰：

> 后岁余，匡衡为丞相。上寝疾，梦祖宗谴罢郡国庙，上少弟楚孝王亦梦焉。上议欲复之，衡深言不可。上疾连年，遂尽复诸所罢庙。③

因此，元帝后期的宗庙迭毁制度，落实效果并不理想。

3. 成帝庙制

韦玄成死后，匡衡为相。成帝时期，匡衡又提出了新的迭毁方案，王袆《解题》云：

> 至是元帝崩，衡奏言："卫思后、戾太子、戾后园，亲未尽。孝惠、孝景庙亲尽，宜毁。及太上皇、孝文、孝昭太后、昭灵后、昭哀后、武哀王祠，请悉罢，勿奉。"从之。厥

---

① 括号内注文，乃王袆引马端临《文献通考》卷九十一《天子宗庙》。
②③ 王袆撰：《大事记续编》卷三《解题》，《四库全书》本。

后成帝以无继嗣,河平元年,复太上皇寝庙园,世世奉祀。昭灵后、武哀王、昭哀后并食于太上寝庙如故。①

成帝毁太上皇、惠帝、景帝庙,宗庙之数仍旧保留七座。但在河平元年(前28年),成帝以长期没有子嗣为由,恢复了太上皇寝庙园,世世奉祀。并且以昭灵后、武哀王、昭哀后并食于太上寝庙,最后竟然弄出一个八庙制来,即太上皇、高祖、文、武、昭、悼皇考、宣、元八庙。

4. 哀帝庙制

成帝崩,哀帝继位。宗庙中自然又要多出成帝之庙。若依迭毁制度,武帝之庙此时当毁。但武帝之庙是保留,还是依例迭毁? 存在不同意见,就这个问题在哀帝朝又引发了一场新的庙议。王祎《解题》对此作了梳理:

> 哀帝即位,丞相孔光、大司空何武奏言:"损益之礼,不敢有与。迭毁之次,当以时定。"于是,光禄勋彭宣等五十三人,皆以为孝武皇帝亲尽,宜毁。大仆王舜、中垒校尉刘歆议曰:"高帝建大业,为太祖;孝文皇帝德至厚也,为文太宗;孝武皇帝功至著也,为武世宗。《礼记·王制》及《谷梁传》:"天子七庙。"七者,其正法,数可常数者也。宗不在此数中。宗,变也,(颜师古曰:言非常数,故云变也。)苟有功德则宗之,不可预为设数。故于殷,太甲为太宗,太戊曰中宗,武丁曰高宗,繇是言之,宗无数也。(朱熹曰:歆谓宗不在七庙中者,盖恐有德者多占了七庙数,其说似是。)制曰:"太仆舜、中垒校尉歆议可。"②

刘歆等的核心观点是"宗无数",这完全是为武帝而言的。他说:

> 孝武皇帝愍中国罢劳无安宁之时,乃遣大将军、骠骑、伏波、楼船之属,南灭百粤,起七郡;北攘匈奴,降昆邪十万之众,置五属国,起朔方,以夺其肥饶之地;东伐朝鲜,起玄菟、乐浪,以断匈奴之左臂;西伐大宛,并三十六国,结乌孙,起敦煌、酒泉、张掖,以隔婼羌,裂匈奴之右肩。单于孤特,远遁于幕北。四垂无事,斥地远境,起十余郡。功业既定,乃封丞相为富民侯,以大安天下,富实百姓,其规橅可见。又招集天下贤俊,与协心同谋,兴制度,改正朔,易服色,立天下之祠,建封禅,殊官号,存周后,定诸侯之制,永无逆争之心,至今累世赖之。单于守藩,百蛮服从,万世之基也,中兴之功未有高焉者也。高帝建大业,为太祖;孝文皇帝德至厚也,为文太

---

①② 　王祎撰:《大事记续编》卷三《解题》,《四库全书》本。

宗;孝武皇帝功至著也,为武世宗。①

其实,立武帝为世宗,早在宣帝时期已有定制。王祎云:"汉宣帝本始二年六月,尊孝武皇帝庙为世宗庙,所幸郡国皆立庙。"②武帝既有如此功业,其庙自不当毁。当然,毁与不毁,还要从礼制本身寻求支持。王祎对刘歆的话是节引,为了更清楚看清刘歆的原意,现照录《汉书》记载如下:

> 《礼记·王制》及《春秋谷梁传》,天子七庙,诸侯五,大夫三,士二。天子七日而殡,七月而葬;诸侯五日而殡,五月而葬;此丧事尊卑之序也,与庙数相应。其文曰:"天子三昭三穆,与太祖之庙而七;诸侯二昭二穆,与太祖之庙而五。"故德厚者流光,德薄者流卑。《春秋左氏传》曰:"名位不同,礼亦异数。"自上以下,降杀以两,礼也。七者,其正法数,可常数者也。宗不在此数中。宗,变也,苟有功德则宗之,不可预为设数。故于殷,太甲为太宗,大戊曰中宗,武丁曰高宗。周公为《毋逸》之戒,举殷三宗以劝成王。繇是言之,宗无数也,然则所以劝帝者之功德博矣。以七庙言之,孝武皇帝未宜毁;以所宗言之,则不可谓无功德。《礼记》祀典曰:"夫圣王之制祀也,功施于民则祀之,以劳定国则祀之,能救大灾则祀之。"窃观孝武皇帝,功德皆兼而有焉,凡在于异姓,犹将特祀之,况于先祖?③

以上议论,立足于周代礼制,引经据典,同时又入情入理,符合现实要求。对此班固引其父班彪之语总结道:

> 汉承亡秦绝学之后,祖宗之制因时施宜。自元、成后学者蕃滋,贡禹毁宗庙,匡衡改郊兆,何武定三公,后皆数复,故纷纷不定。何者?礼文缺微,古今异制,各为一家,未易可偏定也。考观诸儒之议,刘歆博而笃矣。④

班固援引班彪评价刘歆的议论"博而笃",也可视作班氏父子对刘歆武帝庙不当毁观点的认同,哀帝事实上也同意了刘歆的奏议。刘歆等在对待武帝宗庙的问题上,能够将古制与现实的情状作合理的弥合,体现了一定的灵活性和实用性,对此万斯同亦给予了较高评价,认为"采《王制》七庙之文,参刘氏三宗之说,会而通之,祀典斯在"。⑤但刘歆接下

---

① 班固撰:《汉书》卷七十三《韦贤传》,中华书局 1997 年版,第 3126 页。
② 王祎撰:《大事记续编》卷二《解题》,《四库全书》本。
③ 班固撰:《汉书》卷七十三《韦贤传》,中华书局 1997 年版,第 3126—3127 页。
④ 班固撰:《汉书》卷七十三《韦贤传》,中华书局 1997 年版,第 3130—3131 页。
⑤ 万斯同撰:《庙制图考》,《四库全书》本。

来要借武帝庙不当毁，进而彻底否定迭毁之议，则过了头。对此，王祎《解题》也有辑述，其云：

> 歆又以为："《礼》，去事有杀，故《春秋外传》曰：'日祭，月祀，时享，岁贡，终王。'祖祢则日祭，曾高则月祀，二祧则时享，坛墠则岁贡，大禘则终王。德盛而游广，亲亲之杀也；弥远则弥尊，故禘为重矣。孙居王父之处，正昭穆，则孙常与祖相代，此迁庙之杀也。圣人于祖，出于情矣，礼无所不顺，故无毁庙。自贡禹建迭毁之议，惠、景及太上寝园废而为墟，失礼意矣。"①

刘歆将迭毁之议，看作是贡禹首倡，由此批评贡禹"失礼意矣"，这是毫无根据的。事实上，早在先秦，已经有了所谓的迭毁之制。元帝之初行迭毁之制，就是顾虑到宗庙设置，长此以往有无限膨胀的可能性存在。而刘歆所谓"圣人于祖，出于情矣，礼无所不顺，故无毁庙"，一方面无视迭毁制古礼早已有之，另一方面又过泥于情状，因此失去应有的理性判断。

5. 平帝庙制

由于汉平帝刘衎是汉元帝孙，汉成帝的侄子，汉哀帝的堂兄弟，中山王刘兴子，这种旁系关系的介入，如何处理君统与宗统的关系，使得平帝时期又有一轮小规模的庙议。王祎《解题》也作了辑述。其云：

> 平帝元始中，大司马王莽奏："本始元年，丞相义等议，孝宣皇帝亲曰悼园，置邑三百家。至元康元年，丞相相等奏，悼园宜称尊号曰'皇考'，立庙。臣愚以为皇考庙不当立。又孝文太后南陵、孝昭太后云陵园，陵名未正。谨与大司徒晏等百四十七人议，皆曰孝宣皇帝以兄孙继统为孝昭后，以数，故孝元世以孝景及皇考庙亲未尽，不毁。此两统贰父，违于礼制。臣请皇高祖考庙奉明园毁勿修，罢南陵、云陵为县。"奏从其议。②

王莽的中心意思是，要将皇考庙清除出宗庙之列，以维护君统的纯粹性。当时丞相等奏，悼园宜称尊号曰"皇考"的理由是"父为士，子为天子，祭以天子"，这样势必出现君统和宗统的交叉，即王莽所谓的"两统贰父"，这是违离祖统，乖缪本义的。为此，王莽还进一步反驳说，所谓"父为士，子为天子，祭以天子者，乃谓若虞舜、夏禹、殷汤、周文、汉之

---

①② 王祎撰：《大事记续编》卷三《解题》，《四库全书》本。

高祖受命而王者也,非谓继祖统为后者也。"①故他请求皇高祖考庙奉明园毁勿修,罢南陵、云陵为县。平帝同意了他的奏议。按照迭毁制,平帝为成帝之后,王允亮认为此时所奉七庙应为高祖、文、武、昭、宣、元、成七帝之庙,②大抵不错。

综上,王袆《解题》对于西汉以来庙数之分歧、尊亲之冲突、兄终弟及、庶接嫡统之混乱以及由此而引发的一次又一次庙议,皆做了一定程度的梳理。这些梳理,对于我们了解汉代中后期"一祖二宗四亲庙"的七庙制确立过程有相当的帮助,他也因此成为较早对西汉宗庙制度予以系统关注的历史学者之一。尤其对于元帝的庙制改革,以及后来的曲折反复与深远影响的辑述,体现了王袆修史不同于吕祖谦、朱熹的新的关注点。

(二) 汉代礼制问题的评论

王袆除了对汉代礼制进行大量的辑述,在辑述的同时,对一些礼学问题进行了评论。

1. 批评霍光不学之过

对于汉代大臣们的行事,王袆常以缺少基本的礼学修养来对他们提出批评。如"汉武帝后元二年"条云:

> 二月,幸五柞宫。乙丑,立皇子弗陵为皇太子,年八岁,霍光为大司马大将军、金日磾为车骑将军、太仆上官桀为左将军、桑弘羊为御史大夫,与田千秋受遗诏辅政。丁卯,帝崩于五柞宫,入殡未央前殿。戊辰,太子即皇帝位,谒高庙。③

众所周知,汉武帝每当春日闲暇,就赴五柞宫游览。有时因流连景色,而一住数日。后来竟病死于五柞宫,并在其临终前托孤四大臣:霍光、金日磾、上官桀和桑弘羊。其中以霍光为托孤大臣之首,因为武帝生前曾叫画工画了一张"周公背成王朝诸侯图"送给霍光,意思是让霍光辅佐他的小儿子刘弗陵做皇帝。对此吕祖谦提出批评:

> 世称汉武拔霍光于宿卫,托以幼孤,为知人。抑不知所谓大臣者非可以寄安危,而属存亡者不在此位。周之召、毕,内则总众职,外则统诸侯,君存则辅政,君没则托孤,所谓'受遗'者,盖其一职也。武帝垂没,始拔一人而付之,平时大臣果安用乎? 其无具甚矣!④

---

① 班固撰:《汉书》卷七十三《韦贤传》,中华书局1997年版,第3130页。
② 王允亮撰:《西汉庙制之争考论》,《咸阳师范学院学报》2005年第5期。
③ 王袆撰:《大事记续编》卷三《解题》,《四库全书》本。
④ 引见吕祖谦撰:《增修东莱书说》卷三十一,黄灵庚等主编:《吕祖谦全集》第二册第400页,浙江古籍出版社2008年版。

但此处吕祖谦的批评,是立足于皇室政治,而王祎则从礼制角度对霍光提出批评,他说:

> 《礼》:"天子、诸侯既葬,乃即位。"是时立太子仓卒,故帝崩明日而太子践祚,此霍光不学之过也。①

汉武帝后来是在三月甲申葬于茂陵的,而霍光则于"帝崩明日"而拥太子登基,有违礼制。这是霍光犯的第一个错误。紧接着,霍光等又犯了第二个错误,据"三月甲辰"条云:"葬茂陵,上谥曰孝武皇帝。追尊李夫人为孝武皇后,配食。"王祎《解题》曰:

> 追尊李夫人使配食,此霍光不学之过也。②

"追尊李夫人使配食",其实是一个常常要引起后人兴趣的一个礼制上的问题。所谓"配食",就是配飨宗庙,与帝王一道接受后人的祭祀。从历史上看,以夫人配食帝王的情况,在汉武帝以前不曾出现过。武帝虽有过陈皇后、卫皇后两位皇后,但皆因罪而废黜了。根据《史记·外戚世家》和《汉书·外戚传》记载,武帝宠幸的夫人有王夫人、李夫人、尹婕好、邢夫人、钩弋夫人(昭帝之母)、李姬等,这六位夫人虽出身微贱,地位相当,但钩弋夫人毕竟是昭帝的生母,为何武帝崩后,辅佐昭帝的霍光不以钩弋夫人"配食",反以李夫人"配食",殊不可解。对此,劳干认为《汉书·李夫人传》记载不足信。如果有可能配食武帝的话,也只能发生在昌邑王即位之时,而谓昭帝时则是误传。③张小锋则认为本事无误,霍光等以李夫人"配食"武帝,应该昭帝立位之初的政治需要。④但无论是出于何种需要,这毕竟有违礼制,王祎以礼学立场评论此事,亦为我们提供了另一个研究视角。

到了汉昭帝继位之后,霍光等犯下第三个错误,仍与礼制有关。据"汉孝昭皇帝始元元年"条云:"春,二月。黄鹄下建章宫太液池中,公卿上寿。赐诸侯王列侯宗室金钱有差。"王祎《解题》曰:

> 君在谅暗,而称贺上寿,非礼也。盖自文帝行短丧之制,习以为常。此公卿不学之过也。⑤

谅暗,是君在居丧,而此时"称贺上寿",当然"非礼"了。由此可以看出,王祎对于汉代史事的批评,时时贯通着礼制的线索,这是《大事记续编》的一大特色。

---

①②⑤　王祎撰:《大事记续编》卷一《解题》,《四库全书》本。

③　劳干撰:《霍光当政时的政治问题》,《古代中国的历史与文化》(上),中华书局2006年版,第135—145页。

④　张小锋撰:《李夫人"配食"武帝与昭帝初立时政局》,《中国史研究》2011年第1期。

与此同时,王袆《大事记续编》而对于大力推崇礼教者,持褒扬态度。如其于"颍川太守黄霸为京兆尹,寻罢归故官"一条《解题》曰:

> 先是赵广汉为颍川太守,患其俗多朋党,故构会吏民,令相告讦,颍川由是以为俗,民多怨雠。及韩延寿徙颍川,欲改更之。教以礼让,乃历召郡中长老为陈和睦亲爱、销除怨咎之路。长老皆以为便,因与议定嫁娶、丧祭仪品,略依古礼,不得过法,百姓遵用其教。数年,徙为东郡太守,黄霸代延寿居颍川,因其迹而大治。陈瓘曰:"延寿改广汉之治,黄霸因延寿之政,而颍川皆治,因革当也。"①

韩延寿(?—前57年),汉宣帝时期著名的士大夫,为官以礼义、教化为主,深受百姓爱戴。颍川多豪强,历来以难治著称,而韩延寿教以礼让,遂大治。后黄霸接任,继续推广礼治,为政宽和,使颍川成为宣帝时典型的礼治之区。

2. 批评汉宣帝加悼考以皇号

《大事记续编》卷二云:"汉孝宣皇帝元康元年,夏五月。追尊悼考曰皇考,戾夫人曰戾后,立寝庙。"对此王袆《解题》曰:

> 有司言:"《礼》,父为士,子为天子,祭以天子。悼园宜称尊号曰皇考,立庙,因园为寝,以时为享。尊戾夫人曰戾后,置园奉邑。"范祖禹曰:"宣帝于昭帝为孙,则称其父为皇考可也。然议者终不以为是者,以其以小宗而合大宗之统也。"程颐曰:"为人后者,谓其所后者为父母,而谓其所生者为伯叔父母,此天地之大义,生人之大伦,不可得而变易者也。然所生之义,至尊至大,虽当专意于正统,岂得尽绝于私恩?是以先王制礼,既明大义,降其服以正统绪,然不以正统之亲疏而皆为齐衰不杖期以别之,则两以明其至重而与诸伯叔父不同也。宣帝称其所生为皇考,乱伦失礼,固巳甚矣。而后之议礼者又不能推所生之至恩,以明尊崇之正礼,乃欲奉以高官大国,但如幕亲尊属故事,则亦非至当之论也。然《礼》谓'为人后者为其父母'云者,犹以父母称之,何也?曰:既为人后,则所生之父母者,今为伯叔父母矣。然直曰伯叔父母,则无以别于诸伯叔父母,而见其为所生之父母,故其立文不得不尔。非谓既为人后,而犹得以父母名其所生之父母也。"胡寅曰:"《礼》曰:为人后者,为其父母降,不敢贰尊也。孟子曰'天之生物,使之一本,覆载之内,非有二本之物也'"。②

---

①② 王袆撰:《大事记续编》卷二《解题》,《四库全书》本。

众所周知,汉宣帝刘询,本名刘病已,是汉武帝刘彻的曾孙,戾太子刘据的孙子,幼年时流落民间,于元平元年(前74)被朝臣迎立为帝。而昭帝与宣帝的祖父刘据为兄弟,故辈分上宣帝是昭帝的孙辈,但因宣帝并非昭帝的嫡孙,因此他作为昭帝的继位人,若按《仪礼·丧服》的规定,属于"为人后者"。何谓"后者",即"后大宗也。曷为后大宗?大宗者,尊之统也"。既然如此,他就不得加悼考以皇号,这是因为小宗不能合大宗之统。王祎先后援引用范祖禹、程颐和胡寅的观点,其实就是对宣帝复顾私情的间接批评。其实,关于大宗与小宗、尊尊与亲亲之争,一直是历代都要遇到的难题。如明代武世宗无子,世宗以外藩入嗣大统,按礼制规定,应尊孝宗为皇考。但世宗尊崇私情,一定要尊本生父母为帝后,还想要改称孝宗为皇伯考,由此引发了明代历史上持续数年的"大议礼"之争。

3. 批评汉哀帝徇私情废正礼

对于汉代帝王层面的不符礼制行为,王祎同样是要批评的。"汉孝哀皇帝建平二年"条:"诏:恭皇不宜称定陶,尊恭皇太后曰帝太太后,恭皇后曰帝太后,立恭皇庙于京师。"对此王祎《解题》曰:

> 《礼》:"父为士,子为天子,祭以天子,其尸服以士服。"子无爵父之义,尊父母也。为人后者为之子,故为所后服斩衰三年,而降其父朞,尊"无二上",重正统也。当时师丹等议,谓成帝既为定陶恭王立后,则哀帝继体成帝,持重大宗,义不可复奉定陶祭而立庙京师。其言可谓达制礼之意矣。哀帝徇私情,废正礼,莫之能从,惜哉![①]

这件事情的来龙去脉,大概如下:汉哀帝刘欣,是汉元帝庶孙,成帝侄,定陶恭王刘康之子。哀帝即位之初,成帝母称太皇太后,成帝赵皇后称皇太后,而哀帝的祖母傅太后与母丁后皆在国邸,自以定陶共王为称。时董宏为迎合傅氏、丁氏和哀帝,援引《春秋》之义,母以子贵之例,遂上书言:"秦庄襄王母本夏氏,而为华阳夫人所子,及即位后,俱称太后。宜立定陶共王后为皇太后。"当时师丹和王莽共同劾奏董宏:"知皇太后尊之号,天下一统,而称引亡秦以为比喻,诖误圣朝,非所宜言,大不道。"由于哀帝新立,作出谦让姿态,采纳王莽、师丹之言,免董宏为庶人。傅太后大怒,要求哀帝必称尊号,哀帝于是追尊定陶共王为共皇帝,尊傅太后为共皇太后,丁后为共皇后。王莽为了自己的利

---

①　王祎撰:《大事记续编》卷五《解题》,《四库全书》本。

益,对傅太后的要求做了妥协,同意在前缀"定陶"国号前提下,可以追尊。于是泠襃、段犹等复奏言:"定陶共皇太后、共皇后皆不宜复引定陶蕃国之名以冠大号,车马衣服宜皆称皇之意,置吏二千石以下各供厥职,又宜为共皇立庙京师。"哀帝复下其议,有司皆以为宜如襃、犹之言。唯独师丹以为不妥,极力反对,其曰:"圣王制礼取法于天地,故尊卑之礼明则人轮之序正,人轮之序正则乾坤得其位而阴阳顺其节,人主与万民俱蒙晁福。尊卑者,所以正天地之位,不可乱也。今定陶共皇太后、共皇后以定陶共为号者,母从子、妻从夫之义也。欲立官置吏,车服与太皇太后并,非所以明尊卑亡二上之义也。定陶共皇号谥已前定,义不得复改。《礼》:'父为士,子为天子,祭以天子,其尸服以士服。'子亡爵父之义,尊父母也。为人后者为之子,故为所后服斩衰三年,而降其父母期,明尊本祖而重正统也。孝成皇帝圣恩深远,故为共王立后,奉承祭祀,今共皇长为一国太祖,万世不毁,恩义已备。陛下既继体先帝,持重大宗,承宗庙天地社稷之祀,义不得复奉定陶共皇祭入其庙。今欲立庙于京师,而使臣下祭之,是无主也。又亲尽当毁,空去一国太祖不堕之祀,而就无主当毁不正之礼,非所以尊厚共皇也。"①哀帝由此将师丹免为庶人。建平二年(前5),哀帝下诏撤除其祖母、父母尊号前的"定陶"前缀,由此王祎对"哀帝徇私情,废正礼"提出了批评。其实,早在宋代,曾巩对哀帝追尊定陶共王为共皇帝,就提出批评,其云:

> 若汉哀帝之亲,称尊号曰恭皇,安帝之亲,称尊号曰孝德皇,是又求之于《礼》而不可者也。且《礼》"父为士,子为天子,祭以天子,其尸服以士服"。子无爵父之义,尊父母也。②

明代后于王祎的另一位学者林俊措辞尤为激烈,其云:

> 纲纪荡然,封号之缪,未有如此者也。臣窃论之:定陶国也,国安有皇,又安有帝太太后、帝太后哉?及去定陶之号,岂亦自知不可又从而为之辞?然大宗既帝,小宗又安有帝?其立庙京师,汉大宗七庙在尔,又安有小宗帝之庙?景既为定陶,后则王也,何以嗣帝?定陶故有庙也,景又安能祀共皇京师之庙,养傅、丁后京师者哉?动无不悖史。③

当然,哀帝在正定陶恭王、王太后、王后尊号上不合于礼制,但其在位时大力提倡三年之

---

① 详见班固撰:《汉书》卷八十六《师丹传》,中华书局1997年版,第3505—3506页。
② 曾巩撰:《元丰类槁》卷九《为人后议》,《四库全书》本。
③ 林俊撰:《见素集·奏议》卷五《议礼疏》,《四库全书》本。

丧,如他下诏表彰河间王刘良曰:

> 河间王良丧太后三年,为宗室仪表,益封万户。(师古曰:仪表者,言为礼仪之
> 表率。)①

又诏令博士弟子遵行三年守丧之制,其云:

> 博士弟子父母死,予宁三年。(师古曰:宁谓处家持丧服。)②

三年之丧,是古代丧服中最重的一种。臣为君、子为父、妻为夫等要服丧三年,为封建社会的基本丧制。大家知道,西汉文帝遗令实行短丧制,期限为 36 天,这是对古丧礼的一种改革。到哀帝时,又将古礼改回来了,对于彰显儒家孝道起到一定的积极作用。

4. 肯定光武帝别立皇考庙之举

如果说王祎对于哀帝不符礼制的批评,是出于对正统礼制的维护;那么,他对于光武帝刘秀设计的宗庙礼制,是持肯定态度的,则体现了其以礼代情的思想。光武帝时期的礼制建设,主要为即位典礼、郊祀礼、宗庙礼、封禅礼、乡饮酒礼诸方面③,但《大事记续编》专就宗庙礼做了辑述,这是大有深意的。其于"汉世祖光武皇帝建武十九年春正月"条下云:"追尊孝宣皇帝曰中宗,始祠昭帝、元帝于太庙,成帝、哀帝、平帝于长安,南顿君以上四世于舂陵。"对此《解题》曰:

> 李贤曰:《汉官仪》曰:"光武第虽十二,于父子之次,于成帝为兄弟,于哀帝为诸父,于平帝为祖父,皆不可为之后。上至元帝,于光武为父,故上继元帝而为九代。故《河图》云'赤九会昌',谓光武也。"然则宣帝为曾祖,故追尊及祠之。按《列传》五官中郎将张纯、太仆朱浮,各奏言:"陛下兴于匹庶,虽实同创革,而名为中兴,宜奉先帝,恭承祭祀者也。为人后者则为之子,既事大宗,则降其私亲。今禘祫高庙,陈序昭穆,而舂陵四世,君臣并列,以卑厕尊,不合礼意。昔高帝以自受命,不由太上,宣帝以孙后祖,不敢私亲,故为父立庙,独群臣侍祠。臣愚谓宜除今亲庙,以则二帝旧典。"诏下公卿大司徒戴涉、大司空窦融议,宜以宣、元、成、哀、平五帝四世,代今亲庙,宣、元尊为祖、父,可亲奉祠,成帝以下,有司行事。别立皇考庙,其祭上至舂陵节侯,群臣奉祠,以明尊尊之敬,亲亲之恩。帝从之。④

---

① ② 班固撰:《汉书》卷十一《哀帝纪》,中华书局 997 年版,第 336 页。
③ 参见禹平、严俊撰:《试论东汉的礼制建设》,《吉林大学社会科学学报》2009 年第 5 期。
④ 王祎撰:《大事记续编》卷九《解题》,《四库全书》本。

　　王祎《解题》的体例一般有两种情况，一是直接表述观点，一是选择性地引用史材间接表述观点。此则《解题》属于后者。他专门选取光武帝时期的宗庙礼入《续编》，一则因为光武帝"别立皇考庙"符合王祎的礼学思想，二则刘秀的做法很好地处理了君统与宗统的关系，没有犯哀帝的错误。王祎《解题》使用的史材，除《汉官仪》之外，主要取自张纯等人的列传。其实，《后汉书·祭祀志下》①对光武时期宗庙礼设计的来龙去脉，有较完整的表述。光武帝时期的宗庙礼，其实是经过了两个阶段而形成的，一是建武二年（26）与三年（27）的阶段，一是建武十九年（43）及以后阶段。刘秀虽为西汉宗室，但毕竟不是皇室，因此为了昭示其政权的合法性，必须寻求礼仪制度的庇护，获得法统资格，并且要籍礼仪制度的力量助推其君统谱系的构架。因此，在立国之初的建武二年（26），他首先"立高庙于洛阳。四时祫祀，高皇帝为太祖，文帝为太宗，武帝为世宗，如旧。"这是完成他上续西汉君统的工作，基本上还是遵循元帝以后渐次形成的皇帝七庙制度。其次，他还着手宗统的宗庙构架，建武三年又在洛阳设立了亲庙，"祀父南顿君以上至春陵节侯"。众所周知，历史上春陵刘氏的世系图谱为：

　　　汉景帝——刘发（长沙王）——刘买（春陵节侯）——刘外（郁林太守）——刘回（巨鹿都尉）——刘钦（南顿令）——刘秀（光武帝）

洛阳的亲庙祀刘买、刘外、刘回和刘钦，所谓高、曾、祖、祢四代。这样高庙供奉西汉一祖二宗，亲庙祀直系祖宗四，表面上看恰好合于"天子七庙"之礼，但是因为刘秀不过是景帝之子长沙王刘发的后代，直系高祖以下都不具备皇帝身份，因此同在洛阳设立高庙与亲庙，出现了君统和宗统交叉，这又是不符礼制的。因此，在这个问题上，存在明显的情与礼、君统与宗统的矛盾。

　　由于东汉尚处于立国之初，海内未靖，故复杂问题简单化处理，也就这样将就着操作了。但到了建武十九年（43），天下趋于太平，宗庙之事又被提到议事日程上来，刘秀将高庙与亲庙同设洛阳的空间布局遭到异议。张纯当时在朝，明习历代故事。建武初年（25），旧章多阙，每有疑议，光武帝辄以访纯，自郊庙婚冠丧纪礼仪义，多所正定。这时候，他认为：

　　　　窃以经义所纪，人事众心，虽实同创革，而名为中兴，宜奉先帝，恭承祭祀者也。元帝以来，宗庙奉祠高皇帝为受命祖，孝文皇帝为太宗，孝武皇帝为世宗，皆

---

① 范晔撰：《后汉书·祭祀下》，中华书局 1997 年版，第 3193—3195 页。

如旧制。又立亲庙四世，推南顿君以上尽于春陵节侯。礼，为人后者则为之子，既事大宗，则降其私亲。今禘祫高庙，陈序昭穆，而春陵四世，君臣并列，以卑厕尊，不合礼意，设不遭王莽，而国嗣无寄，推求宗室，以陛下继统者，安得复顾私亲，违礼制乎？①

张纯的主要观点就是要求光武帝将西汉元、成、哀、平四帝宗庙，代替光武帝亲生高祖父以下的四亲庙，落实真正意义上的大宗制度。最后刘秀采纳了张纯等的意见。就宗庙而言，这样的空间布局，不仅将东、西都做了跨时空的精神链接，还因为高庙之在洛阳之故，进一步强化了其对西汉正统性的接续，因此凸显了其政权的合礼合法。他由此而付出的代价就是将亲庙迁出洛阳，以墓所在地举行园祭，宗统让位与君统。"别立皇考庙，其祭上至春陵节侯，群臣奉祠，以明尊尊之敬，亲亲之恩"。②对此，王祎是赞赏的。但所谓"别立皇考庙"，却引起清代赵翼的不满，他说：

> 此汉儒泥于"大宗不顾私亲"之说而定此制也。究而论之，光武以宗室崛起，中兴受命，少时并未奉诏入为帝嗣，与哀帝之入继成帝不同。则有天下后，但立高祖、太宗、世宗、中宗为不祧之庙，其下即祀春陵四世为亲庙，自协情理之正。乃必奉西京诸帝为大宗，而辈行又不可为成、哀、平三帝之后，则又舍此三帝而尊宣、元为祖父，终觉窒碍不可通也。（明臣欲世宗舍武宗而继孝宗，即本此制。）惟祫祭合食则春陵四世序入昭穆，不能不以卑厕尊。然有天下者，本有追王上祀之典，光武御极，自应追尊南顿君，而祀春陵以下以天子之礼，正合于周家上祀祖绀至后稷之义。祖绀等为先公，而居文王、武王之上，亦未尝不以卑临尊也。③

就情与礼的关系问题，如果可以安排王祎和赵翼就"别立皇考庙"做一场辩论，一定会很有意思。

5. 批评明帝的上陵礼制度

历代帝王都将墓祭视作国家大典，长此以往逐渐形成了一套完备的制度。概言之，这些制度可分为硬件和软件的两大类。先说硬件，即帝陵的大型建筑。从先秦到汉代，一般在陵墓边上都建有"寝"，包含正寝和便殿。《汉书·韦贤传》颜师古注云："寝者，陵

---

① 范晔撰：《后汉书》卷三十五《张纯传》，中华书局 1997 年版，第 1194 页。王祎前面所引张纯语，原文出自张纯本传。

② 范晔撰：《后汉书》卷三十五《张纯传》，中华书局 1997 年版，第 1194 页。

③ 赵翼撰：《廿二史札记》卷四《东汉四亲庙别祭》，凤凰出版社 2008 年版，第 61 页。

上正殿，若平生路寝关；便殿者，寝侧别殿耳。"意为正寝功能是供墓主灵魂日常起居饮食之用，便殿是作为寝殿的附属建筑，主要供墓主魂游乐休憩之用。软件就是指上陵举行的各种祭典。祭典又包括日常祭祀和帝王亲祭两种，东汉时期的上陵礼，创始于明帝，属于帝王亲祭的类型。《大事记续编》卷十云："汉显宗明皇帝永平元年，春，正月。帝朝原陵，如元会仪。"所谓"帝朝原陵"，即指皇帝亲自上陵。为此，王袆《解题》对东汉明帝上陵礼礼仪有较详细的记载，其云：

> 西都旧有上陵。东都之仪，百官、四姓妇女、公主、诸王大夫、外国朝者侍子、郡国计吏会陵。昼漏上水，大鸿胪设九宾，随立寝殿前（薛综曰：九宾谓王侯公卿二千石六百石下及郎吏匈奴侍子凡九等）。钟鸣就位如仪。乘舆自东厢下，太常导出，西向拜，升阼阶，拜神座。退东厢，侍中、尚书陛者皆在神座后。公卿群臣谒神坐，太官上食，太常乐奏食举，《文始》《五行》之舞。礼乐阕，群臣受赐。食毕，郡国上计吏以次前，当神轩占其郡谷价，民所疾苦，欲神知其动静。孝子尽礼，敬爱之心也。八月，饮酎上陵礼亦如之（《汉官仪》：古不墓祭，秦始皇起寝于墓侧，汉因而不改。诸陵寝皆以晦、望、二十四气、三伏、腊、社及四时上饮。其亲陵所宫人，随鼓漏理被枕，具盥水，陈莊具。天子以正月上原陵）。[1]

王袆首先提到"西都旧有上陵"，似乎表明西汉已有皇帝上陵亲祭的仪式。根据禹平、严俊的研究，他们认为"从现存的文献记载来看，西汉时只有丞相以四时行园，代替皇帝主持陵寝祭祀，没见有皇帝亲祭陵寝的行为。因此，西汉时期是否有上陵礼还是一个有待考证的问题"。[2]王袆所谓的"如元会仪"，字面意思是明帝亲自上陵祭祀，其礼仪相当于皇帝元旦朝会群臣的礼仪。但据《后汉书·仪礼志中》刘昭注引蔡质《汉仪》载，当时蔡邕认为东汉的上陵礼，其实是明帝把每年正月群臣在德阳殿朝贺天子的朝正大典迁置光武帝原陵而创立的。据上引王袆记载，可明显看出，明帝的上陵祭祀其实是与元旦朝会二合一的结果，不过地点不在德阳殿而已，这同时也就将宗庙祭祀与朝礼施政统一起来了，因此具有双重的意义。一般认为，古不墓祭，自秦始皇起寝于墓侧，汉因之不改，而东汉明帝以每岁正月帅百官上陵，如元会仪，遂垂为定制，为后世延续。如熹平元年(172)春，正月，汉灵帝谒原陵。当时蔡邕曰：

---

① 王袆撰：《大事记续编》卷十《解题》，《四库全书》本。
② 禹平、严俊撰：《试论东汉的礼制建设》，《吉林大学社会科学学报》，2009 年第 5 期。

> 吾闻古不墓祭。朝廷有上陵之礼，始谓可损；今见威仪，察其本意，乃知孝明皇帝至孝恻隐，不易夺也。礼有烦而不可省者，此之谓也。①

蔡邕认为上陵之礼，与宣言孝道有关，这是另外一个层次问题。诚如明代理学家湛若水曰：

> 古不墓祭，未备礼也。古者不封不树，何墓祭之有！然而仁人孝子之心，怵惕凄怆之情，其能已乎？故亲之始死则凭户而哭之，敛则凭棺而哭之，葬则就墓而求焉，凡出于孝心之诚而已。此墓祭之所由起乎？灵帝昏弱之主也，原陵之上，其良心之不能已矣。向使由此念而扩充之，则仁孝不可胜用，保其社稷以光于四海，岂至乱与亡哉？《传》曰："不能充之，不足以保妻子。"②

其实，上陵礼还牵涉到礼制上的一个更为重大的问题，即应不应该墓祭？墓祭是否合礼？在《仪礼》《礼记》中，没有关于墓祭的记载，只有宗庙才是祭祀的地方。王祎引胡寅言，所持即此据，《解题》云：

> 胡寅曰："送死之礼，即远而无近③，至于墓则终事尽矣。人子孝思不忘，则专精于庙享而已矣。盖墓藏体魄而致生之，是不智也；庙以宅神而致死之，是不仁也。此圣人制礼明乎幽明之故，仁智合而礼义尽也。既已送形而往安于地下，迎精而反主乎庙中，又致隆于陵园，如元会仪，是反易陵庙之礼，以体魄为有知，虚庙祐而不重设，复奉庙中之主而终祭于陵，所皆违礼也。明帝此举，盖生于原庙，蔡邕不折衷以圣人之制，而直论其情，情岂有既哉！"④

其后，南宋两位著名的理学家张栻和朱熹也对这个问题有所争论，⑤其中张栻所持观点，与胡寅相同，其云：

> 示以所定《祭礼》，私心亦久欲为之，但以文字不备，及少人商量。今得示来，考究精详，甚慰。论议既定，须自今岁冬至行之乃安。但其间未免有疑，更共酌之。古者不墓祭，非有所略也，盖知鬼神之情状不可以墓祭也。神主在庙，而墓以藏体魄。体魄之藏而祭也，于义何居？而乌乎飨乎？若知其理之不可行，而徇私情以强

---

① 司马光撰：《资治通鉴》卷五十七《汉纪》四十九，《四库全书》本。
② 湛若水撰：《格物通》卷十五《敬祖考》，《四库全书》本。
③ 王祎原文作"退"，此据《文献通考》卷一百二十四引文改。
④ 王祎撰：《大事记续编》卷十《解题》，《四库全书》本。
⑤ 朱熹的观点见《晦庵先生朱文公文集》卷三十《答张钦夫》，此不引申。赵翼《陔余丛考》卷三十二亦主古无墓祭。

为之，是以伪事其先也。若不知其不可行，则不知也。人主缋陵之礼始于汉明帝，蔡邕盖称之，以为盛事，某则以为与原庙何异？情非不笃也，而不知礼。不知礼而徒徇乎情，则隳废天则，非孝子所以事其先者也。某谓时节展省，当俯伏拜跪号哭，洒扫省视，而设席陈馔，以祭后土于墓左可也。此所疑一也。祭不可疏也，而亦不可数也。古之人岂或忘其亲哉？以为神之之义或黩焉，则失其理故也。良心之发，而天理之安也。时祭之外，冬至祭始祖，立春祭先祖，季秋祭祢，义则精矣。元日履端之祭亦当然也。而所谓岁祭节祠者，亦有可议者乎？若夫其间如中元，则甚无谓也。此端出于释氏之说，何为徇俗至此乎？此所疑二也。大抵今日之定祭仪，盖将祭之以礼者。苟无其理，而或牵于私情，或狃于习俗，则庸何益乎？鄙见不敢隐，更幸精思，却以见教，庶往复卒归于是而已。至于设席升降节文，皆甚缜密稳当，它日论定，当共行之，且可贻之同志，非细事也。①

因此，从王祎所引胡寅之言来看，可以断定，他对于明帝的上陵礼，也是持批评态度的。

6. 对章帝制礼抱同情之理解

王祎《大事记续编》卷十一云："汉肃宗孝章皇帝章和元年，春，正月。诏侍中曹褒定汉礼。"其《解题》曰：

> 显宗即位，博士曹充言汉再受命，礼乐崩阙，下诏改太乐官曰大予乐。褒少传充业，常感朝廷制度未备，慕叔孙通《汉礼仪》，昼夜专思，会肃宗欲制礼乐，褒乃上疏"宜定文制，著成汉礼"。太常巢堪以"一代大典，非褒所定，不可作"。帝知群僚拘挛，难与图治，拜褒侍中。玄武司马班固曰："京师诸儒多能说礼，宜广招，共议得失。"帝曰："谚言'作舍道边，三年不成'。会礼之家，名为聚讼。昔尧作《大章》，一夔足矣。"召褒诣嘉德门，令小黄门持班固所上叔孙通《汉仪》十二篇，敕褒曰："此制散略，多不合经（帝知叔孙通之礼不合经，其言大矣。而不知谶纬之尤不经，何也？）。今宜依礼条正，使可施行于南宫、东观（按，洛阳宫殿名南宫，有东观。陆机《洛阳记》在南宫高阁十二门介于承风观。光武定都，实于南宫。其后又建前殿，而北宫乃永平所起，今东观在南宫，岂经始于建武欤？）。褒乃次序礼事，依准旧典，杂以五经、《谶记》之文，撰次天子至庶人冠、婚、吉、凶终始制度百五十篇，奏上。帝以众论

---

① 张栻撰：《新刊南轩先生文集》卷二十《答朱元晦书》(三)，杨世文点校：《张栻集》，中华书局2015年版，第1064—1065页。

难一,故但纳之,不复令有司平奏"。①

明帝即位之后,群臣议礼之声鹊起。因为从独尊儒术近两百年来,汉代礼制的系统建设并未取得实质性的进展。同时,汉代学者的经学研究,未能很好地为现实礼治服务,以至于在究汉德之所由、制汉礼之所得两大方面,基本上没有成效。虽然,历朝帝王都有一些礼制的建设与改革,但毕竟是局部的、散点式的,没有规模,不成系统。到了明帝时期,由于中兴三十余年,四方无虞,因此对于上层建筑最重要的形式——礼制大厦的建设呼声愈来愈高,代表性人物是刘苍,《后汉书》载曰:

> 苍以天下化平,宜修礼乐,乃与公卿共议定南北郊冠冕车服制度,及光武庙登歌八佾舞数,语在《礼乐》《舆服志》。②

在光武帝刘秀的十个藩王中,东平王刘苍是最优秀的一个。据载,刘苍少好经书,雅有智思,曾与大臣共同拟定了南北郊冠祀和冠冕车服等一整套礼乐制度。与此同时,曹充也希望明帝能够在礼制建设上有所作为。曹充曾受诏议立七郊、三雍、大射、养老礼仪。显宗即位,曹充上言曰:

> "汉再受命,仍有封禅之事,而礼乐崩阙,不可为后嗣法。五帝不相沿乐,三王不相袭礼,大汉当自制礼,以示百世。"帝问:"制礼乐云何?"充对曰:"《河图括地象》曰:'有汉世礼乐文雅出。'《尚书璇机钤》曰:'有帝汉出,德洽作乐,名予。'"帝善之,下诏曰:"今且改太乐官曰太予乐,歌诗曲操,以俟君子。"拜充侍中。作章句辩难,于是遂有庆氏学。③

曹充作为庆氏礼学的代表,注重礼学研究与实际制礼结合,体现了很强的实用性。非常可惜的是,明帝在制礼方面来不及作为就驾崩了,因此这个使命就历史地落到了章帝的肩上。而曹充的未竟之业,则有其子曹褒来完成。曹褒少笃志,有大度,结发传父业,博雅疏通,尤好礼事。常感朝廷制度未备,慕叔孙通为《汉礼仪》,昼夜研精,沉吟专思,寝则怀抱笔札,行则诵习文书,当其念至,忘所之适,可见他是一个对制礼有浓烈兴趣的人。为了更好地看清曹褒制礼的情况,请看《后汉书》曹褒本传的记载:

> 会肃宗欲制定礼乐,元和二年下诏曰:"《河图》称'赤九会昌,十世以光,十一以

---

① 王祎撰:《大事记续编》卷十一《解题》,《四库全书》本。王祎此段文字多见于《资治通鉴》卷十七。

② 范晔撰:《后汉书》卷四十二《光武十王列传》,中华书局1997年版,第1433页。

③ 范晔撰:《后汉书》卷三十五《曹褒传》,中华书局1997年版,第1201页。

兴'。《尚书璇机钤》曰：'述尧理世，平制礼乐，放唐之文。'予末小子，托于数终，曷以缵兴，崇弘祖宗，仁济元元？《帝命验》曰：'顺尧考德，题期立象。'且三五步骤，优劣殊轨，况予顽陋，无以克堪，虽欲从之，末由也已。每见图书，中心恧焉。"褒知帝旨欲有兴作，乃上疏曰："昔者圣人受命而王，莫不制礼作乐，以著功德。功成作乐，化定制礼，所以救世俗，致祯祥，为万姓获福于皇天者也。今皇天降祉，嘉瑞并臻，制作之符，甚于言语。宜定文制，著成汉礼，丕显祖宗盛德之美。"章下太常，太常巢堪以为一世大典，非褒所定，不可许。帝知群僚拘挛，难与图始，朝廷礼宪，宜时刊立，明年复下诏曰："朕以不德，膺祖宗弘烈。乃者鸾凤仍集，麟龙并臻，甘露宵降，嘉谷滋生，赤草之类，纪于史官。朕夙夜祗畏，上无以彰于先功，下无以克称灵物。汉遭秦余，礼坏乐崩，且因循故事，未可观省，有知其说者，各尽所能。"褒省诏，乃叹息谓诸生曰："昔奚斯颂鲁，考甫咏殷。夫人臣依义显君，竭忠彰主，行之美也。当仁不让，吾何辞哉！"遂复上疏，具陈礼乐之本，制改之意。拜褒侍中，从驾南巡，既还，以事下三公，未及奏，诏召玄武司马班固，问改定礼制之宜。固曰："京师诸儒，多能说礼，宜广招集，共议得失。"帝曰："谚言'作舍道边，三年不成'。会礼之家，名为聚讼，互生疑异，笔不得下。昔尧作《大章》，一夔足矣。"章和元年正月，乃召褒诣嘉德门，令小黄门持班固所上叔孙通《汉仪》十二篇，敕褒曰："此制散略，多不合经，今宜依礼条正，使可族行。于南宫、东观尽心集作。"褒既受命，及次序礼事，依准旧典，杂以五经谶记之文，撰次天子至于庶人冠婚吉凶终始制度，以为百五十篇，写以二尺四寸简。其年十二月奏上。帝以众论难一，故但纳之，不复令有司平奏。会帝崩，和帝即位，褒乃为作章句，帝遂以《新礼》二篇冠。擢褒监羽林左骑。永元四年，迁射声校尉。后太尉张酺、尚书张敏等奏褒擅制《汉礼》，破乱圣术，宜加刑诛。帝虽寝其奏，而《汉礼》遂不行。①

章帝是一位从小就"好儒术"的皇帝，建初四年(公元79年)，他下诏要求"正经义"，旨在为制礼提供一个统一的无歧义的义理框架，因此召开了白虎通会议。表面上，白虎通会议是论辩五经异同，实质上是为制汉礼统一思想，最终形成了《白虎通义》这样一个带有决议性质的权威文本。在此基础上，于是才有了元和二年(85)下诏制礼之举。但曹褒所制汉礼，百五十篇之中，夹杂了大量谶纬内容，这与杂以谶记的《白虎通义》正好相合。

---

① 范晔：《后汉书》卷三十五《曹褒传》，中华书局1997年版，第1202—1203页。

值得一提的是,在曹褒之前的制礼,大多集中在天子之礼,而经典表现则是宗庙之礼;但这一回却体现天子之礼与庶人之礼的结合,由是看出章帝对于汉代社会整体性礼制秩序重建的努力。虽然后来这套规模庞大的汉礼,随着章帝的驾崩而也无疾而终,但毕竟也是汉代礼制上的一件大事。王祎对曹褒制礼的看法,主要表现在《解题》所引胡寅的评论之中:

> 胡寅曰:孔子删《诗》、定《书》、系《易》、作《春秋》,而不述《礼》《乐》之制,盖礼因人情,为之节文,乐以象功,故难立一成不变之制。夏、商、周皆不免于损益,其不可一也明矣。虽然,圣人必因事以明其义,盖其数可陈。祝史、有司之所能与也,其义难知,非仁且智,不能本人情而约之以中道也。故或先王有之,而不宜于今,或古未之有,而可以义起,神而明之,存乎其人而已。曹褒盖亦深见叔孙通之义有未当者,故愤然欲正之,而帝亦以是命之。若请博征名儒,迟以年岁,犹庶几乎不大违戾。身当重任,决以独见,才数月间,遽成百五十篇。又杂以《谶记》之文,其不纯乎古礼甚矣(和帝即位,褒乃作为章句,帝遂以新《礼》二篇冠。后太尉张酺、尚书张敏等奏:"褒擅制汉礼,破乱圣术,宜加刑诛。"帝虽寝其奏,而汉礼遂不行。唐仲友曰:"一代之兴,合有一代之礼乐,与其阙而不制,宁其制而未尽善。褒习谶纬,固为未善,然不可因噎废食也。酺、敏之言,亦岂为此之故哉。不过习于专门,不容一家制作而已)。"①

从胡寅的评论来看,似乎并不反对曹褒的制礼本身,而只是对他有三点不满:一是"决以独见",二是短时间内遽以成篇,三是杂以谶记。由于这三点原因,使他的制礼未尽古礼之纯,留下巨大缺憾。比较而言,唐仲友的观点就要通达许多,他主张一代有一代之礼,与其阙而不制,不如制而未善,故不可因噎废食。王祎既引胡寅之言,复以小注形式引唐仲友之言,综合来看,他对于曹褒为代表的汉人制礼,多随时代变化而制礼亦多不同,还是抱以同情之理解的。

此外,王祎对东汉礼制建设如三雍之礼、五郊礼、上陵礼等都有辑评,限于篇幅,此不赘述。

---

① 王祎撰:《大事记续编》卷十一《解题》,《四库全书》本。

第十章　朱一新学术与思想

朱一新的学术乘浙东学术而来，又与乾嘉汉学接轨但不为所缚，最后结穴于理学之境且能开新。又由于他的从政经历，还使他对于时代有着严峻关切，故他的学术不是象牙塔的，其视野与思维也远远超越传统学术的话语边界，他其实是一位是具有鲜明时代感的行动的儒家。他既是义乌最后一位儒学集大成者，也是浙江最后一位理学家。

一、经世致用的浙东气质

关于朱一新的学术定位，钱穆评说：

> 鼎甫论学之态度言之，尚不能跨出兰甫以至实斋范围之外。如其崇宋学，尊朱子，发明孟子性善，因以辨戴氏《字义疏证》之失，其论旨大体，皆近兰甫。其主治史通经以致用，遂力辨老、释虚无之义，因深驳颜习斋之泥古无变，而并及黄梨洲之《明夷待访录》，其大意在规崇古而奖达变，亦无以异乎实斋之所恃。①

兰甫，即广东著名学者陈澧；实斋，则指章学诚。前者是指朱一新宋学而言，后者是就朱一新史学而论。朱一新虽为尊崇程、朱的理学家，但他同时也反复强调"古之儒者，明体所以达用"。②先看他对程、朱的尊崇，其云：

> 但天下中材多而上智少，顿悟之说，既非中材所能领会，而才智者又乐其简易，可以恣其胸臆，遂尽抉藩篱。故程、朱之学历元、明数百年而无弊，即弊，亦不过迂拘弇陋而已。姚江之学，不及百年，诸弊丛生，与宋学末流等，而逾闲荡检，猖狂恣肆，则什百过之，故与其为陆、王，毋宁为程、朱也。③

此可见朱一新皈依于程、朱之学，在于"程、朱之学历元、明数百年而无弊"，此乃是出于对程、朱理学与陆、王心学之学风比较而言。

---

① 钱穆撰：《中国近三百年学术史》，刘梦溪主编：《中国现代学术经典·钱宾四卷》，河北教育出版社1999年版，第546页。
② 朱一新撰：《无邪堂答问》卷一，中华书局2000年版，第45页。
③ 朱一新撰：《无邪堂答问》卷五，中华书局2000年版，第198页。

　　但朱一新在尊崇程、朱的同时,又强调学术的经世致用,这一点体现了他作为浙东学人的气质。其说:

　　　　古人绝大事业,莫非由耻心所发。子贡问"士",子答以"行己有耻",此其体也。"使于四方,不辱君命",乃其用也。①

"行己有耻"之为"体",实际上就是士大夫的操守;而"使于四方,不辱君命",则是士大夫的职守。操守与职守的完美结合,当然是一个儒者的理想境界。由此而推及学术,他说:"宁使世之不用吾言,勿使吾言之不足用于世。"②又云:"学必期其有用,功必归诸实践。"③朱一新生当晚清,而其时正是清代学术倡导经世致用的黄金时期,故晚清学者站在经世致用的立场,对乾嘉考据学的琐碎无用之弊多有抨击,如陈澧云乾嘉学者但解文字而不求文理。章太炎则以"学隐"来论乾嘉之学,他指出:"近世汉学者,其善三:明征定保,远于欺诈;先难后得,远于侥幸;习劳善恩,远于偷惰。故其学不应世尚"。④此即所谓"学隐"。因此,晚清经世致用之学的兴起,未尝不是对乾嘉晚清学风的一种反动。寻迹历史,这种反动,其实在道光前期已经开始。当时贺长龄编《皇朝经世文编》刊行于道光七年(1827),共 120 卷,分为学术、治体、吏政、户政、礼政、兵政、刑政、工政八类,类下又分子目,选辑清初至道光硕儒名臣三百多人的文书、专著、述论、奏疏、书札等两千多篇文章。此书行世,开启了近代经世思潮。于是一时之间续书争出,其中盛康《皇朝经世文续编》,葛士浚《皇朝经世文续编》,陈忠倚《皇朝经世文三编》,以及《皇朝经世文新编》《皇朝经世文统编》等,影响较大。在这种背景下,我们对朱一新学术的经世致用,可分为两个层面来考察。

　　(一) 经世之精神

　　诚如曹美秀所言:"所谓经世致用,今人或以经世致用之学称之;或以经世致用思想称之;或以实学称之。笔者以为,经世致用乃是一种精神,内在于学者心中,贯穿于其著作,它并不能用来特指某一门类的学问。"⑤此即所谓"经世致用"之思想气质,这种思想气质,在朱一新看来,是每一位可称得是"士"者所必备的,他说:

①　朱一新撰:《无邪堂答问》卷一,中华书局 2000 年版,第 11 页。
②　朱一新撰:《无邪堂答问》卷一,中华书局 2000 年版,第 7 页。
③　朱一新撰:《答龚菊田刺史书》,《佩弦斋文存》卷下,《拙盦丛稿》本,清光绪二十二年龙氏葆真堂刻。
④　章太炎撰:《学隐》,引自傅杰编校:《章太炎学术史论集》,中国社会科学出版社 1997 年版,第 348 页。
⑤　曹美秀撰:《朱一新与晚清学术》,台湾大安出版社 2007 年版,第 58 页。

世运之盛衰,系乎人心之邪正,风俗之厚薄,士为四民表率,名士者又一方群士之表率,有心世道者,当取志趣坚卓,学识阔远,躬行实践之真名士,而抑浮嚣伪饰,寡廉鲜耻,世俗之所谓名士,庶乎风俗可渐厚耳。诸生他日未必无膺取士之任者,故不惮详言之。①

由此可见朱一新教授学生,要切系于世运、人心、风俗三者,方可为"四民表率",这其实就是将经世致用的精神贯穿于他的整个教育过程和教育目的之中。基于此,他批评乾嘉学者,将穷经与致用分为二事,其云:

古未有不躬行实践而可为学者,亦未有不坐言起行而可谓之学者。故班史讥不学无术,学术之发于心术者至微,其关于天者甚巨。汉学家如分穷经、致用为二事,浅学所未闻也。②

乾嘉汉学家穷经而不致用,正是章太炎所要批评的"学隐"。因此,朱一新以经世致用作为一个标准,对"学问"与"学术"作出区分。而乾嘉学者所为,"可言学问,不可言学术。""古人于此二者多合,今人多分,亦学不逮古之征也。"③他以古之儒者明体达用,修己治人为之诚,批评今之学者(暗指乾嘉)役一世之心思才力于训诂、名物、校勘之中,虽能补苴罅漏,但未能远绍微言,兼通大义,终未臻学术之境,而止于学问之域。因此,本着经世致用精神,则学术非个人之事,而应系乎国计民生。故其言:

凡学以济时为要,六经皆切当世之用,夫子不以空言说经也,后世学术纷歧,功利卑鄙,故必折衷《六艺》以正之,明大义尤亟于绍微言者以此,宋儒之所为优于汉儒者亦以此。④

以学术济时,是朱一新特别推崇宋儒的一个原因。朱熹、陈亮皆常上疏以陈己见。故国有大事,朱一新也总是慨然上疏以陈己见。自光绪九年(1883)至光绪十二年(1886)朱一新针对时局,分别上《请速定大计以挽危局疏》《和议难恃疏》《和议未可深恃疏》《敬陈管见疏》《敬陈海军事宜疏》《过灾修省疏》《豫防宦寺流弊疏》《明白回奏疏》等。由于疏言犀锐,击中要害,朝野震骇,他当然不免于"自毁前程"了。事后,朱一新在《上王益吾师》书中说:

---

① 朱一新撰:《佩弦斋杂存》卷下《评某生论科举》,《拙盒丛稿》本,清光绪二十二年龙氏葆真堂刻。
② 朱一新撰:《无邪堂答问》卷一,中华书局 2000 年版,第 5 页。
③ 朱一新撰:《无邪堂答问》卷一,中华书局 2000 年版,第 4 页。
④ 朱一新撰:《答康长孺书》,《康有为全集》(第一集),上海古籍出版社 1987 年版,第 1029 页。

　　一身之进退行藏，久已置诸度外，第念时艰方亟，丝毫无补，而徒使小臣得直谏之名，大局鲜转圜之益，深愧积诚未至，无以感动圣听也。①

他又在与友人关季华的书中表达了同样的心情：

　　鄙性戆拙，不善揣摩，发愤上书，遂致左谪，事由自取，无所容其怨尤，偶尔升沉，更无足系念，惟于时事，寸衷殊多耿耿。②

至此，我们方能更加透彻地明白朱一新对学问与学术的区分，其思致是何等深沉。其云：

　　有学问，有学术，学问之坏，不过舍陋而已，于人无与也；学术之坏，小者贻误后生，大者祸及天下，故圣贤必斤斤于此。③

所以，当他退居之后，对于这种学术精神的追求仍旧不能停止，他说：

　　古人真儒无不可为世用，郑君、朱子，汉、宋儒宗。朱子登朝日浅，郑君并未登朝，皆不能得君行政，故其言论风旨，多于著述发之。盖天下道理无穷，学问亦无穷，古人不肯一日闲过，耻以处士盗虚声耳。④

朱一新虽不在位，但仍"耻以处士"而闲过一日，这一颗知耻之心，正是他退而犹进的动力，他自注云：

　　古人绝大事业，莫非由耻心所发。子贡问"士"，子答以"行己有耻"，此其体也。"使于四方不辱君命"，乃其用也。物耻足以振之，国耻足以兴之，知耻则近乎勇矣。⑤

他在广雅书院任上所作出的一系列改革措施，其中尤为值得一提的是他对于西学的认识，较一般人要深入许多，而且他在广雅书院任上，收藏了一定的西学图书，故《无邪堂答问》中，有不少回答学生关于西学提问的条目，内容涉及西方政治、宗教及科学技术等等，体现了他在晚清时代新的致用方向，这又是宋儒所不及的。

　　朱一新生在义乌，为浙东学术浸润之地，他评浙东先哲吕祖谦云："东莱学术既正，亦有实用。"⑥浙东学术之重事功，是区别于其他地区学术的最显著特征，这一学风为朱

---

①　朱一新撰：《佩弦斋杂存》卷上《上王益吾师》，《拙盦丛稿》本，清光绪二十二年龙氏葆真堂刻。

②　朱一新撰：《佩弦斋杂存》卷上《复关季华学博》，《拙盦丛稿》本，清光绪二十二年龙氏葆真堂刻。

③　朱一新撰：《无邪堂答问》卷一，中华书局 2000 年版，第 14 页。

④⑤　朱一新撰：《无邪堂答问》卷一，中华书局 2000 年版，第 11 页。

⑥　朱一新撰：《无邪堂答问》卷四，中华书局 2000 年版，第 145 页。

一新所继承。除事功学之外，浙东学术还有一特征，便是重史学。虽然朱一新是一位理学家，但毫无疑问他同时还是一位史学家，其《汉书管见》《京师坊巷志稿》以及《广东德庆州志》都是上乘的历史著述。此外，他参与修撰《国史儒林传》。浙东学术的史学传统，自吕祖谦得"中原文献之传"之后，至清代史学太师迭出，其中全祖望和章学诚为杰出代表。朱一新对浙东史学前辈全祖望推崇备至，其云：

> 呜呼！圣哲不作，坦途荆芳，瞀儒煦学，华士啖名。末师詹詹，一孔墨守，界汉区宋，自丰其蔀。卓哉先生，立言不朽。先生之学，闳博精颉，诹稽经史，如衡受权。剖毫析芒，坠云出渊，一义之获，前无古贤。浙东学派，文成肇辟，念台慎独，曰弥其隙。都讲梨州，嬗于四明，先生私淑，乃抉其精。《学案》初编，主张偏驳，先生廓之，宋元甄录。祢朱祧王，论议精卓，智爽昭明，若龙衔烛。先生之文，阐幽表微，人伦扶植，径训奢蕾。迁固匡刘，不名一时，胜国沙垒，遗民雾豹。掺逴别隐，章志贞教；百年瞳霾，寸管照耀。作为文章，原本忠孝，先生之行，冰莹玉瑳。①

而对浙东史学的另一位先贤章学诚，朱一新亦很赞赏，其云：

> 刘中垒父子成《七略》一书，为后世校雠之祖。班《志》掇其精要，以著于篇。后惟郑渔仲、章实斋能窥斯旨。商榷学术，洞彻源流，不独九流诸子各有精义，即词赋方技亦复小道可观。目录校雠之学所以可贵，非专以审订大字异同为校雠也。②

众所周知，章学诚史学成就有二：一是史学理论；二是方志学。而朱一新的史学成就中《京师坊巷志稿》以及《广东德庆州志》，就走的是章学诚路子。当然如果要追溯朱一新与浙东学术之关系，还有第三个方面值得注意，这就是在浙东学术内部，从来对于汉、宋之学都持兼容态度。梳理清代汉、宋之争脉络，浙东学术一直是置身其外的。而在汉、宋之争发生之前，关于程、朱、陆王之争，浙东学者全祖望持论最为公允，这一点朱一新体会是很深刻的，他说：

> 元、明、国初诸儒，见闻该洽，践履笃实，非后人所及。百余年来，风流阒寂，遗书散亡。《正谊堂丛书》之刻，虽未尽厌人意，犹得藉是以窥崖略，其去取亦颇审慎。《宋元学案》搜摭最富，谢山持论最平。梨洲《明儒学案》虽主张王学，然于龙溪、心

---

① 朱一新撰：《佩弦斋文存》卷下《端溪书院祭全榭山先生文》，《拙盦丛书》本，清光绪二十二年龙氏葆真堂刻。

② 朱一新撰：《无邪堂答问》卷二，中华书局 2000 年版，第 75 页。

齐之徒,亦未尝有恕辞。①

浙东学术既然对程、朱、陆王较少门户之见,当然对汉、宋之学也能兼采,这特别体现在定海经学家黄式三、黄以周的著述中,可见汉、宋兼采已成为晚清浙东学术相当成熟的风气了。支伟成之所以将朱一新、黄式三和黄以周父子、徐时栋以及陈澧等划入"浙粤派汉宋兼采经学家"序列,就是缘于这种浙东学术内部性格长久以来的养成。是故,朱一新学术所表现出来的种种特征,无不与浙东学术性格相合,因此,他与浙东学术的关系,是值得加以深掘的。

(二) 经世之实学

朱一新学术对于吏制、税制、土地、边防、水利、人口、律令……都有涉猎,此即技术层面的实学。在《无邪堂答问》中,他关注最多的是边防等重大问题,卷一有《评新疆形势论》《评吉林黑龙江边防考》《评平远的西辽疆域考》《答赵天锡问吉林白棱河》《答问黑龙江边界》;卷三《答梁垚问治河方法》《答近人至外洋》《评吉林黑龙江边防考》《评新疆形势论》;卷五《答问吉林去俄罗斯远近并其他形势》《答问施献璜问伊犁边界》《答问新疆造铁路利病》……这些篇目,一方面反映了朱一新具有丰富的实学知识,另外,也更反映了他的边防思想,这是一般理学家所不具备的。在晚清,只要接触实学,便不能够回避西学,因为西学中的天文、地理、算术、几何、化学、电学、光学等亦为近代实学的主要内容,这在朱一新都有一定程度的掌握。兹录一段他回答弟子关于"西学皆中国诸子之绪余"的话语如下:

> 西人重学、化学、电学、光学之类,近人以为皆出《墨子》,其说近之。《关尹》《亢仓》《吕览》《淮南》《论衡》皆有之。《列子·汤问篇》有重学,《仲尼篇》有光学,皆与墨子说同。《抱朴子·金丹篇》言,合诸药及水银以成黄金,即化学之理。《黄白篇》言:"云、雨、霜、雪以药为之,与真无异。"即有电学之理,西人亦自言,化学之法,本于炼丹术士。至机器,本中国旧有之物,近人考之慕祥,或更欲附会于经典,则无谓也。重学本算学,而加推阻力、摄力、分动、静二门。凡物有重力,有结力,有爱力。非结力不能凝聚,非爱力不能生发。小如钟表之摆动,大如七曜之运行,皆有阻摄之力,是谓动重学。其静动学则专论体之相定者,如权衡、轮轴、滑车之类是已。邓玉函《奇器图说》最先出。近时李壬叔所谓二十卷尤精,通算学后,可习之,此制器

---

① 朱一新撰:《无邪堂答问》卷四,中华书局 2000 年版,第 150 页。

之本也。化学为用最广，理亦最奥。凡气，有空气、养气、炭气、淡气之别，动物受养气以生，植物受炭气以生。化学家以硝强、醋强诸水别轻、养、绿、淡各质，而化分化合之以施诸用。总署译有《指迷阐原》诸书，专明矿质。上海译本亦多。电学有摩电、化电、吸铁气之分，其理与化学相通。摩电即干电，二金相摩以生化电即湿电；二金感化而成吸铁气，乃磁石所生之电也。凡物郁蒸则有电，西人摩电、化电亦此理，而尚未尽，近日用电益多，当有更阐其法者。光学以凸凹二镜取光，有平光、折光、歧光诸线，其射光角必与回光角相等，皆用角度以入算。西国旧传有制巨镜发火以烧敌船者，西人多不之信，然以中土阳燧之法证之，似未尝无此理。沈存中《梦溪笔谈》有"格术"，即光学也。近时邹特夫曾衍其说，为一卷。汤若望有《远镜说》而未详，郑浣香有《镜镜詅痴》，近译英人书二卷，说颇简明。又有声学之书，尚无大禅于实用。天地间，惟水、火、风三者，为力至巨，故释氏言地、水、火、风，西人言水、土、火、气。风即地轮之气也，西人别有气学以明之。其用电用光即用火，其用气即用火与水，而用火之术尤精，为祸亦最烈。盖枪炮即雷电之理，其学先出，故日精一日。惟水与风之力尤巨，今尚用之未尽，他日必有更出新法者，未知又作何变态耳！[1]

由上可见，朱一新是一位初步具备现代科学知识的理学家，故他强调的经世致用，已不局限于观念层面，而涉及了操作与技术层面。在朱一新的时代，留洋已渐趋平常，但他批评当时的留洋者不善西学之所长，而止于观光而已，其云：

中国之至外洋者，不过历其都会而止，所取材者，皆习闻习见之事，欲觇其国之强弱，民之情伪，彼固善匿，我亦未必善问，不可骤得也。且外夷觇吾土地，特借游历为名，以探道理，觇风俗，用意固甚巨测。中国自守不遑，安能劳师袭远？[2]

他所批评当时"至外洋者"，与今之公费出国考察情形颇为相似，皆以观光旅游为目的。相反，当时西方人来中国，其情形却大不相同，他们"探道里，觇风俗"，是为侵略搜集情报信息的。他因此认为，要了解西洋诸国政事，风土、科技，实地考察是一个途径，而翻译西洋的各类文献著作，也是了解他们的一个窗口。他说：

纪西事者，近书甚多，大抵以助谈资，惟京师同文馆及津、沪制造局所译诸书，颇资实用。其他亦间有之，要不多耳。今天下为我隐患者莫如俄。道光时，俄人曾

---

① 朱一新撰：《无邪堂答问》卷四，中华书局 2000 年版，第 169 页。
② 朱一新撰：《无邪堂答问》卷四，中华书局 2000 年版，第 172 页。

进书籍三百年余种，其国之政教、风俗、舆地、兵法，下至器物、种植之书，无不备。
虽今昔情形稍殊，而大纲要具在。若择其要翻译之，颁诸海内，俾人人周知其情伪，
以筹制防之术，不且视近出诸书，信而可征欤？①

生当晚清，如何"制防"西洋诸国，是每一位有识之士都不能回避的重大问题。

二、平正通达的学术史观

朱一新的学术史观，可用平正通达四字概括。平正通达作为朱一新学术史的观念，
贯穿于他所有的学术批评。《无邪堂答问》中提到平正通达，是在讨论朱子学术之时，兹
引以观其语境：

> 朱子以和平、通达、坚定、详明释《论语》，盖学《诗》学《礼》之益如此。今学《诗》
> 《礼》者，但治训诂、名物。其厌薄乎此者，则又舍《诗》《礼》而治《易》与《春秋》。或自
> 画，或躐等，吾未见其可也。……三百五篇，趣昭事博，可以周知人之情伪。授政不
> 达，不足言《诗》，平正而不通达，犹无盖耳。苟徒恃其奇崛盘郁，而误入岐趋，或且
> 流于乖谬，此质美而未学，君子惜之；苟自以平正通达，而无奇崛盘郁之气贯乎其
> 中，将无往而不萎靡龌龊，此乃世俗之所贵，君子耻之。立身而尚此，其人之志趣可
> 知；取友而尚此，则谀言日至于耳，其终不为所卖者几希！②

从这段话的语境来看，涉及"平正通达"有二层意思：第一，"平正"与"通达"二者之间的
关系，朱一新认为"平正而不通达，犹无益耳"，可见他是主张平正与通达必得二者而兼
之的；第二，"平正通达"与"奇崛盘郁"二者之间的关系，朱一新认为光有"奇崛盘郁"易
流于乖谬，但仅有"平正通达"则又流于萎靡，因此奇崛盘郁与平正通达也必得二者而兼
之。虽然朱一新此处并非对"平正通达"所作释义，但他对于"平正"与"通达""奇崛盘
郁"与"平正通达"两组关系的见解，亦足见其思维的辩证色彩，而这恰是平正通达的内
涵所在。因此，对待学术史上的诸多问题与现象，他都能以平正通达的立场，理性地予
以评价，这是他学术性格的主要点。

（一）汉宋各有所长，朱陆皆可入道

我们要看到朱一新的汉、宋兼采，是以平正通达为其思想基础的，这在他论汉、宋诸

---

① 朱一新撰：《无邪堂答问》卷四，中华书局 2000 年版，第 173 页。
② 朱一新撰：《无邪堂答问》卷四，中华书局 2000 年版，第 136 页。

儒各有所长时,再一次得到印证:

> 作理学题,多引汉、唐之说,必不若宋、元儒者之精确。犹之作制度名物题,多引宋元之说,必不及汉唐儒者之博赡。①

更进一步,他在评价汉、宋学术虽然各有所长之后,又平正通达地论及汉、宋诸儒的分合,其云:

> 汉、宋诸儒大旨,固无不合,其节目不同处亦多,学者知其所以合,又当知其所以分。使事事求合,窒碍必多,斯穿凿附会之说起矣。②

通达,并非在论学时要作调人,其云:

> 天下无两是之理,正当别黑白而定一尊。苟徒假圣贤一二言以佐其说,则何者不可附会? 析理未精,姑为此调人之言,乃乡愿学问耳。③

与朱一新同时的定海学者黄以周,亦提出"实事求是,莫作调人"的学术理念,而朱一新认为"调人之言,乃乡愿学问",正反映了晚清知识精英的通识。

虽然朱一新坚守宋学立场,但由于他"莫作调人"的理念,使他对宋学阵营的学者,同样要作批评,他在《国朝学案小识书后》中说:

> 是书分门别类,盖沿《理学宗传》之例,所立名目,似未尽善。其本旨在辨别王学,而近世汉学家亦类之。实则汉学家所当辨者固无几也。有百世之著述,有一时之著述。囿于一时风尚者,风尚既移,则徒供后人指摘矣。汉学家略涉宋学藩篱,而以之攻宋儒者,惟戴东原。能窥汉儒学术者,若阳湖庄氏之流,亦复偻指可数。其他可言学问,不可言学术。……故欲为学案,则当仿《国史儒林传》之例。汉学、宋学各以类从。无论习斋。恕谷,不当遗弃。即台山、尺木,亦可附存。涂径既分,得失自见也。大率国初多承王学,三大儒(夏峰、梨州、二曲)皆宗姚江。其徒若沈求如、潘用征等,流衍甚广。自陆、杨诸儒辨正后乃渐衰息。乾嘉而后,独汉学盛行耳。确慎之辑此书,具有微指。其宗旨固甚正,惜乎其体例未尽善也。④

朱一新所批评的《国朝学案小识》,是清代道光年间唐鉴所作的一部学案体理学著作。

---

① 朱一新撰:《无邪堂答问》卷三,中华书局 2000 年版,第 115 页。
② 朱一新撰:《无邪堂答问》卷三,中华书局 2000 年版,第 116 页。
③ 朱一新撰:《无邪堂答问》卷一,中华书局 2000 年版,第 13 页。
④ 朱一新撰:《无邪堂答问》卷一,中华书局 2000 年版,第 5 页。

唐鉴(1778—1861)，治学崇程、朱，黜阳明，沈维镛称此书之作"盖纯从卫道辨学起见"，①指出了唐鉴此书的著述宗旨。从具体内容来看，《国朝学案小识》对清代前中期约二百年理学发展作了梳理和总结。今《学案小识》正文十四卷，外一卷，计十五卷，依次为《传道学案》二卷、《翼道学案》三卷、《守道学案》及《待访录》六卷、《经学学案》三卷、外加卷末《心学学案》一卷，收录清代前中期约二百年间学者凡256人。全书超过80％以上文字篇幅阐述《传道学案》《翼道学案》和《守道学案》，突出了表彰正学的意图，并对阳明心学进行了批判，同时对乾嘉考据学也进行了抨击。朱一新因此认为，《学案小识》这一体裁深受孙奇逢《理学宗传》定主辅、别内外思想的影响，而张昭军则认为《学案小识》的体裁与熊赐履的《学统》更为接近。《学统》一书凡五十六卷，将自春秋至明代二千余年间的"道术""学脉"按正统、翼统、附统、杂统、异统分为五类，把传主分别入不同类别。比较而言，《小识》受《学统》的影响更加明显。②为了维护程、朱正学地位，《国朝学案小识》批评此前的《宋元学案》《明儒学案》作者黄宗羲是"揽金银铜铁为一器"，并云由于这部学案采之广泛，致使千古学术之统纪由是而乱，而后世人心之害陷也由是而益深。事实上，黄宗羲两部学案的优点恰恰在于他的兼综百家，《宋元学案》虽以理学为主干，但一直以来被朱熹斥为"功利"或"异端"的学者也得以设案立传，如叶适、陈亮、王安石分别有《水心学案》《龙川学案》《荆公学案》等；《明儒学案》虽以阳明心学为主干，但也不固守门户，如对崇程、朱的学者薛瑄立《河东学案》，又将王廷相、吕坤等人列于《诸儒学案》。相反，《学案小识》一味扬宋抑汉，尊朱黜王，如《经学学案》不录萧山毛奇龄，因为毛氏宗汉诋宋；《心学学案》不录孙奇逢，又将黄宗羲置于《经学学案》，削弱了黄宗羲学术的心学特征，难怪朱一新要批评他"其宗旨固甚正，惜乎体例未尽善也"。后来徐世昌也指责"《学案小识》不加甄录，盖有门户之见存"。③与朱一新的观点一致。因此，某种程度而言，《学案小识》由于攻王尊朱过坚，于体义流于拘滞主观，与黄宗羲《宋元学案》《明儒学案》的广搜博采、举网而渔相比，门户是过于狭窄了。

朱一新对于《学案小识》门户过严的批评，体现了他对程、朱以外其他学术的兼综，这也是其平正通达的一贯之道。对于陆学，他也能通达以待，其云：

---

① 沈维镛撰：《清学案小识·序》，上海商务印书馆1935年版，第2页。
② 张昭军撰：《晚清民初的理学与经学》，商务印书馆2007年版，第149页。
③ 徐世昌撰：《清儒学案·凡例》第一册，中华书局2008年版，第1页。

象山"六经注脚"之言,最为后人诟病。然尝谓后生看经书,须看注疏及先儒解释,不然执己见议论,恐入自是之域,便轻视古人。又谓束书不观,游谈无根。①

朱一新在谈到宋儒以荒经为戒时,认为程、朱言之尤力,但由于他的平正通达,加上读书仔细,同时他还发现陆九渊也主张后生看经书,一定要先看注疏和先儒注释,并非一味的"六经注我"。这对于陆学的评论,在当时的学术氛围里,确实是最为公正的声音。而通达的学术史观,最终使朱一新站在了当时学术评论的最高点上。当有弟子问及"朱、陆皆可入道否"? 他明确回答:

岂独朱、陆皆可入道? 即无垢、慈湖、龙溪、泰州之徒,纯以禅宗提倡者,苟去其偏,而专取其长,亦何尝不可入道? 但天下中材多而上智少,顿悟之说,既非中材所能领会,而才智者又乐其简易,可以恣其胸臆,遂至尽抉藩篱。故程、朱之学历元、明数百年而无弊,即弊,亦不过迂拘夸陋而已。姚江之学,不及百年,诸弊丛生。其卒也夸陋,与宋学末流等,而逾闲荡检,猖狂恣肆,则什百过之,故与其为陆、王,毋宁为程、朱也。然以此集矢于陆、王则不可。陆、王说虽过高,要自有真面目,王与陆亦不尽同。②

朱一新除了坚定地认为朱、陆皆可入道之外,还认为其也后学或杂学亦可入道,无论程、朱,还是陆、王,经过一定时间的发展之后,都会出现末流弊端,虽然弊端到来的时间有早晚之异,强度有大小不同,但弊端的形式及其消极影响是大致相同的。因此,后人将学术的弊端统统"集矢于陆、王"是不公允的,更何况就陆、王本身而言,亦各自有其真面目,这也是需要我们作深入了解之后才能把握与认识的。他对程、朱、陆、王的认识,超过了他那个时代一般性的认识。

(二)学者有激之言,皆特有为而发

针对学术史上,孟子直斥管、晏,宋儒苛论古人,言辞虽然过激,但朱一新解释说此皆存心为万世计,出发点是相同的。他因此肯定地认为"惟孟子能知《春秋》,惟宋儒能学孟子。"③但同时他又进一步指出,宋儒既有论人严苛的一面,也有取人甚恕的一面,其云:

宋儒论人甚严,取人甚恕。恕者所以崇奖天下之人才,严者所以示人抗希乎三

---

① 朱一新撰:《无邪堂答问》卷四,中华书局 2000 年版,第 149 页。
② 朱一新撰:《无邪堂答问》卷五,中华书局 2000 年版,第 198 页。
③ 朱一新撰:《无邪堂答问》卷三,中华书局 2000 年版,第 103 页。

代。惟有此狂狷之议论，故世道虽凌夷，而尚不至流为鄙夫、乡愿之天下也。①

所以说宋儒的狂狷和孟子的过激，皆是为拯救世道人心而发，实在是可以理解的。但后世学者常常偏执于宋儒的苛论，而未看到宋儒的恕人，这引起他的感慨：

> 后世徒议宋儒之苛，而于其取人甚恕者概置弗道，彼亦尝一读宋儒之书否乎？②

朱一新的平正通达，反映在学术史的细微之处，是他能透过语境对所涉对象作正反两个方向的理解，如对于顾炎武的一些"激言"，朱一新就能给予同情之理解，其云：

> 顾亭林谓学者但当辨辞受取予，不当言心性。夫辞受取予之节，孟子辨之至精；存心养性之功，亦惟孟子言之至悉。取其一而遗其一不可也。仁、义、礼、智，天所与我，是非辞让之心，人皆有之。任其牿亡则日趋于利时……人之所以异于禽兽者，以其有此四端之心。……亭林特鉴于明末心学之流弊，故有激而云，然非竟废方寸之良田，使之芜秽不治也。近儒乃专取之，以佐其私说，不亦慎乎？（颜习斋之学，大旨与亭林略同，皆矫枉过正者。）③

针对顾炎武提出学者当辨辞受取予，不当言心性的观点，朱一新认为这是顾氏鉴于明末心学末流的过激之言，因此不能视作他的全部真实意思表达，更不能专取之以佐私说。生当清初，顾炎武针对当时世风，有许多矫枉过正的言论，在朱一新看来，这是需要以平正通达的立场去看待的，因此切不可轻易地作表面的理解，其云：

> 顾亭林谓"不能使天下人以义为利，而犹使之以名为利，虽非纯王之风，亦可救积污之俗"云云，是率天下而伪也。有激之言，流弊甚大。④

一方面，朱一新认为顾炎武的这种"有激之言，流弊甚大"，另一方面，他又根据另一则语料，认为顾氏之论实是有感而发，其云：

> 《日知录》又言："古人求没世之名，今人求当世之名。吾自幼及老，见人所以求当地之名者，无非为利也。名之所在，则利归之，故求之惟恐不及。苟不求利，亦何慕名？"以此说证之，则知前说特有为而发，非定论也。⑤

这就是朱一新的平正通达之处。他的通达，使他能将顾氏的言论作前后左右、正反上下的综合观照，因此结论也更加地平正客观。

---

①②　朱一新撰：《无邪堂答问》卷三，中华书局 2000 年版，第 103 页。
③　朱一新撰：《无邪堂答问》卷三，中华书局 2000 年版，第 117—120 页。
④⑤　朱一新撰：《无邪堂答问》卷五，中华书局 2000 年版，第 197 页。

（三）古人学术偶杂，不必曲为之讳

通达，还使朱一新对古人学术偶杂，表示宽容与理解。当弟子陈庆龢问"据曾茶山、黄东发之言，则元诚杂入禅学可知"时，朱一新回答：

> 学术偶杂，古名儒多有之，第不可以是立教，贻误后学耳。元诚立身自有本末，白璧微瑕，正以见其真宝。否则斌珉求售，孔孟所以恶乡愿也。①

刘元诚学术，是否关涉禅学，一直是后人争议的焦点。《刘元诚学术论》曰："元诚体验温公'诚始不妄语'之教，安得议为禅学？"这是似乎有意为刘元诚与禅学撇清关系，但朱一新对此却相当通达，他说：

> 禅学亦自有本领，北宋士大夫并不讳此，且多有得力于此者，元诚亦其一也。第其终身奉温公之教，得力于诚之一言者尤深。此则吾儒之学，本末具备，初无待兼资于彼教者也。元诚精忠大节，此固不足为疵，要亦不必曲为之讳。程、朱之辟禅学，惧学者惑溺，于是假异端以汩圣经，非徒无益，而又害之，故大为防，以戒后学。观于明中叶后，学者猖狂恣肆，然后知程、朱之学术正而虑患深也。朱子于元诚、东坡生平皆极倾倒。惟论学术学不同，此则为万世学者计，非为一人发耳。②

首先，朱一新并不讳言禅学，而且从学术史的实际情况来看，北宋学者还多得力于此；其次，程、朱之力辟禅学，主要是担心学者有所惑溺，有违圣经，并非针对刘元诚一人而已，主要还是"为万世学者计"。概言之，刘元诚之涉禅，是那个时代的"集体无意识"，故不必曲为之讳，这是朱一新常常要为我们提供的学术史的真面目。

（四）清代学术精深，明代学术博大

由于朱一新的平正通达，使他能对清代流行的一些学术观点提出纠偏，如清人动辄批评明代学术，朱一新对此大不以为然，他说：

> 近人学为大言，未知其生平读书若何，而开口便斥明人不读书，不知此嘉、隆以后则然耳，乌可以该一代！国朝惟小学骈文优于明代，其他理学、经济、朝章、国故及诗、古文之学皆逊之。至说经之书，明人可取者固少，而不肯轻为新说，犹有汉儒质实之遗。近人开读书之门径，有功于后世者固多，而支离穿凿以蠹经者亦正不乏。康熙时，儒术最盛，半皆前明遗老，乾嘉以后，精深或过之，博大则不逮也。③

① 朱一新撰：《无邪堂答问》卷一，中华书局 2000 年版，第 12 页。
② 朱一新撰：《无邪堂答问》卷一，中华书局 2000 年版，第 30 页。
③ 朱一新撰：《无邪堂答问》卷四，中华书局 2000 年版，第 150 页。

首先，他认为清人批评明人不读书，是嘉、隆以后之事，而非谓有明一代皆如此，因此这是以偏概全之论；其次，就明、清学术的整体比较而言，清代除了小学、骈文优于明代，其他如理学、经济、朝章、国故、诗、古文之学皆不及明代；再次，就学风而言，明人不肯轻为新说，有汉儒质实之遗风，而清人却不乏支离穿凿以及蠹经者；最后，清初虽然儒术最为兴盛，但重要的学者如黄宗羲、王夫之等都是明代遗老，因此功劳不能完全算在清朝的账上。因此，他劝诫时人，要对明代有所了解，必须通读《明史》和明野史，方不至于以偏概全。

此外，朱一新对宋学尊崇而不护短，这是其超越一般学者之处。方苞是乾嘉时少有的宋学家之一，但其《方望溪集》中《与鄂少保书》论《丧服注疏》有误，他也照样提出了批评，其云：

> 《檀弓》："三月天下服。"郑《注》："诸侯之大夫。"为繐衰，依据《礼经》，确不可易。使并圻外之民言之，径何不云"天下男女服"使与上文一律乎？望溪未知古圣王公天下之心，诸侯有各臣其国之义，而以秦、汉后郡县之天下律之，误矣。①

又云：

> 其作《丧服或问》谓妇为舅姑期，乃称情以立文，尤害经义。②

总之，平正通达的学术史观，使朱一新的学术性格充满了辨证色彩，使他在晚清的思想氛围里，提前呼吸到了现代性的空气。他的这些观点，即使放到现在，也是不会过时的。

三、更进一步的汉宋比较

上面我们提到朱一新认为汉宋各有所长，此节专就其汉宋比较再作详论。朱一新虽然学出诂经精舍，为汉学大师俞樾的门生，但是他最后变成一位理学家，此即所谓的"出汉入宋"。朱一新这种学术倾向的转变，照常理是不可理喻的，但如果我们通读《无邪堂答问》和《佩弦斋文存》《佩弦斋杂存》的相关文章，就会发现朱一新其实是一个具有学术史整体眼光的学者，而且他的这种眼光，已经超出了同时代人许多，因此具有某种程度的现代性。

（一）汉宋之别，乃学问与学术之别

在分析朱一新汉宋比较之前，我们先要了解朱一新对汉儒与汉学家、宋儒与宋学家

---

①②　朱一新撰：《无邪堂答问》卷五，中华书局 2000 年版，第 187 页。

等两组概念的区分。根据曹美秀的研究发现,朱一新在《无邪堂答问》中,"每以'汉儒'称汉代学者,以'汉学家'称乾嘉学者,而且遍搜《无邪堂答问》,这两个用词都不曾混淆。"①与此相应的是,朱一新还将宋代学者称作"宋儒",而将清代研究宋儒的学者,称作"宋学家",在《无邪堂答问》中,朱一新对汉儒、宋儒和汉学家、宋学家是作了严格区分的。换言之,汉儒、宋儒与汉学家、宋学家的区分,又在学问与学术之分。而学问与学术之分,其标准便是有无宗旨,这是区别学问和学术的标杆。

朱一新先引《明儒学案质疑》中对明儒好立宗旨提出的批评云:"明儒各立宗旨,互指辨驳。其实静中养出端倪固善,随处体认天理亦善;致良知固善,慎独亦善。但实言之而实行之,岂有不善者?"然后,他加以反驳说:

> 乾嘉以来,学者多持此论,实非也。天下无有两是之理,正当别黑白而定一尊。苟徒假圣贤一二言以佐其说,则何者不可附会?析理未精,姑为此调人之言,乃乡愿学问耳。古未有不实行而可为学者,谓明儒务立宗旨,不务实行,此近人矫诬之说,明儒果如是乎?(明惟隆万时,士习多空疏瓷肆,岂可以赅前后?)宋学之有宗旨,犹汉学之有家法。拘于家法者非,然不知家法不可以治经;好立宗旨者非,然不知宗旨不可与言学术。学术者,心术之见端,差之毫厘,谬以千里。圣贤无不于此致慎焉。《论语》一书名言"仁","仁"即圣门之宗旨。《孟子》七篇言"性善",言"仁义","仁义""性善"即《孟子》之宗旨。其他诸子百家亦皆有之。惟其有心得而后有宗旨,故学虽极博,必有一至约者以为之主,千变万化,不离其宗,六经无一无宗旨也。苟徒支离曼衍以为博,捃摭琐碎以为工,斯渺不知其宗旨之所在耳。夫《乐》之旨在"和",《礼》之旨在"敬"。《礼祀》开卷即言"敬",《大戴》《小戴》之所述者,莫不以是为宗,此《礼经》之大义。汉儒谓之"大义",宋儒谓之"宗旨",其揆一也。故不合于六经大义者,不可以为宗旨。谓明儒宗旨有善有不善则可,谓无不善则不可。儒者特患宗旨稍差,将以学术误天下后世而不自知,故必慎思明辨以求其至当,岂得漫云无宗旨乎?②

根据有无宗旨的标准,在朱一新的学术谱系中,除汉代学术以外,他常要将"宋、元、明、国初"学术作为一个序列来加以表述,究其原因,皆因此序列学术有一个共同特征,即好

---

① 曹美秀撰:《朱一新与晚清学术》,大安出版社2007年版,第170页。
② 朱一新撰:《无邪堂答问》卷一,中华书局2000年版,第13—14页。

立宗旨。换句话说,此四阶段学术都为宋学范畴,故他要将宋、元、明、清初作为与乾嘉相对的另一面来看待。宋代程、朱之为学,其宗旨为大家熟知。此以明代而论,自明初曹端以"太极是理"为宗旨,薛瑄以"达于性天"为宗旨,吴与弼以"自治力行"为宗旨,胡居仁以"主敬"为宗旨,陈献章以"洒落自得"为宗旨,湛若水以"随处体认天理"为宗旨,王守仁以"致良知"为宗旨,王龙溪以"先天正心"为宗旨,钱洪德以"后天诚意"为宗旨,以及黄绾的"艮止"之旨,季本的"龙惕"之旨,邹守益的"戒惧"之旨,欧阳德的"动静体用合一"之说,聂豹的"归寂"之学,罗洪先的"主静"宗旨,王时槐的"透性研几"之说,胡直的"心造万物,察外无理"之说,李林的"止修"之学,王艮的"良知现成自在"之学,罗汝芳的"赤子良心"之学,耿定向的"不容己"之学,焦竑的"知性求仁"之学,李贽的"童心"说,罗钦顺的"气上认理"说,王廷相的"太极道体"之学,高攀龙的"格物知本"之学,刘宗周的"诚意慎独"之学等等,①各学者、各学派,无不有自己的论学"宗旨",这是明代学术的鲜明特色,也是对宋学的深刻继承。因为明代学术,好立"宗旨",故被清代汉学家批评为"空疏",对此朱一新认为这是近人的"矫诬"之论,不可轻信。

他认为不言宗旨,不可与言学术。回顾先秦时期,孔子言"仁",子思言"诚",孟子标榜"仁义";两宋时期,张载的"民胞物与",程颐的"持敬"、朱熹的"理一分殊",陆九渊的"心即是理",无不有宗旨。他说:

> 有学问,有学术。……吾辈幸生汉、宋诸儒而后,六经大义已明,儒先之宗旨即可取以为我之宗旨。由是而进窥圣贤之门径,庶几不误岐趋。近人以训诂为门径,此特文字之门径耳。圣贤道寓于文,不通训诂不可以治经,即不可以明道。然因文以求道,则训诂皆博文之资。畔道以言文,则训诂乃误人之具。②

很显然,在朱一新看来,训诂之学为"学问",宗旨之学为"学术",六经大义,经汉、宋诸儒的发明阐释,已有相当成熟的显扬,故遵循汉、宋诸儒所立宗旨,进而得窥圣学门径,已成为学而不歧的通衢,这体现了朱一新鲜明的宋学立场,以及对宋学的张扬和抬升。由于宋学属于学术范畴,而汉学属于学问范畴,二者高下,不辩自明,所以他说:

> 学问之坏不过奄陋而已,于人无与也。学术之坏,小者贻误后生,大者祸及天下,故圣贤必斤斤于此。③

---

① 以上所举,参考张学智撰:《明代哲学史》,北京大学出版社 2000 年版。
②③ 朱一新撰:《无邪堂答问》卷一,中华书局 2000 年版,第 14 页。

又说:

> 学术之发于心术者至微,其关于天下者甚巨。①

如此看来,朱一新所谓学术,即道术。道术坏天下坏,"故圣贤必斤斤于此"。而训诂之学,不过博文之资,其利害无涉于道心人心,不过文字的门径而已。

基于宗旨的治学理念,乾嘉学者治学虽以实事求是为圭臬,但朱一新认为汉儒所谓的实事求是,与近人所倡实事求是有所不同,他说:

> 汉儒所谓实事求是者,盖亦于微言大义求之,非如近人之所谓实事求是也。然此皆求知之事。知之而不能力行,虽望见其门,犹不得入,而可以训诂自画邪?②

简言之,汉儒之实事求是为求真理,而近人之实事求是乃求真知(客观的知识),但倘若求得真知而不能力行践履,仍然不免于徘徊在圣学门外,画地为牢,因此,他接着说:

> 惟能寻绎践履,故训诂为有用,并非说《尧典》二字三万言而后谓之训诂也。③

训诂只有与求道两相结合,方为有用之说,而以三万言释"尧典"两字,只是为训诂的训诂,实不足道。因此他批评道:

> 训诂本易明,其不明者,人自凿而晦之,即间有难明之处,于道之大端固无害也。乃借圣人正名之言,以自张其说,天下后世其可欺乎!④

这种现象,在乾嘉的汉学家那里,时有表现,此可谓训诂之末流。需要指明的是,朱一新批评训诂之弊,并非要彻底排斥训诂之学,他仍然肯定训诂作为文字之门径,其作用不可低估,故又云:

> 圣贤道寓于文,不通训诂不可以治经,即不可以明道。⑤

但凡事物皆有正反两面,训诂之学亦然。因此要正确对待训诂的作用,如前所引,倘"因文以求道,则训诂皆博文之资",如果"畔道以言文,则训诂乃误人之具"。训诂的工具性质,决定了使用训诂这一工具的人所要达到的目的与否,以及将训诂导向何处。要么成为"博文之资",要么成为"误人之具",但无论如何,就训诂之学本身而言,仍为治经者所必备,这是毋庸置疑的。他说:

> 汉学家之言曰:"训诂、名物、治经之途径,未有入室而不由径者。"其言良有功于经学。⑥

---

① 朱一新撰:《无邪堂答问》卷一,中华书局 2000 年版,第 5 页。
②③④⑤ 朱一新撰:《无邪堂答问》卷一,中华书局 2000 年版,第 14 页。
⑥ 朱一新撰:《无邪堂答问》卷一,中华书局 2000 年版,第 4 页。

但为学不能溺于训诂，因为"第终身徘徊门径之间，而一进窥宫墙之美，揆诸古人小学、大学之教，夫岂其然"？①因此，朱一新依次设计了为学的三个门径，其云：

　　夫训诂者，文字之门径；家法者，专经之门径；宗旨者，求道之门径。学者苟有志于斯，阙一不可，而其轻重浅深则固有别也。②

"家法"，指汉儒治经之专门之法。在朱一新设计的三个门径之中，"宗旨"之学显然居于顶端，因为它是"求道之门径"，仅此排序，亦可见出他对宋学的推崇。由是，朱一新的汉宋之分，其实不是简单的将汉宋进行二元切分，而是更进一步探讨它们内涵上的差别及其此种差别在为学等级上的意义。

（二）汉宋诸儒，于大旨固无不相合

要之，朱一新鲜明的宋学立场，以及对宋学的张扬，是建立在宋学与汉代学术对接前提之下的，他说：

　　博考宋、元明、国初儒者之说，证以汉儒所传微言大义而无不合。③

他特别强调宋儒之说与汉儒之说"无不相合"，意味着从学术角度看，汉、宋之分根本就是不能够成立的。乾嘉学者自认为只有他们才是接续汉儒传统的学者，而朱一新认为真正接受汉儒传统的不是乾嘉时期的汉学家们，相反是他们一直排斥的宋儒。

在《无邪堂答问》里，朱一新常将"汉、宋儒"合言并称。如他认为"汉、宋诸儒大旨，固无不合"，④既是"固无不合"，当然就不应将汉、宋之学作人为的切分，他又说："吾辈幸生汉、宋诸儒而后，六经大义已明，儒先之宗旨即可取以为我之宗旨，由是而进窥圣贤之门径，庶几不误歧趋。"⑤在他看来，六经大义已明，其实是汉、宋诸儒前仆后继，连续地、层累地阐发的结果，因此汉学家强分汉、宋，固设门户，引来朱一新的强烈批评：

　　学士大夫矜言复古，其说愈精而愈琐，至宋儒辨晰心性之旨，乃以其涉门户也而疑之，然则论学必屏程、朱，说经必宗许、郑，非门户欤？夫非许、郑、程、朱之果歧，人自歧之也。⑥

汉、宋诸儒如前所引，"固无不合"，而乾嘉学者却由于一味推崇许、郑，而不断排斥程、朱，人为地在汉、宋之间筑起一道隔带，这就是朱一新为何常常要将"汉、宋诸儒"合称的

---

① 　朱一新撰：《无邪堂答问》卷一，中华书局 2000 年版，第 4 页。

②③⑤ 　朱一新撰：《无邪堂答问》卷一，中华书局 2000 年版，第 14 页。

④ 　朱一新撰：《无邪堂答问》卷三，中华书局 2000 年版，第 116 页。

⑥ 　朱一新撰：《佩弦斋文存》卷下《沈廉仲先生七袠寿序》，《拙庵丛稿》本，清光绪二十二年龙氏葆真堂刻。

深意所在。那么,朱一新所谓汉、宋诸儒"固不无合"的理由又如何呢?从大的方面看,他举例说:

> 汉、宋诸儒之治经,亦无不求其端于天。《易》言卦气、消息,《书》言洪范、五行,《诗》言五际,《春秋》言灾异,汉儒所谓性与天道者,类如此。虽非尽六经本旨,要其师承,远有端绪,亦圣门之微言也。……周张二子崛兴宋代,乃作《太极图说》《通书》以明《易》,作《西铭》以明仁,作《正蒙》以明诚。诚与仁亦夫子赞《易》之旨也,其言与汉儒虽异趣,而其阐阴阳之蕴,探性命之原,则无不同,视董生尤加粹焉。①

虽然汉、宋诸儒学术各有异趣,但从总的原则来看,"亦无不求其端于天",其阐述阴阳之理,探索性命之原的大方向是相通的,因此强分汉、宋,固为门户,实在是大可不必,他说

> 六经大旨,灿若日星,汉、宋巨儒,阐发殆尽。后人患不能读,不患不能辨。辨生于末,学纵有所得亦不过补苴罅漏,况琐屑穿凿之纷纷乎?董、郑、周、朱遗书具在,曷尝有局于末道遁于虚之弊?学者胡不捐门户之见,熟读而深思之?②

只有捐除门户之见,熟读而深思,方能看到汉、宋诸儒治经的特点,他说:

> 汉、宋诸儒解经,一字一言,必还经之本义。笃信谨守,宁阙毋妄,故可宝实。……程、朱可师法者多矣。③

而与之相反的是,"近人但晓晓辨古方之真伪,而并其言之精粹者,弃之如遗,岂非颠倒刺谬乎"?④他因此批评乾嘉学者,与程、朱相比,"学识不及其万一,而动欲以己之意见治经,自伪古文之说行,此风日炽,名为卫经,实则畔道。古书中名言精理,弃若弁髦,而反搜罗谶纬,旁及杂说以示博,岂谶纬杂说果胜于古文《尚书》乎?多闻阙疑,圣有明训。吹垢索瘢,锻炼成狱,纵能得情,亦是酷吏。此事为不已,有关心术,非儒者所宜为也。"⑤古文《尚书》辨伪,是清代汉学的代表性成果之一。朱一新却认为即使古文《尚书》是伪书,但其中的名言精理,早已成为经学思想的一个重要组成部分,血肉不可分离,因此古文《尚书》的思想价值仍是涂抹不去的。他斥汉学家之辨伪为"酷吏",虽然有严苛之嫌,但立足思想史的链条形成,古文《尚书》则是其中不可忽缺的重要一环。汉学家虽精于考据辨伪,但常常囿于识力不深,故未能将学问上升到学术层面,这就是朱一新所言汉

---

① 朱一新撰:《无邪堂答问》卷四,中华书局2000年版,第154—155页。

② 朱一新撰:《无邪堂答问》卷四,中华书局2000年版,第157页。

③④ 朱一新撰:《无邪堂答问》卷三,中华书局2000年版,第118页。

⑤ 朱一新撰:《无邪堂答问》卷三,中华书局2000年版,第118—119页。

学家学识不及程、朱之万一的缘由。

既然如此,如何正确深刻地把握宋学、深入理解宋学,是既摆在汉学家面前,汉学家又不愿面对的问题,所以他要说"程、朱可以师法者多矣"。深究起来,最值得后人师法的便是程、朱"学术正而虑患深""此则为万世学者计"①的学术精神。

学术有为一人之学术,有为一时之学术,有为一世之学术,亦有为万世之学术(所谓为"万世开太平"是也)。那么,程、朱的这种学术精神,导源于何处呢? 朱一新认为直接自于孔、孟,其云:

> "仲尼之门,羞称五霸",为万世学术计也,不如是,则道不尊。"微管仲,吾其被发左衽",为一世人才计也,不如是,则道不大。管子天下才,而孔识器小,孟斥功卑,《春秋》之法为贤者讳,而又责贤者备,此物此志也。②

为万世计的学术,是超越一人之功,一时之功、一世之功的学术。五霸之功,非谓不大,但仲尼之门羞称;管仲之功,非谓不大,但孔、孟二人讥贬。此并非孔、孟不重事功,而是他们不为事功所缚,企图超越事功层面"为万世立一行之久远而无弊端之标准"。③

(三) 阐发义理,从考证中透进一层

朱一新对宋儒推崇的同时,当然兼及时汉学家的批评,在方法论上体现了破汉立宋的特色。下面我们具体看看朱一新对乾嘉汉学家的批评情况。

一般而言,汉学重考据,宋学重义理,这是汉、宋之学的重要区别。就乾嘉学术的总形势而言,二者界限森严,多不互通,但也有偶而相通的例子,他说:

> 汉学家略涉宋学藩篱,而以之攻宋儒者,惟戴东原。能窥汉儒学术者,若阳湖庄氏之流,亦复倭指可数。其他可言学问,不可言学术,古人于此二者多合,今人多分,亦学不逮古之征也。④

在朱一新的批评武器里,"学问"和"学术"这两个概念是常常用来区分汉学和宋学的标准,为学的圆融之境当然是二者相合,这一点古人是做到了的,但今人多分。此所谓"今人",即指乾嘉学者而言。虽然戴氏和庄氏较能互通,但毕竟是少数派,更何谓戴氏对于宋学本身有许多误解,并非本质意义上的互通。因此,朱一新对于汉学的批评,其主要

① 朱一新撰:《无邪堂答问》卷一,中华书局 2000 年版,第 30 页。
② 朱一新撰:《无邪堂答问》卷三,中华书局 2000 年版,第 103 页。
③ 曹美秀撰:《朱一新与晚清学术》,大安出版社 2007 年版,第 185 页。
④ 朱一新撰:《无邪堂答问》卷一,中华书局 2000 年版,第 4 页。

的立足点是学问与学术不合,亦即谓学问未能摆渡到学术之境,这成为乾嘉学者的最大缺憾。二者不合所导致的结果,便是分穷经与致用为二事,故他先从古人说起:

> 古之儒者明体所以达用,宁使世不用吾言,勿使吾言之不足用于世。故闭门造车,出门合辙。其有不合,则弗得弗措,弗明弗措以求之。周公夜以继日,仲尼铁挝三折,圣人且然,况学者乎?圣贤垂训,莫非修己治人之理。降而九流之言,百家之说,亦无不以明体达用为归。所学有浅深,斯所言有纯驳,识之限于天者无如何,学之成于人者宜自勉矣。①

学术的境界当然是以明体达用为指归的,学问则不然,他批评汉学家"琐碎穿凿,自谓能振汉儒之坠绪,不知此特汉博士之所为"。②而真正的汉儒是"不求实是而能远绍微言,兼通大义,夫岂如汉学家所云乎"?③故他告诫汉学家说:

> 古未有不躬行实践而可为学者,亦未有不坐起行而可谓之学者。故班史讥不学无术,学术之发于心术者至微,其关于天下者甚巨。④

学术于天下有大用,而"汉学家乃分穷经致用为二事",故朱一新感叹道"浅学所未闻也。"⑤语气中透露出对乾嘉学者的极度不满。

对于汉学家的批评,朱一新还有一个观点值得重视。在比较考据和义理二者时,他认为义理要高出考据一层,其云:

> 宋学不以阐发义理为主,不在引证之繁。义理者,从考证中透进一层,而考证之粗迹,悉融其精义以入之。⑥

客观地看,朱一新其实并不反对考据,这从前述已经可以看出。对于考据与义理之关系,他还有很通达的见解,其云:

> 小学训诂治经之始事,而经义非仅止于斯。训诂既明,乃可进求微言大义之所在耳。⑦

小学训诂是治经的基础,但治经不能永远停留在小学训诂阶段,而当在此基础上,朝深处更进一步,即求经典之微言大义。当然,在求经典之精意过程中,必须遵从以下原则:

---

① 朱一新撰:《无邪堂答问》卷一,中华书局2000年版,第4—5页。
②③ 朱一新撰:《无邪堂答问》卷一,中华书局2000年版,第4页。
④⑤ 朱一新撰:《无邪堂答问》卷一,中华书局2000年版,第5页。
⑥ 朱一新撰:《无邪堂答问》卷三,中华书局2000年版,第116页。
⑦ 朱一新撰:《无邪堂答问》卷四,中华书局2000年版,第143页。

> 治经者当以经解经,不当以经注我。以经注我,纵极精深,亦未必圣贤本意,况易入于歧趋乎?[1]

探求义理,不能脱离经典,更不能以经注我,这与前面所引"汉、宋诸儒解经,一字一言,必还经之本义"的观点是一致的。他进一步申言:

> 考证须字字有来历,议论不必如此,而仍须有根据。所谓根据者,平日博考经史,覃思义理,训诂名物,典章制度,无不讲求。倾群言之沥液以出之,而其文亦皆琅然可诵,并非凿空武断以为议论也。[2]

朱一新见识超出一般宋学之处,在于他强调义理的同时,不偏废考据,同时明确反对凿空武断的议论,更反对新奇之说,其云:

> 学问之道,愈平常则愈精实,愈精实则愈繁难。人情畏难而就易,厌故而喜新,故新奇之说易行,尤易误聪明子弟。周秦诸子理昭趣博,可谓新奇之至,而其言多倚于一偏,不善读之,则易坏人心术。[3]

就朱一新对义理的"覃思"而言,他主张"精实"之论,而非"新奇"之说,因为后者"易坏人心术",故发为议论,必须审慎。在我们知道朱一新如何正确看待和处理考据与义理关系,以及他对义理本身所框定的原则之后,结合他前面提到"义理者,从考证中透进一层"的观点,可见他总体上是将义理作为治经的终极追求来看待的。因此相较于考据而言,义理为"精义",考证为"粗迹",义理为上、为精、为指归。由此他总结道:

> 考证须学,议论须识,合之乃善。识生于天而成于人,是以君子贵学,学以愈愚。学而无识,则愈学愈愚。虽考据精博,颉门名家,仍无益也。识何以长?在乎平心静气以读书。一卷之书,终身抽绎不尽,返之于身,验之于事,而学识由此精焉。学者囿于凡近固不可,骛于新奇无不可。圣贤所言,莫非人情物理。训诂、名物,岂足以尽六经?即进而窥微言大义,亦当于切近者求之。必欲驾乎古人之上,斯近名之习中之,而凿空武断之病纷纷起矣。[4]

考据属于"学"的范畴,议论属于"识"的范畴。义理得之于识力,故比考据要更"透进一层"。学而无识,愈学愈愚,此对乾嘉汉学家有含沙射影之意。事实上,朱一新就常常喜用一个"识"字来对汉学家作出评价。如他比较郑、焦和汉学家之区别,就是以"识"作为标准的,其云:"郑、焦未尝无一得可取,渔仲尤有心得,特其以后世之例诋诃古人,故格

---

①②③④　朱一新撰:《无邪堂答问》卷一,中华书局 2000 年版,第 47 页。

不相入耳。国朝诸儒者斥渔仲甚力,然学识终在诸儒之上。近时史学惟钱竹汀为超绝,其精审视渔仲固远胜之,而孤怀闳识,亦不逮渔仲远甚。"又如他批评惠栋"寡识"也是一例,其云:

> 惠定宇为汉学大宗,东原等群相应和。惠氏经学虽深,未免寡识。其言《易》,庞杂无绪,未得汉儒家法。(家法不宜太拘,独治汉《易》则不能不拘守一家之学。汉《易》若卦气、纳甲、爻辰,皆阴阳灾变之说。……此三家则师说不同,用法亦异。……惠氏乃混举以言《易》,非也。)《九经古义》摭拾前人弃置不用之说,其所推衍,亦罕精要,与臧氏《拜经日记》略同。《史通补注篇》谓:"刘昭注《后汉书》,如人有吐果之核、弃药之渣,愚者重加据拾,洁以登荐"。惠、臧之书,殆亦类此。①

朱一新批评惠栋治汉《易》的"寡识",讥讽之辞,近于刻薄,除了他认为惠栋未得"汉儒家法"的原因之外,引起朱一新批评冲动的更深层次原因还于惠氏之学"流于禨祥小数",他说:

> 理可知而数难知,儒者治《易》,穷理以尽性可矣。多谈象数,复不得其本原,琐悄穿凿,甚无谓也。②

可见惠栋治《易》不仅在于是否遵循汉儒家法问题,更主要是偏离了儒家治《易》的基本立场,即对于义理之学的追求。

由此而导出朱一新对汉学家治学不言"心性"的又一批评。《易》书有"性道",而惠栋治《易》走象数之路,故未得窥圣学门径。其实自西汉起,学者就已注意到这个问题了,但惠栋未得闻,除了"寡识"之外,当然还与他压根就不重视义理有关,这其实是汉学家们的一个通病,朱一新说:

> 西汉大儒最重微言,宋儒多明大义,然精微要眇之说,宋儒固亦甚多。其言心言性,乃大义之所从出,微言之所由寓。汉学家独禁人言之,则无论《周易》一书专明性道,即四子书中,言心性者何限?③

汉学家禁止言"心性",在朱一新看来是毫无道理的,因为群经之中,莫不蕴含性道。他指出:

> 子贡谓性道不可得闻,第戒人躐等耳。七十子后,学者何一不明乎此? 近人乃借口此言以文浅陋,则六经几可删其半矣。④

---

① ② 朱一新撰:《无邪堂答问》卷一,中华书局 2000 年版,第 4 页。
③ 朱一新撰:《无邪堂答问》卷三,中华书局 2000 年版,第 116 页。
④ 朱一新撰:《无邪堂答问》卷三,中华书局 2000 年版,第 117 页。

不错,子贡是说过"性道不可得闻"的话,但此话不可作为汉学家掩饰自我寡识的一个借口,否则,治经而不覃思性道,则六经有一半以上要删除了。他接着申言之曰:

> 《韩诗外传》云:"原天命,治心术,理好恶,适情性,而治道毕矣。"盖心术,形为好恶,好恶本于性情,性情原于天命,惟能治其性情,节其好恶,斯渐复乎天命之本。然而祸福无不自己求之也。故理好恶者,《大学》絜矩之事;治心术适性者,《大学》诚正之事;原天命者,《大学》顾諟明命之事。古之儒者,言治道若此,安有去心性之学而可言治道者乎?①

朱一新论及汉学家不言"心",似乎越批越来气,他甚至认为他们连王学末流都不如,其云:

> 虽然王学末流之弊,不知治心而尚知有心。若如近儒之言,则目自能视,耳自能听,手自能持,足自能行,而吾心漠然,一无所与,苟有稍及此心者,必诃以为释氏之说。古人惟恐心不灵而时时省察以养之,近人惟恐心之或灵而事事窒塞以仇之。务使如顽石然,一无知觉而后已。呜呼! 误天下后世,而鹜于口耳相率为破碎无用之学者,非此言欤!②

心性关乎治道,而治道乃学术终极目标,这便是他特别强调义理要高出考据一层的原因所在。

(四) 学思相合,宋学胜于汉学之由

朱一新认为对于义理的追求,认为必须要做到学问与思辨并重,他说:

> 《孟子》谓"心之官则思。先立乎其大者,则小者不能夺。"《中庸》亦言"尊德性而道问学"。盖德性尊,大体立,而后学问有所附丽,破碎支离,固不足以言学也。陆象山以此为宗旨,本不误。误在主张太过,而欲以六经注我,则流弊甚大。圣门教人学问与思辨并重,故无罔、殆之弊。罔者,冥心无用,其弊止于误己;殆者,师心自用,其弊更将误人。人而习为无用之学,已可哀矣;人而至于师心自用,尤可惧也。故夫子复言以"思无益",其平日本身以立教者,好古敏求,发愤忘食,多言学而罕言思,为后世计,至深且远。程、朱谨守而不变,所以为圣学正宗,然要非去思以言学也。去思以言学,近儒乃始有之,盖弗与读《孟子》。③

---

① 朱一新撰:《无邪堂答问》卷三,中华书局 2000 年版,第 117 页。
② 朱一新撰:《无邪堂答问》卷三,中华书局 2000 年版,第 124—125 页。
③ 朱一新撰:《无邪堂答问》卷三,中华书局 2000 年版,第 125 页。

朱一新尊崇程、朱与批评汉学家,主要在于思学相合与否,这仍然反映了他关于义理为考据更进一层的观点。"去思以言学",实质对汉学家最终的学术成就造成一定的消极影响,为此朱一新也感到惋惜,其云:

> 近儒以此为平淡无奇乃倡实事求是之说,鼓动一世六书、九数、音韵、训诂、名物、制度类,多卓然名家,惜乎其不善用所长耳。①

所谓"不善用所长",盖指汉学家为学,仅止于学,而未及思,故未能最大程度发挥其治学的效果,这确实是可惜的。这又由此而导出他对汉学家批评宋儒的反批评:

> 后儒或疑穷理为支离,谓非下学所能。或疑穷理为惝恍,谓非圣门所急。不知"大学"者,大人之学。旧读"大"为"泰",古者十五而入太学,学大艺焉,履大节焉。礼、乐、射、御、书、数,自八岁入小学时,久已习之,岂犹有不知义理之大要者?但知事君之宜忠而所以为忠不同,知事父之宜孝而所以为孝不同,事变纷蕃,非一知半解所能尽。要必有其当然之理,与其自然之则,处之不当,思之未审耳。穷理者,事事有条理之谓,凡天下国家之事,皆吾身所当为,即皆吾心所宜知。知之而仍累于物欲,是意不诚也;为之而不得其条理,是知未至也。天下有无理之人,无无理之事,事之无理者,必其不能通行者也。因其已知之理而益穷之,斯可措诸天下而咸宜,俟诸百世而不惑,夫岂有支离惝恍之失哉?②

"穷理"语出《周易·系辞》:"穷理尽性以至于命。"程颢认为天理为人心所固有,只是气禀所限,人欲所蔽,而使本来的理变得昏暗了,因此要穷理尽性,最终之目的是要复其初。朱熹作《大学·格物补传》,一方面继承程颢关于理为人心固有的先验论思想,另一方面又强调"天下之物,莫不有理",只有"即物穷理",才能使内心本来之理显明。朱一新此论大抵从朱熹"天下之物,莫不有理"而来,并具作了更为客观的阐述。他之所谓穷理,倒不是为使内心本来之理显明,而是要寻绎到一个"措诸天下而咸宜,俟诸百世而不惑"的事物发展规律,若此,汉学家呵斥"穷理"为"支离惝恍"就是无知的表现了。他进一步申言道:

> 古人礼以教中,乐以道和。礼、乐之至,通乎神明,而乃列诸小学,盖非习其器,无由知其理也。习其器矣,而仍未通其理,则非覃思制作之精意不可,故小学之终

---

①　朱一新撰:《无邪堂答问》卷三,中华书局 2000 年版,第 116 页。

②　朱一新撰:《无邪堂答问》卷四,中华书局 2000 年版,第 148 页。

事，即大学之始事。格致者，大学之始，而固非五射、五驭、六书、九数之所能该也。其事，则天下国家之事；其理则修、齐、治、平之理。人不外乎五伦，道不外乎追求，极平易亦极精实，苟以此为支离，而专恃乎本心之明，人非圣人，安能发皆中节？或失则诞矣。以此为惝恍，而专求诸器数之末，琐屑穿凿，率天下而为无用，或失则罔矣！[①]

如果说前引是旨在阐明所穷之理为事物之理，而此段文字，则阐明所穷之理为人文之理。识器之学乃形下之学，如果不能超越器数之末，则流于琐屑，这又是无识的表现了。他于是接着批评道：

近人惟读书而不穷理，实事而不求是，故歧之又歧。程、朱之学，所以可贵者，以其本末兼尽也。小小抵牾，岂能尽免？后人虚心以订之，可也；肆口以诋之，不可也。明中叶后，乃诋为"支离"，乾嘉以来，又诋为"惝恍"。同一程、朱，何以相反至于如此？亦适见诋之者之无定识也。孙夏峰言："晦翁没，而天下之实病当泻；姚江没，而天下之虚病当补。"窃谓夏峰之言未尽确，若汉学家乃正当泻者耳！[②]

由汉学家溺于器数，又导出朱一新对于他们治礼而攻义理的批评，其云：

圣门诲人曰博文，曰约礼，文谓《诗》《书》《六艺》之文，《礼》则三百三千。今人终身治之不能尽，何以谓之约？盖礼有文有本。忠信者，礼之本也。（《礼器》云："忠信礼之本也，义理礼之文也。"）文非徒器数之谓，习其器数，而仍归于义，乃可谓之文。近儒治《礼》，而力攻义理之学，盖不读《戴记》。[③]）

他认为治礼应将习其器数和精思义理相结合，"以措诸用，而非摭拾细碎"[④]，如此《礼经》大旨，灿若日星，方能阐发殆尽。"苟徒索诸虚而不知征诸实，是为无用之学；异端以之泥于器数之末，而不知性道之原，是为无本之学，俗儒以之"。[⑤]

由此而又导出朱一新对宋儒穷理之功其实与圣人约礼之旨无异的辩护，这可谓是他对汉学家批评程、朱穷理为支离而进行反批评的总结，其云：

大抵博文约礼分先后，不分缓急。当博文时，即有约礼之功，非俟读尽天下书而后约之以礼也。古者多言礼而少言理，以礼乐之事，童而习之，有迹象之可循。

---

①　朱一新撰：《无邪堂答问》卷四，中华书局 2000 年版，第 149 页。
②　朱一新撰：《无邪堂答问》卷二，中华书局 2000 年版，第 83 页。
③　朱一新撰：《无邪堂答问》卷四，中华书局 2000 年版，第 155—156 页。
④⑤　朱一新撰：《无邪堂答问》卷四，中华书局 2000 年版，第 157 页。

圣门以下学之功示人,故不空言理。宋儒则言理居多,仍与约礼之旨无异。盖《礼经》残缺,古今异宜,大而朝聘燕飨,小而宫室器服,多非后人耳目之所习。与之言理,则愚夫愚妇可与知;能与之言礼,虽老师宿儒,或不能尽通其义。古人制礼之精意,何莫非由天理而来?故礼有文有本,其文之委曲繁重者,非后世所能行,亦非愚夫所能喻,则不得不举礼之精意言之。汉学家以是攻宋儒,末之思也。①

因为往古礼书具在,人人皆识其器数,有迹可循,有礼可依,但却怕他不晓其义,故教之曰:"凡音之起,由人心生也"。倘若失其义而陈其数,则为祝史之事。可见礼之精意,本来就是由古人讲起来的。当今礼乐之书残缺,大小礼数多非后人耳目之所习,这个时候更要举礼之精义宣教,让人明白古人制礼,亦由天理而来的道理。所以朱熹认为读书穷理,即博文约礼,语虽殊而意则一。在此基础上,他指出程、朱学术之所以为正宗的理由,其云:

> 朱子教人读书,而读书必归于穷理。于二陆之直指本心者,则虑其过高,而失下学上达之旨;于东莱之多治史学者,则虑其泛滥而贻玩物丧志之讥。至明季及乾嘉以来,而其言无一不验,故择术不可不慎,程、朱所以为圣学正宗者,此也。②

由是而又导出朱一新对汉学家诋朱熹小学为浅陋的又一次反批评,其云:

> 《周官·保氏》以五礼、六乐、五射、五驭、六书、九数教国子,此古人小学之法,礼乐所用者大,故孔子屡以为教,而射驭书数罕闻焉。降及汉世,《乐经》失传,《礼经》残缺,射驭久废。九数虽存,自张苍、许商诸人而外,亦非人人可以通晓。又其学与天文相出入,故班《志》别为门类。惟六书传授未绝,学僮皆所讽诵,列为小学,乃古人小学之一体,非谓保氏教胄之法遂止于斯也。宋儒以其说未尽,乃刺取礼书,以端蒙养。后世经说日繁,虽老师宿儒终身治之,而不能尽。苟撮其指要,通其大义,则童蒙可以喻之,且可终身行之,此三代圣王设立庠序之本意也。故论小学必合汉、宋儒者之说,而其义始备。近儒诋朱子小学为浅陋,大谬不然。③

汉学家之小学,眼里只有六书,而宋儒所谓小学,则意欲恢复古貌,以趋近三代圣王设立庠序之教的本意。如吕氏《童蒙训》云:"后生学问,且须理会《典礼》《少仪》《仪礼》等学,

---

① 朱一新撰:《无邪堂答问》卷四,中华书局 2000 年版,第 145 页。
② 朱一新撰:《无邪堂答问》卷四,中华书局 2000 年版,第 144 页。
③ 朱一新撰:《无邪堂答问》卷二,中华书局 2000 年版,第 76 页。

洒扫应对，进退之事，及先理会《尔雅》、训诂等文字，然后可以语上。"①由此看来，宋儒设计的小学，并不排斥六书，但同时增加了洒扫、应对、进退等内容，因此更加合符三代小学之遗法。所以他批评"近儒诋朱子小学为浅陋，大谬不然。"

由诋朱子小学为浅陋，汉学家继而又批评宋儒不重考据，故从训诂角度言，他们认为唐以后书可以不读，对此朱一新反驳道：

> 近儒谓训诂、名物，当求六朝以前书，是也；其谓不读唐以后书，则非。此特读书减省之法，非真读书人语也。②

汉学家不主张读唐以后书，实际上就是针对宋儒不擅训诂、名物而言，这个看法其实是带有偏见的。以朱子而论，朱一新云：

> 非精于考证，则义理恐或不确，故朱子终身从事于此，并非遗弃考证之谓也。朱子言："考证别是一种工夫，某向来不曾做此。"自谦之词。今读《语类》随举一事，无不通贯，非精于考证者能之乎？③

当有弟子问及朱子《论语集注》于训诂多不明引，表示"异哉"之时，朱一新回答道："训诂则博采众家，融以己意，悉著之，将不胜琐屑也。未知其例而率讥之，谬矣。"④他接着举例说：

> （朱子最留意训诂。《论孟精义序》曰："汉魏诸儒正音读，通训诂，考制度，辨名物，其功博矣。学者苟不先涉其流，则亦何以用力于此？"又《文集·答吕伯恭书》曰："不读《说文》，训诂易谬"。《答黄直卿书》曰："后生旦教他依本子认得训诂文义分明为急。"其他见于《语类》者尤多。）如《论语集注》"学之为言，效也"，用《广雅》。"习如鸟数飞也。"用《说文》。《说文》："敩，觉悟也。"朱子恐"觉悟"之训易混于释氏，故不用许书，而用《广雅》。复截取许书"觉"字之义，以申孟子先觉后觉之说，则尊德性，道问学之意皆在其中。开卷数语，即揭《四书》要义以示人，非苟焉已也。《集注》引《说文》例，不举书名，而注"乡党，闾阎如也"，独明著之，盖因《闵子侍侧》章亦有此言。……其义例之密如此，而近儒犹肆攻诘，异哉！⑤

在朱一新看来，不应对《论语集注》表示"异哉"，相反应对近儒肆意攻诘朱子表示"异

---

① 朱一新撰：《无邪堂答问》卷二，中华书局 2000 年版，第 76 页。

②③ 朱一新撰：《无邪堂答问》卷三，中华书局 2000 年版，第 116 页。

④ 朱一新撰：《无邪堂答问》卷三，中华书局 2000 年版，第 127 页。

⑤ 朱一新撰：《无邪堂答问》卷三，中华书局 2000 年版，第 127—128 页。

哉",他接着申言:

> 小学训诂诸书,皆为释经而作,正当择善而从。许君自言博采通人,朱子之法即许君之法。近人乃反迁就经训,以传《说文》,岂许君本意乎?引书备著出处,近例始严,以为可免暗袭。然暗袭与否,仍视其人。吾见著出处,而暗袭尤工者,多矣!古惟疏体如是,传注不拘。后郑注《三礼》有与先郑异议,或径用旧说者始著之,余不尽尔。①

朱一新的看法在当时并不孤独,与他同时而较早的陈澧《东塾读书记》,多记朱子亦曾从事考证。陈澧还特别引朱熹《答孙季和书》云:"读书玩理外,考证又是一种工夫,所得无几,而费力不少,向来偶自好之。"他评论道:"朱子好考证之学,而又极言考证之病,其持论不偏如此。读书玩理,与考证自是两种工夫,朱子立大规模,故能兼之。"②可见朱子重考据,是作为治学之基本功来要求的。

汉学家重视考据,是其所以为汉学家的本色所在。但他们在诋朱熹同时,其自身考据亦屡有所失,由此而导出朱一新对汉学家考据不精的批评。前引汉学家攻宋儒以理说礼,但他们自己对"理"的训释亦颇多失误,其云:

> 《说文》"理,治玉也。"此许君释"理"从玉之本义。引申之则为文理、条理,乃经典之恒言。焦理堂据许书以难宋儒,非失诸目睫之前乎?段注引戴东原《孟子字义疏证》以释之,其说固精,然《疏证》他文,仍多谬论。③

更为明显的例子,是汉学家对《大学》"明明德"的训释,让朱一新感到非但没有获得确解,反读到他们"借训诂以伸私说",其云:

> 《大学》"在明明德",郑《注》谓"显明其至德也"。"至德"即"明德"。"显明"训上"明"字,故下文注:"谓皆自明明德也。"语意炳然,更无疑义。段懋堂乃援《尔雅》"明明、斤斤,察也"之训,广引诸书,证成曲说。其言与西河《大学问》略同。(西河实用李恕谷之说,而段氏又暗袭西河,汉学家如此类者不少,须分别观之。)而下文"欲明明德""皆自明也"二语,绝不可通。反谓孔《疏》误会郑《注》之意,可乎?近儒借训诂以伸私说,不顾上下文义,动欲以此律彼,乃治经之大患也。④

---

① 朱一新撰:《无邪堂答问》卷三,中华书局 2000 年版,第 128 页。
② 陈澧撰:《东塾读书记》卷二十一,清光绪刻本。
③ 朱一新撰:《无邪堂答问》卷四,中华书局 2000 年版,第 145 页。
④ 朱一新撰:《无邪堂答问》卷四,中华书局 2000 年版,第 148 页。

段氏谓孔颖达不得其读,反不知是自己证为曲说。故朱一新接着申言:

> "明明德"谓"明其明德也","亲民"谓"亲其民也","止至善"谓"止于至善也"。
> 若明明连读,下二句又当作何解?①

汉学家除了在考据方面常常有缺失之外,动辄疑经,轻改原文,也是常患的一个毛病,他说:

> 国朝人于校勘之学最精,而亦往往喜援他书以改本文。不知古人同述一事,同引一书,字句多有异同。非如今之校勘家,一字不敢窜易也。今人动以此律彼,专辄改订,使古书皆失真面目。此甚陋习,不可从。凡本义可通者,即有他书显证,亦不得轻改。古书词义简奥,又不当以今人文法求之。②

他所谓"国朝人",即指乾嘉以来的汉学家,其云:

> 目录校雠之学所以可贵,非专以审订文字异同为校雠也。而国朝诸儒则于此独有偏胜,其风盛于乾嘉以后。……顾往往据类书以改本书,则通人之弊。若《北堂书钞》《太平御览》之类,世无善本,又其书初非为经训而作,事出众手,其来历已不可恃,而以改数千年诸儒断断考定之本,不亦慎乎?(如胡胐明据《初学记》引郑《注》以定《禹贡》之三江,乾嘉诸儒,以其说出于郑君也,翕然从之。不知《初学记》乃误引,与孔《疏》所引郑《注》迥不相侔。郑、孔本无异,而转借此以攻孔《传》,则惑矣。)③

即使像钱大昕这样一流学者,也未免疏误,如弟子问《易》纳甲、先天异同,朱一新说:

> 先天出于纳甲,纳甲出于纳音,纳音出于纬书,其见于古籍者,历有明征,近儒之所驳诘,皆昧其源流。……钱竹汀《潜研堂集》(卷一纳音说惟以纳音为出于纳甲,则未免颠倒。)④

有弟子问:《礼器释文》:"牺尊,郑素何反。"据此,则郑时已有反切? 朱一新回答:

> 郑读"牺"为"莎",故《释文》有"素何反"之音,非郑自作音也。《释文》语意甚明,此殊误会。《周官·司尊》"彝",《释文》"素何反"之音,凡屡见。比而观之,可了然矣。(反切起于孙叔然,郑君注经,尚未有此。惟《书·洛诰释文》云:"迣,五嫁反。"

---

① 朱一新撰:《无邪堂答问》卷四,中华书局 2000 年版,第 148 页。
② 朱一新撰:《无邪堂答问》卷三,中华书局 2000 年版,第 94—95 页。
③ 朱一新撰:《无邪堂答问》卷二,中华书局 2000 年版,第 75 页。
④ 朱一新撰:《无邪堂答问》卷五,中华书局 2000 年版,第 189 页。

马、郑、王皆音"鱼据反",此似马、郑皆有反切之证。然《释文》并王氏言之,恐是子邕之音,而陆氏省文连及马、郑皆有反切之证。然《释文》并王氏言之,恐是子邕之音,而陆氏省文连及马、郑耳。单文孤证,仍未足为据也。《仪礼·士昏记注》:"用昕使者,用昏婿也,婿,悉计反。"末四字亦是《释文》误入郑注。朱子《仪礼经传通解》引尚未误,而阎潜邱《古文尚书疏证》引以为郑作反语之据,其误正与此同。)①

总之,汉学家知识的出错,也许是一时疏忽,但对于许多与思想史相关概念溯源而出现的错误,则可能是因为对学术史缺乏了解而出现误判,如朱一新对汉学家认为"虚灵"二字出于道家,就有不同看法,其云:

> 近人以"虚""灵"二字出于道家,不可以状心体。然则心体固当实同而蠢乎?《大戴礼·天圆篇》:"阳之精气曰神,阴之精气曰灵。神灵者,品物之本,而礼、乐、仁、义之祖也。"《诗·灵台篇故训传》:"神之精明者称'灵'。"《说文》:"灵,巫以玉事神"。此制字之本义,引申之则为"神灵"之称,安得据许书以纠古文《泰誓》《礼运》?"四灵以为畜",孔《疏》谓此"四兽"皆有神灵,异于他物。②

从文字学角度看,《说文》释"灵",是为求此制字之本义,但作为一个思想史的概念产生,则"灵"仍出于儒家经典,并自有儒家思想的精义所在。由对思想史概念的溯源,导出朱一新对汉学家斥朱子学为禅学的反批评,其云:

> 朱子注《论语》云:"行道而有得于心之谓德。"近人亦斥为禅学,不知《周官·师氏》郑《注》云:"德行,内外之称,在心为德,施之为行。"郑君已以德属诸心矣。③

汉学家推崇许、郑,贬抑程、朱,他们批评朱子以德属心,附入禅学,殊不知他们最为尊崇的郑《注》里早已说过"在心为德"的话,所以这个批评是无效的。又如朱熹引郑《注》"相人偶"的解释,而汉学家不知,朱一新批评道:"郑君之说,朱子早取之,而近人反执此以攻守儒,可乎?"④朱子不仅反对入禅,而且他还恐他人易入于禅。汉学家完全是误解了朱子,他说:

> 《大戴·易本命篇》:"王者功必以道,静必以理。"《小戴·乐记篇》:"人生而静,天之性也。感于物而动,性之欲也。好恶无节于内,知诱于外,不能反躬,天理灭

① 朱一新撰:《无邪堂答问》卷三,中华书局2000年版,第126—127页。
② 朱一新撰:《无邪堂答问》卷二,中华书局2000年版,第83页。
③ 朱一新撰:《无邪堂答问》卷四,中华书局2000年版,第148页。
④ 朱一新撰:《无邪堂答问》卷一,中华书局2000年版,第32页。

矣。"宋儒以主静言理,本诸《戴记》。朱子尚恐其易入于禅,故谓"静不如敬",至以主敬言理,则尤与经义触处吻合矣。①

针对汉学家对朱子的误解,朱一新就儒、释、老之不同,索性作了一番比较,以明圣贤真意,其云:

> 圣贤心热,释、老心冷。圣人以成物为心,虽晦盲否塞之时,知其不可而为之,犹天地以生物为心,虽严寒肃杀之时,生机未尝绝也。故圣人之书尚仁,老氏之书尚智。《道德》五千言,莫非教人以取巧之术。后人得其精意,则为沮、溺、为孙、吴。得其糟粕则为清谈,为乡愿。凡此皆聪明用事之人,其与圣贤之道不啻南辕北辙,盖为圣贤为忠孝者,皆以愚成其智。故曰:"智可及、愚不可及。"溥之以仁,裁之以义,斯大智出焉。离仁义以言智,则有误以机械变诈为智者矣。释氏谓众生皆合佛性(此即"生之谓性"之说)而欲以大愿力拯之,诚有似乎仁矣。然清净寂灭,其心死而不活,故发不中节,势必终穷。由其不知天下之大本,斯不知天下之达道耳。(宋、明诸贤辨之已详。)圣人尽己性,以尽人性;尽人性,以尽物性。其参赞化育者,"仁";其条理秩然者,"仁"。②

朱一新力辟宋儒与禅学无涉,理至精密,辨之甚详。以上所举,都可见出他对宋学的尊崇。故对于汉学家的缺陷,朱一新从学术发展史角度予以总结道:

> 汉学家所当辨者固无几也。有百世之著述,有一时之著述。囿于一时风尚者,风尚既移,则徒供后人指摘矣。③

当然,正如朱一新将乾嘉汉学置于学术史洪流中来看一样,我们倘将朱一新也同样置于整个学术史发展的洪流来看,他的出汉入宋,亦无非是晚清学风转变、思想转变的一个典型案例。正如钱穆所谓:

> 此则非在汉学风气已衰,人心向厌之后,不道此。不仅章实斋时绝不如此说,即陈兰甫著书,亦尚不如此说也。即此可见当时汉学颓波日衰日落之处,而鼎甫主张所以转换学风以开此后之新趋向。④

---

①　朱一新撰:《无邪堂答问》卷四,中华书局 2000 年版,第 150 页。

②　朱一新撰:《无邪堂答问》卷二,中华书局 2000 年版,第 82 页。

③　朱一新撰:《无邪堂答问》卷一,中华书局 2000 年版,第 5 页。

④　刘梦溪主编:《中国现代学术经典·钱宾四卷》之《中国近三百年学术史》,河北教育出版社 1999 年版,第 544 页。

很可惜,这种转变因为他的早卒而最终未能修成正果,故钱穆仍将他视为"旧辙已迷,新轸尚远,终于为一过渡学者"。[1]

四、朱一新理学思想

朱一新的理学思想集中体现在其《无邪堂答问》中,归纳起来主要包含了陆、王观,仁论,心性论,义利之辨等方面。

(一)陆、王论

生活在程、朱、陆、王之后的每一位理学家,首要面临的学术先择,便是对程、朱与陆、王两大理学家阵营的皈依。毫无疑问,朱一新的理学趋向是以程、朱理学为主的,那么他对于陆、王的看法,亦可作为观察他理学思想特征的一个基本视点。如前所述,朱一新对待陆、王立说平正通达,并不将陆、王完全置于对立的一方。正像他的学术汉、宋兼采一样,他在理学框架内以程、朱为主,同样也有兼采陆、王的倾向,这是他区别于晚清其他理学家的不同之处。

我们一般论及陆学,多以其"心学"立论并作推衍。其实,陆学的气质,对于人生论贡献尤大。朱一新敏锐地发现了这一点,他说:"象山之言,最足激发志气,使人兴起。"[2]这是因为在陆象山著作中,他所关注的修身目标,是如此高远,其云:

> 宇宙间自有实理,所贵乎学者,为能明此理耳。此理苟明,则自有实行,有实事。实行之人,所谓不言而信。[3]

又云:

> 宇宙内事,是己分内事。己分内事,是宇宙内事。[4]

再云:

> 惟义惟公,故经世;惟利惟私,故出世。儒者虽至于无声、无臭、无方、无体,皆主于经世。释氏虽尽未来际普度之,皆主于出世。[5]

---

① 刘梦溪主编:《中国现代学术经典·钱宾四卷》之《中国近三百年学术史》,河北教育出版社 1999 年版,第 546 页。

② 朱一新撰:《无邪堂答问》卷五,中华书局 2000 年版,第 198 页。

③ 陆九渊撰,钟哲点校:《陆九渊集》卷十四《与包详道》,中华书局 1980 年版,第 182 页。

④ 陆九渊撰,钟哲点校:《陆九渊集》卷二十二《杂说》,中华书局 1980 年版,第 273 页。

⑤ 陆九渊撰,钟哲点校:《陆九渊集》卷二《与王顺伯》,中华书局 1980 年版,第 17 页。

陆象山的人生论既有如此大气魄，大气象，故朱一新才说此言最"足激发志气，使人兴起"。由此而论及象山学术，朱一新也因此抓住其立"大体"的关键，其云：

> 孟子谓："心之官则思，先立乎其大者，则小者不能夺。"《中庸》亦言："尊德性而道问学。"盖德性尊，大体立，而后学问有所附丽，破碎支离，固不足以言学也。陆象山以此为宗旨，本不误。①

总体来看，朱一新对陆学之"大体"是持相当肯定态度的，并认为符合圣学宗旨。他对于陆学的批评，只是认为"误在主张太过，而欲以六经注我，则流弊甚大。"②另一处答弟子问时，他也表达了相同的看法，其云：

> 德性固不可不尊，大体亦不可不立，然孟子谓四端扩充，即尊德性也。操存舍亡，即立大体也。程、朱之学，亦何尝不如是？乃二陆主张太过，至以六经注我，则开后学恣肆之端，将视圣经贤传为糟粕，而尽溃藩篱，余患至今，纷纷未已。③

可见，朱一新一方面对陆学表示尊重，另一方面也表示深深的遗憾，这就是他对待陆学的基本态度。

而朱一新对于王学的态度，则可从他评价东林讲徒的一则对话中开始谈起，其云：

> 东林讲徒盛于东南，厥后殉国难为逸民者亦惟东南最盛。盖耳濡目染使然，非东南人性独善也。由此言之，讲学何负于人国？……国初正学之盛，实自诸贤有以启之。④

明季东林讲徒，浸染王学。故他接着说："明自王学盛行，士大夫多喜讲学。东林之先有首善，首善之先有灵济宫。"⑤后人治明史有一种言论认为，明不亡于流寇，而亡于东林，朱一新对此深不以为然。《明代风俗论》曰："东林虽多清操，实则熏莸莫辨。故讲学愈深，风俗愈浇。"朱一新反驳道：熏莸莫辨，东林诸贤固不得辞其责，而其中有别具苦心诸人，未可概论。谓风俗愈浇，实乃后人矫诬之言，尤不足据。东林之失，在横议，而不在讲学，而且"国初正学之盛，"实启自东林诸贤，而明代自促其亡，于诸贤何罪之有？值得注意的是，朱一新此所谓"国初正学之盛"，即是指黄宗羲诸贤之学。既然"国初"为学皆"正学"，而"正学"三大儒孙奇逢(夏峰)、黄宗羲(梨洲)、李颙(二曲)又"皆宗姚江"，则王

---

① ② 朱一新撰：《无邪堂答问》卷三，中华书局 2000 年版，第 125 页。

③ 朱一新撰：《无邪堂答问》卷四，中华书局 2000 年版，第 145 页。

④ ⑤ 朱一新撰：《无邪堂答问》卷一，中华书局 2000 年版，第 7 页。

学在逻辑应属朱一新所谓的"正学"之列,这是毫无疑义的。朱一新所要批评的不是王学,而是王学末流,因为王学末流对于王阳明的"致良知"有严重的曲解,其云:

> 王学末流,绝不以治心为事,以为吾心中自有良知,不假安排,信心而行,遂至恣肆猖狂而不可遏,岂但非阳明本意,亦与释氏大殊。①

王学末流以为"吾心中自良知",因此便可"信心而行",遂至于猖狂恣肆而不可收拾。这其实并非王阳明本意,因为,阳明学说的关键是"致良知",而非仅止于主"良知"。朱一新于是对"良知"与"致良知"作了一番辨明,他说:

> 今夫人非至愚,被以盗贼之名,必怫然而不受。然习染既深,往往有为盗贼所不屑为,而反安之若素者。此无他,无可欲,则廉耻之心生;有可欲,则羞恶之心泯也。夫不受盗贼之名,非良知乎?见可欲而心乱,良知其可恃乎?羞恶之心,虽本性生,苟不能扩充此心,终必近于禽兽。故阳明虽主"良知"而必以"致良知"立说。为王学者,乃去"致"字而专讲"良知",是徒任吾心之所发,而不必达之于天下也,可乎哉?②

如果说"良知"即是一个人的"羞恶之心",但不能扩充与推广此心,则终必近于禽兽,可见"致"是使此心达之于天下的关键所在。王学末流言心而不言治心,犹立良知,而不致良知,故导致"诸弊丛生",其又云:

> 姚江之学,不及百年,诸弊丛生,与宋学末流等,而逾闲荡检,猖狂恣肆,则什百过之……然以此集矢于陆、王则不可。陆、王说虽过高,要自有真面目,王与陆亦不尽同。③

王学末流自然与阳明之学不等同,因此要加以严格区别。但为什么王学末流会轻易地将"致良知"的"致"字置而不论呢?深究下去,这其实与王阳明学说自身存在的缺陷也不无关系,对此朱一新作了深刻的辨析,其云:

> 言"良知"则不容著"致"字,言"致知"则不容著"良"字,阳明之为是言,盖欲破"格物穷理"之说,而以事物之理为"良知"中所固有,当恃吾本心之明以格之,其复《大学》古本亦此意也。此似与《孟子》四端意近。然四端从扩充言,"良知"从"不学不虑"言,"不学不虑",则"知"于何"致"?宜后人去"致"字而专讲"良知"矣。④

---

① ② ④　朱一新撰:《无邪堂答问》卷三,中华书局 2000 年版,第 124 页。
③　朱一新撰:《无邪堂答问》卷五,中华书局 2000 年版,第 198 页。

王阳明"致良知"之"致"原出《大学》"致知在格物";"良知"原出《孟子·尽心上》:"人之所不学而能者,其良能也;所不虑而知者,其良知也。"是指天赋的道德意识。阳明将《大学》的"致知"与《孟子》的"良知"结合起来,提出"致知",就是"致吾心之良知"。而他所谓的"良知"既是主体本然之善性,又是指宇宙万物之本。他说:

> 若鄙人所谓致知格物者,致吾心之良知于事事物物也。吾心之良知,即所谓天理也。致吾心良知之天理于事事物物,皆得其理矣。致吾心之良知者,致知也。事事物物皆得其理者,格物也。是合心与理而为一者也。合心与理而为一,则凡区区前之所云,与朱子晚年之论,皆可以不言而喻矣。①

这实际上就如朱一新所言要破朱熹"格物穷理"之说,将外在的"天理"化为主体内在的"良知",然后又将内在的"良知"扩充为事物之理。因此,与其像朱熹那样枝枝叶叶地在外面"穷物理",不如日日夜夜地从内心"致良知",并进一步断言,"良知之外,别无知矣;致知之外,别无学矣。"②但因《孟子》的"良知"是从不学不虑而言,陈来认为"不学"表示先验性,"不虑"表示其直觉性,③那么,王阳明"知"于何"致"呢?难怪后人要去"致"字而专讲"良知"了。而专讲"良知"的后果便是容易跌入逾闲荡检,猖狂恣肆的深渊之中。总之,朱一新是肯定阳明"直指本心,简易切至"的思想方法,并认为有益于学者,"以之救近日汉学家支离破碎之病,尤为对症良药。"④而且朱一新还将清初"正学"之盛,归功于他的学术影响,可见他并不排斥阳明自身的学术价值。当然,朱一新理学的总立场终究是程、朱的立场,所以他认为朱熹对陆象山"过高"之论可能导致的流弊,辨之甚严,就在于"为后世学者计至深也",表达了对朱熹立场的皈依。而对于朱子与阳明之比较,他认为"精粗疏密之间,不可以道理计",⑤同样也表达了对他推崇朱子学立场。

(二) 仁论

朱一新驳阮元《论语论仁论》以"仁"读如"相人偶"之"人",除了从训诂学上指出阮元的错误之外,其在学理上主要还是不同意阮元释"仁"以事以用。如阮元说"春秋时,孔门所谓仁也者,以此一人与彼一人相人偶而尽其敬礼忠恕等事之谓也"。因此他强调

---

①　王阳明撰,吴光等编校:《王阳明全集》卷二《传习录中·答顾东桥书》,上海古籍出版社1992年版,第45页。

②　王阳明撰,吴光等编校:《王阳明全集》卷六《与马子莘》,上海古籍出版社1992年版,第218页。

③　陈来撰:《宋明理学》,华东师范大学出版社2004年版,第277页。

④⑤　朱一新撰:《佩弦斋杂存》卷下《答陈生钟璋问阳明学术》,《拙庵丛稿》本,清光绪二十二年龙氏葆真堂刻。

"凡仁,要于身所行者验之而始见",认为"虽有德理在心,终不得指为圣门所谓之仁矣"。①这恰恰是朱一新所不能同意的。朱一新论仁,与阮元相反,他说:"仁,人心也。生理所以不绝于终古者,赖有此仁心也。"②阮元以事释"仁",强调"仁"之用,这是很容坠入墨子兼爱之途的。而朱一新论仁,则重视"仁"之体。他的这个观点主要反映在他对张载《西铭》的诠释中。

《西铭》是张载的重要哲学著作《正蒙》最后一篇《乾称篇》的一段文字,作者曾于学堂双牖各录《乾称篇》这部分内容,左书取名《砭愚》,后书取名《订顽》,后程颐将《砭愚》改称《东铭》,将《订顽》改称《西铭》。其中《西铭》说:

> 乾称父,坤称母,予兹藐焉,乃混然中处。故天地之塞吾其体,天地之帅吾其性。民吾同胞,物吾与也。大君者,吾父母宗子;其大臣,宗子之家相也。尊高年,所以长其长;慈孤弱,所以幼吾幼。圣其合德,贤其秀也。凡天下之疲癃残疾,惸独鳏寡,皆吾兄弟之颠连而无告者也。于时保之,子之翼也。乐且不忧,纯乎孝者也。……富贵福泽,将厚吾之生也。贫贱忧戚,庸玉女于成也。存,吾顺事;没,吾宁也。③

二程极为推崇《西铭》,认为《西铭》之为书,可与《论》《孟》等具有同等重要地位,成为洛、闽学者认识"圣门蹊径"的"初学入道之门"。张载从"乾父坤母"的"太虚之气"中,首先引出了合虚与气的"天地之性",作为人的本性,构成了他本体化的人性论;接着以这个与天地体同性的"人"为主体,推演出"民胞物与"而守其"定分"的大同社会理想,构成他本体化的政治论;接着,为了使人人能自觉守其定分而不乱,他又以"存心养性"之功,"事亲事天"之"孝",构成他本体化的道德论;最后导入"贫富""生死"皆"吾顺事"的人生论。这就是《西铭》一文的哲学逻辑结构,也是整个宋明理学的基本格局。④《西铭》的核心理念是"民胞物与",这是张载关于理想社会的一个重要命题。二程对这四个字的要旨理解,认为"孟子以后,未有人及此。得此文字,省多少言语。且教他人读书,要之仁孝之理备于此。顺其而不于此,则便不仁不孝也。"⑤但是浅学常常将"民胞物与"与墨子

---

① 阮元撰:《揅经室一集》卷八《论语论仁论》,中华书局 1993 年版,第 176 页。
② 朱一新撰:《无邪堂答问》卷一,中华书局 2000 年版,第 47 页。
③ 张载撰:《张子全书》卷一《西铭》,《四库全书》本。
④ 参见董玉整主编:《中国理学大辞典》"《西铭》"条,暨南大学出版社年 1995 年版,第 170 页。
⑤ 程颢、程颐撰:《河南程氏遗书》卷第二上《元丰己未吕与叔东见二先生语》,王孝鱼点校:《二程集》上,中华书局 2004 年第二版,第 39 页。

的兼爱相提并论,对此程颐认为:

> 《西铭》之为书,推理以存义,扩前圣所未发,与孟子性善养气之论同功,岂墨氏
> 之比哉。《西铭》明理一而分殊,墨氏二本而无分。(老幼及人,理一也。爱无差等,
> 本二也。)①

程虽有"民胞物与"之旨"岂墨氏之比哉"的说法,但对此并没有作出具体的解释,这个问
题其实也一直困扰着后来学者。朱一新的弟子钟凌汉就曾问道:"《西铭》之旨不同于兼
爱,其殊别安在?"而朱一新的回答,则围绕"仁"字来作展开,因此成为他仁学思想的一
个重要阐述。其云:

> 《西铭》发端,即言乾父坤母,以下语语,本立此说。盖谓人物皆受形于天地,天
> 下人同出于父天母地,非同胞而何?大君为宗子,践形者为肖子,害仁济恶者逆子。
> 天生民,而作之君作之师,有裁成辅相之道,宗子肖子皆不辞其责者也。惟其心中
> 肫然,有民胞物与之仁,故欲使之老安少怀,各得其所,即欲立立人欲达达人之意,
> 所谓能近取譬也。均是人也,同受形于天地,犹之众子同受形于父母。故尊高年,
> 即此长吾长之心;慈孤弱,即此幼吾幼之心。犹孟子"老吾老以及人之老,幼吾幼以
> 及人之幼"也。②

从《西铭》的立场出发,倘以宇宙的观念来看待人与社会、人与自然的关系,则天地既是
我的父母,那么民众当然便是我的同胞,万物当然就是我的朋友,故"民胞物与之仁"作
为"长吾长之心"和"幼吾幼之心",皆具有宇宙性即本体性。因此,朱一新认为《西铭》所
包含的仁学思想,或者说他以"仁"来释"民胞物与",其实是基于仁之体而言,与他前所
言"仁,人心也"的思想是一致的。墨子兼爱之说,乃以事言之,而非以体言之,这是《西
铭》之仁心与墨子之兼爱最大不同。他进一步申言曰:

> 《西铭》但以其心言,而非以其事言。心则无论穷,可以万物为一体,中国为一
> 人,不如是则生机窒,而仁之量隘。事则有穷,博施济众,尧、舜犹病,故儒者必明
> "理一分殊"之旨,亲亲而仁民,仁民而爱物,各有等差,正所以善全吾仁。否则执途
> 人而爱之,与吾亲等,势必不能遍给,终且视吾亲与途人等,而生理于是绝,天地之

---

① 程颢、程颐撰:《河南程氏遗书》卷第九《伊川先生文五·答杨时论西铭书》,王孝鱼点校:《二程集》上,
中华书局 2004 年第 2 版,第 609 页。
② 朱一新撰:《无邪堂答问》卷三,中华书局 2000 年版,第 107 页。

心或几乎息矣。①

朱一新重视仁心,一方面是对孟子四端说的坚持。孟子认为人心固有仁、义、礼、智四端,又具有"操则存,舍则亡"的特性,因而不可放失其心。《告子上》云:"学问之道无他,求其放心而已矣",《尽心上》云:"尽其心者知其性",此所谓"心"即指人的本性。另一方面,也是对宋儒心说的继承。在宋儒眼里,"心"被视为伦理道德原则的总体,具有世界本原的性质。二程子认为"心是理,理是心"。朱熹进一步提出"心与理一"的命题,将"心"本体化,故朱一新此所言仁心,亦即本体化的"心",正因为是本体化的心,故得以"全仁"而遍给,使整个世界笼罩在仁之中,沐浴仁的光辉。仁即是心,心即是理。倘以事释仁,无异于"执途人而爱之",势不必能遍给周全,顾此失彼,遗漏有多,如此则"天地之心或几乎息矣。"因此,朱一新接着说:

> 故理一者,仁之体也;分殊者,仁之用也。理一即乾父坤母,民胞物与之同出一源也。分殊即亲亲、长长。恂独鳏寡之各准其量也。盖《论语》言仁合体用而言之也。②

朱一新以"理一分殊"言仁,即综合体用言仁,既克服了阮元所谓"若一人闭户齐居,瞑目静坐,虽有德理在心,终不得指为圣门所谓之仁矣"的担忧,又兼顾了阮元"凡仁,必于身所行者验之而始见"的践行,所以朱一新说:

> 然有体斯有用,必有民胞物与之量,乃有立人、达人之思,大而至于参天地赞化育,亦只此一念充之。惟其民物同出乾父坤母之一源,故尽人物之性,可以参天地。所谓恻隐,仁之端,扩充而仁不可胜用也。此仁之端则受之乾父坤母,而凡民吾同胞者,莫不有之。故人可以亲其亲,长其长,而惟肖子为能践形,惟宗子可以任家相。故其责必有攸归,知化穷神则达天德之事。"不愧屋漏"以下,则"克己复礼"之事,皆所以扩充此仁也。③

但扩充此仁之念,在《西铭》看来,尚未及推行之事。直到所谓长长慈幼等语,看起来是推行其事,但仍然是在言其理,即谓仁中自有此秩然之准则。因此,朱一新在此还是举仁之理而言之。既然在推仁的过程中,仍要遵守"其用有等,其施有序"的原则,那么,自然就区别于墨子的"兼爱"了。因此他批评道:

---

①②③ 朱一新撰:《无邪堂答问》卷三,中华书局2000年版,第108页。

> 专为博施济众之举，而不知尊高年、慈孤弱之差，则从井救人，势且立蹶。墨氏之兼爱，释氏之慈悲，摩西氏之救世主，皆是物也。彼惟误认体为用，故其流弊不可胜穷。①

那么，为什么后来学者常常会将《西铭》所言仁心与墨子兼爱混淆呢？朱一新分析说：

> 《孟子》多言用，其言明白易解；《西铭》专言体，则易混于兼爱，故程子亟以"理一分殊"明之。②

又云：

> 《西铭》举"仁"之全量言之，不善体会，则易流于"兼爱"。故程子特言"《西铭》理一而分殊"，欲人之善会其意也。③

除了《西铭》专言仁体而易引起误解之外，还有一个原因与《西铭》思想源自《易经》有关。朱一新说：

> 周、张二子崛兴宋代，乃作《太极图说》《通书》以明《易》，作《西铭》以明仁，作《正蒙》以明诚。诚与仁亦夫子赞《易》之旨也。④

朱一新解释说《论语》多言"求仁之方"，而罕言"仁体"；《西铭》则专言仁体，盖《西铭》源出《周易》之故也。孔子在《论语》中的确实罕言命与仁，而性与天道亦门人所罕闻，但孔子独"赞《易》则发之，修《春秋》则发之"。⑤为此，宋儒屡屡辨之，恐人误认为博爱之义，而以施济为仁，入于墨氏、释氏之域。

值得注意的是，历代学者解读《西铭》，虽各自领会和推崇的内容有所不同，但一般都认为《西铭》是张载关于社会理想的重要表述，而朱一新则在此基础上，寻绎发掘张载关于仁本体的深刻思考，似乎更符合《西铭》的内在理路。

关于仁与义的关系，朱一新主张"仁必以义辅之，而仁则必先于义，此所以中正无弊也。"⑥他因此批评异端之言仁义，往往将二者区别言之，其云：

> 盖吾儒之言仁义，合仁与义言之也；异端之言仁义，别仁与义言之也。仁与义虽各有主名，而正相资为用。譬诸秋冬凛冽，要未尝无温煦之时，虽使肃杀闭藏，而生物之机不绝，故乾元可以统四德，体仁可以赅四端。仁与义之象阴阳，最为显著，

---

① ② 朱一新撰：《无邪堂答问》卷三，中华书局 2000 年版，第 108 页。
③ 朱一新撰：《无邪堂答问》卷四，中华书局 2000 年版，第 129 页。
④ ⑤ 朱一新撰：《无邪堂答问》卷四，中华书局 2000 年版，第 155 页。
⑥ 朱一新撰：《无邪堂答问》卷二，中华书局 2000 年版，第 106 页。

而谓仁义判不相入,是犹谓阴阳各不相生也,有是理乎? 异端惟不知道之大原,以仁与义截然为二事。故言仁必推而极诸兼爱,虽投身馁虎有所不恤;言义必推而极诸为我,虽杀人盈野略不动心。由其判仁义为内外,故绝不相谋如此。①

仁为阴为柔,义为阳为刚,阴阳相生,仁义相合,本是道之大原。异端强分仁义内外,孟子已力辨其非。有物必有则,有气质必有义理,则在物中,义理在气质中,故凡仁、义、礼、智之德,皆出于天理之自然,并非有所矫揉造作。亲亲之杀,礼意秩然,本不必以施济为事,若能近取诸譬,扩而充之,而仁不可胜用,此乃孔门圣学所以别于异端的道理所在。至此,朱一新的仁学思想我们也基本可以看得明白了。

(三) 心性论

心性是理学最为关注的经典命题,但心与性是有区别的,朱一新云:

心,非性也。郑《笺》心与性不甚分别,故上文言性,下文言心,此自辨析未精处,无庸为之曲讳。②

由此可见,朱一新对于心与性曾严加辨析,其云:

人禀阴阳五行之气以生,有是性则有是心,有是心必有是理,理征于大同,故穷理尽性可以至命。存其心,养其性,则知事天,《中庸》所为推极于"上天之载"也。③

这表明了朱一新对心性的基本看法,是由孟子直接导出的。但在《无邪堂答问》和《佩弦斋杂存》中,朱一新对"心"关注较少,而对"性"则有较为系统的论述,故下文以论性为主来作展开。

朱一新继承宋儒观点,将性分为义理之性和气质之性,他说:

古书言性,有以性命言者,即宋儒所云义理之性也;有以才质言者,即宋儒所云气质之性也。疏家每不甚分晰。④

义理之性一般也称天地性、天命之性、本然之性。概言之,义理之性是人的先天之性,气质之性是人的后天之性。朱一新梳理中国言"性"之历史,认为"《汤诰》始言性,虞夏以前未闻有性之名。"⑤那么,何谓义理之性呢? 他解释道:

《禹谟》谓"道心惟微",即义理之性也。道心之粹然者,天所赋予,人与禽兽相

---

① 朱一新撰:《无邪堂答问》卷三,中华书局 2000 年版,第 120 页。
②④ 朱一新撰:《无邪堂答问》卷三,中华书局 2000 年版,第 115 页。
③ 朱一新撰:《无邪堂答问》卷四,中华书局 2000 年版,第 151 页。
⑤ 朱一新撰:《无邪堂答问》卷三,中华书局 2000 年版,第 118 页。

去在此几希,圣人因为殊别之,而性之名以立。①

又云:

> 《汤诰》言"若性",《中庸》言"率性","若"训"顺","率"训"循"。顺循其性之本然,皆谓性善也。②

这皆针对"义理之性"而言,因此他认为"《孟子》言性与《中庸》说同,亦与《系辞》义合。"③

关于义理之性,北宋周敦颐有论曰:

> 诚者,圣人之本。"大哉乾元,万物资始",诚之源也。"乾道变化,各正性命",诚斯立焉。纯粹,至善者也。④

在此周敦颐将"诚"视为人所受于天的本然之性。到张载,遂将义理之性和气质之性作为一对概念提出,并有所区分,其云:

> 形而后有气质之性;善反之则天地之性存焉。故气质之性,君子有弗性者焉。……性与人无不善,系其善反不善反而已。⑤

首先,张载认为天地之性为宇宙之性,此为本然之性,而气质之性则是一物有形之后由其特殊形体而有之性,此为气质之性。其次,他认为本然之性是人禀受宇宙全体之性,故为义理之性,这是纯善,人皆共有;而人因其形体各异则有气质之性,气禀不同,有善有恶,人各不同。而蓝田吕氏认为:

> 天道降而在人,故谓之性。性者,生生之所固有也。循是而言之,莫非道也。⑥

生而固有之性,即本然之性。而本然之性即是一个"理"字,程颐云:

> 性即是理,理则自尧、舜至于涂人,一也。⑦

尧、舜之性与涂人之性,也是同一个"性",这个"性"便"理",而"理"是有善无恶的,亦即纯善。性即所谓天命性,是自然之理在人性中的体现,故性即理,未有不善。与此同时程颐也认为除"天命之谓性"之外,还有"生之谓性",即人既生以后之"性",故他认为告子"生之谓性"亦是性,不过是人禀气而生以后的"性"。本然之性为纯善,是天道在人身

---

①② 朱一新撰:《无邪堂答问》卷三,中华书局 2000 年版,第 118 页。

③ 朱一新撰:《无邪堂答问》卷三,中华书局 2000 年版,第 119 页。

④ 周敦颐撰:《通书·诚上第一章》,谭松林等整理:《周敦颐集》,岳麓书社 2002 年版,第 15—16 页。

⑤ 张载撰:《张子全书》卷二《正蒙一》,《四库全书》本。

⑥ 宋卫湜撰:《礼记集说》卷一百二十三《中庸》第三十一,《四库全书》本。

⑦ 程颢、程颐撰:《河南程氏遗书》卷第九《伊川先生语四》,王孝鱼点校:《二程集》上,中华书局 2004 年第 2 版,第 204 页。

上的反映,故性本善。而"生之谓性"乃人禀气而生之"生",故有善有恶。程颐为了将本然之性与"生之谓性"作出区别,特将"生之谓性"的"性"称为"才",因此,程颐认为论性必须和论气结合,其云:"论性,不论气,不备;论气,不论性,不明。"①总之,程颐论人性亦分为义理之性和气质之性二端,并且他认为告子"生之谓性",即是指气质之性而言。朱熹继承程颐观点,并有进一步的申发曰:"性命,形而上者也,气则形而下者也。形而上者一理浑然,无有不善;形而下者则纷纭杂糅,善恶有所分矣。"②

针对从周敦颐到朱熹之论性,朱一新说"性命道德之说,至宋时始精。故作理学题,多引汉唐之说,必不若宋元儒者之精确"。在我们大致了解宋儒关于义理之性与气质之性的论述要旨之后,我们再来看看朱一新对这个问题的具体理解。从语境上看,朱一新之论人性,乃是针对"疏家每不其分晰""古书言性"有义理与气质之别而言。那么,所谓"疏家"又是何指呢?从《无邪堂答问》卷三谈话内容来看,无疑是指汉学家们。如前所述,朱一新关于仁学的系列思考,乃贯通在对《西铭》一文的诠释之中,而他的人性论思考,则主要贯穿在对汉学家的批评之中。

问题的引出,是他对清初顾炎武的批评,因为顾氏谓学者但当辨辞受取予,不当言心性,而朱一新则辨之曰:

> 夫辞受取予之节,孟子辨之至精;存心养性之功,亦惟孟子言之至悉。取其一而遗其一不可也。仁、义、礼、智,天所与我,是非辞让之心,人皆有之。任其牿亡则日趋于利,时或省察则渐返于义,惟其以心为权衡,故能知何者当受?何者当辞?何者当取?何者尚予?苟此心懵然一无所知,则发不中节,举动乖谬,尚何辞受取予之足云?吾未见禽兽在前投以呼蹴之食而不受也,予以箪豆之利而不争也,彼岂无心?惟性与人殊,不能自治其心,故任其性之所发而不能自止也。③

照此来看,欲辨辞受取予,不从心性出发几乎是不可能之事。因为心术形为好恶,好恶本于性情,性情原于天命,惟能治其性情,节其好恶,才能逐渐返回到天命之本。所以他接着说:

---

① 程颢、程颐撰:《河南程氏遗书》卷第六《二先生语六》,王孝鱼点校:《二程集》上,中华书局 2004 年第 2 版,第 81 页。

② 朱熹撰:《晦庵先生朱文公文集》卷六十七《明道论性说》,朱杰人等主编:《朱子全书》第二十三册,上海古籍出版社、安徽教育出版社 2002 年版,第 3275 页。

③ 朱一新撰:《无邪堂答问》卷三,中华书局 2000 年版,第 115 页。

故理好恶者,《大学》絜矩之事;治心术适性情者,《大学》诚正之事;原天命者,《大学》顾諟明命之事。古之儒者,言治道若此,安有去心性之学而可言治道者乎?①

不言心性而言治道,本不可为,因此"不能自治其心",当然会出现任其性之所发而不能自止的后果,而这恰是告子早已犯下的认识上的错误在今朝之重演,他因此说:

告子生之谓性,意正如此。盖以知觉运动为性,故有杯棬湍水之喻,其说极粗,宜孟子以犬牛之性折之而不能答也。②

告子之错,在朱一新看来主要在"惟不知性中本有仁、义、礼、智之则,而但以知觉运动为性"。③也就是说他是不明义理之性存在的道理,故其说极粗。问题在于,汉学家们由于不知告子之说浅陋,反而在对"性"字训诂上,往往申告子之说,其云:

近人以六书言训诂,谓性从生得声,往往申告子之说。④

但是"性"字虽然"从生得声",并不意味告子所谓"生之谓性"就获得训诂学的支持。不错,许慎《说文》是说过性"从生得声",但这并能证明许慎就一定从告子之说,其云:

然《说文》明云:"情,人之阴气,有欲者,从心,青声。性,人之阳气,性善者也,从心,生声。"凡字有形、有声、有义。"阳气,性善"者,释其义;"从心"者,释其形;"生声"者,释其声。使强以许君之说同于告子,则"情从青得声",又将何解?左形右声,许书之通例。治小学者,岂于此犹有不了然?乃许君力宗孟子,汉学家反宗告子,何耶?⑤

朱一新常常批评汉学家寡识,此即一例。他们强以许慎之说以宗告子,而不知许君自宗孟子,由此看来宗告子者非许君,乃汉学家自己也。但是,我们也要知道,从整个儒学发展史来看,告子"生之谓性"之说,后人从之者固多有之,如荀子《正名》曰:"生之所以然者谓之性。"庄子《庚桑楚》曰:"性者,生之质也。"《诗·大雅·烝民正义》《礼·坊记正义》皆引《孝经援神》曰:"性者,生之质。"《乐记》郑《注》:"性之言生也。"《白虎通》:"人禀阴阳而生,故内怀五性、六情。情者,静也;性者,生也。"王充《论衡·本性篇》引刘子政曰:"性,生而然者也。"《尔雅·释诂》曰:"性,质也"。看来古书以"生"训"性"在在有多,对此,朱一新解释说此"要非制字之本义,且皆举气质而言"。⑥照这种理解推衍,则告子所言"生之谓性"亦即程颐所理解的人禀气而生以后之"性",也是举气质而言了。从此可

---

①②④⑤　朱一新撰:《无邪堂答问》卷三,中华书局 2000 年版,第 117 页。
③　朱一新撰:《无邪堂答问》卷三,中华书局 2000 年版,第 120 页。

知,朱一新是同意将告子之说纳入气质之性范畴作论释的。值得注意的是,朱一新发现其实孟子也是讲"气质之性"的,他说:

> "气质"谓昏、明、强、弱,"嗜欲"谓声、色、臭、味。孟子"形色天性""口之于味"两章,乃言嗜欲之性,似与气质有殊,然嗜欲仍生于气质。昏、明、强、弱者,气为之;声、色、臭、味者,质为之。言气质则已该嗜欲于其中矣。[1]

但朱熹认为孟子未知气质,对此朱一新不以为然,并且有所引证,其云:

> 《朱子语类》谓:"孟子未知气质之性",似不然。孟子言为不善非才之罪,即兼气言之。程子所谓"才禀于气"是也。性本于天,而具于心,故有善无恶,才与情皆发于外,发于外则有物欲感之,故有善有恶。孟子方论性善,因专举才之善者,而言人见其禽兽也,以为未尝有才。才属质言,语意自明。……金仁山《论孟集注考证》云:"地有肥硗,雨露之不齐,已可见气质之有异。孟子非不知有气质之性也。"其言良是。[2]

朱一新的平正通达,在此处由他对待朱子的客观态度也可见一斑。朱一新所理解的"性",其实是兼言理、气的"性",而这正是孟子所言之"性",他说:

> 天以仁、义、礼、智赋人,故谓之命。命兼理气,性亦兼理气。气不能有清而无浊,斯质不能有纯而无驳。天地亦无如何,君子惟不以此为性。于是乎,有变化气质之功,有尽性践形之事,有穷理至命之学,皆以四端之义理为主,而不欲授权于气质。孟子因告子混气质于义理,故专以性善立说。至"形色天性""口之于味"两章,乃兼举气质言之,以明性之全体。[3]

孟子之人性论是理论框架完整之人性论,就在于他兼义理与气质两合而言之,故"明性之全体"。但为何学者总认为他专以性善立说呢?甚至连朱熹也认为他"未知气质"呢?这是因为告子混气质于义理,使得孟子不得不花大力气彰显性善之说,反而对他兼举气质之言造成一定程度削弱,故使人不得轻易发现,所以他提醒后学,汉学家"徒执'口之于味'数言,以为孟子语本与告子相近,不知孟子意以此数者亦出于性,非谓吾性中但有此数者,而绝于仁、义、礼、智也。故曰:'有命焉,君子不谓性。'张子《正蒙》谓'气质之性,君子有弗性者焉'即此意也。"[4]故他最后总结道:

---

[1][3][4] 朱一新撰:《无邪堂答问》卷三,中华书局 2000 年版,第 118 页。

[2] 朱一新撰:《无邪堂答问》卷三,中华书局 2000 年版,第 121—122 页。

气质之性,君子弗性。非但宋儒言之,孟子已早言之。①

那么,告子"生之谓性"是言气质之性,而孟子亦言气质之性,是否就可以认为告子同于孟子呢? 朱一新对此作了区别。他认为告子所言虽是属于气质之性,但他的错误在于没有对人与禽兽之气质作出区分,他说:

> 禽兽亦有气质,亦不得不谓之性,然与人性之以义理为主者固殊。告子乃混而一之,安得不误?②

是故告子所言气质之性与孟子所言气质之性,终不可同日而语也。朱一新的人性论是通过彰孟子、显宋儒、同时驳告子而得以发扬自己见解的。在告子之后,他还对荀卿、戴震、阮元之说逐一给予了辨析,以进一步表明他对人性的观点,下面逐一评述。先看他对荀子的批评,认为其见解在告子以下,其云:

> 荀子言性恶,是知有下愚之性,不知有相近之性。下愚禀气至浊,而义理遂为气质所胜。是质也,非性也。……荀子诂《孟》《论》极粗浅,其为说又在于告子之下,近人独喜称述,甚矣寡识也!③

气质之性有善有恶,盖出于气禀不同,故不可与天命之性等同。天命之性为纯善,与荀子"性恶"论不在一个层次,二者不可混淆。其云:

> 惟天生人,有善无恶,故能生生不息。若如荀子之言,则生理灭绝,从古至今,天地之间皆戾气充塞,人岂可一日居? 天地清明之时多,噎霾之时少。既以浊气生物,又以戾气生人,则清淑之气究归何处? 天乃专生恶人,非不仁之甚邪! 荀子意在重学,然人性既恶,又安肯学? 非自相矛盾之甚邪?④

人性既恶,又安肯学? 这是朱一新揭示荀子自相矛盾的第一点,第二点则表现为:

> 《中庸》明言"率性",性恶乌可率循? 又乌可以之修道而立教? 荀卿《非十二子》,而子思、孟子为尤甚,故其言与思、孟异趣若此,不知继善成性,大《易》固先言之。荀子明圣道而反悖于圣言,其足依据耶?⑤

荀子的第二个矛盾之处是欲明圣道而反悖圣言,孟子谓"人皆可为尧舜",荀子亦曾言"涂之人皆可为禹",语意相类。由此看来,四端本于性生,惟人性相近的缘故,因此皆可以为善。又惟性兼理气,故相近者可以使之相远,相远者仍不得谓初之不相近,可见荀

---

①③④⑤　朱一新撰:《无邪堂答问》卷三,中华书局 2000 年版,第 121 页。
②　朱一新撰:《无邪堂答问》卷三,中华书局 2000 年版,第 118 页。

子其实是知其然的，但偏要以性恶立言，这便是他又矛盾的地方。

在北宋，有疑《孟》一派，对性善说多持反诘态度，苏辙是其中之一。朱一新有《答周生梁基问苏颖滨驳孟子性善之语》，见于《佩弦斋杂存》，苏颖滨即苏辙。苏辙有《孟子解》二十四章，据其序云："予少作此解，后失其本，近得之，故录于此"。他本来要作修订的，但因去世而不及。我们先看苏辙对孟子性善说的反诘，其云：

> 孟子道性善，曰："无恻隐之心，非人也；无羞恶之心，非人也；无辞让之心，非人也；无是非之心，非人也。""恻隐之心，仁之端也；羞恶之心，义之端也；辞让之心，礼之端也；是非之心，智之端也。"人信有是四端矣，然而有恻隐之心而已乎，盖亦有忍人之心矣。有羞恶之心而已乎，盖亦有无耻之心矣。有辞让之心而已乎，盖亦有争夺之心矣。有是非之心而已乎，盖亦有争夺之心矣。有是非之心而已乎，盖亦有蔽惑之心矣。忍人之心，不仁之端也；无之心，不义之端也；争夺之心，不礼之端也。蔽惑之心，不智之端也。是八者未知其执为主也，均出于性而已。非性也，性所有事也。今孟子则别之曰，此四者性也，彼四者非性也。以告于人，而欲其信之，难矣！①

针对苏辙对孟子的反诘，朱一新指出苏辙的观点源自扬雄，其云：

> 扬子云："人知仁、义、礼、智之出于性，而不知暴、慢、贪、惑之亦出于性也。"苏氏之说盖本此，然非善读《孟子》者。②

表面上看，善亦性，恶亦性，似乎是有道理，但朱一新却借孔子性道观来对扬雄、苏辙加以反驳，其云：

> 孟子云："乃若其情，则可以为善。"又曰："人皆可以为尧、舜。"惟性善故可也，至于为与不为，则仍视乎其人耳，而苏氏之辟孟子，乃曰："有恻隐之心，亦有残忍之心；有羞恶之心，亦有无耻之心"云云，是必人人皆善人，人人皆尧、舜而后可谓之性善也，岂知孟子之言有恻隐、有羞恶，即孔子所谓相近也，性也；苏氏谓有恻隐亦有残忍，有羞恶亦有无耻，则孔子所谓相远，是习而非性矣。孟子可议，孔子亦可议耶？③

---

① 苏辙撰：《孟子解》，《栾城后集》卷六，《四库全书》本。
② 朱一新撰：《答周生梁基问苏颖滨驳孟子性善之语》，《佩弦斋杂存》卷下，《拙盦丛稿》本，清光绪二十二年龙氏葆真堂刻。
③ 朱一新撰：《佩弦斋杂存》卷下《答周生梁基问苏颖滨驳孟子性善之语》，《拙盦丛稿》本，清光绪二十二年龙氏葆真堂刻。

朱一新借孔子的"性相近,习相远"来回答扬雄和苏辙的诘问,认为孟子所言"恻隐""羞恶"乃孔子所谓的"性相近"之"性",而苏氏所言"残忍""无耻"即孔子所谓的"习相远"之"习",二者不可混而视之。

　　朱一新第二个反驳的理由,是选取两个历史上的例子来做证明,其云:

　　　　今始就其言诘之。其谓有恻隐之心,亦有残忍之心,固也,而不知虽残忍之极者,亦时有恻隐之心;其谓有羞恶之心,亦有无耻之心,固也,而不知虽无耻之极者,亦时有羞恶之心,推之辞让、是非,莫不皆然。观丹朱之不肖,而宾虞乃以德让;称象至不仁,而见舜时仍有忸怩,其理尤彰彰可见。盖仁之端、义之端,特就其天真之流露者而言,所谓平旦之好恶,其与人相近者凡希,固不能执其旦昼所为之不善,而谓人性之非出于善也。然则古圣贤垂教万世之言,殆非后儒所可轻议矣。①

他假定性善是本然的,或是前定的,那么即使像丹朱与象这样两个不肖不仁之人,其内心深处的本然不善依然会天真流露。也就是说,即使他们旦昼所为不善,但并不能说"人性之非出于善",换言之,人性是善的,为不为善则是另一个层面的问题,此即性近与习远之分。

　　其实就"性"而言,既然包含善与不善正反两个方面,那么就必须在理论上对"性"作出新的解释与规定,否则就无法完全驳倒扬雄和苏辙的反诘,对此,朱一新有第三个反驳的理由,其云:

　　　　天有五律,地有五行,人秉天地之气以成形,则有五藏;秉天地之理以成性,则有五常。……立天之道,曰阴曰阳;立地之道,曰柔曰刚。阴阳者气也,刚柔者质也;气有偏胜,故质有驳杂,而五行之精理赋于人者,则固无能驳之殊。理无纯驳,故义理之性无不善;气有偏胜,故气质之性有善有不善。圣人不授权于气质,而必范之以五常之教,《系辞》所谓"继之者善"即此意也。使一阴一阳皆中和而无偏胜,则是天地但有日月光华之时,无风雨晦冥之时,虽造化有所不能。人感是气以生,能尽五常之理,则由中和而参赞化育,皆自率性修道为之,故曰:"人者,天地之心也。"②

照此而言,义理之性纯善,气质之性可善可不善,那么,扬雄和苏辙所言之"性",其实是

---

　　①　朱一新撰:《佩弦斋杂存》卷下《答周生梁基问苏颍滨驳孟子性善之语》,《拙盦丛稿》本,清光绪二十二年龙氏葆真堂刻。

　　②　朱一新撰:《佩弦斋杂存》卷下《答某生》,《拙盦丛稿》本,清光绪二十二年龙氏葆真堂刻。

气质之性，而孟子并不否定气质之性的存在，故程、朱认为若要使气质之性趋于至善，就必须变化气质。

而清代戴震的人性论思想，大抵从荀子而来，因此成为朱一新的批评对象。朱一新批评戴震的人性论，主要是基于他"以人欲为性之本然"，其云：

> 戴氏《疏证》，语多支离，谬不胜纠。大率以人欲为性之本然，当顺而导之，不当逆而制之。此惟"圣人所欲不逾矩"者乃可，岂中人以下之欲皆能如是乎？①

戴震认为"人人生而后有欲，有情，有知"，这是人的本性。所谓"欲，其物；理，其则也"。所以应该就人之情欲而求理，人人得到各如其分的物质欲望之满足，就是"天理"，故云："以人欲为性之本然，当顺而导之，不当逆而制之"。但朱一新指出戴氏之论，忽略欲本兼善恶，而一味强调欲为人之天性，其云：

> 东原乃谓"食色之性，人不可无"，此何待言？愚人知之，宋儒不知耶？②

其实宋儒岂不知欲为人的天性之一？宋儒所摈弃的欲，非饥而欲食、渴而欲饮之欲，这种种欲是作为人所不能缺少的，他们所反对的是人的私欲和贪欲，因此宋儒以理、欲对言，并非全盘否定欲有恶而无善，而主要是针对私欲与贪欲来立言，故朱一新说：

> 宋儒曷尝谓欲有恶而无善？特"理""欲"对言，则理为善，而欲为恶。故《乐记》言"天地""人欲"，《易》言"惩忿""窒欲"，《论语》言"克伐怨欲"，经典中此类甚多，东原概置之，而但援"欲立""欲达"以为说，不知《说文》欲训贪欲，贪之为义恶多而善少，东原精研训诂，岂独不明乎此？③

因此，朱一新认为戴震明明知道欲有善恶之分，但故意置之不论，其目的是"第欲伸私说以攻宋儒，遂于本明者而转昧之"。④他反问戴震，人的"贪欲"难道不当遏制吗？天之赋人有食色之欲，但未尝教人有贪淫之欲，其有者，是人自纵的结果，故宋儒所禁之欲，即人的私欲和贪欲。朱一新指出，其实戴震是明白这个道理的，但他偏要不肯承认宋儒的苦心，其云：

> 《疏证》有云："欲之失为私，私则贪邪随之。"是东原未尝不知欲中有恶也。既知有恶，而又禁人存理遏欲，诚不知其何说也？⑤

当我们明白宋儒所灭之欲实为人的私欲和贪欲之后，那么戴震所言，与宋儒又有何区别呢？因此，朱一新认为对宋儒所灭之欲，一定要作限定性的理解，即限定为私欲和贪欲。

---

①②③④⑤　朱一新撰：《无邪堂答问》卷三，中华书局 2000 年版，第 122 页。

他指出,这其实在朱熹已经是作了分别的,其云:

> 《朱子语类》"濂溪言寡欲,以至于无"。盖恐人以"寡欲"为便得了,故言不止于"寡欲"而已,必至于"无"而后可耳。然无底工夫则由于能"寡欲"到"无欲",非圣人不能也。曰:"然则欲字何如?"曰:"不同。此寡欲是合不当如此者,是私欲之类。若饥而饭食,渴而欲饮,则此欲亦能无?"①

很明显,朱子并不曾反对人之本然之欲,他所要求的"寡欲"与"无欲"之"欲",乃是指私欲之类。故朱一新指出:"凡东原之所辨,朱子已早言之矣"。②戴震虽然也承认"欲之失为私,私则贪邪随之",但仍然要援引"欲立""欲达"为说,则其学说自身已存在巨大缺陷而不自知,对此朱一新讥讽道:

> 虽使人欲横流,皆自为合于天理,是尊情以灭性,而并可以废学,东原其殆未之思邪?③

朱一新此处是借朱熹的意思来批评戴震,因为朱熹曾说:"谓因天理而有人欲则可,谓人欲亦是天理则不可。盖天理中本无人欲,惟其流之有差,遂生出人欲来。"④"饮食者,天理也;要求美味,人欲也。"⑤朱熹其实是严格区分了本然之欲和私欲、贪欲的,如"饮食者"之所以为"天理也",就因为这是属于本然之欲的缘故,但在此基础上要进一步追求美味,便是贪欲了。故朱熹所谓"人欲",盖指人的私欲和贪欲,是一个特定概念。而戴震对"欲"的认识,虽然间有论及私欲之言,但总体上是不甚分别的,因此朱一新批评他"殆未之思"。这一点,当代学者多有认同,如张岱年先生曾指出:"在宋代道学,凡有普遍满足之可能,即不得不满足的,亦即必须满足的欲,皆不谓之人欲,而谓之天理。如饥而求食,寒而求衣,以及男女居室,道学皆谓之天理。凡未有普遍满足之可能,非不得不然的,即不是必须满足的欲,如食而求美味,衣而求美服,不安于夫妇之道而别有所为,则是人欲。所谓天理人欲之辨,其实是公私之辨。"⑥

　　更进一步,朱一新还继续探寻了戴震认识上错误的缘由,是因为他以"血气、心知为

---

①②③　朱一新撰:《无邪堂答问》卷三,中华书局 2000 年版,第 122 页。
④　朱熹撰:《晦庵先生朱文公文集》卷四十《答何叔京》,朱杰人等主编:《朱子全书》第二十二册,上海古籍出版社、安徽教育出版社 2002 年版,第 1842 页。
⑤　黎靖德辑:《朱子语类》卷十三《学七·力行》,朱杰人等主编:《朱子全书》第十四册,上海古籍出版社、安徽教育出版社 2002 年版,第 389 页。
⑥　张岱年撰:《中国哲学史大纲》,中国社会科学出版社 1980 年版,第 455 页。

性"，而不知以"义理、气质为性"之故。而朱一新认为：

> 血气、心知，未尝非性。然此但言"气质之性"而未及义理。故《乐记》复言："合生气之和，道五常之行。"生气、五常乃所谓义理之性也。《乐记》上下文语意甚明，安得截取四字以证其曲说①。

其实戴氏之说是承明儒罗钦顺"义理乃在气质之中""欲当理"而来，而主"理在欲中"之说。但朱一新指出，血气、心知虽然属于"性"，但仅止于气质之性，并非义理之性，故戴氏仅知以"血气、心知为性"，而不知以"义理气质为性"。更进一步，他又针对戴震所言"心知之自然，未有不悦理义者，未能尽得理合义耳"作出反驳，其云：

> 夫孟子谓："心之所同然者，为理义。"未尝谓心之发者，皆合乎理义也。心统性情，故理义具于心。其具于心者，性之所固有也。所谓性善也，其动而不必皆合者，情之有善有恶也，所谓其情可以为善也。可以为善，亦可以为不善也。惟"可以为善，可以为不善"，故曰："求则得之，舍则失之。"又曰："非才之罪。"才本可以为善，而或为不善者，乃不能尽其才之罪，非才之罪也。犹之情，本可以为善，而或为不善者，乃不能治其情之罪，非情之罪也。气质亦可以为善而或为不善者，乃不能变化气质之罪，非气质之罪也。才情气质，虽有善有不善，而人皆有此秉彝之性，故皆可以为善。②

在朱一新看来，才性、气质皆有善有不善，关键在于人本有善的秉性（性善），故皆可以为善。为善，就是人性善的力量与约束力，这就是孟子"心之所同然者，为理义"的本意。但戴震将"心知之自然"，等同于"孟子所以言性善"，故云"心知之自然，未有不悦理义者"。朱一新于是反驳道：

> 若以是归诸心知之自然，则心知有恻隐矣，亦知有残忍也；心知有辞让矣，亦知有争夺也。而以为尽合理义，不亦诬乎？③

在此朱一新认为倘若以心知之自然恻隐、辞让侧面观之，则戴震以自然合于必然（义理）是有效的；但倘若以心知之自然残忍、争夺侧面观之，又何以可能导向理义之必然呢？因此，戴震以为心知尽合义理，自然与必然非为二事，"不亦诬乎"！他因此总结道：

> 理义者得于天具于心，所当存养省察，拳拳服膺以保之而勿失者也。非谓有此

---

① 朱一新撰：《无邪堂答问》卷三，中华书局2000年版，第122页。
②③ 朱一新撰：《无邪堂答问》卷三，中华书局2000年版，第123页。

同然之理义,遂可任其自然,而使之出入无时也。且禽兽亦曷尝无血气? 曷尝无心知? 可谓合于理义乎? 由前之说,是认心为性,同于释氏也。由后之说,是生之谓性,同于告子也。二者无一可,而东原躬自蹈之,反以告子、释、老诋诃宋儒可乎?①朱一新批评戴震的人性论,不是坠于释氏,就是同于告子。戴震之反对宋儒将理与欲的对立,而孜孜以求于理欲的打通,企图调和二者矛盾的学术理想,终究还是落空。故朱一新对戴震的《孟子字疏证》及其《原善》《绪言》三书,持较激烈的批评,其云:

> 三书则谬甚。东原《集》中有《系辞论性》《孟子论性》两篇,乃《字义疏证》之根柢。自以为揭孔、孟之精蕴,不知宋儒固先言之矣。……惟东原误以人欲为天理,宗旨一差,全书皆谬。古书凡言欲者,有善有恶,程、朱《语录》亦然。其教人遏欲存理,特恐欲之易纵,故专举恶者言之,乌可以辞害意? 东原乃以欲为本然,中正动静胥得。无论古书多不可通,率天下而祸仁义才必此言矣。且既知"义理"与气质有别,而又执"气质"以为"义理",自相矛盾,何也?②

此外,朱一新对阮元《性命古训》,与《诗》《易》《论》《孟》《中庸》之言性者触处窒碍,也作了一定程度的批评,③反映了他的人性论思想的内在一致性。

总之,朱一新的人性论思想是建立在他对孟子以后人性学术史梳理和对历代重要的人性论学者的批评基础上所作的展开。

(四) 义利之辨

义利之辨也是儒学的核心问题之一。孔子说:"君子喻于义,小人喻于利。"④这是以义利作为辨别君子与小人的标准。孔子还要求人们"见利思义""义然后取"。⑤到了孟子,将孔子重义轻利的思想发挥到极致,他对梁惠王说:"何必曰利? 亦有仁义而已矣"。⑥荀子则主张以义胜利,认为"义胜利者为治世,利克义者为乱世"。⑦在宋代理学发

---

① 朱一新撰:《无邪堂答问》卷三,中华书局 2000 年版,第 123—124 页。

② 朱一新撰:《无邪堂答问》卷一,中华书局 2000 年版,第 3 页。

③ 详见朱一新撰:《无邪堂答问》卷三,中华书局 2000 年版,第 119 页。

④ 朱熹撰:《论语集注》卷第二《里仁第四》,朱杰人等主编:《朱子全书》第六册,上海古籍出版社、安徽教育出版社 2002 年版,第 96 页。

⑤ 朱熹撰:《论语集注》卷第七《宪问第十四》,朱杰人等主编:《朱子全书》第六册,上海古籍出版社、安徽教育出版社 2002 年版,第 190、191 页。

⑥ 朱熹撰:《孟子集注》卷第一《梁惠王章句上》,朱杰人等主编:《朱子全书》第六册,上海古籍出版社、安徽教育出版社 2002 年版,第 246 页。

⑦ 梁启雄撰:《荀子简释·大略》,中华书局 1983 年版,第 375 页。

展史中,"义利之辨"也是重要内容之一。程颐认为"圣人以义为利,义安处便为利"①朱熹则将义利之别上升到天理与人欲之别的高度,他还将董仲舒"正其义不谋其利,明其道不计其功"写进白鹿调书院学规。宋孝宗淳熙八年(1181)春天,陆九渊受朱熹之邀到庐山白鹿洞书院讲学,为诸生讲《论语》中"君子喻于义,小人喻于利"一章。他认为判定君子、小人的标准不在于行为,而在于"志"。"志"即现代所谓的"动机"。据陈来解释,陆九渊的"义"即道德动机,"利"即利己动机。义利之辨要解决的是道德评价和道德人格的问题,并非要排斥任何建功立业的行为。②和其他理学家不同,陈亮则主张义利并重。而朱一新的义利观,则基本上是程、朱一路的,重义轻利。其云:

> 礼、义、廉、耻,国之四维。溺于利,必悖乎义,礼教凌迟,廉耻扫地。无道揆,无法守,亡国败家,恒必由之。故《大学》以义利终,《孟子》以义利始,不夺不厌,菑害并至,圣贤垂诫,可谓深切著明矣。③

由此可见,朱一新的义利观是持二者对立的态度。"溺于利,必悖乎义",而如此产生的后果是礼教凌迟,廉耻扫地,甚至亡国败家。但朱一新对于"利"的辨析,自有其正反两个方向的判断,故在这方面形成了自己的见解,其云:

> 乃有谓利为义之和而不当深斥之者,不知利有公私之别,公诸人则利物,私诸我则利己,利物可矣,利己可乎?④

"利"有利人之"利"和利己之"利"的分别,前者为公利,后者为私利。从公私角度而言,"利"亦有善与不善之分,故朱一新引程颢之言曰:

> 《二程遗书》明道曰:利,非不善也,其害义则不善也,其和义则非不善也。⑤

"利"有害义之"利"与和义之"利"的分别,亦即不善与善的区别,不可将"利"一棍子打死,故君子并不讳言"利",他援引程颐的话说:

> 伊川曰:君子未尝不欲利,只是以利为心则有害在。如上下交征利而国危便是害,未有义而遗其君便是利。⑥

"以利为心",后来张栻有所发挥,从而提出以"有所为""无所为"来作为义利辨明的标

① 程颢、程颐撰:《河南程氏遗书》卷十六《伊川先生语二》,王孝鱼点校:《二程集》上,中华书局1981年版,第173页。
② 陈来撰:《宋明理学》,华东师范大学出版社2004年版,第210页。
③④⑤ 朱一新撰:《无邪堂答问》卷四,中华书局2000年版,第151页。
⑥ 朱一新撰:《无邪堂答问》卷四,中华书局2000年版,第152页。

准。朱一新在回答弟子提问时,对张栻的义利之辨有很好的诠释。我们先看张栻的原话,其云:

> 学者潜心孔、孟,必得其门而入,愚以为莫先于义利之辨。盖圣学无所为而然也。无所为而然者,命之所以不已,性之所以不偏,而教之所以无穷也。凡有所为而然者,皆人欲之私,而非天理之所存,此利之分也。①

如果说,利有公私之分,又有害义之利与和义之利之别;那么,义也有无所为之义和有所为之义的界限。朱一新解释张栻对于"义"的正反之辨,其实是立足于义义之辨而导向义利之辨的,其云:

> 盖见"孺子入井"而援之者,义也,无所为而然也;……"纳交要誉"而始援之者,利也,有所为而然也。②

朱一新认为无为之义和有为之义,其动机不同,故导向不同,目的自然更不相同,比如读书,是义;但如果读书是为了使人知其好学,则是利。又如为善是义,假若为善是为了获得长者的赞誉,则是利。虽然求人知而读书,要人誉而行善,表面上看来,总比不读书,不行善要好,但终究动机不纯,仍然不出私欲牢笼,故程颐指出"以利为心则有害在",这个"害"是潜在的,因为如果人不知之,不誉之,则很可能读书和为善的想法也会随之熄灭。其实害处远不止于此,且欲藉读书、为善而博取美名,更为有害的结果还在于由此产生的种种伪饰之心,小则为乡愿,大则为奸雄,而托义以攘利者比比皆是,由此朱一新进一步总结道:

> 故无所为而为者,即为己之学,推而广之,圣人参赞化育,因物付物,亦不过由此一念扩充。有所为而为者,即为人之学,等而下之,奸人盗名欺世,包藏祸心,亦不过由此一念而堕落。③

无所为,为己之学;有所为,为人之学。无功利的前者由一念而扩充,有功利的后者由一念而堕落。二者不同,判若阳阴。那么"由一念而扩充"与"由一念而堕落"的具体内容又为何呢?朱一新认为见"孺子入井"而援之,此"恻隐之仁发于本心者,即天理也";"纳交要誉"而始援之者,"亦不可不谓之仁,而实假仁也,即人欲也"。④此将义利之辨上升到理欲之辨的高度,也是张栻的本意,但经朱一新的推行与引申,则更为彰显,其云:

---

　　①　张栻撰:《新刊南轩先生文集》卷十四《孟子讲义序》,杨世文点校:《张栻集》第三册,中华书局 2015 年版,第 971 页。
　　②③④　朱一新撰:《无邪堂答问》卷五,中华书局 2000 年版,第 180 页。

理欲于何辨之？于义利辨之。义利于何辨之？于公私辨之。一念之起，一事之发，未必果可以牟利，而其中理欲交战，终必出于利而后已。①

由义而导向理与公公，由利而导向欲与私，故义利之辨，实则兼有理欲之辨和公私之辨两端，故尤显重要。义利之辨不仅关乎理欲之辨，还关乎公私之辨、诚伪之辨，其云：

夫此一念之私，幽不可以质鬼神，明不可以告妻子。彼固未尝不以义自居，然静中试扪此心，究竟有所为乎？无所为乎？出于公乎？出于私乎？羞恶之良，平旦之气，固不能尽澌灭也。是故欲辨义利，先辨诚伪。②

诚，即信实无欺或真实无妄。孟子以诚为天道的根本，据此，朱一新提出："天固至公而无私，能体天之心为心者，则至诚无息，此仁人正谊而不谋利之说也。"③如果学者不能辨析此心之诚伪，而想要求入德之门，则几乎是不可能的，倘若所有事情都以伪饰行之，内心喻乎利者至深，则无事不巧肆其牟利之术，误用才力与聪明，那么，求诚之路便永远被自己所断送。从这个意义上看，义利之辨就不仅仅是诚伪之辨，因为它还涉及思诚之道，而思诚之道，又为求仁之方，故他强调："欲辨义利，先辨诚伪，诚则公，公则义矣。"④严公私之辨，以为义利之辨，可使假仁假义者无所借口。凡好利者，无不损人；有所为者，理为欲蔽。因此为学者当时时省察，事事检点，常使此心不为物役，方可渐臻于欲尽理纯之境。"故正人心，当自辨义利始"。⑤如此看来，朱一新通过对张栻的义利之辨所作的理学阐述与义理发挥，使之成为其自身理学思想的重要组成部分。

（五）功夫论

理学家大都强调人生修养，并且各自有其修养方法，此即所谓"功夫"。如周敦颐提出"至静"说，他认为人本质是性善的，但由于与外界接触，便有了善恶之分，故《太极图说》云："形既生矣，神发知矣，五性感动而善恶分，万事出矣。"⑥倘要使人性重归于善，就必须"主静"，而做到"主静"的途径便是"无欲"。程颐则提"主敬"说，主张涵养须用敬。敬，即主一。朱熹继承并发扬程颐"主敬"学说，认为敬除了"主一"之外，尚有"诚"的意思，而"诚"与"畏"字相似。故陈来将朱熹的主敬概括为以下几种意义：第一收敛，第二谨畏，第三惺惺，第四主一，第五整齐严肃。"前四条可以说是内之敬，第五条是外之敬，

---

①②③　朱一新撰：《无邪堂答问》卷五，中华书局 2000 年版，第 180 页。

④⑤　朱一新撰：《无邪堂答问》卷五，中华书局 2000 年版，第 197 页。

⑥　周敦颐撰：《太极图说》，谭松林等整理：《周敦颐集》，岳麓书社 2002 年版，第 7 页。

主敬的最基本要求就是要做到内无妄思、外无妄动。"①

朱一新的功夫论,基本上是循程、朱而来,但更重视格物致知。格物致知是《大学》所提出的两个概念,宋代理学家立足于这两个概念,推衍并发展出一套完整的认识论和修养论的知识谱系。程、朱的格物致知学说,虽然包括求知求理和省察身心性情之德两个方面,但后世学者多重前者,而朱一新则更偏向于后者,由此而形成他人性修养功夫的重要内容之一。他说:

> 天下、国家,身心皆物也,有物斯有事。凡事必有至当不易之理,私意间之,则理为欲蔽,而处事接物,不得其当,格物者格此也,穷理者穷此也。②

由于人的私意作怪,故至当不易之理常常要被欲蔽,而格物者就是要格去这一层将理遮蔽的欲。他援引司马温公训"格物"为"废格外物"的解释,认为其意亦在去私,而王阳明所谓"格不正以归于正",意亦略同。③司马光曾于元丰六年(1083)作《致知在格物论》,其云:

> 人之情莫不好善而恶恶,慕是而羞非,然善且是者盖寡,恶且非者实多,何哉?皆物诱之也,物迫之也。……学者岂不知仁义之美廉耻之尚哉?斗升之秩、锱铢之利诱于前,则趋之如流水。……所以然者,物蔽之也。……好学君子为不然己之道诚善也是也,虽茹之以菜藿如粱肉临之以鼎镬如茵席诚恶也,非也虽位之以公相如涂泥,赂之以万金如粪壤,如此则视天下之事善恶是非如数一二,如辨黑白,如日之出无所不照,如风之入无所不通,洞然四达,安有不知者哉!所以然者,物莫之蔽故也。于是依仁以为宅,遵义以为路,诚意以行之,正心以处之,修身以帅之,则天下国家何为而不治哉?《大学》曰"致知在格物",格犹扞也、御也,能扞御外物,然后能知至道矣。④

由此可见,朱一新所谓格去欲蔽,其思想与司马光相通,所以相通者,皆从心身性情立论也。故朱一新对格物的阐述是偏重于心性道德一端的。那么,理如何又会为欲所蔽呢?他解释说:

> 义理大要,本自性生,四端之见,人皆有之,特易为气拘物蔽。⑤

盖因"人多逞其意见之私即气拘,多夺于嗜欲之累即物蔽。"⑥故格物作为手段,穷理作为

① 陈来撰:《宋明理学》,华东师范大学出版社2004年版,第179页。
②③⑤⑥ 朱一新撰:《无邪堂答问》卷四,中华书局2000年版,第146页。
④ 司马光撰:《传家集》卷六十五《致知在格物论》,《四库全书》本。

目的，就是要使人明善复初，其云：

> 穷理之功，在明善以复其初，而吾心自以为明，未必合于人心之同然，不得谓之明也。故当博文以求圣贤之旨趣，随事随物，义理见焉。若析义未精，而先立一定见，则往往误于意见而不自知矣。①

朱熹解释"格物"之"物"犹"事"也，而"事"应有事物和事情之分，格去"欲蔽"就属于后者。人性中义理之性为本然之性，故纯善；而气质之性，则有善有恶。理为欲蔽，即言义理之性容易为情绪或私欲所遮蔽，故必须"格物"而至于明善复初之境。于是，朱一新接着申言：

> 必明乎理之是非，而后知何者为善，何者为恶，辨之不精，认贼作子，未有不受其害者。②

这就是他所理解的格物穷理之重要性所在。在此，他也对前所言"格物者此也，穷理者穷此也"作出了呼应。

关于致知，朱一新亦自有见解，其云：

> 诸儒释"格物"者，惟温公、郑君之说每为后人所称。郑《注》："知善深则来善物，知恶深则来恶物。"如其言，是"致知"当在"格物"之先，亦不合《大学》次序。③

他批评郑《注》颠倒了格物致知的次序，不合《大学》原意。《大学》以修身为本，以"知本"为"知之至"，故"格""致"之义，本来始终，不紊其序，先后厚薄，各协其宜。所谓"致知"，即是知此，故曰"此谓知本"，"此谓知之至"也。④他因此申言道：

> 盖"明德""新民"皆"至善"之事，"格致诚正"，皆"止于至善"之事，惟知"止"则得"止"。故《大学》必以"格致"为入手工夫，能知"至善"之所止，则意可得而诚矣。⑤

曹美秀对此解释说："格、致是由求知以至获得知的过程，朱一新认为这就是所谓'知止'，然后知止还要进而'得止'，就他所说'格、致、诚、正，皆止于至善之事，惟知止则得止'看来，格、致、诚、正是包括知止以及得止，格、致是知止，那么，诚意、正心就是'得止'了。"⑥因此，朱一新由对"格致"之讨论而导出对"诚正"之演绎。他将《大学》修养功夫的八目分成两个相关联的部分，认为修身以下是力行之事，诚意以前是致知之事。曹美秀指出，"诚正"所处的位置，在朱一新的逻辑里，"正是由知到行的中间阶段"⑦，并在这个

---

① ② ③ ⑤　朱一新撰：《无邪堂答问》卷四，中华书局 2000 年版，第 146 页。
④　朱一新撰：《无邪堂答问》卷四，中华书局 2000 年版，第 147 页。
⑥　曹美秀撰：《朱一新与晚清学术》，大安出版社 2007 年版，第 500 页。
⑦　曹美秀撰：《朱一新与晚清学术》，大安出版社 2007 年版，第 501 页。

阶段起着"实功"之用。朱一新云：

> 《大学》修身以下，皆力行之事；诚意以前，皆"致知"之事。心与意乃其枢纽，诚
> 与正则其实功，故《孟子》屡言"心"，《中庸》屡言"诚"。①

朱一新所谓修身以下皆力行之事，诚意以前皆"致知"之事，是指《大学》"物格而后知至，知至而后意诚，意诚而后心正，心正而后身修，身修而后家齐，家齐而后国治，国治而后天下平"②这一段表述而言。朱一新所谓"致知之事"，即朱熹《集注》所谓"明明德艺事也"；而"力行之事"，即朱熹所谓"新民之事也"。先明明德而后新民，朱一新因此说："故《大学》先格致、诚正，而后修、齐、治平，笃恭而天下平，诚正之极致也。"③联系朱一新前言"心与意乃其枢纽，诚与正则其实功"，可见诚正重在治心，故此言"笃恭而天下平，诚正之极致也"。"笃恭"即治心的功夫之一，除此之外，择善亦为求诚之道，其云："求诚之道，不外择善固执，善苟不明，执于何有？"④他因此将《大学》与《中庸》打通，并作出关联性的考察与比较，其云：

> 《中庸》之未发既发即《大学》之诚意，学问思辨即《大学》之格致，择善固执即
> 《大学》之知止，位、育、参、赞，即《大学》之治平。舜之好问、好察，格致之事也。颜子
> 服膺勿失；止至善之事也。⑤

以《中庸》与《大学》互训，有多方面的积极意义。仅从其云"学问思辨即《大学》之格致"来看，朱一新的"格致"说，虽然重点在心性道德层面，但并未忽视"格致"在理学中首先表现出的认识论与方法论的意义。

五、朱一新与康有为的今古文之争

在古代学术思想史上，对儒学经典的训诂诠释之学，一般称为经学。经学在汉代有今文经学和古文经学，两派之争，延续二千年。所谓今文经学，指西汉学者所传达的儒家经典，采用当时通行的隶书记录，其学术特征是注重发挥经典的"微言大义"，为汉代"大一统"政治提供理论保护，故汉武帝时设五经博士，皆用今文经籍。到西汉中叶以后，今文经学渐衰。东汉后期郑玄融合今古文两派精华，自成一家，成为经学主流。清代今古文之争重启。由于乾嘉汉学日益脱离社会需要，而清中期以后的社会危机又日

---

①④　朱一新撰：《无邪堂答问》卷四，中华书局 2000 年版，第 146 页。
②　朱熹撰：《大学章句》，《朱子全书》第六册，上海古籍出版社、安徽教育出版社 2002 年版，第 17 页。
③⑤　朱一新撰：《无邪堂答问》卷四，中华书局 2000 年版，第 151 页。

趋严重,一些有思想的经学家希望寻找到社会改造的思想资源,于是重拾公羊学精义,希望从中获得医治政弊的良方。在这样的历史背景下,今文经学开始复兴。梳理清代今文经学历史,首创者当推庄存与,其《春秋正辞》,张目公羊学"微言大义"。此后,庄氏弟子刘逢禄、宋翔凤接过公羊学大旗,将清代今文学推到一个新的阶段。刘逢禄撰有《春秋公羊经何氏释例》《春秋公羊何氏解诂笺》《左氏春秋考》等书,标举何休三科九旨与"大一统""通三统""张三世""受命改制"之说,以为救世的良方。因为庄存与、刘逢禄、宋翔凤皆常州人士,故他们的学术被称为"常州学派"。其后龚自珍、魏源承常州学派遗风,继续藉今文学以议政。清末,康有为成为今文经学最有影响力的代表。

康有为约从光绪十六年(1890)到光绪二十三年(1897)的七年时间,写出了一系列今文经学著作,主要有《婆罗门教考》《王制义证》《王制伪证》《周礼伪证》《尔雅伪证》《史记书目考》《国语原本》《孟子大义考》《魏晋六朝诸儒杜撰典故考》《墨子经上注》《孟子为公羊学考》《论语为公羊学考》《春秋董氏学》《春秋考义》等。其中《新学伪经考》和《孔子政制考》在当时思想界产生巨大的地震效应,也成为戊戌变法的理论基础。

康有为《新学伪经考》以经史考证形式,宣布近二千年来,历二十个王朝奉为经典的许多著作,居然是刘歆帮助王莽篡汉时所编造的"伪经",如《周礼》《逸礼》《毛诗》《左氏春秋》等书。他因此说:"宋人所尊述之经,乃多伪经,非孔子之经也。"①

据吴仰湘的研究,朱一新与康有为在1890年至1894年间,曾多次通过书札和面晤等方式,就《新学伪经考》一书及孔子改制、西学西教、人性善恶等问题往复论辩,而在1890年秋末冬初,迄于1891年夏末秋初,《新学伪经考》始终是这场学术辩论的中心话题,而考辨今古文真伪的正当性与必要性,则是朱、康争论的焦点,也是彼此分歧的关键。②对此,曹美秀看法相同,她认为:"今日所见朱、康往来书信虽不完全,且内容并不全然是今、古文的问题,但今、古文真伪问题为二人论辩的核心,而此问题又牵涉到孔子改制、《公羊》学、外国宗教法制及性善性恶的问题。虽然朱氏并非立足于古文学,但其反驳却是以康氏之论为线索。"③

从目前朱、康关于今古文的论争时间来看,大多是在光绪十六年(1890),而这个时间却是在《新学伪经考》刊行之前。这意味着康有为在该书未成之前,已通过书信方式

---

① 康有为撰:《新学伪经考序目》,中国人民大学出版社2010年版,第3页。

② 吴仰湘撰:《朱一新、康有为辩论〈新学伪经考〉若干史实考》,《文史哲》2010年第1期。

③ 曹美秀撰:《朱一新与晚晴学术》,大安出版社在2007年版,第373页。

向朱一新有所请益了。康氏本来是想借广雅书院院长朱一新之名望,获得对该书的首肯与支持的,但不曾想到获得的却是一个相反的结果——他受到了朱一新毫不客气的批评。由此而发生了在当时岭南地区最为有名的学术争论。朱一新也由此成为第一个接触《新学伪经考》的读者,同时也是最早的批判者。据朱维铮所言,"今存朱一新驳康有为函共七通,而康有为反驳函共三通。双方都似乎下笔不能自已,每函都累百逾千言。合起来看,确实可称作近代学术史上的有趣文献"。[①]

（一）关于秦焚六经之争

引发朱、康之争最重要的导火线,是康有为《新学伪经考》之《秦焚六经未尝亡缺考》一文。在此文的按语中,康有为宣布说:

> 后世"六经"亡缺,归罪秦焚,秦始皇遂婴弥天之罪,不知此刘歆之伪说也。[②]

康氏为秦始皇抱屈的惊天之论,有他寻自《史记》内部的八条相关资料作为佐证,认为秦焚书之令,但烧民间之书,而博士所持《诗》《书》、百家则自存其宅。秦所坑儒,仅为咸阳诸生四百六十余人,郡国中诸生则不在党祸之列,如汉时前秦遗老伏生、叔孙通即秦时博士,张苍即秦时御史,皆未被坑。而随叔孙通议礼者三十余人都为秦时诸生,亦未被坑。这些人士皆怀蕴"六艺",学通《诗》《书》,至汉犹活得好好的。他因此认定以秦坑儒为断绝儒术的看法,是虚妄之言。他又从时间上推断,焚书在始皇三十四年(前213),坑儒在始皇三十五年(前212),前者距汉高祖入关凡六年,后者凡五年。焚、坑之至汉兴,为日至近,博士具官,儒生众多,即不焚烧,罪仅城旦,天下之藏书者尤不少,况萧何收丞相、御史府之图书即李斯所领之图书,故"六艺"何曾亡缺？又何待共王坏壁获得异书？又汉高帝围鲁,鲁地诸儒讲诵习礼乐不绝,此皆生长在焚书之前,逃出于坑儒之外,所"讲诵"的"经艺",应该都得自孔子相传之本。加上有口诵之篇目,并非城旦之刑、数年之间所能磨灭的,因此不可能百篇之《书》亡其大半,而对所谓《逸礼》《周官》《左传》则若罔闻知。康有为据此推断,焚书坑儒虽然残暴,但无关于"六经"的存亡,他最后总结道:

> 右见《史记》《汉书》者,并伏生、申公、辕固生、韩婴、高堂生计之,皆受学秦焚之
> 前,其人皆未坑之儒,其所读皆未焚之本,博士具官者七十,诸生弟子定礼者百余。
> 李斯再传为贾谊,贾祛一传为贾山,皆儒林渊源可考者。统而计之:其一,博士所职

---

①　朱维铮撰:《康有为和朱一新》,《中国文化》1991年第5期。
②　康有为撰:《新学伪经考》,中国人民大学出版社2010年版,第4页。

"六经"之本具存,七十博士之弟子当有数百,则有数百本《诗》《书》矣,此为六经监本不缺者一;其二,丞相所藏,李斯所遗,此为六经官本不缺者二;其三,御史所掌,张苍所导,此为"六经"中秘本不缺者三;其四,孔氏世传,六经读本不缺者四;其五,齐、鲁诸生六经读本不缺者五;其六,贾祛、吴公传,六经读本不缺者六;其七,藏书之禁仅四年,不焚之刑仅城旦,则天下藏本必甚多,若伏生、申公之伦,天下"六经"读本不缺者七。其八,经文简约,古者专经在讽诵,不徒在竹帛,则口传本不缺者八。有斯八证,"六艺"不缺,可见孔子遗书复能完,千岁蔀说可以祛,铁案如山,不能摇动矣。①

接着康有为又在《史记经说足证伪经考第二》篇中认为,倘若河间献王、鲁共王有献书和坏壁得书之举,为何司马迁在《史记·河间献王世家》与《鲁共王世家》中无一言涉及,如此重大事件,岂容遗忽?

一般认为,康有为关于秦焚"六经"未尝亡缺的考辨,是《新学伪经考》最且学术价值与思想冲击力的部分,故梁启超将之视为中国"思想界之一大飓风。"但这飓风形成之初,便受到朱一新的抗击。康有为在《新学伪经考》草创之际,便送来前两部分向朱一新请益,并希望得到肯定支持,孰料却被朱一新泼了一瓢冷水。朱一新对康有为的反驳,主要也是针对《史记》的相关材料而言,他指出康氏对待《史记》的态度是"合己说者则取之,不合者则伪之",这其实是最为学界所忌讳的做法。他说:

> 足下不信壁中古文,谓秦法藏书者罪止城旦,又《史记·河间》《鲁共王传》无壁经之说,夫谓秦未焚书者,特博士所藏未焚耳,《始皇本纪》所载甚明。其黥为城旦者,以令下三十日为限,限甚迫矣。偶语《诗》《书》,罪且弃市,则设有抗令弗焚者,罪恐不止城旦。史文弗具,未可以是而疑秦法之宽也。②

秦始皇焚书坑儒,为历代读书人所仇痛,而康氏为证博士所职"六经"为本具,在秦并不曾被焚,由是而对秦火之厉轻描淡写,其目的在于对壁中古文的存在理由表尔怀疑,这首先引起朱一新的强烈不满,认为"未可以是而疑秦法之宽"。而在《答长孺第三书》中,他再次提到康有为对待秦火的态度,这回的批评更为激烈,其云:

> 秦政焚书,千载唾骂,贤师弟独力为昭雪,何幸得此知己邪?③

---

① 康有为撰:《新学伪经考》,中国人民大学出版社 2010 年版,第 11—12 页。
② 朱一新撰:《答康长孺书》,《康有为全集》(第一集),上海古籍出版社 1987 年版,第 1025 页。
③ 朱一新撰:《复长孺第三书》,《康有为全集》(第一集),上海古籍出版社 1987 年版,第 1031 页。

当然,当我们仔细阅读《史记·秦始皇本纪》,确有"非博士官所职,天下敢有藏《诗》《书》、百家语者,悉诣守尉杂烧之"之语,似可证秦始皇焚书之令但烧民间之书,若博士所职,则《诗》《书》、百家自存。但这并不能成为秦始皇昭雪的理由,由是朱一新针对康有为对《史记》材料的取舍,作出了更为直接的反驳,其云:

> 当史公时,儒术始兴,其言阔略,《河间传》不言献书,《鲁共传》不言坏壁,正与《楚元传》不言受《诗》浮丘伯一例。若《史记》言古文者皆为列歆所窜,则此二传乃作伪之本,歆当弥缝之不暇,岂肯留此罅隙以待后人之攻? 足下谓歆伪《周官》,伪《左传》,伪《毛诗》《尔雅》,互相证明,并点窜《史记》,以就己说,则歆之于古文,为计固甚密矣,何于此独疏之甚乎?①

在朱一新看来,《史记·河间献王》和《鲁共王》不载献书和坏壁之事,实是出于体例缘故,如高祖同父少弟楚元王交,少时尝与鲁穆生、白生、申公俱受《诗》于浮丘伯,而浮丘伯是孙卿的门人。申公为《诗》最精,文帝时立为博士,号为《鲁诗》。元王也以《诗》传,号曰《元王诗》。但此事亦不见于《史记》中的元王传,这与我们不能据此认为《史记》不载而否定元王受《诗》一样,也不能因此认为《史记》不载而否定河间献王献书与鲁共王坏壁得古文。他接着又反问康有为说:

> 班史谓迁书载《尧典》《禹贡》《洪范》《微子》《金縢》诸篇多古文说,今案之诚然。足下将以此亦歆所窜乱乎? 歆果窜此,曷不并窜《河间》《鲁共》二传,以泯其迹乎?②

很显然,这是康氏无法回答的问题。《史记》所载《儒林传》有《古文尚书》,其他涉及古文记载的地方也很多,甚至司马迁本人的自叙也说"十岁则诵古文",倘若按照康有为的说法,这些都是刘歆为保住在其壁中得古文的可靠性而对《史记》所进行的点窜,那么他又为何不在《河间献王》和《鲁共王》中加进这些作伪的内容,而独遗此疏漏,以供后人承隙而攻之呢? 因此,朱一新批评道:

> 夫同一书也,合己说者则取之,不合者,则伪之,此宋、元儒者开其端,而近时汉学家为尤甚。③

(二) 关于《左传》真伪之争

再看朱、康关于《左传》真伪之争。康有为在《汉书艺文志辨伪第三上》认为,《史

---

① 朱一新撰:《答康长孺书》,《康有为全集》(第一集),上海古籍出版社1987年版,第1025页。
②③ 朱一新撰:《答康长孺书》,《康有为全集》(第一集),上海古籍出版社1987年版,第1026页。

记·儒林传》载《春秋》只有公羊、谷梁二家，无左氏，而《河间献王世家》亦无得《左氏春秋》立博士事。司马迁作《史记》多采《左氏》，若左近明诚传《春秋》，史迁安得不知？此其一。《汉书·司马迁传》称：司马迁据左氏《国语》，采《世本》《战国策》，述《楚汉春秋》。《史记·太史公自序》及《报任安书》俱言：左丘失明，厥有《国语》。由此可知，左丘明所作，史迁所据，《国语》而已。此其二。据此两点，康有为认为刘歆通过对《国语》与《春秋》的比读，发现二者同时，可以改易窜附，于是毅然削去平王以前事，依《春秋》以编年，引附经文，分《国语》以释经，而为《左氏传》。托之古文以黜今学，托之河间、张苍、贾谊、张敞名臣通学以张其名，乱之《史记》以实其书。[1]康有为还在《汉书河间献王鲁共王辨伪第四》中，反复提及"歆阴窜易左氏《国语》为编年而以为《春秋传》"[2]其实，关于《左传》与《公》《谷》之争，是清代今文学的一个焦点，康有为之前的庄述祖、刘逢禄、龚自珍皆对《左传》有所辨伪，其中康有为认为刘逢禄《左氏春秋考证》知《左氏》之伪，攻辨甚明。他本人就是在常州学派基础上所作的进一步工作，故有集大成意义。为此朱一新针对康有为之论，逐一进行了反驳。

朱一新承认《左传》是有可疑之处，如"处者为六"及"上天降灾"四十七字，孔疏明言其伪。班叔皮《王命论》，刘承尧祚，著于《春秋》。班叔皮与刘歆时代相接，此乃刘歆等附益之显证。而"上天降灾"诸语，尤出于晋以后，这些可疑之处，加上《左传》论断多不中理，分析附益，应该是刘歆等所为，故汉儒及朱子皆疑之。但要知道，汉儒断断争辩者，仅仅在于《左传》之不传经，而并非言整部《左传》是伪书，这是要严加区别的。为了申言《左传》非伪，朱一新提出了几点反驳理由：

其一，云："《左氏》与《国语》，一记言，一记事，义例不同，其事多复见，若改《国语》为之，则《左传》中细碎之事，将何所附丽？"[3]此谓《国语》为记言之体，《左氏》为记事之体，而所记之事皆充满各种细节，如果《左氏》是从《国语》驳离出来的，那么这许多细碎之事，在原本记言体的《国语》中又是如何安排的呢？假使《国语》本有这些细碎之事，而又何能称之为《国语》呢？又假设《左氏》从《国语》中脱出，则意味着刘歆还必须要对《国语》再改造一番，如此《国语》亦成伪书了。朱一新的言下之意，不辨自明。

其二，云："《国语》见采于史公，非人间绝不经见之书，歆如离合其文以求胜，适启诸

---

① 康有为撰：《新学伪经考》，中国人民大学出版社 2010 年版，第 75 页。

② 康有为撰：《新学伪经考》，中国人民大学出版社 2010 年版，第 111 页。

③ 朱一新撰：《答康长孺书》，《康有为全集》（第一集），上海古籍出版社 1987 年版，第 1026 页。

儒之争,授人口实,愚者不为,而谓歆之谲为之乎?"①这是一个很重要的理由,因为《国语》在当时并非不可易得之书,而刘歆倘将《左传》从《国语》中分离出来独立成书,当时读书人岂会不知道这是明目张胆的作伪?

其三,云:"《史记》多采《左传》,不容不见其书,或史公称《左传》为《国语》则有之,谓歆改《国语》为《左传》,殆不然也。"②对此,朱一新自注解释说,《仪礼》《左传》《国语》《战国策》,皆后人标题,故无一定之名,诸子之书亦多如是。且就《史记》本身而言,这个书名也不是司马迁当时所定,即称《太史公书》,也是后来杨恽所题,史迁当时初不立名可知。由此推理,司马迁称《左传》为《国语》则可,但说刘歆改《国语》为《左传》则不可。

关于《左传》的传授,康有为认定也是出于刘歆的伪造,其在《汉书儒林传辨伪第五》说:

> 歆古文之学,其传授诸人名皆歆伪撰,而其发端则自左氏始。左氏书藏于秘府,人间不易见,自非史迁、刘向之伦不可得读也。汉世重六经,以《春秋》为孔子笔削,尤尊之。于时《公羊》盛行,《谷梁》亦赖宣帝追卫太子之所好得立于学,歆思借以立异,校书时发得左氏《国语》,乃"引传解经",自为《春秋》之一家。③

康有为还认为当时因为校书者有四人,即刘歆、尹咸、房凤、王龚,由于刘歆为王莽所荐,权宠一时,故尹咸、房凤、王龚皆对刘歆有所依附。由是刘歆利用尹咸而虚拟了一个《左传》的传授系统,康有为道:

> 歆既以《左氏》附于尹咸,故托所出于尹更始。所谓"章句"者,盖歆所伪托也。因伪造张仓、贾谊、张敞、刘公子,又托贾谊为《传》训故。所云"贯公"者,歆《移书》所谓"传问民间,唯赵国贯公学与此同"也;所云"何间献王博士",则《献王传》所谓"立《左氏春秋》博士",《移博士书》所谓"皆有符征,外内相应"也。……歆诸经皆托之于人,唯《左传》则任之于己,以《左传》为歆立伪经之根本,故不能托之人也。④

康有为考证尹咸受《左氏》于尹更始,则是元、成间人,与刘歆同时,抑何其乖舛乎? 对此,朱一新则部分承认康有为是对的,他说:"《左传》《毛诗》,传授不明,班史虽言之凿凿,实有可疑。然《左传》之可疑者,仅在张苍、贾谊以上耳。"⑤贾谊的《左氏训故》,其书不见于《艺文志》,太傅《新书》亦经后人羼杂,唯一可据者是《汉书》本传。本传虽引白公

①②⑤　朱一新撰:《答康长孺书》,《康有为全集》(第一集),上海古籍出版社1987年版,第1026页。
③④　康有为撰:《新学伪经考》,中国人民大学出版社2010年版,第129页。

胜之事,其出于《左氏》与否尚不可知。班固作《张苍传》甚详,而无一言与《左氏》相涉,可见《左氏》晚出,但这不能作为《左传》是伪书的理由,自不待辨。朱一新强调说:

> 《左氏》为萧望之所荐,其事实不能伪造,尹更始、翟方世、夏护、陈钦之传授,鲁国桓公、赵国贯公、胶东庸生之讲习,耳目相接,不能凿空,歆是时虽贵幸,名位未盛,安能使朝野靡然从风,群诵习其私书耶?①

他继而分析说,《左传》之所成为清代《公羊》学者的攻击对象,主要在于《左传》不传经、无师法和多所附益这三项。但这三项不足以断其为伪书,更何况《左氏》不传《春秋》,已为汉儒所指出,而传不传经的问题,不能与其书的真伪相提并论,这是两个问题。他因此批评刘逢禄《左氏春秋考证》说:

> 刘中受作《考证》据以分别真伪,仆犹病其多专辄之词,深文周内,窃所不取。六经大旨,皎若日星,师说异同,虽今文亦有可疑,丘盖不言,固圣门阙之旨,必段炼以申己意,安用此司空城旦书乎?②

(三) 关于《毛诗》真伪之争

关于《毛诗》,康有为在《汉学艺文志辨伪第三上》中列出 15 条理由力证其伪③,气势磅礴,但在今天看来大都不值一驳。当时朱一新避其锋芒,抓住康有为所谓"其也说义征礼,与今文显悖者凡百千条"④的今文立场,反过来认为其实《毛诗》不尽同于古文,那就恰好与今文相沟通了,这就从基础上将康有为的观点给翻转过来。他先从总体上肯定《毛诗》的地位说起,其云:

> 《毛诗》晚出,与三家互有得失。三家之说,班史谓如不得已,《鲁》为最近。而《鲁诗》久佚。近儒缀辑,百无一存。郢书燕说,盖伏不免。就其存者慎择焉,以订《毛诗》之失则可矣,欲废《毛诗》而远述三家,无是理也。⑤

这表明了朱一新对《毛诗》的基本态度与立场,在此基础上,他举证《毛诗》不尽同于古文,其云:

> 以仆言之,则《毛诗》不尽同于古文也。十五《国风》之次与季札观乐不同。"昊天有成命","郊祀天地",与《周官》南、北郊分祀不同。"我将祀文王于明堂",且与今

---

① 朱一新撰:《答康长孺书》,《康有为全集》(第一集),上海古籍出版社 1987 年版第 1026 页。
②⑤ 朱一新撰:《答康长孺书》,《康有为全集》(第一集),上海古籍出版社 1987 年版,第 1027 页。
③ 详见康有为撰:《新学伪经考》,中国人民大学出版社 2010 年版,第 55—60 页。
④ 详见康有为撰:《新学伪经考》,中国人民大学出版社 2010 年版,第 59 页。

文《孝经》同，"文王受命作周"，则与今古文《尚书》皆同。其他礼制同于《戴记》者尤多。故康成以《礼》笺《诗》，虽或迁曲，要非尽古文之学也。①

康有为有个观点，认为"今文与今文，古文与古文，皆同条共贯，因疑古文为刘歆所伪造。"②那么照此看来，《毛诗》的"十五国风"次序与古文《左传》不同，"昊昊天有成命"等与古文《周官》不同，便不符康有为提出的"古文与古文，同条共贯"原则，如此则意味着《毛诗》既非古文，亦非伪书了。更何况《毛诗》还有与今文《尚书》有同条共贯之处，这又作何解释呢？当然，《毛诗》与《左传》《周官》也确有同条共贯之处，但在朱一新看来，这又如何可证大家皆伪呢？他举例说：

> 《行露传》"昏礼纯帛，不过五两"，与《地官·媒氏》文同。《天保传》"春祠夏禴秋尝冬烝"与《春官·大宗伯》文同。《白华传》"王乘车履石"与《夏官·隶仆》文同。《驷传》"诸侯六闲"与《夏官·校人》文同。《夏官》有《挈壶氏》，《东方未明传》亦有之。《秋官·司圜》有"圜土"，《正月传》亦有之。此类皆似为古文同条共贯之证，然安知非刘歆窜乱《周官》时，剽窃《毛诗》，如梅氏《古文尚书》之比邪？《皇皇者华传》"访问于善为咨"，《皇矣传》"心能制义曰度"，皆同于《左氏》。比经师相传遗说，不妨互见。犹穆姜论元、亨、利、贞与孔子《文言》同，可谓《周易》亦伪作邪？歆《移太常》不及《毛诗》，彼固自有分别，可知《毛诗》不当与三家并斥也。③

朱一新分析《毛诗》与《周官》相同之处，很可能是刘歆在点窜《周官》时剽窃《毛诗》的结果，而《毛诗》"访问于善为咨"的说法，见于《左传》襄公四年；《毛诗》"心能制义曰度"又见于《左传》昭公二十八年，这应该是经师相传遗说，各书互见，属于正常情况。假如照康有为"同条共贯"来推论，则《左传》所载穆姜论元、亨、利、贞恰好与孔子《文言》相同，那么，《文言》岂不也变成伪书了？由此看来，康有为自我设定的辨伪方法其实并不可靠。

（四）关于托古改制与治经扶私之争

康有为《孔子改制考》刊行之时，朱一新已去世将近三年，因此在二人往返书信的论辩中，涉及改制内容无多。但康有为的《新学伪经考》是为《孔子改制考》所作的学术准备，故康、朱之论辩也间涉改制问题的论辩，如康有为批评朱一新"未闻东汉兴古文以来，世遂乱而无治"，是"未之思也"。他举自刘歆伪《周礼》出，东汉政制因存阉官，此后

---

① 朱一新撰：《答康长孺书》，《康有为全集》（第一集），上海古籍出版社1987年版，第1027页。
② 朱一新撰：《答康长孺第三书》，《康有为全集》（第一集），上海古籍出版社1987年版，第1032页。
③ 朱一新撰：《答康长孺书》，《康有为全集》（第一集），上海古籍出版社1987年版，第1027—1028页。

常侍异权,党人戮辱,至唐则神策握政,门生天子,甘露之变,惨被将相,而唐祚随亡;明则神庙假权,熹宗错弱,忠贤柄国,戮辱东林,杜秩献城,明因此而亡;当朝则李莲英弄政,国势危颓,为祸方长。故他认为:

> 刘歆一言丧三朝矣。古今之祸,孰烈于此!今吾国家尚未知息肩之所,即此一端,伪经之祸已不忍言。足下未尝恩今古变制之由,宜以古文无罪,而欲保护之也。①

这就是为什么康有为托孔改制,而要先辨伪经的理由所在。既然《周官》等伪经不足依,而《论语》涉及改制内容又太少,那么只有《春秋》最为可靠了。因此,康有为认为《春秋》其实是孔子为改制而创作的范本。又因为《左传》为伪,而解《春秋》者惟《公羊》最得《春秋》微言大义,故《公羊》的"通三统"与"张三世",就成为康氏"因革改制"的思想基础了。虽然朱一新也承认通三统为《春秋》之旨,他不同意将"通三统"之旨,遍之于《诗》《书》《易》《礼》《论语》《孝经》,因为"通三统"不过是孔子《春秋》的一家之说,而《诗》《书》《礼》、乐,先王遗典,使皆以一家私说羼于其中,则孔子亦一刘歆耳!倘如康氏所言,圣人但作一经足矣,曷为而有六经?"通三统"不过一经之意,而康有为则将其扩大为群经之旨,这显然是一刀切的做法。其目的是为他的托古改制寻求一切经义的庇护,故朱一新反驳道:

> 《王制》见《礼记》一篇,汉儒后得,为殷为周,本无定论。康成于其说之难通者,乃归之于殷,今更欲附会《春秋》改制之义,恐穿凿在所不免。《论语》二十篇,可附会者,惟"夏时殷辂""文王既没"数言,然既通三统,则《韶》乐郑声,何为而类及之?《春秋》改制,犹托王于鲁,不敢径居素王之名。素王者,弟子尊之之词,非夫子自称也。匡人之围,俨以素王自居,圣人果若是之僭乎?《尧曰篇》,历叙帝王相承之统绪,而次以子张问从政,固有微恉,但此为门人次第。孔子之告子张,曷尝有一言及于改制?②

康有为之错在相信汉代人以《论语》附会《公羊》的正确性,《公羊》所言孔子为汉制,不过是当时出于以"神道设教"目的,而并非孔子删定六经的本意。虽然通三统之义在汉代流行,并为当政者所用,但那是有时代原因的,所以他说:

---

① 康有为撰:《致朱蓉生书》,《康有为全集》(第一集),上海古籍出版社 1987 年版,第 1020—1021 页。
② 朱一新撰:《答康长孺书》,《康有为全集》(第一集),上海古籍出版社 1987 年版,第 1028 页。

《公羊》多有切于人事者,宜讲明之,通三统之义,尤非后世能行。辨之极精亦仍无益,汉时近古,犹有欲行其说者,故诸儒不惮详求。①

因为汉代去古不远,加之社会条件与今天不相同,故有通三统的土壤,而"今治《公羊》,不明是义,则全经多所窒阂,不足为专家之学。若遍通于六经,殊无谓也"。②大凡治学以济时为要,六经皆切当世之用,故孔子不以空言说经。由前所举,朱一新认为学者当以匡时为急,立志为先,可见他并不反对改制,但认为托古改制,一定要与现实条件相合。其云:

> 周制已不可行于今,况夏、殷之制,为孔所不能征者乎,穿凿附会之辞,吾知其不能免也。③

更进一步,他从纵向的历史角度看,认为自古以来就没有过不敝之法,小敝则小修,大敝则大改。当然,从另一个角度看,法可改,而立法之意不可改,故曰:"其人存,则政举;其人亡,则其政息。"政之敝坏,乃行法者之失,非立法者之失,故他进一步批评康有为道:

> 今托于素王改制之文,以便其推行新法之实。无论改制出于纬书,未可尽信;即圣人果有是言,亦欲质文递嬗,复三代圣王旧制耳,而岂用夷变夏之谓哉?④

朱一新所谓"用夷变夏"是暗指康有为"炫外夷一之富强,谓有合吾中国管、商之术,可以旋至而立效也。"⑤联系康有为《上清帝第二书》,环视中国当时现状,借鉴西方近代化的成功经验,他认为世界已经进入列强竞争的时代,故提出"凡一统之世,必以农立国,可靖民心;并争之世,必以商立国,可侔敌利"⑥的观点。与此同时,他注意到"以工立国"的重要性,要求自由发展近代工业,改善交通、修筑铁路,而这些都是近代欧洲业已先行,并且产生极大效果的社会进步措施。但朱一新仍用夷夏观念来衡量之,并最终回到学术的立场,规劝康有为"诚有意于斯道,则凡圣经贤传之幸而仅存者,一字一言,当护持珍惜之不暇",极度担忧康氏"反教猱升木,入室操戈,恐大集流传,适为毁弃六经张本耳。"⑦朱一新的护持六经,与他一贯反对以治经扶私说相贯通,其云:

> 古人著一书,必一书之精神面目。治经者,当以经治经,不当以己之意见治经。

①　朱一新撰:《答康长孺书》,《康有为全集》(第一集),上海古籍出版社 1987 年版,第 1028 页。
②③　朱一新撰:《答康长孺书》,《康有为全集》(第一集),上海古籍出版社 1987 年版,第 1029 页。
④　朱一新撰:《答长孺书第四书》,《康有为全集》(第一集),上海古籍出版社 1987 年版,第 1044 页。
⑤⑦　朱一新撰:《答长孺书第四书》,《康有为全集》(第一集),上海古籍出版社 1987 年版,第 1045 页。
⑥　康有为撰:《上清帝第二书》,《康有为全集》第二集,上海古籍出版社 1987 年度,第 91 页。

六经各有指归，无端比而同之，是则削趾以适屦，屦未必合，而趾已受伤矣。①

他举刘申受、朱于庭等人之例，认为他们援《公羊》以释四子书，恣其胸臆，穿凿无理。而若毛西河、戴东原记丑而博，言伪而辨；刘申受、朱于庭析言破律，乱名改作；"圣人复起，恐皆不免于两观之诛。"②他因此批评康有为亦惑溺于此，不求义理之常，而徒备言义理之变，"不揣其本，而漫云改制，制则改矣，将毋义理亦与之俱改乎？"③若为改制，而使义理成为改制的殉葬品，这才是朱一新最感担忧的。

而康有为则反驳朱一新"三不知"，其云："故谓足下亦不知仆，亦不知西人，且不知孔子之道之大也。"④通观康有为三通答朱一新书信，在学术上的论辩不能占到上风，但这一封书信，多言心曲，颇能见出康有为的真实想法。他自述少受朱子，性好史学，但自北试京兆，道出香港、上海、天津，入京师，见西人所造宫室、桥梁、道路之整，巡役、狱因之肃，舟车、器艺之精，而京师作为首善之区，一切与之相反，对其刺激颇大。于是归来之后，乃购制造局所译之书读之，始知西人之政教风俗，而得其根本节目之由，因此康氏由单纯言学而涉及制度改革，终于走向为政治的学术之途。其云："昔在京在师，每游万寿山，觌瓦砾之场，未尝不发愤；过香港，经虎门，念关天培之全军覆没，未尝不成恨。"故他希望朱一新及天下之士，"日思庚申八月十六日之事，则当必有转移之用，而必不肯坐守旧法之虚名，而待受亡国之实祸者。"⑤这就是他取彼长技而欲用之的良昔用心之所在。于是，康有为针对朱一新恐因改制而使义理俱败的担忧，反驳道：

> 若夫义理之公，因乎人心之自然，推之四海而皆准，则又何能变之哉？钦明文思，允恭克让之德，元亨利贞、刚健中正之义，乃乎皋陶之九德，《洪范》之三德，敬义直方，忠信忠敬，仁义智勇，凡在人道，莫不由之，岂能有中外之殊乎？……至于人心风俗之宜，礼义廉耻之宜，则《管子》所谓"四维不张，国乃灭亡"。有国有家，莫不同之，亦无中外之殊也。……考之西俗既如此，则谓仆为变义理，仆将以何变之哉？⑥

康氏强调他并没有抛弃义理，相反他还认为必有宋学义理之体，而讲西学政艺之用，然后方能收其效。因此他教育学生，以身心义理为先，待其将成学，然后才许其读西书。

---

①② 朱一新撰：《答长孺书第四书》，《康有为全集》（第一集），上海古籍出版社1987年版，第1045页。

③ 朱一新撰：《答长孺书第四书》，《康有为全集》（第一集），上海古籍出版社1987年版，第1046页。

④ 康有为撰：《答朱蓉生书》，《康有为全集》（第一集），上海古籍出版社1987年版，第1034页。

⑤ 康有为撰：《答朱蓉生书》，《康有为全集》（第一集），上海古籍出版社1987年版，第1038页。

⑥ 康有为撰：《答朱蓉生书》，《康有为全集》（第一集），上海古籍出版社1987年版，第1040页。

中学为体,西学为用,是那个时代主张改制者最为两全的主张,在康氏亦然,故他并不认为这对宋学义理有任何的损害,相反,却是另一种形式的张扬。是故朱、康二人对于义理的立场有所不同,故歧异亦大。

朱氏是学术的立场,而康氏是政治的立场,因此康氏的学术研究,贯彻着社会改良的精神与动机,而非为学术而学术者也。他自述其所做一切的逻辑关系,有云:

> 仆窃不自逊让,于孔子之道,似有一日之明,二千年来无人见及此者,其他略有成说,先辟伪经,以著孔子之真面目;以礼学、字学附之,以成一统;以七十子后学记读之,以见大宗。辑西汉以前之说为五经之注,以存旧说,而为之经;然后发孔子微言大义,以为之纬。……仆生平志愿举动,似出于常纬,故人皆谤笑。下下滔滔,谁可语此?①

康有为其实也知道他的学术举动会造成飓风效应,亦会招来众人做讪笑,故有"天下滔滔,谁可语也"之叹,他确实需要像朱一新这些有学术声望的学者们理解与支持,但不想却反而遭到最为严厉的批评。须知,来自朱一新的批评,开近代以来康有为批判之先河,其后才有钱穆与梁启超的跟进,故康有为对朱一新怀有深深的失望,其云:

> 窃观足下义理甚明,节行甚高,条理甚安详,行事有法度,议论通古今,喟然忧国家,罢黜而不怨,好贤而爱士,今之君子也,故折节敬服。然足下之言义,尚泥乎宋人之义理,而未深窥孔子之门堂。任事则深采老子之术学,而未尽□大直方之概;穷经说则笃守旧说,而未能精思推阐其奥;为教术则狭隘缓卑,而未窥条理之精详。气魄未坚,骨髓未紧,堂室未成。鉴经说之繁,不精深求大道,故以史学为贵;恶夷狄之名,不深求中外之势,故以西学为讳。足下有直节高行,海内瞻仰,关系不少,愿俛心抑气,采及葑菲,去自尊之成心,屏凤昔之习见,以求孔子之大道,及古今中外之宜,必有所进也。②

这段文字前面部分对朱一新的评价可谓十分到位,可作为朱一新传的"赞语"来对待,但其后对朱一新的批评,我们认为实则也代表了康有为对旧理学家的一种基本态度。

(五) 朱一新超越今古之争的价值守护

康有为《新学伪经考》并非纯粹是出于对学术的探讨,他的目的是在于借今文思想

① 康有为撰:《答朱蓉生书》,《康有为全集》(第一集),上海古籍出版社 1987 年版,第 1042 页。
② 康有为撰:《答朱蓉生书》,《康有为全集》(第一集),上海古籍出版社 1987 年版,第 1043 页。

而改良当时的政治,而朱一新的立场则几乎是纯学术的,故能以平正通达的态度来对待今、古文,比如他说:

> 今文家言礼制每与古文不同,三代遗制纷繁,儒者各述所闻,致多歧异。即今文之与今文亦间有不同,非独古学家为然也。遭秦焚书,民间私相传述。今文特先立学,故显于西汉。古文至东汉而始显,此乃传述之歧互,非关制作之异同。今学、古学之名,汉儒所立,秦以前安有此分派?①

虽然朱一新是从制礼而言,但却反映了他对今、古文的基本看法,即他们的异同,主要还在于"传述之歧互",再就是立学先后。今、古文之名,乃汉儒所立,在秦以前并无此分法,因此没有必要过分强调二者之别,以至于弄出个今、古文之争来。

总体来看,朱一新并不是严格意义的古文学者,他不过是以平正通达的学术史眼光来对待今、古文的区别,而当康有为等今文学者力持伪古文说时,他才对古文有所辨护,而他辨护的基本出发点不是为古文而是为经典,让我们逐一来看他的用心。

第一,从"礼失求诸野"的角度对待古文,这是朱一新为我们提供认识古文价值的新视角。他说:

> 今学、古学行之几二千年,未有大失也,若《周官》,若《左氏传》,若《古文尚书》,疑之者代不乏人,然其书卒莫能废也。毋亦曰先王之大经大法,籍是存什一于千百焉,吾儒心知其意可矣。礼失求诸野,古文不犹愈于野乎?②

在朱一新看来,古文固多列款点窜这迹,但是刘歆亦自有其材料来源,而非凭空捏造,因此后人辨斥千言万语,不如刘歆无心流露之一、二。这一、二之语,就好比是礼失求诸野,更何况还要愈于野呢! 他因此慨叹:"《乐经》先亡,已无如何,幸而存者,仅有此数。"③

第二,不能因《伪古文尚书》而遍疑六经,从而将伪书扩大化。确实,对于中国漫长的历史而言,经典遭遇各种浩劫,存于天地之间者寥寥无几,仅剩下的六经陪着我们走过了二千年路程,其思想之菁华已经浸入中国人的血液之中,凝结为中华民族之精神,彰显为中华文化之价值,实已无法从我们的精神世界中放逐出去,故朱一新痛斥道:

> 自伪古文之说行,其毒中于人心,人心中有一六经不可尽信之意,好奇而寡识

---

① 朱一新撰:《无邪堂答问》卷一,中华书局 2000 年版,第 23 页。
② 朱一新撰:《答康长孺书》,《康有为全集》(第一集),上海古籍出版社 1987 年版,第 1029 页。
③ 朱一新撰:《复长孺第二书》,《康有为全集》(第一集),上海古籍出版社 1987 年版,第 1030 页。

者,遂欲黜孔学而专立今文。夫人心何厌之有? 六经更二千年,忽以古文为不足信,更历千百年,又能必今文之可信邪? 欲加之罪,何患无辞。①

从纯思想史立场来看,"人心中有一六经不可尽信之意,"事实上会对中国传统核心价值造成极大撼动,后果不堪设想,这是朱一新最为担忧的。他因此说:

> 近世言《尚书》者,坐梅赜以伪造古文之罪,既知其不足以与此,乃进而坐诸皇甫谧,既知其不足以与此,乃进而坐诸王肃,肃遂足以与此哉? 治经所以明理,"莫须有"三字,固不足以定爰书,即使爰书确凿,亦不过争今、古文之真伪已耳,曾何益于义理?②

如果说朱一新乾嘉的汉学家们通过考据而认定《古文尚书》为伪书的努力有所成见,认为不过一争今、古文之真伪而已;那么,康有为"知伪《尚书》之说,数见不鲜,无以鼓动一世,遂推而遍及六经",③则是将伪书扩大化,这比秦始皇焚书还要更可怕。难怪朱一新要将康有为比作秦始皇的知己了。为此朱一新虽然钦佩康有为的治学激情,但对他也有规劝。其云:

> 君之热血,仆所深知,不待读其书而始见之。然古来惟极热者,一变乃为极冷,此阴阳消长之机,贞下起元之理。纯实者甘于淡泊,遂成石隐;高明者率其胸臆,遂为异端;此中转掇,只在几希,故持论不可过高,择术不可不慎也。④

第三,从经典的义理价值出发,不主张过于强调今、古文之殊别,而应强调学术之邪正,人心之厚道,世运之盛衰的辨别。清代末期的学术形势,与当时的国势一样,处于冰山之将崩的边缘,正如朱一新说"是道术衰息,邪说朋兴,圣学既微,异教遂乘间而入"的时代。而在这样危急形势下,"气机之感召,固有由来",因此学者中的"忧世者亟当明理义以正人心,岂可倡为奇衺,启后生以毁经之渐"?⑤康有为非不忧也,如上所言他是一个有"热血"的人,但他对待学术的态度却一味追求奇衺,溺于辨伪,昧于义理,这是朱一新所不能同意的,故朱氏云:"儒者治经,但当问义理之孰优,何暇问今、古文之殊别。"⑥

由此,朱一新将今之学者与宋儒作了比较。他认为学术在平淡而不在新奇,宋儒之所以不可及,正在于平淡这一点上。一般情况而言,世之才士,莫不喜新奇而厌平淡,故喜新奇者,莫不诋诃古人,进而疑经;疑经不已,进而疑圣;而今之人则多类新奇之士,义

---

①④　朱一新撰:《复长孺第二书》,《康有为全集》(第一集),上海古籍出版社1987年版,第1030页。
②⑤　朱一新撰:《答长孺第三书》,《康有为全集》(第一集),上海古籍出版社1987年版,第1031页。
③⑥　朱一新撰:《答长孺第三书》,《康有为全集》(第一集),上海古籍出版社1987年版,第1032页。

利不明，廉隅不立，身心不治，时务不知，而学者不以此为忧，反忧今、古文之不辨，而今、古文之辨其实与忧世无关。朱一新认为"吾未闻东汉兴古文以来，世遂有乱而无治也。"①他因此疾呼：

> 夫学以匡时为急，士以立志为先。四郊多垒，而不思卧薪尝胆，以雪国耻者，卿大夫之辱也；邪说诬民，而不思正谊明道，以挽颓流者，士君子之辱也。古之儒者，非有意于著书，其或著书，则凡有关乎学术之邪正，人心之厚薄，世运之盛衰，乃不得不辨别之，以端后生之趋向。若二千余载群焉相安之事忽欲纷更，明学术而学术转歧，正人心而人心转惑，无事自扰，诚何乐而取于斯？②

他指出，康氏想要废《毛诗》，若《毛诗》真的被废，《鲁》《韩》之简篇残佚，可使学者诵习吗？想要废《左传》，若《左传》果废，则《公》《谷》记事不详，要让学者去凭空揣摩与悬想吗？就算康氏学术大行于天下，其利亦不过是使天下人无书可读而已，如康氏所言，"《尚书》当读者仅有二十八篇，余自《周易》《仪礼》《公》《谷》《论》《孟》而外，皆当废弃。五经去其四，而《论语》犹在疑信之间，学者几无可读之书，势不和不问途于百家诸子。百家诸子之言，其果优于古文哉"？③如此日有孳孳费精神于无用之地，将使后人何所取信？学者何所持循？他因此总结道：

> 六经、四子之书，日用所共由，如水火菽粟之不可阙。无论今文、古文，皆以大中至正为归，古今止此义理，何所庸其新奇！闻日新其德矣，未闻日新其义理也。乾嘉诸儒，以义理为大禁，今欲挽其流失，乃不求复义理之常，而徒备言义理之变。……今不揣其本，而漫改制，制则改矣，将毋义理亦与之俱改乎？④

当然，朱一新反对改制，值得商榷。但若仅止于求义理之常，而反对今、古文之辨，则仍是他一贯的坚守。由此，我们可以发现，朱一新对于古文的维护，不是出于古文学家的立场，而是出于对经典义理价值的超越性认识。故曹美秀说："朱氏是以对经典的珍视之心，站在经学立场，而反对辨伪古文；并非以古文学立场，为主古文经典而反驳今文，故二人之辩论，实不能以今、古文之争视之。"⑤不错，如果仅仅着眼于今、古之争来看待朱一新对康氏的批评，见其辩论的意义将会大打折扣。维护经典，就是维护经典的义

①② 朱一新撰：《答长孺第三书》，《康有为全集》（第一集），上海古籍出版社1987年版，第1033页。

③ 朱一新撰：《复长孺第四书》，《康有为全集》（第一集），上海古籍出版社1987年版，第1045页。

④ 朱一新撰：《复长孺第四书》，《康有为全集》（第一集），上海古籍出版社1987年版，第1046页。

⑤ 曹美秀撰：《朱一新与晚清学术》，大安出版社2010年版，第388页。

理价值,这是朱一新经常在《无邪堂答问》中不同意六经皆史的深层原因,故他痛斥近代学术以为治经不如治史是极谬之论,也就可以理解了。

　　总之,朱一新与康有为虽然年龄相差只有十几岁,但却是两个不同时代的学者,故朱、康之争,不仅是今古文之争、《公羊》之争、性理之争,更主要的意义在于他们分别为两个时代的理学家代表,他们的争论实际上代表着一种时代的终结和一个时代的开始。从这个意义上来说,朱一新似乎称得上是传统中国最后一位理学家。

后 记

20世纪80年代中期,在浙赣铁路上,我坐得最多的一趟火车便是南昌到杭州那趟。深夜上车,到义乌时间刚好天亮。同行的人,认识与不认识的,大家目标一致,便是到小商品市场批货。傍晚,再从义乌坐那趟火车返回,凌晨到家。这样差不多有两个晚上在列车上度过。有位子就坐,没位子就钻到座位底下,躺在蛇皮袋上睡上一觉。回来要看货,不能再钻到座位底下享受卧铺,便坐在货上,睡觉与守货,一举两得。那时的义乌批发市场,还是大棚,大棚底下一排一排水泥墩,放眼望去,海浪般起伏的小商品,好像全是你的,那土豪气概,至今入梦。当时谁曾想到,义乌除了浩瀚的商品,还有绵长的儒学。

20多年后,2009年3月,敦基兄告知我浙江省社会科学院关于"义乌丛书"招标的消息,我选择了申报《义乌儒学研究》。来浙江之前,知道朱熹有个弟子叫徐侨,义乌人。徐侨中进士后,在上饶做主簿,而朱熹每次从福建大山里出来,越武夷分水关,必道经上饶,这样徐侨便有机会到驿站聆听朱熹的教诲,自然便成为他的弟子。朱熹称其明白刚直,命以"毅"名斋。我当时初来海上,常想念上饶故旧,便做《陈文蔚年谱》来纾解。陈文蔚也是朱熹弟子,喜欢盘桓上饶山水,还在同学徐侨家里坐馆,是一位丘园派的理学家。徐侨晚年赋闲义乌,两人还就老师朱熹的"道心人心"说有过通信辩论。我因陈文蔚而对徐侨有些了解,便算是与义乌儒学搭上点缘分,这成为选择申报《义乌儒学研究》的理由。8月底,我在东海深处的衢山岛开会,突然接到敦基兄电话,告知《义乌儒学研究》中标了。回来后,又去杭州开了一个立项会,要求两年时间完成。

其实该项目中标的时候,我手头上浙江文化工程《黄式三全集》还没结项,点校任务繁重。大学里项目化生存压力很大,逼得你吃着碗里的,还要盯着锅里的。尽管吃相难看,但还得为下一个项目未雨绸缪,这是没法子的事情。待《黄式三全集》做完,时间差不多已经到了2010年底了,留给《义乌儒学研究》的时间还剩一年不到。焦急也没用,饭还得一口一口地吃。2011年大年初一,上午去定海城北寿山庙祈福,中饭过后,便踩着正午的阳光,穿过发育得有些早的草地,独自去图书馆办公室,义乌儒学研究算是正式开工了。路上真想在阳光下的草地上躺一会。儿时,冬天有太阳的中午,常坐草地上把棉袄脱了,专心捉虱子,哪有现在这许多烦恼。在办公室,一直枯坐到日薄西山,总算理出个工作思路。确定第一步要做的便是按照义乌儒学人物的线索,把他们的著作做个目录,然后按照目录去找书。书找到,读书,读书后,再来写作。从大年初一到正月十五,完成了一件事,便是编好了《义乌儒学研究》需要阅读的书目,又将本馆有藏的一一借出,古籍数据库中电子书下载、打印、装订。剩下一半,在此后的一年里,陆续惊动了上海的吴平、南京的汪允普、北京的王逸明、金华的陈金华、义乌的王和清、舟山的方胜华等朋友。后来黄灵庚老师主编的《重修金华丛书》出版,游说学校买了一套,总算把天壤间与义乌儒学相关的著作找齐了。然后是逐一通读,把认为用得着的摘录下来,标点、批注,并做了索引。在读王祎《大事记续编》时,因为喜欢,顺便把七十七卷全部点了一遍。还喜欢傅寅《禹贡说断》,也忍不住捎带点了。这样又过去一年,忽然发现正文一个字还没写。开始着急了,于是又从新年的初一下午开始用功。

　　其间,杭州几次来电催稿,只好打太极。到 2012 年,我由图书馆换岗到教务处,这是中国大学最忙也是最白忙的一个岗位。怨天尤人无效,只好忙中偷闲,终于到 2014 年 6 月整出了一部 60 万字的初稿。为了证明初稿确实已经完成,便送到杭州。有幸经过一位匿名专家的审读,提出了许多宝贵而诚恳的意见与建议,让我受益匪浅。我这边也请余全介博士审读,让他对涉及易学和礼学的部分把关。我非中哲出身,缺乏系统的专业训练,对于儒学的喜欢,虽发自内心,但也仅是票友而已。义乌儒学涉及相关专题的方方面面,由不得你挑肥拣瘦,避重就轻,有素材都要去做。一个县邑的儒学,切口本身就不大,没有广阔天地纵横驰骋,凡有的资料,就已珍贵,能舍的几乎没有。所以,必须老老实实一点点去抠,认认真真一点点去挖,只能选择去往里面走,往深处挖,就像掘井一样。

　　谁曾料到,走着走着,病了。这一耽搁,又是两年。以至于每次见到敦基兄,都难为情。好在敦基兄厚道,他是一位生活在现代的古君子,有幸让我遇见。我明白他急在心里,但不写在脸上。这期间负责项目管理的吴寒老师,也给予我以极大的耐心。于是,我下决心 2017 年暑假专意改稿,真不能再让敦基兄为难了。年底,便收到"义乌丛书"编辑部的审读意见,非常认真仔细,指出了许多错误和不足。但我当时却不急于修改,我想放放,让这部书稿再沉淀一下,转眼又是一年。从 2009 年 3 月到 2019 年 3 月,十年便这样过去了。这十年,我好像一直坐在开往义乌的列车上,确实,近些年发表与宣读的 20 余篇论文,都是从义乌儒学那儿进的货。这与 30 年前我去义乌市场进货,是相同,还

是不同呢？今夜，感觉列车终于要到站了，忽然又想起汉宁兄来，是他介绍我认识了敦基兄，而敦基兄又让我认识了一个藏在小商品世界背后的义乌儒学。我常想，生活里倘有朋友、有儒学、有书读，就像小时候坐在冬天的阳光里捉虱子，这大概便可赶上颜回之乐了吧！

2019 年 3 月 16 日夜于定海

图书在版编目(CIP)数据

义乌儒学研究/义乌丛书编纂委员会编;程继红著
.—上海:上海人民出版社,2019
(义乌丛书)
ISBN 978 - 7 - 208 - 16063 - 7

Ⅰ.①义… Ⅱ.①义…②程… Ⅲ.①儒学-研究
Ⅳ.①B222.05

中国版本图书馆 CIP 数据核字(2019)第 194632 号

特约编辑 吴陈怡
责任编辑 马瑞瑞 杨 清
封面设计 夏 芳
封面摄影 徐挚挚

义乌丛书

义乌儒学研究
义乌丛书编纂委员会 编
程继红 著

出　　版　上海人民出版社
　　　　　(200001 上海福建中路 193 号)
发　　行　上海人民出版社发行中心
印　　刷　浙江新华数码印务有限公司
开　　本　720×1000 1/16
印　　张　33
插　　页　3
字　　数　551,000
版　　次　2019 年 11 月第 1 版
印　　次　2019 年 11 月第 1 次印刷
ISBN 978 - 7 - 208 - 16063 - 7/B·1424
定　　价　98.00 元